新三板 实务操作全书

挂牌、融资、运营与转板

XINSANBAN SHIWU CAOZUO QUANSHU
GUAPAI RONGZI YUNYING YU ZHUANBAN

彭丁带 陈建勇 /编著

中国法制出版社
CHINA LEGAL PUBLISHING HOUSE

目录

第一编　新三板制度解读与操作程序

第二编　新三板挂牌常见障碍与解决技巧

第三编　新三板挂牌后融资与运营监管实务

第一编

新三板制度解读与操作程序

新三板在我国的发展历史很短，但对于我国的资本市场意义重大。特别是新三板向全国扩容，更是我国资本市场的一件大事。

本编由三章组成：第一章主要探讨新三板的概念，新三板在我国的发展及演变阶段，企业在新三板挂牌上市的好处，新三板市场的功能和作用等；第二章主要介绍我国新三板的主要法律制度，包括新三板信息披露制度、新三板交易制度、新三板监管制度等；第三章简要阐述了新三板挂牌程序和新三板定向增发程序。

第一章　直击新三板

第一节　新三板的概念

一、新三板的概念及建立

新三板，即全国中小企业股份转让系统，是经国务院批准设立的全国性证券交易场所，为非上市股份有限公司的股份公开转让、融资、并购、重组等相关业务提供专业服务。作为我国多层次资本市场体系建设的重要组成部分，新三板市场的成立是建设我国场外市场、完善我国多层次资本市场体系的重要举措。全国中小企业股份转让系统有限公司是其运营管理机构，是经国务院批准设立的中国证监会直属机构。

2006 年，我国进入“十一五”时期，《国家中长期科学和技术发展规划纲要（2006—2020 年）》明确将“实施促进创新创业的金融政策”和“加速高新技术产业化”纳入重要政策和措施。紧接着，国务院公布的《实施〈国家中长期科学和技术发展规划纲要（2006—2020 年）〉的若干配套政策》中明确规定：“推进高新企业股份转让工作，启动中关村科技园区未上市高新技术企业进入证券公司代办系统进行股份转让试点工作。在总结试点经验的基础上，逐步允许具备条件的国家高新技术产业开发区内未上市高新技术企业进入代办系统进行股份转让。”2011 年 5 月，《国务院批转发展改革委关于 2011

年深化经济体制改革重点工作意见的通知》重点谈到了围绕加快转变经济发展方式深化改革，其中，“推进场外交易市场建设，研究建立国际板市场，进一步完善多层次资本市场体系”是一项重要的内容。

在此背景下，2006年1月3日，经国务院批准，在原中国证券业协会主办的证券公司代办股份转让系统基础上，正式启动中关村科技园区非上市股份有限公司报价转让系统，进行股份报价转让试点。2006年1月16日，中国证券业协会公布了《证券公司代办股份转让系统中关村科技园区非上市股份有限公司股份报价转让试点办法》① 及相关配套文件。2006年1月23日，世纪瑞尔和北京中科软进入代办系统挂牌交易。自此，中关村科技园区非上市股份有限公司股份转让正式成为三板市场的一部分。

2012年8月3日，中国证监会宣布扩大非上市股份公司股份转让试点。2012年9月7日，中国证监会分别与北京市、上海市、天津市、湖北省政府签署了新三板扩大试点合作备忘录。至此，能够在新三板挂牌报价转让的范围扩大到四个省或直辖市的高新技术园区的企业。

2013年1月16日，全国中小企业股份转让系统有限责任公司正式揭牌运营，这是全国场外市场建设的标志性事件，也是全国场外市场从试点走向规范性运行的重要转折。从此，“中关村股份转让试点”变更为现在的“全国中小企业股份转让系统”。

2013年12月13日，国务院正式公布了《关于全国中小企业股份转让系统有关问题的决定》，标志着新三板从试点阶段正式进入全国扩容实施阶段。

二、新三板与主板、中小板和创业板

证券市场按证券进入市场的顺序可以分为发行市场和交易市场。发行市场称为一级市场，交易市场称为二级市场。

不过，一级市场和二级市场与主板市场、二板市场、三板市场是完全不

① 现已失效。

同的概念。

主板市场是指传统意义上的证券市场，通常指股票市场，是一个国家或地区证券发行、上市及交易的主要场所。

主板市场先于创业板市场产生，二者既相互区别又相互联系，是多层次资本市场的重要组成部分。相对创业板市场而言，主板市场是资本市场中最重要的组成部分，能够反映经济发展状况，有“国民经济晴雨表”之称。主板市场对发行人的营业期限、股本大小、盈利水平、最低市值等方面的要求标准较高，上市企业多为大型成熟企业，具有较大的资本规模以及稳定的盈利能力。

二板市场，也称创业板市场，是一国证券主板市场之外的证券交易市场，它的明确定位是为具有高成长性的中小企业和高科技企业融资服务的，是针对中小企业的资本市场。与主板市场相比，在二板市场的企业标准和上市条件相对较低，更容易进入资本市场募集发展所需资金。二板市场的建立，能直接推动中小高科技企业的发展。

二板市场具有前瞻性、高风险、监管要求严格，以及明显的高技术产业导向等特点。国际上成熟的证券市场与新兴市场大都设有这类股票市场，国际上最有名的二板市场是美国纳斯达克市场，中国大陆的二板市场一般指的是创业板。

三板市场，也称“代办股份转让系统”，是指经中国证券业协会批准，由具有代办非上市公司股份转让业务资格的证券公司采用电子交易方式，为非上市公司提供的特别转让服务。其作用是发挥证券公司的中介机构作用，充分利用代办股份转让系统现有的证券公司网点体系，方便投资者的股份转让，为投资者提供高效率、标准化的登记和结算服务，保障转让秩序，依托代办股份转让系统的技术服务系统，避免系统的重复建设，降低市场运行成本和风险，减轻市场参与者的费用负担。

“代办股份转让系统”，也即常说的股权交易市场，是“场外交易市场”（Over the Counter Market；OTC Market），简称 OTC 市场。

场外交易是指非上市或上市的证券，不在交易所内进行交易而在场外市场进行交易的活动，通俗称为“店头交易”或“柜台交易”。当时的三板证券市场是由全国证券交易自动报价系统 STAQ 和 NET 组成。

1990 年 12 月 5 日，全国证券交易自动报价系统（STAQ 系统）正式开始运行。STAQ 系统是一个基于计算机网络进行有价证券交易的综合性场外交易市场。系统中心设在北京，连接国内证券交易比较活跃的大中城市，为会员公司提供有价证券的买卖价格信息以及结算等方面的服务，使分布在各地的证券机构能高效、安全地开展业务。

在当时，STAQ 系统的建立，推动了全国证券市场的发展，便于异地证券机构间的沟通。STAQ 系统在交易机制上普遍采用了做市商制度。

1992 年 7 月 1 日，法人股流通转让试点在 STAQ 系统开始试运行，开创了法人股流通市场。

NET 系统是由中国证券交易系统有限公司（简称中证交）开发设计，并于 1993 年 4 月 28 日投入试运行。该系统中心设在北京，利用覆盖全国 100 多个城市的卫星数据通信网络连接起来的计算机网络系统，为证券市场提供证券的集中交易及报价、清算、交割、登记、托管、咨询等服务。NET 系统由交易系统、清算交割系统和证券商业务系统三个子系统组成。

当时，在 NET 系统进行交易的只有中兴实业、东方实业、建北集团、广州电力、湛江供销、广东广建和南海发展等 7 只股票，市场规模较小。按有关规定，凡具备法人资格且能出具有效证明的境内企业、事业单位以及民政部门批准成立的社会团体，均可用其依法可支配的资金，通过一个 NET 系统证券商的代理，参与法人股交易。由此在全国形成了上海、深圳两个证券交易所和 STAQ、NET 两个计算机网络构成的“两所两网”的证券交易市场格局，但由于多方面的原因，STAQ 和 NET 两个交易系统日益萎缩，上市公司的效益也不尽人意。1999 年 9 月 9 日，STAQ 和 NET 系统停止运行。

为妥善解决原 STAQ、NET 系统挂牌公司流通股的转让问题，经中国证监会批准，中国证券业协会于 2001 年 6 月 12 日公布了《证券公司代办股份转让服务业务试点办法》[①]，代办股份转让工作正式启动，7 月 16 日第一家股

---

① 现已失效。

份转让公司挂牌。由中国证券业协会出面，协调部分证券公司设立的代办股份转让系统，被称为“三板”。

同时，为解决退市公司股份转让问题，自2002年8月29日起，将退市公司也纳入代办股份转让试点范围。据此，三板市场一方面为退市后的上市公司股份提供继续流通的场所，另一方面也解决了原STAQ、NET系统历史遗留的数家公司法人股流通问题，但由于在“三板”中挂牌的股票品种少，且多数质量较低，因此很难吸引投资者，多年来一直被投资机构或投资者冷落。

2006年1月16日，《证券公司代办股份转让系统中关村科技园区非上市股份有限公司股份报价转让试点办法》正式颁布，将北京中关村科技园区非上市股份有限公司也纳入代办股份转让系统进行试点。

由于中关村科技园区非上市股份有限公司股份报价转让系统的挂牌上市公司都是高新技术公司，具有较好的成长性，与三板上的原法人股交易系统STAQ、NET系统挂牌公司和从主板退市的公司不同，为了区分三板证券市场上的这两个板块，就称“原法人股交易系统STAQ、NET系统挂牌公司和从主板退市的公司”为“老三板”，称专门为高新技术企业股份报价转让试点开设的“非上市股份有限公司股份报价转让系统”为“新三板”。

综上可知，2001年7月16日正式启动的“老三板”，其设立的目的主要在于解决两个问题：一是主板市场退市股票流通交易问题；二是原STAQ、NET两网系统遗留下来的一些法人股的流通问题。由于承接退市公司以及历史遗留问题，“老三板”系统里基本充斥着绩差公司、问题公司等，股票品种少，质量较低，再次转到主板市场上市的难度特别大，故长期被市场冷落，以至于很多人把“老三板”形象的称为“垃圾市场”，这一印象对代办股份转让系统的定位和发展带来了非常不利的影响。国家为了改变这一不利形象，迫切需要建造一个兼容性更强、领域更广、涉及面更多、更具活力的三板市场，来吸引大量创新型、创业型、成长型等极具潜力的中小企业在新三板市场挂牌、交易，切实提升三板市场在资本市场中的地位，真正发挥三板市场的资源配置功能。在这个特殊背景下，以北京中关村科技园区高新产业为挂牌对象的“新三板”市场应运而生。

第二节　新三板的发展及演变阶段

从时间上看，新三板分为试点阶段和全国扩容阶段。

一、试点阶段

为改变“老三板”留下的种种弊端，从2003年年底开始，北京市政府与科技部联合向国务院上报《关于中关村科技园区非上市股份有限公司进入证券公司代办股份转让系统进行试点的请示》，经过两年多紧锣密鼓地策划、筹备，2006年1月16日，正式推出新三板。

新三板全称为“中关村科技园区非上市股份有限公司进入证券公司代办股份转让系统进行股份转让试点”（以下简称中关村股份转让试点）。

新三板推出后的第7天，即2006年1月23日，两家中关村高新技术企业“世纪瑞尔”（300150）和“北京中科软”（430002）进入代办股份转让系统挂牌交易，标志着新三板市场的正式形成。

由于科技园区、企业性质、融资功能以及投资者身份的限制，再加上宣传力度不足、覆盖面仅局限于中关村科技园区一个特定区域等原因，市场对新三板的认识不足，新三板成立后，未能得到市场的热烈追捧，主要表现为挂牌企业数量相对较少、融资交易不够活跃。

为进一步提升新三板服务中小企业直接融资的功能，响应国家关于加快发展和完善多层次资本市场体系的号召。2012年8月3日，中国证监会宣布扩大非上市股份公司股份转让试点。2012年9月7日，中国证监会与北京市、上海市、天津市、湖北省四地政府分别签署了新三板扩大试点合作备忘录。至此，北京中关村科技园区、上海张江高科技园区、天津滨海高新技术产业开发区、武汉东湖新技术开发区等四个高新技术园区的企业均可以在新三板挂牌报价转让。

虽然只有四个省或直辖市的园区可以挂牌，但这一动作已经引起市场关注，部分原本对此项业务不看好的证券公司也于2012年向中国证券业协会申请了代办股份转让系统和报价股份转让系统的业务资质。

从全国中小企业股份转让系统网站载入的数据显示，在试点阶段，2012年是新三板最活跃的一年。截至2012年12月31日，共有207家中小企业挂牌新三板（其中7家已转至中小板或创业板）。在207家中，仅2012年一年就挂牌105家，比2006—2011年6年间累计挂牌的公司数量之和还要多。显然，市场的逐步沸腾已经预示着新三板市场将迎来爆发式的增长。

二、全国扩容阶段

如前所述，新三板市场形势一片大好。2012年9月20日，在证券市场没有言明的情况下，全国中小企业股份转让系统有限责任公司（以下简称系统公司）在国家工商总局注册登记。一星期后，中国证监会公布了《非上市公众公司监督管理办法》,《办法》中明确了其规范的公司对象为非上市公众公司。《办法》规定公众公司是指“有下列情形之一且其股票未在证券交易所上市交易的股份有限公司:（一）股票向特定对象发行或者转让导致股东累计超过200人;（二）股票以公开方式向社会公众公开转让”。[①]

从上述规定可以看出，新三板的挂牌公司未在证券交易所上市，但其股票却以公开方式向社会公众公开转让。基于此，很多行业人士认为,《办法》是为新三板挂牌公司正名以及对接《公司法》和《证券法》的最重要文件。

2013年1月16日，系统公司正式揭牌运营，这是全国场外市场建设的标志性事件，也是全国场外市场从试点走向规范性运行的重要转折。从此，新三板由“中关村股份转让试点”变更为“全国中小企业股份转让系统”（以下简称股份转让系统），全国性场外市场的运作管理机构也从原来的中国证券业协会变为系统公司，先前在新三板挂牌的公司也全部由系统公司承接。

---

① 2013年修改为“（二）股票公开转让”。

同时，在2012年除夕的前一天，系统公司发布了5个通知、4个细则、4个暂行办法及4个指引。其中的《全国中小企业股份转让系统业务规则（试行）》规定：股份有限公司申请股票在全国股份转让系统挂牌，不受股东所有制性质的限制，不限于高新技术企业。

另外，国务院加快了三板试点向全国扩容的步伐。2013年6月19日，国务院常务会议研究部署金融支持经济结构调整和转型升级的政策措施。会议决定，加快发展多层次资本市场，将中小企业股份转让系统试点扩大至全国，鼓励创新、创业型中小企业融资发展。会议指出，稳增长、调结构、促转型、惠民生，金融发挥着重要作用。在当前经济运行总体平稳、但也面临不少困难和挑战的情况下，要逐步有序不停顿地推进改革，优化金融资源配置，更有力地支持经济转型升级，更好地服务实体经济发展，更扎实地做好金融风险防范。

2013年12月13日，国务院正式公布了《关于全国中小企业股份转让系统有关问题的决定》（以下简称《决定》），标志着新三板从试点阶段正式进入全国扩容实施阶段。

紧接着，为贯彻落实《决定》和修改后的《非上市公众公司监督管理办法》，2013年12月30日，经中国证监会批准，系统公司对《全国中小企业股份转让系统业务规则（试行）》的部分条款进行了修改。同日，股份转让系统连续颁布了关于修改《全国中小企业股份转让系统公开转让说明书内容与格式指引（试行）》等一系列业务操作规则。

股份转让系统公布一系列新的业务规则之后的第二天，也就是从2013年12月31日起，股份转让系统开始面向全国受理企业挂牌申请。这表明，全国股转系统正式结束了在国家高新园区内的小规模、区域性试点，市场服务范围覆盖全国已进入实质性操作阶段。

新三板面向全国受理挂牌申请后，在短短一个多月的时间内，挂牌企业产生了井喷式的发展，2014年1月24日，股份转让系统首批全国企业集体挂牌仪式在京举行。这是《决定》之后，全国股份转让系统举办的首场集体挂牌仪式，就在当天，来自全国28个省、市、自治区的285家企业闪亮登场，集体挂牌。这标志着新三板未来 10—15 年蓬勃发展的春天真正拉开序幕。

截至 2016 年 12 月 19 日，全国股份转让系统挂牌企业已突破一万家，总股本已达 5689.27 亿股，总市值增至 3.87 万亿元。

三、新三板发展大事记

新三板全国扩容后，发展非常迅猛。2013 年 12 月 31 日，全国中小企业股份转让系统开始面向全国受理企业挂牌申请；2014 年 1 月 24 日，全国中小企业股份转让系统首批来自全国 28 个省、市、自治区的 285 家企业集体挂牌仪式在京举行；2016 年年底，新三板挂牌企业突破万家。下表简要梳理了新三板发展过程中的重大事项：

新三板发展重大事项简表①

时间	新三板发展重大事项
2012 年 11 月 8 日	时任中共中央总书记胡锦涛代表十七届中央委员会向中共第十八次代表大会作了题为《坚定不移沿着中国特色社会主义道路前进为全面建成小康社会而奋斗》的报告，报告明确提出，“健全促进宏观经济稳定、支持实体经济发展的现代金融体系，加快发展多层次资本市场”。
2013 年 1 月 16 日	全国中小企业股份转让系统在京举行揭牌仪式。中国证监会领导、北京市委常委、常务副市长李士祥出席揭牌仪式并致辞，证监会纪委书记黎晓宏主持仪式。来自证监会系统，中央有关部委及北京、天津、上海、湖北四省市相关部门的领导参加了仪式。
2013 年 1 月 31 日	为了加快推进全国中小企业股份转让系统建设，切实为广大中小企业提供资本市场服务，中国证监会公布了《全国中小企业股份转让系统有限责任公司管理暂行办法》，自公布之日起实施。

① 信息来源于全国中小企业股份转让系统网站，http://www.neeq.com.cn，本表根据网站相关信息整理而成。

续表

时间	新三板发展重大事项
2013 年 2 月 8 日	经中国证监会批准，《全国中小企业股份转让系统业务规则（试行）》及配套文件正式公布实施。上述规则和中国证监会公布的《非上市公众公司监督管理办法》《全国中小企业股份转让系统有限责任公司管理暂行办法》一起构成了全国场外市场运行管理的基本制度框架。
2013 年 5 月 28 日	按照全国中小企业股份转让系统新业务规则核准公开转让的首批企业在北京举行挂牌仪式。北京乐升科技股份有限公司、上海建中医疗器械包装股份有限公司、北京必可测科技股份有限公司、上海风格信息技术股份有限公司、长虹立川科技股份有限公司、北京拓川科研设备股份有限公司、上海申石软件科技股份有限公司等 7 家新挂牌企业的代表参加仪式，并与全国股份转让系统公司有关负责人共同敲响开市钟。
2013 年 6 月 17 日	全国中小企业股份转让系统有限责任公司公布《全国中小企业股份转让系统股票挂牌条件适用基本标准指引（试行）》。
2013 年 6 月 19 日	国务院常务会议研究部署金融支持经济结构调整和转型升级的政策措施。会议决定，加快发展多层次资本市场，将中小企业股份转让系统试点扩大至全国，鼓励创新、创业型中小企业融资发展。
2013 年 12 月 13 日	国务院公布《关于全国中小企业股份转让系统有关问题的决定》。
2013 年 12 月 26 日	中国证监会公布《关于修改〈非上市公众公司监督管理办法〉的决定》《股东人数超过 200 人的未上市股份有限公司申请行政许可有关问题的审核指引》《公开转让说明书》《公开转让股票申请文件》《定向发行说明书和发行情况报告书》《定向发行申请文件》以及证监会关于实施行政许可工作的公告等 7 项配套规则。

续表

时间	新三板发展重大事项
2013 年 12 月 30 日	为贯彻落实国务院《关于全国中小企业股份转让系统有关问题的决定》，全国中小企业股份转让系统根据修订后的《非上市公众公司监督管理办法》配套修订、制定、公布了 14 项业务制度。其中，制定 8 项业务制度，修订 6 项业务制度。 制定的 8 项业务制度主要内容体现在三个方面：一是明确了市场的交易方式和交易规则；二是明确了股票发行业务的规则和流程；三是以公告的形式明确了境内企业到全国股份转让系统挂牌的有关事项。修订的 6 项业务制度主要内容体现在两方面：一是根据《非上市公众公司监督管理办法》修订基本业务规则中公司申请挂牌程序、股票发行程序等方面的条款；二是修订投资者适当性管理细则。截至 12 月 30 日，全国股份转让系统已发布业务制度合计 49 件，包括业务规则 24 件，服务指南 25 件。
2013 年 12 月 31 日	自本日起，全国中小企业股份转让系统开始面向全国受理企业挂牌申请。这表明，全国股转系统正式结束了在国家高新园区内的小规模、区域性试点，市场服务范围覆盖全国已进入实质性操作阶段。
2014 年 1 月 24 日	全国中小企业股份转让系统首批全国企业集体挂牌仪式在京举行。这是国务院公布《关于全国中小企业股份转让系统有关问题的决定》之后，全国股份转让系统举办的首场集体挂牌仪式，来自全国 28 个省、市、自治区的 285 家企业闪亮登场。中国证券监会原主席周正庆、周道炯等老领导出席仪式。全国股份转让系统公司董事长杨晓嘉、北京市金融工作局局长王红、贵州威门药业股份有限公司董事长梁斌、申银万国证券股份有限公司总裁储晓明、昆吾九鼎投资管理有限公司总裁黄晓捷等分别代表市场有关方面在仪式上发表致辞。
2014 年 3 月 28 日	江苏省铁路发展股份有限公司在全国中小企业股份转让系统挂牌，成为首家登陆全国股份转让系统时股东人数超过 200 人的挂牌公司。

续表

时间	新三板发展重大事项
2014年6月5日	为规范做市商行为，防范做市业务风险，保护投资者合法权益，根据《全国中小企业股份转让系统业务规则（试行）》《全国中小企业股份转让系统股票转让细则（试行）》《全国中小企业股份转让系统主办券商管理细则（试行）》等有关规定，全国中小企业股份转让系统有限责任公司制定并公布了《全国中小企业股份转让系统做市商做市业务管理规定（试行）》，自公布之日起施行。
2014年6月13日	为规范退市公司、主办券商在全国中小企业股份转让系统办理股票挂牌业务，明确相关流程，根据《全国中小企业股份转让系统业务规则（试行）》《全国中小企业股份转让系统两网公司及退市公司股票转让暂行办法》等相关规定，全国中小企业股份转让系统有限责任公司制定了《全国中小企业股份转让系统退市公司股票挂牌业务指南（试行）》。
2014年7月25日	为规范股票在全国中小企业股份转让系统公开转让的公众公司重大资产重组的信息披露和相关业务办理，根据《非上市公众公司监督管理办法》《非上市公众公司重大资产重组管理办法》等部门规章以及全国中小企业股份转让系统的相关业务规则，全国中小企业股份转让系统有限责任公司制定了《全国中小企业股份转让系统非上市公众公司重大资产重组业务指引（试行）》。
2014年8月25日	全国中小企业股份转让系统做市转让方式正式实施。当日，挂牌股票共成交8038万元、1389万股、2897笔；其中，采用做市转让方式的股票成交3892万元、479万股、2722笔，分别占全部挂牌股票的48%、34%、94%。按当日收盘价统计，做市股票平均市盈率为22.22倍，低于全市场33.20倍的平均市盈率水平；平均市净率3.85倍，低于全市场4.12倍的平均市净率水平。做市股票估值水平较为合理，市场整体运行平稳。
2014年10月9日	为规范主办券商持续督导工作，提高挂牌公司信息披露质量和公司治理水平，促进挂牌公司规范运作，全国中小企业股份转让系统有限责任公司制定并公布了《全国中小企业股份转让系统主办券商持续督导工作指引（试行）》，自公布之日起实施。

续表

时间	新三板发展重大事项
2014 年 12 月 31 日	全国中小企业股份转让系统信息披露系统即将上线正式运行，为简化流程，方便申请挂牌公司及主办券商办理股票挂牌手续，全国中小企业股份转让系统有限责任公司修订了《股票挂牌业务操作指南（试行）》《全国中小企业股份转让系统挂牌公司持续信息披露业务指南（试行）》。
2015 年 1 月 6 日	经中国证监会批准，全国中小企业股份转让系统有限责任公司公布了《全国中小企业股份转让系统转让异常情况处理办法（试行）》，自公布之日起施行。
2015 年 2 月 13 日	为进一步完善市场功能，提高市场运行质量，便于投资者参与市场，全国中小企业股份转让系统公司委托中证指数有限公司编制了全国中小企业股份转让系统成份指数（指数简称：三板成指，指数代码：899001）、全国中小企业股份转让系统做市成份指数（指数简称：三板做市，指数代码：899002），将于 2015 年 3 月 18 日正式发布指数行情。
2015 年 5 月 29 日	为进一步提高全国中小企业股份转让系统挂牌公司股票发行备案审查（发行后股东人数累计不超过 200 人）的效率，提升服务质量，在总结挂牌公司股票发行备案审查经验的基础上，全国中小企业股份转让系统有限责任公司制定并公布了《挂牌公司股票发行审查要点》《挂牌公司股票发行文件模板》《挂牌公司股票发行常见问题解答——股份支付》和《挂牌公司股票发行备案材料审查进度表》，自公布之日起施行。
2015 年 6 月 26 日	为进一步明确核查和信息披露标准，提升执业质量，全国中小企业股份转让系统有限责任公司对申请挂牌公司一般问题的反馈意见进行标准化整理，起草了《挂牌审查一般问题内核参考要点（试行）》，并于该日公布。
2015 年 9 月 21 日	为规范全国中小企业股份转让系统的优先股试点工作，根据《国务院关于开展优先股试点的指导意见》《优先股试点管理办法》《非上市公众公司监督管理办法》等有关规定，以及全国中小企业股份转让系统的相关业务规则，全国中小企业股份转让系统有限责任公司制定并公布了《全国中小企业股份转让系统优先股业务指引（试行）》。

续表

时间	新三板发展重大事项
2015年10月16日	为进一步简化流程，提高效率，方便申请挂牌公司及主办券商办理股票挂牌手续，全国中小企业股份转让系统有限责任公司修订并公布了《全国中小企业股份转让系统股票挂牌业务操作指南（试行）》，自公布之日起施行。
2015年11月16日	为贯彻十八届五中全会提出有关深化新三板改革的精神，进一步落实《国务院关于全国中小企业股份转让系统有关问题的决定》（国发〔2013〕49号），中国证监会制定并公布了《关于进一步推进全国中小企业股份转让系统发展的若干意见》，加快推进全国股转系统发展。
2016年1月29日	为引导主办券商增强规范意识，提高执业质量，根据《全国中小企业股份转让系统业务规则（试行）》《全国中小企业股份转让系统主办券商管理细则（试行）》有关规定，全国中小企业股份转让系统有限责任公司制定并公布了《全国中小企业股份转让系统主办券商执业质量评价办法（试行）》及《关于主办券商执业质量评价办法有关问题的解答》。
2016年4月28日	为进一步规范市场违规行为处理，保护市场参与者的合法权益，根据《全国中小企业股份转让系统业务规则（试行）》有关规定，全国中小企业股份转让系统有限责任公司制定并公布了《全国中小企业股份转让系统自律监管措施和纪律处分实施办法（试行）》，自公布之日起施行。
2016年5月27日	为进一步落实《国务院关于全国中小企业股份转让系统有关问题的决定》和《中国证监会关于进一步推进全国中小企业股份转让系统发展的若干意见》精神，加快完善市场功能，降低投资人信息收集成本，提高风险控制能力，审慎推进市场创新，全国中小企业股份转让系统有限责任公司制定并公布了《全国中小企业股份转让系统挂牌公司分层管理办法（试行）》[1]。

① 现已失效。

续表

时间	新三板发展重大事项
2016年6月8日	为进一步规范主办券商推荐业务，明确主办券商内核职责及工作要求，全面提高主办券商推荐业务及内核工作质量，根据《全国中小企业股份转让系统业务规则（试行）》《全国中小企业股份转让系统主办券商推荐业务规定（试行）》《全国中小企业股份转让系统主办券商管理细则（试行）》，全国中小企业股份转让系统有限责任公司制定并公布了《全国中小企业股份转让系统主办券商内核工作指引（试行）》。
2016年6月24日	全国中小企业股份转让系统有限责任公司公布了《关于正式发布创新层挂牌公司名单的公告》，确认满足创新层标准的挂牌公司共计953家。自2016年6月27日起，全国股转公司正式对挂牌公司实施分层管理，并分别揭示创新层和基础层挂牌公司的证券转让行情和信息披露文件。
2016年9月5日	为落实《关于金融类企业挂牌融资有关事项的通知》（股转系统公告〔2016〕36号）中关于“一行三会”监管企业差异化信息披露的要求，进一步明确证券公司、私募基金管理机构、期货公司、保险公司及保险中介、商业银行及非银行支付机构《公开转让说明书》信息披露要求，保障投资者的合法权益，根据《公司法》《证券法》《非上市公众公司监督管理办法》《全国中小企业股份转让系统业务规则（试行）》《全国中小企业股份转让系统公开转让说明书内容与格式指引（试行）》等规定，全国中小企业股份转让系统公司制定并公布了《全国中小企业股份转让系统公开转让说明书信息披露指引第1号——证券公司（试行）》《全国中小企业股份转让系统公开转让说明书信息披露指引第2号——私募基金管理机构（试行）》《全国中小企业股份转让系统公开转让说明书信息披露指引第3号——期货公司（试行）》《全国中小企业股份转让系统公开转让说明书信息披露指引第4号——保险公司及保险中介（试行）》《全国中小企业股份转让系统公开转让说明书信息披露指引第5号——商业银行（试行）》《全国中小企业股份转让系统公开转让说明书信息披露指引第6号——非银行支付机构（试行）》。

续表

时间	新三板发展重大事项
2016年9月6日	为进一步提高企业申请挂牌材料受理工作公开透明程度，全国中小企业股份转让系统有限责任公司制定并公布了《挂牌申请材料（股东人数未超过200人）受理检查要点》。
2016年9月7日	为了规范挂牌公司董事会秘书的任职及资格管理，根据《全国中小企业股份转让系统业务规则（试行）》《全国中小企业股份转让系统挂牌公司分层管理办法（试行）》等有关规定，全国中小企业股份转让系统有限责任公司制定并公布了《挂牌公司董事会秘书任职及资格管理办法（试行）》。
2016年9月8日	为明确挂牌准入涉及的负面清单管理、国有股权批复形式、资金占用、军工涉密、失信被执行人申请挂牌问题，全国中小企业股份转让系统有限责任公司制定并公布了《全国中小企业股份转让系统挂牌业务问答——关于挂牌条件适用若干问题的解答（二）》[①]。
2016年9月14日	为做好私募基金管理机构参与全国股转系统做市业务试点的遴选工作，根据《关于证券经营机构参与全国中小企业股份转让系统相关业务有关问题的通知》（证监发〔2014〕118号）、《关于做好私募机构新三板做市业务试点备案管理工作的通知》（证监办发〔2016〕40号）、《全国中小企业股份转让系统业务规则（试行）》、《全国中小企业股份转让系统股票转让细则（试行）》、《全国中小企业股份转让系统做市商做市业务管理规定（试行）》等有关规定，全国股转公司制定并公布了《私募机构全国股转系统做市业务试点专业评审方案》。
2016年9月30日	为进一步规范主办券商推荐业务，明确主办券商内核职责及工作要求，提高主办券商执业质量和挂牌公司信息披露质量，全国中小企业股份转让系统有限责任公司制定并公布了《全国中小企业股份转让系统挂牌业务问答——关于内核工作指引实施若干问题的解答》。
2016年12月19日	新三板市场挂牌企业突破一万家，这是一个标志性的数字，见证了新三板市场近年来的飞速发展。

① 现已失效。

续表

时间	新三板发展重大事项
2017 年 3 月 5 日	李克强总理在第十二届全国人大第五次会议上做 2017 年政府工作报告时，指出今年多层次资本市场改革主要是完善主板市场基础性制度，积极发展创业板、新三板，规范发展区域性股权市场。政府工作报告首次将创业板和新三板同时提出，意在打通多层次资本市场，以支持双创战略、服务成长性的行业和中小微企业发展。

第三节　企业在新三板挂牌上市的多重利好

一、大大提升企业的品牌价值及市场影响力

众所周知，任何一家企业，主要是通过口碑传播、广告宣传和营销策划三种途径，达到提升品牌形象的效果。对中、小、微型企业而言，要想在市场中提高竞争力，更应当努力提高企业的品牌形象，而新三板挂牌则有更强的品牌传播效应。因为中、小、微型企业进入资本市场，就表明中、小、微型企业的成长性、市场潜力和发展前景得到了证券部门及资本市场的承认，这本身就是荣誉的象征，对中、小、微型企业的品牌建设作用巨大。其广告效果可使企业快速在同行业中脱颖而出，快速吸引市场的关注度。

尤为重要的是：1）挂牌后公司每日的交易行情、公司股票的涨跌等，是成千上万投资机构或投资者每日必须关注的资讯，公司的宣传广告每天都在强行植入每一个投资机构或投资者的脑海；2）大量媒体对上市公司拓展新业务及资本市场运作新动向的追踪报道，有助于企业吸引成千上万投资者的眼球；3）机构投资者和证券分析师等专业人士对企业的实时调查、行业评估和分析，能够进一步挖掘出企业的潜在价值。

二、新三板上市有助于企业股权的增值

新三板挂牌上市后，中、小、微型企业便成为公众公司，其和在主板市场上市的企业一样，不仅仅局限于企业所处的某个区域性的地方平台，而是享有一个全国性的“证券化”公开交易平台，大大增加了公司股票的流动性。同时，上市后，企业股票在资本市场的公开交易，也有利于发现企业的内在价值，实现企业股权增值，为企业股东带来高额的溢价财富，并可以在新三板股票市场上实现套现。

三、可以充分利用资本市场融资

中、小、微型企业在新三板挂牌上市后，可以充分利用资本市场融资功能，利用股权融资、债权融资以及定向增发等方式进行融资，使公司的资产价值成倍甚至数十倍地增加，原始股东的价值亦将得到极大的体现。比如上市前价值 500 万元的企业，挂牌上市后的价值很可能达到几千万元甚至上亿元，原始股东随时都有在市场套取现金的机会。

此外，中、小、微型企业上市直接融资时不存在还本付息的压力，增强了企业创业与创新的动力和能力。借助新三板市场上市融资，有助于中、小、微型企业打破融资“瓶颈”束缚，获得长期稳定的资金，改善企业的资本结构。股权融资“风险共担，收益共享”的独特机制有助于中小企业实现股权资本收益的最大化。配股、增发、转债等多种金融工具有助于中小企业实现低成本的持续融资。例如，股权融资所获得的资金，企业无须还本付息，该资金既可以充实企业的营运资金，也可以用于企业的投资活动。

上市可以充分利用资本市场融资。上市公司的资产价值将成倍甚至数十倍地增加，原始股东和创业者的价值也得到了最大的体现。

例如，诺思兰德（430047）是以有限责任公司整体变更的方式发起设立的股份有限公司，该公司于 2009 年 2 月 8 日上市，其改制时原始股为 1 元 /

股，但该公司股票从2010年4月至2011年12月6日的转让成交价都是30元/股。也就是说，假设公司上市前价值为500万元，那么其在两年的时间内市值高达1.5亿元。

四、完善公司治理结构，夯实基础管理、实现规范发展

中、小、微型企业在申请新三板挂牌前，都应当依法明晰产权关系，规范纳税行为，完善公司治理、建立现代企业制度。即使登陆新三板后，企业的工作重点仍然会围绕资本市场，不断地完善公司治理，夯实基础管理、实现规范发展。

中、小、微型企业上市前，首先要对企业内部及外部环境进行分析，并评价自身的优势和劣势，找准定位，使企业发展战略清晰化。上市进程中，律师事务所和会计师事务所等众多专业机构会为企业出谋划策，经过清产核资等一系列过程，帮助中小企业明晰产权关系，规范纳税行为，完善公司治理，建立现代企业制度。

此外，企业上市后的退市和被并购风险，能促使企业高管人员更加诚实信用、勤勉尽责，促进企业持续规范发展。中、小、微型企业上市后建立的以股权为核心的、完善的激励机制，也有助于吸引和留住核心管理人员以及关键技术人才，为企业的长期稳定发展奠定坚实的基础。由此可见，中、小、微型企业上市的整个过程，就是不断地调整和明确企业的发展方向。

五、依托上市融资后转板上市

中、小、微型企业在新三板上市后，一般来说，是比较容易融资的。有这笔融资的介入，企业会进一步发展壮大，经过一定阶段的培育，一个成长性较好的企业很快就可以发展成为成熟企业，符合中小板或创业板的上市条件，可申请转板上市，以便更好地实现其融资功能，筹集更多的资金，使企业依托资本市场更好地发展。

从长远来看，资本市场是每一家企业都应该去经历的，因为只有经过市场考验、被市场认可的企业才是真正优秀的企业。

市场总是眷顾强者，不会怜悯弱者，弱者只会在更透明、更规范的竞争中被淘汰，这就是资本市场的企业生存规则，而企业在资本市场上迈出的一小步，将成为靠近成功的一大步。另外，新三板挂牌，还享有以下利好政策：1. 资金扶持：根据各区域园区及政府政策，企业可享受园区及政府补贴。新三板挂牌，必须要由证券公司、律师事务所和会计师事务所等中介机构共同参与，按照一般市场价格，三家中介机构总共的中介费用大概为 150 万元人民币。在新三板挂牌前期，相当一部分园区给予拟挂牌企业的奖励或补贴基本都达到了中介费的标准，甚至不少拟挂牌企业获得的补贴高于中介费用，也就是说，企业挂牌不用花钱甚至赚钱。当然，随着新三板全国扩容，越来越多的企业都争先恐后申请挂牌上市，中介费用也在水涨船高，政府的补贴也越来越少，部分园区已经取消挂牌补贴；2. 定向增发融资：新三板上市公司挂牌后可实施定向增发股份，提高公司信用等级，帮助企业更快融资等。

第四节　挂牌上市的其他功能

一、新三板证券市场的套现功能

上市公司股东可将持有的股票高价套现，这是法律允许的，特别是在新三板市场，如果没有股东的套现，这个市场的股票（股权）就没有流动性，就没有生机和活力，一级市场的魅力就会尽失。新三板市场的交易和股票二级市场的交易过程虽然不同，但投机交易功能是相同的。这个市场如果缺少了投机，就不会有投资，融资功能就会大大减弱。

如果新三板市场的上市公司的股东都不套现，还会有人来买吗，还能称之为市场吗？一般来讲，控股股东如果出现了套现行为，小额的是可容的，如果数量较大，小股东可能就要有麻烦。因此，只要大股东没有大规模低吸高抛的投机行为，也可以认定为资本运作的范畴。

投机交易可使市场活跃，能够使有人买时有人卖，有人卖时有人买。市场机制决定市场行为，资本运作的本质就具有投机的含义。投机的实质是一种经营，一种精明的经营行为和投资行为，是资本运作的高级阶段。因此说，目前新三板市场的不活跃，就是缺少投机行为。也是基于此，新三板引入个人投资者的呼声越来越高。

引入做市商制度后，如果投机交易氛围不够，很可能导致做市商被动的成为挂牌公司的股东。当然，投机交易是要受到监控的，不能过度投机，这样才能使市场健康发展。因此，新三板市场应当引入适当的投机交易。

在新三板市场股票套现有三种方式：

一是现价套现，就是在市场上挂单卖出，价格与现价相同，标注卖出数量即可，公司状态较好的，平时会有人关注，一旦出现卖盘会立即有人买入，如果公司状态一般，卖出时间会较长，因为关注的人少或不认可公司的经营，就不会有人买入。

二是折价卖出，就是市场现价是 20 元，有人想 15 元买入，你按对方出的价卖出，成交后称折价套现。持有原始股的通过折价套现，是套现最快的方式，套现的同时也给对方留下了获利空间。

三是协商套现，买卖双方协商好价格，一个以协商好的价格卖出的同时，另一个以协商好的价格买入。

所以说，新三板市场是可以实现套现（股权变现）的，特别是新三板实行做市商制度后，做市商要持续报价，套现随时都能够成为现实。

二、新三板上市后市值可能会提升几十倍

在新三板上市时，多数公司总股本只有 3000 万股左右，上市后价格也只有一两元左右，市值 3000 万元—6000 万元。如果公司上市后成长性被挖掘出来，业绩有所突破，价格很快就会被众多买者抬起来，有的甚至可达到 20 元或 30 元。

这一点在证券公司的股票分析软件上，都可以查到从历史到今天的趋势变化过程，从一两元起步，涨到 20 元左右的不在少数。

三、新三板上市与 IPO 相比的优势

1. 新三板上市与 IPO 相比，具有风险低、经济、便捷等优势，更具有可行性和可控性，而且欲上市企业采取此途径获得上市资格的概率比较大，避免直接上市的高昂费用与上市流产的风险。目前许多企业家看重这些优势，选择在新三板上市，快速进入资本市场进行融资，实现资本增值，提高企业在市场的声誉。

2. 在新三板上市时间周期短，一般只需要 3—6 个月，而一个完整的 IPO 上市计划最快也要 3—5 年，并且财务费用很高，这是中小企业难以承担的。

3. 与主板、中小板、创业板相比，在新三板上市的优势还有，不因出身是“个体”“民企”而受歧视。避开 IPO 对产业政策的苛刻要求，不用考虑 IPO 上市对经营历史、股本结构、资产负债结构、盈利能力、重大资产（债务）重组、控股权和管理层的稳定性、公司治理结构等诸多方面的特殊要求。

4. 中国的创业板纵然对国内的高新企业有着极大的吸引力，融资数量也很大，但是准入门槛还是相当高的，而新三板市场的上市标准极低，快速发展中的国内中小微型企业在此能够相对容易地上市，且当企业“羽翼丰满”时，可以再转创业板或中小板。

新三板能够同时满足企业无形资产的增加及扩大品牌效应的需求；能够帮助企业完善激励机制，使其团队获得期权后能够在该市场得以实现股权变现；能够帮助企业圆一个参与全球化竞争的梦想，让企业的产品以最快的速度为世界所认知。

所以，到新三板上市是国内中小微型企业的最佳选择。

四、新三板上市的约束

1. 公司的资产、财务、经营、管理等公之于众，公司难有暗箱操作。

2. 公司挂牌上市有一定的工作量和费用，后续承担履行信息披露义务也要有一定的付出。

3. 公司成为准公众公司后，就要承担起相应的社会责任，受到的制约会增多，从而加大经营压力。

所以，公司挂牌后需要遵守有关规则，在公司治理、信息披露等方面都有一些规范性要求，还要接受深圳证券交易所、推荐公司挂牌的证券公司督导，所有这些都将给公司的经营管理增加约束，但这些约束对公司的健康、高速、持续、稳定的发展是有益的，毕竟这些规则、约束是长期以来人们关于公司经营管理的经验总结。总之，公司在新三板上市的益处远远大于弊端。

五、新三板上市后不一定要转板

值得关注的是，中小微企业的投资主体和所有制结构多元化，劳动密集度高，但发展不平衡，优势地区较集中。当前中小微企业侧重在“二次创业”和“大学生创业”，自身基础较薄弱。从初创到业务发展过程都不会快到短期使用资金达到几个亿或几十个亿的程度，一般中小微企业的项目需要资金少则几十万元或几百万元，多则几千万元或一两亿元足矣，只要项目好，这样的资金规模在新三板是完全可以通过融资实现的。只要中小微企业不是违法圈钱，而是用于企业发展，新三板筹集的融资款完全可以支撑企业很长时间的发展。

在新三板上市的目的应当是多种多样的，不一定非要融资才上新三板。也可以是为了公司形象、宣传、规范公司发展等。

新三板市场对中小微企业来讲，是一个完全可以实现低成本融资，高速发展的市场。高速发展是相对于新三板上市前与上市后对比，而不是指就能快速达到主板、中小板、创业板之一的上市所要求的条件。

在新三板市场，企业通过上市前私募、上市后定向增发，形成与公开发行市场互补的私募发行市场。从目前新三板的各种公开数据看，新三板对中小微企业的孵化能力极强，当企业符合条件后，转创业板或中小板都是自然的事情。

因此，利用好新三板证券市场的各项功能，专心发展企业，达到转板条件时，可根据企业需求决定是否 IPO。新三板上市后的目的并不一定要转板。

虽然在新三板上市后不一定要转板，但企业发展到更高阶段，进入主板、中小板或创业板仍是一个较好的选择。转板后有以下优势：

1. 转板后股东的股票更易流通。

2. 转板后股东的股票会大幅升值，例如在新三板市场上 1 元的股票，转板后大都是溢价发行和溢价开盘。

目前已转板的久其软件（002279）转板上市后最高曾涨至 64 元。世纪瑞尔（300150）转板上市后最高曾涨至 51 元。北陆药业（300016）转板上市后最高曾涨至 51 元。佳讯飞鸿（300213）转板上市后最高曾涨至 21 元。紫光华宇（300271）转板上市后最高曾涨至 41.87 元。

3. 企业会在转板上市过程中获得高额的直接融资，可融到少则几亿元，多则几十亿元或几百亿元的资金。

第二章　新三板的法律制度

第一节　新三板信息披露制度

一、信息披露的功能与作用

在新三板上，不确定性和风险是影响挂牌公司股票价格的重要因素。由于信息的获取可以改变对证券不确定性和风险的评价，信息对新三板挂牌公司股票的价格发现和价格均衡也就具有直接作用和决定性意义。从本质上看，新三板是一个信息市场，市场的运作过程也是信息的处理过程，正是信息在指引着资金流向各挂牌公司和各经济实体部门，实现新三板的资源配置功能。市场效率的关键问题是如何提高信息的充分性、准确性和对称性。一个成功的新三板市场的建立和发展，必然依赖于市场对投资者利益的切实保护和投资者对市场的信心。政府必须强制性地要求新三板挂牌公司将所有相关信息公之于众，以应对新三板中欺诈行为和内幕交易等市场失灵现象，改善市场中客观存在的不公平竞争状态。可见，无论是从理论的角度还是实践的层面看，信息在新三板运作和功能发挥过程中都处于关键地位，信息披露得充分与否、及时与否、准确与否直接决定了市场的有效性和有效程度。因此，正确认识强制信息披露制度与新三板发展之间的关系，是正确理解和把握强制信息披露制度的前提。

二、新三板信息披露制度的实行细则解读

2017年12月22日，全国中小企业股份转让系统有限责任公司公布了《全国中小企业股份转让系统挂牌公司信息披露细则》,《细则》对挂牌公司的信息披露工作作出了较为详细和可操作性的规定，其要求如下：

1. 一般性规定

制定《细则》的目的和依据。目的：为规范挂牌公司及其他信息披露义务人的信息披露行为，加强信息披露事务管理，保护投资者合法权益；依据：根据《非上市公众公司监督管理办法》《非上市公众公司监管指引第1号——信息披露》《全国中小企业股份转让系统业务规则（试行）》等。

适用的范围。股票在全国中小企业股份转让系统挂牌转让的公司，以及其他信息披露义务人适用本《细则》的规定。全国中小企业股份转让系统有限责任公司对特定行业挂牌公司，或者挂牌公司股票发行、收购重组、股权激励以及股票终止挂牌等事项涉及的信息披露有相关规定的，按其规定执行。全国股份转让系统公司对优先股、公司债券等其他证券品种涉及的信息披露有相关规定的，按其规定执行。

信息披露的种类。挂牌公司信息披露包括挂牌前的信息披露及挂牌后的持续信息披露，挂牌公司信息披露包括定期报告和临时报告。

信息披露的原则和要求。挂牌公司及其他信息披露义务人应当及时、公平地披露所有对公司股票及其他证券品种转让价格可能产生较大影响的信息，并保证信息披露内容的真实、准确、完整，不存在虚假记载、误导性陈述或重大遗漏。

信息披露事务管理。挂牌公司应当制定信息披露事务管理制度，经董事会审议后及时向全国股份转让系统公司报备并披露。

创新层挂牌公司应当设立董事会秘书，由董事会秘书负责信息披露管理事务。基础层挂牌公司未设董事会秘书的，应指定一名具有相关专业知识的人员作为信息披露事务负责人，负责信息披露管理事务。

主办券商的审查义务、督促责任和披露时间。挂牌公司披露重大信息之前，应当经主办券商审查，公司不得披露未经主办券商审查的重大信息。全国股份转让系统公司另有规定的除外。挂牌公司在其他媒体披露信息的时间不得早于在指定披露平台的披露时间。主办券商应当指导和督促所推荐挂牌公司规范履行信息披露义务，对其信息披露文件进行事前审查。发现拟披露的信息或已披露信息存在任何错误、遗漏或者误导的，或者发现存在应当披露而未披露事项的，主办券商应当要求挂牌公司进行更正或补充。挂牌公司拒不更正或补充的，主办券商应当在两个转让日内发布风险揭示公告并向全国股份转让系统公司报告。

已披露信息存在问题的更正。全国股份转让系统公司发现已披露信息存在问题的，可以采用公开问询等方式，要求挂牌公司及其他信息披露义务人、主办券商和其他证券服务机构等相关主体进行解释、说明、更正和补充，相关主体应当及时回复。主办券商应当对挂牌公司的回复进行审查。挂牌公司如须更正、补充信息披露文件的，应当履行相应程序。

应该披露的其他信息。挂牌公司发生的或者与之有关的事件没有达到本《细则》规定的披露标准，或者本《细则》没有具体规定，但公司董事会认为该事件对股票价格可能产生较大影响的，公司应当及时披露。

2. 挂牌后持续信息披露——定期报告

定期报告的种类。创新层挂牌公司应当披露的定期报告包括年度报告、半年度报告、季度报告。基础层挂牌公司应当披露的定期报告包括年度报告、半年度报告。

挂牌公司应当按照全国股份转让系统公司有关规定编制并披露定期报告。全国股份转让系统公司对市场不同层次挂牌公司的定期报告内容与格式有差异化规定的，挂牌公司应当遵守相关规定。创新层挂牌公司应当按照行业信息披露规则的相关要求，根据行业特点披露相应信息。

挂牌公司应当在规定的期限内编制并披露定期报告，在每个会计年度结束之日起 4 个月内编制并披露年度报告，在每个会计年度的上半年结束之日起两个月内披露半年度报告；披露季度报告的，公司应当在每个会计年度前 3

个月、9 个月结束后的 1 个月内披露季度报告。披露季度报告的，第一季度报告的披露时间不得早于上一年的年度报告。

定期报告的披露时间。挂牌公司应当与全国股份转让系统公司预约定期报告的披露时间，全国股份转让系统公司根据均衡原则统筹安排各挂牌公司定期报告披露顺序。挂牌公司应当按照全国股份转让系统公司安排的时间披露定期报告，因故需要变更披露时间的，应当告知主办券商并向全国股份转让系统公司申请，全国股份转让系统公司视情况决定是否调整。

定期报告中财务报告要求。挂牌公司年度报告中的财务报告必须经具有证券、期货相关业务资格的会计师事务所审计。挂牌公司不得随意变更会计师事务所，如确需变更的，应当由董事会审议后提交股东大会审议。

创新层挂牌公司审计应当执行财政部关于关键事项审计准则的相关规定。创新层挂牌公司签字注册会计师应当参照执行中国证监会关于证券期货审计业务注册会计师定期轮换的相关规定。

创新层挂牌公司年度报告预约在会计年度次年 4 月份披露的，或者预计年度业绩无法保密的，应当于会计年度次年的 2 月月底前披露业绩快报。业绩快报中的财务数据包括但不限于营业收入、净利润、总资产、净资产以及净资产收益率。

创新层挂牌公司在年度报告披露前，预计上一会计年度净利润发生重大变化的，或者在下半年度，预计当期年度净利润将发生重大变化的，应当及时进行业绩预告。业绩预告应当披露年度净利润的预计值以及重大变化的原因。

前款所称重大变化的情形为年度净利润同比变动超过 50% 且大于 500 万元、由盈利变为亏损或者由亏损变为盈利。

如发现业绩快报、业绩预告中的财务数据与实际数据差异幅度达到 10% 以上的，公司应当及时披露修正公告；如差异幅度达到 50% 以上的，公司应在修正公告中向投资者致歉并说明差异的原因。

公司董事会责任。挂牌公司董事会应当确保挂牌公司定期报告按时披露。董事会因故无法对定期报告形成决议的，应当以董事会公告的方式披露具体原因和存在的风险。挂牌公司不得披露未经董事会审议通过的定期报告，董事会已经审议通过的，不得以董事、高级管理人员对定期报告内容有异议为由不按时披露定期报告。

挂牌公司监事会应当对董事会编制的定期报告进行审核并提出书面审核意见，说明董事会对定期报告的编制和审核程序是否符合法律、行政法规、中国证监会的规定和公司章程，报告的内容是否能够真实、准确、完整地反映公司实际情况。

挂牌公司应当在定期报告披露前及时向主办券商提供下列文件：① 定期报告全文、摘要（如有）；② 审计报告（如适用）；③ 董事会、监事会决议及其公告文稿；④ 公司董事、高级管理人员的书面确认意见及监事会的书面审核意见；⑤ 按照全国股份转让系统公司要求制作的定期报告和财务数据的电子文件；⑥ 主办券商及全国股份转让系统公司要求的其他文件。

年度报告出现下列情形的，主办券商应当最迟在披露当日向全国股份转让系统公司报告：① 财务报告被出具否定意见或者无法表示意见的审计报告；② 经审计的期末净资产为负值；③ 挂牌公司因更正、追溯调整年报数据导致其不符合创新层标准将被直接调整至基础层的。

挂牌公司财务报告被注册会计师出具非标准审计意见的，公司在向主办券商送达定期报告的同时应当提交下列文件：① 董事会针对该审计意见涉及事项所作的专项说明，审议此专项说明的董事会决议以及决议所依据的材料；② 监事会对董事会有关说明的意见和相关决议；③ 负责审计的会计师事务所及注册会计师出具的专项说明；④ 主办券商及全国股份转让系统公司要求的其他文件。

负责审计的会计师事务所和注册会计师按本《细则》第 18 条出具的专项说明应当至少包括以下内容：① 出具非标准审计意见的依据和理由；② 非标准审计意见涉及事项对报告期公司财务状况和经营成果的影响；③ 非标准审计意见涉及事项是否违反企业会计准则及其相关信息披露规范性规定。

本《细则》第 19 条所述非标准审计意见涉及事项属于违反会计准则及相关信息披露规范性规定的，主办券商应当督促挂牌公司对有关事项进行纠正。

3. 挂牌后持续信息披露——临时报告

（1）一般规定

临时报告是指自取得挂牌同意函之日起，挂牌公司及其他信息披露义务人按照法律法规和全国股份转让系统公司有关规定发布的除定期报告以外的公告。

挂牌公司应当在临时报告所涉及的重大事件最先触及下列任一时点后及时履行首次披露义务：① 董事会或者监事会作出决议时；② 签署意向书或协议（无论是否附加条件或期限）时；③ 公司（含任一董事、监事或者高级管理人员）知悉或者理应知悉重大事件发生时。临时报告（监事会公告除外）应当加盖董事会公章并由公司董事会发布。

对挂牌公司股票转让价格可能产生较大影响的重大事件正处于筹划阶段，虽然尚未触及本《细则》第 23 条规定的时点，但出现下列情形之一的，公司亦应履行首次披露义务：① 该事件难以保密；② 该事件已经泄漏或者市场出现有关该事件的传闻；③ 公司股票及其衍生品种交易已发生异常波动。

挂牌公司发生的或者与之有关的事件没有达到本《细则》规定的披露标准，或者本《细则》没有具体规定，但公司董事会认为该事件涉及对股票或其他证券品种转让价格可能产生较大影响的重大信息，公司应当及时披露。

挂牌公司履行首次披露义务时，应当按照本《细则》规定的披露要求和全国股份转让系统公司制定的临时报告相关规则予以披露。临时报告披露应说明重大事件的起因、目前的状态和可能产生的法律后果。在编制公告时若相关事实尚未发生的，公司应当客观公告既有事实，待相关事实发生后，应当按照相关要求披露事项进展或变化情况。

挂牌公司控股子公司发生的对挂牌公司股票转让价格可能产生较大影响的信息，视同挂牌公司的重大信息，挂牌公司应当及时披露。

（2）董事会、监事会和股东大会决议

挂牌公司召开董事会会议，应当在会议结束后及时将经与会董事签字确认的决议（包括所有提案均被否决的董事会决议）向主办券商报备。董事会决议涉及本《细则》规定的应当披露的重大信息，公司应当在董事会决议后及时以临时报告的形式披露。

挂牌公司召开监事会会议，应当在会议结束后及时将经与会监事签字的决议向主办券商报备。监事会决议涉及本《细则》规定的应当披露的重大信息，公司应当在监事会决议后及时以临时报告的形式披露。

挂牌公司应当在年度股东大会召开 20 日前或者临时股东大会召开 15 日前，以临时报告方式向股东发出股东大会通知。挂牌公司在股东大会上不得披露、泄漏未公开重大信息。

挂牌公司召开股东大会，应当在会议结束后及时将相关决议公告披露。年度股东大会公告中应当包括律师见证意见。股东大会决议涉及本《细则》规定的重大事件，且股东大会审议未通过相关议案的，挂牌公司应当就该议案涉及的事项，以临时报告的形式披露事项未审议通过的原因及相关具体安排。

挂牌公司应当根据公司章程中规定的收购与出售资产、对外投资（含委托理财、对子公司投资等）、对外提供借款、对外提供担保等事项提交董事会或股东大会审议的标准，将上述事项提交董事会或股东大会审议并按本《细则》相关规定披露。

主办券商及全国股份转让系统公司要求提供董事会、监事会及股东大会会议记录的，挂牌公司应当按要求提供。

（3）关联交易

挂牌公司的关联交易是指挂牌公司与关联方之间发生的转移资源或者义务的事项。挂牌公司的关联方及关联关系包括《企业会计准则第 36 号—关联方披露》规定的情形，以及挂牌公司、主办券商或全国股份转让系统公司根据实质重于形式原则认定的情形。挂牌公司董事会、股东大会审议关联交易事项时，应当执行公司章程规定的表决权回避制度。挂牌公司应披露关联交易的表决情况以及回避制度的执行情况。

对于每年发生的日常性关联交易，挂牌公司可以在披露上一年度报告之前，对本年度将发生的关联交易总金额进行合理预计，提交股东大会审议并披露。对于预计范围内的关联交易，公司应当在年度报告和半年度报告中予以分类，列表披露执行情况并说明交易的公允性。如果在实际执行中预计关联交易金额超过本年度关联交易预计总金额的，公司应当就超出金额所涉及事项依据公司章程履行相应审议程序并披露。

除日常性关联交易之外的其他关联交易，挂牌公司依据公司章程履行相应审议程序并披露。公司章程未规定的，应当提交股东大会审议并披露。挂牌公司与关联方进行下列交易，可以免予按照关联交易的方式进行审议和披露：① 一方以现金认购另一方发行的股票、公司债券或企业债券、可转换公司债券或者其他证券品种；② 一方作为承销团成员承销另一方公开发行的股票、公司债券或企业债券、可转换公司债券或者其他类型证券；③ 一方依据另一方股东大会决议领取股息、红利或者报酬；④ 挂牌公司与其合并报表范围内的控股子公司发生的或者上述控股子公司之间发生的关联交易。

（4）其他重大事件

挂牌公司对涉案金额占公司最近一期经审计净资产绝对值 10%以上的重大诉讼、仲裁事项应当及时披露。未达到前述标准或者没有具体涉案金额的诉讼、仲裁事项，董事会认为可能对公司股票及其他证券品种转让价格产生较大影响的，或者主办券商、全国股份转让系统公司认为有必要的，以及涉及股东大会、董事会决议被申请撤销或者宣告无效的诉讼，公司也应当及时披露。

挂牌公司应当在董事会审议通过利润分配或资本公积转增股本方案后，及时披露方案具体内容，并于实施方案的股权登记日前披露方案实施公告。

股票转让被全国股份转让系统公司认定为异常波动的，挂牌公司应当于次一转让日开盘前披露异常波动公告。如果次一转让日开盘前无法披露，公司应当向全国股份转让系统公司申请股票暂停转让直至披露后恢复转让。

公共媒体传播的消息（以下简称“传闻”）可能或者已经对公司股票转让价格产生较大影响的，挂牌公司应当及时向主办券商提供有助于甄别传闻的相关资料，并决定是否发布澄清公告。

实行股权激励计划的挂牌公司，应当严格遵守全国股份转让系统公司的相关规定，并履行披露义务。

限售股份在解除转让限制前，挂牌公司应当按照全国股份转让系统公司有关规定披露相关公告或履行相关手续。

挂牌公司投资者及其一致行动人拥有权益的股份达到《非上市公众公司收购管理办法》规定标准的，应当按照《收购办法》的规定履行权益变动或控制权变动的披露义务。

挂牌公司和相关信息披露义务人披露承诺事项的，应当严格遵守其披露的承诺事项。公司未履行承诺的，应当及时披露原因及相关当事人可能承担的法律责任；相关信息披露义务人未履行承诺的，公司应当主动询问，并及时披露原因，以及董事会拟采取的措施。

全国股份转让系统公司对挂牌公司实行风险警示或作出股票终止挂牌决定后，挂牌公司应当及时披露。

挂牌公司出现以下情形之一的，应当自事实发生或董事会决议之日起及时披露：①挂牌公司控股股东、实际控制人及其一致行动人发生变更；②挂牌公司控股股东、实际控制人或者其关联方占用资金；③法院裁定禁止有控制权的大股东转让其所持挂牌公司股份；④任一股东所持挂牌公司 5% 以上的股份被质押、冻结、司法拍卖、托管、设定信托或者被依法限制表决权；⑤挂牌公司董事、监事、高级管理人员发生变动，董事长或者总经理无法履行职责；⑥挂牌公司减资、合并、分立、解散及申请破产的决定，或者依法进入破产程序、被责令关闭；⑦挂牌公司董事会就收购与出售重大资产、对外重大投资（含委托理财、对子公司投资等）事项的方案、协议签订作出决议；⑧挂牌公司董事会就股票拟在证券交易所上市或者发行其他证券品种作出决议；⑨挂牌公司董事会就回购股份、股权激励方案作出决议；⑩挂牌公司变更会计政策、会计估计（因法律、行政法规、部门规章修订造成的除外），变更会计师事务所；⑪挂牌公司董事会就对外提供借款（对控股子公司借款除外）、对外提供担保（对控股子公司担保除外）事项作出决议；⑫挂牌公司涉及重大诉讼、仲裁事项，股东大会、董事会决议被依法撤销或者宣告无效；⑬挂牌公司或其控股股东、实际控制人、董事、监事、高级管理人员被纳入失信联合惩戒对象；⑭挂牌公司取得或丧失重要生产资质、许可、特许经营权，或生产经营的外部条件、行业政策发生重大变化；⑮挂牌公司涉嫌违法违规被中国证监会及其派出机构或其他有权机关立案调查，被移送司法机关或追究刑事责任，受到对公司生产经营有重大影响的行政处罚，被中国证监会及其派出机构采取行政监管措施；公司董事、监事、高级管理人员涉嫌违法违规被中国证监会及其派出机构或其他有权机关立案调查或者采取强制措施，被中国证监会及其派出机构处以证券市场禁入、认定为不适当人员，受到对公司生产经营有重大影响的行政处罚；⑯因前期已披露的信息存在差错、未按规定披露或者虚假记载，被有关机构责令改正或者经董事会决定进行更正；⑰法律、行政法规规定的，或者中国证监会、全国股份转让系统公司、主办券商认定的其他情形。

挂牌公司发生违规对外担保，或者资金、资产被控股股东、实际控制人或其关联方占用的，应当披露相关事项的整改进度情况。

4. 监管措施和违规处分

挂牌公司董事、监事、高级管理人员应当对公司信息披露的真实性、准确性、完整性、及时性、公平性负责。挂牌公司信息披露事务的主管人员、董事会秘书或信息披露负责人对公司的信息披露事务负直接责任。挂牌公司财务负责人对公司的财务报告负直接责任。

主办券商按照本《细则》和《全国中小企业股份转让系统主办券商持续督导工作指引（试行）》等业务规则的规定，对挂牌公司规范履行信息披露义务负有督导职责。会计师事务所、律师事务所、其他证券服务机构及其从业人员根据本《细则》等业务规则的规定，对出具文件的真实性、准确性、完整性负责。

挂牌公司及其他信息披露义务人有以下信息披露违规行为的，全国股份转让系统公司可以按照《业务规则》和《全国中小企业股份转让系统自律监管措施和纪律处分实施办法（试行）》等规定，对挂牌公司及相关责任主体采取自律监管措施或纪律处分：（1）将不存在的事实在信息披露文件中予以记载，构成虚假记载的；（2）通过信息披露文件作出使投资者对其投资行为发生错误判断并产生重大影响的陈述，构成误导性陈述的；（3）信息披露文件未完整记载应当披露的事项，或未按照信息披露文件内容与格式的相关规定进行编制，构成重大遗漏的;（4）无正当理由未在本《细则》规定的期限内披露定期报告或临时报告的;（5）对外提供未在本《细则》规定或全国股份转让系统公司认定的信息披露平台披露应当披露的信息，或者未以全国股份转让系统公司规定的方式公开披露应当披露的信息;（6）通过更正披露文件差错、修正已披露财务数据等产生重大影响的;（7）拒不回复或不及时回复全国股份转让系统公司对信息披露文件进行解释说明、更正和补充的要求，或者公开问询的;（8）未按规定建立、执行信息披露事务管理制度，或拒不履行本《细则》规定的信息报备义务;（9）全国股份转让系统公司认定的其他违规行为。存在上述情形，但情节轻微，未造成不良影响或后果的，全国股份转让系统公司可以由业务部门采取出具监管意见函，或要求相关责任人员参加业务培训等方式进行提醒教育。

主办券商未按规定履行持续督导职责，对挂牌公司及其他信息披露义务人的信息披露违规行为负有责任的，按照《督导工作指引》的规定对其采取自律监管措施或纪律处分。

会计师事务所、律师事务所、其他证券服务机构及其从业人员出具的文件违反信息披露真实性、准确性、完整性原则的，按照《业务规则》的规定，对其采取自律监管措施或纪律处分。

三、新三板持续信息披露业务指南

2013 年 7 月 10 日，全国中小企业股份转让系统有限责任公司公布了《全国中小企业股份转让系统挂牌公司持续信息披露业务指南（试行）》（以下简称《指南》）。2014 年 12 月 31 日，全国中小企业股份转让系统有限责任公司对《指南》进行了修改，修改后的《指南》自 2015 年 1 月 12 日起施行。

2015 年 1 月 12 日起施行的《指南》的主要内容如下：

（一）挂牌公司编制披露文件并报主办券商审查

1. 挂牌公司董事会秘书或者信息披露事务负责人应按照《业务规则》《信息披露细则》《全国中小企业股份转让系统创新层挂牌公司年度报告内容与格式指引》《全国中小企业股份转让系统基础层挂牌公司年度报告内容与格式指引》《全国中小企业股份转让系统挂牌公司半年度报告内容与格式指引（试行）》和《全国中小企业股份转让系统临时公告格式模板》等规定，在编制端使用信息披露文件编制工具填写披露内容，生成信息披露文件。编制工具里没有明确给出模板的临时报告，由挂牌公司根据有关规定自行编制。挂牌公司在使用编制工具完成信息披露文件编制工作后，应当对编制工具生成的信息披露文件内容的真实性、准确性、完整性进行核查，确保不存在虚假记载、误导性陈述或者重大遗漏，并对其真实性、准确性、完整性承担相应的法律责任。

2. 挂牌公司将编制好的信息披露文件及备查文件送达主办券商。一般情况下，上述材料包括加盖董事会章的信息披露纸质文件及相应电子文件，其中电子文件包括定期报告或临时报告正文及相应 XBRL 文件（自行编制的除外）。

3. 进行定期报告披露的，挂牌公司应与主办券商商定披露日期。主办券商通过报送端的电子化预约功能协助挂牌公司完成披露时间的预约。特殊原因需变更披露预约时间的，主办券商应协助挂牌公司在原预约披露日 5 个转让日前通过报送端进行修改；在 5 个转让日内需要变更预约披露时间的，挂牌公司还应发布《关于变更 ×× 年度（半年度）报告披露日期的提示性公告》。

信息披露系统根据均衡披露原则，限制每日预约量以及修改次数。预计披露日期、变更情况及最终披露日期将在信息披露平台上公布。

4. 挂牌公司申请豁免披露涉及国家机密或商业秘密的信息，应通过主办券商向全国中小企业股份转让系统有限责任公司（以下简称“全国股份转让系统公司”）申请并提出豁免披露的充分依据。豁免定期报告相关信息披露的，主办券商应协助挂牌公司在申报预约披露日期的同时通过报送端申请；豁免临时报告披露的，应及时在线下向全国股份转让系统公司提出申请。

（二）主办券商事前审查并上传至信息披露系统

1. 主办券商对拟披露的信息披露文件进行事前审查，发现拟披露的信息披露文件与全国股转系统相关规定不符的，主办券商应与挂牌公司沟通，了解相关情况，督导挂牌公司进行更正或补充，直至符合全国股转系统有关规定的要求。拟披露的信息披露文件存在虚假记载、误导性陈述或重大遗漏的，主办券商应要求挂牌公司及时改正，挂牌公司拒不改正的，主办券商应通过报送端向全国股份转让系统公司报告，并在挂牌公司信息披露文件披露当日同时发布风险揭示公告。

主办券商对年度报告进行事前审查中，如发现挂牌公司的财务报告被出具了否定意见或者无法表达意见的审计报告，或期末净资产为负值，或全国股转系统规定的其他情形的，主办券商应通过报送端向全国股份转让系统公司报告。

2. 主办券商事前审查后，无论是否有异议，均应通过报送端将信息披露文件正文（PDF 格式）及 XBRL 文件（自行编制的除外）上传至信息披露系统；主办券商如有异议的应按《全国中小企业股份转让系统挂牌公司持续信息披露业务指南(试行)》第 2 条第 1 项的规定执行。

主办券商最迟应在披露日 20:00 前完成事前审查并上传。信息披露文件一经上传将不可撤回。

（三）信息披露系统将信息披露文件发送至信息披露平台

1. 主办券商在转让日 15:30 前提交信息披露文件，且拟披露日期为当日的，信息披露系统于当日 15:30 后自动将信息披露文件发送至信息披露平台披露。

2. 主办券商在转让日 15:30 后提交信息披露文件，且拟披露日期为当日的，信息披露系统自动将信息披露文件发送至信息披露平台披露。

（四）信息披露文件披露后的审查和处理

1. 更正或补充公告的处理

全国股份转让系统公司监管人员在信息披露系统上对信息披露文件进行审查，若发现信息披露文件不符合全国股转系统信息披露有关规定，或信息披露文件存在重大错误或遗漏的，将通过信息披露系统向主办券商发送反馈意见。主办券商对有关问题核实后应及时通过信息披露系统向全国股份转让系统公司进行回复。

信息披露文件在信息披露平台披露后，如因错误或遗漏需要更正或补充的，挂牌公司需发布更正或补充公告，并重新披露相关信息披露文件，原已披露的信息披露文件不做撤销。

2. 撤销或替换公告的处理

已披露的信息披露文件不得撤销或替换。

3. 补发公告的处理

挂牌公司不能按照规定的时间披露信息披露文件，或发现存在应当披露但尚未披露的信息披露文件的，挂牌公司应发布补发公告并补发信息披露文件。全国股份转让系统公司若发现挂牌公司存在应披露但未披露信息披露文件的，通知主办券商督促挂牌公司发布补发公告并补发信息披露文件。

（五）信息披露文件无法正常披露的处理

主办券商通过报送端完成信息披露文件的提交后，应及时查看信息披露文件是否在本《指南》第 3 条规定的时间段中成功披露至信息披露平台。如发现信息披露文件无法在规定的时间段中成功披露的，主办券商应立即向全国股份转让系统公司报告，经全国股份转让系统公司确认后进行处理。

四、金融类企业公开转让说明书信息披露指引

2016 年 9 月 5 日，为落实《关于金融类企业挂牌融资有关事项的通知》

（股转系统公告〔2016〕36号）中关于“一行三会”监管企业差异化信息披露的要求，进一步明确证券公司、私募基金管理机构、期货公司、保险公司及保险中介、商业银行及非银行支付机构《公开转让说明书》的信息披露要求，保障投资者的合法权益，根据《公司法》《证券法》《非上市公众公司监督管理办法》《全国中小企业股份转让系统业务规则（试行）》《全国中小企业股份转让系统公开转让说明书内容与格式指引（试行）》等规定，全国中小企业股份转让系统公司制定并公布了《全国中小企业股份转让系统公开转让说明书信息披露指引第1号—证券公司（试行）》《全国中小企业股份转让系统公开转让说明书信息披露指引第2号—私募基金管理机构（试行）》《全国中小企业股份转让系统公开转让说明书信息披露指引第3号—期货公司（试行）》《全国中小企业股份转让系统公开转让说明书信息披露指引第4号—保险公司及保险中介（试行）》《全国中小企业股份转让系统公开转让说明书信息披露指引第5号—商业银行（试行）》《全国中小企业股份转让系统公开转让说明书信息披露指引第6号—非银行支付机构（试行）》。

第二节　新三板交易制度

一、交易主体制度

2017年6月27日，全国中小企业股份转让系统有限责任公司公布了《全国中小企业股份转让系统投资者适当性管理细则》,《细则》自2017年7月1日起施行，同时废止2013年2月8日公布、2013年12月30日修改的《全国中小企业股份转让系统投资者适当性管理细则（试行）》。

制定该《细则》的目的：为保障全国中小企业股份转让系统平稳有序发展，有效控制市场风险，保护投资者合法权益；制定依据：根据《证券期货投资者适当性管理办法》、《全国中小企业股份转让系统业务规则（试行）》等规定。该《细则》从新三板投资者的资格以及主办券商的责任等方面进行了规定，其主要内容有：

1. 投资者的资格

投资者参与挂牌公司股票公开转让等相关业务，应当熟悉全国股转系统相关规定，了解挂牌公司股票风险特征，结合自身风险偏好确定投资目标，客观评估自身的心理和生理承受能力、风险识别能力及风险控制能力，审慎决定是否参与挂牌公司股票公开转让等业务。

投资者分机构投资者和自然人投资者两大类。

可以申请参与挂牌公司股票公开转让的机构投资者有：（一）实收资本或实收股本总额500万元人民币以上的法人机构；（二）实缴出资总额500万元人民币以上的合伙企业。

证券公司资产管理产品、基金管理公司及其子公司产品、期货公司资产管理产品、银行理财产品、保险产品、信托产品、经行业协会备案的私募基金等理财产品，社会保障基金、企业年金等养老金，慈善基金等社会公益基金，合格境外机构投资者（QFII）、人民币合格境外机构投资者（RQFII）等机构投资者，可以申请参与挂牌公司股票公开转让。

同时符合下列条件的自然人投资者可以申请参与挂牌公司股票公开转让：（1）在签署协议之日前，投资者本人名下最近10个转让日的日均金融资产500万元人民币以上。金融资产是指银行存款、股票、债券、基金份额、资产管理计划、银行理财产品、信托计划、保险产品、期货及其他衍生产品等。（2）具有2年以上证券、基金、期货投资经历，或者具有2年以上金融产品设计、投资、风险管理及相关工作经历，或者具有《办法》第8条第1款规定的证券公司、期货公司、基金管理公司及其子公司、商业银行、保险公司、信托公司、财务公司，以及经行业协会备案或者登记的证券公司子公司、期货公司子公司、私募基金管理人等金融机构的高级管理人员任职经历。

具有前款所称投资经历、工作经历或任职经历的人员属于《证券法》第43条规定禁止参与股票交易的，不得申请参与挂牌公司股票公开转让。

可以参与挂牌公司股票定向发行的投资者：（1）《非上市公众公司监督管理办法》第39条规定的投资者；（2）符合参与挂牌公司股票公开转让条件的

投资者。

公司挂牌前的股东、通过定向发行持有公司股份的股东等，如不符合参与挂牌公司股票公开转让条件，只能买卖其持有的挂牌公司股票。已经参与挂牌公司股票买卖的投资者保持原有交易权限不变。

2. 主办券商的责任

主办券商应当根据中国证券监督管理委员会有关规定及本《细则》要求，建立健全投资者分类、产品或服务分级和适当性匹配等内部管理制度，明确匹配依据、方法、流程等，并报全国股份转让系统公司备案。

主办券商应当切实履行投资者适当性管理职责，了解投资者的身份、财务状况、证券投资经验等相关信息，评估投资者的风险承受能力和风险识别能力，有针对性地开展风险揭示、投资者知识普及、投资者服务等工作，引导投资者审慎参与挂牌公司股票公开转让等相关业务。

主办券商应当认真审核投资者提交的相关材料，并与投资者书面签署《买卖挂牌公司股票委托代理协议》和《挂牌公司股票公开转让特别风险揭示书》。投资者应抄录《挂牌公司股票公开转让特别风险揭示书》中的特别声明。投资者应当配合主办券商投资者适当性管理工作，如实提供申报材料。投资者不予配合或者提供虚假信息的，主办券商可以拒绝为其办理挂牌公司股票公开转让相关业务。

主办券商应当建立投资者评估数据库，结合所了解的投资者信息和投资者参与挂牌公司股票转让的情况，每年对评估数据库进行更新，留存评估结果备查。

主办券商应当针对不同类别的投资者制定服务方案和管理流程，根据客户的不同特点，讲解全国股转系统业务规则和风险特点，提示参与挂牌公司股票公开转让可能面临的风险。

主办券商应当在投资者首次参与挂牌公司股票公开转让之日起，通过主动提醒、动态跟踪、定期检查等方式，督促投资者持续符合要求。

主办券商应当自为自然人投资者开通权限之日起每 12 个月内至少对其进行一次持续评估，如其前 5 个转让日日均资产低于申请开通权限时准入资产规模要求的60%时，主办券商应当履行特别的注意义务，包括制定专门的工作程序，追加了解相关信息，告知特别的风险点，或者增加回访频次等。

投资者应当配合主办券商投资者适当性管理工作，如实提供申报材料。投资者不予配合或提供虚假信息的，主办券商应当拒绝为其办理挂牌公司股票公开转让相关业务或者限制其交易权限。

主办券商应当妥善保管投资者的档案资料，除依法配合调查和检查外，应当为投资者保密。

主办券商应当妥善保存业务办理、投资者服务过程中风险揭示的语音或影像留痕。

主办券商发现客户存在异常交易行为或者违法违规行为时，应当根据全国股份转让系统公司相关规定及时提醒客户，并向全国股份转让系统公司报告。

全国股份转让系统公司对存在异常交易行为的投资者采取口头或书面警示等监管措施的，主办券商应当及时与投资者取得联系，告知其有关监管要求和采取的监管措施。对出现异常交易行为的投资者，全国股份转让系统公司可以限制其交易，主办券商应当予以配合。

主办券商应当为投资者提供合理的投诉渠道，指定专门部门受理投诉，妥善处理与投资者的矛盾和纠纷，并认真做好记录工作。

主办券商应当按照全国股份转让系统公司的要求报送投资者适当性管理相关信息，并配合中国证监会及其派出机构、全国股份转让系统公司等监管机构对其投资者适当性管理执行情况进行检查，如实提供投资者开户资料、资金账户情况等信息，不得隐瞒、阻碍和拒绝。主办券商应当妥善保存其履行投资者适当性义务的相关信息资料，保存期限不得少于20年。

主办券商及其相关业务人员违反本《细则》规定，全国股份转让系统公司可依据《业务规则》等有关规定采取相应的监管措施或纪律处分。

二、新三板交易规则

2013年2月8日公布、2013年12月30日修改的《全国中小企业股份转让系统业务规则（试行）》的第三章“股票转让”确定了新三板的交易制度和规则。

1. 交易制度的一般规定

股票转让采用无纸化的公开转让形式，或经中国证监会批准的其他转让形式。

股票转让可以采取协议方式、做市方式、竞价方式或其他中国证监会批准的转让方式。经全国股份转让系统公司同意，挂牌股票可以转换转让方式。

挂牌股票采取协议转让方式的，全国股份转让系统公司同时提供集合竞价转让安排。

挂牌股票采取做市转让方式的，须有 2 家以上从事做市业务的主办券商（以下简称做市商）为其提供做市报价服务。做市商应当在全国股份转让系统持续发布买卖双向报价，并在报价价位和数量范围内履行与投资者的成交义务。做市转让方式下，投资者之间不能成交。全国股份转让系统公司另有规定的除外。

全国股份转让系统为证券转让提供相关设施，包括交易主机、交易单元、报盘系统及相关通信系统等。

主办券商进入全国股份转让系统进行证券转让，应当先向全国股份转让系统公司申请取得转让权限，成为转让参与人。

股票转让时间为每周一至周五上午 9:15 至 11:30，下午 13:00 至 15:00。转让时间内因故停市，转让时间不作顺延。遇法定节假日和全国股份转让系统公司公告的休市日，全国股份转让系统休市。

全国股份转让系统对股票转让不设涨跌幅限制。全国股份转让系统公司另有规定的除外。

投资者买卖挂牌公司股票，应当开立证券账户和资金账户，并与主办券商签订证券买卖委托代理协议。投资者开立证券账户，应当按照中国结算的相关规定办理。

主办券商接受投资者的买卖委托后，应当确认投资者具备相应股票或资金，并按照投资者委托的时间先后顺序向全国股份转让系统申报。

买卖挂牌公司股票，申报数量应当为1000股或其整数倍。卖出挂牌公司股票时，余额不足1000股部分，应当一次性申报卖出。

股票转让的计价单位为“每股价格”。股票转让的申报价格最小变动单位为0.01元人民币。

全国股份转让系统公司可以根据市场需要，调整股票单笔买卖申报数量和申报价格的最小变动单位。

申报当日有效。投资者可以撤销委托申报的未成交部分。

买卖申报经交易主机成交确认后，转让即告成立，买卖双方必须承认转让结果，履行清算交收义务，本规则另有规定的除外。

中国结算作为共同对手方，为股票转让提供清算和多边净额担保交收服务；或不作为共同对手方，提供其他清算、交收等服务。

投资者卖出股票，须委托代理其买入该股票的主办券商办理。如需委托另一家主办券商卖出该股票，须办理股票转托管手续。

投资者因司法裁决、继承等特殊原因需要办理股票过户的，依照中国结算的规定办理。

2. 转让信息

全国股份转让系统公司每个转让日发布股票转让即时行情、股票转让公开信息等转让信息，及时编制反映市场转让情况的各类报表，并通过全国股份转让系统指定信息披露平台或其他媒体予以公布。

全国股份转让系统公司负责全国股份转让系统信息的统一管理和发布。未经全国股份转让系统公司许可，任何机构和个人不得发布、使用和传播转让信息。经全国股份转让系统公司许可使用转让信息的机构和个人，未经同意不得将转让信息提供给其他机构和个人使用或予以传播。

全国股份转让系统公司可以根据市场发展需要，编制综合指数、成份指数、分类指数等证券指数，随即时行情发布。证券指数的设置和编制方法，由全国股份转让系统公司另行规定。

3. 监控与异常情况处理

全国股份转让系统公司对股票转让中出现的异常转让行为进行重点监控，

并可以视情况采取盘中临时停止股票转让等措施。

发生下列转让异常情况之一，导致部分或全部转让不能正常进行的，全国股份转让系统公司可以决定单独或同时采取暂缓进入清算交收程序、技术性停牌或临时停市等措施：

（1）不可抗力；

（2）意外事件；

（3）技术故障；

（4）全国股份转让系统公司认定的其他异常情况。

全国股份转让系统公司对暂缓进入清算交收程序、技术性停牌或临时停市决定予以公告。技术性停牌或临时停市原因消除后，全国股份转让系统公司可以决定恢复转让，并予以公告。因转让异常情况及全国股份转让系统公司采取的相应措施造成损失的，全国股份转让系统公司不承担赔偿责任。

转让异常情况处理的具体规定，由全国股份转让系统公司另行制定并报中国证监会批准。

三、做市商制度

我国新三板证券市场已经实施了做市商制度。

2014 年 6 月 5 日，全国中小企业股份转让系统有限责任公司公布了《做市商做市业务管理规定（试行）》。

2014 年 8 月 25 日，全国中小企业股份转让系统做市转让方式正式实施。当日，挂牌股票共成交 8038 万元、1389 万股、2897 笔；其中，采用做市转让方式的股票成交 3892 万元、479 万股、2722 笔，分别占全部挂牌股票的 48%、34%、94%。按当日收盘价统计，做市股票平均市盈率为 22.22 倍，低于全市场 33.20 倍的平均市盈率水平；平均市净率 3.85 倍，低于全市场 4.12 倍的平均市净率水平。

（一）做市商制度的功能与成功经验

1. 做市商制度的特点与功能

国际上目前存在两种交易制度，一种是报价驱动制度（Quote–Driven–System），另一种是指令驱动制度（Order–Driven–System），报价驱动制度也称做市商制度。

做市商制度（Market–Maker–Rule）是指在证券市场上，由具备一定实力和信誉的证券经营法人，在其愿意的水平上，不断向交易者报出某些特定证券的买入和卖出价，并在所报价位上接受公司或其他交易商的买卖要求、保证及时成交的证券交易方式。它是与竞价交易制度，即指令驱动交易制度相对应的一种制度，一般为柜台交易市场所采用。

做市商制度发源于 20 世纪的英国，最初是由英国的股票批发商制度演变来的，后来被美国借鉴，成为场外交易市场的证券交易方式。1971 年成立的 NASDAQ，就是以做市商为核心交易机制的证券交易市场，它对世界各国的创新市场产生了重要的影响。

世界上规模最大的纽约证券交易所（New York Stock Exchange，NYSE），也借鉴了做市商的做法，对部分股票采取了做市商制度。可以说，做市商制度在证券交易市场中正起着越来越重要的作用。

做市商制度一般为柜台交易市场所采用，以其自有资金和证券与投资者进行证券交易。做市商通过这种不断买卖来维持市场的流动性，满足公众投资者的投资需求。

做市商通过买卖报价的适当差额来补偿所提供服务的成本费用，并实现一定的利润。从美国 NASDAQ 的经验来看，做市商最大的作用就是有利于保持市场的流动性以及维持价格的稳定性，因此适合于风险大、流动性不足的证券市场。

做市商制度有两个重要特点，一是所有客户委托单都必须由做市商用自己的账户买进卖出，客户委托单之间不直接进行交易。二是做市商必须在客户发出委托单之前报出买卖价格，而投资者在看到报价后才会给出委托单。

正是这两个重要特点使在发达证券市场已有 30 多年历史的做市商制度在活跃市场人气、增强市场透明度，提高市场流动性、维持股票价值的稳定性等方面起到了积极作用。做市商制度的特点和作用决定了它具有三个方面的功能：

（1）做市。当股市出现过度投机时，做市商通过在市场上与其他投资者相反方向的操作，努力维持股价的稳定，降低市场的泡沫成分。

（2）造市。当股市过于沉寂时，做市商通过在市场上人为地买进卖出股票，以活跃市场带动人气，使股价回归其投资价值。

（3）监市。在做市商行使其权利，履行其义务的同时，通过对做市商业务活动进行监控，了解市场的变化，以便及时发现异常并及时纠正。在新兴的证券市场，这是保持政府与市场的合理距离，抵消政府行为对股市影响惯性的有益尝试。正因为做市商制度有上述功能及调节买卖盘不均衡状况、随时保证提供买卖双向价格的特点，决定了其功能实现的前提条件是拥有高素质的做市商。只有那些运营规范、资本实力雄厚、自营规模较大、熟悉上市公司与二级市场运作，而且风险自控能力较强的券商才能担当。

一般来说，做市商必须具备以下条件：

（1）具有雄厚的资金实力，这样才能建立足够的证券库存以满足投资者的交易需要；

（2）具有管理证券库存的能力，以降低库存证券的风险；

（3）要有准确的报价能力，要熟悉自己经营的证券并有较强的分析能力。

作为做市商，其首要任务是维护市场的稳定和繁荣，所以做市商必须履行“做市”的义务，即在尽可能避免市场价格大起大落的条件下，随时承担所做证券的双向报价任务，只要有买卖盘，就要报价。

做市商承担义务的同时也享有以下特权：

（1）资讯方面，要求全方位地享有个股资讯，即享有上市公司的全部信息及所有买卖盘的记录，以便及时了解发生单边市的预兆。

（2）融资融券的优先权。为维护市场的流通性，做市商必须时刻拥有一大笔筹码以维护交易及一定资金作后盾，但这并不足以保证维持交易的连续性，当出现大宗交易时，做市商必须拥有一个合法、有效、低成本的融资融券渠道，优先进行融资融券。

（3）一定条件下的做空机制。当市场上大多数投资者做多时，做市商手中筹码有限，必然要求享有一定比例的做空交易，以维持交易的连续。

做市商作为以盈利为目标的企业法人，在市场操作中必须考虑成本因素。这里不考虑与交易无关的固定成本，只考虑交易时的成本，大致有以下三种：

（1）单据的处理成本。单据处理的成本就是在每笔交易填单、审查、输入、报单、清算、交割等一系列环节中所发生的费用。

（2）存货风险成本。做市商要按其报出价格买进或卖出证券，必须需要拥有一定数量的证券存货以保证交易的连续性。但是按一定价格建立起来的存货存在着一种存货风险，因为价格的不确定性会引起存货头寸价值的变化。这种存货成本与做市商的资本充足情况和融资融券能力有关，对特定的做市商而言，资本越不充足，对风险的反应程度越大，存货风险对做市商的影响也越大，而做市商的融资融券能力越弱，其存货成本越高。

存货风险的存在，使存货管理成为做市商的一项重要的任务。一方面，要在连续不断的买卖中保持适当的存货头寸。另一方面，要尽量降低建立存货的成本，可通过多种融资渠道与信用交易方式，减少自有资金的使用量。可以通过股票指数期货、期权交易等多种避险方式，来减少价格影响造成的存货亏损。因此，做市商通常要综合考虑价格变动的趋势，自有资金情况，融资融券能力，市场投资者的数量和结构，以及可用的避险方式和其避险程度等来确定存货的数量。

（3）信息不对称成本。在一个有效的市场上，存货的控制只能引起价格暂时性的变化，而信息却会导致价格的不确定性变动。

信息不对称是客观存在的，虽然做市商有一定的信息优势，但与其他市场参与者作为一个整体相比就存在着信息劣势，因为市场总有交易者掌握着做市商所不知道的消息，做市商也就有可能蒙受由于信息的滞后所造成的损失，这是一种信息不对称成本。

由于做市商之间的竞争将导致价差变小。在一个成熟的市场上，实际价差不是某个做市商所能单独决定的，它是在保留价差的基础上由众多因素共同决定的，而做市商的数目越多，竞争力越强，他们之间互相约束的能力也越强，两者综合作用下往往会使实际价差变小。

2. 他山之石——NASDAQ 市场做市商制度

美国实行的是证券交易所的专业经纪人制度和场外市场的做市商制度并行的交易方式，其中做市商在场外市场交易的主要对象是债券和非上市股票。通过 NASDAQ 系统将分散在全国各地的 6000 多个做市商联系在一起，并可迅速提供在各地场外市场交易的近 7000 种股票和债券的买价和卖价。提供统一的清算和监控。

此外，还编制 NASDAQ 系统的股票价格指数。由于做市商提供买卖双向报价并随时准备交易，使投资者不用担心没有交易对手，极大地方便了投资者。

美国在证券交易所上市的股票有 1800 多种，而在场外市场交易的股票和债券却有 7000 种之多，NASDAQ 系统极大地方便了场外市场的交易，使之成为证券交易所的有益补充和完善。

根据美国证券交易委员会（SEC）及全美证券交易商协会（NASD）的有关规定，做市商必须做到：

（1）坚持达到特定的记录保存和财务责任的标准。

（2）不间断地主持买、卖两方面的市场，并在最佳价格时按限额规定执行指令。

（3）发布有效的买、卖两种报价。

（4）交易完成后的 90 秒内报告有关交易情况，以便向公众公布。

在 NASDAQ 做市商制度下，买卖双方无须等待对方的出现，只要有“做市商”出面承担另一方的责任，交易便算完成。这对于市值较低、交易次数较少的证券尤为重要。

全美证券协会规定，证券商只有在该协会登记注册后才能成为 NASDAQ 市场的做市商。在开市期间，做市商必须就其负责做市的证券一直保持双向买卖报价，即向投资者报告其愿意买进和卖出的证券数量和买卖价位，

NASDAQ市场的电子报价系统自动对每只证券全部做市商的报价进行收集、记录和排序，并随时将每只证券的最优买卖报价通过其显示系统报告给投资者。如果投资者愿意以做市商报出的价格买卖证券，做市商必须按其报价以自有资金和证券与投资者进行交易。

多家“做市商”必然带来市场的竞争，做市商制度有助于推动市场资金的流动性。在一笔交易成交后90秒内，每位“做市商”通过计算机终端网络向全国证券交易商协会报出某一股票有效的买入价和卖出价和已完成交易成交情况，买卖数量和价格的交易信息随即转发到世界各地的计算机屏幕，通过相互竞争的方式来吸引投资人。正是众多的“做市商”相互之间的激烈竞争方式，才使NASDAQ市场的交易不同于传统的证券交易所的单一制度。

（二）新三板做市商制度的主要内容

为加强对做市商做市业务的监督管理，规范做市商行为，保护投资者合法权益，依据《全国中小企业股份转让系统业务规则（试行）》《全国中小企业股份转让系统股票转让细则（试行）》《全国中小企业股份转让系统主办券商管理细则》等相关规定，《全国中小企业股份转让系统做市商做市业务管理规定（试行）》于2014年6月5日公布并施行。该规定是我国新三板做市商制度的框架，其主要内容如下：

1. 做市商的概念

本规定所称做市商是指经全国股份转让系统同意，在全国股份转让系统发布买卖双向报价，并在其报价数量范围内按其报价履行与投资者成交义务的证券公司或其他机构。做市商及其做市业务人员应当遵守法律法规和全国股份转让系统相关规定，勤勉尽责、诚实守信，接受全国股份转让系统公司的自律管理。

证券公司在全国股份转让系统开展做市业务前，应当向全国股份转让系统公司申请备案。其他机构在全国股份转让系统开展做市业务的具体规定，由全国股份转让系统公司另行制定。

2. 做市商应当具备的条件

证券公司申请在全国股份转让系统开展做市业务，应当具备下列条件：（1）具备证券自营业务资格；（2）设立做市业务专门部门，配备开展做市业务必要人员；（3）建立做市业务管理制度；（4）具备做市业务专用技术系统；（5）全国股份转让系统公司规定的其他条件。

证券公司在全国股份转让系统开展做市业务申请备案，应向全国股份转让系统公司提交下列文件：（1）申请书；（2）证券公司基本情况申报表；（3）《经营证券业务许可证》（副本）复印件；（4）做市业务实施方案，包括做市业务部门设置、人员配备与分工情况、做市业务管理制度、做市业务专用技术系统准备情况说明、做市业务实施方案的合规审查意见等；（5）最近一年度经审计的财务报告、净资本计算表、风险控制指标监管报表、风险资本准备计算表；（6）全国股份转让系统公司要求提交的其他文件。证券公司申请文件齐备的，全国股份转让系统公司予以受理。全国股份转让系统公司自受理之日起10个转让日内向证券公司出具是否同意从事做市业务的备案函，并予以公告。

做市商做市业务人员应当具备下列条件：（1）已取得证券从业资格；（2）具备证券投资、投资顾问、投资银行、研究或类似从业经验；（3）熟悉相关法律、行政法规、部门规章以及做市业务规则；（4）具备良好的诚信记录和职业操守，最近24个月内未受到过中国证监会行政处罚，最近12个月内未受到过全国股份转让系统公司、证券交易所、证券业协会、基金业协会等自律组织处分；（5）全国股份转让系统公司规定的其他条件。做市业务人员应当签署《做市业务人员自律承诺书》，并向全国股份转让系统公司报备。

做市商做市专用技术系统应当满足以下要求：（1）符合《全国中小企业股份转让系统交易支持平台数据接口规范》；（2）具备开展做市业务所需的委托、报价、成交、行情揭示、数据汇总、统计和查询等必要功能；（3）系统操作全程留痕；（4）全国股份转让系统公司规定的其他条件。做市商应当制定做市专用技术系统安全运行管理制度，并设置必要的数据接口，便利监管部门及时了解和检查做市业务相关情况。

做市商应当建立健全下列做市业务内部管理制度：（1）做市股票报价管理制度，包括做市股票报价的决策与执行程序、报价调整和报价监控机制等；（2）做市库存股票管理制度，包括做市股票论证、获取、处置的决策程序和库存股票动态调节机制等；（3）做市资金管理制度，包括做市资金审批、调拨和使用流程等；（4）业务隔离制度，确保做市业务与推荐业务、证券投资咨询、证券自营、证券经纪、证券资产管理等业务在机构、人员、信息、账户、资金上严格分离；（5）风险控制与合规管理制度，包括做市业务风险识别、评估和控制机制、做市业务的合规检查与评估机制等；（6）异常情况处理制度，包括突发事件处理预案、异常情况处理机制等；（7）内部报告与留痕制度，包括业务运作、风险监控、合规管理及其他相关信息的报告路径及反馈机制、强制留痕制度等；（8）全国股份转让系统公司规定的其他制度。

做市商应当对做市业务进行集中统一管理，建立做市业务相关决策、授权与执行体系。明确做市业务决策机构与决策机制，合理确定做市业务规模和可承受的风险限额。做市商应设立做市业务部门，专职负责做市业务的具体管理和运作。做市业务部门应制定规范的做市业务操作规程，明确部门内部岗位设置及职责分工。

3. 做市商的禁止性义务

做市商及其做市业务人员应依法、合规开展做市业务，不得从事下列行为：（1）不履行或不规范履行报价义务；（2）利用内幕信息进行投资决策和交易；（3）利用信息优势和资金优势，单独或者通过合谋，制造异常价格波动；（4）以不正当方式影响其他做市商做市；（5）与其他做市商通过串通报价或私下交换做市策略、做市库存股票数量等信息谋取不正当利益；（6）与所做市的挂牌公司及其股东就股权回购、现金补偿等作出约定；（7）做市业务人员通过做市向自身或利益相关者进行利益输送；（8）全国股份转让系统公司规定的其他行为。

做市商应当于每月的前 5 个转让日内向全国股份转让系统公司报送上月做市业务情况报告，包括但不限于合规情况、履行做市义务情况、做市股票库存、做市业务盈亏及相关风险控制指标等信息。做市商应当积极配合全国股份转让系统公司的自律管理，按照全国股份转让系统公司要求及时说明情况，提供相关文件、资料，不得拒绝或者拖延提供有关资料，不得提供虚假、误导性或者不完整的资料。全国股份转让系统公司对做市商及其做市业务人员执业情况进行持续记录，建立做市业务评价体系，并可将相关信息予以公开。

4. 做市商终止做市业务

做市商主动终止从事做市业务的，应当向全国股份转让系统公司提出申请。全国股份转让系统公司同意其终止从事做市业务的，自受理之日起 10 个转让日内书面通知该做市商并公告。做市商因违反本规定或其他全国股份转让系统相关规定被终止从事做市业务的，全国股份转让系统公司书面通知该做市商并公告。做市商终止从事做市业务，应当制订业务处置方案，做好业务终止后续处置工作，包括做市库存股票处理、做市专用证券账户注销等，并将处置方案、处置情况及时报告全国股份转让系统公司。

5. 全国股份转让系统的监管措施

全国股份转让系统公司根据审慎原则，可对做市商做市业务专用技术系统、业务实施情况等进行现场检查。

做市商违反本规定的，全国股份转让系统公司可以视情况采取以下措施，并记入诚信档案:（1）约见谈话;（2）要求提交书面承诺;（3）出具警示函;（4）责令改正;（5）通报批评;（6）公开谴责;（7）暂停、限制直至终止其从事做市业务;（8）向中国证监会报告有关违法违规行为。

做市业务人员违反本规定的，全国股份转让系统公司可以视情况采取以下措施，并记入诚信档案:（1）约见谈话;（2）责令参加培训;（3）责令所在机构给予处分;（4）通报批评;（5）公开谴责;（6）向中国证监会报告有关违法违规行为。

第三节 新三板监管法律制度

一、对新三板的政府监管

1. 新三板的公共产品属性决定了政府监管的必要性

证券交易场所是现代经济发展的核心。新三板承载着公益职能，发挥着提供流动性和证券定价等经济功能，这种经济功能的发挥与证券市场的繁荣和稳定甚至一国的经济发展息息相关。

新三板具有一线监管者的功能。大部分交易场所都承担一线监管者的角色，对挂牌公司、会员公司和证券交易实行自律监管，新三板承担着法定的和政府监管者相同的证券监管的公共目标。许多国家和地区的法律明文规定交易场所负有维护公共利益的法定义务。交易场所履行在资本市场的角色时，通常被认为是在履行公共职能，而且必须接受政府法定监管部门的监督。

2. 政府对新三板监管的内容

总结各国的立法例和经验，政府对新三板的监管通常包括以下内容。

第一，对新三板设立的监管。新三板的设立通常需要经过政府证券监管者的批准。许多国家和地区的法律都规定了交易场所的设立条件和审批机关。例如，1934 年《美国证券交易法》规定了交易场所申请注册成为全国性证券交易场所的条件，而且证券交易委员会（SEC）有权对申请注册成为全国性证券交易场所的要求作出决定。在澳大利亚，证券交易场所被称为金融市场或者市场，公司申请成为市场获准经营者时必须向澳大利亚证券与投资委员会（ASIC）提交申请，并经主管的部长批准。总之，政府对交易场所的设立享有监管权，交易场所的设立条件也是政府对其进行监管的基础和标准。

第二，对新三板规则的干预。在美国，SEC 有权批准交易场所的规则，亦可以主动增加、废除、修改交易场所的规则。在加拿大，多伦多证券交易场所的规则必须经过安大略证券交易委员会（Ontario Securities Commission,

OSC）批准。

由于交易场所负有执行法律、政府规章以及交易场所规则的义务，交易场所的规则事关交易场所所有参与者的利益，尤其对挂牌公司、证券商和投资者具有直接的利害关系，且交易场所的规则也是交易场所运行的基础和实行自律监管的依据，因此，各国或者地区的法律大都确认了政府监管者对交易场所规则的监督权力。甚至可以认为，对交易场所规则的干预是政府机关对交易场所进行的最直接和有力的监管，因为政府直接干预了交易场所的“游戏规则”。

第三，对新三板惩戒行为的审查。在美国，SEC有权对交易场所采取的惩戒行为进行审查。新加坡货币局（Monetary Authority of Singapore，MAS）对交易场所的惩戒行为也有审查的权力，MAS有权主动或者应受害人的请求对交易场所的惩戒行为进行审查，有权同意、修改或者撤销交易场所的决定，而且在交易场所没有对会员采取惩戒措施时，MAS可以对交易场所的会员主动采取制裁措施。

第四，对新三板的调查和处罚。当政府监管机关认为新三板未能尽到法定义务时，政府监管机关有权对交易场所进行调查或者对交易场所进行处罚。在美国，SEC可以直接对交易场所采取惩戒措施，包括暂停或者撤销交易场所的注册。《日本证券交易法》规定，内阁总理大臣为了保护公共利益或者投资者，认为必要并适当的时候，对证券交易场所或者在该证券交易场所挂牌的有价证券的发行人，可以命令提出关于该证券交易场所业务或者财产有参考价值的报告或者资料，可以让内阁官员检查该证券交易场所的业务、财产的情况、账簿文件、其他物品。

第五，对新三板各参与者包括挂牌公司、证券公司和交易过程保留直接监管权。尽管现在的证券监管体制通常采用双重的监管模式，即自律组织包括新三板作为一线监管组织，基于契约性的关系对挂牌公司、证券公司和交易过程进行监管，政府监管机关主要作为自律监管的监督者而存在，即政府监管者由于专业不足、远离市场，主要负责监督交易场所是否公正的履行自律监管的法定义务，但政府监管机关通常保留直接监管挂牌公司和证券公司的权力，即在挂牌公司和证券公司违反法律、规章或者交易场所的规则时，政府监管机关有权直接对其采取惩戒措施。这一方面强化了对证券市场的监管，另一方面也构成对交易场所自律监管的监督。如果政府监管者对挂牌公司或者证券公司采取调查或者惩戒行动，则说明交易场所没有尽到监管的义务，导致了违反法律或者规则的行为的出现，而且政府监管机关对挂牌公司或者证券公司等交易场所的会员或者挂牌公司采取惩戒行动，也会对交易场所的声誉造成负面影响，因此，政府监管机关对证券市场保留直接的监管权力将对交易场所造成压力。

3. 我国政府对交易场所监管的现状

从我国法律法规的规定以及目前实践看，我国的证券交易场所已经成为政府监管机关的附属机构，交易场所缺乏独立性。中国证监会对于交易场所享有绝对的控制权，这些权力可以概括为对交易场所的人事控制权、章程和规则的批准和要求修改权、业务的审批权以及日常的监督权四项重大权力。

二、新三板的自律监管

1. 新三板的自律监管在监管法律制度体系中具有基础性地位

关于自律的地位和作用，证监会国际组织（IOSCO）明确指出，自律，通常包括私人利益和政府监督的独特组合，是应对复杂、动态以及不断变化的金融服务行业的有效和高效的监管形式。IOSCO 在其著名的文件《证券监管的原则和目标》中也指出，自律组织是监管者实现证券监管目标的重要组成部分。证券监管的体制应该充分利用自律组织，这些自律组织应该在各自称职的领域，根据市场的规模以及复杂程度承担直接的监管职责。

自律一开始就是证券业的基石，事实上，自律这一基本的原则先于证券法产生，而且“自律不管在法律上还是实践上已经有一段很长的历史了”。因此，自律在证券市场中的基础性地位是不可动摇的。

新三板通过制定和执行新三板规则并且承担执行法律、规章的法定义务，对挂牌公司、主办券商以及交易过程进行自律监管，履行新三板的监管职能。美国 SEC 的前任委员 Roberta Karmel 曾经概括了 NYSE 和 NASDAQ 履行自律职能的范围和内容：挂牌公司的治理和信息披露；交易场所的市场与专家、大厅经纪人以及做市商的监视和惩戒；监督会员公司在财务上和经营上符合要求以及公正和公平地对待顾客。从实质上看，美国 NYSE 和 NASDAQ 自律监管的范围仍然是对挂牌公司、交易过程以及主办券商的监管，交易场所的自律职能主要体现在对挂牌公司、会员公司以及交易过程的监管上。具体而言，对挂牌公司的监管主要包括决定挂牌的条件、批准挂牌申请、监督挂牌公司符合持续性的挂牌条件；对主办券商的监管主要包括监督会员的财务状况和经营行为；对交易过程的监管主要包括吸纳新的交易系统使用者，制定和执行交易规则。

世界各国各地区证券交易场所公司制改革的浪潮，即交易场所纷纷从非营利的会员制组织转变成营利性的公司，使人们对交易场所的自律产生了担忧和争论。截至 2011 年年底，WFF 所统计的 50 家会员交易场所中，其中可转让的股份但未挂牌上市的有 9 家，挂牌上市的有 22 家。其中上市公司制占 44%，未上市的占 18%。我国的新三板市场在性质上也属于公司制的交易场所。

2. 自律内涵和法理基础之新发展

新三板在公司化后，其自律监管职能面临严峻挑战，并且自律内涵及其法理基础也需应新三板的市场化而有新的发展。

自律的字面含义是指由行业自身制定和执行一套伦理道德制度；自律的潜在含义是行业自身在自律方案的制定和执行中同时充当立法者和法官的角色。

当交易场所公司化后，由于交易场所的所有者并不完全局限于传统的会员证券商，交易场所并不完全由会员所有和控制，交易场所的规则也不再完全决定于交易场所的会员，而是由交易场所的股东或者董事会决定；会员只是交易场所设施的使用者，并不一定是交易场所规则的制定者。因此，在公司制交易场所中，交易场所对会员的监管也不再完全符合自律的本来含义。因此有学者指出，当证券交易场所的所有者不再仅仅局限于证券商时，按照自律组织的传统定义，证券交易场所不再是自律组织了。

“在许多国家和地区金融监管的重要组成部分是自律，这种情况的产生部分是由历史因素造成的。”一直以来，人们将自律看成历史的传统和法律的规定，以此作为自律正当性的理由，但是，新三板自律的法理基础是一个十分重要的理论问题，自律的效力、自律的优点和缺点均来源于自律的法理基础。新三板自律监管的法理基础是新三板和包括证券商和挂牌公司在内的监管对象之间的契约性法律关系。

新三板对挂牌公司监管的根据则是挂牌公司和新三板之间的挂牌协议。双方的权力（权利）义务建立在彼此的合意之上。挂牌公司一旦签订挂牌协议，就表明挂牌公司接受了新三板制定的挂牌规则，挂牌公司必须遵守新三板的挂牌条件以及持续性的挂牌要求，新三板也可以依据挂牌规则对其进行监管，要求挂牌公司履行公司治理和信息披露等义务，新三板对违反挂牌规则的行为亦可以采取相应的处罚措施。挂牌公司同样也有选择市场的权利，拟挂牌的公司可以选择在不同的证券交易场所挂牌。

以上表明新三板对会员公司和挂牌公司进行监管的依据是契约性关系。由于自律具有契约性，自律组织当然可以要求证券商或者挂牌公司遵守超出政府监管要求的更高的道德标准，自律也可以超越国界，避免跨国管辖上的争议和不便。同时，由于自律建立在协议的基础之上，证券商和挂牌公司更能自觉接受并遵守新三板的规则。正如 IOSCO 指出的那样，“SRO 和其监管的个人和机构之间的契约关系是强有力的，它可以覆盖全球，超越国家的界限，能够触及那些法定权力无法涉及的领域”。

综上所述，新三板的公司化，不仅可以改善新三板的公司治理，同时也为新三板的自律监管打下坚实的法理基础，新三板的自律监管也因此更加具备法律上的正当性。

三、证券监管根本目标分析

1. 保障投资者

保障投资为证券交易法的第一要义，要健全证券市场，发展国民经济，必须先保障投资。投资人如缺乏适当保障，则投资人的信心无从建立，从长远的观点看，证券市场的发展亦属缘木求鱼。

证券管理立法最原始最深刻的目的在于“保护投资大众”。保障所有投资于证券市场的投资者能够平等地接触并获取那些足以影响他们投资决策的信息是证券监管的一个基石。公众对证券市场的信心要求在证券市场上筹资交易的公司能够及时地披露与商业及公司事务相关的所有重大信息，并借以保障所有市场参与者的公平竞争起点。

将保障投资者作为证券立法的首要目标，是为了防止投资人受欺骗，并赋予受欺骗的投资人适当的法律救济途径。然而，该目标并不是通过向投资者提供父母式的保障来实现的。根据 Kimber 报告的结论：虽然必须不遗余力地确保投资公众能够理解正常商业中失败与成功的风险，但这并不表明要对投资者因商业失败或成功所带来的风险提供保障；相反，这只意味着确保投资者获取最大可能全面完整的信息并区分可以获得的不同种类的投资选择。在这种情况下，“公众便可以得到一种更为合理的也可能是更为现实的保障，那便是就像所得盈利是真正的经济盈利一样，所受损失也是真正的经济损失”。

为了防止投资人受到欺骗，法律规定在发行证券之前，必须把发行证券有关的资料向投资人公开，使投资人在决定是否购买证券以前有机会充分了解发行公司状况，据以判断证券是否具有相当的投资价值。证券发行以后，在交易市场流通。为了使投资人及社会大众了解发行公司的财务业务状况，法律规定发行公司必须定期提供财务及业务报告，向证监会申报，并向投资人公开。发行公司提供的资料必须正确而完整，证监会有权审核这些资料并禁止不实资料的发布与流传。这种要求发行公司在证券发行前及证券在市场流通期间，向主管机关及投资大众充分公开有关资料信息，正是信息披露制度的体现。这一制度已经成为我国证券监管法律制度的基石。

保障投资者不是保证投资者所购买的证券能保持原来的价值或获得一定的利润。证监会核准证券发行买卖的行为，并不表明政府对证券的品质予以认可，或对其价值加以保证。我国《证券法》第27条规定："股票依法发行后，发行人经营与收益的变化，由发行人自行负责；由此变化引致的投资风险，由投资者自行负责"。这表明证监会的审查仅仅保证股票发行当时信息披露的真实、完整，以后的变化不属于评价范围。证券监管部门的任务是使证券的发行及买卖符合一定的条件，履行一定的程序；使发行公司公开的资料真实、及时而且完整，并及时提交给投资人参考。"至于投资人买卖证券所发生的盈亏，基本上是投资者自身投资判断的问题。除投资判断是因诈欺或误信不实资料而可以向加害人请求赔偿外，应自负盈亏之结果"。因此，投资者保障同样允许不良投资决策者亏损的产生，但这种损失必须是真实的经济损失。换言之，投资者买卖证券的价格能够公正地反映出对该证券未来创造现金流量价值的合理预期。

2. 资源的最优配置

证券监管的另一个目的便是确保金融资本在一国经济中的最优配置。为了实现资源的最优配置，有两个相关的目标必须关注，即确保资本市场能促进金融资源的移动性和可转让性，并且提供能够对金融资产价值的持续性评价机制。换句话说，证券监管必须增进资本市场的有效性。证券市场有效性理论恰恰建立在证券价格能够全面反映与证券相关的信息基础之上。自"有效资本市场理论"创立以来，该理论便建立在完整、及时、准确、公平的信息披露制度的基础之上。理论上，为了实现最优金融资源配置，必须确保证券市场的自由与公开性，然而，这将取决于一些假设条件是否存在，如买卖双方对市场和市场机会是否具备全面而完善的知识，市场自由进入和金融资源的完全自由移动是否可能。由于在每个国家，这些条件并非必然地存在并且完美地符合最优配置的要求，这便要求证券监管者通过法律保障市场的灵活性和对信息获取的自由度与公正性。证券监管的制度设立不仅是为了减少在一个自由开放资本市场中存在的不完美这一目标，而且还要确保一个建立在完全真实无误的信息披露制度上的有效资本市场运作以实现长期的经济目标。

3. 投资者保障与金融资源最优配置的关系

投资者保障与金融资源最优配置之间存在着紧密的联系。资本市场中确立起来的最好地保障公众投资者的条件和实践同时也符合全局性经济增长的要求。比如，财务信息的充分披露能够准确地描绘公司的运营与财务状态，这对于投资公众是非常重要的；这种披露也同时为资本市场提供了必要的信息，从而使金融资源配置更具有合理性。亚洲金融危机产生的一个根深蒂固的危险因素便是金融体制缺乏必要的公开性和透明度。人们总是自认为不应该把不利的信息公之于众，从而维持社会公众对一种事物那种过时的但却令人羡慕的虚幻信赖与印象，即使为之作出各种艰难的妥协甚至付出沉重的代价。小至公司大至政府机构，为了准确无误地公开事情真相所带来的不便与窘迫从长远看将远远小于因公开而带来的利益，而有时正是这种利益可能会大到足以避免一场灾难的发生。

第三章　新三板操作程序

第一节　企业改制及挂牌操作程序

拟在新三板挂牌的多为中小企业，在公司组织形式上多为有限责任公司，这一类型的中小企业通常在创立之初，缺乏资本运作的相关知识，亦缺乏通过资本市场把企业做大做强的意识。针对这一情况，我们在开拓新三板服务市场的同时，也着重为这一类型的企业提供企业改制的服务。本节将主要探讨企业改制阶段的操作程序和企业挂牌阶段的操作程序。

一、企业股份制改造阶段的操作程序

（一）股份制改造及申请挂牌条件

企业股份制改造（简称股改）是指非股份有限公司的企业经过改造，依法转变为股份有限公司的过程。实践中，非股份有限公司的企业绝大部分为有限公司，为方便理解，本书仅以有限公司为例展开阐述。

《全国中小企业股份转让系统业务规则（试行）》，在第 2.1 条明确规定了股份有限公司申请股票在全国股份转让系统挂牌的条件。其规定为股份有限公司申请股票在全国股份转让系统挂牌，不受股东所有制性质的限制，不限于高新技术企业，应当符合下列条件：（1）依法设立且存续满两年。有限责任公司按原账面净资产值折股整体变更为股份有限公司的，存续时间可以从有

限责任公司成立之日起计算;（2）业务明确，具有持续经营能力;（3）公司治理机制健全，合法规范经营;（4）股权明晰，股票发行和转让行为合法合规;（5）主办券商推荐并持续督导;（6）全国股份转让系统公司要求的其他条件。

从形式上看，股改在股东人数、公司设立方式、公司组织机构等方面应当符合我国《公司法》的相关要求，在实践中，拟挂牌新三板企业股改有两种方式:

1. 发起设立新股份有限公司

发起设立实质上属于新设立一个股份有限公司，是指有限公司作为主要发起人，与其他发起人共同发起设立股份有限公司，股份有限公司成立后，有限公司仅成为其股东之一。既然是新设立的股份有限公司，其存续时间和业绩也只能从股份有限公司设立之日起计算。

若采用发起设立方式，则拟挂牌企业必须符合“存续满两年”的新三板挂牌的必备条件。因此，在实践操作中，拟挂牌新三板企业的股改都不采用这种形式，因为企业至少要两年后才能在新三板挂牌。

2. 有限公司整体折股变更

有限公司整体折股变更、改造为股份有限公司，是指有限公司的全体股东作为发起人（发起人应为 2 人以上，其中须有半数以上在中国境内有住所），以有限公司原账面净资产值折股，整体变更为股份有限公司。依据《全国中小企业股份转让系统业务规则（试行）》关于“有限责任公司按原账面净资产值折股整体变更为股份有限公司的，存续期间可以从有限责任公司成立之日起计算”的规定，通过有限公司整体折股的方式进行股份制改造，基本都能符合“存续满两年”的条件。因此，在实践中，包括新三板挂牌的公司及在创业板、中小板等进行 IPO 的公司，都采用此种股改方式。

（二）股份制改造的目的

现代企业，有相当部分存在产权不清、权责不明、政企不分等弊端。企业进行股份制改造后，产权清晰、权责明确，政企分开，企业拥有独立的经营权、决策权，并逐步建立科学的管理制度和完善的现代企业制度。显然，股份制改造有利于企业的健康、持续、长足发展，而作为拟挂牌新三板的企业，股份制改造是必须经历的阶段，股改可以实现以下目的：

1. 成功挂牌，登陆资本市场

依据相关规定，企业要进入新三板挂牌，必须具备非上市股份有限公司的资格。因此，企业要成功挂牌新三板，首先必须解决好企业的身份问题，也就是说，企业应当通过某种法定途径使自己具备股份有限公司资格，显然，股份制改造是解决资格问题的唯一途径。

我国《公司法》规定，有限公司的股东转让其合法持有的公司股权前，应当征询其他股东的意见，其他股东在同等条件下享有“优先购买权”，这项规定体现了有限公司的人合性的特点，但却在一定程度上阻碍了股权的自由交易，而股份有限公司在新三板挂牌后，即进入资本市场，其股权在法定程序下通过代办系统可以自由流转和交易，不须其他股东的同意。

因此，对于还不具备股份有限公司身份的企业而言，要想在新三板挂牌、登陆资本市场，必须通过股份制改造，转变为股份有限公司。

2. 建立和完善企业治理结构

股改的目的是建立和完善企业治理结构。股份制改造不仅仅是公司形式的改造，更是企业完善治理结构，迈向规模化、规范化、公众化的现代企业之路的关键措施，对企业的发展壮大至关重要。

股份有限公司是现代企业最为有效的组织管理形式之一。从资本方面看，股份有限公司具有资合性，即股东转让股份不需要经过其他股东同意，方式灵活，有利于资本的进入与退出；从投资主体或股东方面看，因人数较多，因此股份有限公司具有公众性。法律对股份公司治理结构、股东权益保护等方面具有更严格的要求。

因此，股份制改造应进一步完善公司治理结构，明确股东大会、董事会、监事会的职责和分工，突出公司的主营业务，规范公司运营、加强公司的制度管理，为公司在新三板挂牌做准备。

3. 为企业融资奠定基础

通常情况下，企业采取银行借贷、发行公司债券和增资等方式进行融资。

其中，增资是最快捷、最理想的融资方式。因为通过银行借贷和发行债券等方式融资，公司无论是否盈利，在约定期限内都要承担偿还债务的义务，而增资方式融资，是指投资人通过购买公司一定比例的等额股份，向公司注入资金的方式，投资人按照其购买的股份有限公司的股权，享有相应的股东权利、并承担投资风险，公司不承担偿还的义务。

综上所述，股份制改造为公司增资和股份流通创造了必要条件，为企业更好地融资奠定基础。

（三）股改流程

在我国，除有限公司和股份有限公司外，还存在独资企业、合伙企业、股份合作企业、一人有限公司等类型，对于这些企业而言，一般是先将这些企业形式改制为有限公司，然后再进行股份制改造。现就有限公司（非国有）整体折股变更、改造为股份有限公司的一般流程加以阐述：

1. 遴选中介机构

股改是一项专业性非常强的工作，需要有限公司与证券公司、律师事务所、会计师事务所等中介机构共同参与、共同完成，中介机构甚至决定着公司是否股改成功、是否成功挂牌等。因此，遴选专业过硬、经验丰富、责任心强的品牌专业中介机构尤为重要，公司一般会遵循以下遴选标准：

主办券商。证券公司对企业挂牌新三板进行全方位把关，并负有向证券业协会推荐的责任，对挂牌起决定性作用。因此，应当考察证券公司是否具备推荐资格、是否成立了专门部门及配备专门人才以及是否在资本市场有影响力等。

律师事务所。律所在股改、挂牌及信息披露等关键环节保障公司行为的合法合规性，并依法处理股改过程中遇到的相关法律问题，在新三板挂牌中起保驾护航作用。因此，应当考察律所是否具备从事证券法律事务的经验能力、是否具备股改及公司治理方面的专业人才、是否具有资源整合的能力及在业界的影响力等。

注册会计师事务所。会计师协助企业建立公开、透明的财务制度，进行财务审计工作，使公司的财务符合挂牌的要求。因此，应当考察会计师是否具备从事新三板或证券市场的经验、是否有专业的注册会计师以及在业界的影响力等。

2. 召开两会，通过股改决议并成立改制小组或改制机构

对有限公司而言，股份制改造是头等大事，关系到公司今后的发展方向及前景，与公司的生存休戚相关。因此，有限公司在确定股改前，应当按照《公司法》及公司章程等召集董事会和股东会，通过股改决议并成立改制小组。

我国《公司法》明确规定，董事会对股东会负责，行使下列职权：召集股东会会议，并向股东会报告工作；执行股东会的决议；决定公司的经营计划和投资方案；制定公司的年度财务预算方案、决算方案；制定公司的利润分配方案和弥补亏损方案；制定公司增加或者减少注册资本以及发行公司债券的方案；制定公司合并、分立、解散或者变更公司形式的方案；决定公司内部管理机构的设置；决定聘任或者解聘公司经理及其报酬事项，并根据经理的提名决定聘任或者解聘公司副经理、财务负责人及其报酬事项；制定公司的基本管理制度；公司章程规定的其他职权。

董事会依据上述法律规定，制定变更公司形式的决议，不设董事会的公司，由执行董事制定决议，然后提交股东会审议通过。

董事会会议由董事长召集和主持；董事长不能履行职务或者不履行职务的，由副董事长召集和主持；副董事长不能履行职务或者不履行职务的，由半数以上董事共同推举一名董事召集和主持。董事会的议事方式和表决程序，除《公司法》另有规定，由公司章程规定。董事会应当对所议事项的决定作成会议记录，出席会议的董事应当在会议记录上签名。董事会决议的表决，实行一人一票。

有限公司股东会由全体股东组成。股东会是公司的权力机构，依据《公司法》行使职权。股东会行使下列职权：（1）决定公司的经营方针和投资计划；（2）选举和更换非由职工代表担任的董事、监事，决定有关董事、监事的报酬事项；（3）审议批准董事会的报告；（4）审议批准监事会或者监事的报

告；（5）审议批准公司的年度财务预算方案、决算方案；（6）审议批准公司的利润分配方案和弥补亏损方案；（7）对公司增加或者减少注册资本作出决议；（8）对发行公司债券作出决议；（9）对公司合并、分立、解散、清算或者变更公司形式作出决议；（10）修改公司章程；（11）公司章程规定的其他职权。对前款所列事项股东以书面形式一致表示同意，股东之间签订一致行动人协议的，可以不召开股东会会议，直接作出决定，并由全体股东在决定文件上签字、盖章。

从上述法律规定可以看出，无论是董事会作出决议还是股东会通过决议的，都必须按照《公司法》和公司章程的规定进行操作，保证决议的合法合规。股东会或者股东大会、董事会的决议内容违反法律、行政法规的无效。股东会或者股东大会、董事会的会议召集程序、表决方式违反法律、行政法规或者公司章程，或者决议内容违反公司章程的，股东可以自决议作出之日起60日内，请求人民法院撤销违法的决议。

根据《公司法》的规定，有限公司变更为股份有限公司，应当符合本法规定的股份有限公司的条件。有限公司变更为股份有限公司的，公司变更前的债权、债务由变更后的公司承继。

设立股改小组。股改是一件综合性、系统性、专业性极强的工作，需要设立股改小组进行统筹，统一协调和安排改制工作。股改小组的成员主要由公司内部人员与外部中介机构组成。公司内部人员包括公司领导决策层、财务人员、董事会秘书及其他相关人员。外部中介机构主要包括证券公司、律师事务所、会计师事务所及评估机构等。这些中介机构的参与是股改不可或缺的，在相应环节企业需要这些机构或人员出具相应的文件方能继续股改工作，各中介机构相辅相成，相互合作。股改小组成员既分工负责又统一协作，共同促进股改工作的推进。

公司内部的决策人员进行最终决策。财务人员负责公司财务事务，协助并配合会计师事务所及资产评估师进行会计报表审计、营利预测编制及资产评估工作。董事会秘书则负责股东协调和中介机构协调。律师负责协助编写公司章程、发起人协议及重要合同，负责对文件进行审查，起草法律意见书、律师工作报告，为挂牌新三板提供法律咨询服务。券商负责进行股改方案和股票方案的设计和执行。会计师事务所进行相应的验资和审计工作。

股改小组的设立是股改工作真正意义上的开始环节，标志着企业开始为挂牌新三板进行最后的准备和努力。

3. 中介机构尽职调查，协助董事会或公司制定股改方案

尽职调查目的。尽职调查的目的是全面了解拟改制企业的历史沿革、发展变迁、经营状况、财务状况、税务状况、资产状况、涉诉状况、劳资状况、公司治理状况等与公司股改有关的情况，并根据股改要求进行相应的整改，以达到进入代办系统法定要求。

尽职调查方法。一般采取如下方法：（1）向拟改制企业有关负责人了解企业的状况；（2）向拟改制企业发出调查问卷，要求公司如实填写；（3）到有关政府主管部门了解拟改制企业设立、变更批准文件；（4）到工商管理部门调取工商档案，了解拟改制企业历史沿革；（5）向银行等机构发出询证函；（6）要求拟改制企业提供有关资料，深入现场，了解第一手资料。

律师事务所的尽职调查。律师事务所主要针对如下情况进行调查：

（1）公司的设立与组织机构：公司设立时的证明文件；公司现有股权结构图；公司通过最近一期工商年检的企业法人营业执照以及现行有效的合资合同、公司章程；公司现行有效的税务登记证（国税、地税）、组织机构代码证、外汇登记证、海关登记证（如涉及）、贷款卡等；公司已获得的生产经营所必需的各项许可、资质、批准、证明文件；公司自设立至今历次董事会决议及其会议记录；公司股东的基本情况等资料。

（2）公司的有关变更情况：公司历次改组、合并、分立等组织结构变化的文件；公司历次工商变更登记文件；公司股东关于公司变更事项所出具的协议或股东会决议、董事会决议；公司董事会关于变更事项形成的决议；其他涉及公司变更的材料。

（3）公司所有分公司、分支机构成立、变更及注销的全部文件。

（4）公司股东之间或股东与第三方之间是否存在股份代持、信托、质押或设置其他权利的情形；如存在请提供有关协议或合同；如不存在请作书面

确认。

（5）公司的关联方（包括但不限于：公司的母公司、子公司以及其他与公司具有股权关系的企业；公司的控股股东所控股的企业；因公司章程或法律文件的规定，能够控制、影响公司董事会的任何公司）之间的工商资料、变更资料、资产资料、知识产权等情况。

（6）公司重大债权、债务事项的相关情况；

（7）公司重大资产变化及收购兼并情况；

（8）公司的主要资产情况；

（9）公司的税务及财务情况；

（10）公司劳资关系的情况；

（11）公司环境保护和产品质量、技术标准的情况；

（12）公司重大协议情况；

（13）公司诉讼、仲裁或行政处罚情况；

（14）公司三会的议事规制及规范运作；

（15）其他应当尽职调查的事项。

会计师事务所的尽职调查。会计师事务所主要针对如下情况进行调查：

（1）财务状况；

（2）税务状况；

（3）内部控制；

（4）财务分析与预测。

证券公司的尽职调查。作为拟挂牌新三板企业的主办推荐证券公司，其需要对公司股份制改造的方方面面进行调查核实，实践中其主要进行全盘统筹，具体的工作由律师事务所及会计师事务所配合完成，同时，对律师及审计师的调查工作不充分的方面，券商可以自主进行尽职调查。

制定股改方案。董事会或执行董事根据律师事务所、会计师事务所和证券公司的尽职调查情况，制定有限公司股份制改制的方案，以方便提交股东会审议通过。股份制改制方案一般需要包括公司基本情况（注册资本、股东份额、经营状况、财务状况、股本结构等）、投入股份公司的资产明细、资产折股方案、业务重组方案、知识产权处置方案、股份特殊安排（如股权激励机制）等、拟设立的股份公司的基本情况（注册资本、股本结构等）。

股份制方案设计是股改的核心内容，一般情况下由公司列明股改要点，然后由律师事务所协助完成，会计师事务所和证券公司予以配合。

4. 股改方案提交股东会审议通过

股东会将对董事会提交的股改方案审议通过。在审议时，股东会将重点审查股改方案的可行性及投入股份公司的资产明细、资产折股方案、股东认股方案、业务重组方案、知识产权处置方案、股份特殊安排等具体方案内容。

股东会审议股改方案时，股改小组可以列席股东会，接受股东会的询问。律师参加会议并对股东会决议程序及内容的合法性、合规性进行审查。

5. 全体股东作为发起人，制定并签署发起人协议

公司全体股东将作为股份公司的发起人，签订发起人协议，发起人协议的内容主要包括：

（1）各发起人的基本情况；

（2）拟设立公司的名称、住所；

（3）拟设立公司的经营范围；

（4）股本总额；

（5）各发起人认购的股份份额；

（6）各发起人的权利与义务；

（7）公司筹办事宜；

（8）违约责任；

（9）协议的修改与终止；

（10）其他应当载入的内容。

6. 审计及资产评估

公司将聘请会计师事务所对公司的财务状况出具专业审计报告，并由评估机构对公司非货币资产出具资产评估报告。

7. 制作改制文件

公司将在中介机构尤其是律师事务所的协助下，制作《股份有限公司章

程（草案）》等文件，等待创立大会通过。

8. 办理注资及验资手续

原有限公司股东将所持股权整体折股后注入股份有限公司，并由验资机构出具验资证明。

9. 召开创立大会

股份有限公司的创立大会是指在股份有限公司成立之前，由全体认股人参加、决定是否设立公司并决定公司设立过程中以及公司成立之后的重大事项的会议。创立大会有以下特征：（1）创立大会由全体认股人参加。所以认购公司发行的股份并缴足了股款的人，都有权参加创立大会，任何人都不得以任何理由拒绝认股人参加创立大会。（2）创立大会只在股款缴足之后、公司成立之前存在。创立大会只在公司设立的后期存在，即在发行股份的股款缴足后才能召开，同时，创立大会在公司成立之后也不存在。在公司成立之后，股东大会即代替了创立大会。（3）创立大会的性质与股东大会相当。创立大会是在公司成立前的决议机关，行使与股东大会类似的职权，即对一些重大事项进行决议。

《公司法》对召开股份有限公司创立大会的程序规定如下：（1）由发起人在创立大会召开 15 日前将会议的日期通知各个认股人。对于认股人较多或者认股人地址不详，不便于通知的，也可以在创立大会召开 10 日前将会议的日期予以公告，使认股人能够了解创立大会召开的情况。（2）由各认股人出席。每个认股人都有权利出席创立大会。有代表股份总数 1/2 以上的认股人出席即可举行创立大会。如果出席认股人所代表的股份总数达不到股份总数的 1/2，则创立大会不得举行。（3）依法作出决议。创立大会召开后，所有出席会议的认股人应当按照所持每一股份有一表决权的原则对法律规定的事项进行表决。凡创立大会上表决的事项，必须由出席会议的代表股份总数半数以上的认股人通过，才具有法律效力。在创立大会依法举行之后，创立大会的使命即告终结。创立大会决议设立公司的，公司的股东大会即替代创立大会。创立大会决议不设立公司的，公司就不能成立，由发起人负责设立行为的后续事宜。

《公司法》规定，股份有限公司的创立大会行使下列职权：审议发起人关于公司筹办情况的报告；通过公司章程；选举董事会成员；选举监事会成员；对公司的设立费用进行审核；对发起人用于抵作股款的财产的作价进行审核；发生不可抗力或者经营条件发生重大变化直接影响公司设立的，可以作出不设立公司的决议。

10. 办理工商登记或变更手续

董事会创立大会结束后 30 日内，向工商局申请办理变更登记，一般程序为：

设立股份有限公司，一般要经过以下步骤：

第一步：领取并填写《名称（变更）预先核准申请书》，同时准备相关材料。

第二步：递交《名称（变更）预先核准申请书》，等待名称核准结果。

第三步：领取《企业名称预先核准通知书》，同时领取《企业设立登记申请书》等有关表格。

第四步：凭《企业名称预先核准通知书》到经工商局确认的入资银行开立入资专户、办理入资手续并到法定验资机构办理验资手续。

第五步：递交申请材料，材料齐全、符合法定形式的，等候领取《准予设立登记通知书》。

第六步：领取《准予设立登记通知书》后，按照《准予设立登记通知书》确定的日期到工商局交费并领取营业执照。

股份有限公司设立登记应提交的资料：

《企业设立登记申请书》（包括但不限于《企业设立登记申请表》《自然人股东名录》《投资者注册资本（注册资金、出资额）缴付情况》《法定代表人登记表》《董事会成员、经理、监事任职证明》《企业住所证明》等表格）；

募集设立的股份有限公司应提交国务院证券管理部门的批准文件；

发起人签署的股东大会决议（全体发起人亲笔签署；发起人为法人的，要加盖该法人单位公章），募集设立的提交由会议主持人和出席会议的董事签字的创立大会会议记录，董事会、监事会决议；

公司章程（请全体发起人亲笔签署；发起人为法人的，要加盖该法人单位公章）；

依法设立的验资机构出具的验资证明；

发起人的法人资格证明或者自然人身份证明；

《企业名称预先核准通知书》；

《指定（委托）书》（应由董事会成员签署共同委托）；

《企业秘书（联系人）登记表》（两份）；

经营范围涉及前置许可项目的，应提交有关审批部门的批准文件；

国家工商行政管理局规定提交的其他文件。

二、企业新三板挂牌操作程序

（一）公司到新三板挂牌的基本步骤

新三板申报材料并不对财务真实性进行实质性审核，更没有盈利和业绩增长的要求。虽然公开转让说明书与IPO的招股书相比，在内容和格式上都非常相似，但是两者承载的意义却大不相同：对于新三板企业而言，它们的信息披露首先是对投资者负责，而不是为了应付监管。“新三板要发展好，就要彻底摒弃场内市场（主板和创业板）的毛病，券商不能只会做文件，而要真正成为企业和投资者的桥梁”。

新三板公开转让的审核权虽然名义上仍属于证监会，但实质性的工作已经交给新三板交易所，即全国中小企业股份转让系统公司。新三板挂牌审核工作一般需要4—6个月，且其审核权已经实质下放给股转系统公司。在新三板发展初期，挂牌审核时间更短，例如，从2013年4月至2014年3月的挂牌情况来看，全部审核工作只需要3个月左右的时间。新三板审核权的下放除了满足中小微企业快速融资需求之外，还扮演着为A股发行体制改革探路的角色。在证监会设想的多层次资本市场中，新三板是与创业板相衔接的一个基础层次，未来二者之间还将建立起转板机制。新三板在备案挂牌方面的实践，也是在为主板和创业板未来的发展做准备。

根据现行制度，新三板挂牌的具体操作流程可以分为十个步骤：

第一步：公司改制成立股份公司；

第二步：中介机构二次进场，进行尽职调查；

第三步：律师制作《法律意见书》；

第四步：券商制作《公开转让说明书》；

第五步：主办券商内部审核；

第六步：向全国股份转让系统公司报送备案文件；

第七步：全国股份转让系统公司意见反馈；

第八步：全国股份转让系统公司备案确认；

第九步：证监会核准公开转让；

第十步：股份初始登记、办理挂牌手续。

（二）公司到新三板挂牌的主要流程

1. 新三板对申请材料只进行形式审查。全国股份转让系统公司只对申请材料的“齐备性、完整性”进行审查，不对实质内容进行审查。需申请人补正申请材料的，提出补正要求。申请材料形式要件齐备，符合条件的，全国股份转让系统公司出具《接收确认单》。

2. 审查意见及反馈意见。全国股份转让系统公司对于审查中需要申请人补充披露、解释说明或中介机构进一步落实的主要问题应将书面反馈意见送达申请人和主办券商。

申请人应在收到反馈意见后的 30 个工作日内提交反馈回复意见，但实践中，反馈回复的期间为 10 个工作日左右，一方面全国股份转让系统公司为加快审查，另一方面企业也希望早日登陆新三板。

3. 全国股份转让系统公司出具审查意见。根据申请人的申请材料和反馈回复意见，全国股份转让系统公司出具同意或者不同意挂牌的审查意见。

4. 证监会核准。为了提高挂牌公司的审核效率，证监会在全国股份转让系统办公地点设立行政许可受理窗口。证监会应在受理申请文件之日起 20 个工作日内作出准予或不予行政许可的决定。

（三）申报材料所需文件

根据《全国中小企业股份转让系统挂牌申请文件内容与格式指引（试行）》的要求，申请挂牌应向全国中小企业股份转让系统提交申请文件（原件1份，复印件2份）。

申报材料主要包括以下几个部分：

1. 要求披露的文件：公开转让说明书及推荐报告

（1）公开转让说明书（申报稿）；

（2）财务报表及审计报告；

（3）法律意见书；

（4）公司章程；

（5）主办券商推荐报告；

（6）定向发行情况报告书（如有）。

2. 不要求披露的文件：申请挂牌公司相关文件

（1）向全国股份转让系统公司提交的申请股票在全国股份转让系统挂牌及定向发行（如有）的报告；

（2）向中国证监会提交的申请股票在全国股份转让系统公开转让及定向发行（如有）的报告；

（3）有关股票在全国股份转让系统公开转让及定向发行（如有）的董事会决议；

（4）有关股票在全国股份转让系统公开转让及定向发行（如有）的股东大会决议；

（5）企业法人营业执照；

（6）股东名册及股东身份证明文件；

（7）董事、监事、高级管理人员名单及持股情况；

（8）申请挂牌公司设立时和最近两年及一期的资产评估报告；

（9）申请挂牌公司最近两年原始财务报表与申报财务报表存在差异时，需要提供差异比较表；

（10）全部股票已经中国证券登记结算有限责任公司登记的证明文件（挂牌前提供）；

（11）申请挂牌公司全体董事、监事和高级管理人员签署的《董事、监事、高级管理人员声明及承诺书》（挂牌前提供）。

3. 主办券商相关文件

（1）主办券商与申请挂牌公司签订的推荐挂牌并持续督导协议。

（2）尽职调查报告。

（3）尽职调查工作文件：尽职调查工作底稿目录、相关工作记录和经归纳整理后的尽职调查工作表；有关税收优惠、财政补贴的依据性文件；历次验资报告；对持续经营有重大影响的业务合同。

（4）内核意见：内核机构成员审核工作底稿；内核会议记录；对内核会议反馈意见的回复；内核专员对内核会议落实情况的补充审核意见。

（5）主办券商推荐挂牌内部核查表及主办券商对申请挂牌公司风险评估表。

（6）主办券商自律说明书。

（7）主办券商业务备案函复印件（加盖机构公章并说明用途）及项目小组成员任职资格说明文件。

4. 其他相关文件

（1）申请挂牌公司全体董事、主办券商及相关中介机构对申请文件真实性、准确性和完整性的承诺书；

（2）相关中介机构对纳入公开转让说明书等文件中由其出具的专业报告或意见无异议的函；

（3）申请挂牌公司、主办券商对电子文件与书面文件保持一致的声明；

（4）律师、注册会计师及所在机构的相关执业证书复印件（加盖机构公章并说明用途）；

（5）国有资产管理部门出具的国有股权设置批复文件及商务主管部门出具的外资股确认文件。

（四）律师出具法律意见书

1. 法律意见书的基本框架

全国股份转让系统公司在 2013 年 12 月 30 日公布了《全国中小企业股份转让系统股票发行业务指引第 4 号——法律意见书的内容和格式（试行）》，律师应参考该《指引》，结合新三板最新配套政策，对公司是否符合挂牌条件、公司治理、合法合规发表独立意见。

具体而言，律师应当对下列事项发表意见：

（1）本次股票挂牌并公开转让的批准与授权；

（2）本次股票挂牌并公开转让的主体资格；

（3）本次股票挂牌的实质条件；

（4）公司的设立及变更；

（5）公司的独立性；

（6）发起人和股东；

（7）公司的股本及其演变；

（8）股份公司的业务；

（9）关联交易及同业竞争；

（10）公司的主要财产；

（11）公司的重大债权债务；

（12）公司重大资产变化及收购兼并；

（13）股份公司章程的制定与修改；

（14）公司股东大会、董事会、监事会议事规则及规范运作；

（15）近两年公司董事、监事及高级管理人员及其变化；

（16）股份公司的税务；

（17）公司劳动人事情况；

（18）公司的环境保护、产品质量、技术标准；

（19）公司的业务发展目标；

（20）股份公司涉及的诉讼、仲裁及行政处罚；

（21）推荐机构；

（22）结论。

2. 法律意见书中应关注的问题

（1）结论性意见须有事实支持

律师对上述事项发表独立意见时，每一项意见均应有客观的材料、相关声明或者行政部门出具的证明等材料作为依据。例如，认定公司共同控制时一般需双方或多方股东签订一致行动协议，以保证公司控制权的稳定。律师在尽职调查的过程中需解释一致行动人的意思和行动一致，仅凭一个一致行动协议而一劳永逸地解决共同控制问题的方式是不能完全被认可的；律师还应该另行寻找一些其他论证依据，常见的比如将历次股东（大）会和董事会决议的表决情况进行列示，以证明共同控制人的确是一致行动的。

（2）中介机构披露内容的一致性

在公司治理与合法合规方面，律师与主办券商尽职调查的范围基本相同，因此出具最终申报材料应在相关问题上保持一致。

为保证信息披露的真实性、准确性、完整性，法律意见书中，一些结论性意见需公司或公司管理层出具相关的说明或承诺，因此，公司及管理层出具的声明承诺的内容应当与法律意见书得出的结论性意见保持一致。

公司及管理层出具的声明或承诺是保证公司成功挂牌及规范性运作的保证性文件，公司挂牌后，律师应协助公司逐步实现规范，兑现声明及承诺的内容。

第二节　定向增发操作程序

定向增发作为新三板股权融资的主要功能，对解决新三板挂牌企业发展过程中的资金“瓶颈”发挥了极为重要的作用，有力地促进了企业规模的快速提升。

一、新三板定向增发的概念与要求

新三板挂牌公司的股票发行是指挂牌公司向符合规定的投资者发行股票，发行后股东人数累计不超过 200 人的行为。股票发行，应当按照规定向全国中小企业股份转让系统有限责任公司履行备案程序。

挂牌公司股票发行，必须真实、准确、完整、及时、公平地披露信息，不得有虚假记载、误导性陈述或者重大遗漏。挂牌公司的控股股东、实际控制人、股票发行对象及其他信息披露义务人，应当按照有关规定及时向公司提供信息，配合公司履行信息披露义务。

挂牌公司的董事、监事、高级管理人员、控股股东及实际控制人，主办券商、会计师事务所、律师事务所等证券服务机构及其相关人员，应当遵守有关法律法规、规章、规范性文件及业务规定，勤勉尽责，不得利用挂牌公司股票发行谋取不正当利益，禁止泄露内幕信息和利用内幕信息进行股票转让或者操纵股票转让价格。

挂牌公司、主办券商选择发行对象、确定发行价格或者发行价格区间，应当遵循公平、公正原则，维护公司及其股东的合法权益。

挂牌公司股票发行应当满足《管理办法》规定的公司治理、信息披露及发行对象的要求。

挂牌公司股票发行以现金认购的，公司现有股东在同等条件下对发行的股票有权优先认购。每一股东可优先认购的股份数量上限为股权登记日其在公司的持股比例与本次发行股份数量上限的乘积。公司章程对优先认购另有规定的，从其规定。发行对象承诺对其认购股票进行转让限制的，应当遵守其承诺，并予以披露。发行对象可用现金或者非现金资产认购发行股票。

二、新三板全国扩容后定向增发的新趋势

2013 年 6 月，新三板扩容至全国后，定向增发呈现以下新趋势：

1. VC、PE 股权投资机构积极参与新三板企业的定向增发，部分机构在拟挂牌企业的改制阶段就提前介入，新三板已成为该类机构的重要项目来源，有力提升了新三板企业的定向融资功能。

由于新三板挂牌企业经过主办券商等中介机构尽职调查、监管机构审核等流程，企业规范性相对较好，企业信息逐步透明化，且新三板企业作为证监会核准的公开转让的企业，具备较完善的退出机制，对投资方、被投资方而言，在一定程度上降低了不确定性和投融资风险。

2. 从新三板挂牌企业定向增发的信息来看，参与定向增资的机构来源多元化，既有产业资本，也有 VC、PE 机构、上市公司，作为主办券商有的也参与所推荐企业的定向增资中，为后期做市做准备。

由于主办券商对所推荐的企业状况比较了解，参与定向增资可起到一定的定价和引导其他投资者的功能。目前，监管部门对主办券商参与所推荐企业的定向增发尚无明确规定。新三板做市商制度确定后，越来越多的券商在企业挂牌前就参与拟挂牌企业的定向增发，为后期做市做准备，随着新三板功能的完善和市场活跃，相信有更多的主办券商参与新三板的定向增发，定向增发的相关法律法规也会相继出台。

3. 新三板拟挂牌企业在股改后挂牌前发行股票，由本公司员工认购，在增加公司注册资本的同时，起到股权激励的作用。

如 2013 年 7 月 4 日挂牌的北京星原丰泰电子技术股份有限公司（股票代码：430233）在企业挂牌前，与参与定向增发的员工签订《持股协议》，员工同意在 2015 年 12 月 31 日之前不离职，也不将所持公司股份进行质押或参与社会融资活动等行为，如发生离职，员工应将所持股份转回，公司董事会规定了具体的转回方案。

由此可见，公司与员工之间协议的相关条款本质上并不是限制员工转让股份，而是通过确定双方认可的股份转让收益分配比例在一定程度上维持公司股权的相对稳定，提升公司的内部凝聚力，维持公司业务团队的稳定性，同时也兼顾了员工股东的利益，而且上述条款安排不会影响公司在全国股份转让系统挂牌并公开转让。

三、新三板定向增发的程序

根据 2013 年 12 月 30 日公布的《全国中小企业股份转让系统股票发行业务细则（试行）》的规定，新三板挂牌公司的股票发行分为以下几个程序：

（一）挂牌公司董事会与股东大会决议

挂牌公司董事会应当就股票发行有关事项作出决议。挂牌公司董事会作出股票发行决议，应当符合下列规定：1. 董事会决议确定具体发行对象的，董事会决议应当明确具体发行对象（是否为关联方）及其认购价格、认购数量或数量上限、现有股东优先认购办法等事项。认购办法中应当明确现有股东放弃优先认购股票份额的认购安排。已确定的发行对象（现有股东除外）与公司签署的附生效条件的股票认购合同应当经董事会批准；2. 董事会决议未确定具体发行对象的，董事会决议应当明确发行对象的范围、发行价格区间、发行价格确定办法、发行数量上限、现有股东优先认购办法等事项；3. 发行对象用非现金资产认购发行股票的，董事会决议应当明确交易对手（应当说明是否为关联方）、标的资产、作价原则及审计、评估等事项；4. 董事会应当说明本次发行募集资金的用途。

董事会决议确定具体发行对象的，挂牌公司应当与相关发行对象签订附生效条件的股票认购合同。认购合同应当载明该发行对象拟认购股票的数量或数量区间、认购价格、限售期，同时约定本次发行经公司董事会、股东大会批准后，该合同即生效。

挂牌公司股东大会应当就股票发行等事项作出决议。挂牌公司股东大会审议通过股票发行方案后，董事会决议作出重大调整的，公司应当重新召开股东大会并按照第 14 条的规定进行审议。

董事会、股东大会表决应当执行公司章程规定的表决权回避制度。

（二）发行与备案

董事会决议确定具体发行对象的，挂牌公司应当按照《全国中小企业股份转让系统股票发行业务细则（试行）》及有关要求，依据股票认购合同的约定发行股票；有优先认购安排的，应当办理现有股东优先认购手续。董事会决议未确定具体发行对象的，挂牌公司及主办券商可以向包括挂牌公司股东、主办券商经纪业务客户、机构投资者、集合信托计划、证券投资基金、证券公司资产管理计划以及其他个人投资者在内的询价对象进行询价，询价对象应当符合投资者适当性的规定。挂牌公司及主办券商应当在确定的询价对象范围内接收询价对象的申购报价；主办券商应根据询价对象的申购报价情况，按照价格优先的原则，并考虑认购数量或其他因素，与挂牌公司协商确定发行对象、发行价格和发行股数。现有股东优先认购的，在相同认购价格下应优先满足现有股东的认购需求。

确定发行价格后，挂牌公司应当与发行对象签订正式认购合同，发行对象应当按照合同约定缴款。

挂牌公司应当在股票发行认购结束后及时办理验资手续，验资报告应当由具有证券、期货相关业务资格的会计师事务所出具。

主办券商和律师事务所应当在尽职调查的基础上，分别对股票发行出具书面意见。

挂牌公司在验资完成后 10 个转让日内，按照规定向全国股份转让系统公司报送材料，履行备案程序。全国股份转让系统公司对材料进行审查，并根据审查结果出具股份登记函，送达挂牌公司并送交中国证券登记结算有限责任公司（以下简称中国结算）和主办券商。以非现金资产认购股票的情形，尚未完成相关资产权属过户或相关资产存在重大法律瑕疵的，全国股份转让系统公司不予出具股份登记函。

挂牌公司按照中国结算相关规定，向中国结算申请办理股份登记，并取得股份登记证明文件。主办券商应当协助挂牌公司持股份登记函向中国结算办理股份登记手续。挂牌公司完成股份登记的办理后，新增股票按照挂牌转让公告中安排的时间在全国中小企业股份转让系统挂牌转让。

（三）信息披露

挂牌公司应当分别在董事会和股东大会通过股票发行决议之日起两个转让日内披露董事会、股东大会决议公告。以非现金资产认购股票涉及资产审计、评估的，资产审计结果、评估结果应当最晚和召开股东大会的通知同时公告。挂牌公司应当在披露董事会决议的同时，披露经董事会批准的股票发行方案。

挂牌公司应当在缴款期前披露股票发行认购公告，其中应当披露缴款的股权登记日、投资者参与询价、定价情况，股票配售的原则和方式及现有股东优先认购安排（如有），并明确现有股东及新增投资者的缴款安排。

挂牌公司应当按照要求披露股票发行情况报告书、股票发行法律意见书、主办券商关于股票发行合法合规性意见和股票挂牌转让公告。

第二编

新三板挂牌常见障碍与解决技巧

《全国中小企业股份转让系统业务规则（试行）》在第2.1条明确规定了股份有限公司申请股票在全国股份转让系统挂牌的条件。其规定为，股份有限公司申请股票在全国股份转让系统挂牌，不受股东所有制性质的限制，不限于高新技术企业，应当符合下列条件:（一）依法设立且存续满两年；有限责任公司按原账面净资产值折股整体变更为股份有限公司的，存续时间可以从有限责任公司成立之日起计算;（二）业务明确，具有持续经营能力;（三）公司治理机制健全，合法规范经营;（四）股权明晰，股票发行和转让行为合法合规;（五）主办券商推荐并持续督导;（六）全国股份转让系统公司要求的其他条件。

上述规定，为股份有限公司申请股票在全国股份转让系统挂牌设定了明确的挂牌条件。为避免拟申请挂牌公司及各中介机构对挂牌条件的误读，全国中小企业股份转让系统有限责任公司按照“可把控、可举证、可识别”的原则，对《全国中小企业股份转让系统业务规则（试行）》规定的六项挂牌条件进行细化，2017年9月6日，对原《全国中小企业股份转让系统股票挂牌条件适用基本标准指引（试行）》进行了修订，修订后的《指引》于2017年11月1日生效实施。自2017年11月1日起申请挂牌的公司需满足新《指引》的要求。

根据上述规则、指引，股份有限公司申请股票在全国股份转让系统挂牌上市须满足如下要件:

一、依法设立且存续满两年

（一）依法设立，是指公司依据《公司法》等法律、法规及规章的规定向公司登记机关申请登记，并已取得《企业法人营业执照》。

1. 公司设立的主体、程序合法、合规。

（1）国有企业需提供相应的国有资产监督管理机构或国务院、地方政府授权的其他部门、机构关于国有股权设置的批复文件。国有企业应严格按照国有资产管理法律法规的规定提供国有股权设置批复文件，但因客观原因确实无法提供批复文件且符合以下条件的，在公司和中介机构保证国有资产不流失的前提下，可按以下方式解决：以国有产权登记表（证）替代国资监管机构的国有股权设置批复文件；公司股东中含有财政参与出资的政府引导型股权投资基金的，可以基金的有效投资决策文件替代国资监管机构或财政部门的国有股权设置批复文件；国有股权由国资监管机构以外的机构监管的公司以及国有资产授权经营单位的下属子公司，可提供相关监管机构或国有资产授权经营单位出具的批复文件或经其盖章的产权登记表（证）替代国资监管机构的国有股权设置批复文件；公司股东中存在为其提供做市服务的国有做市商的，暂不要求提供该类股东的国有股权设置批复文件。

（2）外商投资企业须提供商务主管部门出具的设立批复或备案文件。

（3）《公司法》修改（2006 年 1 月 1 日）前设立的股份公司，须取得国务院授权部门或者省级人民政府的批准文件。

2. 公司股东的出资合法、合规，出资方式及比例应符合《公司法》相关规定。

（1）以实物、知识产权、土地使用权等非货币财产出资的，应当评估作价，核实财产，明确权属，财产权转移手续办理完毕。

（2）以国有资产出资的，应遵守有关国有资产评估的规定。

（3）公司注册资本缴足，不存在出资不实情形。

（二）存续两年是指存续两个完整的会计年度。

（三）有限责任公司按原账面净资产值折股整体变更为股份有限公司的，存续时间可以从有限责任公司成立之日起计算。整体变更不应改变历史成本计价原则，不应根据资产评估结果进行账务调整，应以改制基准日经审计的净资产额为依据折合为股份有限公司股本。公司申报财务报表最近一期截止日不得早于股份有限公司成立日。

二、业务明确，具有持续经营能力

（一）业务明确，是指公司能够明确、具体地阐述其经营的业务、产品或服务、用途及其商业模式等信息。

（二）公司可同时经营一种或多种业务，每种业务应具有相应的关键资源要素，该要素组成应具有投入、处理和产出能力，能够与商业合同、收入或成本费用等相匹配。

（三）公司业务在报告期内应有持续的营运记录。营运记录包括现金流量、营业收入、交易客户、研发费用支出等。公司营运记录应满足下列条件：

1. 公司应在每一个会计期间内形成与同期业务相关的持续营运记录，不能仅存在偶发性交易或事项。

2. 最近两个完整会计年度的营业收入累计不低于 1000 万元；因研发周期较长导致营业收入少于 1000 万元，但最近一期末净资产不少于 3000 万元的除外。

3. 报告期末股本不少于 500 万元。

4. 报告期末每股净资产不低于 1 元 / 股。

（四）持续经营能力，是指公司在可预见的将来，有能力按照既定目标持续经营下去。

公司存在以下情形之一的，应认定为不符合持续经营能力要求：

1. 存在依据《公司法》第 180 条规定解散的情形，或法院依法受理重整、和解或者破产申请。

2. 公司存在《中国注册会计师审计准则第 1324 号——持续经营》应用指

南中列举的影响其持续经营能力的相关事项或情况，且相关事项或情况导致公司持续经营能力存在重大不确定性。

3. 存在其他对公司持续经营能力产生重大影响的事项或情况。

三、公司治理机制健全，合法规范经营

（一）公司治理机制健全，是指公司按规定建立股东大会、董事会、监事会和高级管理层（以下简称“三会一层”）组成的公司治理架构，制定相应的公司治理制度，并能证明有效运行，保护股东权益。

1. 公司依法建立“三会一层”，并按照《公司法》《非上市公众公司监督管理办法》及《非上市公众公司监管指引第 3 号——章程必备条款》等规定制定公司章程、“三会一层”运行规则、投资者关系管理制度、关联交易管理制度等，建立全面完整的公司治理制度。

2. 公司“三会一层”应按照公司治理制度进行规范运作。在报告期内的有限公司阶段应遵守《公司法》的相关规定。

3. 公司董事会应对报告期内公司治理机制执行情况进行讨论、评估。

4. 公司现任董事、监事和高级管理人员应具备《公司法》规定的任职资格，履行《公司法》和公司章程规定的义务，且不应存在以下情形：

（1）最近 24 个月内受到中国证监会行政处罚，或者被中国证监会采取证券市场禁入措施且期限尚未届满，或者被全国中小企业股份转让系统有限责任公司认定不适合担任挂牌公司董事、监事、高级管理人员；

（2）因涉嫌犯罪被司法机关立案侦查或者涉嫌违法违规被中国证监会立案调查，尚未有明确结论意见。

5. 公司进行关联交易应依据法律法规、公司章程、关联交易管理制度的规定履行审议程序，保证交易公平、公允，维护公司的合法权益。

6. 公司的控股股东、实际控制人及其关联方存在占用公司资金、资产或其他资源情形的，应在申请挂牌前予以归还或规范（完成交付或权属变更登记）。

占用公司资金、资产或其他资源的具体情形包括：从公司拆借资金；由公司代垫费用、代偿债务；由公司承担担保责任而形成债权；无偿使用公司的土地房产、设备动产等资产；无偿使用公司的劳务等人力资源；在没有商品和服务对价情况下其他使用公司的资金、资产或其他资源的行为。

（二）合法合规经营，是指公司及其控股股东、实际控制人、下属子公司（下属子公司是指公司的全资、控股子公司或通过其他方式纳入合并报表的公司或其他法人，下同）须依法开展经营活动，经营行为合法、合规，不存在重大违法违规行为。

1. 公司及下属子公司的重大违法违规行为是指公司及下属子公司最近 24 个月内因违犯国家法律、行政法规、规章的行为，受到刑事处罚或适用重大违法违规情形的行政处罚。

（1）行政处罚是指经济管理部门对涉及公司经营活动的违法违规行为给予的行政处罚。

（2）重大违法违规情形是指，凡被行政处罚的实施机关给予没收违法所得、没收非法财物以上行政处罚的行为，属于重大违法违规情形，但处罚机关依法认定不属于的除外；被行政处罚的实施机关给予罚款的行为，除主办券商和律师能依法合理说明或处罚机关认定该行为不属于重大违法违规行为的外，都视为重大违法违规情形。

（3）公司及下属子公司最近 24 个月内不存在涉嫌犯罪被司法机关立案侦查，尚未有明确结论意见的情形。

2. 控股股东、实际控制人合法合规，最近 24 个月内不存在涉及以下情形的重大违法违规行为：

（1）控股股东、实际控制人受刑事处罚；

（2）受到与公司规范经营相关的行政处罚，且情节严重；情节严重的界定参照前述规定；

（3）涉嫌犯罪被司法机关立案侦查，尚未有明确结论意见。

3. 公司及下属子公司业务如需主管部门审批，应取得相应的资质、许可或特许经营权等。

4. 公司及其法定代表人、控股股东、实际控制人、董事、监事、高级管理人员、下属子公司，在申请挂牌时应不存在被列为失信联合惩戒对象的情形。

5. 公司及下属子公司业务须遵守法律、行政法规和规章的规定，符合国家产业政策以及环保、质量、安全等要求。

公司及下属子公司所属行业为重污染行业的，根据相关规定应办理建设项目环评批复、环保验收、排污许可证以及配置污染处理设施的，应在申请挂牌前办理完毕；不属于重污染行业的，但根据相关规定必须办理排污许可证和配置污染处理设施的，应在申请挂牌前办理完毕。

6. 公司财务机构设置及运行应独立且合法合规，会计核算规范。

（1）公司及下属子公司应设有独立财务部门，能够独立开展会计核算、作出财务决策。

（2）公司及下属子公司的财务会计制度及内控制度健全且得到有效执行，会计基础工作规范，符合《会计法》《会计基础工作规范》以及《公司法》《现金管理暂行条例》等其他法律法规要求。

（3）公司应按照《企业会计准则——基本准则》和相关会计制度的规定编制并披露报告期内的财务报表，在所有重大方面公允地反映公司的财务状况、经营成果和现金流量，财务报表及附注不得存在虚假记载、重大遗漏以及误导性陈述。

公司财务报表应由具有证券期货相关业务资格的会计师事务所出具标准无保留意见的审计报告。财务报表被出具带强调事项段的无保留审计意见的，应全文披露审计报告正文以及董事会、监事会和注册会计师对强调事项的详细说明，并披露董事会和监事会对审计报告涉及事项的处理情况，说明该事项对公司的影响是否重大、影响是否已经消除、违反公允性的事项是否已予纠正。

（4）公司存在以下情形的应认定为财务不规范：

①公司申报财务报表未按照《企业会计准则——基本准则》的要求进行会计处理，导致重要会计政策适用不当或财务报表列报错误且影响重大，需

要修改申报财务报表（包括资产负债表、利润表、现金流量表、所有者权益变动表）；

②因财务核算不规范情形被税务机关采取核定征收企业所得税且未规范；

③其他财务信息披露不规范情形。

四、股权明晰，股票发行和转让行为合法合规

（一）股权明晰，是指公司的股权结构清晰，权属分明，真实确定，合法合规，股东特别是控股股东、实际控制人及其关联股东或实际支配的股东持有公司的股份不存在权属争议或潜在纠纷。

1. 公司的股东不存在国家法律、法规、规章及规范性文件规定不适宜担任股东的情形。

2. 申请挂牌前存在国有股权转让的情形，应遵守国资管理规定。

3. 申请挂牌前外商投资企业的股权转让应遵守商务部门的规定。

（二）股票发行和转让合法合规，是指公司及下属子公司的股票发行和转让依法履行必要内部决议、外部审批（如有）程序。

1. 公司及下属子公司股票发行和转让行为合法合规，不存在下列情形：

（1）最近 36 个月内未经法定机关核准，擅自公开或者变相公开发行过证券；

（2）违法行为虽然发生在 36 个月前，目前仍处于持续状态，但《非上市公众公司监督管理办法》实施前形成的股东超 200 人的股份有限公司经中国证监会确认的除外。

2. 公司股票限售安排应符合《公司法》和《全国中小企业股份转让系统业务规则（试行）》的有关规定。

（三）公司曾在区域股权市场及其他交易市场进行融资及股权转让的，股票发行和转让等行为应合法合规；在向全国中小企业股份转让系统申请挂牌前应在区域股权市场及其他交易市场停牌或摘牌，并在全国中小企业股份转让系统挂牌前完成在区域股权市场及其他交易市场的摘牌手续。

五、主办券商推荐并持续督导

（一）公司须经主办券商推荐，双方签署了《推荐挂牌并持续督导协议》。

（二）主办券商应完成尽职调查和内核程序，对公司是否符合挂牌条件发表独立意见，并出具推荐报告。

六、全国股份转让系统公司要求的其他条件

无

第四章　挂牌条件“依法设立且存续满两年”之常见问题及解决方案

“依法设立且存续满两年”是拟挂牌公司必须达到的第一个条件。《全国中小企业股份转让系统股票挂牌条件适用基本标准指引（试行）》将该条件具体细化为以下三个标准：

一、依法设立是指公司依据《公司法》等法律法规及规章的规定向公司登记机关申请登记，并已取得《企业法人营业执照》。

1. 公司设立的主体、程序合法、合规。

（1）国有企业需提供相应的国有资产监督管理机构或国务院、地方政府授权的其他部门、机构关于国有股权设置的批复文件。

（2）外商投资企业须提供商务主管部门出具的设立批复文件。

（3）《公司法》修改（2006 年 1 月 1 日）前设立的股份公司，须取得国务院授权部门或者省级人民政府的批准文件。

2. 公司股东的出资合法、合规，出资方式及比例应符合《公司法》相关规定。

（1）以实物、知识产权、土地使用权等非货币财产出资的，应当评估作价，核实财产，明确权属，财产权转移手续办理完毕。

（2）以国有资产出资的，应遵守有关国有资产评估的规定。

（3）公司注册资本缴足，不存在出资不实情形。

二、存续两年是指存续两个完整的会计年度。

三、有限责任公司按原账面净资产值折股整体变更为股份有限公司的，存续时间可以从有限责任公司成立之日起计算。整体变更不应改变历史成本计价原则，不应根据资产评估结果进行账务调整，应以改制基准日经审计的净资产额为依据折合为股份有限公司股本。申报财务报表最近一期截止日不得早于改制基准日。

对于上述条件所细化的几个标准，本章将以详尽的案例对其进行分析。在已经成功挂牌的公司中，该条件及细化标准中最容易出现的问题有如下几个方面：公司设立及存续期间股东相关问题，公司设立或增资时的实物出资问题，以商标权、专利权等知识产权出资的问题，公司实际控制人认定问题等。从已经成功挂牌的公司中总结经验，如何针对“依法设立且存续满两年”克服障碍、解决问题，是本章的重点和目的所在。

第一节 公司设立及存续期间股东相关问题及其解决

拟挂牌公司的大股东拥有外国国籍，其是否符合公司依法设立或存续、股权明晰的挂牌条件？此种情形违反了《中华人民共和国国籍法》第 3 条的规定，“中华人民共和国不承认中国公民具有双重国籍”。针对此种情形，可以通过下列方法解决或消除障碍。根据《国籍法》第 9 条和第 14 条的规定，大股东在取得外国国籍后未在外国定居，而是返回中国国内发展，不自动丧失中国国籍，并且在取得外国国籍后，大股东未申请退出中国国籍，因此仍具有中国公民身份。首先，说明国籍问题不影响公司符合依法设立和股权明晰的挂牌条件；其次，可请工商行政管理机关出具证明，证明公司近两年没有因违反工商行政管理法律法规受到查处的记录；最后，由公司现有股东出具承诺函，承诺如政府主管机关因股东以外籍身份设立有限责任公司并持有限公司股份的股东资格法律瑕疵对公司进行处罚，将由公司现有股东最终按现有持股比例承担公司因此受到的全部经济损失，该等责任为连带责任，无需公司承担任何费用。

依据《香港公司条例》设立并存续的有限公司作为申请挂牌公司股东的适格性如何？此种公司只要是依据《香港公司条例》设立并存续的有限公司，作为公司股东经商务部门批准并在工商行政主管部门进行了登记或认可，就具备作为申请挂牌公司股东的适格性。

股份公司增资且导致国有股权比例发生变动时，没有履行资产评估及备案手续，是否会构成股份公司挂牌的法律障碍？一般而言，如果增资时在程序上存在法律瑕疵，但是国有股权转让时履行了资产评估及备案手续，且国有股权监管部门在审核该等股权转让事宜时未就上述增资导致国有股权比例稀释未履行资产评估及备案手续提出异议，上述增资事项已经其董事会、股东会决议通过，符合《公司法》及相关规定，那么，上述增资未履行资产评估及备案手续的程序瑕疵不会对新三板挂牌造成实质性的法律障碍。

拟挂牌公司使用的房屋、土地均租赁于控股股东，公司原是控股股东的事业部，拟挂牌公司业务、资产、人员、机构、财务是否与控股股东分开，是否存在对外依赖性？解决这种问题，需要详细地分别说明公司的业务、资产、人员、机构和财务独立的情况，并说明具有完整独立的研发、生产和销售系统，具备面向市场的自主经营能力，不存在对控股股东的依赖，符合《公司法》等有关法律、法规及规范性文件关于独立性的要求。

公司存在国有股东，国有股东投资于公司是否需要并已经取得国有股权设置批复文件及相关依据。国有股东历次增资、股权转让是否依法履行了审批、评估程序，审批机关的适格性及相关依据。首先，国有股东投资于公司需要国务院国有资产监督管理委员会出具国有股权管理有关问题的批复。其次，增资、股权转让需要依法履行审批、评估，需要注意的是，根据《国有资产评估管理若干问题的规定》第 4 条的规定，国有独资企业下属的独资企业之间的合并、资产（产权）划转、置换和转让，可以不进行资产评估。最后，公司历次增资，需股东作出决定，同时通过章程修正案或重新制定公司章程，由会计师事务所出具《验资报告》，并在公司登记机关办理注册资本变更登记手续，符合《公司法》和《公司登记管理条例》等相关法律法规的规定。

案例分析 4.1.1[1]

广州市赛普特医药科技股份有限公司在挂牌过程中遇到的问题：关于林穗珍女士的国籍问题，请核查其是否符合公司依法设立或存续、股权明晰、公司合法合规经营的挂牌条件？

❑问题剖析及解决方案

1. 关于林穗珍女士国籍问题的说明

根据林穗珍女士的说明，林穗珍分别于 1992 年和 1999 年前后两次赴美国学习工作，在第二次赴美期间取得美国国籍。林穗珍现持有美国政府于 2010 年 4 月 27 日向其颁发的美国护照。

根据林穗珍女士的说明，林穗珍于 2012 年 6 月结束在美国的工作，随后回国定居并专注于公司的经营管理。经核查，林穗珍在公司担任职务的情况如下：于 2011 年 4 月 26 日至 2012 年 7 月 22 日担任公司的执行董事，于 2012 年 7 月 22 日至 2015 年 6 月 18 日担任公司的副总经理，于 2015 年 6 月 18 日至今担任公司的总经理。

《国籍法》第 3 条规定，“中华人民共和国不承认中国公民具有双重国籍”。第 9 条规定，“定居外国的中国公民，自愿加入或取得外国国籍的，即自动丧失中国国籍”。第 14 条规定，“中国国籍的取得、丧失和恢复，除第 9 条规定的以外，必须办理申请手续”。据此，除自动丧失中国国籍的情形外，中国公民必须经过本人申请及相关部门的批准后才丧失中国国籍。自动丧失中国国籍须同时满足两个条件：第一，定居外国；第二，自愿加入或取得外国国籍。在不符合《国籍法》丧失中国国籍的情形时，中国政府不承认中国公民具有

---

[1] 参见“赛普特”在全国中小企业股份转让系统挂牌公告及广东君言律师事务所补充法律意见书（一）。

的外国国籍，不承认中国公民具有双重国籍。

由于林穗珍取得美国国籍后未在外国定居，而是返回中国国内发展，不自动丧失中国国籍，并且在取得美国国籍后，林穗珍未申请退出中国国籍，因此仍具有中国公民身份。

根据林穗珍女士的说明，其决定退出中国国籍，避免同时持有中国居民身份证和美国护照的情况，目前正在办理相关手续。

2. 林穗珍女士的国籍问题不影响公司符合依法设立且存续满两年的挂牌条件，具体分析如下：

根据公司的工商档案资料，林穗珍使用中国居民身份证，与胡海燕、张静夏、邱鹏新、黄奕俊和银巍于 2011 年 4 月 26 日共同投资设立了作为内资的赛普特有限责任公司。林穗珍向广州市工商局萝岗分局提交的中国居民身份证所记载的信息如下：姓名为林穗珍，性别为女，民族为汉族，出生日期为 1957 年 2 月 × 日，住址为广州市越秀区竹丝村 ×× 号 ×× 房，身份证号码为 44010219570220××××，签发机关为广州市公安局越秀分局，有效期限自 2005 年 12 月 15 日至长期。经核查，前述信息与林穗珍持有的居民户口簿记载信息一致。经核查并经林穗珍确认，其提交给广州市工商局萝岗分局用于办理赛普特有限责任公司设立登记的中国居民身份证为真实资料，不存在提交虚假材料的情形。

根据公司的工商档案资料，在公司存续期间的变更中，林穗珍均使用中国国籍和中国居民身份证，未使用美国国籍和美国护照。经林穗珍确认，其提交给广州市工商局萝岗分局和广州市工商局用于办理公司变更登记的资料为真实资料，不存在提交虚假材料的情形。

综上，公司的设立及历次变更均符合《公司法》和《中华人民共和国公司登记管理条例》等相关法律法规及规范性文件的规定，林穗珍女士的国籍问题不影响公司符合依法设立且存续满两年的挂牌条件，公司符合《业务规则》第 2.1 条第（一）项、《基本标准指引》第一条的规定。

3. 林穗珍女士的国籍问题不影响公司符合股权明晰的挂牌条件，具体分析如下：

赛普特有限责任公司于2011年4月26日成立时，林穗珍持有赛普特有限责任公司70%的股权。经过赛普特有限责任公司的数次增资，林穗珍持有赛普特有限责任公司的股权比例于2013年10月29日变更为31.5%。

2015年6月18日，林穗珍与其子颜充签订《股东转让协议》，约定林穗珍将其持有的赛普特有限责任公司31.5%的股权转让给颜充。该股权转让获得赛普特有限责任公司的股东会批准，并且其他股东均放弃优先购买权。赛普特有限责任公司于2015年6月30日办理完毕该股权转让的变更登记手续，取得广州市工商局萝岗分局核发的《准予变更（备案）登记通知书》及变更后的《营业执照》。林穗珍与颜充之间的股权转让意思表示真实，《股东转让协议》内容合法有效，已经履行了必要的法定程序，该股权转让真实、合法、有效。该股权转让完成后，林穗珍不再持有公司股权。

经核查，截至本补充法律意见书出具日，颜充持有公司15409293股股份，占公司总股本的30.2143%。根据公司全体股东声明及律师核查，颜充所持有公司股份不存在委托持股、信托持股、股份质押、股份冻结、诉讼仲裁、争议纠纷等限制权利行使的情形。此外，林穗珍出具书面说明，承诺其与颜充之间不存在委托持股的情形。

综上，林穗珍女士的国籍问题不影响公司符合股权明晰的挂牌条件，公司股权清晰，历次股权转让行为合法、有效，符合《业务规则》第2.1条第（四）项及《基本标准指引》第四条的规定。

4. 林穗珍女士的国籍问题不影响公司符合合法合规经营的挂牌条件，具体分析如下：

根据公司的工商档案资料及律师核查，公司自成立至今为内资企业。公司在报告期内的主营业务为医药研发、医药技术服务，现阶段主要研究方向为神经元系列保护药品。根据《国民经济行业分类》（GB/T4754—2011）[①]，公司属于化学药品制剂制造（C2720）；根据中国证监会公布的《上市公司行业分类指引》的规定，公司属于医药制造业（C27）；根据《挂牌公司投资型行

① 已失效，现为《国民经济行业分类》（GB/T4754—2017）。

业分类指引》，公司属于化学制剂（15111111）；根据《挂牌公司管理型行业分类指引》，公司属于化学药品制剂制造（2720）。根据《产业结构调整指导目录》，公司经营业务属于鼓励类行业，不属于限制类或淘汰类行业，没有违反国家对产业结构管理的相关法律法规。

根据《关于鼓励海外留学人员以多种形式为国服务的若干意见》和《广州市鼓励留学人员来穗工作规定》，国家鼓励海外留学人员采取多种方式为国服务，包括但不限于以自有资金或引进资金在国内投资。林穗珍作为海外留学人员，属于国家鼓励回国工作、创业的对象。

根据公司出具的说明与承诺，公司自成立至今没有因违反法律法规被工商行政管理部门处罚的情形。根据广州市工商局萝岗区分局于 2015 年 9 月 2 日出具的证明，近 3 年暂未发现公司有违反工商行政管理法律法规的经营行为记录。

综上，林穗珍女士的国籍问题不影响公司符合合法合规经营的挂牌条件，公司合法规范经营，符合《业务规则》第 2.1 条第（三）项及《基本标准指引》第三条第（二）项的规定。

案例分析 4.1.2[①]

河北晓进机械制造股份有限公司在挂牌过程中遇到的问题：2014 年 9 月 17 日，公司召开 2014 年第一次临时股东大会，取消原股利分配决议。2014 年 10 月 16 日，公司已收回全部股东分红款。请结合公司章程及相关法律法规的规定核查公司该次股东会的召开程序、决议内容、关于退回分红是否存在纠纷、分红款是否全额退回？

① 参见“晓进机械”在全国中小企业股份转让系统挂牌公告及北京大成律师事务所补充法律意见书（一）。

❑问题剖析及解决方案

经获取并审查公司通过股利分配等议案的董事会、股东大会会议文件，审查公司取消股利分配等议案的董事会、股东大会会议文件，审查股利分配的相关财务凭证，访谈公司主要管理层关于退回分红的相关情况并取得退回分红的财务凭证。

1. 公司原股利分配的履行过程和税收代扣代缴情况

经核查，公司于 2014 年 6 月 20 日召开 2013 年度股东大会，全体股东审议并通过了《关于〈公司 2013 年度利润分配方案〉的议案》，以公司总股本 6000 万股为基数，每 1 股派发现金股利人民币 0.1 元（含税），共计派发现金股利人民币 600 万元（含税）。

2014 年 7 月 17 日，公司向全体股东支付了现金股利，并代扣了自然人股东应缴纳的个人所得税。

本次股利分配后，由于公司拟申请在全国股份转让系统挂牌，基于挂牌后利润分配税收优惠政策的考虑，公司全体一致决定取消原股利分配决议。因此，公司暂未代缴个人所得税。

2. 取消原股利分配决议的股东大会及分红款退回情况

公司 2014 年第一次临时股东大会于 2014 年 9 月 2 日由董事会发出会议通知，并于 2014 年 9 月 17 日在公司会议室召开。出席会议的股东及股东代表共 9 名，代表股份 6000 万股，占公司有表决权股份总额的 100%。律师认为，会议召开程序符合《中华人民共和国公司法》等法律法规和公司章程的规定。

公司 2014 年第一次临时股东大会经全体股东审议通过了全部议案并签署了会议决议，其中包括以 6000 万股同意、0 股反对、0 股弃权，审议通过了《关于撤销 2014 年 6 月公司分红决议的议案》，取消原股利分配决议。律师认为，会议的决议内容符合《中华人民共和国公司法》等法律法规和公司章程的规定。

退回分红是经全体股东一致同意并作出股东大会决议，因此，退回分红不存在纠纷。

经核查，截至 2014 年 10 月 16 日，全体股东已将取得的分红款全额退回。

综上，公司该次股东会的召开程序和决议内容符合《中华人民共和国公司法》等法律法规和公司章程的规定，公司股东退回分红不存在纠纷、分红款已全额退回。

案例分析 4.1.3①

德御坊食品股份有限公司在公司挂牌中遇到的问题：软银资本作为申请挂牌公司股东的适格性。

❑问题剖析及解决方案

根据中国委托公证人、香港律师金义威于 2015 年 7 月 30 日出具的《证明书》（档案编号：AK/07175/2015），香港软银是一家于 2008 年 7 月 7 日在中国香港依据《香港公司条例》设立并存续的有限公司，公司编号为 1253652，注册地址为香港黄竹坑业兴街 11 号南汇广场 B 座 19 楼 12 室，现任董事为 Hua Ping、Shey Chauncey、SONG Alan Anlan。股东为 Sbcvc Fund Iiipte. Ltd。

2011 年 1 月 6 日，北京市朝阳区商务委员会向德御坊有限公司出具《关于德御坊创新食品（北京）有限公司由内资企业转制为中外合资企业的批复》（朝商复字〔2011〕2043 号），同意德御坊有限公司投资总额增加至 17500 万元，注册资本增加至 7000 万元。注册资本增加部分由香港软银以折合 2500 万元人民币的美元现汇购入。

2011 年 1 月 7 日，北京市人民政府颁发《中华人民共和国台港澳侨投资企业批准证书》（商外资京字〔2011〕05009 号），证书登记的投资者为君大乾元、晋中龙跃、香港软银。2011 年 5 月 25 日，德御坊有限公司办理了工商变更登记，取得北京市工商局换发的《企业法人营业执照》。德御坊有

① 参见“德御坊”在全国中小企业股份转让系统挂牌公告及北京市中伦（深圳）律师事务所补充法律意见书（一）。

限公司于 2015 年 7 月 28 日变更为股份有限公司，北京市人民政府于 2015 年 7 月 17 日向公司换发了《中华人民共和国外商投资企业批准证书》（商外资京资字〔2011〕26013 号），证书登记的投资者为君大乾元、晋中龙跃、香港软银、华府君圣、华夏泰信。北京市商务委员会于 2015 年 7 月 22 日下发《关于德御坊创新食品（北京）有限公司变更为外商投资股份有限公司的批复》（京商务资字〔2015〕601 号），同意德御坊有限公司变更为外商投资股份有限公司，股本总额为 7000 万元，其中香港软银持有 2100 万股，占股本总额的 30%。

2015 年 7 月 28 日，公司在北京市工商局登记注册，取得注册号为 110105012975785 的《企业法人营业执照》。根据《私募投资基金监督管理暂行办法》的规定，私募投资基金是指在中华人民共和国境内，以非公开方式向投资者募集资金设立的投资基金。香港软银是在香港设立并存续的公司，因此，无需按照《私募投资基金管理人登记和基金备案办法（试行）》的规定履行登记备案程序。

综上，香港软银为一家依据《香港公司条例》设立并存续的有限公司，香港软银向德御坊有限公司增资成为德御坊有限公司的股东以及作为德御坊的发起人均经商务部门批准并在工商行政主管部门进行了登记，其作为德御坊的股东资格已取得商务部门以及工商行政主管部门的认可。因此，律师认为，香港软银具备作为申请挂牌公司股东的适格性。

案例分析 4.1.4[1]

四川新天杰文化传媒股份有限公司在挂牌过程中遇到的问题：外商投资企业大贺股份曾为公司股东，请主办券商及律师补充核查其投资于公司的程序合规性。

① 参见“新天杰”在全国中小企业股份转让系统挂牌公告及北京市天元律师事务所法律意见书。

❑问题剖析及解决方案

根据主办律师在香港联交所网站查询，大贺股份是在江苏省南京市工商行政管理局注册登记的公司，于2003年在香港联交所上市，其投资设立新天杰有限公司时，属于外商投资股份有限公司。

根据《关于外商投资企业境内投资的暂行规定》《指导外商投资方向规定》《外商投资产业指导目录》(2002)①等规定，广告业务属于“限制外商投资产业目录”中第“六、批发和零售贸易业”“6.代理公司(船舶、货运、外轮理货、广告等)”；外商投资企业(包括外商投资股份有限公司)在限制类领域投资设立公司的，应向被投资公司所在地省级外经贸主管部门提出申请，自被投资公司设立之日起30日内，应向原审批机关备案；经本所律师向大贺股份咨询，大贺股份在投资设立新天杰有限公司时，未向四川省外经贸主管部门提出申请并办理备案。

就前述情形，根据新天杰有限公司设立时的《企业法人营业执照》，新天杰有限公司已经工商行政管理部门完成设立登记；根据《外商投资产业指导目录》(2007)，自2007年12月起，广告行业变为允许类外商投资产业，外商投资企业在投资该等行业时，仅需向工商行政部门办理登记，无需向外经贸部门办理备案；如本法律意见第“七、公司的股本及其演变”“(二)新天杰有限公司历次股权变动”部分所述，大贺股份已于2014年10月将其所持新天杰有限公司55%的股权全部转让给爱狄科技，届时，新天杰有限公司的股东中已无外资成分；高新工商局亦出具《证明》:“该公司近年来的经营中(截至2015年6月8日)，我局未发现有违反国家工商行政管理法律法规的行为”；对此可能存在的潜在法律风险，公司的实际控制人林新生承诺:“就南京大贺在投资设立新天杰有限公司时，未向四川省外经贸主管部门提出申请，及时办理备案的情形，自新天杰股份在全国中小企业股份转让系统挂牌之日起，若因前述事项公司承担任何罚款或受任何经济损失，本人自愿

① 已废止，现行有效的是《外商投资产业指导目录》(2017年修订)。

向公司承担足额补偿责任”。因此，主办律师认为，大贺股份投资设立新天杰有限公司时未履行备案手续的情形不会影响公司的合法、有效存续，对公司本次挂牌不构成实质性法律障碍。

案例分析 4.1.5①

江苏兆胜科技股份有限公司在挂牌中遇到的问题：公司主要客户为关联方兆胜空调，公司使用的房屋、土地均租赁于控股股东，公司原是控股股东兆胜空调的事业部。请公司补充说明设立时自控股股东处承继资产、业务、人员的具体情况。请补充核查公司业务、资产、人员、机构、财务是否与控股股东分开，是否存在对外依赖性。

❑问题剖析及解决方案

1. 经补充核查，截至本补充法律意见书出具之日，公司业务独立于控股股东、实际控制人及其控制的其他企业，不存在与控股股东、实际控制人及其控制的其他企业之间有显失公平的关联交易；与控股股东、实际控制人及其控制的其他企业之间不存在同业竞争。中银认为，截至本补充法律意见书出具之日，公司的业务独立。

2. 经补充核查，截至本补充法律意见书出具之日，公司拥有独立的与其生产经营有关的业务体系及相关资产，与其股东、实际控制人的资产不存在混同的情况；该资产由公司独立拥有，不存在被控股股东、实际控制人或其他关联方占用的情形。律师认为，截至本补充法律意见书出具之日，公司资产独立、完整。

3. 经补充核查，截至本补充法律意见书出具之日，公司的总经理、董事会秘书、财务总监等高级管理人员不存在在控股股东、实际控制人控制的其

---

① 参见“兆胜科技”在全国中小企业股份转让系统挂牌公告及北京中银律师事务所补充法律意见书（一）。

他企业中担任除董事、监事以外的其他职务的情形，亦不存在在控股股东、实际控制人控制的其他企业领薪的情形；兆胜股份的财务人员未在控股股东、实际控制人控制的其他企业中兼职。律师认为，截至本补充法律意见书出具之日，公司的人员独立。

4. 经补充核查，截至本补充法律意见书出具之日，公司已经依法设立了股东大会、董事会和监事会，聘任了总经理、财务总监、董事会秘书等高级管理人员，并在公司内部设立了生产中心、管理中心和营销中心；公司独立行使经营管理职权，与控股股东、实际控制人及其控制的其他企业间不存在机构混同的情形。律师认为，截至本补充法律意见书出具之日，公司的机构独立。

5. 经补充核查，截至本补充法律意见书出具之日：①公司设立了独立的财务部门，建立了独立的财务核算体系，能够独立作出财务决策，具有规范的财务会计制度和财务管理制度；②公司开立了独立的银行账户，不存在与控股股东、实际控制人及其控制的其他企业共用银行账户的情形；③公司依法办理了税务登记并独立进行纳税申报和履行纳税义务，不存在与控股股东、实际控制人及其控制的其他企业混合纳税的情形；④公司不存在将资金直接或间接地提供给控股股东、实际控制人及其控制的其他企业使用的情形，公司控股股东、实际控制人及其控制的其他企业不存在占用公司资金的情形，公司不存在为关联方提供担保的情形。律师认为，截至本补充法律意见书出具之日，公司的财务独立。

6. 经补充核查，截至本补充法律意见书出具之日，公司具有完整的业务体系，全部经营活动均在其经核准的经营范围内进行；公司的业务收入主要来源于自身的产品和服务；经核查其主要供应商及销售客户名单，除控股股东兆胜空调将其从西门子电传和歌美飒风电获得的风电冷却设备和风机，高压电机用空空、空水冷却器订单及合同均交予公司完成外，公司不存在需依靠股东或其他关联方才能经营获利的情形。公司报告期内通过兆胜空调获得的业务量仅占全部业务的 28.18%，具备直接面向市场的独立经营的能力。

综上，律师认为，截至本补充法律意见书出具之日，公司的业务、资产、人员、机构和财务独立，并具有完整独立的研发、生产和销售系统，具备面向市场的自主经营能力，不存在对控股股东的依赖，符合《公司法》等有关法律法规及规范性文件关于独立性的要求。

案例分析 4.1.6[1]

上海银纪资产管理股份有限公司在挂牌过程中遇到的问题：（1）请核查公司股东是否存在或曾经存在法律法规、任职单位规定不得担任股东的情形或者不满足法律法规规定的股东资格条件等主体资格瑕疵问题，并对公司股东适格性发表明确意见。（2）若曾存在股东主体资格瑕疵问题，请核查规范措施是否真实、合法、有效，以及规范措施对公司的影响，并就股东资格瑕疵问题是否影响公司股权明晰、公司设立或存续的合法合规性发表明确意见。

❑问题剖析及解决方案

根据公司提供的工商登记资料并经查询全国企业信用信息公示系统网站，截至本补充法律意见书出具日，公司共有 38 名股东，其中自然人股东 37 名，有限合伙 1 名。

自然人股东中安勇松、安勇柏、赖开悦、姜涵斌、王富强在公司任职，其余自然人股东均不在公司担任任何职务。

有限合伙股东为上海理纪投资管理中心，其拟作为公司核心员工的持股平台。

经核查自然人股东身份证明文件并访谈主要自然人股东，自然人股东均为具有完全民事权利能力和民事行为能力的中国公民，在中国境内有住所，且在作为公司股东期间不存在以下情形：（1）国家公务员；（2）党政

---

① 参见“银纪资产”在全国中小企业股份转让系统挂牌公告及上海市锦天城律师事务所法律意见书。

机关的干部和职工；（3）限制处级以上领导干部配偶、子女投资的情形；（4）县以上党和国家机关退（离）休干部；（5）限制国有企业领导人投资的情形；（6）现役军人；（7）法律法规、任职单位规定的其他不得成为公司股东的限制性条件。

上海理纪投资管理中心为在中国境内合法设立并有效存续的合伙企业，不存在或者曾经存在不适合担任公司股东的情形。

综上所述，主办律师经核查后认为，公司股东资格适格，不存在或者曾经存在法律法规、任职单位规定不得担任公司股东的情形以及不能满足法律法规规定的股东资格条件等主体资格瑕疵问题。

案例分析 4.1.7①

武汉华枫传感技术股份有限公司在挂牌中遇到的问题：国有股权设置批复，公司存在国有股东。请主办券商、律师补充核查以下事项并发表明确意见：（1）股东投资于公司是否需要并已经取得国有股权设置批复文件及相关依据，批复机关的适格性及相关依据。（2）公司国有股东出资及其所履行程序的合法合规性。（3）国有股东历次增资、股权转让是否依法履行了审批、评估程序，审批机关的适格性及相关依据。如存有不合法情形，请补充核查相关部门的确认情况。（4）国有股东历次增资、转让及其所履行程序是否合法、合规，公司股权权属是否明晰。

❑问题剖析及解决方案

1. 股东投资于公司是否需要并已经取得国有股权设置批复文件及相关依据，批复机关的适格性及相关依据。

2015 年 7 月 16 日，国务院国有资产监督管理委员会出具国资产权〔2015〕

① 参见“华枫股份”在全国中小企业股份转让系统挂牌公告及北京中伦（武汉）律师事务所补充法律意见书。

643号《关于武汉华枫传感技术股份有限公司（筹）国有股权管理有关问题的批复》，同意华枫有限整体变更设立华枫股份的国有股权管理方案。律师认为，公司已经取得国有股权设置批复文件，且批复机关适格。

2. 公司国有股东出资及其所履行程序的合法合规性。

公司由武钢集团全资子公司武钢工技和武钢资产经营作为发起人，整体变更为股份有限公司。2015年5月11日，武钢工技、武钢资产经营签署《武汉华枫传感技术股份有限公司发起人协议》，一致同意以华枫有限截至2015年3月31日经审计的净资产值人民币8073.37万元按照1:0.557388的比例折合为股份有限公司的股本总额4500万元（每股面值1.00元），即股份有限公司注册资本4500万元，其余3573.37万元计入股份有限公司的资本公积金。由各发起人按照各自在公司的出资比例持有相应数额的股份，整体变更设立股份公司。2015年5月22日，武钢集团下发《关于设立武汉华枫传感技术股份有限公司的批复》，同意华枫有限以经审计的净资产折股，整体变更为股份有限公司。2015年6月18日，华枫股份召开创立大会，审议通过了《武汉华枫传感技术股份有限公司章程》；通过了《关于武汉华枫传感技术股份有限公司筹备工作情况的报告》。2015年6月18日，兴华出具〔2015〕京会兴验字第07100022号《验资报告》，截至2015年6月18日，股份公司（筹）已收到全体股东以其拥有的有限公司以2015年3月31日为基准日不高于审计值且不高于评估值的净资产按原持股比例折合的股本人民币4500万元，股份公司（筹）的注册资本为人民币4500万元，净资产扣除股本的余额全部计入资本公积金。2015年7月6日，经武汉市工商局核准变更登记，华枫有限变更登记为华枫股份，华枫股份取得注册号为420100000142123的《营业执照》。律师认为，公司国有股东出资及其所履行程序合法合规。

3. 国有股东历次增资、股权转让是否依法履行了审批、评估程序，审批机关的适格性及相关依据。如存有不合法情形，请补充核查相关部门的确认情况。

（1）1996年4月2日第一次增资，武钢集团出具了“钢政复〔1996〕6号”《关于武钢计控厂经营开发集中规范化管理整体方案的批复》；（2）2001

年 7 月 11 日第二次增资，武钢集团出具了“钢财国字〔2000〕45 号”《关于规范华枫公司投资管理的通知》;（3）2003 年 12 月 24 日第三次增资，武钢集团出具《证明》，证明华枫公司已由一家武钢二级经营实体成为武钢集团的全资子公司，由武钢集团进行投资及各项资产管理。（4）2015 年 4 月 24 日，武钢集团出具钢政复〔2015〕4 号《关于武汉华枫传感器件有限责任公司 12.5% 股权无偿划转有关问题的批复》，同意自 2015 年 3 月 31 日起，将武钢工技集团持有的公司 12.5% 国有股权无偿划转给武钢资产管理公司。公司在整体变更为股份有限公司时，已经京都中新出具京都中新评报字（2015）第 0055 号《评估报告》，经评估，截至 2015 年 3 月 31 日，华枫有限的净资产评估值为 12273.07 万元。2015 年 6 月 30 日，国务院国有资产监督管理委员会对京都中新评报字（2015）第 0055 号《评估报告》予以评估备案。公司上述增资，增加的注册资本均来源于武钢集团及其全资子公司，股权转让发生于武钢集团全资子公司武钢工技和武钢资产经营之间。根据《企业国有产权转让管理暂行办法》[①] 第 26 条的规定，所出资企业（指国务院，省、自治区、直辖市人民政府，设区的市、自治州级人民政府授权国有资产监督管理机构履行出资人职责的企业）决定其子企业的国有产权转让。根据《国有资产评估管理若干问题的规定》第 4 条的规定，国有独资企业下属的独资企业之间的合并、资产（产权）划转、置换和转让，可以不进行资产评估。律师认为，公司国有股东历次增资、股权转让均依法履行了审批程序，均无需进行评估，审批机关适格，并且公司整体变更股份有限公司时的评估报告已经国务院国有资产监督管理委员会备案，国有股权管理方案已经获得国务院国有资产监督管理委员会批准，对公司国有资产管理进行了确认。

4. 国有股东历次增资、转让及其所履行程序是否合法、合规，公司股权权属是否明晰。

经核查，公司国有股东历次增资、股权转让均由适格的审批机关依法履行了审批程序，均无需进行评估。同时，公司历次增资，均由股东作出决定，

① 已失效。

同时通过章程修正案或重新制定公司章程，由会计师事务所出具《验资报告》，并在公司登记机关办理注册资本变更登记手续，符合《公司法》和《公司登记管理条例》等相关法律法规的规定；公司股权转让已经武钢集团出具钢政复〔2015〕4号《关于武汉华枫传感器件有限责任公司12.5%股权无偿划转有关问题的批复》，由武钢集团全资子公司武钢工技和武钢资产经营之间进行无偿划转。律师认为，公司国有股东历次增资、转让及其所履行程序合法、合规，公司股权权属明晰。

第二节　公司设立及存续期间资产问题及其解决

拟挂牌公司存在使用个人卡的情况，个人卡结算方式是否获得开户行认可，是否符合相关法律法规？是否存在挪用公司资金或虚增销售或采购的情形，是否与个人资金混淆，是否制定了后续的相关规范措施。需要明确的是，根据相关法律法规，对公司资产，不得以任何个人名义开立账户存储，个人卡结算方式一般不会获得开户行认可，要解决用个人卡结算工资这个问题，（1）需要公司把这种不规范的行为整改，对职工的工资全部都通过公司银行账户发放，同时，说明在用个人卡发放工资时，不存在通过个人卡挪用公司资金或虚增销售、采购、与个人资金混淆等情况；（2）需要公司制定《货币资金管理制度》《销售与收款内部控制制度》《采购与收款内部控制制度》等内部管理制度；（3）公司股东出具承诺，承诺如公司因个人卡发放员工工资受到任何行政处罚或经济纠纷，其本人将承担全部费用、罚金和经济损失，以确保公司利益不受损失。

拟挂牌公司为小额贷款公司，报告期内公司资金来源是否符合属地监管规定，有无从第三方非金融机构或个人处获得资金，有无表外业务或非法集资，发表明确意见。按照相关法律规定，小额贷款公司的主要资金来源为股东缴纳的资本金、捐赠资金，以及来自不超过两个银行业金融机构的融入资金。所以对于小额贷款公司要解决这类问题，（1）说明除股东出资、盈利累积外，未发现公司有其他资金来源，公司资金来源情况符合银保监会关于小贷公司资金来源的监管规定及省市各级金融监管机构的要求；（2）金融办出具《监管意见函》证明小额贷款股份有限公司的设立、日常经营、风险管理，以及融资余额、贷款损失准备充足率等风险控制指标自成立以来持续符合规定标准。

拟挂牌公司出资履行程序、出资形式及相应比例等是否符合当时有效法律法规的规定，公司若存在出资瑕疵，出资瑕疵的形成原因、具体情形，出资瑕疵对公司经营或财务的影响如何；公司针对出资瑕疵所采取的规范措施情况，并对规范措施是否履行相应程序并合法有效、是否足以弥补出资瑕疵、出资瑕疵及其规范措施是否会导致公司面临相应的法律风险发表意见。针对此种问题，先详细说明公司历次出资的出资人、时间、金额、审计评估、行政手续等方面的情况。出资若无问题，说明公司历次出资履行程序、出资形式及相应比例均符合当时有效法律法规的规定，出资程序完备、合法合规。出资若存在瑕疵，例如迟延出资的瑕疵，（1）公司股东及时足额缴纳本期出资款，并由会计师事务所出具《验资报告》，证明本期出资已经足额缴纳；（2）说明工商行政管理部门未就上述逾期出资对公司及股东作出任何形式的行政处罚，出资瑕疵及其规范措施不会导致公司面临相应的法律风险。

公司存在非货币资产出资情形，公司出资的缴纳、非货币资产评估和权属转移情况、验资情况如何，并就公司股东出资的真实性、充足性发表明确意见；公司出资履行程序、出资形式及相应比例等是否符合当时有效法律法规的规定？针对非货币出资，（1）会计师事务所出具资产评估报告书，证明完成了出资的缴纳、非货币资产评估和权属转移手续。（2）非货币出资的股东出具相应的承诺书。例如，以著作权出资的股东，需承诺软件著作权不侵犯其他企业的技术及商业秘密，用于出资前其本人对该软件著作权拥有完整、独立的权利；不存在已决、未决或潜在的知识产权纠纷及争议；著作权不存在价值被高估或虚增价值的情况，且履行了必要手续；如有注册资本出资不实或不到位情况的，本人愿意承担以货币资金补足的责任；如果因著作权出资产生任何知识产权或股权纠纷，或者导致公司或公司股东因此遭受其他损失的，其本人愿意承担相应的赔偿责任。

公司存在无形资产出资置换，公司无形资产出资置换的程序是否合规？一般的做法是（1）由会计师事务所出具《验资报告》，证明股东置换其无形资产出资并以货币资金进行补充的行为符合《公司法》的规定；（2）工商行政管理局出具证明，证明公司在报告期内并不存在违法、违规的记录，因此公司不存在因违反相关法律法规而被处罚的风险。

公司是期货公司，注册资本变更和股改未取得中国证监会的批准或未披露是否经中国证监会批复。公司注册资本变更、股改是否需取得中国证监会的批复或备案？根据《国务院关于第六批取消和调整行政审批项目的决定》的规定，决定取消第 115 项“期货公司变更公司形式”及第 117 项“期货公司变更 5% 以上股权，不涉及新增持有 5% 以上股权的股东且控股股东、第一大股东未发生变化的变更”事项的审批。整体变更为股份公司如果未导致公司注册资本发生变动或股权结构发生调整，不需要取得中国证监会的批准或备案。同时，需要发行人召开创立大会，在创立大会之后依法向公司登记机关履行注册登记手续，取得《企业法人营业执照》，还需要会计师事务所对财产进行审计。

实物出资未经评估、货币出资转入个人账户是否符合“依法设立”的挂牌条件，如果不符合，将如何解决。最常见的解决方法为，以现金方式或公司分红计入公司资本公积的方式补足股东在公司成立时未经评估的实物出资部分或其他出资不实的部分。另外，实物出资应该履行转移手续。

公司有过减资的情形，公司的减资行为、程序应该如何进行才能合法、合规？一般而言，公司减资应遵循以下程序和规则：首先，公司召开股东会会议，并决议减少注册资本；其次，在报纸上刊登减资公告，并通知公司的各债权人；再次，会计师事务所对公司减资进行验证，并出具《验资报告书》；最后，就减资事项在工商行政管理部门进行工商变更登记，并领取新的《企业法人营业执照》。

拟挂牌的股份公司将房屋等资产租赁给关联方、拟挂牌股份公司与其子公司的住所地均为同一地址，对公司挂牌是否会有影响？一般而言，公司与关联方之间的关联租赁如果按照市场公允价格进行，符合公司和全体股东的利益，就不存在损害公司及其他股东利益的情况；虽然拟挂牌股份公司与其子公司的住所地均为同一地址，但是如果公司控股股东、实际控制人及其控制的其他企业不存在占用公司资金、资产和其他资源的情况；则可认为，公司的资产独立完整、权属清晰，不会对公司挂牌形成实质性障碍。

拟挂牌公司的子公司原股东之间存在股权代持、股权托管，规范解决措施如何？一般的做法是：（1）说明股权代持、股权托管情况；（2）解除股权代持，并办理工商变更登记。

公司以评估值入资设立股份公司，是否合法、合规，是否构成“整体设立”？一般的做法是（1）公司全体发起人签订《发起人协议》，并通过创立大会决议，由有限全体股东作为发起人，设立股份有限公司；（2）取得《企业法人营业执照》；（3）会计师事务所出具《审计报告》、验资报告，评估师事务所出具《评估报告》。

案例分析 4.2.1①

济南中顾法商网络科技股份有限公司在挂牌过程中遇到的问题：申报文件显示，公司存在使用个人卡的情况。请核查上述个人卡结算方式是否获得开户行认可，是否符合《公司法》《现金管理暂行条例》《商业银行法》等相关法律法规？是否存在挪用公司资金或虚增销售或采购的情形，是否与个人资金混淆，是否制定了后续的相关规范措施？

□问题剖析及解决方案

《公司法》第 171 条第 2 款规定，“对公司资产，不得以任何个人名义开立账户存储”；《商业银行法》第 48 条第 2 款规定，“任何单位和个人不得将

① 参见“中顾法商”在全国中小企业股份转让系统挂牌公告及国浩律师（上海）事务所补充法律意见书。

单位的资金以个人名义开立账户存储”;《现金管理暂行条例》第3条规定，“开户单位之间的经济往来，除按本条例规定的范围可以使用现金外，应当通过开户银行进行转账结算”。

根据对公司大股东、财务人员及其他相关管理人员的访谈及了解，公司使用个人卡结算方式未得到开户行的认可。

根据公司的说明，公司在工资发放环节，向股东贾胜霞个人借款，并用其个人卡发放工资，没有通过把借款打入公司开户银行进行发放的行为，不符合《现金管理暂行条例》第3条的规定。该股东个人卡只用于公司员工工资发放，未用于其他公司款项收支，故没有涉及合同、发票的凭证，有员工工资签收单凭证；公司使用股东个人卡内控措施如下:（1）股东个人卡由公司财务专人保管，银行卡密码及安全保管工作均由出纳专人负责;（2）每月中旬公司出纳根据确认无误的工资表发放工资，通过公司基本户支付工资，在基本户余额不足的情况下，通过现存的库存现金支付工资，如果还不足支付的，公司出纳根据本月实际情况向股东贾胜霞提出本月借款额，由贾胜霞打款至该个人卡。

根据公司的说明，上述不规范的行为目前已整改，公司取消了股东个人卡发放工资的结算行为，全部都通过公司银行账户发放。同时，在使用个人卡发放工资过程中，不存在通过个人卡挪用公司资金或虚增销售、采购的情形；通过中介机构协助公司对个人卡结算进行的专项核查和整改，未发现存在个人资金与公司资金混淆的情形。

为规范上述情形，公司制定了《货币资金管理制度》《销售与收款内部控制制度》《采购与收款内部控制制度》等内部管理制度，公司股东贾胜霞出具承诺，承诺如公司因个人卡发放员工工资受到任何行政处罚或经济纠纷，其本人将承担全部费用、罚金和经济损失，以确保公司利益不受损失。

综上所述，公司在报告期内虽曾存在使用个人卡支付工资的情形，该结算方式未得到开户行认可，亦不符合《公司法》《现金管理暂行条例》《商业银行法》等相关法律法规的规定，但是，在依法整体变更为股份公司后，在中介机构的辅导下，公司对个人卡结算及时进行了专项整改，现已全部通过公司银行账户发放工资。同时，公司制定了相应的规范管理制度，公司股东贾胜霞也已经出具承诺确保公司利益不受损失，且未发现报告期内存在挪用公司资金或虚增销售、采购的情形，亦未发现与个人资金混淆的情形，不构成公司本次挂牌转让的实质性障碍。

案例分析 4.2.2①

淮北汇邦小额贷款股份有限公司在挂牌过程中遇到的问题：就公司报告期内公司资金来源、业务进行核查，并就公司资金来源是否符合属地监管规定，有无从第三方非金融机构或个人处获得资金，有无表外业务或非法集资，发表明确意见。

❑问题剖析及解决方案

1.《关于小额贷款公司试点的指导意见》（银监发〔2008〕23 号）规定，小额贷款公司的主要资金来源为股东缴纳的资本金、捐赠资金，以及来自不超过两个银行业金融机构的融入资金。在法律法规规定的范围内，小额贷款公司从银行业金融机构获得融入资金的余额，不得超过资本净额的 50%。

《安徽省人民政府办公厅转发省政府金融办关于进一步推进全省小额贷款公司规范发展的意见的通知》（皖政办〔2011〕75 号）规定，小额贷款公司资金来源主要为股东缴纳的资本金、捐赠资金、政府奖励资金、利息收入、银行业金融机构的融入资金等。不得以借款等方式向内外部集资，不得融入委托贷款，不得吸收或变相吸收公众存款。

《安徽省小额贷款公司监管暂行规定》（皖政办〔2009〕36 号）规定，小额贷款公司不得吸收存款，其资金来源主要为股东缴纳的资本金、捐赠资金、

① 参见“汇邦小贷”在全国中小企业股份转让系统挂牌公告及安徽天禾律师事务所补充法律意见书（一）。

政府奖励资金、利息收入，以及来自不超过两个银行业金融机构的融入资金。从银行业金融机构获得融入资金的余额，不得超过资本净额的 50%。融入资金的利率、期限，由小额贷款公司与有关银行业金融机构自主协调确定，利率以同期“上海银行间同业拆放利率”为基准加以确定。

2. 经查阅公司股东划款凭证、验资报告、大额资金流水、放款和收息银行流水、企业信用报告等资料，公司资金来源于股东缴纳的资本金、盈利累积。截至 2015 年 8 月 31 日，公司自有股本金 5000 万元，股东权益合计 5661.23 万元。公司股东缴纳的股本金情况如下：汇邦小贷于 2012 年 8 月 7 日在安徽省淮北市濉溪县工商行政管理局注册成立，由王钢锋、王钢锐、王广民、吴超、吴培培、陈袭、赵庆华、梁贵宾 8 名自然人以货币方式出资设立，注册资本为 5000 万元。2012 年 8 月 6 日，安徽华亚会计师事务所出具《验资报告》[皖华亚会验字（2012）第 284 号] 验证：截至 2012 年 8 月 6 日，公司已收到全体股东缴纳的注册资本（实收资本）合计人民币 5000 万元，实收资本占注册资本的 100%，全体股东的出资方式均为货币出资。

3. 经核查，报告期内公司资金来源于股东出资、盈利累积两个方面，未从银行融入资金。股东出资和盈利累积是公司长期发展的主要资金来源。公司报告期内，除股东出资、盈利累积外，未发现公司有其他资金来源，汇邦小贷资金来源情况符合银保监会关于小贷公司资金来源的监管规定及省市各级金融监管机构的要求。

2015 年 9 月 11 日，淮北市金融办出具《监管意见函》（淮金办函〔2015〕61 号）：“……淮北汇邦小额贷款股份有限公司的设立、日常经营、风险管理以及融资余额、贷款损失准备充足率等风险控制指标自成立以来持续符合规定标准……”

综上，公司资金来源符合属地监管规定，没有从银行或第三方非金融机构或其他个人处获得资金，不存在表外业务或非法集资。

案例分析 4.2.3①

深圳市众恒世讯科技股份有限公司在挂牌过程中遇到的问题：请核查以下事项并发表相应意见：（1）请核查公司历次出资的缴纳情况、验资情况、税费缴纳，并就公司股东出资的真实性、充足性发表明确意见。（2）请核查出资履行程序、出资形式及相应比例等是否符合当时有效法律法规的规定，对出资程序完备性和合法合规性发表明确意见。（3）请核查公司是否存在出资瑕疵，若存在，请核查以下事项并发表明确意见：①核查出资瑕疵的形成原因、具体情形，出资瑕疵对公司经营或财务的影响；②核查公司针对出资瑕疵所采取的规范措施情况，并对规范措施是否履行相应程序并合法有效、是否足以弥补出资瑕疵、出资瑕疵及其规范措施是否会导致公司面临相应的法律风险发表意见。

□问题剖析及解决方案

一、请核查公司历次出资的缴纳情况、验资情况、税费缴纳，并就公司股东出资的真实性、充足性发表明确意见。

1. 经核查，公司除设立时出资分为两期缴纳外，共有 1 次以公司未分配利润增资和 1 次整体改制。根据公司出资时的验资报告，公司股东历次现金出资均已经缴纳，历次以公司未分配利润转增股本已进行相应财务处理。

2. 2010 年 3 月，众恒有限以未分配利润 450 万元按原股东昌立军、崔宏波、段小文出资比例转增注册资本。就本次未分配利润转增注册资本事项，昌立军、崔宏波、段小文未根据《中华人民共和国个人所得税法》的相关规定申报并缴纳个人所得税，公司也未履行代扣代缴个人所得税义务。

2015 年 7 月，众恒有限依法整体变更为股份公司，折股方式为以众恒有限截至 2015 年 5 月 31 日经审计净资产 13065941.84 元（其中未分配利润

---

① 参见“众恒世讯”在全国中小企业股份转让系统挂牌公告及北京市中伦（深圳）律师事务所补充法律意见书（一）。

7259347.66元，盈余公积806594.18元）按1∶0.994953比例折合为1300万股，每股1元，余额计入资本公积。就本次未分配利润和盈余公积转增股本事项，自然人股东昌立军、崔宏波、段小文和有限合伙企业众恒投资合伙人未根据《中华人民共和国个人所得税法》的相关规定申报并缴纳个人所得税，公司也未履行代扣代缴个人所得税义务。

针对上述众恒有限以未分配利润、盈余公积转增股本事宜，公司全体股东承诺，若税务机关追缴其本次以未分配利润转增股本应缴纳的个人所得税，其将自行履行纳税义务，并自愿承担由此引起的全部滞纳金或罚款；就公司未履行个人所得税代扣代缴义务，由此可能给公司造成的损失或处罚，股东本人将对公司承担连带赔偿责任，并确保公司不会因此遭受任何经济损失。

由于存在被追缴历次转增资本对应的个人所得税风险的自然人股东向公司出具了包括“无条件、全额缴纳其应缴税款、滞纳金及因此产生的所有相关费用，并以连带赔偿责任的方式承担公司因未代扣代缴上述税款而招致的罚款或损失”等内容的承诺，有限合伙企业股东众恒投资也向公司出具了包括“按照规定和要求对其合伙人应缴税款、滞纳金进行代扣代缴，并完全承担其未履行代扣代缴义务而产生的任何损失或责任”等内容的承诺，因此，公司股东存在被追缴历次转增资本对应的个人所得税的风险最终不会对公司利益产生实质性影响，对公司本次挂牌不构成实质性障碍。

综上，公司股东历次出资真实、充足。

二、请核查出资履行程序、出资形式及相应比例等是否符合当时有效法律法规的规定，对出资程序完备性和合法合规性发表明确意见。

根据《公司法》①（2005年修订）第26条规定，有限责任公司的注册资本为在公司登记机关登记的全体股东认缴的出资额。公司全体股东的首次出资额不得低于注册资本的20%，也不得低于法定的注册资本最低限额，其余部分由股东自公司成立之日起两年内缴足；其中，投资公司可以在5年内缴足。公司历次出资程序、出资形式及比例情况如下：

---

① 现行《公司法》为2013年修正。

1. 设立出资

2006 年 3 月 15 日，昌立军、崔宏波 2 人共同签署了《深圳市众恒世讯科技有限公司章程》，决定共同设立深圳市众恒世讯科技有限公司，注册资本为 50 万元，其中昌立军认缴出资 30 万元，首期实缴 7 万元，崔宏波认缴出资 10 万元，首期实缴 3 万元。

2006 年 3 月 17 日，深圳市长城会计师事务所有限公司出具“深长验字（2006）第 043 号”《验资报告》，经审验，截至 2006 年 3 月 16 日，公司已收到昌立军、崔宏波首期出资共 10 万元，均为货币资金出资，实缴出资占注册资本的 20%。

2. 众恒有限第二期出资

2008 年 4 月 25 日，众恒有限召开股东会，决议将公司实收资本变更为 50 万元。

2008 年 5 月 15 日，深圳瑞博会计师事务所有限公司出具“深瑞博验内字（2008）第 223 号”《验资报告》，经审验，截至 2008 年 5 月 15 日，公司已收到全体股东缴纳的第二期出资 40 万元，连同第一期出资，公司共收到全体股东缴纳的注册资本 50 万元整。

3. 众恒有限第一次增资

2010 年 3 月 1 日，公司召开关于增加注册资本的股东会，并决议以公司未分配利润转增注册资本 450 万元，转增基准日为 2009 年 12 月 31 日，转增后公司注册资本合计 500 万元。

2010 年 3 月 18 日，深圳市华拓信达会计师事务所有限公司出具“深华拓信达验字（2010）第 13 号”《验资报告》，经审验，截至 2010 年 3 月 16 日，公司已将未分配利润 450 万元转增公司注册资本，增资后公司注册资本为 500 万元，累计实收资本 500 万元。

4. 股份有限公司设立

2015 年 6 月 26 日，众恒有限股东昌立军、崔宏波、段小文、众恒投资作为发起人，共同签署《深圳市众恒世讯科技股份有限公司发起人协议》。协议约定按照《公司法》的规定，众恒有限以 2015 年 5 月 31 日为审计基准日，以众恒有限经审计后的资产净值 13065941.84 元按照 1∶0.994953 的比例折合成股份公司股本 1300 万股，每股面值 1 元，股份公司注册资本为 1300 万元，超出注册资本部分 65941.84 元计入资本公积。各发起人以其各自持有的众恒有限的股权所对应的净资产作为出资，认购众恒世讯的股份。

2015 年 7 月 13 日，瑞华出具瑞华珠海验字〔2015〕40030025 号《验资报告》，经审验，截至 2015 年 7 月 13 日，贵公司（筹）已收到全体股东以其拥有的众恒世讯有限截至 2015 年 5 月 31 日审计后的净资产 13065941.84 元按照 1∶0.994953 的比例折合的股本人民币 1300 万元，折合股份的每股面值为人民币 1 元，净资产折股后剩余部分 65941.84 元计入资本公积，由贵公司（筹）全体股东以原持股比例分别享有。

综上，公司首期出资比例为 20%，公司设立出资均为货币出资，第一次增资系以公司未分配利润转增股本，公司整体变更为股份公司时是以公司净资产出资，公司历次出资均通过公司有权机关批准。公司历次出资履行程序、出资形式及相应比例均符合当时有效法律法规的规定，出资程序完备、合法合规。

三、请核查公司是否存在出资瑕疵，若存在，请核查以下事项并发表明确意见：1. 核查出资瑕疵的形成原因、具体情形，出资瑕疵对公司经营或财务的影响；2. 核查公司针对出资瑕疵所采取的规范措施情况，并对规范措施是否履行相应程序并合法有效、是否足以弥补出资瑕疵、出资瑕疵及其规范措施是否会导致公司面临相应的法律风险发表意见。

1. 经核查，众恒有限于 2006 年 3 月 28 日成立，根据当时有效的《公司法》的相关规定，股东最迟应于成立之日起两年内缴足全部出资，即 2008 年 3 月 28 日之前缴足。根据公司的工商档案资料，众恒有限股东成立时的第二期出资于 2008 年 5 月 15 日缴足，晚于 2008 年 3 月 28 日，出资存在延迟现象。

关于本次未能及时缴纳设立时的出资是因当时具体经办注册资本出资事项人员的工作失误造成。由于本次出资延迟时间较短，延期出资期间，公司运行正常，并处于持续经营状态，未损害公司债权人利益，未有债权人因股东延期出资向公司主张权利的情形，出资瑕疵未对公司经营或财务产生重大影响。

2. 针对本次迟延出资瑕疵，公司股东已经足额缴纳了本期出资款，并由会计师事务所出具了《验资报告》，本期出资已经足额缴纳。

针对本次迟延出资，公司自成立以来均通过了历年的年检，工商行政管理部门未就上述逾期出资对公司及股东作出任何形式的行政处罚，股东延迟出资的违规行为较为轻微，并且第二期出资已由会计师事务所出具《验资报告》进行验证确认，没有对公司及债权人等主体的利益造成侵害，同时上述逾期出资的情形已经于 2008 年 5 月 15 日终了，截至本补充法律意见书出具之日已经超过《行政处罚法》规定的两年追责时效，故公司及股东不存在因上述逾期出资行为而受到行政处罚的法律风险。公司注册资本已全部缴足，不存在出资不实情形。

综上，针对本次出资瑕疵，公司已经采取有效的规范措施，未对公司经营或财务产生重大影响，规范措施合法有效，足以弥补出资瑕疵，出资瑕疵及其规范措施不会导致公司面临相应的法律风险。

案例分析 4.2.4①

北京圣世博泰科技股份有限公司在挂牌过程中遇到的问题：公开转让说明书显示，公司设立及历史出资存在非货币资产出资情形。请律师对每笔非货币出资行为核查以下事项并发表相应意见：（1）请核查公司出资的缴纳、非货币资产评估和权属转移情况、验资情况，并就公司股东出资的真实性、充足性发表明确意见。（2）请核查出资履行程序、出资形式及相应比例等是否符合当时有效法律法规的规定，对出资程序完备性和合法合规性发表明确意见。

---

① 参见“盛世博泰”在全国中小企业股份转让系统挂牌公告及北京君存律师事务所补充法律意见书。

❑问题剖析及解决方案

公司设立及历史出资中共存在4次非货币资产出资情形，具体如下：

1. 2005年11月22日，公司设立时各股东出资额及出资比例如下：

序号	股东姓名	出资额（万元）	出资方式	持股比例（%）
1	白禹	100	货币	60
		200	非专利技术	
2	郭晓松	200	非专利技术	40
合计		500		100

2005年8月29日，北京中青瑞会计师事务所有限公司出具《非专利技术“SSBT语音记录系统技术”资产评估报告书》（中青瑞评字〔2005〕40号），确认“白禹、郭晓松共同拥有的无形资产——非专利技术‘SSBT语音记录系统技术’在评估基准日所表现的市场公允价值为人民币肆佰壹拾伍万贰仟玖佰元整（RMB 4152900.00元）。根据非专利技术分割协议，其中：白禹拥有该技术的50%，即2076450.00元；郭晓松拥有该技术的50%，即2076450.00元”。

2005年9月28日，白禹、郭晓松签署《高新技术成果说明书及确认书》，全体出资人一致确认“白禹、郭晓松共同持有的‘SSBT语音记录系统技术’为高新技术成果，确认其价值为415.29万元，同意白禹、郭晓松以该高新技术成果400万元投入北京圣世博泰科技软件有限公司中，占注册资本的80%，其中白禹以该高新技术成果出资200万元；郭晓松以该高新技术成果出资200万元，其余15.29万元作为资本公积”。

2005年11月30日，白禹作为转让方、公司作为受让方签署了《北京圣世博泰科技软件有限公司非专利技术转移协议书》，约定转让方白禹按照《公司法》的有关规定将其在公司登记时认缴出资的非专利技术（SSBT语音记录系统技术）价值200万元，转移到受让方北京圣世博泰科技软件有限公司的财产内。2005 年 11 月 30 日，郭晓松作为转让方、公司作为受让方签署了《北京圣世博泰科技软件有限公司非专利技术转移协议书》，约定转让方郭晓松按照《公司法》的有关规定将其在公司登记时认缴出资的非专利技术（SSBT 语音记录系统技术）价值 200 万元，转移到受让方北京圣世博泰科技软件有限公司的财产内。

2005 年 12 月 7 日，北京永勤会计师事务所有限公司出具《北京圣世博泰科技软件有限公司财产转移审计报告》（永勤审字（2005）第 B–041 号），确认“股东白禹、郭晓松用于出资的无形资产——非专利技术 400 万元的非货币出资，转让方已参照《公司法》的有关规定，办理了财产转移手续”。

经核查，股东白禹的人民币 100 万元货币出资未经过会计师事务所审验，北京市工商行政管理局根据中国农业银行北京市分行出具的《交存入资资金凭证》确认出资已缴付。虽然依照当时有效的《公司法》（2004 年修正）第 26 条：“股东全部缴纳出资后，必须经法定的验资机构验资并出具证明”，但依据北京市工商局 2004 年 2 月 15 日颁布并实施的《北京市工商局改革市场准入制度优化经济发展环境若干意见》（以下简称《意见》）第 13 条：投资人以货币形式出资的，应到设有“注册资本（金）入资专户”的银行开立“企业注册资本（金）专用账户”交存货币注册资本（金）。工商行政管理机关根据入资银行出具的《交存入资资金凭证》确认投资人缴付的货币出资数额；第 14 条：“投资人以非货币形式出资的，应当在申请登记注册时提交资产评估报告”。故在公司此次缴纳出资时，根据北京市工商主管机关规定，只需提供《交存入资资金凭证》及资产评估报告，而无需提供验资报告。

经核查，公司设立时非专利技术作价出资的金额达到注册资本的 80%。虽然依照当时有效的《公司法》第 24 条：“以工业产权、非专利技术作价出资的金额不得超过有限责任公司注册资本的 20%，国家对采用高新技术成果有特别规定的除外”，但依据北京市人民政府 2001 年 2 月 13 日颁布并实施的《北京市中关村科技园区企业登记注册管理办法》第 13 条：“以高新技术成果出资设立公司和股份合作企业的，对其高新技术成果出资所占注册资本（金）

和股权的比例不作限制，由出资人在企业章程中约定。企业注册资本（金）中以高新技术成果出资的，对高新技术成果应当经法定评估机构评估”。白禹、郭晓松以上述非专利技术作为高新技术成果出资设立公司时，已按照上述规定进行了资产评估，出资比例由全体出资人在章程中进行了约定，出具了高新技术成果说明书及确认书，并已办理工商登记，获得工商登记主管机关的认可。

公司本次非专利技术出资的股东出具承诺如下：“一、本人用于向北京圣世博泰科技软件有限公司出资的非专利技术并不属于本人在北京圣世博泰科技软件有限公司或其他任何单位任职期间的职务研发，该项非专利技术不侵犯其他企业的技术及商业秘密，用于出资前其本人对该非专利技术拥有完整、独立的权利；二、其本人未就本次非专利技术出资情况与北京圣世博泰科技股份有限公司或任何第三人产生过任何已决、未决或潜在的知识产权纠纷及争议；三、该项非专利技术不存在价值被高估或虚增价值的情况，已经评估且作价合理，用以出资时已履行了必要的内部和外部审批手续，并办理了权属变更登记手续，且已实际交付给公司使用，不会因本次非专利技术出资而导致北京圣世博泰科技软件有限公司的注册资本出资不实或不到位的情况；四、如果因为本次非专利技术出资而导致北京圣世博泰科技股份有限公司存在注册资本出资不实或不到位情况的，其本人愿意承担以货币资金补足的责任；如果因上述非专利技术出资产生任何知识产权或股权纠纷，或者北京圣世博泰科技股份有限公司或公司股东因此遭受其他损失的，其本人愿意承担相应的赔偿责任”。

综上，公司此次出资履行了必要的法律程序，完成了出资的缴纳、非货币资产评估和权属转移手续，股东出资真实、充足，合法有效。公司设立时的无形资产出资履行程序完备、出资形式及相应比例符合当时有效法律法规的规定。

2. 2014 年 2 月 10 日，北京中同华资产评估有限公司出具《自然人拟以网络（电子）发票开具与认证管理系统 V1.0 软件著作权注资项目资产评估报告书》[中同华评报字（2014）第 25 号]，确认无形资产“网络（电子）发票开具与认证管理系统 V1.0”于评估基准日（2014 年 1 月 31 日）的评估价值为人民币 160 万元，大写金额壹佰陆拾万元。

2014 年 2 月 10 日，陈亮、刘海滨、刘丽雅、卢立江、孙征、张楠、郑红与公司签订了《财产转移协议书》，转移方陈亮、刘海滨、刘丽雅、卢立江、孙征、张楠、郑红将其在公司变更时认缴出资的 160 万元知识产权——软件著作权“网络（电子）发票开具与认证管理系统 V1.0”转移到受让方公司财产内，其中 160 万元作为实收资本。2014 年 2 月 20 日，公司召开股东会，通过决议：同意增加新股东陈亮、孙征、张楠、刘海滨、卢立江、刘丽雅、郑红；同意注册资本增加至 1210 万元，其中陈亮增加知识产权 28 万元、刘海滨增加知识产权 22 万元、卢立江增加知识产权 22 万元、刘丽雅增加知识产权 22 万元、孙征增加知识产权 22 万元、郑红增加知识产权 22 万元、张楠增加知识产权 22 万元。

2014 年 2 月 20 日，北京东财会计师事务所（普通合伙）出具《验资报告》（东财验字〔2014〕第 225 号），确认截至 2014 年 2 月 10 日，公司已收到陈亮、刘海滨、刘丽雅、卢立江、孙征、张楠、郑红缴纳的新增注册资本（实收资本）合计人民币壹佰陆拾万元整。变更后的累计注册资本为人民币 1210 万元，实收资本为人民币 1210 万元。

经核查，依照当时有效的《公司法》（2005 年修订）第 27 条：“股东可以用货币出资，也可以用实物、知识产权、土地使用权等可以用货币估价并可以依法转让的非货币财产作价出资；但是，法律、行政法规规定不得作为出资的财产除外。对作为出资的非货币财产应当评估作价，核实财产，不得高估或者低估作价。法律、行政法规对评估作价有规定的，从其规定。全体股东的货币出资金额不得低于有限责任公司注册资本的 30%”。公司本次非货币财产出资已按照上述规定进行了资产评估，且出资后全体股东的货币出资金额超过注册资本的 30%，符合相关法律规定，并已办理完成工商登记，获得工商登记主管机关的认可。

公司本次软件著作权出资的股东出具承诺如下：“一、本人用于向北京圣世博泰科技软件有限公司出资的软件著作权并不属于本人在北京圣世博泰科技软件有限公司或其他任何单位任职期间的职务研发，该项软件著作权不侵犯其他企业的技术及商业秘密，用于出资前其本人对该软件著作权拥有完整、独立的权利；二、其本人未就本次软件著作权出资情况与北京圣世博泰科技股份有限公司或任何第三人产生过任何已决、未决或潜在的知识产权纠纷及争议；三、该项软件著作权不存在价值被高估或虚增价值的情况，已经评估且作价合理，用以出资时已履行了必要的内部和外部审批手续，并办理了权属变更登记手续，且已实际交付给公司使用，不会因本次软件著作权出资而导致北京圣世博泰科技软件有限公司的注册资本出资不实或不到位的情况；四、如果因为本次软件著作权出资而导致北京圣世博泰科技股份有限公司存在注册资本出资不实或不到位情况的，其本人愿意承担以货币资金补足的责任；如果因上述软件著作权出资产生任何知识产权或股权纠纷，或者北京圣世博泰科技股份有限公司或公司股东因此遭受其他损失的，其本人愿意承担相应的赔偿责任”。中税信安（北京）技术有限公司也出具说明本次软件著作权不涉及职务发明情形，也不存在知识产权、商业秘密方面的侵权纠纷或潜在纠纷。

综上，公司此次出资履行了必要的法律程序，完成了出资的缴纳、非货币资产评估和权属转移手续，依法进行了验资，股东出资真实、充足，合法有效。上述知识产权出资履行程序完备、出资形式及相应比例符合当时有效的法律法规的规定。

3. 2014 年 1 月 21 日，北京麦驰信通科技有限公司（以下简称麦驰信通）形成股东决议：同意北京圣世博泰科技软件有限公司成为公司新股东；同意原股东白钢将所持有的 500 万元人民币股权全部转让给北京圣世博泰科技软件有限公司。

2014 年 1 月 21 日，白钢与公司签订《股权转让协议书》，白钢将其持有的麦驰信通 500 万元人民币股权转让给公司。

2014 年 1 月 22 日，北京永勤会计师事务所有限公司出具永勤审字〔2014〕第 58 号《2013 年度审计报告》，截至 2013 年 12 月 31 日，麦驰信通的净资产为 510.58 万元。2014 年 1 月 22 日，北京碧展资产评估有限公司出具《北京麦驰信通科技有限公司资产评估报告书》（北碧展评报字〔2014〕第 B027 号），确认麦驰信通的股东全部权益价值调整后账面值为 506.39 万元，评估值为 506.51 万元，评估增值 0.12 万元，增值率为 0.02%。

2014 年 4 月 2 日，北京鸿天众道会计师事务所有限公司出具《验资报告》[鸿天众道验字（2014）第 1091 号]，确认截至 2014 年 1 月 22 日，公司已收到白钢缴纳的本期实收注册资本人民币 500 万元（人民币伍佰万元整）。其中，白钢以所持有的北京麦驰信通科技有限公司 500 万元的股权（评估价值为 506.51428 万元）出资，占新增注册资本的 100%，出资方式为股权出资。变更后的注册资本实收金额为人民币 1710 万元，占已登记注册资本总额的 100%。

2014 年 4 月 8 日，有限公司召开股东会，通过决议：同意增加新股东白钢，白钢出资人民币 500 万元。

经核查，依照当时有效的《公司法》（2005 年修订）第 27 条：“股东可以用货币出资，也可以用实物、知识产权、土地使用权等可以用货币估价并可以依法转让的非货币财产作价出资；但是，法律、行政法规规定不得作为出资的财产除外。对作为出资的非货币财产应当评估作价，核实财产，不得高估或者低估作价。法律、行政法规对评估作价有规定的，从其规定。全体股东的货币出资金额不得低于有限责任公司注册资本的 30%”。公司本次非货币财产出资已按照上述规定进行了资产评估，且出资后全体股东的货币出资金额超过注册资本的 30%，符合相关法律规定，并已办理完成工商登记，获得工商登记主管机关的认可。综上，我们认为，公司此次出资履行了必要的法律程序，完成了出资的缴纳、非货币资产评估和权属转移手续，依法进行了验资，股东出资真实、充足，合法有效。上述股权出资履行程序完备、出资形式及相应比例符合当时有效的法律法规的规定。

4. 有限公司整体变更为股份有限公司。

2014 年 10 月 27 日，有限公司召开临时股东会，决议将有限公司整体变更为股份有限公司，以截至 2014 年 9 月 30 日有限公司经瑞华会计师事务所（特殊普通合伙）审计（瑞华专审字〔2014〕第 01620014 号）后的账面净资产 20738913.38 元，折股为 20300000 股，每股面值人民币 1 元，净资产大于股本部分计入股份公司资本公积。根据中同华资产评估公司出具的“中同华评报字（2014）第567号”《资产评估报告书》（评估基准日为2014年9月30日），有限公司的资产评估值为人民币21191041.26元。

经核查，公司此次出资履行了必要的法律程序，完成了出资的缴纳、非货币资产评估和权属转移手续，股东出资真实、充足，合法有效。

案例分析 4.2.5①

南京云创大数据科技股份有限公司在挂牌过程中遇到的问题：关于无形资产出资置换。请核查公司无形资产出资置换的程序是否合规？

❑问题剖析及解决方案

1. 法律依据

依据《公司法》（2005年修订）第31条：“有限责任公司成立后，发现作为设立公司出资的非货币财产的实际价额显著低于公司章程所定价额的，应当由交付该出资的股东补足其差额；公司设立时的其他股东承担连带责任”。2015年6月26日，张真以货币形式置换了其于2013年4月23日的无形资产出资。

2. 核查方式

核查了2013年4月张真以无形资产出资的专有技术评估报告、验资报告、工商变更登记通知书，2015年6月注册资本置换的验资报告及云创有限整体变更为股份公司的审计报告、评估报告、验资报告、工商变更登记通知书。

3. 实际情况

2013年5月14日，云创有限召开股东会，决议通过股东张真以非货币资金形式出资1800万元。2013年4月23日，江苏五星资产评估有限责任公司对股东张真出资的专有技术进行了评估，并出具了苏五星评报字

① 参见“云创数据”在全国中小企业股份转让系统挂牌公告及国浩律师（上海）事务所补充法律意见书（一）。

（2013）088 号资产评估报告。2013 年 5 月 15 日，南京和庆会计师事务所出具了和庆审（2013）243 号《验资报告》审验，公司已收到张真缴纳的注册资本。

因股东张真 2013 年 5 月作为出资的 1800 万元无形资产价值变动较大，2015 年 6 月，张真以 1800 万元货币资金置换原无形资产出资。2015 年 6 月 29 日，中汇会计师事务所（特殊普通合伙）出具了中汇会验〔2015〕2799 号《验资报告》，经审验云创有限已收到股东张真缴纳的货币资金 1800 万元。

2015 年 8 月 5 日，云创有限整体变更为股份有限公司，根据中汇会计师事务所（特殊普通合伙）出具的中汇会审〔2015〕3082 号《审计报告》，截至 2015 年 6 月 30 日，有限公司经审计的净资产为人民币 33730004.31 元。同意将上述经审计的净资产中的 3000 万元折合为 3000 万股作为股份公司股本总额，每股面值人民币 1 元。全体股东以其在有限公司拥有权益所对应的有限公司净资产按发起人协议的约定投入股份公司，各股东的持股比例不变。天源资产评估有限公司对改制基准日的整体资产进行评估并出具了天源评报字〔2015〕第 0216 号《资产评估报告》，整体变更设立的股份公司股本 3000 万元不高于《资产评估报告》确定的评估值。2015 年 8 月 6 日，中汇会计师事务所（特殊普通合伙）出具了中汇会验〔2015〕3269 号《验资报告》。

经核查，张真的无形资产出资及置换都经过了会计师事务所的验资，其中无形资产的出资已经由评估机构出具了评估报告并由工商机关准予了变更登记，符合工商登记法律法规；张真本次以货币资金置换无形资产已经过验资，并在 2015 年 8 月云创有限整体变更为股份公司的过程中，已经过审计、评估及验资，并由工商机关准予了变更登记。

2015 年 9 月 9 日，南京市工商行政管理局出具《市场主体守法经营状况意见》，证明自 2013 年 1 月 1 日至 2015 年 8 月 31 日，云创股份在江苏省工商系统市场主体信用数据库中没有违法、违规记录。

4. 结论意见

综上所述，根据《公司法》第 31 条规定，核查后认为，因云创有限出资的非货币财产的实际价额有所减值，张真置换其无形资产出资并以货币资金进行补充的行为符合《公司法》的规定，《公司法》等相关法律法规仅规定了由出资股东补足出资的法律责任，在上述情形下，张真已经完成了注册资本的缴纳，此外不需要再承担其他法律责任或行政处罚。根据南京市工商行政管理局出具的《市场主体守法经营状况意见》，云创股份在报告期内并不存在违法、违规的记录，因此云创股份不存在因违反相关法律法规而被处罚的风险。

案例分析 4.2.6①

灵通展览系统股份有限公司在挂牌中遇到的问题：合营企业减资履行的内部决议、外部审批程序，并就减资是否依法履行必要程序、是否合法合规、有无纠纷及潜在纠纷发表明确意见。

□问题剖析及解决方案

1998 年，常州奥克坦姆减资所履行的内部决议、外部审批程序如下：

1998 年 6 月 6 日，装饰厂、上海国展、德国奥克坦姆、香港道奇签订了《股权转让协议书》，约定：

1. 德国奥克坦姆愿将其在常州奥克坦姆出资 61.2 万美元，51% 的股权转让，其中商标作价 5 万美元，专利技术作价 10 万美元，两项共计 15 万美元，不作转让，其所有权归德方，余下出资额为 46.2 万美元，因此，合营公司决定调整降低总投资和注册资本，总投资由原 160 万美元调整降低为 145 万美元，注册资本由原 120 万美元调整降低为 105 万美元。

2. 合营公司调减总投资和注册资本后，合营各方调整出资比例和出资额，其中装饰厂原出资 40.8 万美元，占注册资本的 34%，现调整为出资 43.05 万美元，占注册资本的 41%；上海国展原出资 18 万美元，占注册资本的 15%，现

① 参见“通灵展览”在全国中小企业股份转让系统挂牌公告及北京大成（上海）律师事务所补充法律意见书。

调整为出资 15.75 万美元，仍占注册资本的 15%；德国奥克坦姆原出资 61.2 万美元，占注册资本的 51%，现调整为出资 46.2 万美元，占注册资本的 44%。

3. 同意德国奥克坦姆将其在合营公司出资 46.2 万美元，44% 的全部股权分别转让给装饰厂和香港道奇，其中 19% 的股权转让给装饰厂，计 19.95 万美元，25% 的股权转让给香港道奇，计 26.25 万美元。

4. 股权转让后，合营各方的出资额和出资比例如下：装饰厂出资 63 万美元，占注册资本的 60%，原已出资到账 40.8 万美元，增加出资额 22.2 万美元，以现金人民币投入，自变更换发的营业执照签发之日起 3 月内缴清；上海国展出资 15.75 万美元，占注册资本的 15%，原已出资 18 万美元，多出资的 2.25 万美元由合营公司自变更换发的营业执照签发之日起一个月内一次性退还；合营丙方香港道奇国际企业出资 26.25 万美元，占出资资本的 25%，以现汇美元投入，自合营公司变更换发的营业执照签发之日起 3 个月内缴清。

5. 装饰厂、上海国展以及香港道奇按其各自的出资额在合营公司注册资本中所占比例分享利润，承担合营公司债权、债务和分担风险及亏损。德国奥克坦姆同意在协议生效前合营公司的利润由装饰厂、上海国展按比例分享，德国奥克坦姆不再主张权利，装饰厂、上海国展同意若有亏损和风险与德国奥克坦姆无关。

6. 合营公司在 1998 年 6 月 6 日将 46.2 万美金等值人民币汇入德方指定的账户，存折由德方保管，合营公司待政府批准股权转让后，两周内协助德方以其名义存入的人民币转为美金一次性汇往德国奥克坦姆。1998 年 6 月 6 日，常州奥克坦姆召开董事会会议，就上述德国奥克坦姆转股退出并相应调减注册资本事项进行审议并通过了相关议案。1998 年 6 月 18 日，装饰厂、上海国展、香港道奇根据前述变更共同签订了《常州灵通展览用品有限合资合同》与《常州灵通展览用品有限公司章程》。1998 年 6 月 19 日，武进市对外经济贸易委员会出具了《关于常州奥克坦姆有限公司调整总投资和注册资本的批复》（武外经委企〔98〕第 057 号），同意常州奥克坦姆减少总投资和注册资本，并要求常州奥克坦姆严格按照（1995）外经贸法第 366 号文件的有关规定和要求，正式对外发布公告，在确认不影响企业正常经营和不侵犯债权人利益的情况下，正式向该委申办减少合营公司总投资和注册资本的具体手续。1998 年 6 月，常州奥克坦姆先后三次于报纸上发布了注册资本和投资总额各减少 15 万美元的减资公告。1998 年 8 月 12 日，武进市对外经济贸易委员会出具了《关于常州奥克坦姆有限公司调整总投资、注册资本和合营各方调整出资比例、合营丙方股权转让、合营公司变更名称的批复》（武外经委企〔98〕第 077 号），同意：

1. 常州奥克坦姆的投资总额由 160 万美元调减为 145 万美元，注册资本由 120 万美元调减为 105 万美元。

2. 同意常州奥克坦姆调减总投资额和注册资本后，合营各方调整出资比例，装饰厂原出资 40.8 万美元（已到账验资），占出资资本的 34%，现调整为出资 43.05 万美元，占注册资本的 41%；上海国展原出资 18 万美元（已到账验资），占注册资本的 15%；德国奥克坦姆原出资 61.2 万美元，占注册资本的 51%，现调整为出资 46.2 万美元（已到账验资），占注册资本的 44%。

3. 同意德国奥克坦姆转让其在常州奥克坦姆 44% 的全部股权，其中 19% 转让给装饰厂，25% 股权转让给香港道奇，股权转让批准后，香港道奇作为新的合营丙方，原合营丙方德国奥克坦姆退出合营公司，其已投入的资金由合营公司自股权转让批准之日起一个月内负责退还。

4. 原合营丙方股权转让后，合营各方的出资额和出资比例如下：装饰厂出资 63 万美元，占注册资本的 60%，原已出资到账 40.8 万美元，增加出资额 22.2 万美元，以现金人民币投入，自变更换发的营业执照签发之日起 3 个月内缴清；上海国展出资 15.75 万美元，占注册资本的 15%，原已出资 18 万美元，多出资的 2.25 万美元由合营公司自变更换发的营业执照签发之日起一个月内一次性退还；香港道奇出资 26.25 万美元，占出资资本的 25%，以现汇美元投入，自合营公司变更换发的营业执照签发之日起 3 个月内缴清。

5. 同意合营各方签订的股权转让协议书，并作为合营合资合同的附件，与合同同时生效。

6. 同意常州奥克坦姆的名称变更为“常州灵通展览用品有限公司”。

7. 同意合营各方根据变更修订签订的合同和章程，自换发的批准证书签发之日起生效。

1998 年 8 月，江苏省人民政府就此次变更向常州奥克坦姆换发了《台港澳侨投资企业批准证书》（外经贸苏府资字〔1994〕20909 号）。1998 年 8 月 21 日，常州市工商局就此次变更向常州奥克坦姆换发了《企业法人营业执照》（注册号：企合苏常总副字第 001663 号），企业名称变更为“常州灵通展览用品有限公司”，注册资本变更为 105 万美元，实收资本为 85 万美元。

1998 年 9 月 18 日，江苏武进苏瑞会计师事务所出具了《验资报告》（苏武瑞会验〔1998〕第 331 号），验证截至 1998 年 9 月 18 日，灵通有限减少投入资本 35 万美元，变更后的投入资本总额为 85 万美元。其中，装饰厂增资 22.2 万美元，上海国展减资 2.25 万美元，德国奥克坦姆减资 61.2 万美元，香港道奇国际企业增资 6.25 万美元。常州奥克坦姆 1998 年减资时适用的《公司法》（1993 年）第 186 条规定：“公司应当自作出减少注册资本决议之日起 10 日内通知债权人，并于 30 日内在报纸上至少公告 3 次。债权人自接到通知书之日起 30 日内，未接到通知书的自第一次公告之日起 90 日内，有权要求公司清偿债务或者提供相应的担保”。第 188 条规定：“公司增加或者减少注册资本，应当依法向公司登记机关办理变更登记”。经律师核查，常州奥克坦姆 1998 年减资，履行了内部董事会决议、修改合资合同、公司章程、在报纸上刊登三次减资公告、报主管商务部门批准以及办理工商变更登记等内部、外部审批程序，符合当时适用的《公司法》等法律法规的相关规定。

综上，律师认为，常州奥克坦姆此次减资已依法履行了必要程序、相关程序合法合规、不存在任何纠纷及潜在纠纷。

案例分析 4.2.7[1]

海航东银期货股份有限公司在挂牌中遇到的问题：关于注册资本变更和股

① 见“海航期货”在全国中小企业股份转让系统挂牌公告及上海市锦天城（深圳）律师事务所补充法律意见书（一）。

改。公司2013年注册资本变更和股改未取得中国证监会的批准或未披露是否经中国证监会批复。公司注册资本变更、股改是否需取得中国证监会的批复或备案，公司相关证照的更换情况，就公司设立程序的合规性发表明确意见。

❑问题剖析及解决方案

1. 2012年9月23日，国务院公布了《关于第六批取消和调整行政审批项目的决定》，取消了第115项“期货公司变更公司形式”及第117项“期货公司变更5%以上股权，不涉及新增持有5%以上股权的股东且控股股东、第一大股东未发生变化的变更”事项的审批。

2012年10月12日，中国证监会公布了《关于证监会取消和下放第六批行政审批项目有关事宜的公告》，自《国务院关于第六批取消和调整行政审批项目的决定》公布之日起，取消“期货公司变更公司形式”及“期货公司变更5%以上股权：不涉及新增持有5%以上股权的股东且控股股东、第一大股东未发生变化的变更”审批事项。

2012年10月24日，国务院相应修改了《期货交易管理条例》。公司2013年注册资本由10000万元增加至50000万元，新增40000万元均由公司原控股股东长江租赁认购，不存在新增股东或控股股东、第一大股东发生变化的情形。因此，依据当时有效的《期货交易管理条例》的规定，公司2013年注册资本变更不需要经中国证监会审批。

2. 海航有限改制为股份公司，是以海航有限经审计的账面净资产折股整体变更为股份公司，股改后股份公司的注册资本仍为50000万元，海航有限原股东即为股份公司的发起人，股改前后其持股比例均未发生变化。因此，海航有限整体变更为股份公司并未导致公司注册资本发生变动或股权结构发生调整，不需要依据《期货交易管理条例》《期货公司监督管理办法》的规定取得中国证监会的批准或备案。

3. 截至本补充法律意见书出具之日，公司成立后相关证照的更换情况如下：公司及公司各营业部在公司完成股改工商登记并领取新的营业执照后，已向工商部门、中国证监会等相关部门申请办理变更手续。截至2015年9月

22 日，相关变更情况如下：

序号	公司名称及分支机构	营业执照	组织机构代码证	经营许可证	税务登记证
1	海航东银期货股份有限公司	已完成	已完成	已完成	已完成
2	海航东银期货股份有限公司北京营业部	已完成	未完成	未完成	未完成
3	海航东银期货股份有限公司大连营业部	已完成	已完成	已完成	已完成
4	海航东银期货有限公司营业部	未完成	未完成	未完成	未完成
5	海航东银期货股份有限公司哈尔滨营业部	已完成	已完成	未完成	已完成
6	海航东银期货股份有限公司海口营业部	已完成	已完成	已完成	已完成
7	海航东银期货股份有限公司合肥营业部	已完成	未完成	已完成	已完成
8	海航东银期货股份有限公司兰州营业部	已完成	已完成	已完成	已完成
9	海航东银期货股份有限公司南宁营业部	已完成	已完成	已完成	已完成
10	海航东银期货股份有限公司厦门营业部	已完成	已完成	已完成	已完成
11	海航东银期货股份有限公司苏州营业部	未完成	未完成	未完成	未完成
12	海航东银期货股份有限公司郑州营业部	已完成	已完成	已完成	已完成
13	海航东银期货有限公司天津营业部	未完成	未完成	未完成	未完成
14	海航东银期货有限公司上海营业部	未完成	未完成	未完成	未完成

公司及部分营业部正在积极办理其他未完成变更的证照。部分证照尚未变更完毕不影响公司及部分营业部正常开展业务。

4. 海航有限股东会已经就海航有限整体变更为股份有限公司相关事宜形成决议，全体股东共同签署了《发起人协议》海航有限折合为发行人股本的净资产值已经委托具有执行证券、期货相关业务资格的致同会计师进行了审计；发行人设立时注册资本的真实性和合法性已经致同会计师验证；发行人已经召开创立大会，在创立大会之后依法向公司登记机关履行了注册登记手续，取得《企业法人营业执照》。据此，发行人的设立程序符合法律、法规和规范性文件的规定。

案例分析 4.2.8[1]

金现代信息产业股份有限公司在挂牌过程中遇到的问题：（1）山东金码原股东之间的股权代持、股权托管情况，规范解决措施；（2）山东金码与公司业务的相关性，并入行为是否能为公司带来经济利益流入；（3）原股东使用股权增资公司，是否履行必要程序（包括但不限于股权评估），是否存在出资不实的情形；（4）公司同意此次增资行为，是否属于重大资产重组情形，如是，请核查具体过程、必要程序、对公司生产经营的影响。

□问题剖析及解决方案

1. 根据山东金码的工商登记资料、相关《股权代持协议》《股权代持解除协议》《股权托管协议》及主办律师对山东金码原股东韩锋、张春茹、孙莹、黎峰及张文的访谈并经核查：

2010 年 6 月，山东金码设立时的股权结构如下：

① 参见“金现代”在全国中小企业股份转让系统挂牌公告及山东德衡律师事务所法律意见书。

序号	股东姓名	出资方式	认缴出资额（万元）	实缴出资额（万元）	股权比例（%）
1	韩锋（代张春茹持有100万元股权；代孙莹持有45万元股权）	货币	300	300	60
2	张文（代黎峰持有200万元股权）	货币	200	200	40
合计			500	500	100

根据山东金码股东的说明并经主办律师核查，山东金码设立时，为便于对山东金码的管理，减少每次股东会的股东签字流程，山东金码股东韩锋、张春茹和孙莹经协商一致，由韩锋代张春茹持有100万元股权（占山东金码设立时注册资本比例的20%）、代孙莹持有45万元股权（占山东金码设立时注册资本比例的9%），于2010年5月分别签订了《股权代持协议》。其自己实际出资155万元（占山东金码设立时注册资本比例的31%）。

同时根据张文和黎峰的访谈及说明，张文于2010年5月与黎峰签订了《股权代持协议》，约定张文代黎峰持有山东金码200万元股权（占山东金码设立时注册资本比例的40%），黎峰管理该项股权。

经核查，韩锋与张春茹、孙莹签订的《股权代持协议》中约定允许韩锋可以将股权委托他人进行管理，《股权代持协议》解除时，股权委托管理随之解除。鉴于黎峰对计算机软件产品设计研发方面深有研究，并熟悉软件企业的经营管理，同时也是韩锋的学生，因此，韩锋委托黎峰全权管理自己持有的和代张春茹和孙莹持有的山东金码的股权，韩锋、张春茹和孙莹不参与山东金码日常经营管理活动。2010年6月3日，韩锋与黎峰签订《股权托管协议》，将其股权（含替孙莹、张春茹代持的股权）委托黎峰管理。《股权托管协议》同时约定，如果韩锋与孙莹、张春茹的股权代持情况解除，则对应的股份数量不再委托黎峰管理。

2012年12月6日，韩锋和张春茹签订了《股权代持解除协议》和《股权转让协议》，将代张春茹持有的股权转让给张春茹，并办理了工商变更登记，张春茹不再通过韩锋将股权委托给黎峰管理；2015 年 5 月 7 日，韩锋和孙莹签署了《股权代持解除协议》和《股权转让协议》，将代孙莹持有的股权转让给孙莹，并办理了工商变更登记，孙莹不再通过韩锋将股权委托给黎峰管理。

2015 年 5 月 7 日，张文与黎峰签订《股权转让协议》后，张文与黎峰自动解除了股权代持托管行为，并完成了工商变更登记。

根据韩锋、张春茹、孙莹、黎峰和张文的说明与确认及主办律师对山东金码原股东的访谈并经核查，山东金码原股东之间的股权代持、股权委托管理及股权代持的解除均为其本人真实意思表示，截至 2015 年 5 月 7 日，山东金码所有股东之间的股权代持行为均已解除并完成了工商变更登记，其持有山东金码的股权合法、有效，不存在争议或潜在纠纷。

2. 根据公司的说明，公司与子公司山东金码在客户方向上进行分工、各有侧重，但在业务上具有一定的业务相关性，特别是在国家电网统一推广项目上，子公司山东金码主要负责产业链上游的研发、实施工作，金现代公司则主要承接此类项目后续的运维及拓展工作，因此在子公司山东金码并入后，后续双方在业务配合和项目承接上将更加顺畅。

根据公司合并山东金码时，审计与评估机构对山东金码进行的审计及评估结果、山东金码相关的业务合同、公司实际控制人、董事、高级管理人员的说明并经核查，山东金码财务状况健康，客户合作情况稳定，山东金码的并入将能够为公司带来持续、稳定的利益流入。

3. 2015 年 6 月 10 日，中兴财光华出具中兴财光华审会字（2015）第 07527 号《审计报告》，经审计，山东金码截至 2015 年 5 月 31 日的净资产为 88995313.82 元。

2015 年 6 月 11 日，天健兴业出具天兴评报字（2015）第 0583 号《资产评估报告》，经评估，山东金码截至 2015 年 5 月 31 日的总资产评估价值为 12276.65 万元，总负债评估值为 3225.78 万元，净资产评估值为 9050.87 万元。

2015 年 6 月 15 日，山东金码和金现代有限分别召开股东会并作出决议，同意山东金码公司股东韩锋、张春茹、黎莉、燕东华泰、吴京伦、程振淳、黎峰和孙莹将其持有的山东金码的股权参照评估净资产值作价 88995313.82 元对金现代有限进行增资，共有 11250000 元计入注册资本，余额 77745313.82 元计入资本公积金。其中韩锋投资 24028734.73 元，认购金现代有限新增注册资本 3037500 元，余下 20991234.73 元计入金现代有限资本公积；黎峰投资 29590941.85 元，认购金现代有限新增注册资本 3740625 元，余下 25850316.85 元计入金现代有限资本公积；黎莉投资 1557417.99 元，认购金现代有限新增注册资本 196875 元，余下 1360542.99 元计入金现代有限资本公积；张春茹投资 15574179.92 元，认购金现代有限新增注册资本 1968750 元，余下 13605429 元计入金现代有限资本公积；吴京伦投资 4449765.69 元，认购金现代有限公司新增注册资本 562500 元，余下 3887265.69 元计入金现代有限资本公积；程振淳投资 2224882.85 元认购金现代有限公司新增注册资本 281250 元，余下 1943632.85 元计入金现代有限资本公积；孙莹投资 7119625.10 元认购金现代有限公司新增注册资本 900000 元，余下 6219625.10 元计入金现代有限资本公积；燕东华泰投资 4449765.69 元认购金现代有限公司新增注册资本 562500 元，余下 3887265.69 元计入金现代有限资本公积，山东金码成为金现代有限的全资子公司，同时通过《章程修正案》，同意修改公司章程相应条款。

2015 年 6 月 15 日，山东金码所有股东分别与金现代有限签署了《山东金码信息技术有限公司股权出资转让协议》。

2015 年 6 月 25 日，中兴财光华出具了中兴财光华审验字（2015）第 07100 号《验资报告》，验证：截至 2015 年 6 月 25 日，金现代有限已收到黎峰、韩锋、张春茹、孙莹、燕东华泰、吴京伦、程振淳、黎莉缴纳的新增注册资本（实收资本）合计人民币 1125 万元，各股东以持有山东金码信息技术有限公司的股权出资 1125 万元，新增实收资本占新收注册资本的 100%。

2015 年 6 月 25 日，山东金码取得了高新区市场监管局核发的《营业执照》，确认了本次变更；同日，金现代有限取得了高新区市场监管局核发的《营业执照》，确认了本次变更。

主办律师认为，山东金码原股东使用股权增资金现代，履行了股东会批准及审计、评估、验资等必要程序，完成了工商变更登记手续，不存在出资不实的情形。

4. 根据《非上市公众公司重大资产重组管理办法》第 2 条："公众公司及其控股或者控制的公司购买、出售资产，达到下列标准之一的，构成重大资产重组：（一）购买、出售的资产总额占公众公司最近一个会计年度经审计的合并财务会计报表期末资产总额的比例达到 50% 以上；（二）购买、出售的资产净额占公众公司最近一个会计年度经审计的合并财务会计报表期末净资产额的比例达到 50% 以上，且购买、出售的资产总额占公众公司最近一个会计年度经审计的合并财务会计报表期末资产总额的比例达到 30% 以上"。

根据山东金码原股东以股权增资金现代有限时双方的股东会决议及相关工商登记资料并经核查，山东金码公司股东韩锋、张春茹、黎莉、燕东华泰、吴京伦、程振淳、黎峰和孙莹将其持有的山东金码的股权参照评估净资产值作价 88995313.82 元对金现代有限进行增资。根据《审计报告》，截至 2014 年 12 月 31 日，公司合并财务会计报表资产总额为 236215246.43 元，净资产额为 133693089.38 元。公司购买的资产净额占公司最近一个会计年度经审计的合并财务会计报表期末资产总额的 37.68%，占公司最近一个会计年度经审计的合并财务会计报表期末资产净额的 66.57%。参照《非上市公众公司重大资产重组管理办法》的相关规定，公司此次增资行为属于重大资产重组。

经核查，主办律师认为，山东金码原股东使用股权增资公司已经过双方股东大会表决通过，并履行了必要的审计、评估及验资等程序，完成了工商变更登记，资产重组行为合法、有效。

5. 经核查，报告期内，公司不存在其他的重大资产重组情形。

案例分析 4.2.9[①]

上海银纪资产管理股份有限公司在挂牌过程中遇到的问题：设立（改制）的资产审验情况，如以评估值入资设立股份公司，是否合法、合规，是否构成“整体变更设立”？

❑问题剖析及解决方案

根据银纪股份设立时的工商登记资料、股东会决议、《发起人协议》《审计报告》《评估报告》《验资报告》、创立大会决议以及设立时取得的《企业法人营业执照》，律师对银纪股份设立时的合法合规性进行了核查。

经核查，银纪有限股东会决议，银纪股份全体发起人签订的《发起人协议》以及创立大会决议，银纪股份由银纪有限全体股东作为发起人，将经中兴财光华审计的截至 2015 年 5 月 31 日的净资产 41254703.27 元整体折股为 4000 万股，设立股份有限公司。每股面值 1 元，余额计入银纪股份资本公积金。发起人以各自在公司所占的注册资本比例，对应折为各自所占银纪股份的股权比例。银纪股份设立时的资产审验情况如下：

中兴财光华所出具了“中兴财光华审会字（2015）第 07535 号”《上海银纪资产管理有限公司审计报告》，确认截至 2015 年 5 月 31 日，银纪有限经审计的净资产为 41254703.27 元。

万隆评估以 2015 年 5 月 31 日为评估基准日，出具了万隆评报字（2015）第 1245 号《上海银纪资产管理有限公司拟变更设立股份有限公司项目涉及的其净资产价值评估报告》，确认银纪有限股东全部权益于评估基准日 2015 年 5 月 31 日所表现的公允市场价值为 4126.3 万元。

2015 年 6 月 29 日，中兴财光华所出具了中兴财光华审验字〔2015〕第 07098 号《上海银纪资产管理股份有限公司（筹）验资报告》（以下简称《验资报告》），验证截至 2015 年 6 月 29 日，公司已收到全体股东以其拥有的有

① 参见“银纪资产”在全国中小企业股份转让系统挂牌公告及上海市锦天城律师事务所法律意见书。

限公司的净资产折合的实收资本4000万元。各股东以有限公司截至2015年5月31日经审计的净资产41254703.27元以1.0314∶1的比例折股4000万股，其中4000万元作为注册资本（股本），其余1254703.27元计入资本公积（股本溢价）。

综上所述，主办律师认为，银纪股份是由银纪有限按账面净资产值折股整体变更设立的股份有限公司，设立合法合规。

案例分析 4.2.10①

苏州新宏博智能科技股份有限公司在挂牌中遇到的问题：公司历史上由外商投资企业转为内资企业。请主办券商和律师就以下问题进行核查：（1）公司转内资的程序是否合法合规？（2）公司转为内资企业的注册资本的充足性？（3）公司是否按照规定补缴公司作为外资企业期间所享受的税收优惠？

□问题剖析及解决方案

1. 根据公司所提供的资料并经本所律师核查，公司从中外合资企业变更为内资企业经过有限公司董事会的决议通过、经过外资主管部门的审批通过并办理了工商变更登记手续，本所律师认为，公司从中外合资企业变更为内资企业的行为程序合法合规，真实有效。

2. 根据公司提供的资料并经主办律师核查，公司从中外合资企业变更为内资企业的行为发生在2015年7月，注册资本为2300万元，实收资本为2300万元，均为货币出资构成，有限公司设立以来注册资本均为人民币，主办律师认为，公司转为内资企业不影响注册资本的充足性。

3. 根据公司提供的资料并经主办律师核查，有限公司自设立以来未实际享受外资企业税收优惠政策，同时根据《外商投资企业和外国企业所得税

① 参见“新宏博智能”在全国中小企业股份转让系统挂牌公告及江苏经权律师事务所补充法律意见书。

法》[1]第 8 条规定：对生产性外商投资企业，经营期在 10 年以上的，从开始获利的年度起，第一年和第二年免征所得税，第三年至第五年减半征收所得税。有限公司设立于 2003 年 2 月，转内资发生在 2015 年 7 月，经营期限已经满 10 年。因此，有限公司从中外合资企业转为内资企业的行为不存在需要补缴税收优惠的情形。

案例分析 4.2.11[2]

北京海泰方圆科技股份有限公司在挂牌中遇到的问题：2004 年 6 月，公司增加注册资本至 316 万元，其中新股东姜海舟增加非专利技术出资 162.71 万元；2008 年 2 月，公司增加注册资本至 1018 万元，股东姜海舟以知识产权“HAISEAL 系列电子签章系统”增资 549.89 万元；2009 年 6 月，公司增加注册资本 900 万元，其中姜海舟以非专利技术“民情在线系统”出资 700 万元；2010 年 12 月，公司注册资本增加至 3518 万元，其中姜海舟增加非专利技术出资 1050 万元。非专利技术出资比例超过了 20%。请公司补充披露用于出资的前述非专利技术有无权属瑕疵、是否为出资人的职务成果、与公司经营的关联性、所有权转移及其在公司的使用情况、估值是否公允，非专利技术出资比例以及所履行的程序是否符合当时法律法规的规定？

□问题剖析及解决方案

1.《北京市中关村科技园区企业登记注册管理办法》相关规定经本所律师核查，2001 年 3 月 2 日至 2007 年 11 月 23 日实施的《北京市中关村科技园区企业登记注册管理办法》（以下简称《登记注册管理办法》）第 14 条规定：“出

① 已被《企业所得税法》废止。

② 参见“海泰方圆”在全国中小企业股份转让系统挂牌公告及北京市兰台律师事务所补充法律意见书。

资人以高新技术成果出资，应当出具高新技术成果说明书；该项高新技术成果应当由企业的全体出资人一致确认，并应当在章程中写明。经全体出资人确认的高新技术成果可以作为注册资本（金）登记注册”。

2.《登记注册管理办法》实施期间公司股东非专利技术出资对《登记注册管理办法》第 14 条的认定程序执行情况经主办律师核查，公司处于《登记注册管理办法》实施期间（2001 年 3 月 2 日至 2007 年 11 月 23 日）的股东非专利技术出资仅有一次，即 2004 年 6 月公司增加注册资本至 316 万元时姜海舟增加非专利技术出资 162.71 万元。本次股东非专利技术出资对《登记注册管理办法》第 14 条的认定程序执行情况如下：2004 年 6 月 21 日，高新技术成果持有人姜海舟和全体出资人签字确认了《高新技术成果说明书及确认书》，全体出资人一致确认姜海舟持有的“USB–KEY– 电子钥匙”技术为高新技术成果，确认其价值为 162.71 万元，同意姜海舟以该高新技术成果投入北京海泰方圆科技有限公司中，占注册资本的 51.49%。2004 年 6 月 21 日，公司出具《海泰方圆科技有限公司章程修正案》，经全体股东一致确认，姜海舟出资的非专利技术，为高新技术成果。主办律师认为，2004 年 6 月股东非专利技术出资履行了《登记注册管理办法》第 14 条的认定程序。

3.《登记注册管理办法》被废止失效后公司股东非专利技术出资对《登记注册管理办法》第 14 条的认定程序执行情况经本所律师核查，2007 年 11 月 23 日，北京市人民政府公布《关于废止〈北京市劳动保护监察组织管理办法〉等 48 项规章的决定》（北京市人民政府令第 199 号），《登记注册管理办法》于 2007 年 11 月 23 日被废止。

经核查，在《登记注册管理办法》被依法废止后，公司 2008 年 2 月、2009 年 6 月、2010 年 12 月非专利技术出资未履行《登记注册管理办法》第 14 条的认定程序。

综上所述，主办律师认为，处于《登记注册管理办法》实施期间的 2004 年 6 月股东非专利技术出资履行了《登记注册管理办法》第 14 条的认定程序；《登记注册管理办法》被废止失效后的公司股东非专利技术出资未履行《登记注册管理办法》第 14 条的认定程序。

第三节　公司设立及存续中知识产权问题及其解决

公司存在外部艺术家无偿为公司提供咨询及艺术创作理念指导，是否会影响到创作产品的知识产权等权利归属及收益分配情况，是否存在任何纠纷或潜在纠纷，是否对公司持续经营产生重大不利影响？根据我国《中华人民共和国著作权法实施条例》的规定，在外部艺术家无偿为公司提供咨询及艺术创作理念指导的情形下，外部艺术家的工作不视为创作，因此，在外部艺术家无偿为公司提供咨询及艺术创作理念指导的合作方式下，公司生产作品的著作权属于公司。鉴于:（1）公司与外部艺术家是长期合作关系;（2）在合作期间，从未产生过任何纠纷;（3）与公司合作的外部艺术家较多，艺术家的创作并非完全不可替代。所以，公司与外部艺术家的现行合作方式不会对公司的持续经营产生重大不利影响。

公司存在无形资产出资的情况，其是否构成职务发明或职务作品、是否存在权属方面的争议纠纷或潜在争议纠纷？若不构成职务发明或职务作品，需要先说明不构成的原因。例如以下原因，该软件著作权的开发均由作者个人独自完成，与本公司无关，本公司亦未提供任何便利与帮助，应由作者享有全部著作权，不存在职务发明或职务作品的情形，至今未发生与该非专利技术权属有关的未决或已决争议或纠纷，亦不存在与该非专利技术权属有关的潜在争议或纠纷。如作者为公司的股东，还可以出具承诺书，承诺以上陈述不实，造成的一切后果由本人承担。

拟挂牌公司的名称中，使用的文字有一定的特殊含义或与知名企业有关，以天津同仁堂股份有限公司为例，公司使用“同仁堂”,“同仁堂”的商号或商标是否存在侵权或潜在纠纷，是否需取得北京同仁堂的许可？公司与北京同仁堂因历史原因形成使用“同仁堂”字号的情形，公司自设立至今，不存在将“同仁堂”文字或图形等标志作为公司商标注册或使用的情况。公司生产经营的核心商标为“太阳”“津同仁”和“红花”等，上述商标产品在相关领域占有较高的市场份额，其中“太阳”商标被商务部认定为“中华老字号”，具有较高的市场知名度。公司在充分尊重历史因素的前提下，在商品或生产经营活动中明确使用“天津同仁堂”商号，以与北京同仁堂相区分。另外，根据最高人民法院的判决精神，在涉及众多历史因素导致的企业名称权与商标专用权冲突中，应当在充分考虑和尊重相关历史因素的前提下，根据公平、诚实信用的法律原则，公平合理地解决争议，以促进民族传统品牌和老字号的健康发展。因此，天津同仁堂使用“同仁堂”不存在侵犯北京同仁堂商标及驰名商标的情况，公司有权继续使用“同仁堂”字号从事民事活动，不存在需取得北京同仁堂许可的情形。

拟挂牌公司受让了另一公司的商标，其受让的原因、后续用途规划是什么，是否存在侵权、不正当竞争的法律风险？以武汉三好教育科技股份有限公司为例，他们的解决方案是：(1）说明公司受让华工紫龙商标的原因及后续用途规划是为了避免剥离华工紫龙公司后，公司业务受到不良影响。在后续的用途规划中，公司将淡化华工紫龙品牌影响力，重点打造三好品牌的影响力；(2）华工紫龙公司出具声明，在资产转让协议签订后、商标转让经商标局核准之前的期间，不会因三好教育使用华工紫龙商标而向其主张任何权利或要求其承担任何责任；(3）公司与华工紫龙公司签订了《避免同业竞争协议书》，华工紫龙公司承诺在协议有效期内，不会经营与公司存在竞争或潜在竞争的业务，避免同公司产生同业竞争；(4）华工紫龙公司积极办理变更其公司名称的工商登记，将不再使用华工紫龙字号。

拟挂牌股份公司的股东曾经以专利技术作价对公司增资，但随后却又将该专利技术做减资处理，此种情形是否会对公司挂牌产生负面影响？总体而言，如果公司此种减资行为并没有对公司经营带来不良影响，换句话说，公司并不依赖该专利技术，则不会对公司挂牌造成障碍。

拟挂牌公司从关联方受让知识产权，或者转让知识产权给关联方，应该遵循什么规则才能不会对公司挂牌形成实质障碍？如果公司与关联方之间存在知识产权交易，应该签订相关协议，依法履行法定程序特别是关联交易审核程序，交易真实合理，交易价格及条件均符合公允原则，这样就不会对公司挂牌形成实质性障碍。

挂牌的股份公司，如果是由有限公司整体变更而来，则原有限公司的知识产权、资质等应变更到股份公司名下。

案例分析 4.3.1①

淄博人立文化创意股份有限公司在挂牌过程中遇到的问题：公司存在艺术品创作的外部资源。请说明与该等外部艺术家合作的具体方式，创作产品的知识产权等权利归属及收益分配情况，是否存在任何纠纷或潜在纠纷，是否对公司持续经营产生重大不利影响?

□问题剖析及解决方案

1. 公司与该等外部艺术家合作的具体方式

公司与外部艺术家信德胜、孙云毅、张光忠、王乃宝、张万庆分别签订的《合作协议》约定，双方合作内容为:“(1) 公司负责外部艺术家所有原创作品的市场销售及市场推广;(2) 合作期内，外部艺术家无偿为公司提供咨询及艺术创作理念指导，由公司员工、利用公司工作场所创作的作品的知识产权归公司所有;(3) 合作期内，外部艺术家为公司提供公司委托其创作的作品以及外部艺术家根据自己的创意自行创作的且经公司认可的作品，具体著作权归属、报酬等事宜由双方另行书面约定”。

根据《合作协议》的约定，公司与外部艺术家关于艺术品创作的具体合作方式分为两类:(1) 外部艺术家无偿为公司提供咨询及艺术创作理念指导;(2) 外部艺术家为公司提供作品。

2. 创作产品的知识产权等权利归属及收益分配情况

《中华人民共和国著作权法实施条例》第 3 条规定:“著作权法所称创作，

① 参见“人文立创”在全国中小企业股份转让系统挂牌公告及北京德恒律师事务所补充法律意见书(一)。

是指直接产生文学、艺术和科学作品的智力活动。为他人创作进行组织工作，提供咨询意见、物质条件，或者进行其他辅助工作，均不视为创作”。

根据《中华人民共和国著作权法实施条例》第 3 条，在外部艺术家无偿为公司提供咨询及艺术创作理念指导的情形下，外部艺术家的工作不视为创作，因此，在外部艺术家无偿为公司提供咨询及艺术创作理念指导的合作方式下，公司生产作品的著作权属于公司。

对于外部艺术家为公司提供的作品，根据不同的作品，由双方另行签署合同约定其著作权归属和收益分配，公司在签署该类具体合同约定收益分配时主要考虑外部艺术家的知名度、产品的做工和艺术价值以及著作权归属等因素，确认公司与外部艺术家之间的利润分配。

综上，外部艺术家无偿为公司提供咨询及艺术创作理念指导的合作方式下双方已就知识产权等权利归属及收益分配情况进行了明确约定，并且该约定符合相关法律规定；公司与外部艺术家关于外部艺术家提供的创作作品的知识产权归属及收益分配以“另行约定”的方式予以规制，未来公司与大师进行具体合作时将对特定作品的著作权和收益归属进行明确约定，鉴于：（1）公司与外部艺术家是长期合作关系；（2）在合作期间，从未产生过任何纠纷；（3）与公司合作的外部艺术家较多，艺术家的创作并非完全不可替代。所以，公司与外部艺术家的现行合作方式不会对公司的持续经营产生重大不利影响。

案例分析 4.3.2①

北京华软新元信息技术股份有限公司在挂牌过程中遇到的问题：关于历史沿革过程中有无形资产出资的情况。请核查是否构成职务发明或职务作品、是否存在权属方面的争议纠纷或潜在争议纠纷？作为出资的专利、技术等的

① 参见“华软新元”在全国中小企业股份转让系统挂牌公告及北京市浩天信和律师事务所补充法律意见书。

先进性、与公司产品的相关性、与该技术相关的产品的市场前景以及如何为公司带来经济利益流入？

❑问题剖析及解决方案

有限公司阶段，有限公司股东张斌于2004年5月以非专利技术——华软新元敏捷应用集成系统（V1.01）经依法评估作价出资的过程，此前出具的《法律意见书》中已进行详细披露。

根据公司说明："有限公司于2003年12月在中华人民共和国国家版权局办理了计算机软件的著作权登记，并取得登记证书，该证书载明：证书编号为软著登字第BJ0233号；登记号为2003SRBJ0233；软件名称为华软新元敏捷业务集成系统V1.01；著作权人为北京华软新元信息技术有限公司，该软件首次发布日期为2013年11月15日，但是，该软件的开发均由张斌个人独自完成，与本公司无关，本公司亦未提供任何便利与帮助，应由张斌享有全部著作权。需要特别说明的是，公司于2003年成立时考虑到张斌持有公司85%的股权，就以公司的名义办理了上述著作权登记，该软件的著作权并未实际发生转让。后来，本公司于2004年因发展需要增资，方才将上述著作权登记证书所涉著作权人变回张斌本人，经评估后由张斌进行增资，至此公司注册资本才增至1000万元。以上情况属实，如发生任何纠纷本公司愿承担一切后果"。

根据公司股东张斌说明："该软件的开发是由本人独立完成，未利用北京华软新元信息技术有限公司及原任职单位的任何资源，拥有全部著作权，并可独立行使。该著作权最初登记在北京华软新元信息技术有限公司名下，主要原因为本人于2001年就职于北京安易软件有限公司时，已经有用平台开发软件产品的思路及想法，但未得到北京安易软件有限公司的认可，而且北京安易软件有限公司只是一家专门销售套件化的财务软件产品的公司，没有开发平台的能力及相应的人员及配套设施。所以自2001年下半年起本人利用业余时间自行购置设备在家进行研发，历时近两年，平台基本成型。因2003年北京安易软件有限公司整体被收购，本人也想将自己的成果转化为产品，故于 2003 年 3 月成立了专门从事以平台为基础定制开发软件产品的北京华软新元信息技术有限公司。北京华软新元信息技术有限公司成立时，本人持有其 85% 的股权，所以在办理著作权登记时未考虑著作权归属问题。后来，北京华软新元信息技术有限公司于 2004 年因发展需要增资，才将本属于本人的软件著作权转回本人，经评估后公司注册资本增加至 1000 万元。以上情况属实，如发生任何纠纷本人愿承担一切后果”。

经核查，有限公司股东张斌所出资的非专利技术是由其本人自主研发，不存在职务发明或职务作品的情形，至今未发生与该非专利技术权属有关的未决或已决争议或纠纷，亦不存在与该非专利技术权属有关的潜在争议或纠纷。

据此，公司股东张斌于有限公司阶段用于出资的无形资产不构成职务发明或职务作品、不存在权属方面的争议纠纷或潜在争议纠纷。

根据公司说明：“华软新元敏捷应用集成系统（V1.01）是公司目前核心产品的源程序及基础平台，为公司开发衍生应用软件产品提供了先决条件与基础，该平台在当时的技术特点为：多用户频道、强大的内容管理功能、一站式访问服务、交互式办公 & 并联审批、个性化桌面、多级安全措施、完备的知识管理体系、智能集成表单、超强工作流程设计、消息通信机制多样化。该平台的研发成功对于传统信息资源管理类软件开发模式是一种革新，实现了传统软件开发模式向平台开发模式的转变。这一模式体现了当年该技术的先进性。基于软件类产品更新换代较快的特性，公司多年对华软新元敏捷应用集成系统（V1.01）不断升级完善，公司目前主要产品为基于华软新元敏捷应用集成系统（V1.01）进行升级或开发出的工具类产品以及所衍生出的创新应用类产品，体现出华软新元敏捷应用集成系统（V1.01）与公司产品的相关性。基于华软新元敏捷应用集成系统（V1.01）的创新性优势、技术特点，公司将把平台生态链中的丰富资源进行整合，打造基于云服务平台的新商业模式：随着公司的业务发展，更多的应用组件和管理模块将逐步开放到云服务端，有技术能力的客户与合作伙伴可以根据需要自行选择应用技术包。基于‘平台’生成的成熟的应用组件和应用模块可以二次开发或适应性修改。

这将极大满足合作伙伴的增值服务价值，也意味着合作伙伴可以根据客户需求，自由调整服务内容并获取更为丰厚的回报。合作伙伴的获利积极性也将促进平台的快速发展，合作伙伴基于平台实现的某些优化应用，甚至一个小的实用流程都可以放到平台上收费复用，而公司是通过收取开发平台使用费和一些关键技术支持的费用达到公司盈利预期。华软新元敏捷应用集成系统（V1.01）作为公司目前核心产品的源程序，为公司开发衍生应用软件产品提供了先决条件与基础，因此具有一定的先进性，与核心产品具有较强的相关性，公司目前的核心产品的市场前景较好，已经具备了体系化的盈利模式”。

综上所述，华软新元敏捷应用集成系统（V1.01）作为公司目前核心产品的源程序，为公司开发衍生应用软件产品提供了先决条件与基础，因此具有一定的先进性，与核心产品亦具有较强的相关性，公司目前的核心产品的市场前景较好，已经具备了体系化的盈利模式。

案例分析 4.3.3①

北京量邦信息科技股份有限公司在挂牌过程中遇到的问题：公司研发吸纳同北京大学商务智能中心合作的对冲基金实验室最新研究成果。请核查公司与北京大学商务智能中心合作的对冲基金实验室的合作方式，知识产权的权属划分是否清晰？

□问题剖析及解决方案

根据量邦科技提供的资料并经核查，量邦科技与北京大学光华管理学院于 2014 年 11 月签署了《联合共建北京大学商务智能研究中心对冲基金实验室合作协议书》，量邦科技与北京大学商务智能研究中心合作的对冲基金实验

① 参见“量邦科技”在全国中小企业股份转让系统挂牌公告及国浩律师（北京）事务所补充法律意见书（一）。

室的合作方式如下：

对冲基金实验室依托北京大学商务智能研究中心建设，由北京大学商务研究中心管理和专业指导。为确保对冲基金实验室研究工作的进行，量邦科技投入经费以及为对冲基金实验室研究工作提供对冲基金行业数据资源，并为对冲基金实验室提供开展专业研究工作所需数据平台、软件平台和经费，北京大学商务智能研究中心为对冲基金实验室提供必要的工作条件。量邦科技及北京大学商务智能研究中心应分别派出人员组成联合研究团队，确定本年度主要研究课题，并组织开展研究工作，相关研究成果由各方以对冲基金实验室名义或者研究人员名义在学术会议、期刊上发表。相关研究成果还可以通过学术会议、研讨班、暑期学校等多种形式向社会大众免费分享。双方合作的期限为自协议签署之日起 3 年。

根据《联合共建北京大学商务智能研究中心对冲基金实验室合作协议书》的约定，对冲基金实验室开展课题研究由各方共同合作产生研究成果的知识产权归各方共同所有。在各方的工作范围内由各方独立完成的研究成果及其形成的知识产权归各方独自所有。

根据量邦科技的说明，目前各方合作完成了《中国市场 Fama-French 五因素模型研究》（研究报告形式）与《移动搜索大数据与知情交易研究》（研究报告形式）。以上成果均尚未发表，量邦科技承诺未来发表时将按照实际合作形式进行署名。

综上，量邦科技与北京大学商务智能研究中心合作的对冲基金实验室的合作方式合法，对冲基金实验室开展课题研究由各方共同合作产生的研究成果的知识产权归量邦科技与其他各方共同所有。在量邦科技的工作范围内由量邦科技独立完成的研究成果及其形成的知识产权归量邦科技独自所有。量邦科技基于以上合作所产生的成果的知识产权权属清晰，不存在纠纷。

案例分析 4.3.4[①]

天津同仁堂集团股份有限公司在挂牌过程中遇到的问题：请主办券商及律师核查公司使用“同仁堂”商标及商号的合法性，请主办券商和律师结合商标法、我国驰名商标的保护以及司法判例核查公司使用“同仁堂”的商号或商标是否存在侵权或潜在纠纷，是否需取得北京同仁堂的许可。

❑问题剖析及解决方案

主办律师核查了公司提供的天津同仁堂历史文献资料、实物，以及公司历史沿革的工商登记资料，对有关当事人进行了访谈，并取得了有关当事人出具的书面说明、声明或承诺。

公司的起源可以追溯至明崇祯十七年（公元1644年），距今已有370余年历史，是中国最悠久的中药企业之一，曾使用“张家老药铺”“同仁堂张家京药铺”等商号。中华人民共和国成立后，1954年7月17日，公司取得天津市人民政府工商局颁发的《天津市人民政府工商局企业登记证》，公司名称核准登记为“同仁堂和记阿胶厂”，经济性质为私营。1956年，公司实施公私合营改造，更名为“天津同仁堂制药厂”。

1981年10月，公司向天津市红桥区工商行政管理局申领了名称为“天津市第四中药厂”的营业执照，企业性质为全民所有制，隶属于天津市医药局药材公司。1989年2月25日，天津市医药管理局核发《关于天津市第四中药厂更名为“天津同仁堂制药厂”的批复》〔（89）津药管计字第9号〕，同意公司恢复“天津同仁堂制药厂”厂名的请示，核准公司恢复使用“天津同仁堂制药厂”的企业名称。1989年3月，经天津市工商行政管理局核准登记，公司名称变更为“天津同仁堂制药厂”。2002年5月22日，经天津市工商行政管理局核准登记，公司名称变更为“天津同仁堂股份有限公司”。2008年4月25日，经天津市工商行政管理局核准登记，公司名称变更为“天津同仁堂

① 参见“津同仁堂”在全国中小企业股份转让系统挂牌公告及天津嘉德恒时律师事务所法律意见书。

集团股份有限公司”。主办律师核查后认为，公司使用“同仁堂”字号符合当时有效的法律、法规的规定，符合现行有效的《企业法人登记管理条例》《企业名称登记管理实施办法》的有关规定，合法有效。

公司自设立至今，不存在将“同仁堂”文字或图形等标志作为公司商标注册或使用的情况。公司生产经营的核心商标为“太阳”“津同仁”和“红花”等，上述商标产品在相关领域占有较高的市场份额，其中“太阳”商标被商务部认定为“中华老字号”，具有较高的市场知名度。公司在充分尊重历史因素的前提下，在商品或生产经营活动中明确使用“天津同仁堂”商号，以与北京同仁堂相区分。根据公司的确认与承诺，并经主办律师核查，公司使用“同仁堂”字号不构成我国《商标法》第 57 条规定的侵犯他人注册商标专用权的行为，公司也不存在我国《商标法》第 58 条中规定的将他人注册商标、未注册的驰名商标作为企业名称中的字号使用，误导公众，构成不正当竞争行为的情形。截至本法律意见书出具日，公司就使用“同仁堂”字号与北京同仁堂不存在侵权或潜在纠纷。

参照《最高人民法院关于对杭州张小泉剪刀厂与上海张小泉刀剪总店、上海张小泉刀剪制造有限公司商标侵权及不正当竞争纠纷一案有关适用法律问题的函》《杭州张小泉集团有限公司与上海张小泉刀剪总店、上海张小泉刀剪制造有限公司商标侵权及不正当竞争纠纷上诉案民事判决书》等有关因历史原因导致的企业名称权与商标专用权冲突的司法判例，主办律师认为，企业名称权和商标专用权各自有其权利范围，均受法律保护。企业名称经核准登记以后，权利人享有在不侵犯他人合法权益的基础上使用企业名称进行民事活动的权利。在涉及众多历史因素导致的企业名称权与商标专用权冲突中，应当在充分考虑和尊重相关历史因素的前提下，根据公平、诚实信用的法律原则，公平合理地解决争议，以促进民族传统品牌和老字号的健康发展。公司与北京同仁堂因历史原因形成使用“同仁堂”字号的情形，但公司作为民族传统品牌及老字号企业，在商品或生产经营活动中明确使用“天津同仁堂”商号，以与北京同仁堂相区分，因此，公司不存在侵犯北京同仁堂商标及驰名商标的情形，不存在误导公众，构成不正当竞争行为的情形。

综上，主办律师认为，公司属于民族传统品牌及老字号企业，公司在充分尊重历史因素的前提下，在商品或生产经营活动中明确使用“天津同仁堂”商号，以与北京同仁堂相区分。公司使用“同仁堂”字号业经我国企业名称登记主管机关核准登记，合法有效。公司不存在将“同仁堂”文字或图形等标志作为公司商标注册或使用的情况，不存在侵犯北京同仁堂商标及驰名商标的情况。截至本法律意见书出具日，公司就该“同仁堂”字号的使用与北京同仁堂不存在侵权或潜在纠纷。公司有权继续使用“同仁堂”字号从事民事活动，不存在需取得北京同仁堂许可的情形。

案例分析 4.3.5①

武汉三好教育科技股份有限公司在挂牌过程中遇到的问题：请公司补充披露并请律师核查受让华工紫龙商标的原因、后续用途规划，是否存在侵权、不正当竞争的法律风险。

□问题剖析及解决方案

1. 关于公司受让华工紫龙商标的原因及后续用途规划

针对公司受让华工紫龙商标的原因及后续用途规划的问题，主办律师对公司董事长兼总经理师明义进行了访谈，并对涉及该商标的转让协议进行了核查。

主办律师经过核查了解到以下情况：考虑到华工紫龙商标在一体化多媒体教育设备产品市场上获得了一定的信誉，为避免武汉华工紫龙科技股份有限公司（以下简称“华工紫龙公司”）股权的转让给公司业务造成不良影响，并能够顺利将认可华工紫龙商标的相关客户转移到公司，公司在转让华工紫龙公司股权的同时受让了华工紫龙商标，以保证公司享有该商标的专用权，但在公司的后续经营中，公司将着重打造三好品牌影响力，逐渐淡化华工紫

① 参见“三好教育”在全国中小企业股份转让系统挂牌公告及北京大成律师事务所法律意见书。

龙品牌影响力。公司已拥有“3haovip.com”的域名，正在申请注册三好科技商标，并正在准备申请三好教育商标。

综上所述，公司受让华工紫龙商标，是为了避免剥离华工紫龙公司后，公司业务受到不良影响。在后续的用途规划中，公司将淡化华工紫龙品牌影响力，重点打造三好品牌的影响力。

2. 关于公司受让华工紫龙商标是否存在侵权及不正当竞争的法律风险

针对公司受让华工紫龙商标是否存在侵权及不正当竞争的法律风险的问题，主办律师核查了华工紫龙公司的工商登记资料、华工紫龙商标注册证、涉及该商标的转让协议、转让对价支付凭证、资产评估报告等材料，并就此问题同公司董事长兼总经理师明义进行了访谈。

经过上述核查，主办律师了解到以下事实：华工紫龙公司为依法设立且有效存续的股份有限公司，于 2006 年 11 月 13 日申请注册华工紫龙商标，2009 年 9 月 7 日获得商标注册，注册有效期限为 2009 年 9 月 7 日至 2019 年 9 月 6 日，核定使用商品（第 9 类）为：计算机外围设备；计算机软件（已录制）；计算机程序（可下载软件）；集成电路卡；计算机；微处理机；数据处理设备；中心加工装置（信息处理器）；电子出版物（可下载）；电子笔（视觉演示装置）。公司于 2015 年 5 月与华工紫龙公司签订资产转让协议，受让华工紫龙商标在内的无形资产，并已经向华工紫龙公司实际支付了相关资产的转让对价。商标转让在获得商标局核准公告后，公司即享有华工紫龙商标专用权。因此，主办律师认为公司受让华工紫龙商标合法有效。

另查明，华工紫龙公司已出具声明，在资产转让协议签订后、商标转让经商标局核准之前的期间，不会因三好教育使用华工紫龙商标而向其主张任何权利或要求其承担任何责任。同时，公司与华工紫龙公司于 2015 年 10 月 29 日签订了《避免同业竞争协议书》，华工紫龙公司承诺在协议有效期内，不会经营与公司存在竞争或潜在竞争的业务，避免同公司产生同业竞争。另外，华工紫龙公司正在办理变更其公司名称的工商登记，将不再使用华工紫龙字号。因此，主办律师认为公司受让华工紫龙商标，不存在侵权、不正当竞争的法律风险。

综上所述，主办律师认为，公司受让华工紫龙商标合法有效，不存在侵权、不正常竞争的法律风险。

第四节　公司实际控制人认定等问题及其解决

实际控制人是指通过股权关系、投资关系、协议或者其他安排，能够实际支配公司行为的人。事实上，实务中也是按照该概念操作的，即对于直接持股的股东，如果其对公司有实际控制力，则认定为实际控制人。

如果某个公司并不存在实际控制人是否可以？不存在实际控制人的原因是什么？依据《全国中小企业股份转让系统挂牌公司信息披露细则》，实际控制人是指通过投资关系、协议或者其他安排，能够支配、实际支配公司行为的自然人、法人或者其他组织。控制是指有权决定一个公司的财务和经营政策，并能据以从该公司的经营活动中获取利益。有下列情形之一的，为拥有挂牌公司控制权：A. 为挂牌公司持股 50% 以上的控股股东；B. 可以实际支配挂牌公司股份表决权超过 30%；C. 通过实际支配挂牌公司股份表决权能够决定公司董事会半数以上成员选任；D. 依其可实际支配的挂牌公司股份表决权足以对公司股东大会的决议产生重大影响；E. 中国证监会或全国股份转让系统公司认定的其他情形。所以，如果公司的股东中，没有单一股东持有股份公司 30% 以上的股份，没有单一股东可以对股份公司股东大会的决策形成实质性影响；同时，在公司董事会中，也不存在任何单一董事可以对股份公司董事会的决策形成实质性影响。那么，拟挂牌的股份公司不一定会有实际控制人。

如何认定拟挂牌公司的多名股东为公司的共同实际控制人？一是根据公司历史上的决策情况，考察各股东对公司发展战略、重大经营决策、日常经营活动是否总是发表相同的意见，共同实施重大影响，在公司历次股东（大）会、董事会是否有相同的表决意见；二是核实各股东是否担任公司董事长、董事或总经理等重要职务，能够实际支配公司董事会和日常经营活动；更重要的是，各股东是否正式签署《一致行动协议》，保证在参加公司股东大会行使表决权时按照各方事先协调所达成的一致意见行使表决权。此外，股东之间是否存在夫妻关系、直系亲属关系等，也是认定共同实际控制人所要考虑的重要因素。

根据中国证券监督管理委员会《关于印发〈首次公开发行股票并上市管理办法〉第十二条“实际控制人没有发生变更”的理解和适用——证券期货法律适用意见第1号》第2条的规定：“公司控制权是能够对股东大会的决议产生重大影响或者能够实际支配公司行为的权力，其渊源是对公司的直接或者间接的股权投资关系。因此，认定公司控制权的归属，既需要审查相应的股权投资关系，也需要根据个案的实际情况，综合对发行人股东大会、董事会决议的实质影响、对董事和高级管理人员的提名及任免所起的作用等因素进行分析判断”。第3条规定：“发行人及其保荐人和律师主张多人共同拥有公司控制权的，应当符合以下条件：（一）每人都必须直接持有公司股份和/或者间接支配公司股份的表决权；（二）发行人公司治理结构健全、运行良好，多人共同拥有公司控制权的情况不影响发行人的规范运作；（三）多人共同拥有公司控制权的情况，一般应当通过公司章程、协议或者其他安排予以明确，有关章程、协议及安排必须合法有效、权利义务清晰、责任明确，该情况在最近3年内且在首发后的可预期期限内是稳定、有效存在的，共同拥有公司控制权的多人没有出现重大变更；（四）发行审核部门根据发行人的具体情况认为发行人应该符合的其他条件”。

公司实际控制人在事业单位任职期间在公司任职是否符合相关法律、法规、政策规定？这种情况要分两种方式对待，第一，如果实际控制人在事业单位属于正式编制，即公务员身份，《事业单位工作人员处分暂行规定》第18条规定：“有下列行为之一的，给予警告或者记过处分；情节较重的，给予降低岗位等级或者撤职处分；情节严重的，给予开除处分：（六）违反国家规定，从事、参与营利性活动或者兼任职务领取报酬的”。第二，如果实际控制人在事业单位属于全民所有制事业单位工作人员，非公务员，根据《事业单位工作人员处分暂行规定》第2条的规定：“对行政机关任命的事业单位工作人员，法律、法规授权的具有公共事务管理职能的事业单位中不参照《中华人民共和国公务员法》管理的工作人员，国家行政机关依法委托从事公共事务管理活动的事业单位工作人员给予处分，适用本规定”。因此，（1）公司实际控制人在事业单位的工作岗位性质属于全民所有制事业单位工作人员，非公务员；（2）从事公共事务管理活动的事业单位未给予公司实际控制人处分；（3）其在公司担任的职务不具有企业经营管理权限，并且在担任公司职务期间并未从公司领取薪酬。在这种情形下，公司实际控制人在事业单位任职期间在公司任职是符合相关法律法规、政策规定的。

未成年人能否成为拟挂牌公司的股东？根据《国家工商行政管理总局关于未成年人能否成为公司股东问题的答复》，《公司法》对未成年人能否成为公司股东没有作出限制性规定，因此，未成年人可以成为公司股东，其股东权利可以由法定代理人代为行使。

某些公司由于各种原因未有实际控制人，公司无实际控制人导致的公司治理上的风险、无实际控制人对公司治理和内部控制的有效性、公司经营发展的稳定性的不利影响是什么？一般采取如下措施防范公司治理及内部控制的风险，（1）依法制定股东大会、董事会和监事会议事规则，对股东大会、董事会和监事会的职权范围、召开程序、表决程序、回避程序等事项作出规定；（2）制定《关联交易决策制度》《对外担保管理制度》《对外投资制度》《总经理工作细则》，对申请人关联交易、对外投资、对外担保、总经理的权限等作了明确规定，从内部控制制度上避免出现损害股东利益的情形；为了挂牌后公众股东的利益保障，公司还应制定《投资者关系管理制度》《信息披露管理制度》，确保申请人挂牌后公众股东能及时、准确的获取申请人对外披露的信息，从而有利于公众股东有效的参与公司的治理，保障公众股东的利益。

案例分析 4.4.1[①]

上瑞控股股份有限公司在挂牌过程中遇到的问题：根据公司股东持股情况，结合股东参与公司管理情况，依法、合理说明不存在实际控制人的依据，并明确其依据是否充分、合法？

❑问题剖析及解决方案

1. 实际控制人认定所依据的有关规范性文件规定

（1）《公司法》第 216 条规定，“控股股东”是指其出资额占有限责任公司资本总额 50% 以上或者其持有的股份占股份有限公司股本总额 50% 以上的股东；出资额或者持有股份的比例虽然不足 50%，但依其出资额或者持有的股份所享有的表决权已足以对股东会、股东大会的决议产生重大影响的股东。“实际控制人”是指虽不是公司的股东，但通过投资关系、协议或者其他安排，能够实际支配公司行为的人。

（2）《全国中小企业股份转让系统挂牌公司信息披露细则（试行）》[②] 第 48 条规定：

①控股股东：指其持有的股份占公司股本总额 50% 以上的股东；或者持有股份的比例虽然不足 50%，但依其持有的股份所享有的表决权足以对股东大会的决议产生重大影响的股东。

②实际控制人：指通过投资关系、协议或者其他安排，能够支配、实际支配公司行为的自然人、法人或者其他组织。

③控制：指有权决定一个公司的财务和经营政策，并能据以从该公司的经营活动中获取利益。有下列情形之一的，为拥有挂牌公司控制权：

A. 为挂牌公司持股 50% 以上的控股股东；

---

① 参见“上瑞控股”在全国中小企业股份转让系统挂牌公告及安徽天禾律师事务所补充法律意见书（一）。

② 已被《全国中小企业股份转让系统挂牌公司信息披露细则》（2017 年 12 月 22 日）废止。

B. 可以实际支配挂牌公司股份表决权超过 30%；

C. 通过实际支配挂牌公司股份表决权能够决定公司董事会半数以上成员选任；

D. 依其可实际支配的挂牌公司股份表决权足以对公司股东大会的决议产生重大影响；

E. 中国证监会或全国股份转让系统公司认定的其他情形。

2. 公司股东持股情况及参与公司管理情况

核查公司成立及历次变更的工商登记资料、有关股东工商登记资料、创立大会选举董事资料、《公司章程》等资料。

（1）经核查，公司自前身上瑞有限成立至整体变更为上瑞控股期间及之后，公司单一最大股东股权比例不超过 30%，公司股东持股相对分散、比例接近。

（2）经核查，公司股东中除自然人股东陈晓伟同时持有股东上海瀚玥 20% 股权外，股东之间不存在关联关系或一致行动安排。即使将股东陈晓伟和股东上海瀚玥作为一致行动人合并计算公司持股比例，也不超过 30%。

（3）经核查，公司董事会成员共 5 名，分别由 5 名股东提名并经股东大会选举产生，不存在任何一名股东决定董事会半数以上成员的情形。

（4）经核查，《上瑞控股股份有限公司章程》规定股东大会一般决议和特别决议事项分别应经出席股东表决权过半数和 2/3 以上通过，任一股东依其可实际支配的公司股份表决权不足以对公司股东大会的决议产生重大影响。

3. 核查意见

经上述核查，公司股东持股比例相对分散，不存在单一或一致行动安排可以实际支配公司股份表决权超过 30% 的情形；不存在通过实际支配公司股份表决权能够决定公司董事会半数以上成员选任的情形；不存在可实际支配的公司股份表决权足以对公司股东大会的决议产生重大影响的情形。

综上，公司不存在控股股东和实际控制人，认定依据充分、合法。

案例分析 4.4.2①

西安未来国际信息股份有限公司在挂牌过程中遇到的问题：请核查控股股东、实际控制人的认定理由和依据，并对认定依据是否充分、合法发表意见。

□问题剖析及解决方案

1. 王茜、廉洁夫妇双方共计持有公司第一大股东，也是唯一能够控制公司 30% 以上股权的股东未来实业的 100% 股权，并通过未来实业控制公司 4488.64 万股股份，占公司总股本的 36.49301%，能够对公司股东大会决议产生重大影响。

2. 公司国有股东不构成一致行动人

公司法人股东中，陕高投、电子技术研究所、政印商贸和信息总公司均为陕西省政府下属国有法人单位。

陕高投为陕西金融控股集团有限公司 100% 持股的有限责任公司，陕西金融控股集团有限公司为陕西省人民政府国有资产监督管理委员会（以下简称陕西省国资委）持股的全资子公司，由陕西省国资委履行出资人职责。

电子技术研究所原为陕西省工业和信息化厅主管的企业法人，现投资人为陕西科技控股集团有限责任公司。陕西科技控股集团有限责任公司由陕西省国资委履行出资人职责，但由陕西省科学技术厅和中共陕西省委科学技术工作委员会负责日常管理，陕西省国资委并不负责陕西科技控股集团有限责任公司的日常经营管理，亦不负责电子技术研究所的日常经营管理。

政印商贸为陕西省人民政府办公厅机要印刷所 100% 持股的有限责任公司。陕西省人民政府办公厅机要印刷所是厅属自收自支的事业单位法人，举办单位为陕西省人民政府办公厅。

信息总公司为由陕西省经济信息中心投资和主管的企业法人。陕西省经

① 参见“未来国际”在全国中小企业股份转让系统挂牌公告及上海市锦天城律师事务所补充法律意见书（一）。

济信息中心为自收自支的事业单位法人，由陕西省发展和改革委员会管理。

综上，公司的4个国有股东日常经营的主管部门为不同的政府部门，陕西省政府本身并不实际控制上述国有股东的经营管理，且上述4个国有股东之间不存在法定代表人、董事或高级管理人员相互兼职的行为，亦未签订一致行动人协议。因此，公司的4个国有股东不构成一致行动人。

3. 未来实业在公司董事会中占据相对多数

公司目前的董事会由9位董事组成，其中，3位为独立董事。非独立董事中，王茜和赵其瑞为股东未来实业推荐的董事，张乃成、杨永辉、王晓伟、赵红艳分别为股东陕高投、电子技术研究所、政印商贸和信息总公司推荐的董事。

由于4家国有股东不构成一致行动人，相比4家国有股东在公司各有一位董事的情况，未来实业有两位董事，在董事会中占据相对多数的席位。未来实业在董事会席位中的相对多数优势决定未来实业能够对公司董事会决议产生重大影响。

4. 王茜是公司创始人且自公司成立以来王茜一直对公司拥有经营控制权

公司前身未来有限是由王茜、王守伟创立的未来工程与马来西亚科盛公司合资成立。自2004年公司成立以前，王茜一直担任未来有限的董事长；2004年至2010年股改前，王茜一直担任未来有限董事兼总经理；2010年整体改制为股份公司后，王茜担任公司董事长、总经理。同时，公司国有股东不参与公司日常实际经营管理，只是履行其作为股东的职责。

王茜女士是计算机硕士、管理学博士，拥有正高级工程师职称，长期以来负责公司的整体运营和管理工作。公司其他高级管理人员中，大部分在公司及其前身，有将近20年的工作经验。公司管理层长期保持稳定，协助王茜进行业务开展和管理工作。王茜对公司管理层的经营决策和人员任免事宜能够施加决定性的影响，拥有公司的实际经营控制权。

综上，王茜、廉洁夫妇为公司的实际控制人，公司实际控制人认定的依据充分、合法。

案例分析 4.4.3[①]

请核查公司实际控制人在人民检察院任职期间，在公司任职等是否符合相关法律法规、政策的规定？

□问题剖析及解决方案

根据公司提供的工商登记档案，闫显龙于 2008 年 10 月至 2015 年 4 月担任有限公司监事。经核查，公司提供的工资表以及与闫显龙的访谈结果，闫显龙在担任监事期间并未从有限公司领取相应薪酬。

闫显龙于 1995 年 11 月至 2014 年 5 月就职于大庆市萨尔图区检察院，在职期间担任书记员职务，2014 年 4 月从检察院辞职。根据萨尔图区委组织部、萨尔图区人力资源和社会保障局出具的《辞职证明书》，该单位根据《全民所有制事业单位专业技术人员和管理人员辞职暂行规定》[②]和《关于执行〈全民所有制事业单位专业技术人员和管理人员辞职暂行规定〉中有关问题的通知》要求，批准闫显龙自 2014 年 5 月 19 日起从萨尔图区人民检察院辞职。

经核查，闫显龙于 1995 年 11 月至 2014 年 5 月，就职于大庆市萨尔图区检察院担任书记员，其在大庆市萨尔图区检察院任职期间，非公务员编制或司法人员编制工作人员，属于全民所有制事业单位工作人员。

根据《事业单位工作人员处分暂行规定》第 2 条的规定："对行政机关任命的事业单位工作人员，法律、法规授权的具有公共事务管理职能的事业单位中不参照《中华人民共和国公务员法》管理的工作人员，国家行政机关依法委托从事公共事务管理活动的事业单位工作人员给予处分，适用本规定"。第 18 条规定："有下列行为之一的，给予警告或者记过处分；情节较重的，给予降低岗位等级或者撤职处分；情节严重的，给予开除处分：

① 参见"创新智能"在全国中小企业股份转让系统挂牌公告及北京德恒（杭州）律师事务所补充法律意见书（一）。

② 现已失效。

（六）违反国家规定，从事、参与营利性活动或者兼任职务领取报酬的”。

综上，由于：1. 闫显龙在大庆市萨尔图区检察院担任书记员期间，工作岗位性质属于全民所有制事业单位工作人员，非公务员；2. 其在公司担任的监事职务不具有企业经营管理权限，并且在担任监事期间并未从公司领取薪酬；3. 闫显龙自 2014 年 12 月起方开始持有公司股权；4. 根据公开查询结果，未发现黑龙江省大庆市检察院系统就其全民所有制事业单位工作人员在外任职情况有特别规定。因此，闫显龙在人民检察院任职期间，在公司担任监事职务符合相关法律法规、政策规定。

案例分析 4.4.4[1]

武汉华枫传感技术股份有限在挂牌中遇到的问题：公司实际出资人、实际控制人的认定。公司的实际控制人为武钢集团，其实际出资人为国务院国有资产监督管理委员会。请主办券商、律师补充核查:（1）公司的实际出资人。（2）公司实际控制人的认定依据及国有资产管理部门的相关授权文件。请公司补充披露上述情况。

□问题剖析及解决方案

1. 公司的实际出资人是武钢工技和武钢资产经营。

2015 年 5 月 11 日，武钢工技、武钢资产经营签署《武汉华枫传感技术股份有限公司发起人协议》，一致同意以华枫有限截至 2015 年 3 月 31 日经审计的净资产值人民币 8073.37 万元按照 1 ∶ 0.557388 的比例折合为股份有限公司的股本总额 4500 万元（每股面值 1 元），即股份有限公司注册资本为 4500 万元，其余 3573.37 万元计入股份有限公司的资本公积金。由各发起人按照各自在公司的出资比例持有相应数额的股份，整体变更设立股份公司。2015

① 参见“华枫股份”在全国中小企业股份转让系统挂牌公告及北京中伦（武汉）律师事务所补充法律意见书。

年5月22日，武钢集团下发《关于设立武汉华枫传感技术股份有限公司的批复》，同意武钢工技与武钢资产经营作为出资人，以华枫有限经审计的净资产折股，整体变更为股份有限公司。2015年6月18日，武钢工技与武钢资产经营作为华枫股份的发起人召开创立大会，决定发起设立华枫股份。2015年6月18日，兴华出具〔2015〕京会兴验字第07100022号《验资报告》，截至2015年6月18日，股份公司（筹）已收到公司股东武钢工技、武钢资产经营以其拥有的有限公司净资产作为股份公司的出资。2015年7月6日，经武汉市工商局核准变更登记，华枫有限变更登记为华枫股份，武钢工技与武钢资产经营登记为华枫股份的股东。

律师认为，公司由武钢工技和武钢资产经营发起设立，经武钢集团同意由武钢工技和武钢资产经营作为出资人，且公司已在武汉市工商局登记其股东为武钢工技和武钢资产经营。据此，公司的实际出资人是武钢工技和武钢资产经营。

2. 公司实际控制人为武钢集团。武钢集团是国务院国有资产监督管理委员会履行出资人职责的国有企业，武钢工技和武钢资产经营均是武钢集团全资子公司，是武钢集团二级子公司。根据《企业国有资产法》第21条“国家出资企业对其所出资企业依法享有资产收益、参与重大决策和选择管理者等出资人权利”及第33条“国有资本控股公司、国有资本参股公司有本法第30条所列事项的，依照法律、行政法规以及公司章程的规定，由公司股东会、股东大会或者董事会决定”的规定，武钢集团通过对武钢工技和武钢资产经营行使出资人权利的方式对华枫股份的董事任免、经营决策具有实际控制权，能够实际支配公司行为，根据《公司法》第216条关于实际控制人的规定，律师认为，公司实际控制人为武钢集团。

案例分析 4.4.5[①]

苏州高创特新能源发展股份有限公司在挂牌过程中遇到的问题：请补充

① 参见“高创特”在全国中小企业股份转让系统挂牌公告及上海市锦天城律师事务所法律意见书。

核查公司无实际控制人导致的公司治理上的风险，无实际控制人对公司治理和内部控制的有效性、公司经营发展的稳定性的不利影响。

❑问题剖析及解决方案

1. 经核查，因申请人无实际控制人，对于需要申请人股东大会或董事会通过的重大事项，则需要各方协商确定，各方意见不一致时可能会影响决策效率。申请人已在《公开转让说明书》提示了无实际控制人的风险。

2. 针对申请人无实际控制人的情况，申请人采取如下措施保证公司经营决策的稳定性、公司治理和内部控制的有效性：

（1）申请人依法制定了股东大会、董事会和监事会议事规则，对股东大会、董事会和监事会的职权范围、召开程序、表决程序、回避程序等事项作出规定，强化对董事会及经理层的约束和监督，公司报告期内历次股东大会、董事会、监事会均按照公司法、公司章程和议事规则规定的职权履行职责，没有发生损害股东、债权人或第三人合法权益的情况。

（2）申请人制定了《关联交易决策制度》《对外担保管理制度》《对外投资制度》《总经理工作细则》，对申请人关联交易、对外投资、对外担保、总经理的权限等作了明确规定，从内部控制制度上避免出现损害股东利益的情形；同时考虑到挂牌后公众股东的利益保障，公司还制定了《投资者关系管理制度》《信息披露管理制度》，确保申请人挂牌后公众股东能及时、准确地获取申请人对外披露的信息，从而有利于公众股东有效地参与公司治理，保障公众股东的利益。

综上，主办律师认为，申请人无实际控制人的状况，未对公司治理和内部控制的有效性、公司经营发展的稳定性产生重大不利影响，但可能在一定程度上影响重大事项的决策效率。

第五章　挂牌条件“业务明确，具有持续经营能力”之常见问题及解决方案

“业务明确，具有持续经营能力”是拟挂牌公司必须达到的第二个条件。《全国中小企业股份转让系统股票挂牌条件适用基本标准指引》将该条件具体细化为以下四个标准：

一、业务明确，是指公司能够明确、具体地阐述其经营的业务、产品或服务、用途及其商业模式等信息。

二、公司可同时经营一种或多种业务，每种业务应具有相应的关键资源要素，该要素组成应具有投入、处理和产出能力，能够与商业合同、收入或成本费用等相匹配。

三、公司业务在报告期内应有持续的营运记录。营运记录包括现金流量、营业收入、交易客户、研发费用支出等。公司营运记录应满足下列条件：

1. 公司应在每一个会计期间内形成与同期业务相关的持续营运记录，不能仅存在偶发性交易或事项。

2. 最近两个完整会计年度的营业收入累计不低于 1000 万元；因研发周期较长导致营业收入少于 1000 万元，但最近一期末净资产不少于 3000 万元的除外。

3. 报告期末股本不少于 500 万元。

4. 报告期末每股净资产不低于 1 元 / 股。

四、持续经营能力，是指公司在可预见的将来，有能力按照既定目标持续经营下去。

公司存在以下情形之一的，应认定为不符合持续经营能力要求：

1．存在依据《公司法》第180条规定解散的情形，或法院依法受理重整、和解或者破产申请。

2．公司存在《中国注册会计师审计准则第1324号——持续经营》应用指南中列举的影响其持续经营能力的相关事项或情况，且相关事项或情况导致公司持续经营能力存在重大不确定性。

3．存在其他对公司持续经营能力产生重大影响的事项或情况。

对于上述条件所细化的几个标准，本章将以详尽的案例对其进行分析。在已经成功挂牌的公司中，该条件及细化标准中最容易出现的问题有如下几个方面：公司开展经营活动所需要具备的资质等问题，公司经营范围问题，同业竞争问题，公司土地房屋等影响公司持续经营能力的问题，公司所面临的法律风险对公司持续经营能力的影响问题等。从已经成功挂牌的公司中总结经验，如何针对“业务明确，具有持续经营能力”克服障碍、解决问题，是本章的重点和目的所在。

第一节　公司业务所需资质相关问题及其解决

毫无疑问，拟挂牌的公司具备经营业务所需的全部资质，是公司成功挂牌的必要条件。根据拟挂牌公司所处行业的不同，资质要求也不一样。根据我国现行有效的法律法规的规定，企业资质类型大体上包括：测绘单位资质、中介服务人员资质、中介服务企业资质、房屋修缮企业资质、物业管理企业资质、白蚁防治企业资质、评估机构资质、规划资质、建筑业企业资质、旅游业从业资格认证、商业美术设计职业资格认证、系统集成资质认证、药品医疗器械企业资质、环保资质、市政建设工程资质、卫生医疗机构及人员资格、造林绿化企业资质、承接涉密计算机信息系统建设保密资质、消毒产品生产企业卫生许可资质等。同时，公司的资质应符合相关环保、卫生、质量和安全规范的要求。此外，公司拥有的业务资质是否存在有效期？公司是否存在持续拥有该等资质的障碍？这也是拟挂牌的公司应该解决的问题。

拟挂牌公司为企事业单位、政府机关、军队等单位提供产品服务是否需要并取得相关资格证书？公司前五大客户有属于保密单位的，是否需要豁免披露？此外，公司申请挂牌的有关中介机构是否具备承揽涉密业务的资格？如果销售的产品安全关系重大，需要对供应商进行保密资质审查，并由保密单位向公司出具《关于保密资质审查结果的通知》，通知公司通过保密审查；如果向军队等单位销售普通类常规商品，并不属于涉密级的军队装备产品，无须取得相应的资质。公司前五大客户之一，且为保密单位，根据规定需要办理豁免信息披露，豁免披露公司与上述单位的销售合同。此外，目前我国的法律法规尚未对中介机构就除军工外的业务开展办理涉密资质提出要求，相关中介机构无需办理相关涉密资质。

公司超越资质承揽工程，存在经营资质存在缺失的风险，公司的风险解决措施是什么？一般的风险解决措施有（1）行业主管部门建设局出具《证明》："兹证明公司近三年在我市行政区范围内未受建设行政主管部门处罚，未发生一般以上建设工程质量生产责任事故，未发现该企业存在不良行为，未发现拖欠建筑工人工资"。（2）房地产开发有限公司出具《确认函》，表示其认可公司承接相关工程的资质及实际履约能力，确认双方订立的合同真实有效，对继续履行合同无异议。（3）公司实际控制人出具《承诺函》："公司承揽工程时存在超过经营资质的情形，如公司因上述行为而受到任何行政处罚，由此造成有关损失均由本人承担"。

目前游戏产品类的公司日渐发展壮大，游戏公司是否要取得网络文化经营许可证、互联网出版许可证、增值电信业务许可证等与其业务相匹配的资质？根据相关的规定，游戏类公司需要取得一定的业务资质，一般的资质包括通信管理局核发的《电信与信息服务业务经营许可证》，通信管理局核发的《增值电信业务经营许可证》，文化局核发的《网络文化经营许可证》，根据《中央编办对文化部、广电总局、新闻出版总署〈"三定"规定〉中有关动漫、网络游戏和文化市场综合执法的部分条文的解释》的相关规定，由新闻出版总署负责网络游戏的网上出版前置审批。以北京掌智通为例，报告期内公司运营的游戏未到新闻出版总署办理相应审批存在瑕疵，公司的解决措施是（1）说明公司未受到过文化主管部门或出版主管部门的行政处罚；（2）公司实际控制人出具《承诺函》，“若将来公司因运营的游戏未办理相应审批而受到行政处罚或其他损失的，将向公司补偿因此产生的全部损失”。（3）公司决定不再经营移动互联网手机游戏业务，相关不合规情形已终止。

公司是否存在无法通过高新技术企业资格复审的风险？一般而言，企业研究开发组织管理水平、科技成果转化能力、自主知识产权数量、销售与总资产成长性等指标符合《高新技术企业认定管理工作指引》（另行制定）的要求，就不存在无法通过高新技术企业资格复审的风险。

拟挂牌公司的业务收入主要是体验式文化赛事和体验式文化教育，公司举办相应赛事是否需要取得相应资质？相应赛事中如何保障参赛人员生命财产安全？是否配备相应的人员及设备？公司是否制定应急事件处置机制？以“行知探索”公司为例，公司的主营业务是向客户提供体验式文化赛事和体验式文化教育，根据《体育总局关于推进体育赛事审批制度改革的若干意见》的规定，除全国综合性运动会和少数特殊项目赛事外，包括商业性和群众性体育赛事在内的全国性体育赛事审批一律取消。公司开展活动是商业性的体验式赛事活动。所以，公司无需取得特殊的经营资质。公司已配备相应的人员及设备并制定相应的管理制度，能够有效保障参赛人员生命财产安全；此外，公司制定的《赛事应急救援响应机制》《重大事故应对处置流程》及公司为赛事参与人员全部办理保险制度，在一定程度上能够有效应对事故的发生。

拟挂牌公司向投资者提供量化金融工程技术与金融大数据分析服务，公司数据来源是否合法？公司业务是否涉及投资咨询业务？是否应取得证券投资咨询业务资格？拟挂牌公司采取的措施是（1）公司积极采取了整改措施，并分别取得上证所信息网络有限公司颁发的《上海证券交易所上证所 Level-1 行情经营许可证》、深圳证券信息有限公司颁发的《深圳证券交易所专有信息经营许可证》；（2）实际控制人出具《承诺函》，承诺若公司因侵权引起的一切责任将由其本人承担，保证祥云信息不会因此受到损失等；（3）说明公司软件中的咨询业务是由具有证券投资咨询资质的公司负责提供。公司仅负责提供量化分析工具等技术支持，其业务范围并不涉及证券投资咨询领域，无需取得证券投资咨询业务资格。

案例分析 5.1.1①

赛思信安股份有限公司在挂牌中遇到的问题：信息披露豁免：（1）公司为企事业单位、政府机关、军队等单位提供产品服务是否需要并取得相关资格证书？（2）公司前五大客户、重大业务合同以及关联方交易等是否需要豁免信息披露？公司前五大客户中的工业和信息化部某下属单位是否是保密单位？如需豁免披露，请公司按照《公开转让说明书内容与格式指引（试行）》第3条的规定提交豁免披露的申请，并说明依据；如需取得国家相关部门确认文件，请提供。公司此次申请挂牌有关中介机构是否具备承揽涉密业务？

❑问题剖析及解决方案

1. 尽调过程

（1）了解公司为企事业单位、政府机关、军队等单位提供产品服务的情况；

（2）获取并查阅《关于保密资质审查结果的通知》；

（3）取得《关于北京赛思信安技术股份有限公司拟在全国中小企业股份转让系统挂牌交易申请信息豁免披露的意见》。

2. 事实依据

（1）《关于保密资质审查结果的通知》。

（2）《关于北京赛思信安技术股份有限公司拟在全国中小企业股份转让系统挂牌交易申请信息豁免披露的意见》。

（3）核查内容报告期内，公司存在向工业和信息化部某下属单位销售的情形。由于数据安全关系重大，工业和信息化部某下属单位在确定供应商前

---

① 参见“赛思信安”在全国中小企业股份转让系统挂牌公告及北京德恒律师事务所补充法律意见书。

对供应商进行保密资质审查，2013 年 10 月 10 日，上述单位向赛思信安出具了《关于保密资质审查结果的通知》，该《通知》明确赛思信安通过保密审查，可承担上述单位涉密信息系统相关工作。2011 年，公司向某军区空军司令部销售产品，经核查，公司向其销售的产品为普通类常规商品，并不属于涉密级的军队装备产品，故无须取得相应的资质。报告期内，工业和信息化部某下属单位属于公司前五大客户，且为保密单位，因此需要办理豁免信息披露，豁免披露赛思信安与上述单位的销售合同，上述单位已出具《关于北京赛思信安技术股份有限公司拟在全国中小企业股份转让系统挂牌交易申请信息豁免披露的意见》。由于工业和信息化部某下属单位不具有军工性质，赛思信安无需办理军工涉密资质。目前法律法规尚未对中介机构就除军工外的业务开展办理涉密资质提出要求，因为相关中介机构无需办理相关涉密资质。综上，律师认为，由于赛思信安提供的客户不属于军工类客户，赛思信安本次申请挂牌相关中介机构无需具备涉密资质。

案例分析 5.1.2①

北京流金岁月文化传播股份有限公司在挂牌中遇到的问题:（1）外协厂商与公司、董事、监事、高级管理人员是否存在关联关系;（2）外协厂商是否持有公司委托业务所需全部资质;（3）外协厂商是否需要并履行全部环保审批;（4）公司与外协厂商之间是否存在现实或潜在的知识产权纠纷;（5）公司对外协厂商是否存有依赖;（6）公司委托外协厂商生产是否合法合规，公司是否符合“合法合规经营”的挂牌条件。

① 参见“流金岁月”在全国中小企业股份转让系统挂牌公告及北京市天元律师事务所补充法律意见书。

□问题剖析及解决方案

1. 外协厂商与公司、董事、监事、高级管理人员是否存在关联关系

律师会同主办券商对外协厂商进行了访谈，核查了公司及股东基本工商资料、公司董监高简历、外协厂商网上企业信息查询资料、外协厂商声明、审计报告等资料。（1）根据对公司管理层的访谈结构，报告期内外协厂商成都广纵科技有限公司（以下简称“广纵科技”）及其委托加工单位浙江博尚电子有限公司（以下简称“博尚电子”）与公司、董事、监事、高级管理人员之间不存在关联关系。（2）根据在全国企业信用信息公示系统的查询结果以及广纵科技、博尚电子出具的声明，公司股东、董监高与公司股东、董监高人员之间不存在关联关系。综上所述，律师认为，上述外协厂商与公司、董事、监事、高级管理人员不存在关联关系。

2. 外协厂商是否持有公司委托业务所需全部资质

律师核查了外协厂商的营业执照、税务登记证，卫星电视广播地面接收设备定点生产企业资质证书等资料，并研究了《国务院关于取消和下放一批行政审批项目等事项的决定》（国发〔2013〕19 号）等文件。经核查，公司外协厂商为广纵科技，具体加工生产再由广纵科技组织具有相关业务资质的厂商博尚电子进行。广纵科技主要从事电子元器件代理、机顶盒开发、委托生产加工等业务。博尚电子作为具体生产方，持有编号为 JSJ201002 卫星电视广播地面接收设备定点生产企业资质证书，发证机关为中华人民共和国工业和信息化部，发证日期为 2011 年 12 月 23 日，有效期至 2014 年 12 月 22 日，目前该证书有效期已到。2013 年 5 月 15 日，国务院下发《国务院关于取消和下放一批行政审批项目等事项的决定》（国发〔2013〕19 号），取消了卫星地面接收设施生产企业指定的行政审批，因此，博尚电子后续未办理卫星电视广播地面接收设备定点生产企业资质证书的展期。综上所述，律师认为，外协厂商持有公司委托业务所需全部资质。

3. 外协厂商是否需要并履行全部环保审批

律师核查了金华市环保局出具的金环验（2009）24 号《负责验收的环境

保护行政主管部门意见》等资料。根据《意见》，2009 年 9 月 3 日，该局组织有关人员对浙江博尚电子有限公司新厂区建设项目进行竣工环保验收，项目配套的环保治理设施基本符合验收条件，同意通过竣工环保验收。综上所述，律师认为，博尚电子进行了竣工环保验收，履行了相应的环保审批。

4. 公司与外协厂商之间是否存在现实或潜在的知识产权纠纷

律师核查了公司与外协厂商签署的《保密协议书》以及广纵科技和博尚电子出具的声明等资料。经核查，2013 年 8 月 8 日，公司与广纵科技、博尚电子三方签署了《保密协议书》，对三方的责任和义务、保密信息的界定、不泄露和不使用情形的界定、除外情形的界定、违约责任都有明确的约定。同时，广纵科技、博尚电子也出具了声明，公司的全资子公司优祥智恒生产的产品均是优祥智恒自主研发的产品，优祥智恒拥有产品独立自主的核心技术成果及知识产权，该等公司与优祥智恒之间不存在现实的或潜在的知识产权纠纷。综上所述，律师认为，公司对外协厂商目前不存在现实或潜在的知识产权纠纷。

5. 公司对外协厂商是否存有依赖

律师核查了公司业务流程及相关制度，查阅了公司采购合同、审计报告，会同主办券商访谈了公司管理层。经核查，目前公司主要产品和服务包括增值电信业务、电视频道传输渠道服务、影视内容营销服务、广告营销与代理、设备销售、影视剧代理发行等，报告期内公司外协加工产生于设备销售业务，销售的设备为数字接收机设备，该业务由公司全资子公司优祥智恒开展，其销售的数字接收机设备产品均委托广纵科技组织具有相关业务资质的厂商博尚电子按优祥智恒要求进行生产，优祥智恒主要提供技术支持。公司外协加工金额占总采购金额比例、设备销售金额占营业收入金额比例均较低，外协加工对公司经营情况影响较小。从设备研发、生产、销售整个业务流程来看，公司的全资子公司优祥智恒具有数字接收机设备自主研发团队及相关研发设施，拥有独立自主的核心技术成果及知识产权；生产过程中优祥智恒只是利用外协厂商的工人、生产线，设备生产过程中的质量监督、技术指导工作由优祥智恒派驻技术人员完成；设备销售由公司独立的销售团队完成。由于外协加工在整个业务流程中并非核心环节，且公司也储备了其他外协厂商，因此从设备研发、生产、销售整个业务流程来看，公司对外协厂商不存在依赖。综上所述，律师认为，公司对外协厂商不存在依赖。

6. 公司委托外协厂商生产是否合法合规，公司是否符合“合法合规经营”的挂牌条件

律师核查了公司设备销售合同、外协厂商的资质证书、环保验收资料、外协厂商出具的声明，并登录外协厂商所在地环保、税务、工商等部门网进行了查询。经核查，公司与客户签署的设备销售合同中并未对数字接收机设备生产商进行指定、未对生产方式进行约定，公司外协加工未违反设备销售合同的约定；公司外协厂商进行了相应的环保审批、具备相关业务资质；根据在外协厂商所在地环保、税务、工商等部门网站的查询结果，外协厂商不存在环保、税务、工商等方面的违法违规行为。综上所述，律师认为，公司委托外协厂商生产合法合规，符合“合法合规经营”的挂牌条件。

案例分析 5.1.3①

厦门惠和股份有限公司在挂牌中遇到的问题：公司拥有城市园林绿化企业三级资质证书，可承揽工程造价在 500 万元以下的园林绿化工程，报告期内，公司存在承揽工程造价超过 500 万元以上工程的情形。公司存在经营资质存在缺失的风险。（1）公司的风险解决措施？（2）公司是否办理了承揽工程造价超过 500 万元以上工程的资质及办理情况？（3）是否影响公司的持续经营能力？（4）公司的文物保护工程监理资质证书（丙级）、文物保护工程勘察设计资质证书（乙级）、文物保护工程施工资质证书（二级）是否存在业务合同超资质的情形？

---

① 参见“惠和股份”在全国中小企业股份转让系统挂牌公告及天衔联合律师事务所补充法律意见书（一）。

□问题剖析及解决方案

1. 风险解决措施

2015 年 7 月 28 日，公司的行业主管部门厦门市建设局出具《证明》：“兹证明厦门惠和股份有限公司近三年在我市行政区范围内未受建设行政主管部门处罚，未发生一般以上建设工程质量生产责任事故，未发现该企业存在不良行为，未发现拖欠建筑工人工资”。

2015 年 8 月 13 日，翔鹭（厦门）房地产开发有限公司出具《确认函》，表示其认可公司承接相关工程的资质及实际履约能力，确认双方订立的合同真实有效，对继续履行合同无异议。

2015 年 8 月 13 日，公司实际控制人李亚华出具《承诺函》：“公司承揽工程时存在超过经营资质的情形，如惠和股份因上述行为而受到任何行政处罚，由此造成的有关损失均由李亚华承担”。

2. 资质办理情况

公司于 2015 年 9 月 25 日出具《关于厦门惠和股份有限公司申请城市园林绿化资质二级的进度说明》：厦门惠和股份有限公司于 2014 年年底着手准备城市园林绿化资质三级升二级的工作，由于 2015 年年初国家建设部针对各项资质标准作出了重大调整，各省、市为了拟定新的资质标准及实施细则，暂时关闭了升级的收件窗口，同时，由于公司股改，公司名称变更等事项影响，我司预计 2015 年 10 月月底之前可以正常送件，于 2016 年 2 月月底之前完成三级升二级的工作。以下为二级资质标准完成情况：

城市园林绿化二级资质标准要求	是否符合报送标准
一、注册资金且实收资本不少于 1000 万元；企业固定资产净值在 500 万元以上；企业园林绿化年工程产值近三年每年都在 2000 万元以上。	符合报送标准
二、5 年以上的经营经历，获得三级资质 3 年以上，具有企业法人资格的独立的专业园林绿化施工企业。	符合报送标准

续表

城市园林绿化二级资质标准要求	是否符合报送标准
三、近3年独立承担过不少于5个工程造价在400万元以上的已验收合格的园林绿化综合性工程。	符合报送标准
四、企业经理具有5年以上的从事园林绿化经营管理工作的资历或具有园林绿化专业中级技术职称，企业总工程师具有园林绿化专业高级技术职称，总会计师具有中级以上会计师职称，总经济师具有中级以上经济类专业技术职称。	符合报送标准
五、园林绿化专业人员以及工程、管理、经济等相关专业类的专职管理和技术人员不少于20人。具有中级以上职称的人员不少于12人，其中园林专业高级职称人员不少于1人，园林专业中级职称人员不少于5人，建筑、给排水、电气工程师各不少于1人。	符合报送标准
六、企业中级以上专业技术工人不少于20人，包括绿化工、花卉工、瓦工（或泥工）、木工、电工等相关工种。企业高级专业技术工人不少于6人，其中高级绿化工和/或高级花卉工总数不少于3人。	符合报送标准

3. 对公司持续经营能力的影响

公司于报告期内对外签订的，目前仍正在履行的超资质园林绿化工程业务合同为公司于2014年9月30日与翔鹭（厦门）房地产开发有限公司签订的编号为XCRE–GC–14093001的《闽南古镇B~E部景观绿化工程施工合同》，前述合同约定由翔鹭（厦门）房地产开发有限公司作为发包人，公司作为承包人，由公司承包“闽南古镇B~E部绿化景观工程”施工图纸（电子版）所标示范围内绿化种植、景观照明、广场地面铺装、给排水及其他园建配套包含的所有内容，合同总价为2280万元。

2015年7月28日，公司的行业主管部门厦门市建设局出具《证明》：“兹证明厦门惠和股份有限公司近三年在我市行政区范围内未受建设行政主管部门处罚，未发生一般以上建设工程质量生产责任事故，未发现该企业存在不良行为，未发现拖欠建筑工人工资”。

2015年8月13日，翔鹭（厦门）房地产开发有限公司出具《确认函》，表示其认可公司承接相关工程的资质及实际履约能力，确认双方订立的合同真实有效，对继续履行合同无异议。

2015 年 8 月 13 日，公司实际控制人李亚华出具《承诺函》:“公司承揽工程时存在超过经营资质的情形，如惠和股份因上述行为而受到任何行政处罚，由此造成有关损失均由李亚华承担”。

经查验，天衡律师认为，上述《闽南古镇 B~E 部景观绿化工程施工合同》的履行不存在影响公司持续经营能力的实质性法律障碍。

4. 文物保护工程资质及相关业务合同

（1）文物保护工程监理资质

经查验，天衡律师认为，报告期内公司未对外签订文物保护工程监理业务合同，公司的文物保护工程监理资质证书（丙级）不存在业务合同超资质的情形。

（2）文物保护工程勘察设计资质

惠和设计持有福建省文物局于 2013 年 3 月 20 日颁发的编号为文物设乙字 1302FJSJ0005 号《文物保护工程勘察设计资质证书》，证书有效期自 2013 年 3 月 20 日至 2019 年 3 月 19 日，资质等级为乙级，取得“古建筑、近现代建筑保护工程”的施工资质。根据《文物保护工程勘察设计资质管理办法（试行）》（2014 年修订），文物保护工程勘察设计乙级资质可承揽：1. 全国重点文物保护单位的保养维护工程、抢险加固工程的方案及施工图设计。2. 省级文物保护单位的修缮工程、迁移工程、重建工程的方案及施工图设计、保护规划编制。3. 市、县级文物保护单位和尚未核定公布为文物保护单位的不可移动文物的迁移工程、重建工程。

公司自 2013 年 1 月 1 日至 2015 年 4 月 30 日未对外签订文物保护工程设计业务合同。子公司惠和设计自 2013 年 1 月 1 日至 2015 年 4 月 30 日对外签订的文物保护工程设计业务合同如下：

序号	合同名称	工程名称	设计方主要义务
1	建设工程设计合同	吉水县城防护工程——古城墙保护工程	提交设计方案文本、施工图

续表

序号	合同名称	工程名称	设计方主要义务
2	建设工程设计合同	莆田市城厢区常太镇宋代李富墓地保护修缮工程	提交现状平面图、保护施工图
3	建设工程设计合同	莆田市华亭镇明代林兆恩墓地保护修缮工程	提升方案设计，提交施工图、设计概算
4	建设工程设计合同	吉水县古城墙南门城楼修缮设计	提升概念方案设计
5	设计合同	红四军政治部旧址周边景观提升设计项目	提交施工图
6	设计合同	古田会议纪念馆周边景观提升概念方案设计	修缮方案设计，提交施工图
7	设计合同	古田会议纪念馆周边环境整治入口景观和入口铭牌施工图设计	提交施工图
8	设计合同	红四军后勤部门旧址——笃厚堂修缮方案设计	修缮方案设计，提交施工图

上述第5份合同对应的“红四军政治部旧址周边景观提升设计项目”中的红四军政治部旧址属于全国重点文物保护单位，该项目属于全国重点文物保护单位的保养维护工程的方案及施工图设计，该份业务合同未超过公司持有的文物保护工程勘察设计资质证书（乙级）的资质范围。

除上述“红四军政治部旧址”外，表格中的其他文物保护工程设计项目对应文物的级别均未超过省级（含省级）。

经查验，天衡律师认为，报告期内，公司未对外签订文物保护工程设计业务合同，子公司惠和设计对外签订的文物保护工程设计业务合同未超过其持有的文物保护工程勘察设计资质证书（乙级）的资质范围。

（3）文物保护工程施工资质

公司持有福建省文物局于2013年3月20日颁发的编号为文物施二字1102FJSG0011号《文物保护工程施工资质证书》，证书有效期为6年，资质等级为二级，取得“古建筑、近现代建筑保护工程”的施工资质。

根据《文物保护工程施工资质管理办法（试行）》（2014 年修订），文物保护工程施工二级资质可承揽：1. 全国重点文物保护单位的保养维护工程、抢险加固工程。2. 省级文物保护单位的修缮工程、迁移工程、重建工程。3. 市、县级文物保护单位和尚未核定公布为文物保护单位的不可移动文物的迁移工程、重建工程。

公司自 2013 年 1 月 1 日至 2015 年 4 月 30 日对外签订的文物保护工程施工业务合同如下：

序号	合同名称	工程名称
1	建设工程施工合同	福建尤溪开山书院抬升保护修缮工程
2	建设工程施工合同	福州采峰别墅保护修复工程
3	建设工程施工合同	鼓浪屿“原工部局”遗址保护整治工程
4	福建尤溪开山书院抬升保护及修缮工程施工补充合同	福建尤溪开山书院抬升保护及修缮工程
5	建设工程施工合同	福州安澜会馆保护修复工程

经查验，律师认为，报告期内公司对外签订的文物保护工程施工业务合同未超过其持有的文物保护工程施工资质证书（二级）的资质范围。

案例分析 5.1.4[①]

北京掌智通科技股份有限公司在挂牌中遇到的问题：公司披露拥有 20 个游戏产品的软件著作权，游戏产品的收益为游戏用户的充值费用：（1）公司游戏产品的盈利模式，游戏用户充值费用到账模式；（2）公司是否已取得网络文化经营许可证、互联网出版许可证、增值电信业务许可证等与其业务相匹配的资质。

① 参见“掌智通”在全国中小企业股份转让系统挂牌公告及国浩（北京）事务所补充法律意见书（一）。

❑问题剖析及解决方案

1. 公司游戏产品的盈利模式

根据公司的说明并经访谈公司业务人员，公司于2013年、2014年陆续投入开发了多个手机网络游戏项目，项目取得阶段性成果或开发完成后，会申请相关游戏作品的软件著作权。对公司开发出来的手机游戏产品，由公司交游戏发行商进行发行推广，公司进行游戏开发的主要目的在于获取用户量，为广告投放业务积累数据，因此大部分游戏产品为用户免费使用，收费游戏产品占比较小。

公司业务收入中部分为游戏收入，是游戏用户在使用游戏产品过程中产生的充值费用，其盈利模式是游戏产品开发完成后，寻找发行商进行发行推广，游戏用户购买游戏道具，运营商进行扣费，公司获取一定比例的分成。

2. 经核查，公司已取得的以下与其业务相匹配的资质：

（1）电信与信息服务业务经营许可证。2013年9月11日，掌智通取得由北京市通信管理局核发的“京ICP证130143号”《电信与信息服务业务经营许可证》，许可业务种类为“第二类增值电信业务中的信息服务业务（仅限互联网信息服务）”；许可服务项目为“互联网信息服务不含新闻、出版、教育、医疗保健、药品和医疗器械、电子公告服务”；有效期为：2013年9月11日至2018年5月31日。

（2）增值电信业务经营许可证。2013年9月11日，掌智通取得由北京市通信管理局核发的“京B2—20110130”号《增值电信业务经营许可证》，许可业务种类为“第二类增值电信业务中的信息服务业务（不含固定网电话信息服务和互联网信息服务）”；许可范围为北京市；有效期为：2013年9月11日至2016年11月6日。

（3）网络文化经营许可证。2014年9月28日，掌智通取得由北京市文化局核发的“京网文〔2004〕0775—175号”《网络文化经营许可证》，许可经营范围为“利用信息网络经营游戏产品（含网络游戏虚拟货币发行）”，有效期至 2017 年 9 月 27 日。

综上，律师认为，除互联网游戏出版相关审批外，掌智通已取得了与其业务相匹配的全部资质，就互联网游戏出版相关审批的情况，具体如下：根据《中央编办对文化部、广电总局、新闻出版总署〈“三定”规定〉中有关动漫、网络游戏和文化市场综合执法的部分条文的解释》的相关规定，文化部是网络游戏的主管部门，在文化部的统一管理下，新闻出版总署负责“网络游戏的网上出版前置审批”。

根据上述规定，互联网游戏上网运营前应通过新闻出版总署的审批，取得出版号。根据公司的说明，报告期内，公司拥有软件著作权的游戏产品中公司自身运营的仅有少数产品，主要目的为获取用户而并非收取充值费用，因此并未到新闻出版总署办理相应游戏的审批，另公司已决定自 2015 年 7 月 1 日起，不再经营移动互联网手机游戏业务。

根据公司的说明、《审计报告》并经律师核查，报告期内，公司未受到过文化主管部门或出版主管部门的行政处罚。根据公司实际控制人赵焯森、吴慧琦出具的《承诺函》，赵焯森、吴慧琦承诺，若将来掌智通因运营的游戏未办理相应审批而受到行政处罚或其他损失的，将向掌智通补偿因此产生的全部损失。

综上，律师认为，报告期内公司运营的游戏未到新闻出版总署办理相应审批存在瑕疵，但公司仅运营了少数游戏，主要目的为获取用户而非收取充值费用，且公司决定自 2015 年 7 月 1 日起不再经营移动互联网手机游戏业务，相关不合规情形已终止，实际控制人亦承诺将承担公司未来可能因此产生的损失，因此该瑕疵不会对掌智通的持续经营产生重大影响，不会构成本次挂牌的实质性法律障碍。

案例分析 5.1.5[①]

上海顺舟智能科技股份有限公司在挂牌过程中遇到的问题：若公司为高新技术企业，请结合研发投入、研发人员情况等披露公司是否存在无法通过高新技术企业资格复审的风险？

❑问题剖析及解决方案

经核查《审计报告》(天职业字〔2015〕11469号)、《上海顺舟智能科技股份有限公司公开转让说明书》，公司对其主要产品的核心技术拥有自主知识产权；产品涉及计算机网络技术、通信技术，属于《国家重点支持的高新技术领域》规定的范围；截至2015年6月30日，公司共有员工45人，其中研发人员17人，研发人员占企业职工总数37.78%且均为大学专科以上学历；公司2015年1—6月、2014年度、2013年度研发支出占营业收入的比例为8.96%、10.25%、8.44%；公司2015年1—6月、2014年度、2013年度无其他业务收入，主营业务收入占营业收入的比例均达到100%。

结合《高新技术企业认定管理办法》[②](2008年)第10条的规定：高新技术企业认定须同时满足以下条件：

（一）在中国境内（不含港、澳、台地区）注册的企业，近三年内通过自主研发、受让、受赠、并购等方式，或通过5年以上的独占许可方式，对其主要产品（服务）的核心技术拥有自主知识产权；

（二）产品（服务）属于《国家重点支持的高新技术领域》规定的范围；

（三）具有大学专科以上学历的科技人员占企业当年职工总数的30%以上，其中研发人员占企业当年职工总数的10%以上；

（四）企业为获得科学技术（不包括人文、社会科学）新知识，创造性运用科学技术新知识，或实质性改进技术、产品（服务）而持续进行了研

① 参见“顺舟智能”在全国中小企业股份转让系统挂牌公告及上海市浦栋律师事务所补充法律意见书。
② 已被《高新技术企业认定管理办法》(2016年1月29日)废止。

究开发活动，且近 3 个会计年度的研究开发费用总额占销售收入总额的比例符合如下要求：1. 最近一年销售收入小于 5000 万元的企业，比例不低于 6%；2. 最近一年销售收入在 5000 万元至 20000 万元的企业，比例不低于 4%；3. 最近一年销售收入在 20000 万元以上的企业，比例不低于 3%。其中，企业在中国境内发生的研究开发费用总额占全部研究开发费用总额的比例不低于 60%。企业注册成立时间不足 3 年的，按实际经营年限计算；

（五）高新技术产品（服务）收入占企业当年总收入的 60% 以上；

（六）企业研究开发组织管理水平、科技成果转化能力、自主知识产权数量、销售与总资产成长性等指标符合《高新技术企业认定管理工作指引》（另行制定）的要求。据此，公司不存在无法通过高新技术企业资格复审的风险。

案例分析 5.1.6①

公司的业务收入主要是体验式文化赛事和体验式文化教育。请核查公司举办相应赛事是否需要取得相应资质？相应赛事中如何保障参赛人员生命财产安全，是否配备相应的人员及设备，是否出现事故，公司是否制定应急事件处置机制？

□问题剖析及解决方案

经核查，公司制定了《赛事应急救援响应机制》《赛事医疗救援机制》《戈十一医疗安全方面优化》《重大事故应对处置流程》等。公司的主营业务是通过“玄奘之路”的品牌向客户提供体验式文化赛事和体验式文化教育。目前，体验式文化赛事主要包括：玄奘之路商学院戈壁挑战赛和八百流沙极限赛；体验式文化教育（元领导力发展中心）主要包括：刀锋领导力、戈壁

① 参见“行知探索”在全国中小企业股份转让系统挂牌公告及北京德恒律师事务所补充法律意见书（二）。

成人礼、创业戈壁行、BC 连和远征军之路等。

《经营高危险性体育项目许可管理办法》[①] 第 3 条规定：经营高危险性体育项目实施行政许可。《第一批高危险性体育项目目录公告》规定：第一批高危险性体育项目包括游泳；高山滑雪、自由式滑雪、单板滑雪；潜水；攀岩。

《体育总局关于推进体育赛事审批制度改革的若干意见》规定，“除全国综合性运动会和少数特殊项目赛事外，包括商业性和群众性体育赛事在内的全国性体育赛事审批一律取消”。

经与公司高级管理人员沟通，公司开展的体验式文化赛事和体验式文化教育均不涉及游泳、高山滑雪、自由式滑雪、单板滑雪、潜水、攀岩，是商业性的体验式赛事活动。所以，公司组织体验式文化赛事和体验式文化教育无需取得特殊的经营资质。

经核查，公司制定了《赛事应急救援响应机制》《赛事医疗救援机制》《戈十一医疗安全方面优化》等制度。在赛事组织阶段，分为两个方面的工作，（1）赛制方面：要求 A 组全部队员必须具备中国红十字会初级及以上资质的急救员证书（或同级别水平以上资质的急救员证书）、建立随队医生制度、强制休息制度、装备检查制度等。（2）赛事准备方面：增加赛前巡讲次数，将赛事安全作为巡讲重点；加强对属地医疗服务意识、设备使用、常见戈壁伤病处理流程的培训；组建医疗专家数据库，建立医院远程医疗会诊系统，强化救治力量；建立联合现场（赛场 / 医院）救治小组，强化医院救治措施和决策力量等。《赛事医疗救援机制》制度对医疗救援机构人员资质及职能、医疗资源配比标准、医疗救援系统组织架构、医疗救援资源调度原则、医疗退赛原则、队员及队医、教练要求、现场医疗处置原则、入院与转院、转运原则、赛事保险等作了详细规定。《赛事应急救援响应机制》对指挥中心构成、应急救援响应等级、应急救援行动目标、应急救援信息传递等作了详细规定。《重大事故应对处置流程》对前期筹备（软件及人员配备；硬件如药品、氧气瓶、

① 已被《国家体育总局关于废止和修改部分规章和政策性文件的决定》（2016 年 5 月 9 日）修订。

医疗车等配置；机制如活动流程、购买保险、紧急联络人员信息等）、现场应急（指挥人员配备、搜救安排、救护流程等）、后方应急（后方应急指挥小组的配置、通知家属的时间和形式、通知家属的人选、通知家属的方式、安排家属前往的方式、家属接待前的准备、保险理赔事宜、正式家属接待、和家属协商、后事处理等）等作了详细规定。

经核查，公司曾于 2013 年 4 月甘肃瓜州玄奘之路 A 段盐碱地路段发生过事故，经医生诊断，一名赛事参与者由于身体原因导致心源性猝死，事后，公司与家属就事故本身进行了充分沟通和交流，家属对组委会急救人员的资质和操作流程表示认同，对于保险赔偿表示接受，最终妥善处理了后续事项。

综上，公司组织体验式文化赛事和体验式文化教育无需取得特殊的经营资质；公司已配备相应的人员及设备并制定相应的管理制度，能够有效保障参赛人员生命财产安全；在公司发生事故时，公司制定的《赛事应急救援响应机制》《重大事故应对处置流程》及公司为赛事参与人员全部办理保险制度，在一定程度上能够有效应对事故的发生。

案例分析 5.1.7①

北京万家天能新能源股份有限公司在挂牌过程中遇到的问题：请主办券商及律师核查公司产品的生产销售是否必须取得第三方认证，公司未取得第三方认证而从事相应业务是否导致业务经营不合规、公司存在的风险及相应的风险控制？

❑问题剖析及解决方案

根据《认证认可条例》第 29 条的规定："国家对必须经过认证的产品，统

① 参见"万家天能"在全国中小企业股份转让系统挂牌公告及竞天公诚律师事务所补充法律意见书（一）。

一产品目录，统一技术规范的强制性要求、标准和合格评定程序，统一标志，统一收费标准。统一的产品目录（以下简称目录）由国务院认证认可监督管理部门会同国务院有关部门制定、调整，由国务院认证认可监督管理部门发布，并会同有关方面共同实施”。

根据《认证认可条例》第 30 条的规定：“列入目录的产品，必须经国务院认证认可监督管理部门指定的认证机构进行认证。列入目录产品的认证标志，由国务院认证认可监督管理部门统一规定”。

目前中国尚未颁布包含光伏产品统一产品目录、统一技术规范的强制性要求、标准和合格评定程序，因此光伏产品不属于强制性认证产品，但是根据国家能源局、工业和信息化部、国家认监委颁布的《关于促进先进光伏技术产品应用和产业升级的意见》第 5 条的规定：“加强光伏产品检测认证。加强光伏产品检测认证能力建设，逐步提高光伏产品认证标准，提高光伏行业国际标准制定和国际互认能力。光伏组件生产企业应具备组件及其使用材料的产品试验、例行检验所必须的检测能力。企业生产的关键产品必须通过第三方检测认证，并由第三方检测认证机构公布检测认证结果。光伏组件生产企业在产品说明书中应明确多晶硅、电池片、玻璃、银浆、EVA、背板等关键原辅材料的来源信息，确保进入市场的光伏产品必须是经过检测认证且达标的产品”。

根据《关于促进先进光伏技术产品应用和产业升级的意见》第 6 条的规定：“加强工程产品质量管理。光伏发电项目采用的光伏组件、逆变器及关键产品，须通过国家认监委批准的认证机构认证且与认证送检产品保持一致。各光伏发电开发投资企业应建立光伏发电关键设备的技术及质量管理制度，在产品招标采购、到货验收、竣工验收环节，对光伏产品技术指标提出明确的要求”。

所以，《关于促进先进光伏技术产品应用和产业升级的意见》不属于强制性法律法规或者规章，根据《行政处罚法》第 14 条的规定：“除本法第九条、第十条、第十一条、第十二条以及第十三条的规定外，其他规范性文件不得设定行政处罚”。目前公司已经与北京鉴衡认证中心有限公司签订认证合同书，公司正在委托北京鉴衡认证中心有限公司办理第三方认证，在此过程中销售未经认证的产品未违反强制性法律法规，公司将不会面临行政处罚的风险。

综上，公司合法合规经营。

案例分析 5.1.8①

四川新天杰文化传媒股份有限公司在挂牌过程中遇到的问题：关于曾用于出资的高速公路户外广告经营权，请主办券商及律师结合相关法律规定、具体监管政策补充核查公司是否合法享有高速公路户外广告经营权，公司是否存在相应法律风险以及对公司经营的具体影响。

□ 问题剖析及解决方案

如《法律意见》第“四、公司的设立”“（二）新天杰有限的设立”部分所述，成都新天杰、南京大贺在新天杰有限成立时存在以高速公路户外广告经营权出资的情形，根据新天杰有限设立时的《公路经营权有偿转让管理办法》②（交通部令 1996 年第 9 号）的有关规定：公路广告经营权为公路经营权的一种，转让公路经营权系由省级交通主管部门授权所属的公路经营公司将经批准的规定范围内的全部或部分公路经营权，在一定期限内转让给具有法人资格的境内、外单位经营的一种特许行为，该等公路广告经营权一经转让不得再转让给第三方，因此，根据新天杰有限设立时适用的《公路经营权有偿转让管理办法》的规定，新天杰有限未合法取得该等高速公路户外广告经营权。

但根据公司说明、《审计报告》，经律师查阅成都新天杰、南京大贺在新天杰有限成立时用于出资的高速公路广告经营权与高速公路经营公司签署的广告位租赁协议，报告期内，公司存在继续使用用于出资的高速公路户外

① 参见“新天杰”在全国中小企业股份转让系统挂牌公告及北京市天元律师事务所法律意见书。

② 已被《收费公路权益转让办法》废止。

广告经营权的情形；就新天杰有限报告期内曾使用成都新天杰用于出资的户外广告大牌经营广告业务的情形，经律师查阅新天杰有限设立时有效的《公路经营权有偿转让管理办法》，虽然《公路经营权有偿转让管理办法》规定公路经营权转让后不得再转让给第三方，但并未规定如违反前述规定受让方需承担的法律责任；且《公路经营权有偿转让管理办法》废止后新实施的《收费公路权益转让办法》（交通运输部、国家发展和改革委员会、财政部令2008年第11号）并未明确规定公路广告经营权一经转让不得再转让给第三方；如《法律意见》中“八、公司的业务”“（二）公司的经营资质、资格”部分所述，截至报告期末，新天杰股份使用的高速公路户外广告大牌对应的高速公路广告经营权均是公司以自身名义与相应的高速公路公司签署协议取得，不存在继续使用成都新天杰、南京大贺在新天杰有限成立时用于出资的高速公路户外广告经营权的情形。由此，主办律师认为公司不会因在报告期内曾使用用于出资的户外广告大牌经营广告业务而遭受法律风险，亦不会对公司经营构成影响；对于可能存在的法律风险，公司的实际控制人林新生承诺：“自新天杰在全国中小企业股份转让系统挂牌之日起，公司股东如因南京大贺、成都新天杰用于出资的高速公路户外广告经营权相关资产而遭受任何损失，或公司如因曾使用用于出资的高速公路户外广告经营权相关资产而遭受任何损失，本人将对股东或公司进行足额补偿”。

综上，主办律师认为，就成都新天杰、南京大贺曾用于出资的高速公路户外广告经营权，虽然根据新天杰有限设立时有效的《公路经营权有偿转让管理办法》，新天杰有限未合法取得前述高速公路户外广告经营权，但根据《公路经营权有偿转让管理办法》，新天杰股份不会因曾使用用于出资的高速公路户外广告经营权而承担法律责任；且报告期内有效的《收费公路权益转让办法》并未禁止公路经营权转让后再转让给第三方；对于可能存在的潜在风险，实际控制人亦出具了承诺；同时，报告期末公司所使用的高速公路户外广告经营权均是公司以自身名义从相应高速公路公司合法取得；上述情形不会影响新天杰股份正常经营，对公司本次挂牌不构成实质性法律障碍。

案例分析 5.1.9[①]

深圳祥云信息科技股份有限公司在挂牌过程中遇到的问题：公司向投资者提供量化金融工程技术与金融大数据分析服务。请主办券商和律师核查公司数据来源的合法性，公司业务是否涉及投资咨询业务，是否应取得证券投资咨询业务资格。

□问题剖析及解决方案

2014 年 10 月，祥云信息与深圳市中证投资资讯有限公司（以下简称“中证资讯”）签署了《中证祥云关于投资服务平台的战略合作协议》，约定由中证资讯向祥云信息提供专业的前沿信息、投资研究内容及其制作且拥有版权的投资资讯产品。

根据祥云信息的说明并经主办律师核查，在报告期内祥云信息未经上证所信息网络有限公司、深圳证券信息有限公司的授权，使用上海证券交易所、深圳证券交易所的行情信息，存在因侵犯他人知识产权而引发诉讼、仲裁或其他纠纷的风险。祥云信息积极采取了整改措施，并取得上证所信息网络有限公司、深圳证券信息有限公司有关行情信息的授权许可，情况如下：

上证所信息网络有限公司向祥云信息颁发《上海证券交易所上证所 Level-1 行情经营许可证》（合同编号：L12015216），许可祥云信息在中国内地（除港、澳、台地区外）通过互联网向最终用户播发上证所 Level-1 行情；通过移动通信网向手机用户提供上海证券交易所实时行情信息查询服务，有效期自 2015 年 11 月 1 日至 2016 年 10 月 31 日。根据上证所信息网络有限公司提供的说明并经主办律师核查，祥云信息申请 Level-1 行情经营许可的信息已于上证所信息网络有限公司信息商信息服务平台网站（https://ic.sseinfo.com/business/permitInfo/level1）进行公示，公示期为 2015 年 10 月 28 日至 2015 年

① 参见“祥云信息”在全国中小企业股份转让系统挂牌公告及北京市竞天公诚律师事务所法律意见书。

11 月 12 日，公示期完成后祥云信息与上证所信息网络有限公司将完成《证券信息经营许可合同》的签署。

深圳证券信息有限公司向祥云信息颁发《深圳证券交易所专有信息经营许可证》(经营许可证号：深证许 15LT10—02，合同号：SZ15LT10—02)，许可祥云信息在中国大陆地区（不含港、澳、台地区）以无线揭示方式展示深圳证券交易所即时行情信息（仅限于被授权单位自有产品传播），有效日期自 2015 年 11 月 2 日至 2016 年 11 月 1 日。

针对前述情形，祥云信息控股股东及实际控制人吴国海出具《承诺函》，承诺若祥云信息因侵犯他人知识产权而给祥云信息带来任何费用支出或经济损失，其本人将无条件全额承担经有关政府部门或司法机关认定的需由祥云信息承担的全部补偿、赔偿、罚款或其他费用款项，由此引起的一切责任将由其本人承担，保证祥云信息不会因此受到损失。如因上述事项而给祥云信息带来任何其他费用支出或经济损失，其本人将全部无偿代祥云信息承担。

根据公司提供的资料及承诺，并经本所律师在国家知识产权局网站进行查询，结合对公司相关人员的访谈情况，截至本补充法律意见书出具日，公司不存在尚未了结或可预见的有关知识产权的诉讼、仲裁或行政处罚案件。

综上，祥云信息已经积极整改前述知识产权使用不规范行为，在业务过程中使用的行情信息已合法取得上证所信息网络有限公司、深圳证券信息有限公司的授权许可，且授权许可均在有效期内，并且祥云信息的实际控制人承诺承担因祥云信息侵犯他人知识产权而导致的全部赔偿责任及相关费用，不会牵涉祥云信息。报告期内的行为不会影响祥云信息正常的生产经营，不会对祥云信息的持续经营造成实质性的损害或重大不利影响，亦不会对祥云信息挂牌构成实质性障碍。据此，除本补充法律意见书已合理披露的事项外，公司向投资者提供量化金融工程技术与金融大数据分析服务所使用的数据信息的来源符合相关法律法规的规定。

祥云信息主要从事互联网金融信息技术的研发和服务，通过构建“互联网 + 金融”大数据投资技术服务平台，向投资者提供量化金融工程技术与金融大数据分析服务。公司与中证资讯合作推出“胜算在握投资决策软件”，根据双方签署的合作协议：祥云信息以自身专业的数据分析能力与平台开发技术能力为“胜算在握投资决策软件”平台数据分析提供量化分析工具、为平台运营提供技术支持，但并不直接或间接提供证券投资咨询服务；中证资讯作为具有证券投资咨询业务资格（证券投资咨询业务资格证书编号 ZX0107）的证券投资咨询机构，负责为“胜算在握投资决策软件”平台服务提供所需的投资资讯、数据信息以及投研支持。

综上，“胜算在握投资决策软件”中的咨询业务是由具有证券投资咨询资质的中证资讯负责提供。祥云信息仅负责为“胜算在握投资决策软件”提供量化分析工具等技术支持，其业务范围并不涉及证券投资咨询领域。

综上，祥云信息不涉及投资咨询业务，无需取得证券投资咨询业务资格。

第二节　公司经营范围涉及的问题及其解决

拟挂牌公司从事的经营活动和业务范围应与公司现已取得的资质相匹配，公司的实际经营不得超出《企业法人营业执照》所载的经营范围，公司应该取得经营其业务所需的一切资质、证照或许可。

对于小额贷款公司，我国的相关法律法规对其经营的范围、方式都作出了限制性规定，根据《关于小额贷款公司试点的指导意见》的规定，小额贷款公司的主要资金来源为股东缴纳的资本金、捐赠资金，以及来自不超过两个银行业金融机构的融入资金。在法律、法规规定的范围内，小额贷款公司从银行业金融机构获得融入资金的余额，不得超过资本净额的 50%。小额贷款公司发放贷款，应坚持“小额、分散”的原则，鼓励小额贷款公司面向农户和微型企业提供信贷服务，着力扩大客户数量和服务覆盖面。

融资担保公司在报告期内从事委托贷款业务，该项业务是否合法合规？《融资性担保公司管理暂行办法》第 19 条规定：“融资性担保公司经监管部门批准，可以兼营下列部分或全部业务：（一）诉讼保全担保。（二）投标担保、预付款担保、工程履约担保、尾付款如约偿付担保等履约担保业务。（三）与担保业务有关的融资咨询、财务顾问等中介服务。（四）以自有资金进行投资。（五）监管部门规定的其他业务”。根据上述规定，融资担保公司可以以自有资金开展委托银行贷款业务。另外，根据金融办出具的《关于同意公司挂牌上市的函》，也能佐证公司开展委托贷款业务合法。

拟挂牌公司存在虚拟货币，用户在公司网络中购买虚拟货币和虚拟物品是否涉及金融类产品的非法融资问题？根据《文化部、商务部关于加强网络游戏虚拟货币管理工作的通知》的规定，网络游戏虚拟货币的使用范围仅限于兑换发行企业自身所提供的虚拟服务，不得用以支付、购买实物产品或兑换其他企业的任何产品和服务。这类问题的一般解决方法是（1）说明虚拟货币只在公司运营的游戏中使用，不能转让、不能重新兑换成人民币，不能用于其他游戏；（2）依据相关法律，从事网络游戏上网运营、网络游戏虚拟货币发行和网络游戏虚拟货币交易服务等网络游戏经营活动的单位，应取得《网络文化经营许可证》，公司据此依法取得《网络文化经营许可证》；（3）通信管理局、新闻出版广电局、文化广电新闻出版局等单位出具的相关证明，证明公司未因网络游戏经营活动受到任何政府主管部门的查处或处罚。

拟挂牌公司的股东所持有权益的公司与拟挂牌公司之间不应经营相近或相似的业务，不得存在影响公司独立性或损害公司利益的情形。

如果拟挂牌公司的外国籍人出资成立内资企业，而非外资企业，那么公司必须说明出资成立内资企业的行为是否为规避《外商投资产业指导目录》①中的禁止类及限制类项目。公司主营业务归属于《外商投资产业指导目录》（2007 年修订）之“鼓励外商投资产业目录”，在此情形下不构成公司挂牌的实质性法律障碍。

公司任基金管理人的，其合法合规性、是否存在因承担无限连带责任或其他资金补偿风险及其对公司财务和持续经营的影响？以北京嘉富诚为例，公司

---

① 现为《外商投资产业指导目录》（2017 年 6 月 28 日）及《外商投资准入特别管理措施（负面清单）》（2018 年 7 月 28 日）。

的解决方法是（1）根据《私募投资基金监督管理暂行办法》规定，各类私募基金管理人应当根据基金业协会的规定，向基金业协会申请登记。公司作为基金管理人，已经完成在中国证券投资基金业协会的备案程序；（2）公司作为管理基金（有限合伙企业）的普通合伙人，依法需要对基金的债务承担无限连带责任，并说明公司未发生对基金债务承担无限连带责任的情形，未因承担无限连带责任对公司财务和持续经营造成影响。

案例分析 5.2.1①

易构软件股份有限公司在挂牌中遇到的问题：（1）公司业务是否符合国家产业政策要求，是否属于国家产业政策限制发展的行业、业务；（2）若为外商投资企业，是否符合外商投资企业产业目录或其他政策规范的要求；（3）分析产业政策变化风险。

问题剖析及解决方案

1. 公司是一家面向智能交通领域从事集智能交通软件的设计、研发、销售、技术服务为一体的高新技术企业，业务涵盖了公路交通、城市交通、轨道交通、民用航空等领域。公司的主营业务为智能交通软件的设计研发及技术服务和设备销售。根据我国《国民经济行业分类》国家标准（GB/T4754—2011）②，公司属于“信息传输、软件和信息技术服务业”之“软件和信息技术服务业”之“软件开发”（I6510）；根据《上市公司行业分类指引》（2012 年修订），公司所处行业为“软件和信息技术服务业”（I65）。根据《挂牌公司管理型行业分类指引》，公司属于“软件开发”（I6510）。根据《产业结构调整指导目录》，公司属于鼓励类中的城市道路及智能交通体系建设。不属于国

① 参见“易构软件”在全国中小企业股份转让系统挂牌公告及山东众成人和律师事务所补充法律意见书（一）。

② 现为《国民经济行业分类》（GB/T4754—2017）。

家产业政策限制发展的行业、业务。

2. 公司并非外商投资企业，不适用外商投资企业产业目录。

3. 公司业务符合国家产业政策，属于受国家鼓励不属于国家产业政策中限制发展的行业、业务，公司主要产品结合了电子信息、大数据、云计算、移动互联、视频处理、射频（RFID）等先进技术，基于公司成熟的智能交通基础软件平台（E-ITS Platform）研发、设计，为智能交通决策管理及参与者提供决策支持、管理和服务。公司产品按不同板块领域划分为公路交通类产品、城市交通类产品、轨道交通类产品、民航交通类产品、智能交通综合类产品和移动互联类产品六大类。国家和地方政府的产业政策为行业的发展提供了优越的外部环境，公司主营业务符合行业发展趋势和国民经济发展需求，产业政策不利变化风险较小。

案例分析 5.2.2①

江苏华溢物流股份有限公司在挂牌中遇到的问题：宝昌小贷公司对农户、农业企业的认定标准和依据。请主办券商和律师就公司资金来源作进一步核查，并就公司资金运用所及客户是否符合银监发〔2008〕23 号指导意见的规定发表意见。

❑问题剖析及解决方案

苏政发〔2007〕142 号《省政府办公厅关于开展农村小额贷款组织试点工作的意见（试行）》，基本原则要求服务“三农”，即农村小额贷款组织的营业场所设在乡镇以下（含乡镇），服务对象为农业、农村和农户，其资金投向主要是为“三农”服务的相关资金需求。在实际运营过程中，根据地方金融办指导，涉农贷款认定不仅包括直接对于农、林、牧、渔业贷款以及直接服务农业生产的贷

① 参见“华溢物流”在全国中小企业股份转让系统挂牌公告及上海市锦天城律师事务所补充法律意见书（一）。

款，还包括发放户口为农村的农户、注册地位于农村区域的企业。宝昌小贷根据金融办对于涉农贷款的分类进行划分，并通过金农公司系统审核。

根据《关于小额贷款公司试点的指导意见》的规定，小额贷款公司的主要资金来源为股东缴纳的资本金、捐赠资金，以及来自不超过两个银行业金融机构的融入资金。在法律、法规规定的范围内，小额贷款公司从银行业金融机构获得融入资金的余额，不得超过资本净额的 50%。

根据江苏省政府办公厅《关于推进农村小额贷款公司又好又快发展的意见》(苏政办发〔2009〕132 号）的规定，农村小额贷款公司资金来源可以是股东投入的资金、银行借款、同业拆借以及股东借款等，凡坚持服务“三农”、合规经营、风险控制好、利率水平合理的农村小额贷款公司，融资比例可达资本金的 100%。

律师查阅了国家和地方关于小额贷款行业的监管政策对农村小额贷款公司相关规定，对照宝昌小贷的业务开展情况对宝昌小贷的资金来源、资金运用进行核查。经核查，宝昌小贷的资金来源主要为股东投入资金，实收资本为 15000 万元，全部投入宝昌小贷经营。另外，以股东借款作为补充运营资金的来源。经核查，报告期内，宝昌小贷向股东借款符合上述规定的要求。根据《关于小额贷款公司试点的指导意见》的规定，小额贷款公司资金的运用，在坚持为农民、农业和农村经济发展服务的原则下自主选择贷款对象。小额贷款公司发放贷款，应坚持“小额、分散”的原则，鼓励小额贷款公司面向农户和微型企业提供信贷服务，着力扩大客户数量和服务覆盖面。

根据江苏省政府办公厅《关于推进农村小额贷款公司又好又快发展的意见》(苏政办发〔2009〕132 号）第 5 条中“坚持‘小额、便捷、灵活、优惠’的信贷业务特色”的规定，农贷公司信贷投向须符合“三个不低于 70%”的要求，即小额贷款余额之和占全部贷款余额的比重不低于 70%;“三农”贷款余额之和占全部贷款余额的比重不低于 70%；贷款期限在 3 个月以上的经营性贷款余额之和占全部贷款余额的比重不低于 70%。

律师认为，报告期内宝昌小贷资金运用所及客户符合银保监会及省市各级金融监管机构的要求。

案例分析 5.2.3[①]

马鞍山市普邦融资担保股份有限公司在挂牌过程中遇到的问题：报告期内从事委托贷款业务。请补充核查该项业务是否合法合规？

❑问题剖析及解决方案

1. 相关法律规定

《融资性担保公司管理暂行办法》第 19 条规定："融资性担保公司经监管部门批准，可以兼营下列部分或全部业务：（一）诉讼保全担保。（二）投标担保、预付款担保、工程履约担保、尾付款如约偿付担保等履约担保业务。（三）与担保业务有关的融资咨询、财务顾问等中介服务。（四）以自有资金进行投资。（五）监管部门规定的其他业务"。第 29 条规定："融资性担保公司以自有资金进行投资，限于国债、金融债券及大型企业债务融资工具等信用等级较高的固定收益类金融产品，以及不存在利益冲突且总额不高于净资产 20% 的其他投资"。

《安徽省融资担保公司管理办法（试行）》（安徽省人民政府令第 250 号）第 12 条规定："融资担保公司经批准可以兼营下列业务：（一）诉讼保全担保、投标担保、工程履约担保、财产保全担保等非融资担保业务；（二）与担保业务有关的融资咨询、财务顾问、物流监管等中介服务；（三）以自有资金进行投资……"第 22 条规定："融资担保公司以自有资金进行投资，限于国债、金融债券、大型企业债务融资工具等固定收益类金融产品，以及不存在利益冲突且总额不高于净资产 20% 的其他投资。对近两年监管评价和信用评级保持良好以上的融资担保公司，可以适当放宽其他投资占其净资产的比例，但最高不得超过 35%。融资担保公司出资设立或者参股其他融资担保公司，可不受投资比例限制。其他投资主要用于股票二级市场以外的股权、经营性房地

① 参见"普邦担保"在全国中小企业股份转让系统挂牌公告及北京德恒律师事务所补充法律意见书（一）。

产、信托和基金投资，以及委托银行贷款”。

2. 公司的委托贷款业务情况

根据上述规定，融资担保公司可以自有资金开展委托银行贷款业务，对近两年监管评价和信用评级保持良好以上的融资担保公司，其他投资占净资产的比例可超过 20%，但最高不得超过 35%。公司在报告期内开展的委托贷款业务所使用的资金均是自有资金，另根据安徽省金融办出具的《关于同意马鞍山市普邦融资担保股份有限公司挂牌上市的函》（皖金函〔2015〕678 号），确认公司连续两年的监管评价和信用评级均在良好以上。马鞍山市金融办出具的《关于马鞍山市普邦融资担保股份有限公司在全国中小企业股份转让系统挂牌的监管意见函》确认公司严格按照《融资性担保公司管理暂行办法》《安徽省融资担保公司管理办法（试行）》的要求计提各项准备金；最近两年监管评价和信用评级均在良好以上。

综上，公司开展委托贷款业务符合法律法规及规范性文件的规定。

案例分析 5.2.4①

深圳爱玩网络科技股份有限公司在挂牌过程中遇到的问题：关于虚拟货币，请核查用户在公司网络中购买虚拟货币和虚拟物品是否涉及金融类产品的非法融资问题？

❑ 问题剖析及解决方案

1. 根据《暂行办法》的规定，网络游戏虚拟货币是指由网络游戏经营单位发行，网络游戏用户使用法定货币按一定比例直接或者间接购买，存在于游戏程序之外，以电磁记录方式存储于服务器内，并以特定数字单位表现的虚拟兑换工具；从事网络游戏上网运营、网络游戏虚拟货币发行和

① 参见“爱玩网络”在全国中小企业股份转让系统挂牌公告及北京市金杜律师事务所补充法律意见书（一）。

网络游戏虚拟货币交易服务等网络游戏经营活动的单位，应取得《网络文化经营许可证》。《文化部、商务部关于加强网络游戏虚拟货币管理工作的通知》规定，网络游戏虚拟货币的使用范围仅限于兑换发行企业自身提供的虚拟服务，不得用以支付、购买实物产品或兑换其他企业的任何产品和服务。

根据申请人及江苏果米的说明，并经本所律师核查，申请人子公司江苏果米从事网络游戏的运营，用户可通过多种渠道使用法定货币购买虚拟货币，从而在江苏果米运营的游戏中参与付费游戏、获取收费服务、购买游戏道具等。虚拟货币只能在江苏果米运营的游戏中使用，不能转让、不能重新兑换成人民币，不能用于其他游戏。江苏果米已取得江苏省文化厅颁发的《网络文化经营许可证》（编号：苏网文〔2015〕1149—011号），有效期至2018年3月20日，证载经营范围为“用信息网络经营游戏产品（含网络游戏虚拟货币发行）”。

因此，江苏果米在游戏中引入虚拟货币是为了便于用户参与付费游戏、获取收费服务、购买游戏道具等，符合相关法律法规的要求。江苏果米已取得《网络文化经营许可证》，具有相应的网络游戏经营活动资质。

2.《非法金融机构和非法金融业务活动取缔办法》第4条规定：“本办法所称非法金融业务活动，是指未经中国人民银行批准，擅自从事的下列活动：（一）非法吸收公众存款或者变相吸收公众存款；（二）未经依法批准，以任何名义向社会不特定对象进行的非法集资；（三）非法发放贷款、办理结算、票据贴现、资金拆借、信托投资、金融租赁、融资担保、外汇买卖；（四）中国人民银行认定的其他非法金融业务活动。前款所称非法吸收公众存款，是指未经中国人民银行批准，向社会不特定对象吸收资金，出具凭证，承诺在一定期限内还本付息的活动；所称变相吸收公众存款，是指未经中国人民银行批准，不以吸收公众存款的名义，向社会不特定对象吸收资金，但承诺履行的义务与吸收公众存款性质相同的活动”。《最高人民法院关于审理非法集资刑事案件具体应用法律若干问题的解释》第1条规定：“违反国家金融管理法律规定，向社会公众（包括单位和个人）吸收资金的行为，同时具备下列四个条件的，除刑法另有规定的以外，应当认定为刑法第176条规定的‘非法吸收公众存款或者变相吸收公众存款’：（一）未经有关部门依法批准或者借用合法经营的形式吸收资金；（二）通过媒体、推介会、传单、手机短信等途径向社会公开宣传；（三）承诺在一定期限内以货币、实物、股权等方式还本付息或者给付回报；（四）向社会公众即社会不特定对象吸收资金。未向社会公开宣传，在亲友或者单位内部针对特定对象吸收资金的，不属于非法吸收或者变相吸收公众存款”。

用户在江苏果米运营的游戏中购买的游戏币只能在相应游戏中使用，不能兑换、转让及提现，江苏果米的网络游戏经营行为与上述规定中的非法吸收公众存款、非法集资等非法金融业务活动存在本质性区别。

3. 根据江苏省通信管理局、江苏省新闻出版广电局、江苏省文化厅、扬州市文化广电新闻出版局、扬州市宝应县文化广电新闻出版局出具的相关证明，江苏果米自2013年1月1日以来，未因网络游戏经营活动受到任何政府主管部门的查处或处罚。

综上，用户在公司网络中购买虚拟货币和虚拟物品不涉及金融类产品的非法融资问题。

案例分析 5.2.5[①]

北京嘉富诚资产管理股份有限公司在挂牌中遇到的问题：（1）公司任基金管理人，其合法合规性、是否存在因承担无限连带责任或其他资金补偿风险及其对公司财务和持续经营的影响？（2）基金为有限合伙制形式，其普通合伙人、执行事务合伙人、基金管理人是否为同一主体？非同一主体的，结合相关文件分析并披露各主体权利义务关系、公司（子公司）的管理风险及控制措施。

---

① 参见“嘉富诚”在全国中小企业股份转让系统挂牌公告及北京市中银律师事务所补充法律意见书。

❑问题剖析及解决方案

1. 根据《私募投资基金监督管理暂行办法》的规定，各类私募基金管理人应当根据基金业协会的规定，向基金业协会申请登记。经主办律师查询中国证券投资基金业协会网站（网址 www.amac.org.cn）“私募基金管理人公示”专栏，公司作为基金管理人，已经完成在中国证券投资基金业协会的备案程序。截至本补充法律意见书出具之日，公司管理的私募股权投资基金主要以合伙企业形式设立，公司及其子公司上海嘉富诚、嘉富诚资本担任合伙企业的普通合伙人。依据《合伙企业法》的相关规定，普通合伙人对合伙企业的债务承担无限连带责任。公司已在基金的募集、投资及日常运营方面建立相对完善的管理制度与内核控制体系，但如果公司及子公司未能严格遵守并执行合伙协议，对管理基金造成损失进而承担无限连带责任，将给公司带来一定的经营风险。公司拟逐步将各支基金的基金管理人变更为子公司，并确认未来设立的各支基金将不再以嘉富诚作为普通合伙人、基金管理人，以控制公司未来持续经营的风险。

综上，主办律师认为，公司已完成在中国证券投资基金业协会的备案程序，其基金管理人资格合法合规。公司作为所管理基金（有限合伙企业）的普通合伙人，依法需要对基金的债务承担无限连带责任，但是，截至本补充法律意见书出具之日，公司未发生对基金债务承担无限连带责任的情形，未因承担无限连带责任对公司财务和持续经营造成影响。

2. 基金为有限合伙制形式，其普通合伙人、执行事务合伙人、基金管理人是否为同一主体，非同一主体的，结合相关文件分析并披露各主体权利义务关系、公司（子公司）的管理风险及控制措施。

主办律师通过查阅公司所管理基金的工商档案核查有限合伙制基金的普通合伙人、执行事务合伙人、基金管理人是否为同一主体。

经核查，公司管理的有限合伙制形式的基金中，其普通合伙人、执行事务合伙人、基金管理人均为同一主体。另经核查，公司所管理的重庆嘉诚蓝鑫投资中心（有限合伙）基金在工商局备案的合伙协议中，有限合伙人与普通合伙人名称填写出现了笔误。公司作为普通合伙人已与有限合伙人重新签署协议更正了笔误，并且正在向工商登记机关申请更正。

第三节　公司同业竞争相关问题及其解决

同业竞争是指上市公司从事的业务与其控股股东（包括绝对控股与相对控股，前者是指控股比例 50% 以上，后者是指控股比例 30% 以上 50% 以下，但因股权分散，该股东对上市公司有控制性影响）、实际控制人及其控制的企业所从事的业务相同或近似，双方构成或可能构成直接或间接的竞争关系。

一般来说，同业竞争问题的解决，有以下几种方式：

（1）转让：竞争方股东或并行子公司将相竞争业务转让给无关联的第三方；（2）收购：通过收购、委托经营等方式，将相竞争的业务集中到拟上市公司，但不得运用首次发行的募集资金来收购；（3）放弃：拟上市公司放弃存在同业竞争的业务；（4）放弃：拟上市公司与竞争方股东协议解决同业竞争问题，竞争方股东作出今后不再进行同业竞争的书面承诺；（5）预防：拟上市公司应在有关股东协议、公司章程等文件中规定避免同业竞争的措施，并在申请发行上市前取得控股股东同业竞争方面的有效承诺，承诺将不以任何方式直接或间接地从事或参与和股份公司相竞争的任何其他业务活动。

公司与实际控制人控制的几家公司存在同业竞争，请说明公司解决同业竞争的措施是什么。以安得科技为例，公司对几家公司采取了如下措施：（1）召开股东会通过《关于注销公司的决议》；（2）法定代表人出具《关联公司关于注销公司的承诺函》，承诺某段时间之前完成注销；（3）再次召开股东会，同意解散内蒙安得，并成立公司清算组；（4）在报纸上刊登了《注销公告》，公告公司股东会决议解散公司，请债权人自公告发布之日起 45 日内向公司清算组申报债权；（5）市场监督管理局向关联公司下发了《备案通知书》；（6）说明关联公司已进入实质的清算阶段，不再从事清算活动以外的经营活动，上述解决与内蒙安得同业竞争的措施有效、可行。

公司同业竞争规范措施是否充分、合理？是否能够有效执行？是否影响公司经营？以实杰生物为例，公司避免同业竞争的规范措施是控股股东沃森生物就上述可能与公司产生同业竞争的情况已经出具了不竞争承诺函。（1）为避免云南鹏侨与公司产生同业竞争，沃森生物承诺，云南鹏侨将保持其经营销售网络在云南省内，不与公司的经销网络产生冲突。若未来公司在云南境内从事生物制品销售业务，沃森生物将促成云南鹏侨将疫苗经营业务以双方均能接受的方式让渡给公司。（2）为避免瑞尔盟与公司存在的潜在同业竞争，沃森生物将促使由公司受让瑞尔盟100%的股权，并完成相关的法律程序。（3）在沃森生物作为公司股东期间，承诺现在及将来均不会以任何方式从事与公司有竞争或可能构成竞争的疫苗代理销售业务或活动；如沃森生物从任何第三者获得的任何商业机会与公司的经营业务有竞争或可能有竞争的，则将立即通知公司并尽力将该商业机会让与公司；如违反承诺而参与同业竞争，沃森生物将承担由此给公司造成的全部损失。

案例分析 5.3.1[①]

陕西安得科技股份有限公司在挂牌过程中遇到的问题：请主办券商和律师按照实质重于形式的原则补充说明公司与实际控制人张毅敏、尚洁控制的几家公司是否存在同业竞争，如存在请说明公司解决同业竞争的措施及其可行性。

□问题剖析及解决方案

经主办律师核查，报告期内，公司实际控制人张毅敏、尚洁除控制公司外，还实际控制其他四家企业，分别是内蒙古安得化工科技有限责任公司（以下简称“内蒙安得”）、新疆国英清源化工有限公司（以下简称“新疆国英”）、西安舜凯化工有限公司（以下简称“西安舜凯”）、重庆创渤环保工程

① 参见“安得科技”在全国中小企业股份转让系统挂牌公告及北京市中兆律师事务所法律意见书。

有限公司（以下简称“重庆创渤”）。其中，内蒙安得、新疆国英与公司虽存在同业竞争的情况，但公司解决同业竞争的措施有效、可行，具体分析如下：

1. 公司解决与内蒙安得同业竞争的措施有效，具有可行性

内蒙安得主营业务为水质稳定剂的销售及售后技术服务，与公司存在同业竞争。

经主办律师核查，为解决同业竞争，2015 年 5 月 31 日，内蒙安得召开股东会通过了《关于注销公司的决议》。2015 年 8 月 21 日，内蒙安得法定代表人尚洁出具了《关联公司关于注销公司的承诺函》，承诺内蒙安得在 2016 年 4 月前完成注销。

2015 年 10 月 8 日，内蒙安得再次召开股东会，同意解散内蒙安得，并成立公司清算组。公司清算组由蒋道彬、尚洁、周凤君组成，清算组负责人为蒋道彬。

2015 年 10 月 13 日，内蒙安得在《乌海日报》刊登了《注销公告》，公告公司股东会决议解散公司，请债权人自公告发布之日起 45 日内向公司清算组申报债权。

2015 年 10 月 19 日，乌海市海渤湾区市场监督管理局向内蒙安得下发了《备案通知书》（海渤湾登记内备字〔2015〕第 1502694726 号），“经审查，提交的内蒙安得清算成员备案申请，申请材料齐全，符合法定形式，我局予以备案。清算组负责人：蒋道彬，清算组成员：尚洁、周凤君。”

综上，内蒙安得已进入实质的清算阶段，不再从事清算活动以外的经营活动，公司上述解决与内蒙安得同业竞争的措施有效、可行。

2. 公司解决与新疆国英同业竞争的措施有效，具有可行性

新疆国英主营业务为水质稳定剂的销售及售后技术服务，与公司存在同业竞争。

经主办律师核查，为解决同业竞争，2015 年 6 月 1 日，新疆国英召开股东会通过了《关于注销公司的决议》。2015 年 8 月 21 日，新疆国英法定代表人尚洁出具了《关联公司关于注销公司的承诺函》，承诺新疆国英在 2016 年 4 月前完成注销。

2015 年 10 月 28 日，新疆国英再次召开股东会通过股东会决议，同意解散新疆国英，并成立公司清算组，公司清算组由尚洁、张毅敏组成，清算组负责人为尚洁。同日，乌鲁木齐市工商行政管理局向新疆国英下发了《备案通知书》(乌登记内备字〔2015〕第 476405 号),“经审查，提交的新疆国英清算成员备案申请，申请材料齐全，符合法定形式，我局予以备案。清算组负责人：尚洁，清算组成员：尚洁、张毅敏”。

2015 年 10 月 29 日，新疆国英清算组在《兵团日报》刊登了《注销公告》，公告公司股东会决议解散公司，请债权人自公告发布之日起 45 日内向公司清算组申报债权。

综上，新疆国英已进入实质的清算阶段，不再从事清算活动以外的经营活动。公司上述解决与新疆国英同业竞争的措施有效、可行。

3. 公司与西安舜凯不存在同业竞争

根据公司确认及主办律师核查，西安顺凯是为了安得公司高陵水处理剂项目设立的公司，至今无实际经营活动。该项目建设主要包括修建办公楼、生产所用的厂房、装置、水池、产品贮存及配套设施。预计 2017 年建成投产后，作为公司生产加工运营基地，但经公司与高陵县沟通后，并未以西安舜凯作为上述项目实施主体，上述项目实施主体仍然是公司。

2015 年 7 月 13 日，西安舜凯召开股东会通过了《关于注销公司的决议》，承诺“公司高陵水处理剂项目建成后，西安顺凯完成注销”。同日，西安舜凯出具了《关联公司关于注销公司的承诺函》，承诺“未来不会在中国境内外直接或间接从事同陕西安得科技股份有限公司形成竞争关系的生产经营活动。公司高陵水处理剂项目建成后，西安顺凯完成注销”。

综上，西安舜凯从成立至今无实际经营活动，与公司不存在同业竞争。

4. 公司与重庆创渤不存在同业竞争

根据公司确认及主办律师核查，重庆创渤的经营业务涵盖水处理设备、化工产品（不含危险化学品）的生产销售及水处理设备耗材及配件的销售，2014 年 10 月 17 日，张毅敏将其持有的重庆创渤股权转让给段军辉，段军辉成为重庆创渤的实际控制人。

综上，张毅敏转让其持有的重庆创渤股权后，公司与重庆创渤不存在同业竞争。

案例分析 5.3.2[①]

山东实杰生物科技股份有限公司在挂牌中遇到的问题：请主办券商及律师核查以下事项并发表明确意见：(1) 公司与控股股东、实际控制人及其控制的其他企业是否从事相同或相似业务、是否存在同业竞争，判断依据是否合理；(2) 同业竞争规范措施是否充分、合理，是否有效执行，是否影响公司经营。

❑问题剖析及解决方案

1. 公司与控股股东、实际控制人及其控制的其他企业之间的同业竞争

公司与控股股东未从事相同或相似的业务、不存在同业竞争；公司与控股股东控制的云南鹏侨生物医药有限公司（以下简称“云南鹏侨”）和北京瑞尔盟生物科技股份有限公司（以下简称“瑞尔盟”），存在从事相同或近似业务的情形，存在潜在的同业竞争。

（1）公司与控股股东不存在同业竞争

根据沃森生物的《营业执照》及其披露的 2015 年半年度报告，沃森生物的主营业务为：生物制剂的研究与开发（不含管理商品）；生物项目的引进、合作与开发；生物技术相关项目的技术服务研究与开发；生物制品、生物类药品及相关材料的进出口；技术进出口。沃森生物自身不从事疫苗的代理销售业务。根据《审计报告》及公司的确认，公司的主营业务为疫苗及其他生物制品的代理、存储、流通及销售。因此，截至本补充法律意见书出具之日，沃森生物不存在经营与公司相同或相类似业务的情况，与公司不存在同业

① 参见“实杰生物”在全国中小企业股份转让系统挂牌公告及北京市大成（深圳）律师事务所补充法律意见书。

竞争。

（2）公司与控股股东控制的云南鹏侨和瑞尔盟存在潜在的同业竞争

根据公司说明，并经本所律师核查，沃森生物实际控制的具有疫苗流通经营资质的企业有云南鹏侨和瑞尔盟。

① 公司与云南鹏侨的同业竞争问题

云南鹏侨为沃森生物的控股子公司，与公司属于同一控制下的企业，经核查，其主营业务为中成药、化学药制剂、抗生素、生化药品、生物制品〔含血液制品、疫苗（疫苗不含冷冻品种）〕的批发、零售、代购代销等。云南鹏侨持有的药品经营许可证及 GSP 认证证书中均包含疫苗经营资质，可以实际从事疫苗代理销售业务，存在经营与公司相同或相类似业务的情况。但是，云南鹏侨的医药经营销售网络主要在云南省内各州、市、县；同时，根据公司的说明，由于公司目前暂不具备在全国范围内统一进行疫苗代理销售的能力，公司的销售网络还不能有效覆盖到云南省，暂不具备在云南开展业务的可行性，但是公司与云南鹏侨存在潜在的同业竞争。

② 公司与瑞尔盟的同业竞争问题

2014 年 8 月 22 日，沃森生物与李永刚签署了《李永刚与沃森生物科技股份有限公司关于北京瑞尔盟生物技术发展有限公司股权转让协议》，拟收购瑞尔盟 100% 的股权。本次收购完成后，瑞尔盟与公司将属于同一控制下的企业。经核查，瑞尔盟的经营范围为生物制品（含疫苗）批发、生物制品技术转让、咨询。瑞尔盟具有疫苗和生物制品等药品批发的经营资质，目前已获得江苏先声卫科生物制药有限公司流感裂解疫苗产品的全国总代理经营权（2014 年—2018 年），因此，存在经营与公司相同或相类似业务的情况。但是截至本补充法律意见书出具之日，此次收购相关事宜仍在进行，尚未办理工商变更登记手续，沃森生物获得瑞尔盟的控制权后，公司与瑞尔盟将会存在潜在的同业竞争。

综上所述，公司与控股股东未从事相同或相似的业务、不存在同业竞争；公司与控股股东控制的云南鹏侨以及通过收购将来取得控制权的瑞尔盟，存在从事相同或近似业务的情形，存在潜在的同业竞争。

2. 公司避免同业竞争的规范措施

经主办律师核查，公司的控股股东沃森生物就上述可能与公司产生同业竞争的情况已经出具了不竞争承诺函，并作出如下承诺：

（1）为避免云南鹏侨与公司产生同业竞争，沃森生物承诺，云南鹏侨将保持其经营销售网络在云南省内，不与公司的经销网络产生冲突。若未来公司在云南境内从事生物制品销售业务，沃森生物将促成云南鹏侨将疫苗经营业务以双方均能接受的方式让渡给公司。

（2）为避免瑞尔盟与公司存在的潜在同业竞争，沃森生物将促使由公司受让瑞尔盟 100% 的股权，并完成相关的法律程序。

（3）在沃森生物作为公司股东期间，承诺现在及将来均不会以任何方式从事与公司有竞争或可能构成竞争的疫苗代理销售业务或活动；如沃森生物从任何第三者处获得的任何商业机会与公司的经营业务有竞争或可能有竞争的，则将立即通知公司并尽力将该商业机会让予公司；如违反承诺而参与同业竞争，沃森生物将承担由此给公司造成的全部损失。

上述承诺函已对公司控股股东及其控制的企业构成合法和有效的义务，可有效避免公司与其产生同业竞争；公司的同业竞争规范措施充分、合理，可有效执行，不影响公司的经营。

案例分析 5.3.3[①]

杭州东方网升科技股份有限公司在挂牌过程中遇到的问题：申报文件显示，公司实际控制人控制的景年酒店、金茂旅游与公司存在同业竞争情形。请核查上述同业竞争情形是否已有规范措施？

---

① 参见“东方网升”在全国中小企业股份转让系统挂牌公告及北京德恒（杭州）律师事务所补充法律意见书（一）。

❑问题剖析及解决方案

1. 经核查，截至本补充法律意见书出具之日，景年酒店尚未启动注销程序

根据景年酒店提供的《中标通知书》、合同及往来凭证，截至本补充法律意见出具之日，景年酒店与山东高速资产管理有限公司（以下简称“山东高速”）于 2011 年 11 月 15 日签订的《省会文化艺术中心配套高层酒店管理顾问咨询服务机构委托合同》仍未履行完毕。上述合同所涉项目是景年酒店于 2011 年 10 月通过招投标程序〔国管招标（杭州）有限公司组织的省会文化艺术中心配套高层酒店管理顾问咨询服务机构，项目标号：guoguanjinan—2011—097〕中标所得。根据景年酒店的书面说明，景年酒店与山东高速未能就上述合同的终止或变更事项达成一致意见，因此，景年酒店在上述合同所涉酒店试营业之日之前仍需履行合同约定的义务。

根据景年酒店提供的财务报表和说明，自《法律意见书》出具之日起，景年酒店未经营其他任何与东方网升经营的业务构成竞争或可能构成竞争的业务。

根据公司实际控制人出具的承诺，上述合同终止后，景年酒店即启动注销程序。本所律师核查后认为，虽然景年酒店尚未启动注销程序，但已积极履行其承诺的避免和消除同业竞争问题的义务。

2. 经核查，截至本补充法律意见书出具之日，金茂旅游的注销进展情况

2015 年 10 月 28 日，金茂旅游股东会作出决议，同意成立清算组，清算组成立后按照《公司法》的要求开展工作。

2015 年 10 月 29 日，杭州市西湖区工商行政管理局就金茂旅游清算组成员备案事项出具（西）登记内备字（2015）第 000133 号《备案通知书》。

2015 年 10 月 31 日，金茂旅游在《都市快报》（国内统一刊号 CN33—0099，第 6140 期）刊登其注销公告。

经核查后认为，金茂旅游已依其承诺积极履行同业竞争问题的规范义务。

第四节　公司土地房屋对公司经营造成的问题及其解决

土地及房屋是拟挂牌公司最重要的资产之一，公司经营场地对公司持续发展而言，非常重要和关键，但是在公司挂牌过程中，土地、房屋等方面的资产可能存在各种各样的问题。

拟挂牌公司的在建工程是否为合法合规的资产，是公司挂牌时经常要解答的问题。一般而言，如果股份公司的在建工程取得了《建设用地规划许可证》《国有土地使用权证》《建设工程规划许可证》《建筑工程施工许可证》等必备的审批文件，且审批文件有效，那么公司的在建工程具有合法合规性。

公司土地租赁、承包关系的主体是否适合，是否涉及改变土地用途，是否需要并已经履行相关村民决策，以及政府部门的审批、登记手续？一般而言，通过租赁、承包关系使用的集体土地的出租方、承租方主体适格，土地使用过程中未改变土地用途，相关租赁及承包依据流转土地的权属状况均已经权利人同意或履行相关村民决策，并依法经乡镇主管部门鉴证，设施农用地使用审批手续均已办理完成，土地租赁、承包关系是合法有效的。

公司是否存在公司集体土地被收回的风险，对公司持续经营是否会产生重大不利影响？一般而言，集体土地均已按规定程序经权利人或村民决策同意，并已按照相关规定签订了规范合同并经乡镇主管部门鉴证，公司依约使用土地。公司依照政府相关的审批文件享有设施农用地的合法使用权，除非权利人违约解除合同或发生国家政策重大调整等不可抗力因素，否则公司使用的集体土地不存在被收回的风险，该风险不会对公司的持续经营造成重大不利影响。

公司土地是租赁方式取得，曾被相关主管单位处罚并要求退还土地并恢复原状，其是否存在租赁事项无效的风险，是否存在无法转为国有土地和无法取得新的使用权证的风险、是否存在公司集体土地再次被收回的风险，对公司持续经营是否会产生重大不利影响？以山东绿霸为例，公司的应对方式是（1）租赁协议中约定的租赁期限至2052年3月31日，与法律不符，村民委员会出具《证明》：“为保障绿霸公司的权益，自本方与绿霸公司租赁合同约定的总租期中的20年届满之时，本方将与绿霸公司签订相关续租协议，对原租赁期限进行合法续期，以避免原租赁协议中约定的租期超过20年可能导致的超过部分无效之法律风险”；（2）公司提供的相关说明，公司将密切关注相关区域土地利用总体规划的政策的变化，积极参与国有土地出让程序，并将足额缴纳土地出让金及相关税费以确保取得合法有效的权属证书；（3）村委会、镇人民政府以及国土资源局历城分局分别出具的证明，上述主体均表示对该宗土地3年内无收回、拆迁或拆除计划；（4）公司下属公司出具《证明》，证明其拥有潍坊滨海经济技术开发区临港路以东的国有工业用地使用权，该处土地规划用途满足农药化工生产条件，可接纳山东绿霸异地迁入，落户至该园区进行生产经营；（5）实际控制人出具《承诺书》，承诺若公司因唐王镇厂区厂房被强制拆除而受损的，其将对公司遭受的损失予以足额补偿。

公司子公司山西贝特瑞租赁部分耕地，公司目前的用地情况是否存在违反《土地管理法》第36条、《基本农田保护条例》及其他相关法律、行政法规规定的情况，公司是否存在因违反上述规定而遭受行政处罚的可能？以山西贝特瑞为例，公司采取的应对措施是（1）详细说明公司占用的耕地的原因，并说明该地目前已进入农用地转为建设用地的流程；（2）国土资源局出具证明，确认“公司自2011年11月15日至今，一直遵守国家及地方有关国土资源和房产管理方面的法律、法规、规章，不存在因违反国家、地方有关国土资源和房产管理方面的法律、法规、规章而被我部门处罚的情形”；（3）公司已计划通过招拍挂方式取得上述土地。目前该地已进入农用地转为建设用地的流程。国土资源局已向被征地单位张庄镇宁艾村出示4.4亩土地的《征收土地补偿安置方案》。

拟挂牌公司尚未取得土地使用权、地上建筑物及房产的房屋所有权，项目不存在租赁房产。在未履行土地招拍挂程序，未取得国有土地使用权证，亦未办理《建设工程规划许可证》和《建筑工程施工许可证》的情况下开始进行项目建设是否违反相关法律，公司的解决措施是什么？以江苏谢馥春为例，公司的解决措施是（1）谢馥春已与杭集镇政府签署投资合同，并交纳土地出让金人民币500万元；（2）该情形主要是因政府用地指标调整的原因所致；（3）谢馥春在介入土地实施建设前已与相关政府主管部门沟通，并已办理立项、环评、能评等审批/备案手续；（4）公司控股股东金茂化工已承诺如谢馥春因该问题受到政府主管部门行政处罚，一切经济损失由金茂化工承担。

公司是否存在闲置土地、炒地以及捂盘惜售、哄抬房价等违法违规行为？一般来说，公司所取得土地上各项目均已经动工建设，部分项目仍在建设中，亦不存在中止开发建设的情况，不存在构成闲置土地的情况；另外，公司亦不存在收到当地土地主管部门下发《闲置土地调查通知书》的情况。在此情形下，公司一般不会存在闲置土地的情况。对于捂盘惜售、哄抬房价的应对措施，安徽马仁奇峰文化旅游股份有限公司采用的方法为（1）房地产管理局为公司出具《证明》确认“公司建设的旅游房产及配套用房，其建设、交易及存续状态符合土地房屋管理有关的法律法规的规定”；（2）公司说明及承诺，公司现有旅游配套房屋完全用于日常经营使用，除因已经销售的自用旅游配套房屋外，公司将不再对外销售任何自用配套房屋。公司相应房地产资质也已经注销，后期也不会存在销售行为。

案例分析 5.4.1①

浙江群大饲料科技股份有限公司在公司挂牌中遇到的问题：（1）公司所使用的土地的性质和用途；（2）公司土地租赁、承包关系的合法性、有效性，包括但不限于主体是否适合，是否涉及改变土地用途，是否需要并已经履行相关村民决策，以及政府部门的审批、登记手续；（3）是否存在公司集体土地被收回的风险，对公司持续经营是否会产生重大不利影响，以及公司针对风险的具体应对措施。

---

① 参见“群大科技”在全国中小企业股份转让系统挂牌公告及浙江天册律师事务所补充法律意见书。

❑问题剖析及解决方案

1. 公司所使用的土地的性质和用途

经律师核查，截至本补充法律意见书出具之日，浙江群大及其子公司群大畜牧使用的土地情况如下：

（1）公司享有的国有土地使用权。浙江群大拥有3宗土地使用权，土地面积合计33512平方米。三处国有土地使用权均是出让取得，用于公司的生产、经营。

（2）公司享有的租赁土地使用权。截至本补充法律意见书出具之日，浙江群大子公司群大畜牧通过签署土地承包经营权流转合同共计租赁使用2处土地使用权，合计租赁土地使用权面积141.133亩，具体情况如下：

①群大畜牧原向丁桥镇两丰村经济合作社租赁土地面积37.053亩，后双方签署补充协议对租赁土地面积进行了调整。目前租赁土地具体为：土地坐落于两丰村二组，其四至为东至韩泾港，南至灌渠，西至联丁公路，北至排渠；面积为15.064亩。租赁期限自2009年6月1日至2028年12月31日。

②向丁桥镇新仓村经济合作社租赁所涉土地坐落于马家桥，其四至为东至民联机站干渠，南至六十里塘路，西至通36组道路，北至1组支渠路；面积为126.069亩。租赁期限自2009年5月1日至2028年12月31日。

上述两处土地租赁使用权是通过签订土地承包经营权流转合同租赁取得，用于公司的家禽养殖及相关产前、产中和产后配套。经查，上述两块土地在报告期内曾属于基本农田。其中两丰村租赁给群大畜牧的15.064亩土地在合同签署时属于建设用地，后调整为基本农田。报告期内该土地所在的丁桥镇人民政府着手调整完善丁桥镇乡级土地利用总体规划并形成了《丁桥镇土地利用总体规划（2006—2020年）调整完善》，经海宁市国土资源局听证会通过后，海宁市丁桥镇人民政府已将该调整完善方案上报到海宁市人民政府。按照该土地利用总体规划调整完善方案，上述租赁土地将由基本农田调整为设施农用地。根据《浙江省土地利用总体规划条例》的规定，丁桥镇乡级土地利用总体规划调整完善方案将由海宁市人民政府报嘉兴市人民政府批准。据了解，截至目前，由于土地利用总体规划调整完善方案经由各乡镇通过后须汇总经海宁市人民政府统一上报，其间因为要增加粮食功能区规划调整、特色小镇规划等内容，调整完善方案上报时间因此推迟，预计将在 8 月月底进行。经查，海宁市国土资源局已按规定批准了群大畜牧在上述地块的设施农业临时使用土地申请。根据海宁市国土局出具的证明，浙江群大及其子公司自 2013 年 1 月 1 日至今，在经营活动中，能遵守国家或者政府机关有关土地管理方面规定的情形，不存在重大违法违规行为，亦未因违反土地管理方面的法律法规而受过处罚。同时，针对报告期内的用地问题，浙江群大控股股东朱福康承诺，如今后浙江群大及其子公司因用地问题遭受任何损失，由朱福康承担并足额补偿公司。

综上，尽管群大畜牧报告期内租赁土地上存在瑕疵，但当地乡级土地利用总体规划已调整；海宁市国土局已批准群大畜牧设施农业临时用地申请并证明在报告期内浙江群大及其子公司不存在重大违法违规行为，亦未因违反土地管理方面的法律法规而受过处罚；公司控股股东已承诺如今后浙江群大及其子公司因用地问题而遭受任何损失，由朱福康承担并足额补偿公司；据此，该用地瑕疵不构成重大违法违规行为，不会对浙江群大的持续经营和本次挂牌造成重大不利影响。

2. 公司土地租赁、承包关系的合法性、有效性，包括但不限于主体是否适合，是否涉及改变土地用途，是否需要并已经履行相关村民决策，以及政府部门的审批、登记手续

如前所述，公司子公司群大畜牧报告期内租赁两处集体土地，其中：（1）群大畜牧与丁桥镇新仓村经济合作社 2009 年 5 月 1 日签订合同，约定承包该村面积为 126.069 亩的土地，其中新仓村一组何吉辰等 9 位承包户及二组沈国伟等 8 位承包户承包土地合计 26.855 亩由村民自愿委托村经济合作社进行流转（转包）；另 99.214 亩土地为新仓村各组通过自愿流转，交至新仓村经济合作社统一经营管理；新仓村村民代表大会已决议同意以经营权转包方式流转给群大畜牧使用。土地流转合同签署时经丁桥镇

人民政府主管土地承包流转的部门盖章鉴证。(2)群大畜牧与丁桥镇两丰村经济合作社2009年5月19日签订合同，约定承包该村面积为37.053亩的土地，其中两丰村02组俞补堂等24位承包户的承包土地共计31.221亩由村民自愿委托两丰村经济合作社进行流转，另村集体机动地5.832亩由村民代表大会决议委托两丰村经济合作社进行流转。土地流转合同签署时经丁桥镇人民政府主管土地承包流转的部门盖章鉴证。考虑到群大畜牧实际仅使用15.064亩土地以及其余20多亩土地的现状，为确保土地使用的合法性，2015年8月19日，群大畜牧与丁桥镇两丰股份经济合作社签署补充协议，将租赁土地由37.053亩调整为15.064亩。对此，丁桥镇人民政府确认，群大畜牧租赁使用的两丰村和新仓村的两块土地，在土地流转过程中，均经相关村民或村集体内部决策程序通过，相关决议、合同等文件均已在丁桥镇人民政府登记备案。因此，该土地流转已履行相关规定的全部程序，合法合规。

综上，律师认为：群大畜牧目前通过租赁、承包关系使用的集体土地的出租方、承租方主体适格，土地使用过程中未改变土地用途，相关租赁及承包依据流转土地的权属状况均已经权利人同意或履行相关村民决策，并依法经乡镇主管部门鉴证，设施农用地使用审批手续均已办理完成；公司的该土地租赁、承包关系合法有效。

3. 是否存在公司集体土地被收回的风险，对公司持续经营是否会产生重大不利影响，以及公司针对风险的具体应对措施

现代农业发展迅速、规模不断扩大，农业设施用地是农业生产必不可少的关键一环。对此，国土资源部、林业部和浙江省国土资源厅、林业厅近年来出台了多个文件对设施农用地的使用和管理作出了规定，一方面鼓励企业使用设施农用地进行规模化农业生产，另一方面明确设施农用地使用必须按照文件要求履行相关程序。设施农用地申请的步骤包括农业生产经营者与土地承包经营权人签订用地协议、提出用地申请，乡镇人民政府审核，县级国土资源部门审查，县级人民政府审批。经查，群大畜牧使用的集体土地均已按规定程序经权利人或村民决策同意，并已按照相关规定签订了规范合同并

经乡镇主管部门鉴证，根据流转合同，群大畜牧使用该租赁土地的使用期限均至 2028 年 12 月 31 日，合同签署至今群大畜牧均依约使用土地。此外，群大畜牧已根据国家、浙江省关于设施农用地审批的相关规定，提出设施农用地用地申请，该申请已经丁桥镇人民政府、海宁市国有土地管理局及海宁市人民政府审批通过，群大畜牧已依照相关文件享有该设施农用地的合法使用权。据此，群大畜牧在土地流转合同期限内可依约使用该集体土地，除非权利人违约解除合同或发生国家政策重大调整等不可抗力因素，否则群大畜牧使用该集体土地不存在被收回的风险，不会对浙江群大的持续经营造成重大不利影响。

案例分析 5.4.2[1]

山东绿霸化工股份有限公司在挂牌中遇到的问题：公司位于唐王镇厂区土地存在土地使用权瑕疵。土地是租赁方式取得，曾被相关主管单位处罚并要求退还土地并恢复原状。（1）公司所使用前述土地的土地性质和用途；（2）公司土地租赁关系的合法性、有效性，包括但不限于主体是否适格，是否涉及改变土地用途，是否需要并已经履行相关村民决策，以及政府部门的审批、登记手续；（3）是否存在租赁事项无效的风险，是否存在无法转为国有土地和无法取得新的使用权证的风险、是否存在公司集体土地再次被收回的风险，对公司持续经营是否会产生重大不利影响，以及公司针对风险的具体应对措施。

❑ 问题剖析及解决方案

1. 经律师的核查并依据济规管函〔2009〕188 号《关于的复函》以及 2015 年 5 月 21 日济南市国土资源局历城分局唐王国土资源管理所出具的《证

① 参见“山东绿霸”在全国中小企业股份转让系统挂牌公告及北京市康达律师事务所补充法律意见书（一）。

明》，公司位于唐王镇的生产厂区的土地产权性质为集体土地、用途为建设用地。

2. 关于土地租赁关系的合法性、有效性

（1）根据律师对济南市国土资源局历城分局唐王国土资源所的走访及对相关负责人的访谈，该宗土地坐落于济南市历城区唐王镇娄家庄村地域范围之内，虽然该村尚未对集体土地登记造册并核发权属证书，但山东绿霸自2002年开始承租并使用该宗土地并向出租方按约定缴纳租金，并未有第三方对该宗土地产权归属提出异议，娄家庄村具有出租人资格。

（2）经律师的核查并依据2015年5月20日历城区唐王镇人民政府出具的《证明》，山东绿霸位于该镇辖区内的厂区用地性质为村庄建设用地，不属于农用地。山东绿霸承租相关土地从事生产，不存在改变土地用途的情形。

（3）根据《土地管理法》第15条的规定，农民集体所有的土地由本集体经济组织以外的单位或者个人承包经营的，必须经村民会议2/3以上成员或者2/3以上村民代表的同意，并报乡（镇）人民政府批准。根据《农村土地承包法》第2条的规定，本法所称农村土地，是指农民集体所有和国家所有依法由农民集体使用的耕地、林地、草地，以及其他依法用于农业的土地。

山东绿霸向济南市历城区唐王镇娄家庄村委会（以下简称娄家庄村委会）承租的进行生产建设的相关土地属于集体性质，其用途为建设用地，不属于承包集体土地“从事种植业、林业、畜牧业、渔业生产”的情形，亦不属于农村土地承包的情形，不适用关于集体土地对外承包应履行的村民代表决策机制及政府部门的审批、登记。

3. 关于土地租赁的风险及影响

（1）根据2002年3月26日、2005年3月26日、2012年4月1日公司分别与娄家庄村委会签订的《土地使用协议》及相关补充协议（以下统称租赁协议）的内容并经律师核查，相关合同内容不存在《合同法》第52条规定的导致合同无效的情形。

（2）经律师核查，租赁协议中约定的租赁期限至2052年3月31日。根据《合同法》第214条的规定：“租赁期限不得超过20年。超过20年的，超过部分无效。租赁期间届满，当事人可以续订租赁合同，但约定的租赁期限自续订之日起不得超过20年”。为消除租赁协议约定的期限超过20年导致超出部分无效的可能性，历城区唐王镇娄家庄村民委员会于2015年8月10日出具《证明》，“为保障绿霸公司的权益，自本方与绿霸公司租赁合同约定的总租期中的20年届满之时，本方将与绿霸公司签订相关续租协议，对原租赁期限进行合法续期（单次续期不超过20年，可多次续期直至覆盖原租赁合同约定的总租期），以避免原租赁协议中约定的租期超过20年可能导致的超过部分无效之法律风险”。

（3）经律师核查，该宗土地是因土地利用总体规划所限之原因，尚未履行集体土地征收征用以及国有土地出让程序。根据公司提供的相关说明，公司将密切关注相关区域土地利用总体规划的政策变化，积极参与国有土地出让程序，并将足额缴纳土地出让金及相关税费以确保取得合法有效的权属证书。

（4）根据2015年5月，出租方娄家庄村委会、土地坐落地人民政府历城区唐王镇人民政府以及土地坐落地国土主管机关济南市国土资源局历城分局唐王国土资源管理所分别出具的证明，上述主体均表示对该宗土地3年内无收回、拆迁或拆除计划。

（5）根据公司提供的相关资料，唐王镇工厂面积共计92亩，占公司及全资、控股子公司自有厂区面积总和不足20%，占比较小。目前唐王镇工厂生产的主要产品、产能为百草枯：3000吨产能、氯氟吡氧乙酸：600吨产能、高效氟吡甲禾灵：200吨产能。

截至目前，公司下属公司潍坊绿霸亦具备百草枯产品的生产能力及相应的生产资质，产能约为6000吨；同时，潍坊绿霸位于潍坊滨海经济技术开发区内拥有适宜农药化工项目建设使用的国有建设用地使用权，如唐王镇工厂实际面临迁址，亦可落户该处。2015年5月12日，潍坊滨海经济技术开发区临港工业园管理办公室出具《证明》，证明山东绿霸的全资子公司潍坊绿霸合法拥有潍坊滨海经济技术开发区临港路以东的国有工业用地使用权（面积113403平方米），该处土地规划用途满足农药化工生产条件，可接纳山东绿霸异地迁入，落户至该园区进行生产经营。2015 年 5 月 20 日，山东绿霸控股股东、实际控制人赵焱出具《承诺书》，承诺若公司因唐王镇厂区厂房被强制拆除而受损，其将对公司遭受的损失予以足额补偿。

综上，律师认为，山东绿霸唐王镇土地承租相关事宜，不构成本次申请的法律障碍。

案例分析 5.4.3[①]

福建省星源农牧科技股份有限公司在挂牌过程中遇到的问题：公司子公司拥有的土地使用权类型为划拨土地，请核查该项土地形成过程及是否符合法律规定，是否存在被回收的风险及风险防范措施并对公司土地使用权合规性发表意见。

□问题剖析及解决方案

公司的子公司为民生物名下拥有一宗土地使用权，土地使用权证号为融龙山国用（2011）第 B0557 号，使用面积为 11392 平方米，取得方式为划拨，用途为公共设施。经核查，为民生物取得前述划拨土地的过程如下：

2009 年 3 月 8 日，福清市星源农牧开发有限公司与福清市福星源有机肥生物科技有限公司（投标联合体）成为福清市污水处理厂污泥处置（堆肥方式）BOT 项目的中标人，并为该项目设立了专门的项目公司，即福清市为民生物科技有限公司。为民生物与福清市建设局于 2009 年 5 月 12 日签订了《福清市污水处理厂污泥处置 BOT 项目特许经营权受让框架协议》，为民生物获得福清市污水处理厂污泥处置 BOT 项目的特许经营权，项目特许期至 2029 年 4 月 30 日；同时该《协议》第 6.1 条约定：厂区建设用地以行政划拨方式提供，并由企业自行负责选址、征地及由此产生的费用，土地使用权期限至

① 参见“星源农牧”在全国中小企业股份转让系统挂牌公告及北京德恒（杭州）事务所补充法律意见书（一）。

2029年4月30日，用地面积控制在20亩以上30亩以下;《协议》第10.1条约定：在本项目特许期满后，应将本项目（含本项目用地及用地范围内所有建筑物、构筑物、机械设备及相关设施等）无偿移交给福清市建设局。

2010年1月11日，福清市国土资源局出具《国有建设用地划拨决定书》（编号为35018120100111H003），根据该划拨决定书，划拨给为民生物13332平方米土地，土地用途为公共设施用地，土地只限用于污泥处理BOT项目。2010年3月11日，福清市城乡规划局出具《建设工程施工图纸规划审查意见书》（编号2010—053），同意为民生物车间、仓库等施工图设计。2011年3月4日，为民生物就前述划拨用地取得土地使用权证。

综上，为民生物取得划拨土地的过程合法合规，合法拥有前述划拨用地的土地使用权。在福清市污水处理厂污泥处置BOT项目特许期满即2029年4月30日前，为民生物依法有权使用前述划拨土地使用权，不存在被回收的风险，但特许期满后，前述划拨用地将无偿移交给福清市建设局。

案例分析5.4.4[①]

深圳市贝特瑞新能源材料股份有限公司在挂牌过程中遇到的问题：公司的子公司山西贝特瑞租赁部分耕地，请核查以下事项。

❑问题剖析及解决方案

1. 公司租赁使用的集体土地规划用途、实际用途；是否存在变更土地用途

经核查，山西贝特瑞租赁4亩集体土地的原因如下：

贝特瑞与山西晋沪于2011年11月共同出资设立山西贝特瑞，双方将厂址选于山西晋沪的股东晋达股份已注销的一家子公司（兆丰公司）旧址。上

① 参见“贝特瑞”在全国中小企业股份转让系统挂牌公告及广东信达律师事务所补充法律意见书（一）。

述厂房建设项目取得平定县发展和改革局出具的“平发改备案〔2012〕3号”《企业投资项目备案证》、平定县国土资源局出具的“平定县〔2012〕平国土登用字第26号”《建设用地批准书》、平定县规划设计管理处出具的“选字第140321201200083”《建设项目选址意见书》、平定县规划设计管理局出具的“地字第140321201200021号”《建设用地规划许可证》。

但在办理征地时，因平定县国土局测绘中心测量厂区地界时取点偏差，导致山西贝特瑞向国土局申请征地的范围未包括中碎包装车间的一角（未测绘进红线的部分约有30平方米）。最终山西贝特瑞通过征地及招拍挂取得“平国用（2012）第063号”的土地面积为26268平方米（39.4亩）。在办理厂房的建设工程规划许可证时，发现了上述测绘问题导致的征地范围偏差，因厂房一角占地未变更土地性质，无法办理建设工程规划许可证。山西贝特瑞发现存在上述问题后，与平定县张庄镇宁艾村村民委员会签订租赁协议，租赁了相邻的2668平方米（4亩）土地，并拟通过征地方式取得该4亩土地。山西贝特瑞在该2668平方米（4亩）土地上建设了变电站、厕所、厂区二层办公楼等附属设施。

经土地所有权人宁艾村村集体及平定县国土局确认，该4亩土地性质目前为基本农田以外的耕地。山西贝特瑞拟通过征地及招拍挂程序取得上述租赁的土地。目前平定国土局测绘中心已根据山西贝特瑞的要求进行了占地测绘。平定县国土资源局于2015年8月3日向被征地单位张庄镇宁艾村出示了4.4亩土地的《征收土地补偿安置方案》，征地费共计157171元，其他程序尚在办理中。

在上述4亩土地的性质依法变更为国有工业用地前，山西贝特瑞存在改变该土地用途的情形。

2. 公司租赁土地是否按照《农村土地承包法》《农村土地承包经营权流转管理办法》等相关规定履行了相关程序并获得了必要的批准

根据《农村土地承包法》《农村土地承包经营权流转管理办法》，农村土地使用权由村集体外的第三人使用，包括以下途径：首先，家庭承包的土地使用权可以依法采取转包、出租、互换等方式流转，并应遵循以下原则：1）

平等协商、自愿、有偿，任何组织和个人不得强迫或者阻碍承包方进行土地承包经营权流转；2）不得改变土地所有权的性质和土地的农业用途；3）流转的期限不得超过承包期的剩余期限；4）受让方须有农业经营能力；5）在同等条件下，本集体经济组织成员享有优先权。其次，发包方，即村集体组织将集体所有土地发包给集体经济组织以外的第三方承包，应当事先经本集体经济组织成员的村民会议 2/3 以上成员或者 2/3 以上村民代表的同意，并报乡（镇）人民政府批准。上述家庭承包经营权流转以及向村集体经济组织以外的第三方发包土地，土地使用方均不得改变土地的用途。

4 亩土地目前由山西贝特瑞通过向宁艾村村民委员会租赁取得。山西贝特瑞租赁 4 亩土地的行为不属于上述家庭承包经营权流转，也不属于向村集体经济组织以外的第三方发包。比照村集体经济组织向村集体经济组织外的第三方的发包程序，经宁艾村村民委员会确认，上述租赁事宜和租赁费用已按照程序经村委两会会议讨论通过，且于每年召开的村民代表大会上向村民汇报，并在全村进行了公示。该村没有村民对山西贝特瑞租赁上述土地的行为表示反对。

经核查，公司承租 4 亩土地并在 4 亩土地上建设附属设施不符合《农村土地承包法》《农村土地承包经营权流转管理办法》关于土地用途不得变更的规定，但通过村委两会会议讨论，在村民代表大会上向村民汇报，并在全村进行了公示确保村集体经济组织成员知悉该事项，确保不存在纠纷。公司自 2013 年 10 月 1 日起承租上述土地，至今未出现纠纷。

3. 公司是否存在占用基本农田的情况，公司目前的用地情况是否存在违反《土地管理法》第 36 条、《基本农田保护条例》及其他相关法律、行政法规规定的情况，公司是否存在因违反上述规定而遭受行政处罚的可能

经土地所有权人宁艾村村集体村民委员会及平定县国土局耕保股确认，该 4 亩土地的性质目前为基本农田以外的耕地，不属于基本农田。

《土地管理法》第 36 条规定，非农业建设必须节约使用土地，可以利用荒地的，不得占用耕地；可以利用劣地的，不得占用好地。禁止占用耕地建窑、建坟或者擅自在耕地上建房、挖砂、采石、采矿、取土等。禁止占用基

本农田发展林果业和挖塘养鱼。

因山西贝特瑞通过招拍挂取得的土地未能完整包括厂房一角项下土地，而事项是测量偏差所致，山西贝特瑞为整体利用厂房而签署该4亩土地的租赁合同，并在租赁后在地块上建设房屋。山西贝特瑞存在未经政府正式批准4亩耕地用途变更为建设用地之前，在4亩耕地上建设房屋的行为。该4亩耕地目前已进入农用地转为建设用地的流程。

上述事实已自2013年10月延续至今，当地国土管理机关知悉，但其并未处罚山西贝特瑞，且山西省平定县国土资源局于2015年7月8日出具证明，确认“山西贝特瑞新能源科技有限公司自2011年11月15日至今，一直遵守国家及地方有关国土资源和房产管理方面的法律、法规、规章，不存在因违反国家、地方有关国土资源和房产管理方面的法律、法规、规章而被我部门处罚的情形”。此外，因该4亩耕地目前已经进入农用地转为建设用地的流程，基于此，根据政府机关执法的一贯性及行政处罚是以对违法行为人惩戒，制止违法行为继续进行等目的而作出，山西贝特瑞未来因此被处罚的可能性较小，但若主管政府部门改变执法思路，其可能仍会就上述事项对山西贝特瑞作出处罚。

4. 公司是否采取有效的规范措施、该措施是否符合上述相关法律法规的规定

山西贝特瑞已计划通过招拍挂方式取得上述4亩土地。目前该4亩土地已进入农用地转为建设用地的流程。平定县国土资源局已于2015年8月3日向被征地单位张庄镇宁艾村出示4.4亩土地的《征收土地补偿安置方案》（征地费共计157171元），其他程序尚在办理中。

案例分析 5.4.5①

安徽马仁奇峰文化旅游股份有限公司在挂牌过程中遇到的问题：请核

① 参见“马仁奇峰”在全国中小企业股份转让系统挂牌公告及上海瀛泰律师事务所补充法律意见书。

查公司土地取得方式、土地权属、土地使用情况比例、具体土地使用建设开发规划及其执行情况、公司每期项目定价情况并对比同等级其他园区定价情况说明定价公允性、公司是否存在出售土地使用权、出售土地价格的情况？并核查公司是否存在闲置土地、炒地以及捂盘惜售、哄抬房价等违法违规行为？

□问题剖析及解决方案

根据公司提供的相关资料并经适当核查，公司取得的土地使用权情况如下：

1. 2002 年 6 月 6 日，有限公司向繁昌县人民政府提交《关于安徽繁昌县马仁奇峰森林旅游有限公司要求建设用地的报告》，向繁昌县人民政府提出用地报告；同日有限公司与繁昌县赤沙乡八分村村民委员会签署《征地协议》，有限公司拟征用乙方集体土地 21.04 亩用于建设景区办公楼、管理用房及停车场。双方约定甲方支付征地（非耕地）补偿费每亩按 3000 元支付，所征土地待有关部门批准后，土地使用权归属甲方。

2002 年 6 月 7 日，繁昌县计划委员会出具《关于安徽繁昌马仁奇峰森林旅游开发建设项目立项的批复》（计投〔2002〕68 号），同意有限公司实施开发建设项目立项。

2004 年 4 月 27 日，繁昌县城建委员会出具《村镇规划选址意见书》（繁建 2002—367 号），确认有限公司申请建设项目涉及用地 14026.7 平方米，符合村镇规划要求。2004 年 4 月 26 日由繁昌县国土资源局编制的《建设用地项目呈报材料"一书四方案"》载明繁昌县国土资源局、繁昌县人民政府同意出让国有土地 1.4027 公顷用于有限公司办公及停车场建设。

2004 年 5 月 11 日，繁昌县国土资源局向有限公司核发《中华人民共和国国有土地使用权证》（繁国用〔2004〕字第 086 号），土地使用权面积为 14027 平方米，使用权类型为出让，终止日期为 2044 年 5 月 10 日。繁昌县国土资源局于 2007 年 11 月 25 日在该土地证载明土地证范围内 7553 平方米的国有土地使用权由繁昌县土地储备中心收购，有限公司实际拥有的土地使用权面积为6474平方米。

截至目前，马仁奇峰持有繁昌县国土资源局核发的《中华人民共和国国有土地使用权证》(繁国用〔2015〕字第186号)，经实际测量确认，土地使用权面积为5670平方米，使用权类型为出让，终止日期为2044年5月10日。

2. 2006年12月29日，有限公司与繁昌县国土资源局签署了《国有建设用地使用权出让合同》[合同编号：繁国让(合)字(2006)第29号]，出让宗地面积为7553平方米，出让价款为人民币225万元，土地性质为餐饮旅馆业用地。

3. 2010年3月5日，有限公司与繁昌县国土资源局签署了《国有建设用地使用权出让合同》(合同编号：340222出让〔2010〕0012)，出让宗地面积为6762平方米，出让价款为人民币150万元，土地性质为住宿餐饮用地。

4. 2010年4月9日，有限公司与繁昌县国土资源局签署了《国有建设用地使用权出让合同》(合同编号：340222出让〔2010〕0016)，出让宗地面积为1791.15平方米，出让价款为人民币19万元，土地性质为科教商服用地。

5. 2011年2月10日，有限公司与繁昌县国土资源局签署了《国有建设用地使用权出让合同》(合同编号：340222出让〔2011〕0006)，出让宗地面积为5038平方米，出让价款为人民币129万元，土地性质为住宿餐饮用地。

6. 2011年2月10日，有限公司与繁昌县国土资源局签署了《国有建设用地使用权出让合同》(合同编号：340222出让〔2011〕0007)，出让宗地面积为50406平方米，出让价款为人民币1780万元，土地性质为住宿餐饮用地。

7. 2011年2月10日，有限公司与繁昌县国土资源局签署了《国有建设用地使用权出让合同》(合同编号：340222出让〔2011〕0008)，出让宗地面积为38466平方米，出让价款为人民币1340万元，土地性质为住宿餐饮用地。

8. 2011年7月22日，有限公司与繁昌县国土资源局签署了《国有建设用地使用权出让合同》(合同编号：340222出让〔2011〕0019)，出让宗地面积为66569平方米，出让价款为人民币2400万元，土地性质为住宿餐饮用地。

9. 2006年3月8日，马仁奇峰(合同中为乙方)与安徽省繁昌县孙村镇人民政府（以下称甲方）、安徽省繁昌县孙村镇八分村（以下称丙方）三方签订了马仁奇峰森林旅游区租赁开发经营合同书（以下简称合同），约定：租赁开发时间为44年（自2006年3月1日至2050年3月1日）；开发经营范围为东以南陵县工山镇跃进村马人山山脊分水为界，西以铜陵金榔乡九榔庙村佘山脊分水为界，南以南陵县工山镇跃进村乌霞山山脊分水为界，北以繁昌县孙村镇八分村马仁山尼组山埋石为界，总面积为3300亩。2015年4月3日，繁昌县林业局向公司颁发了编号为繁林证字（2015）第00001号的《林权证》，确认有限公司为坐落于孙村镇八分村的1034.9亩的林权使用权人，使用期为44年，终止日期为2050年3月1日。

10. 根据国土资源部《闲置土地处置办法》，闲置土地是指国有建设用地使用权人超过国有建设用地使用权有偿使用合同或者划拨决定书约定、规定的动工开发日期满一年未动工开发的国有建设用地；已动工开发但开发建设用地面积占应动工开发建设用地总面积不足1/3或者已投资额占总投资额不足25%，中止开发建设满一年的国有建设用地，也可以认定为闲置土地。市、县国土资源主管部门发现有涉嫌构成闲置土地的，应当在30日内开展调查核实，向国有建设用地使用权人发出《闲置土地调查通知书》。根据公司提供的资料并经说明，公司所取得土地上各项目均已经动工建设，部分项目仍在建设中，亦不存在中止开发建设的情况，不存在构成闲置土地的情况；另经公司说明，公司亦不存在收到当地土地主管部门下发《闲置土地调查通知书》的情况。因此，公司不存在闲置土地的情况。

11. 公司为发展旅游业务，建设旅游配套房产，2012年以来（主要是2012年）该公司由于财政困难，销售了其中28套，共5769.12平方米，但根据公司已经处理的收款情况及说明，公司处置该部分房屋本属于受财政一时所迫，后续并无处置计划，不存在捂盘惜售、哄抬价格的动机，另外，已销售的房产在考虑税务因素后总体呈现亏损，不存在哄抬价格的效果。自2013年至今未曾继续销售，同时根据公司说明及承诺，公司现有旅游配套房屋完全用于日常经营使用，除因已经销售的自用旅游配套房屋外，公司将不再对外销售任何自用配套房屋。公司相应房地产资质也已经注销，后期也不会存在销售行为。因此，不存在捂盘惜售、哄抬房价的情况。

综上所述，公司通过出让、租赁等方式合法取得相应土地使用权、林权使用权，并取得相应权属证明，并根据规划进行建设；同时根据公司说明及承诺，公司现有旅游配套房屋将完全用于日常经营使用，除已经销售的自用旅游配套房屋外，公司将不再对外销售任何自用配套房屋，且公司处置的房产所在地安徽省芜湖市繁昌县房地产管理局于 2015 年 8 月 22 日为公司出具《证明》，确认“安徽马仁奇峰文化旅游股份有限公司建设的楠山竹苑（面积为 12696.56 平方米，合计 52 套）为旅游房产及配套用房，其建设、交易及存续状态符合土地房屋管理有关的法律法规规定”，因此，律师认为，公司不存在闲置土地、炒地以及捂盘惜售、哄抬房价等违法违规行为，也未因为上述事项受到主管部门的行政处罚，符合挂牌条件。

案例分析 5.4.6[①]

江苏谢馥春国妆股份有限公司在挂牌过程中遇到的问题：（1）公司子公司谢馥春古典土地使用权和地上建筑物、房产租赁的取得、使用的合法合规性。（2）是否履行了必备的审批程序，是否存在被收回的风险，其地上建筑物是否存在被拆除或搬迁的风险？（3）谢馥春古典在建工程环保合规性，包括但不限于环评批复、环评验收及“三同时”验收等批复文件的取得情况。

❑问题剖析及解决方案

1. 公司的子公司谢馥春古典土地使用权和地上建筑物、房产租赁的取得、使用的合法合规性

根据公司说明，公司的子公司扬州谢馥春古典化妆品有限公司（以下简

① 参见“谢馥春”在全国中小企业股份转让系统挂牌公告及北京市竞天公诚律师事务所上海分所法律意见书。

称“古典化妆品”）杭集工业园项目目前尚未取得土地使用权、地上建筑物及房产的房屋所有权，不存在租赁房产。

2. 是否履行必备的审批程序，是否存在被收回的风险，其地上建筑物是否存在被拆除或搬迁的风险

2012 年 12 月 16 日，杭集镇政府与扬州谢馥春有限责任公司（以下简称“谢馥春有限”）签订了《扬州市杭集工业园项目投资合同》及《补充合同》，杭集镇政府同意将山鹰纸业以南、泰李路以西，西至排涝河，南至美凯杰公司，总面积约为 55 亩（实际为 56.3 亩）的土地使用权出让给谢馥春公司供项目建设，土地出让金总计人民币 1028.5 万元，2012 年 12 月 17 日，谢馥春有限按照合同约定缴纳了前期土地出让金人民币 500 万元。

2013 年 3 月 19 日，扬州市杭集工业园管理委员会出具了《关于同意扬州谢馥春古典化妆品项目进园的通知》（杭工发〔2013〕1 号），同意谢馥春有限的古典化妆品项目进园投资建设，并将泰李路以西、扬州美凯杰酒店用品有限公司以北、西至排涝河、北至排涝河区域约 60 亩（以实际测量为准）出让给谢馥春有限，并希望谢馥春有限根据投资计划，立即组织项目立项手续，并办理项目的规划、国土、消防、安全等手续，全面推进项目投资建设。

2013 年 3 月 26 日，扬州市发展和改革委员会出具了《扬州市发改委关于扬州谢馥春古典化妆品有限公司扬州谢馥春古典化妆品生产基地项目节能评估报告表的审查意见》（扬发改能审〔2013〕第 28 号），原则上同意古典化妆品生产基地项目节能评估报告表。

2013 年 4 月 9 日，扬州市广陵区环境保护局出具了《关于扬州谢馥春古典化妆品有限公司新建一期厂房及配套设施，年产发用、美容修饰、洁肤、护肤、香包等 528 吨项目环境影响报告表的批复》（扬广环管〔2013〕30 号），同意古典化妆品在扬州市广陵区杭集工业园泰李路西侧新建一期厂房及配套设施，年产发用、美容修饰、洁肤、护肤、香包等 528 吨项目，该项目批复下达之日起有效期为 5 年。

2013 年 5 月 10 日，谢馥春有限就杭集工业园古典化妆品生产基地项目设立子公司古典化妆品。

2013年6月4日，扬州市发展和改革委员会出具了《扬州市发改委关于下达扬州谢馥春古典化妆品有限公司年产1500吨化妆品产业化项目备案的通知书》（扬发改许发〔2013〕363号），认为古典化妆品生产基地项目符合《国务院关于投资体制改革的决定》《产业结构调整指导目录（2011年本）》《江苏省企业投资项目备案暂行办法》的规定，准予备案。

2013年9月9日，扬州市国土资源局广陵分局向区规划分局出具《说明》，兹有位于杭集工业园内山鹰纸业（南侧排涝河）以南、泰李路以西，西至排涝河，南至美凯杰公司，面积约为56.3亩，地块符合土地利用总体规划，拟办理土地征收手续。

2014年4月10日，扬州市规划局出具《扬州市规划局关于工业用地规划设计条件审批表》（编号：HJG–13—01），审批位于扬州市广陵区杭集镇，泰李新路西侧地块的规划设计要点。

2014年4月，古典化妆品在尚未取得上述土地国有土地使用权的情况下开始介入该土地实施建设。根据金茂化工出具的《承诺函》，确认：该情形是因国土资源主管部门用地指标调剂导致杭集镇政府同意出让给谢馥春的土地一直未能取得用地指标，无法履行招拍挂程序将土地出让给谢馥春所致。经与杭集镇政府和广陵区政府沟通，广陵区政府同意谢馥春提前介入该土地实施建设。目前杭集镇政府、国土资源主管部门和其他相关政府主管部门正在积极协调推进杭集土地挂牌有关事宜，有望尽快得以解决。金茂化工同时承诺，如谢馥春因该土地问题而受到国土资源主管部门、规划建设部门或其他政府主管部门的行政处罚，由此产生的一切经济损失由金茂化工承担。

综上，主办律师认为，古典化妆品杭集工业园项目尚未取得土地使用权、地上建筑物及房产的房屋所有权，项目不存在租赁房产。古典化妆品在未履行土地招拍挂程序，未取得国有土地使用权证，亦未办理《建设工程规划许可证》和《建筑工程施工许可证》的情况下开始进行项目建设，违反《土地管理法》《城乡规划法》和《建筑工程施工许可管理办法》等相关法律法规的规定，存在被相关政府主管部门处罚及地上建筑物被拆除的风险，但鉴于：1）谢馥春已与杭集镇政府签署投资合同，并交纳土地出让金人民币500万元；

2）该情形主要是因政府用地指标调整的原因所致；3）谢馥春在介入土地实施建设前已与相关政府主管部门沟通，并已办理立项、环评、能评等审批/备案手续；4）公司控股股东金茂化工已承诺如谢馥春因该问题受到政府主管部门行政处罚，一切经济损失由金茂化工承担。因此，律师认为，古典化妆品上述违规行为对本次挂牌造成重大不利影响的风险较小。

3. 谢馥春古典在建工程环保合规性，包括但不限于环评批复、环评验收及“三同时”验收等批复文件的取得情况

2013 年 4 月 9 日，扬州市广陵区环境保护局出具了《关于扬州谢馥春古典化妆品有限公司新建一期厂房及配套设施，年产发用、美容修饰、洁肤、护肤、香包等 528 吨项目环境影响报告表的批复》（扬广环管〔2013〕30 号），同意古典化妆品在扬州市广陵区杭集工业园泰李路西侧新建一期厂房及配套设施，年产发用、美容修饰、洁肤、护肤、香包等 528 吨项目，该项目批复自下达之日起有效期为 5 年。

同时上述《批复》亦规定该项目环保设施必须严格执行“三同时”制度，即环保设施必须与主体工程同时设计、同时施工、同时投入使用。项目建成后需报广陵区环保局核准试生产；试生产 3 个月内需按规定程序向广陵区环保局办理项目环保“三同时”竣工验收手续，经验收合格后，方可正式生产。

根据公司说明，古典化妆品杭集工业园项目目前仍在建设过程中，尚未进入竣工验收阶段，不涉及建设项目配套建设的环境保护设施竣工验收与“三同时”验收工作。

第五节 公司法律风险对持续经营能力的影响与解决

《全国中小企业股份转让系统股票挂牌条件适用基本标准指引》规定：“持续经营能力，是指公司在可预见的将来，有能力按照既定目标持续经营

下去”。

公司运营的网站、视频节目、艺人周边、电竞周边产品（如玩偶）等是否存在侵权情形？报告期内公司是否存在相关诉讼或纠纷？公司防范相关风险的措施有哪些？以上海网映为例，公司的应对策略是（1）公司确认，公司未收到任何第三方关于公司运营的网站、视频节目、艺人周边、电竞周边产品所提起的侵权之诉；（2）经查询，全国法院被执行人信息查询网站、中国裁判文书网等，报告期内公司不存在因公司运营的网站、视频节目、艺人周边、电竞周边产品侵权而产生的诉讼或纠纷；（3）公司在以后的经营过程中，会事先审查合作对象是否是合法权利人或已获得合法授权，在合同履行过程中严格遵守授权范围和授权期限的约定。同时，公司也会聘请外部法律专业人士负责公司各项合同的起草和审查工作，降低公司经营风险；（4）控股股东、实际控制人也出具承诺：“如因公司运营的网站、视频节目、艺人周边、电竞周边产品侵犯他人著作权或其他知识产权而导致公司承担任何赔偿责任或遭受经济损失，该赔偿责任或经济损失全部由本人承担”。

诉讼会对公司的持续经营能力产生影响吗？以丰年科技为例，公司的应对措施是（1）自 2013 年 9 月以后，丰年有限未再向兴源塑胶采购任何产品且公司的生产经营并不依赖兴源塑胶；（2）丰年有限与兴源塑胶之间的诉讼案件已经审结且履行完毕；（3）丰年有限最终向兴源塑胶支付的货款为 77 万元，不超过公司经审计的净资产的 10%。所以与兴源塑胶的诉讼并不会影响公司的持续经营。

如果拟挂牌公司不存在重大违法违规行为，也无任何尚未了结的重大诉讼、仲裁及行政处罚案件，亦不存在可预见的重大诉讼、仲裁案件或被行政处罚的情形。那么，公司涉诉等方面，就不会构成影响公司挂牌的法律障碍。

案例分析 5.5.1①

上海网映文化传播股份有限公司在挂牌过程中遇到的问题：公司运营的网站、视频节目、艺人周边、电竞周边产品（如玩偶）等是否存在侵权情形？报告期内公司是否存在相关诉讼或纠纷？公司防范相关风险的措施有哪些？

❑问题剖析及解决方案

根据公司与立霆信息签署的《资产转让协议》，公司运营的网站域名是依法受让取得；根据公司与游戏运营商签署的合作协议，公司制作的视频节目中所使用的商标、图像，以及公司举办赛事所使用的电竞周边产品等相关知识产权已得到游戏运营商授权许可；根据公司与艺人签署的《NEOTV 艺人经纪代理合同》，艺人已授权公司使用其肖像及其他代理活动，艺人参与创作的作品版权和所有权归公司所有。根据公司的确认，公司未收到任何第三方关于公司运营的网站、视频节目、艺人周边、电竞周边产品所提起的侵权之诉。主办律师认为，截至本补充法律意见书出具之日，公司不存在因公司运营的网站、视频节目、艺人周边、电竞周边产品而产生的侵权之债。

根据公司的确认并经主办律师查询全国法院被执行人信息查询网站、中国裁判文书网等，报告期内公司不存在因公司运营的网站、视频节目、艺人周边、电竞周边产品侵权而产生的诉讼或纠纷。

为了规范经营和防范风险，公司在以后的经营过程中，会事先审查合作对象是否是合法权利人或已获得合法授权，在合同履行过程中严格遵守授权范围和授权期限的约定。同时，公司也会聘请外部法律专业人士负责公司各项合同的起草和审查工作，降低公司经营风险。此外，控股股东、实际控制人也出具承诺："如因公司运营的网站、视频节目、艺人周边、电竞周边产品侵犯他人著作权或其他知识产权而导致公司承担任何赔偿责任或遭受经济损失，该赔偿责任或经济损失全部由本人承担"。

① 参见"上海网映"在全国中小企业股份转让系统挂牌公告及国浩律师（上海）事务所法律意见书。

案例分析 5.5.2①

北京乐享方登网络科技股份有限公司在挂牌过程中遇到的问题：公司使用未被授权内容存在侵犯他人知识产权的潜在风险，请核查、深入分析上述风险及对公司经营存在的主要风险、是否因此引发过相关诉讼及风险防范措施，并对公司是否具有持续经营能力发表明确意见。

□问题剖析及解决方案

经核查，公司目前的内容产品主要为游戏资讯和游戏攻略。其中，资讯类内容产品主要集中在报道游戏业界新闻，介绍游戏产品发布动态；攻略类内容产品主要提供游戏的玩法、技巧、经验和心得。游戏资讯和攻略中不可避免地需要使用相关游戏产品的人物形象、游戏图片、游戏相关视频（以下统称游戏素材）。

根据公司的说明，公司所使用的游戏素材均为已发表的作品。为防止侵犯他人知识产权的情况发生，公司已采取了一定的预防措施，包括注明游戏素材的出处或游戏产品的开发商或发行商，并建立内部审核机制对游戏素材进行筛查。但由于公司的内容产品发布数量较多，更新较快，且部分内容由游戏用户编辑创作，因此存在部分游戏素材未能取得适当授权的可能性。

根据《著作权法》第 22 条的规定，为介绍、评论某一作品或者说明某一问题，在作品中适当引用他人已经发表的作品，可以不经著作权人许可，不向其支付报酬，但应当指明作者姓名、作品名称，并且不得侵犯著作权人依照本法享有的其他权利。公司在游戏资讯和攻略中使用游戏素材的方式符合《著作权法》第 22 条规定的可不经著作权人许可使用相关知识产权的情形。另据公司的说明，截至本补充法律意见书出具之日，公司未发生与游戏素材使用相关的任何争议、诉讼或仲裁。公司承诺将进一步加强针对第三方游戏

① 参见“乐享方登”在全国中小企业股份转让系统挂牌公告及北京市环球律师事务所补充法律意见书。

素材引用的内部管理和核查力度，如出现权利人提出权利主张的，公司将依法与权利人进行协商并妥善处理相关争议。

综上，公司对游戏素材的使用不会对公司的持续经营能力产生重大不利影响。

案例分析 5.5.3①

苏州丰年科技股份有限公司在挂牌过程中遇到的问题：请调查并说明与苏州兴源塑胶有限公司的诉讼对公司的影响。

□问题剖析及解决方案

经核查，苏州兴源塑胶有限公司（以下简称“兴源塑胶”）原为丰年有限的塑胶零件的加工商，2013 年度，丰年有限向其采购的金额占总采购金额的 24.72%。2013 年 9 月之后，因兴源塑胶提供的模具产品存在质量问题，丰年有限未再向兴源塑胶采购任何产品。公司的生产经营对兴源塑胶并无依赖性。

2014 年 1 月 22 日，兴源塑胶以丰年有限拖欠货款为由向苏州工业园区人民法院提起诉讼，要求丰年有限支付拖欠货款 988768.78 元及违约金（按每日货款的 0.2‰计算，从 2013 年 11 月 1 日起至实际付款日）。丰年有限以货物存在质量问题给丰年有限造成损失且部分货物已退回为由进行抗辩并提起反诉，要求兴源塑胶赔偿。经园区法院多次审理，于 2015 年 2 月 11 日作出《民事判决书》，判决丰年有限向兴源塑胶支付货款 860575.14 元，并偿付逾期付款利息（逾期付款利息从 2013 年 12 月 30 日起，以人民币 860575.14 元为基数，按中国人民银行公布的同期同类贷款基准利率计算至实际付款之日止）。

2015 年 2 月 27 日，丰年有限不服园区法院判决向苏州市中级人民法院

① 参见“丰年科技”在全国中小企业股份转让系统挂牌公告及江苏益友天元律师事务所补充法律意见书（一）。

提起上诉。后在中级法院主持下，丰年有限和兴源塑胶达成调解协议，中级法院于2015年7月3日作出《民事调解书》，丰年有限应于2015年7月17日向兴源塑胶一次性支付77万元，双方之间再无其他任何纠葛。2015年7月16日，丰年有限按照上述《民事调解书》的要求一次性向兴源塑胶支付货款77万元。

综上，鉴于（1）自2013年9月以后，丰年有限未再向兴源塑胶采购任何产品且公司的生产经营并不依赖兴源塑胶；（2）丰年有限与兴源塑胶之间的诉讼案件已经审结且履行完毕；（3）丰年有限最终向兴源塑胶支付的货款为77万元，不超过公司经审计的净资产的10%，所以与兴源塑胶的诉讼并不会影响公司的持续经营。

案例分析 5.5.4①

上海真灼科技股份有限公司在挂牌过程中遇到的问题：公司存在三起未决诉讼，其中两起公司作为被告的诉讼，涉案标的额不大；另一起公司作为原告的诉讼，涉案标的额较大，且共同被告之一下落不明。请核查并就未决诉讼事项对公司持续经营能力的影响发表明确意见。

□问题剖析及解决方案

根据公司提供的资料并经本所律师核查，报告期内公司存在如下尚未了结的诉讼、仲裁案件：

1. 2013年1月24日，陈禹进入真灼有限从事产品研发工作，双方订立劳动合同，约定合同期限为2013年1月24日至2016年1月23日，每月基础工资为2600元。2014年12月2日，陈禹以电子邮件方式向真灼有限送达《解除劳动合同关系通知书》，离职理由是公司长期拖欠劳动报酬，未足

① 参见“真灼科技”在全国中小企业股份转让系统挂牌公告及北京市盈科（苏州）律师事务所补充法律意见书（一）。

额缴纳社保。2014 年 12 月 25 日，陈禹就与真灼有限因解除劳动合同等事宜发生纠纷向上海市闵行区劳动人事争议仲裁委员会申请仲裁，要求真灼有限支付解除劳动合同的经济补偿金 30216 元，2013 年 1 月 24 日至 2014 年 12 月 2 日期间的工资差额 241932 元及 25% 的补偿金 60483 元，2013 年 1 月 24 日至 2014 年 12 月 2 日期间未休年休假工资 41385 元。陈禹举证认为，劳动报酬应当按照签订劳动合同前真灼有限通过电子邮件发送的录用通知书上的年薪 30 万元来计算，月发 1.5 万元，其余部分于年终经考核后发放。真灼有限举证认为，劳动报酬应当以双方订立的劳动合同为准。2015 年 2 月 15 日，上海市闵行区劳动人事争议仲裁委员会作出闵劳人仲（2014）办字第 8473 号裁决书，裁决真灼有限支付陈禹 2013 年 1 月 24 日至 2014 年 12 月 2 日期间的工资差额共计 234504.2 元，以及解除劳动合同的经济补偿金 30216 元。真灼有限对该仲裁裁决不服，认为其认定事实不清，证据不足，于 2015 年 3 月 4 日向上海市闵行区人民法院提起诉讼，要求撤销闵劳人仲（2014）办字第 8473 号裁决书。目前该案已由简易程序转为普通程序，法院尚在审理中。

2. 2014 年 9 月 4 日，真灼有限与北京鑫诺金电子科技发展有限公司（以下简称“鑫诺金科技”）签订《销售合同》（合同编号 NKY-WYQ-1303101 号），双方约定由卖方鑫诺金科技向买方真灼有限供应传感器。买方真灼有限收到型号为 CSNK500M 的电流传感器 10 支，型号 CSNR161—006 的电流传感器 300 支，货款共计 20290 元，但真灼有限未能按期支付货款。鑫诺金科技于 2015 年向北京市大兴区人民法院提起诉讼，要求真灼有限支付货款 213337 元。2015 年 8 月 24 日，北京市大兴区人民法院主持调解后作出（2015）大民（商）初字第 10545 号民事调解书，鑫诺金科技与真灼有限达成如下协议：真灼有限于 2015 年 11 月 24 日前支付鑫诺金科技货款 20290 元；案件受理费 154 元由鑫诺金负担。目前该案尚未执行。

3. 2013 年 6 月 21 日，真灼有限与南京天泽声创网络科技有限公司（以下简称“天泽网络”）签订《销售合同》，双方约定由真灼有限出售车载信息终端（T749 标准）等设备给天泽网络，货款共计 120 万元。真灼有限在如约履行货物交付和开具发票义务后，天泽网络并未给付货款。2013 年 9 月 27 日，真灼有限向天泽网络发出《催告函》，要求天泽网络尽快履行货款给付义务，但是天泽网络仍未履行。2014 年 1 月 7 日，真灼有限与天泽网络法定代表人吴灏签署《保证合同》，约定由吴灏对该笔债务承担连带保证责任。2015 年 5 月 31 日，真灼有限向上海市闵行区人民法院提起诉讼，要求天泽网络支付销售合同项下全部货款 1200000 元，违约金为 703200 元，天泽网络的法定代表人吴灏对此债务承担连带责任。目前吴灏未应诉，法院正在公告送达开庭传票。

经核查，南京天泽主要从事北斗导航等通信产品的销售业务，根据全国企业信用信息公示系统网站（http://gsxt.saic.gov.cn）查询显示，南京天泽注册资本为 200 万元，该公司仍处于存续状态，而真灼科技主要从事 RFID 技术开发与应用，与南京天泽之间的销售业务不属于核心业务范围，南京天泽不属于真灼科技的主要客户，上述未决案件不会对真灼科技未来经营业绩构成重大不利影响。

2015 年 10 月 28 日，真灼股份与天泽网络签署《还款协议》，天泽网络承诺分期向真灼股份还款，具体计划为：（1）2015 年 12 月 31 日前偿还 10 万元；（2）2015 年 3 月 31 日前偿还 20 万元；（3）2015 年 6 月 30 日前偿还 40 万元；（4）2016 年 9 月 30 日前偿还 50 万元。上述还款协议由自然人曹拥东提供保证担保。

律师认为，上述第 1、2 项诉讼标的数额较小，不会对公司持续经营能力构成重大影响；第 3 项诉讼虽数额较大，但事实清楚，证据确实充分，公司应当会胜诉，并且公司已与天泽网络达成《还款协议》，天泽网络承诺将按照《还款协议》的约定分期偿还欠款，由自然人曹拥东提供担保。

同时，律师认为，上述涉诉金额合计 1485164.2 元，仅占公司净资产（截至 2015 年 5 月 31 日，公司净资产为 31779958.86 元）的 4.67%；同时，截至 2015 年 5 月 31 日公司净利润为 1477456.94 元，即使公司承担全部不利的后果，也仅会对公司利润产生影响，不会对生产经营造成重大不利影响，不会对本次挂牌构成实质性法律障碍。

案例分析 5.5.5[①]

昆山市诚泰电气股份有限公司在挂牌中遇到的问题：2014 年公司因工伤保险事项与刘道选发生涉诉纠纷。请公司补充披露：（1）该诉讼案件产生原因、判决和执行情况；（2）该诉讼案件对公司资产、生产经营的影响；（3）该诉讼案件是否对公司持续经营构成重大不利影响。如构成重大不利影响，请公司作重大事项提示。

❑问题剖析及解决方案

刘道选自称 2004 年 12 月入职昆山诚泰，为昆山诚泰全日制在职员工。2013 年昆山市诚泰电气股份有限公司发生事故，刘道选在事故中受伤，同年 3 月 28 日前述事故被认定为工伤，后又于 2013 年 7 月 28 日进行鉴定，鉴定结果为刘道选伤残等级为十级。因涉及伤残补偿等事宜，刘道选于 2013 年 12 月 19 日向江苏省昆山市劳动人事争议仲裁委员会提起关于其与昆山诚泰工伤保险争议一案的仲裁申请。除工伤保险争议外，刘道选还向法院请求其未续签劳动合同的经济补偿 36982.07 元及 2013 年 6 月至 2013 年 11 月的工资差额 5410.71 元。江苏省昆山市劳动人事争议仲裁委员会受理并庭审后于 2014 年 2 月 20 日作出昆劳人仲案字〔2014〕第 228 号裁决书。刘道选不服江苏省昆山市劳动人事争议仲裁委员会依法作出的昆劳人仲案字〔2014〕第 228 号裁决，其又向江苏省昆山市人民法院提起诉讼。江苏省昆山市人民法院于 2014 年 6 月 3 日作出（2014）昆张民初字第 0152 号判决：

一、被告于本判决生效后十日内支付原告刘道选住院伙食补助费 378 元、护理费 840 元、停工留薪工资差额 4868.45 元、一次性伤残就业补助金 14406 元。

二、被告于本判决生效后十日内支付原告拖欠的工资数额 1015.52 元。

三、驳回原告其他诉讼请求。因被告已为原告缴纳社保，故一次性伤残

① 参见“诚泰股份”在全国中小企业股份转让系统挂牌公告及上海市海华永泰律师事务所补充法律意见书（一）。

补助金和一次性工伤医疗补助金由原告自行去社保机构申领，被告予以配合，本院依法不予理涉。

事故发生后，昆山诚泰立即向中国平安财产保险股份有限公司报案。保险公司受理案件后，即按照平安雇主责任保险条款予以理赔，保险公司向昆山诚泰理赔金额为 19885.65 元，且保险公司于 2014 年 1 月 26 日向昆山诚泰支付了前述赔款。同时，昆山市社会保险基金管理中心（社保）受理并审核通过了刘道选工伤补偿待遇 18081 元、一次性工伤医疗补助金 33614 元及刘道选工伤医疗费用 5536.30 元（社保承担部分）。昆山诚泰收到前述款项并在江苏省昆山市人民法院作出（2014）昆张民初字第 0152 号生效判决后，于 2014 年 7 月 8 日向刘道选支付了前述款项共计 80639.29 元，其中包括刘道选住院伙食费 378 元、护理费 840 元、工伤停工期间差额补助工资 4868.45 元、一次性伤残就业补助金 14406 元、拖欠工资补偿 1015.52 元、一次性伤残补助 24979.5 元、一次性工伤医疗费 34151.82 元。

律师认为，2014 年公司因工伤保险事项与刘道选发生涉诉纠纷已经执行完毕，因此该诉讼案件对公司资产、生产经营无重大影响。

第六章 挂牌条件“公司治理机制健全，合法规范经营”之常见问题及解决方案

“公司治理机制健全，合法规范经营”是《全国中小企业股份转让系统业务规则（试行）》规定的拟挂牌公司必须具备的第3个条件，《全国中小企业股份转让系统股票挂牌条件适用基本标准指引》将该条件具体细化如下标准：

（一）公司治理机制健全，是指公司按规定建立股东大会、董事会、监事会和高级管理层（以下简称“三会一层”）组成的公司治理架构，制定相应的公司治理制度，并能证明有效运行，保护股东权益。

1. 公司依法建立“三会一层”，并按照《公司法》《非上市公众公司监督管理办法》及《非上市公众公司监管指引第3号——章程必备条款》等规定制定公司章程、“三会一层”运行规则、投资者关系管理制度、关联交易管理制度等，建立全面完整的公司治理制度。

2. 公司“三会一层”应按照公司治理制度进行规范运作。在报告期内的有限公司阶段应遵守《公司法》的相关规定。

3. 公司董事会应对报告期内公司治理机制执行情况进行讨论、评估。

4. 公司现任董事、监事和高级管理人员应具备《公司法》规定的任职资格，履行《公司法》和公司章程规定的义务，且不应存在以下情形：

（1）最近24个月内受到中国证监会行政处罚，或者被中国证监会采取证券市场禁入措施且期限尚未届满，或者被全国中小企业股份转让系统有限责任公司认定不适合担任挂牌公司董事、监事、高级管理人员；

（2）因涉嫌犯罪被司法机关立案侦查或者涉嫌违法违规被中国证监会立

案调查，尚未有明确结论意见。

5. 公司进行关联交易应依据法律法规、公司章程、关联交易管理制度的规定履行审议程序，保证交易公平、公允，维护公司的合法权益。

6. 公司的控股股东、实际控制人及其关联方存在占用公司资金、资产或其他资源情形的，应在申请挂牌前予以归还或规范（完成交付或权属变更登记）。

占用公司资金、资产或其他资源的具体情形包括：从公司拆借资金；由公司代垫费用、代偿债务；由公司承担担保责任而形成债权；无偿使用公司的土地房产、设备动产等资产；无偿使用公司的劳务等人力资源；在没有商品和服务对价情况下其他使用公司的资金、资产或其他资源的行为。

（二）合法合规经营，是指公司及其控股股东、实际控制人、下属子公司（下属子公司是指公司的全资、控股子公司或通过其他方式纳入合并报表的公司或其他法人，下同）须依法开展经营活动，经营行为合法、合规，不存在重大违法违规行为。

1. 公司及下属子公司的重大违法违规行为是指公司及下属子公司最近 24 个月内因违犯国家法律、行政法规、规章的行为，受到刑事处罚或适用重大违法违规情形的行政处罚。

（1）行政处罚是指经济管理部门对涉及公司经营活动的违法违规行为给予的行政处罚。

（2）重大违法违规情形是指，凡被行政处罚的实施机关给予没收违法所得、没收非法财物以上行政处罚的行为，属于重大违法违规情形，但处罚机关依法认定不属于的除外；被行政处罚的实施机关给予罚款的行为，除主办券商和律师能依法合理说明或处罚机关认定该行为不属于重大违法违规行为的外，都视为重大违法违规情形。

（3）公司及下属子公司最近 24 个月内不存在涉嫌犯罪被司法机关立案侦查，尚未有明确结论意见的情形。

2. 控股股东、实际控制人合法合规，最近 24 个月内不存在涉及以下情形的重大违法违规行为：

（1）控股股东、实际控制人受刑事处罚；

（2）受到与公司规范经营相关的行政处罚，且情节严重；情节严重的界定参照前述规定；

（3）涉嫌犯罪被司法机关立案侦查，尚未有明确结论意见。

3. 公司及下属子公司业务如需主管部门审批，应取得相应的资质、许可或特许经营权等。

4. 公司及其法定代表人、控股股东、实际控制人、董事、监事、高级管理人员、下属子公司，在申请挂牌时应不存在被列为失信联合惩戒对象的情形。

5. 公司及下属子公司业务须遵守法律、行政法规和规章的规定，符合国家产业政策以及环保、质量、安全等要求。

公司及下属子公司所属行业为重污染行业的，根据相关规定应办理建设项目环评批复、环保验收、排污许可证以及配置污染处理设施的，应在申请挂牌前办理完毕；不属于重污染行业的，但根据相关规定必须办理排污许可证和配置污染处理设施的，应在申请挂牌前办理完毕。

6. 公司财务机构设置及运行应独立且合法合规，会计核算规范。

（1）公司及下属子公司应设有独立财务部门，能够独立开展会计核算、作出财务决策。

（2）公司及下属子公司的财务会计制度及内控制度健全且得到有效执行，会计基础工作规范，符合《会计法》《会计基础工作规范》以及《公司法》《现金管理暂行条例》等其他法律法规要求。

（3）公司应按照《企业会计准则——基本准则》和相关会计制度的规定编制并披露报告期内的财务报表，在所有重大方面公允地反映公司的财务状况、经营成果和现金流量，财务报表及附注不得存在虚假记载、重大遗漏以及误导性陈述。

公司财务报表应由具有证券期货相关业务资格的会计师事务所出具标准无保留意见的审计报告。财务报表被出具带强调事项段的无保留审计意见的，应全文披露审计报告正文以及董事会、监事会和注册会计师对强调事项的详细说明，并披露董事会和监事会对审计报告涉及事项的处理情况，说明该事项对公司的影响是否重大、影响是否已经消除、违反公允性的事项是否已予纠正。

（4）公司存在以下情形的应认定为财务不规范：

①公司申报财务报表未按照《企业会计准则——基本准则》的要求进行会计处理，导致重要会计政策适用不当或财务报表列报错误且影响重大，需要修改申报财务报表（包括资产负债表、利润表、现金流量表、所有者权益变动表）；

②因财务核算不规范情形被税务机关采取核定征收企业所得税且未规范；

③其他财务信息披露不规范情形。

对照上述条件细化的几个标准，在已成功挂牌的公司中，普遍存在以下问题：公司管理层架构是否符合挂牌条件；关联交易及资金占用、拆借问题；公司运作经营是否合法合规；行政处罚是否影响挂牌；如何防范和处理竞业禁止及劳动用工问题；环评是否符合相关要求；是否存在偷税、漏税情形……如何处理这些普遍问题，实现公司成功挂牌？本章将以已成功挂牌的公司所遇到的真实问题，以案例的形式对其予以阐述，并提出切实可行的解决方案。

第一节　公司管理层问题及其解决

公司管理层主要是指公司内部管理人员的一层，大多指实际领导、上司、经理、主任，他们的职务，比如人员管理、资金管理、账物管理、业务管理、基层管理、车间管理、成本管理、企划管理和销售管理等。一般划分为高层管理者、中层管理者和基层管理者三类。本文所涉及的，一般是指公司的高层管理者，主要包括董事长、监事长、总经理（或首席执行官）、副总、总经理助理，行政、运营、人事、财务、市场、销售、信息、技术、质量、公关等部门的主要负责人。

公司董事是否存在不具备法律法规规定的任职资格或违反法律法规规定、

所兼职单位规定的任职限制等任职资格方面的瑕疵？一般情况下，对于解决这类问题，根据董事户籍所在地派出所出具的无犯罪记录证明及其出具的承诺，并经过中国证券监督管理委员会、上海证券交易所、深圳证券交易所和全国中小企业股份转让系统的官方网站查询，公司董事最近24个月内不存在受到中国证监会行政处罚或者被采取证券市场禁入措施的情形；经登录中国裁判文书网、全国法院被执行人信息查询网、全国法院失信被执行人名单信息查询系统查询，公司董事邱元松最近24个月内不存在重大违法违规行为；登录全国企业信用信息公示系统查询，不存在违反兼职单位规定的任职限制的情形。如果公司董事经过上述查询不存在问题，公司董事的任职资格就适格。

拟挂牌公司如何实现对子公司及其资产、人员、业务、收益的有效控制？一般来说，通过下列方法实现对子公司及其资产、人员、业务、收益的有效控制：（1）直接或间接拥有其下属子公司绝对优势的股权；（2）决策机制方面，可以根据《公司法》及下属子公司章程的有关规定行使股东权利，能够自主决定或通过股东会决议的方式实现对下属子公司的有效控制；（3）公司制度方面，制定了有关公司治理的相关规章制度，其中包括了对子公司进行监督和管理的有关内部制度，例如，《重大投资、财务决策管理制度》《对外担保管理制度》《关联交易管理制度》《信息披露管理制度》《投资者关系管理制度》等制度文件；（4）利润分配方式方面，按照《公司法》及各下属子公司章程的规定，可以通过自主决定或通过股东会决议的方式对子公司的利润分配政策及分配方案作出决策。

公司股东曾享有对公司重大事项的一票否决权，其对公司治理的影响如何？规范措施是什么？以云南爱尔发为例，自2013年9月盈谷创投成为公司股东至今，其从未实际行使过所享有的重大事项的一票否决权，未对公司生产经营产生不利影响，盈谷创投愿意积极配合控股股东、实际控制人行使制定及执行公司决策的权利。公司的规范措施是盈谷创投与控股股东、实际控制人签订了《增资扩股补充协议（二）》《增资扩股补充协议（三）》，约定“一票否决权条款”自公司完成股份制改造并于工商主管机关注册登记为股份有限公司之日起立即终止。

拟挂牌公司控股股东、实际控制人自设立起任职于参公事业单位，结合公务员管理相关规定说明公司是否符合“依法设立，股票的发行和转让行为合法合规”的挂牌条件？一般的做法是（1）向参公事业单位提出辞职，取得参公事业单位辞职的批复；（2）参公事业单位出具证明，证明辞职是其自愿提出，工作期间也未出现重大违法违规的行为；（3）公司实际控制人承诺：如因任职于参公事业单位期间从事经营性活动给公司造成任何损失，由其个人承担相关责任。

案例分析 6.1.1①

浙江麦迪制冷科技股份有限公司在挂牌过程中遇到的问题：根据董事邱元松简历，请核查是否存在不具备法律法规规定的任职资格或违反法律法规规定、所兼职单位规定的任职限制的瑕疵？若存在，请核查具体瑕疵、解决情况和对公司的影响。

❑问题剖析及解决方案

1. 根据公司董事邱元松出具的承诺，邱元松不存在《公司法》第 146 条中有关不得担任公司董事、监事、高级管理人员的下列情形：

（1）无民事行为能力或者限制民事行为能力；

（2）因贪污、贿赂、侵占财产、挪用财产或者破坏社会主义市场经济秩序，被判处刑罚，执行期满未逾 5 年，或者因犯罪被剥夺政治权利，执行期满未逾 5 年；

（3）担任破产清算的公司、企业的董事或者厂长、经理，对该公司、企业的破产负有个人责任的，自该公司、企业破产清算完结之日起未逾 3 年；

（4）担任因违法被吊销营业执照、责令关闭的公司、企业的法定代表人，

---

① 参见“麦迪制冷”在全国股份转让系统挂牌公告及北京康达（杭州）律师事务所补充法律意见书（一）。

并负有个人责任的，自该公司、企业被吊销营业执照之日起未逾 3 年；

（5）个人所负数额较大的债务到期未清偿。

2. 根据公司董事邱元松户籍所在地派出所出具的无犯罪记录证明及其出具的承诺，并经本所律师登录中国证券监督管理委员会、上海证券交易所、深圳证券交易所和全国中小企业股份转让系统的官方网站查询，公司董事邱元松最近 24 个月内不存在受到中国证监会行政处罚或者被采取证券市场禁入措施的情形。

3. 根据公司董事邱元松户籍所在地派出所出具的无犯罪记录证明及其出具的承诺，并经登录中国裁判文书网（http://www.court.gov.cn/zgcpwsw）、全国法院被执行人信息查询网（ http://zhixing.court.gov.cn/search）、全国法院失信被执行人名单信息查询系统（http://shixin.court.gov.cn）查询，公司董事邱元松最近 24 个月内不存在重大违法违规行为。

4. 根据公司董事邱元松关于兼职情况的书面说明及公司提供的相关资料，并经本所律师登录全国企业信用信息公示系统（http://gsxt.saic.gov.cn）查询，公司董事邱元松的兼职情况主要如下：

邱元松	杭州达漫	总经理	受同一实际控制人控制的企业
	斯波兰设备	执行董事兼总经理	公司董事邱国荣控制的企业
	汇科材料	监事	受同一实际控制人控制的企业

根据公司董事邱元松出具的承诺，邱元松未与任何兼职单位签署仍处于有效状态的有关保密或竞业限制的劳动合同或其他类似协议，不存在违反兼职单位规定的任职限制的情形。

综上，公司董事邱元松不存在违反法律法规规定、所兼职单位规定的任职限制等任职资格方面的瑕疵，具备法律、法规、规范性文件以及《公司章程》规定的任职资格。

案例分析 6.1.2[①]

北京天融信股份有限公司在公司挂牌中遇到的问题：请公司披露与子公司的业务分工及合作模式，并结合公司股权状况、决策机制、公司制度及利润分配方式等披露如何实现对子公司及其资产、人员、业务、收益的有效控制。

□问题剖析及解决方案

截至 2015 年 3 月 31 日，申请人共有 7 家下属子公司，分别为天融信网络、天融信软件、东方华盾、天津华盾、天津天融信、武汉天融信、上海天融信，其中，东方华盾已于 2015 年 7 月 30 日办理完毕工商注销登记手续，天津天融信正在申请办理注销登记手续。

1. 申请人与子公司的业务分工及合作模式

根据申请人的说明，申请人与下属子公司的业务分工和合作模式如下：申请人作为控股股东负责战略的制定、架构设置和规划、资源的调配、资金和关键人力资源配置等工作，下属子公司承担核心业务环节及销售职能，申请人与下属子公司针对不同产品分别进行相应的研发、生产、销售和服务，以保证整体核心业务的持续正常运营。

2. 申请人能够实现对子公司及其资产、人员、业务、收益的有效控制

股权状况方面，截至 2015 年 3 月 31 日，申请人直接或间接拥有其下属子公司 100% 的股权，其中，东方华盾已于 2015 年 7 月 30 日办理完毕工商注销登记手续，天津天融信正在申请办理注销登记手续。申请人可通过股权投资关系决定其下属子公司的经营方针、投资计划和财务方案，委派和变更董事（含执行董事）、监事，制定其内部管理制度，设置业务部门（包括人事、财务等），以实现对其下属子公司的有效控制。决策机制方面，申请人直接或间接持有下属子公司 100% 的股权，根据《公司法》及下属子公司章程的有关规定行使股东权利，能够自主决定或通过股东会决议的方式实现对下属子公司的有

① 参见“天融信”在全国中小企业股份转让系统挂牌公告及北京海问律师事务所补充法律意见书。

效控制。公司制度方面，申请人制定了有关公司治理的相关规章制度，其中包括了对子公司进行监督和管理的有关内部制度，具体为《重大投资、财务决策管理制度》《对外担保管理制度》《关联交易管理制度》《信息披露管理制度》《投资者关系管理制度》等制度文件，申请人通过公司制度能够对子公司实施有效控制。利润分配方式方面，申请人直接或间接持有下属子公司 100% 的股权，按照《公司法》及各下属子公司章程的规定，可以通过自主决定或通过股东会决议的方式对子公司的利润分配政策及分配方案作出决策。

3. 子公司报告期内合法规范经营

根据申请人下属子公司所在地的工商、税务、质监、劳动和社会保障、住房公积金等行政主管部门分别出具的证明文件，并经律师在全国企业信用信息公示系统（http://gsxt.saic.gov.cn）及其下属子公司所在地的政府相关主管机关的门户网站进行查询，申请人下属子公司报告期内不存在违反国家法律、行政法规、规章的行为，申请人下属子公司亦不存在受到工商、税务、质监、劳动和社会保障、住房公积金等政府主管部门行政处罚的情形。

综上所述，律师认为，申请人能够实现对下属子公司及其资产、人员、业务、收益的有效控制；申请人下属子公司报告期内在所有重大方面合法规范经营，不存在因重大违法行为而受到行政处罚的情形。

案例分析 6.1.3①

云南爱尔发生物技术股份有限公司在公司挂牌中遇到的问题：盈谷生物曾享有对公司重大事项的一票否决权的行使情况及其对公司治理的影响、规范措施。

① 参见“爱尔发”在全国中小企业股份转让系统挂牌公告及北京德恒（昆明）律师事务所补充法律意见书（一）。

❑问题剖析及解决方案

经律师核查公司的股东（大）会、董事会的决议、记录，盈谷创投出具的说明等文件，表明："一票否决权"条款指的是"关于公司重大事项的决策权，包括但不限于股权转让、财务预决算、增加或减少注册资本、重大资产购买或处置、对外借款融资或对外提供担保、正常经营业务之外超过限额资金的支出、主营业务变更、主要管理人员增加薪酬、关联交易、总经理及财务负责人任免、提名或更换负责公司年度审计的会计师、修改《公司章程》等通常按私募股权投资行业惯例列为必须取得盈谷创投或其委派董事同意的事项，必须取得盈谷创投在股东会中的赞成票，或取得其委派的 1 名董事在董事会的赞成票方为有效"。

首先，盈谷创投作为公司的财务投资者，约定上述"一票否决权"条款的本意是在制度上约束其他股东可能出现的不当行为，从而保证其作为公司股东的合法权益不受侵害所约定的保障性条款，但实际上，盈谷创投并不会随意行使该条款干扰公司的正常经营，也不会干预公司控股股东、实际控制人张勇先生依法行使董事及高管任命、公司经营方针的制定及公司正常运营的决策及决议等内容。

其次，自 2013 年 9 月盈谷创投成为公司股东至今，其从未实际行使过所享有的重大事项的一票否决权，未对公司生产经营产生不利影响，盈谷创投认为张勇先生能较好的履行公司控股股东、董事、法定代表人的职责，认可其作为公司控股股东、实际控制人的地位，盈谷创投愿意积极配合张勇先生行使对公司治理的决策制定及执行的权利。

最后，2015 年 5 月 27 日，盈谷创投与股东张勇签订了《增资扩股补充协议（二）》《增资扩股补充协议（三）》，约定"一票否决权"条款自公司完成股份制改造并于工商主管机关注册登记为股份有限公司之日起立即终止。

律师认为，盈谷创投虽然曾享有对公司重大事项的一票否决权，但该条款仅为保障性条款，且盈谷创投自投资入股公司以来，从未实际行使过该项权利，未对公司生产经营产生不利影响；该"一票否决权"条款已自股份公司登记成立之日起失效。

案例分析 6.1.4①

淄博人立文化创意股份有限公司在挂牌过程中遇到的问题：公司控股股东、实际控制人焦新自设立起任职于参公事业单位淄博市博山区煤炭工业公司直至 2015 年 6 月。请公司结合公务员管理相关规定说明公司是否符合“依法设立，股票的发行和转让行为合法合规”的挂牌条件？

❑ 问题剖析及解决方案

《国家公务员暂行条例》(1993 年 8 月 14 日公布，2006 年 1 月 1 日被废止）关于公务员从事经营性活动的相关规定摘要如下：

第 31 条规定，国家公务员必须严格遵守纪律，不得经商、办企业以及参与其他营利性的经营活动。

第 32 条规定，国家公务员有本条例第 31 条所列违纪行为，尚未构成犯罪的，或者虽然构成犯罪但是依法不追究刑事责任的，应当给予行政处分；违纪行为情节轻微，经过批评教育后改正的，也可以免予行政处分。

《公务员法》关于公务员从事经营性活动的相关规定摘要如下：

第 53 条规定，公务员必须遵守纪律，不得从事或者参与营利性活动，在企业或者其他营利性组织中兼任职务。

第 55 条规定，公务员因违法违纪应当承担纪律责任的，依照本法给予处分；违纪行为情节轻微，经批评教育后改正的，可以免予处分。

第 106 条规定，法律、法规授权的具有公共事务管理职能的事业单位中除工勤人员以外的工作人员，经批准参照本法进行管理。

经查询淄博市煤炭工业管理局官网，淄博市博山区煤炭管理局在焦新停

① 参见“人文立创”在全国中小企业股份转让系统挂牌公告及北京德恒律师事务所补充法律意见书（一）。

薪留职期间为具有公共事务管理职能的事业单位，焦新作为停薪留职的在编事业单位工作人员，应参照《中华人民共和国公务员法》进行管理。

在人立有限的工商档案中，本所律师查询到：1994 年 8 月申请设立博山晋源煤焦运销有限公司（人立有限设立时的名称）时，淄博市博山区煤炭工业公司曾就焦新同志从事个体经营事宜出具过同意函。

《中共淄博市委、淄博市人民政府关于加快发展民营经济的意见（试行）》（淄发〔2002〕11 号）第 7 项规定："鼓励事业单位人员停薪留职从事民营经济，一次停薪留职时间为 3 年。期满后要求回原单位工作的，由原单位根据工作需要和本人条件安排工作或进入劳动力市场择业，工龄连续计算。事业单位人员停薪留职期间的待遇，由单位与个人双方协商确定。机关、事业单位人员及国有、集体企业职工辞职从事民营经济，按规定继续缴纳各项社会保险费的，投保年限连续计算，并享受相应的社会保险待遇。允许机关和事业单位县处级以下（不含县处级）工作人员依法投资入股民营经济，但不准利用职权和职务上的影响为投资入股企业和个人谋取利益"。

2015 年 6 月 3 日，淄博市博山区人力资源和社会保障局向博山区煤炭管理局出具《关于焦新同志辞职的批复》（博人社字〔2015〕37 号），同意焦新同志辞职。

2015 年 7 月 14 日，淄博市煤炭工业管理局以及博山区煤炭管理局出具证明，确认焦新曾是淄博市博山区煤炭工业管理局（当时名为"淄博市博山煤炭工业公司"）的科员，在办公室从事后勤工作，自 1994 年办理停薪留职以来，未履行博山区煤炭管理局任何相关职责，已于 2015 年 6 月 3 日辞职。焦新停薪留职从事营利性活动是响应号召职工自主创业造成的，不构成重大违法违规。

公司实际控制人焦新承诺：如因停薪留职期间从事经营性活动给公司造成任何损失，由其个人承担相关责任。

综上，焦新停薪留职后未及时办理正式辞职手续，在人立有限持股并担任董事及高管违反《国家公务员暂行条例》《公务员法》的相关规定，存在法律瑕疵，但是，首先，焦新停薪留职从事经营性活动是基于特殊的历史原因，且当时已获得所在单位书面认可，符合当时国家或地方政策导向；其次，焦新停薪留职以来所从事的经营活动与博山区煤炭管理局管理职权范围内事项无任何重合或交叉关系，其现已办理辞职，股东适格性问题得到规范；再次，焦新原所在单位及上级单位均出具证明，认为焦新停薪留职在外从事经营行为“不构成重大违法违规”，且焦新未因上述事项实际受到过任何处分；最后，焦新先生已对其违规投资企业可能造成的损失出具兜底承诺。基于此，公司实际控制人焦新历史上存在的股东资格瑕疵，不会对公司符合“依法设立，股票的发行和转让行为合法合规”的挂牌条件构成实质性影响，且该瑕疵亦不会对本次申请挂牌构成实质性障碍。

第二节　公司关联交易及资金占用、拆借问题及其解决

一、关联交易的概念

关联交易是指关联方直接转移资源、劳务或义务的行为，而不论是否收取价款或价款的数额。在公司的经营活动中，关联交易是一个极为重要的法律概念，涉及财务监督、信息披露、少数股东权益保护等一系列法律环境方面的问题。

关联方或关联人，包括关联法人、关联自然人和潜在关联人。具体包括以下几种情形：

1. 具有以下情形之一的法人，为关联法人：

A. 直接或间接地控制拟挂牌公司，以及与拟挂牌公司同受某一企业控制的法人（包括但不限于母公司、子公司、与拟挂牌公司受同一母公司控制的子公司）；

B. 下条所列的关联自然人直接或间接控制的企业。

2. 拟挂牌公司的关联自然人是指：

A. 持有拟挂牌公司 5% 以上股份的个人股东；

B. 拟挂牌公司的董事、监事及高级管理人员；

C. 本条 A、B 项所述人士的亲属，包括：父母；配偶；兄弟姐妹；年满 18 周岁的子女；配偶的父母、子女的配偶、配偶的兄弟姐妹、兄弟姐妹的配偶。

3. 因与拟挂牌公司关联法人签署协议或作出安排，在协议生效后符合第 1 条和第 2 条规定的，为拟挂牌公司潜在关联人。

二、关联交易的形式

常见的关联交易形式主要有以下几种（包括但不限于下列事项）：

（一）资产交易

资产交易既包括个别实物资产（如具体的设备）买卖、股权及期权的买卖，也包括整个企业之间的并购。这类交易是关联交易最突出的类型。因为涉及的金额多、时间长、业务复杂且牵连的对象很多。

1. 实物资产的买卖

这一类交易在关联方之间发生频繁，对利润影响最大。

2. 股权转让

3. 公司的转让

出售亏损子公司，购买盈利公司是公司转让的主题。出售亏损公司一般是上市公司把全资子公司出售给母公司，这样做对损益表有两个好处，第一，可以在合并报表中把亏损公司剔除，第二，该笔交易本身也会带来盈利。

4. 其他无形资产之间的买卖

例如，粤宏远以 6.6 亿元巨额资金收购与大股东共享的品牌“宏远”。虽然粤宏远在公告中称是为了优化资源配置、规范企业运作，但有业内人士认为此理由十分牵强，有损中小股东和债权人的利益。

（二）资金融通

关联方的资金融通是双向的，如有公司向关联方提供资金，也有关联方向公司提供资金，不过前者占主要比例。例如，猴王集团一方面通过向ST猴王支付巨额租赁费、资金占用费等关联交易，使ST猴王成功地进行配股和增发B股；另一方面，猴王集团又通过占用资金、担保贷款等关联交易，将ST猴王掏空，而控股股东向公司提供资金往往是作为掏空公司的手段。

（三）接受及提供担保

拟挂牌公司和控股股东、大股东及其控制的子公司、附属企业之间互相担保事项在公司中十分普遍，从整体上看，拟挂牌公司向关联方提供担保比接受担保的金额要大得多。如猴王股份为大股东猴王集团实际担保贷款的金额高达4.3亿元，其中进入诉讼程序的为2.27亿元。这些或有负债目前已变成了猴王股份现实的负债。

三、资金占用及拆借

在已挂牌的上市公司里，关联关系及关联交易的问题普遍存在，如关联企业之间可能存在的同业竞争，一般的做法为调整企业之间的业务结构，对相关业务结构进行整改等；对于关联关系问题，较多的做法是相关关联人员主动退出公司管理层，其他高管或股东作相应的书面承诺。

关于公司之间资金占用、拆借问题。依据相关法律法规的规定，非金融企业之间不得进行资金拆借。以北京瑞斯福高新科技股份有限公司为例，因企业之间临时性资金支持的原因，公司与几个企业之间的资金拆借比较频繁，显然，这种行为是违法的，但在公司整体股改后，公司之间的资金往来通过委托贷款的方式进行，并根据公司章程履行相应的董事会、股东大会审议决策程序，通过积极整改的方式来规范资金拆借行为，大大降低了资金拆借的法律风险，对挂牌也不存在实质性的影响。

关联交易就是企业关联方之间的交易，关联交易是公司运作中经常出现的而又容易发生不公平结果的交易。关联交易在市场经济条件下存在，从有利的方面讲，交易双方因存在关联关系，可以节约大量商业谈判等方面的交易成本，并可运用行政的力量保证商业合同的优先执行，从而提高交易效率。从不利的方面讲，由于关联交易方可以运用行政力量撮合交易的进行，有可能使交易的价格、方式等在非竞争的条件下出现不公正的情况，形成对股东或部分股东权益的侵犯，也容易导致债权人利益受到损害。

公司在没有实际交易和债权债务的情况下，先后将数张客户支付的汇票背书转让给关联方，上述行为是否符合相关法律法规、规范措施，公司是否符合合法规范经营？一般的解决方法是（1）实际控制人、控股股东出具《承诺函》，承诺前述违规转让票据的行为已经杜绝，公司及相关人员未因此获取任何利益，未给相关银行造成实际损失，公司亦未因过往期间该不规范使用票据行为受到过任何行政处罚或承担刑事责任。后续所有票据均是按照规定依法承兑或者转让给实际客户，并承诺以后一定按照《票据法》的相关规定使用和转让票据，坚决杜绝类似不规范行为的发生。若公司因前述转让票据给关联方的事宜，受到任何处罚，将由控股股东、实际控制人承担全部法律责任并补偿因此给公司造成的全部损失。（2）公司和关联方分别出具《说明并承诺函》，说明前述票据关联方已经全部解付，且已经向公司支付了前述票据票面金额的全部款项；公司和关联方均承诺，自承诺函出具之日起，将严格遵守《票据法》及相关规定，坚决杜绝类似行为再次发生。以启光智造为例，公司为了规范关联交易采取的措施是（1）公司组织公司董事、监事、高级管理人员和财务部员工学习《票据法》等相关法律、法规；（2）公司已出具承诺将严格执行《票据法》等相关法律、法规的有关规定，今后不再发生不规范使用票据的行为；（3）公司制定了《应收票据管理制度》，该制度对票据的审核、批准、账务处理及保管等事项作出了严格的规定，公司必须严格按照《支付结算办法》《票据法》等有关规定，办理银行结算和票据结算等业务，不准签发无资金保证的空头支票和远期支票，不准无理拒付，不准签发、取得和转让无债权债务或真实交易的票据。

拟挂牌公司为规范关联方交易所采取的措施是否充分、有效，相关内部控制是否完善？一般采取的措施是（1）股东大会审议通过《公司章程》和三会议事规则，发生关联交易事项时，应当严格按照关联交易的决策程序履行董事会、股东大会的审议程序，并且董事会、股东大会审议关联交易时，关联董事和关联股东应当回避表决；（2）股东大会审议通过《关联交易管理制度》，其内容可包括总则、关联交易和关联人的界定、关联交易的定价原则和方法、关联交易的决策权限、关联交易的审议程序、关联交易的回避表决、尽责规定和附则；（3）股东大会审议通过《防范控股股东及其关联方资金占用制度》，其内容包括总则、防范控股股东及其关联方资金占用的原则、责任和措施、责任追究与处罚和附则；（4）控股股东和实际控制人关于减少并规范关联交易的承诺。

拟挂牌公司收购的公司净资产是否经审计、收购定价依据、是否构成关联交易及其公允性，收购履行的内外部决策和审批程序是否充分、完备？一般来说，收购的公司的净资产（经营性资产）已经审计，收购定价依据为经审计的净资产值并参考评估值后协商确定，价格公允；收购就不构成关联交易。对于收购，一般来说经过收购双方公司的股东会决议，涉及审批的需经审批。

案例分析 6.2.1①

芜湖科阳新材料股份有限公司在挂牌过程中遇到的问题：请主办券商和律师分别就以下事项发表明确意见：外协厂商与公司、董事、监事、高级管理人员是否存在关联关系？公司对外协厂商是否存在依赖？

① 参见“科阳新材”在全国中小企业股份转让系统挂牌公告及北京盈科（合肥）律师事务所补充法律意见书。

□问题剖析及解决方案

1. 外协厂商与公司、董事、监事、高级管理人员是否存在关联关系

报告期内，主要合作的外协单位有安徽达胜辐照科技有限公司、湖北天泰辐照有限责任公司、湖北航天电缆有限公司、安徽鑫科新材料股份有限公司电线电缆分公司，公司与以上企业均为合作关系。经核查，公司董事、监事、高级管理人员和核心技术人员、主要关联方或持有公司5%以上股份的股东均未在上述外协单位中占有权益，上述外协单位与公司、董事、监事、高级管理人员均不存在关联关系。

2. 公司对外协厂商是否存有依赖

经核查，公司生产的自限温电伴热带产品，在所需产品芯带生产后或绝缘生产后须送辐射交联外加工，此加工步骤为外协，该步骤是为了能保证产品性能的稳定性，提高产品质量，满足不同客户群体的需求，是公司产品质量的重要保证之一。外协辐照企业目前较多，公司的选择面较广，在议价时处于较有利的地位。报告期内，外协成本占总成本比例较低，并且外协成本占总成本比例也呈逐年下降趋势，因此外协加工在公司整个生产业务环节中仅处于从属地位，公司对外协厂商不构成依赖。公司外协加工能增加产品的附加值，但是公司主营业务的核心技术不受影响，仍然由公司自身掌握。报告期内，公司主要选择安徽和湖北外协厂商，合作的外协单位有安徽达胜辐照科技有限公司、湖北天泰辐照有限责任公司、湖北航天电缆有限公司、安徽鑫科新材料股份有限公司电线电缆分公司等，公司与以上企业均建立了良好的合作关系。目前公司主要合作的外协单位为安徽达胜辐照科技有限公司，如果出现无法及时供货、质量等影响公司外协加工的问题，公司可以选择湖北天泰辐照有限责任公司、湖北航天电缆有限公司、安徽鑫科新材料股份有限公司电线电缆分公司等替代。

综上，公司与外协厂商为合作关系，并不存在依赖。

案例分析 6.2.2[①]

广州启光智造技术服务股份有限公司在挂牌过程中遇到的问题：公司自 2013 年 1 月至 2014 年 12 月在没有实际交易和债权债务的情况下，先后将数张客户支付的汇票背书转让给了关联方博铧水电，票据总金额为人民币 14671646.1 元。上述行为是否符合相关法律法规、规范措施？就公司是否符合合法规范经营的挂牌条件发表意见。

❑ 问题剖析及解决方案

经核查，报告期内，为缓解博铧水电周转资金不足问题，公司自 2013 年 1 月至 2014 年 12 月在没有实际交易和债权债务的情况下，先后将数张客户支付的汇票背书转让给了关联方博铧水电，票据总金额为人民币 14741916.1 元。博铧水电在收到公司背书转让的汇票后，先后将前述票据所涉及的款项支付给了公司，合计支付人民币 14741916.1 元。

公司以及公司的实际控制人、控股股东出具《承诺函》，承诺前述违规转让票据的行为自 2015 年 1 月 22 日已经杜绝，公司及相关人员未因此获取任何利益，未给相关银行造成实际损失，公司亦未因过往期间该不规范使用票据行为受到过任何行政处罚或承担刑事责任。后续所有票据均是按照规定依法承兑或者转让给实际客户，并承诺以后一定按照《票据法》的相关规定使用和转让票据，坚决杜绝类似不规范行为的发生。若公司因前述转让票据给博铧水电的事宜，受到任何处罚，将由控股股东、实际控制人承担全部法律责任并补偿因此给公司造成的全部损失。

公司和博铧水电分别出具《说明并承诺函》：博铧水电公司因资金周转不足，自 2013 年 1 月至 2014 年 12 月在没有实际交易和债权、债务的情况下，请求公司将汇票转让给博铧水电，票据总金额为人民币 14671646.1 元。目前，

① 参见“启光智造”在全国中小企业股份转让系统挂牌公告及广东正平天成律师事务所补充法律意见书（一）。

前述票据博铧水电已经全部解付，且已经于2015年1月22日前向公司支付了前述票据票面金额的全部款项共人民币14671646.1元。公司和博铧水电均承诺，自承诺函出具之日起，将严格遵守《票据法》及相关规定，坚决杜绝类似行为再次发生。

经核查，报告期内公司与关联方博铧水电之间发生的票据往来金额较大，票据的转让无真实的交易关系和债权债务关系。依据《票据法》第10条“票据的签发、取得和转让，应当遵守诚实信用的原则，具有真实的交易关系和债权债务关系”的规定，启光有限在报告期内存在不规范使用票据的行为。

经核查，上述票据转让事项，均已经履行完毕，博铧水电已经支付了票面金额全部款项。控股股东、实际控制人、高级管理人员均承诺，公司及相关个人均未因此而获得任何利益，未给相关银行造成实际损失，公司亦未因过往期间该不规范使用票据行为受到过任何行政处罚或承担刑事责任，并保证加强公司管理，规范票据行为，坚决杜绝此类不规范使用票据行为发生。控股股东、实际控制人崔旭明承诺，若因上述行为导致公司受到任何处罚或承担责任，将由其承担全部责任并补偿因此给公司造成的全部损失。

同时，公司为了规范票据使用，还采取了如下措施：

（1）公司已经认识到开具无真实交易背景银行承兑汇票的行为属于违反《票据法》的行为，公司已经组织公司董事、监事、高级管理人员和财务部员工学习《票据法》等相关法律、法规；

（2）公司已出具承诺将严格执行《票据法》等相关法律、法规的有关规定，今后不再发生不规范使用票据的行为；

（3）股份公司设立后，公司已依照相关法律法规及《公司章程》的规定制定了《应收票据管理制度》，该制度对票据的审核、批准、账务处理及保管等事项作出了严格的规定，公司必须严格按照《支付结算办法》《票据法》等有关规定，办理银行结算和票据结算等业务，不准签发无资金保证的空头支票和远期支票，不准无理拒付，不准签发、取得和转让无债权债务或真实交易的票据。上述财务管理制度的制定可以有效防止公司的不规范票据行为。

综上，公司过往期间所发生的不规范使用票据的行为虽然不符合《票据法》的相关规定，但公司已经清理完毕，公司以及实际控制人、控股股东、高级管理人员承诺将严格依法签发、使用票据，杜绝不规范票据行为再次发生。该行为目前没有对公司及其他股东造成实际损害，控股股东、实际控制人已经承诺将承担全部责任，同时，公司还采取了相应的规范票据使用的措施。因此，前述不规范使用票据行为，对本次挂牌不造成实质性影响。

案例分析 6.2.3①

上海钢银电子商务股份有限公司在挂牌过程中遇到的问题：请核查公司为规范关联方交易所采取的措施是否充分、有效，相关内部控制是否完善？

❑问题剖析及解决方案

1. 报告期内有限公司阶段的关联交易管理

经核查，报告期内的相关关联交易发生在有限公司阶段，钢银有限作为上海钢联的控股子公司，纳入上海钢联的关联交易管理体系，就《公开转让说明书》披露的关联交易，审议和决策情况具体说明如下：

（1）公司与南京钢铁股份有限公司和南京钢铁有限公司关于货物采购的关联交易经上海钢联董事会和股东大会审议通过。报告期内，公司与南京钢铁股份有限公司和南京钢铁有限公司的关联交易发生在有限公司阶段，已按照上海钢联的关联交易管理体系进行审议和决策，其中 2014 年度的关联交易经上海钢联第三届董事会第六次会议和 2014 年第六次临时股东大会审议通过；2015 年相关关联交易经上海钢联第三届董事会第十次会议和 2015 年第二次临

---

① 参见“钢银电商”在全国中小企业股份转让系统挂牌公告及上海市上正律师事务所补充法律意见书（一）。

时股东大会审议通过。

（2）公司与上海宝闽钢铁集团有限公司、泉州宝闽钢材有限公司和福建省泉州市侨乡建材有限公司关于货物采购的关联交易经钢银有限股东会审议通过公司 2015 年起向上海宝闽钢铁集团有限公司、泉州宝闽钢材有限公司和福建省泉州市侨乡建材有限公司采购货物的金额较大，钢银有限于 2015 年 4 月召开了股东会，审议同意向前述关联方总采购金额约人民币 6 亿元。

（3）公司与兴业投资和上海钢联之间的委托贷款经上海钢联董事会和股东大会审议通过，公司 2015 年与兴业投资之间的委托贷款，经上海钢联第三届董事会第八次会议和 2015 年第一次临时股东大会审议通过；公司 2013 年与上海钢联之间的委托贷款，经上海钢联第二届董事会第二十一次会议审议通过。

（4）公司的银行贷款由上海钢联提供担保，经上海钢联董事会、股东大会审议通过。2012 年 8 月 3 日，上海钢联第二届董事会第十三次会议审议通过《关于控股子公司申请银行授信的议案》和《关于为控股子公司提供担保的议案》，上海钢联同意为钢银有限向银行申请人民币一亿五千万元的综合授信额度提供连带责任保证担保，担保期限以最终签订的担保协议为准。2012 年 9 月 4 日，上海钢联 2012 年第一次临时股东大会审议通过前述议案；2013 年 10 月 11 日，上海钢联第二届董事会第二十三次会议审议通过《关于为控股子公司提供担保的议案》，同意由上海钢联为钢银有限向银行申请 3000 万元人民币综合授信额度提供连带责任保证担保。

2015 年 1 月 22 日，上海钢联第三届董事会第八次会议审议通过《关于控股子公司向银行申请授信的议案》和《关于为控股子公司申请银行授信提供担保的议案》，钢银有限因业务规模扩大和经营发展需要，拟向银行申请人民币 15 亿元循环贷款的综合授信，上海钢联拟同意为钢银有限申请银行贷款提供连带责任保证担保，该担保额度在有效期内可滚动循环使用，有效期为自上海钢联股东大会审议批准之日起不超过 3 年。2015 年 2 月 9 日，上海钢联 2015 年第一次临时股东大会审议通过了前述议案。

2. 股份公司三会对钢银有限报告期内关联交易的确认以及对 2015 年 6

月—12 月关联交易的预计

钢银电商于 2015 年 7 月 21 日召开的创立大会暨第一次股东大会、第一届董事会第一次会议和第一届监事会第一次会议分别审议通过了《关于确认报告期内关联交易的议案》，其股东、董事、监事对报告期内曾与关联方发生的关联交易进行了审议，确认公司报告期内发生的关联交易真实、合法、有效，该关联交易定价公允，有限公司阶段的关联交易没有损害公司及非关联方股东的利益，未对公司正常生产经营造成重大不利影响。

钢银电商于 2015 年 9 月 4 日召开的第一届董事会第三次会议和第一届监事会第二次会议，以及 2015 年 9 月 21 日召开的第三次临时股东大会审议通过了《关于 2015 年 6 月—12 月日常关联交易预计的议案》，对钢银电商拟与上海钢联及其关联企业等关联方于 2015 年 6 月—12 月开展的日常关联交易金额进行预计。

3. 股份公司阶段规范关联交易相关制度的建立

股份公司成立后，钢银电商制定了较为完备的《公司章程》，建立健全了三会议事规则，并制定了《关联交易管理制度》和《防范控股股东及其关联方资金占用制度》，对关联交易和关联方资金往来的决策程序作出了明确规定，具体情况如下：

（1）钢银电商创立大会暨第一次股东大会审议通过了《公司章程》和三会议事规则，根据《公司章程》和三会议事规则，钢银电商与控股股东及关联方之间发生关联交易事项时，应当严格按照关联交易的决策程序履行董事会、股东大会的审议程序，并且董事会、股东大会审议关联交易时，关联董事和关联股东应当回避表决。

（2）钢银电商创立大会暨第一次股东大会审议通过了《关联交易管理制度》，该制度对钢银电商与关联方之间的交易予以规范，要求钢银电商与关联方提供资产、商品、服务或者其他资产的交易，应当严格按照关联交易的决策程序履行董事会、股东大会的审议程序，关联董事、关联股东应当回避表决。其内容包括总则、关联交易和关联人的界定、关联交易的定价原则和方法、关联交易的决策权限、关联交易的审议程序、关联交易的回避表决、尽责规定和附则。

（3）钢银电商创立大会暨第一次股东大会审议通过了《防范控股股东及其关联方资金占用制度》，该制度要求钢银电商与控股股东及其关联方发生的关联交易必须严格按照《公司章程》及《关联交易管理制度》的有关规定进行决策和实施，防止钢银电商控股股东、实际控制人及关联方占用公司资产的情形发生。其内容包括总则、防范控股股东及其关联方资金占用的原则、责任和措施、责任追究与处罚和附则。

4. 控股股东和实际控制人关于减少并规范关联交易的承诺

钢银电商的直接控股股东上海钢联和实际控制人郭广昌先生于 2015 年 8 月签署了《关于减少并规范与上海钢银电子商务股份有限公司关联交易的承诺函》，承诺钢银电商在全国中小企业股份转让系统挂牌并公开转让后且为本公司（本人）所控制企业的前提下，采取有效措施减少并规范关联交易的发生，维护钢银电商及全体股东的利益。其主要内容为：

（1）不利用自身对钢银电商的控制关系及重大影响，谋求钢银电商在业务合作等方面给予本公司（本人）及所控制的企业优于市场第三方的权利；

（2）不利用自身对钢银电商的控制关系及重大影响，谋求与钢银电商达成交易的优先权利；

（3）杜绝本公司（本人）及所控制的企业非法占用钢银电商资金、资产的行为，在任何情况下，不要求钢银电商违规向本公司（本人）及所控制的企业提供任何形式的担保；

（4）本公司（本人）及所控制的企业不与钢银电商及其控制的企业发生不必要的关联交易，如确需与钢银电商及其控制的企业发生不可避免的关联交易，保证：①督促钢银电商按照《公司法》等有关法律、法规、规范性文件和公司章程、《上海钢银电子商务股份有限公司关联交易管理制度》、全国中小企业股份转让系统有限责任公司的规定，履行关联交易的决策程序；②遵循平等互利、诚实信用、等价有偿、公平合理的交易原则，以市场公允价格与公司进行交易，不利用该交易从事任何损害钢银电商及其全体股东利益的行为；③根据《公司法》等有关法律、法规、规范性文件和钢银电商章程、《上海钢银电子商务股份有限公司关联交易管理制度》、全国中小企业股份转让系统有限责任公司的规定，督促钢银电商依法履行信息披露义务和办理有关报批程序。

综上所述，有限公司阶段，钢银有限作为上市公司控股子公司，纳入上海钢联的关联交易内部控制体系进行管理；股份公司成立后，钢银电商制定了较为完备的《公司章程》，建立健全了三会议事规则，制定了《关联交易管理制度》和《防范控股股东及其关联方资金占用制度》，对关联交易和关联方资金往来的决策程序作出了明确规定；钢银电商未来将根据《公司章程》和相关制度独立执行关联交易决策程序，严格规范关联交易和关联方资金往来情况。

案例分析 6.2.4①

河南众诚信息科技股份有限公司在挂牌过程中遇到的问题：关于互保，请核查公司与另外 4 家互保的公司是否存在关联关系，履行对外担保的程序，是否存在关联方变相占用公司资金资产的情形？公司对外担保的金额，被担保方的偿债能力和偿债意愿，分析是否会对公司财务状况产生重大影响。

□问题剖析及解决方案

1. 报告期内，公司与郑州金耐特信息技术有限公司（以下简称“金耐特”）、郑州最慧科贸有限公司（以下简称“最慧科贸”）、郑州万普数码网络工程有限公司（以下简称“万普数码”）及郑州创元计算机网络工程有限公司（以下简称“郑州创元”）等 4 家公司结为互保单位向中国银行股份有限公司

① 参见“众诚科技”在全国中小企业股份转让系统挂牌公告及北京大成（郑州）律师事务所补充法律意见书（一）。

郑州文化支行（以下简称“中行文化支行”）申请贷款，公司分别为上述四家公司各提供 1000 万元的最高额连带责任担保，上述 4 家公司也为公司在该银行提供 1000 万元的最高额连带责任担保。

核查了金耐特、最慧科贸、万普数码及郑州创元等 4 家公司在全国企业信用信息公示系统的登记和备案的信息，并核查了持有公司 5% 以上股份的股东、公司实际控制人和公司董事、监事、高级管理人员的任职情况。

根据核查情况，公司与上述 4 家公司不存在关联关系，不存在关联方变相占用公司资金资产情形；公司与上述四家公司结为互保关系时，处于有限公司阶段，治理机制尚不完善，未履行相应的内部决策程序，但公司于 2015 年 8 月 28 日召开的第一届董事会第二次会议和 2015 年 9 月 12 日召开的第二次临时股东大会审议并通过了《关于确认报告期内公司对外借款及互保的议案》，对公司与上述 4 家公司的互保进行了确认。

2. 对上述 4 家公司在互保范围内向中行文化支行贷款的情况进行了核查并获得了 4 家公司出具的声明与承诺及金耐特公司和中行文化支行客户经理的访谈记录等。

经核查，2014 年 11 月，众诚有限和金耐特向中行文化支行提款 500 万元，万普数码提款 1000 万元，最慧科贸提款 1000 万元；2014 年 12 月，金耐特提款 500 万元；2015 年 3 月，众诚有限提款 500 万元；2015 年 4 月，郑州创元提款 500 万元，包括公司在内的 5 家互保公司的还款情况为：公司已于 2015 年 10 月 28 日还款 500 万元；万普数码于 2015 年 9 月 28 日还款 500 万元、2015 年 10 月 28 日还款 500 万元；最慧科贸于 2015 年 10 月 21 日还款 500 万元、2015 年 11 月 21 日还款 500 万元；金耐特于 2015 年 10 月 28 日还款 500 万元。

根据上述 5 家互保单位贷款和还款情况，截至本补充法律意见书出具之日，公司、郑州创元和金耐特三家公司在互保范围内各有 500 万元贷款尚未偿还；公司对外担保的金额共计为人民币 1000 万元。根据本所律师核查情况，截至本补充法律意见书出具之日，郑州创元、金耐特两家公司均正常经营，具有偿还能力和偿债意愿，两家公司均承诺将于借款期限届满之前向中行文化支行偿还全部借款本息；届时公司的连带保证责任即可解除，根据被担保方和公司的经营情况，上述担保不会对公司的财务造成重大影响。此外，公司已出具《关于不再参与互保的承诺》，根据该承诺，公司将在上述被担保贷款偿还后，退出互保关系，不再参与与其他 4 家公司的互保。

案例分析 6.2.5①

赛思信安股份有限公司在公司挂牌中遇到的问题：请公司补充说明并披露被收购公司的净资产（经营性资产）是否经审计、收购定价依据、是否构成关联交易及其公允性、收购履行的内外部决策和审批程序是否充分、完备，是否存在额外条款或协议（包括但不限于回购）。

❑问题剖析及解决方案

1. 尽调过程

（1）查阅了被收购公司南京信安融汇网络技术有限公司（以下简称“南京信安”）的审计报告、评估报告，核实南京信安是否经审计，并确认收购价格的确认方式；

（2）核查就本次收购行为，赛思信安与南京信安的股东会决议，核实本次收购是否履行完毕内部决策及审批程序；

（3）根据本次收购所涉及的南京信安工商登记备案资料、赛思信安召开创立大会暨第一次股东大会决议，确认本次收购是否构成关联交易；

（4）根据赛思信安与南京信安原股东刘庆良、陈晓巍签署的《股权转让协议》，确认本次收购是否不存在额外条件或协议（包括但不限于回购）。

2. 事实依据

（1）南京信安的审计报告、评估报告；（2）赛思信安与南京信安的股东会决议；（3）南京信安工商登记备案资料、赛思信安召开创立大会暨第一次股

① 参见“赛思信安”在全国中小企业股份转让系统挂牌公告及北京德恒律师事务所补充法律意见书。

东大会决议；（4）《股权转让协议》。

3. 核查内容

（1）收购公司的净资产（经营性资产）是否经审计、收购定价依据。

赛思信安收购南京信安融汇网络技术有限公司时，南京信安已经审计，定价依据为南京信安截至 2014 年 12 月 31 日经审计的净资产额，并参考评估报告结果后协商确定。根据江苏鼎信会计师事务所对出具的苏鼎审（2015）4—390 号《审计报告》，南京信安截至 2014 年 12 月 31 日的净资产为 110.82 万元；根据江苏德衡资产评估有限公司出具的苏德衡评报字（2015）043 号《评估报告》，南京信安截至 2014 年 12 月 31 日经评估的净资产为 91.03 万元。根据上述审计及评估结果并经双方协商，决定赛思信安向南京信安原股东支付股权收购款共 68 万元，取得南京信安 100% 股权。

（2）是否构成关联交易及其公允性。

上述股权收购行为的过程如下：赛思信安于 2015 年 1 月 12 日召开了股东会，同意以 68 万元的价格收购南京信安 100% 的股权，并同意董事会任命刘庆良为赛思信安经理；2015 年 1 月 22 日，赛思信安与南京信安原股东刘庆良、陈晓巍签署股权转让协议；本次收购于 2015 年 3 月 5 日办理完工商变更登记，南京信安成为赛思信安全资子公司。因刘庆良是赛思信安于 2015 年 1 月 12 日召开股东会同意收购南京信安 100% 股权的同时被任命为赛思信安经理职务，之前并未担任赛思信安董事、监事和高级管理人员，故上述收购行为并不构成关联交易。上述股权收购的价格参照了南京信安经审计的净资产值并参考了净资产评估值，故收购价格较为公允。

（3）收购履行的内外部决策和审批程序，是否存在额外条款或协议（包括但不限于回购）。

就上述股权收购，赛思信安与南京信安分别于 2015 年 1 月 12 日、2015 年 1 月 19 日按照公司章程的规定召开了股东会，同意赛思信安以 68 万元的价格收购南京信安 100% 的股权。本次收购已履行完毕内部决策及审批程序。本次收购并不涉及外部审批。根据赛思信安与南京信安原股东刘庆良、陈晓巍于 2015 年 1 月 22 日签署的《股权转让协议》，本次收购并不存在额外条件或协议（包括但不限于回购）。综上，律师认为，本次收购的公司（南京信安）的净资产（经营性资产）已经审计，收购定价依据为经审计的净资产值并参考评估值后协商确定，价格公允；本次收购不构成关联交易；本次收购已履行完毕内部决策及审批程序，本次收购并不涉及外部审批；本次收购并不存在额外条件或协议（包括但不限于回购）。

案例分析 6.2.6①

鼎宏汽车保险销售股份有限公司在挂牌中遇到的问题：报告期内公司大量保险销售及汽车中介服务通过轿辰集团及旗下子公司 4S 店进行推广。公司为规范关联方交易所采取的措施是否充分、有效，相关内部控制是否完善?

❑问题剖析及解决方案

经核查，公司在整体变更为股份公司前，公司章程未就关联交易决策程序作出明确规定，部分关联交易由各股东协商确定，并未形成书面决议，关联交易决策程序存在不规范之处。股份公司设立后，公司召开的 2015 年第二次临时股东大会对报告期内的关联交易事项予以确认，确认了公司报告期内发生的关联交易是公司生产经营过程中正常发生的，定价依据和定价方式符合市场规律，遵循了自愿平等、诚实信用、公平公正原则，交易价格没有明显偏离市场独立主体之间进行交易的价格，该关联交易没有损害公司及各股东的合法权益。

2015 年 8 月 9 日，公司控股股东轿辰集团作出关于减少和规范关联交易的承诺："1. 本公司以及本公司控制的企业将尽可能减少与股份公司及其下属子公司的关联交易，不会利用自身作为股份公司股东之地位谋求与股份公司在业务合作等方面给予优于市场第三方的权利；不会利用自身作为股份公司

① 参见"鼎宏汽车"在全国中小企业股份转让系统挂牌公告及上海市锦天城律师事务所补充法律意见书（一）。

股东之地位谋求与股份公司达成交易的优先权利。2. 若发生必要且不可避免的关联交易，本公司以及本公司控制的企业将与股份公司及其下属子公司按照公平、公允、等价有偿等原则依法签订协议，并将按照有关法律法规和股份公司《公司章程》的规定履行信息披露义务及相关内部决策、审批程序，关联交易价格依照与无关联关系的独立第三方进行相同或相似交易时的价格确定，保证关联交易价格具有公允性，不利用该交易从事任何损害股份公司及其他股东的合法权益的行为。3. 本公司保证将依照股份公司《公司章程》的规定参加股东大会，平等地行使相应权利，承担相应义务，不利用股东地位谋取不正当利益，不以借款、代偿债务、代垫款项或者其他方式占用股份公司资金，也不要求股份公司为本公司以及本公司控制的企业及本公司的关联企业进行违规担保，保证不损害股份公司其他股东的合法权益。4. 如违反上述承诺给股份公司造成损失，本公司将向股份公司作出赔偿”。

2015 年 8 月 9 日，公司实际控制人汪剑君、汪小君作出关于减少和规范关联交易的承诺：“1. 本人、本人直系亲属（包括父母、配偶、子女、子女的配偶、兄弟姐妹、兄弟姐妹的配偶、配偶的兄弟姐妹，下同）及本人和本人直系亲属控制的企业将尽可能减少与股份公司及其下属子公司的关联交易，不会利用自身作为股份公司实际控制人之地位谋求与股份公司在业务合作等方面给予优于市场第三方的权利；不会利用自身作为股份公司实际控制人之地位谋求与股份公司达成交易的优先权利。2. 若发生必要且不可避免的关联交易，本人、本人直系亲属及本人和本人直系亲属控制的企业将与股份公司及其下属子公司按照公平、公允、等价有偿等原则依法签订协议，并将按照有关法律法规和股份公司《公司章程》的规定履行信息披露义务及相关内部决策、审批程序，关联交易价格依照与无关联关系的独立第三方进行相同或相似交易时的价格确定，保证关联交易价格具有公允性，不利用该交易从事任何损害股份公司及其他股东的合法权益的行为。3. 本人保证将依照股份公司《公司章程》的规定，平等地行使相应权利，承担相应义务，不利用实际控制人的地位谋取不正当利益，不以借款、代偿债务、代垫款项或者其他方式占用股份公司资金，也不要求股份公司为本人、本人直系亲属及本人的关联企业进行违规担保，保证不损害股份公司其他股东的合法权益。4. 如违反上述承诺给股份公司造成损失，本人将向股份公司作出赔偿，并承担连带责任”。

公司创立大会暨2015年第一次临时股东大会通过的《公司章程》《股东大会议事规则》《董事会议事规则》和2015年第二次临时股东大会通过的《公司章程（草案）》中对于公司与股东及实际控制人之间提供资金、商品、服务或者其他资产的交易均作了严格规定，要求关联股东或关联董事应在股东大会、董事会表决关联事项时回避。公司第一届董事会第二次会议审议通过了《关联交易管理制度》，对于公司关联交易的决策程序和审批权限进行了规定，规范关联交易。

综上所述，律师认为，公司已制定了规范关联交易的制度，并切实履行了该制度，公司为规范关联方交易所采取的措施充分、有效。

案例分析 6.2.7①

深圳华强电子商务股份有限公司在公司挂牌中遇到的问题：请主办券商和律师就前述事项进行核查，并就以下事项发表明确意见：（1）公司前五大客户重合的原因，前五大客户订单获得的方式；（2）公司目前产品的销售方式和渠道；（3）公司针对前五大客户重合所采取的措施；（4）公司、公司股东、董事、监事、高级管理人员与前五大客户是否存有关联关系，订单获得方式是否合法、合规？

□问题剖析及解决方案

1. 经主办律师核查公司重大业务合同并对公司高级管理人员访谈，报告期内，公司的前五大客户主要集中在京东、苏宁等大型第三方电商平台及合

① 参见“华强电子”在全国中小企业股份转让系统挂牌公告及北京金诚同达（深圳）律师事务所补充法律意见书。

千润等天猫体系内的分销公司。其主要原因是：我国第三方电商平台经过多年的发展，已经初步形成了以淘宝、天猫、京东等平台为主的格局。基于该现状，包括华强电商在内的多数电子商务渠道服务商都依赖于淘宝、天猫、京东，故公司的前五大客户较为集中；经本所律师核查公司重大业务合同并对公司高级管理人员及相关业务人员访谈，公司获取客户的方式均为商务洽谈。

2. 经核查公司重大业务合同并对公司高级管理人员及相关业务人员访谈，公司目前产品的销售方式和渠道主要包括：通过京东、苏宁等第三方平台的 B2C2C 网络分销、淘宝分销、网络店铺零售。

3. 经核查公司重大业务合同并对公司高级管理人员及相关业务人员访谈，针对五大客户重合，公司通过不断增多与不同第三方交易平台的合作以分散风险，同时与现有客户维持良好的合作关系，提高服务质量，加快反应速度，并与之签订长期合作合同，以确保公司运营的稳定性。

4. 经核查公司及前五大客户工商资料和公开披露的信息，取得了公司股东、董事、监事、高级管理人员关于是否与前五大客户存在关联关系的声明，并对前五大客户以访谈（含问卷调查）的形式，对公司、公司股东、董事、监事、高级管理人员与前五大客户是否存在关联关系的情况进行了核查。本所律师认为，公司、公司股东、董事、监事、高级管理人员与前五大客户不存在关联关系，订单获得方式合法、合规。

第三节 公司合法合规问题及其解决

从《业务规则》和《指引》的规定，我们不难看出，合法合规经营，首先有时效性，即“最近 24 个月”，这是通常所说的报告期，也是券商、律师和会计师出具意见指向的期间。其次，约束的对象有三类，一是法人即拟挂牌的公司；二是公司的控股股东，实际控制人；三是董事、监事和高级管理人员（统称“董监高”）。最后，就是因违法、违规受到重大行政处罚或刑事处罚（包括已被立案可能受刑事处罚）及任职禁止。简单理解就是拟挂牌企业和其控股股东及董监高在报告期内不得有重大违法违规或刑事犯罪行为。

拟挂牌公司为网络游戏开发公司，其是否应向文化行政部门办理备案手续？根据《网络游戏管理暂行办法》第 13 条规定："国产网络游戏运营之日起 30 日内应当按规定向国务院文化行政部门履行备案手续"，所以，国产网络游戏需要在文化部备案。尚未完成备案的游戏，（1）公司应进一步推动备案手续的办理，按照主管部门的要求对材料进行完善与补充，说明办理相关备案手续不存在实质法律障碍；（2）实际控制人出具承诺，如因公司运营的网络游戏未向文化部备案而致使公司遭受损失的，申请人的实际控制人将以其自有资金对此承担赔偿责任；（3）取得省文化厅、市文化广电新闻出版局、县文化广电新闻出版局等文化主管部门关于公司近两年遵守国家有关互联网文化活动的法律法规的相关规定的证明。报告期内，公司亦未因网络游戏经营活动受到任何政府主管部门的查处或处罚。

公司业务的合法合规性，是否属于交易场所、是否实施了集中交易方式、是否符合国务院有关文件的规定、是否符合监管部门的监管意见、是否需要取得各级省政府的验收或整改？以钢银电商为例，（1）钢银电商提供的是钢铁现货即期交易服务，钢银平台交易对象并非标准化合约，并不允许交易者以对冲平仓方式了结交易，交易以实物交收为目的，不属于交易场所。（2）说明公司在寄售交易和委托采购模式下，交易各方的货款往来均由各方通过各自设立的银行对公账户进行。因此，钢银电商开展钢铁现货交易服务，没有实施集合竞价、连续竞价、电子撮合、匿名交易、做市商等集中交易方式。（3）钢银电商符合国务院有关文件的规定、符合监管部门的监管意见、无需取得省级人民政府的验收或整改。

报告期内公司存在较大金额资金占用的情形，该事项对企业报告期内财务报表的影响科目及程度，请核查该事项是否符合挂牌条件中"合法规范经营"的要求？一般来说，关联方资金占用情形已消除，相关税务主管机关亦未对公司自行调增账务事宜作出任何处罚决定，公司主动缴纳相关税款及滞纳金，公司符合挂牌条件中的"合法规范经营"之要求。

根据我国现行法律法规的规定，公司采集相关信息、公开相关信息并利用相关信息营利的行为是否合法合规、是否侵犯他人权益、是否会导致法律纠纷或对公司经营产生其他不利影响、公司是否有应对措施？以“卡车之家”为例，（1）公司网站发布信息的主要来源为原创信息和转载信息，同时，公司制定了《卡车之家产品库信息管理办法》《卡车之家广告投放流程管理办法》《卡车之家广告审查制度》等内控制度，对信息采集和管理进行规范；（2）说明卡车之家作为商用车及其零部件的代理商和分销商，在将交易信息发布至卡车之家商城前，均经专人对信息的内容进行审查核实，其发布虚假信息和不实信息的可能性较小；（3）公司实际控制人作出承诺，公司在卡车之家商城发布的信息均为真实、有效的，不存在虚假发布和不实交易信息。若因发布不实交易信息或者虚假信息而导致公司承担赔偿责任，其将全额承担该债务或对公司进行等额补偿。

公司独立董事兼职大学学院院长，其兼职是否合法合规？一般来说，根据大学学院出具的《说明》，发行人独立董事所在高校已知晓其兼任公司独立董事事宜且无异议，并认为兼任独立董事事宜符合中共中央纪委、教育部、监察部颁布的《关于加强高等学校反腐倡廉建设的意见》等规定。其兼职合法合规。

案例分析 6.3.1[①]

深圳市巨兆数码股份有限公司在挂牌过程中遇到的问题：公开转让说明书显示，公司存在香港子公司。请核查公司境外投资是否履行了相应审批，香港子公司的运作模式，对公司境外投资的合法合规性发表明确意见。

① 参见“巨兆数码”在全国中小企业股份转让系统挂牌公告及广东华商律师事务所补充法律意见书（一）。

❑问题剖析及解决方案

公司于2015年5月28日在香港设立了一家全资子公司巨兆数码（香港）有限公司（以下简称“香港巨兆”），香港巨兆的公司登记注册号为2243075，认缴资本为1万港元，实缴出资0港元，公司类别为私人股份有限公司。

2015年8月14日，深圳市经济贸易和信息化委员会向巨兆数码核发的境外投资证第N4403201500965号《企业境外投资证书》（批准文号：深境外投资〔2015〕N00875号），境外企业为香港巨兆，持股比例为100%，投资总额为7954.307249万元（折合1290.3万美元）；经营范围为“锂离子电池，电芯、手机、笔记本、平板及相关电池成品、配件的销售和批发”。

根据香港特别行政区林李黎律师事务所出具的J12SW150505-my号《巨兆数码（香港）有限公司之法律意见书》，经核查香港巨兆的《商业登记证》（有效期为2015年5月28日至2016年5月27日）复印件、从香港公司注册处网上查册中心取得香港巨兆可提供公众取阅的文件、从香港破产管理署就香港巨兆作出的《强制性清盘个案查册报告》、该所委托BLACK & WHITE INVESTIGATION就香港巨兆出具的报告，香港巨兆是一家依据香港《公司条例》（第622章）成立的有股本的私人股份有限公司，股份类别为普通股，已发行股份总数目为10000股，已缴付或视为已缴付的总款额为港币10000元。截至2015年11月3日，香港巨兆的唯一股东为巨兆数码，持有其全部股份10000股；香港巨兆并没有在香港涉及任何民事及/或刑事法律程序（不论原告人或被告人），即没有被任何人士或政府机构起诉，亦没有起诉他人（不论在香港高等法院、香港区域法院、裁判法院、小额钱债审裁处、劳资审裁处及土地审裁处）；根据香港破产管理署截至2015年11月3日就香港巨兆作出的《强制性清盘个案查册报告》，目前并没有任何针对香港巨兆作出的强制公司清盘呈请；香港巨兆并没有就税费被政府机构起诉的记录。

根据公司相关人员的说明，截至本补充法律意见书出具之日，香港子公司设立登记的注册资本1万港元尚未实缴到位，香港巨兆设立登记手续费用金额较小，无需购汇或经外汇管理部门核准。据此，公司在香港设立全资子公司香港巨兆已经获得相关主管部门的审批、许可，香港巨兆合法设立且存续。

经核查，因巨兆数码的境外客户和供应商部分在香港设立运营总部和资金结算机构，为满足境外客户和供应商的营销需求、货款结算上的便利，降低营运成本、提高营运效率，公司于2015年5月在香港设立全资子公司香港巨兆作为窗口公司与境外客户和供应商对接。

香港巨兆为公司代收境外货款的业务模式为：公司与境外客户直接联络、洽谈，双方就销售产品的品种、规格型号、数量、价格、交货期、结算方式等达成一致后直接签署合同；产品生产完工、检验合格后，公司按约定交货期组织装箱，向深圳海关报关出口，货物直接装运至境外客户指定的交货地点；客户收到货物后，根据公司支付指令将货款支付给香港巨兆专门账户；香港巨兆专门账户收到货款后，根据公司指令将货款转至公司账户。该模式下，销售合同签署主体为公司及其境外客户。

香港巨兆为公司代付境外采购款的业务模式为：公司与境外供应商直接联络、洽谈，双方就销售产品的品种、规格型号、数量、价格、交货期、结算方式等达成一致后直接签署合同；境外供应商按照合同约定组织生产、供货、报关，货物直接装运至公司指定的交货地点；香港巨兆专门账户根据公司指令将采购款支付给境外供应商。该模式下，采购合同签署主体为公司及其境外供应商。

综上，公司与境外客户、境外供应商为产品出口、原材料进口的供销合同的当事人主体，香港子公司账户仅作为公司代收、代付款项的中转账户，不存在截留销售利润等情形，该运作模式合法合规。

案例分析 6.3.2[①]

深圳爱玩网络科技股份有限公司在挂牌过程中遇到的问题：请说明公司开发的网络游戏是否应向文化行政部门办理备案手续，如需办理请补充目前的办理情况和具体措施。请就上述问题和公司是否符合合法合规经营发表意见。

❑ 问题剖析及解决方案

《网络游戏管理暂行办法》第 13 条规定："国产网络游戏运营之日起 30 日内应当按规定向国务院文化行政部门履行备案手续"。第 34 条规定："网络游戏运营企业违反本办法第十三条第一款、第十五条、第二十一条、第二十二条、第二十三条第二款规定的，由县级以上文化行政部门或者文化市场综合执法机构责令改正，并可根据情节轻重处 20000 元以下罚款"。《文化部关于贯彻实施〈网络游戏管理暂行办法〉的通知》规定："申请国产网络游戏备案的网络游戏运营企业应当按照《办法》第十三条等相关要求备齐全部材料，报文化部履行备案手续"。

1. 申请人的经营范围为"计算机软硬件技术开发、销售"，从事的主要业务为游戏软件开发和技术服务，并未从事游戏出版及运营等牌照业务。根据上述相关规定，履行网络游戏备案手续的责任主体为网络游戏运营企业，而非网络游戏开发企业。因此，申请人无需向文化行政部门办理备案手续。

2. 申请人子公司江苏果米从事网络游戏的出版及运营业务，根据上述相关规定，应就所运营的游戏履行备案手续。截至本法律意见书出具之日，江苏果米运营的俺家小院游戏中心和俺家小院游戏中心手机版中合计 28 款游戏已办理文化部国产网络游戏备案，备案号分别为：文网游备字〔2013〕C-CBG003 号、文网游备字（2015）M-CBG0333 号，尚有 44 款游戏正在办理备案手续。

---

① 参见"爱玩网络"在全国中小企业股份转让系统挂牌公告及北京市金杜律师事务所补充法律意见书（一）。

根据申请人及江苏果米的说明，就上述尚未完成备案的游戏，江苏果米正在进一步推动备案手续的办理，相关材料已准备妥当并已提交主管部门，目前正在按照主管部门的要求对材料进行完善与补充，办理相关备案手续不存在实质法律障碍。申请人的实际控制人王治俊出具承诺，如因江苏果米运营的网络游戏未向文化部备案而致使申请人及江苏果米遭受损失的，申请人的实际控制人王治俊将以自有资金对此承担赔偿责任。

同时，江苏果米已取得江苏省文化厅、扬州市文化广电新闻出版局、扬州市宝应县文化广电新闻出版局等文化主管部门关于江苏果米近两年遵守国家有关互联网文化活动的法律法规相关规定的证明。报告期内，申请人及江苏果米亦未因网络游戏经营活动受到任何政府主管部门的查处或处罚。

综上，申请人无需向文化行政部门办理备案手续。就申请人子公司江苏果米部分尚未完成备案的游戏，江苏果米已经着手采取了相应的整改措施，办理相关备案手续不存在实质法律障碍；报告期内相关政府主管部门未对申请人及江苏果米的经营活动提出任何异议，亦未对申请人及江苏果米作出任何行政处罚；同时申请人的实际控制人承诺将对可能遭受的损失承担赔偿责任。因此，江苏果米运营的部分游戏滞后取得文化部备案，不会构成本次申请挂牌的实质性法律障碍。

案例分析 6.3.3①

深圳爱玩网络科技股份有限公司在挂牌过程中遇到的问题：关于虚拟货币请核查用户在公司网络中购买虚拟货币和虚拟物品是否涉及金融类产品的非法融资问题？

① 参见“爱玩网络”在全国中小企业股份转让系统挂牌公告及北京市金杜律师事务所补充法律意见书（一）。

□问题剖析及解决方案

1. 根据《暂行办法》的规定，网络游戏虚拟货币是指由网络游戏经营单位发行，网络游戏用户使用法定货币按一定比例直接或者间接购买，存在于游戏程序之外，以电磁记录方式存储于服务器内，并以特定数字单位表现的虚拟兑换工具；从事网络游戏上网运营、网络游戏虚拟货币发行和网络游戏虚拟货币交易服务等网络游戏经营活动的单位，应取得《网络文化经营许可证》。《文化部、商务部关于加强网络游戏虚拟货币管理工作的通知》规定，网络游戏虚拟货币的使用范围仅限于兑换发行企业自身所提供的虚拟服务，不得用以支付、购买实物产品或兑换其他企业的任何产品和服务。

根据申请人及江苏果米的说明，并经核查，申请人子公司江苏果米从事网络游戏的运营，用户可通过多种渠道使用法定货币购买虚拟货币，从而在江苏果米运营的游戏中参与付费游戏、获取收费服务、购买游戏道具等。该虚拟货币只能在江苏果米运营的游戏中使用，不能转让、不能重新兑换成人民币，不能用于其他游戏。江苏果米已取得江苏省文化厅颁发的《网络文化经营许可证》(编号：苏网文〔2015〕1149—011 号)，有效期至 2018 年 3 月 20 日，证载经营范围为“用信息网络经营游戏产品(含网络游戏虚拟货币发行)”。因此，江苏果米在游戏中引入虚拟货币是为了便于用户参与付费游戏、获取收费服务、购买游戏道具等，符合相关法律法规的要求。江苏果米已取得《网络文化经营许可证》，具有相应的网络游戏经营活动资质。

2.《非法金融机构和非法金融业务活动取缔办法》第 4 条规定：“本办法所称非法金融业务活动，是指未经中国人民银行批准，擅自从事的下列活动：(一)非法吸收公众存款或者变相吸收公众存款；(二)未经依法批准，以任何名义向社会不特定对象进行的非法集资；(三)非法发放贷款、办理结算、票据贴现、资金拆借、信托投资、金融租赁、融资担保、外汇买卖；(四)中国人民银行认定的其他非法金融业务活动。前款所称非法吸收公众存款，是指未经中国人民银行批准，向社会不特定对象吸收资金，出具凭证，承诺在一定期限内还本付息的活动；所称变相吸收公众存款，是指未经中国人民银行批准，不以吸收公众存款的名义，向社会不特定对象吸收资金，但承诺履行的义务与吸收公众存款性质相同的活动”。《最高人民法院关于审理非法集资刑事案件具体应用法律若干问题的解释》第 1 条规定：“违反国家金融管理法律规定，向社会公众（包括单位和个人）吸收资金的行为，同时具备下列四个条件的，除刑法另有规定的以外，应当认定为刑法第一百七十六条规定的‘非法吸收公众存款或者变相吸收公众存款’：（一）未经有关部门依法批准或者借用合法经营的形式吸收资金；（二）通过媒体、推介会、传单、手机短信等途径向社会公开宣传；（三）承诺在一定期限内以货币、实物、股权等方式还本付息或者给付回报；（四）向社会公众即社会不特定对象吸收资金。未向社会公开宣传，在亲友或者单位内部针对特定对象吸收资金的，不属于非法吸收或者变相吸收公众存款”。

用户在江苏果米运营的游戏中购买的游戏币只能在相应游戏中使用，不能兑换、转让及提现，江苏果米的网络游戏经营行为与上述规定中的非法吸收公众存款、非法集资等非法金融业务活动存在本质性区别。

3. 根据江苏省通信管理局、江苏省新闻出版广电局、江苏省文化厅、扬州市文化广电新闻出版局、扬州市宝应县文化广电新闻出版局出具的相关证明，江苏果米自 2013 年 1 月 1 日以来，未因网络游戏经营活动受到任何政府主管部门的查处或处罚。

综上，用户在公司网络中购买虚拟货币和虚拟物品不涉及金融类产品的非法融资问题。

案例分析 6.3.4①

上海钢银电子商务股份有限公司在挂牌过程中遇到的问题：请核查公司业务的合法合规性，是否属于交易场所、是否实施了集中交易方式、是否符

---

① 参见“钢银电商”在全国中小企业股份转让系统挂牌公告及上海市上正律师事务所补充法律意见书（二）。

合国务院有关文件的规定、是否符合监管部门的监管意见、是否需要取得各级省政府的验收或整改？

□问题剖析及解决方案

1. 关于钢银电商的业务

经核查：钢银电商的经营范围为计算机技术专业领域内的“四技”服务；电子商务（不得从事金融业务）；销售金属材料、金属制品、铁矿产品、生铁、钢坯、焦炭、卷板、铁精粉、有色金属（不含贵重金属）、建材、木材、化工原料及产品（除危险化学品、监控化学品、烟花爆竹、民用爆炸物品、易制毒化学品外）、耐火材料、汽摩配件、机电设备、五金交电、电子产品、通信器材、港口装卸机械设备及零部件；第二类增值电信业务中的信息服务业务（仅限互联网信息服务）。

钢银电商的主营业务为钢铁现货交易电子商务服务。钢银电商通过运营第三方平台——钢银平台（www.banksteel.com）为钢铁行业上下游企业提供一揽子电子商务解决方案，钢银平台（www.banksteel.com）名称中亦未使用“交易所”字样。

钢银平台主要有撮合交易（钢材集市）和寄售交易（钢材超市）两大交易服务模式，同时钢银电商还为部分优质客户提供委托采购服务。其中：

（1）撮合交易服务是指钢银平台扮演经纪人的角色，为供应商、次终端用户（为终端用户配送钢材的钢贸商）和终端用户之间提供居间服务，促成交易。交易促成之后，平台并不参与后续的支付结算、物流服务等环节。钢银平台的撮合交易服务为免费服务，不收取费用。交易额不计入钢银平台的销售收入。钢银平台的撮合交易本质是一种居间信息匹配服务，钢银平台并不直接参与交易本身（如协议签订、结算、款项交付等）。具体过程为买方和卖方分别在平台上发布求购信息和销售信息，钢银电商通过交易员（电话、QQ 等方式）或 APP（智能方式）推介和匹配买卖双方的购销信息，解决钢材交易过程中信息不对称和信息传递问题，促进买卖双方线下的一对一协议交易，最终交易价格由双方协商确定（钢银电商并不直接参与线下交易，不收取保证金、佣金等)，并非相关法律法规要求清理整顿的集合竞价、连续竞价、电子撮合(指众多的买方和卖方同时通过电子交易系统进行撮合配对、点选成交或其他方式促成合约成立的交易方式)、匿名交易、做市商机制等集中交易方式。

(2)寄售交易服务是指生产商或钢贸商通过钢银平台进行在线销售，由平台全程参与货物交易、货款支付、提货、二次结算、开票等环节，其交易额计入钢银平台的销售收入。寄售交易服务是生产商或钢贸商(卖方)、钢贸商或终端用户(买方)通过钢银平台进行的在线一对一协议交易，货款往来均由各方通过其各自设立的银行对公账户进行。

(3)委托采购服务是指钢银电商通过与钢材经销商(委托采购方)、钢厂/钢贸商(卖方)分别签订合作协议和购销合同，委托采购方按照合同约定向钢银电商支付一定的保证金(10%—20%)，钢银电商为委托采购方向卖方购买钢材提供订货、资金和仓储服务，亦为一对一协议交易，货款往来均由各方通过其各自设立的银行对公账户进行。

钢银平台的交易双方均是经过钢银电商注册并认证的会员，交易对象为实物商品，不涉及以实物商品为标的的仓单、可转让提单等提货凭证，交易方式均为一对一协议方式，交易价格最终由买卖双方协商确定，撮合交易模式下钢银平台并不参与结算，寄售交易和委托采购模式下货款往来均由各方通过其各自设立的银行对公账户进行。

2. 核查意见

为了清理整顿各类非法交易场所，防范金融风险，国务院及国务院办公厅先后公布了《国务院关于清理整顿各类交易场所切实防范金融风险的决定》(以下简称“国发38号文”)以及《国务院办公厅关于清理整顿各类交易场所的实施意见》(以下简称“国办发37号文”)，前述文件定义了交易场所和集中交易方式，界定了列入清理整顿范围的交易场所类型和清理整顿的6条主要标准，并规定了国务院金融管理部门和省级人民政府的监管责任和监管要求；同时，为规范商品现货市场交易活动，维护市场秩序，防范市场风险等，商务部、中国人民银行、证监会共同制定下发了《商品现货市场交易特别规定（试行）》；此外，证监会制定了《关于认定商品现货市场非法期货交易活动的标准和程序》，明确了商品现货市场非法期货交易的认定标准。

经核查:（1）钢银电商不属于“国发38号文”及“国办发37号文”定义的交易场所，也不属于清理整顿范围的交易场所类型

根据“国发38号文”及“国办发37号文”，交易场所是指从事产权交易、文化艺术品交易和大宗商品中远期交易等各种类型的交易场所；清理整顿的交易场所范围包括从事产权交易、文化艺术品交易、大宗商品中远期交易、各种权益类交易、其他标准化合约交易的各类交易场所。其中，大宗商品中远期交易是指以大宗商品的标准化合约为交易对象，采用电子化集中交易方式，允许交易者以对冲平仓方式了结交易而不以实物交收为目的或不必交割实物的标准化合约交易。

钢银电商提供的是钢铁现货即期交易服务，钢银平台交易对象并非标准化合约，并不允许交易者以对冲平仓方式了结交易，交易以实物交收为目的。因此，不属于“国发38号文”及“国办发37号文”定义的交易场所，也不属于“国发38号文”及“国办发37号文”界定的清理整顿范围的交易场所类型。

根据《商品现货市场交易特别规定（试行）》第3条的规定，商品现货市场，是指依法设立的，由买卖双方进行公开的、经常性的或定期性的商品现货交易活动，具有信息、物流等配套服务功能的场所或互联网交易平台。钢银电商通过钢银平台（www.banksteel.com）提供钢铁现货即期交易服务适用《商品现货市场交易特别规定（试行）》。

（2）钢银电商没有实施集中交易方式

根据“国办发37号文”，集中交易方式是指包括集合竞价、连续竞价、电子撮合、匿名交易、做市商等交易方式，但协议转让、依法进行的拍卖不在此列。

钢银平台交易双方均是经过钢银电商注册并认证的会员，交易对象为实物商品（钢铁现货），交易方式均为买卖双方一对一协议交易，交易价格最终由交易双方协商确定。其中，撮合交易的本质是一种居间信息匹配服务，钢银平台并不直接参与交易本身（如协议签订、结算、款项交付、收取保证金

或佣金等），只是促进买卖双方线下的一对一协议交易。寄售交易和委托采购模式下，交易各方的货款往来均由各方通过其各自设立的银行对公账户进行。因此，钢银电商开展钢铁现货交易服务，没有实施集合竞价、连续竞价、电子撮合（即众多的买方和卖方同时通过电子交易系统进行撮合配对、点选成交或其他方式促成合约成立的交易方式）、匿名交易、做市商等集中交易方式。

（3）钢银电商符合国务院有关文件的规定、符合监管部门的监管意见、无需取得省级人民政府的验收或整改

钢银电商提供的是钢铁现货即期交易服务，不属于“国发38号文”及“国办发37号文”定义的交易场所和界定的列入整顿范围的交易场所类型。钢银电商没有实施集中交易方式。钢银电商的交易服务也不符合“国办发37号文”清理整顿的6条主要标准，即① 不得将任何权益拆分为均等份额公开发行；② 不得采取集中竞价、做市商等集中交易方式进行交易；③ 不得将权益按照标准化交易单位持续挂牌交易，任何投资者买入后卖出或卖出后买入同一交易品种的时间间隔不得少于5个交易日；④ 除法律、行政法规另有规定外，权益持有人累计不得超过200人；⑤ 不得以集中交易方式进行标准化合约交易；⑥ 未经国务院相关金融管理部门批准，不得设立从事保险、信贷、黄金等金融产品交易的交易场所，其他任何交易场所也不得从事保险、信贷、黄金等金融产品交易。因此，钢银电商提供钢铁现货即期交易服务符合国务院有关文件的规定、符合监管部门的监管意见、无需省级人民政府的验收或整改。

此外，钢银平台的交易对象和交易特征与《关于认定商品现货市场非法期货交易活动的标准和程序》中非法组织期货交易的认定目的要件和形式要件不同，不属于商品现货市场非法组织期货交易。钢银电商从事的钢铁现货交易服务符合《商品现货市场交易特别规定（试行）》的规定。

案例分析 6.3.5①

厦门欢乐逛科技股份有限公司在挂牌过程中遇到的问题：依据公司重大风险提示，“公司成立于2010年，为国内较早从事电子商务第三方服务企业之一，由于公司成立年限较短，从事的业务比较新颖，公司管理层对财务核算理解程度不够，因此历史上存在部分符合收入成本确认条件的业务未予以核算的情况”，且报告期内存在较大金额资金占用的情形。请企业补充说明该事项对企业报告期内财务报表的影响科目及程度，请核查该事项是否符合挂牌条件中“合法规范经营”的要求？

□问题剖析及解决方案

1. 关于历史上存在部分符合收入成本确认条件的业务未予以核算的情况

经核查，公司历史上存在部分符合收入成本确认条件的业务未予以核算的情况，为规范账务处理，公司于2015年5月予以财务自查并在审计机构的协助下调增以前年度收入、成本费用等损益事项，由此新增相应的纳税义务，公司于当月即主动向税务局缴纳大部分税款及滞纳金，截至2015年7月月底，合计缴纳税款及滞纳金858.57万元。

2015年9月15日，厦门市思明区国家税务局出具《纳税证明》，证明公司自2013年1月1日至2015年7月31日，不存在欠缴税款和偷税、逃税等违法违章情形。2015年9月18日，厦门市思明区地方税务局出具《涉税证明》，证明公司自2013年1月1日至2015年7月31日依法履行纳税义务，未发现因违反税收法律、法规和规范性文件的重大违法行为被该局行政处罚的情形。2015年9月30日，公司实际控制人刘志杰和胡赟出具《关于报告期内税务守法的承诺》，确认公司自2013年1月1日至2015年7月31日，依法申报纳税，遵守税收法律法规，不存在偷税、逃税、漏税、欠税等税收违

① 参见“欢乐逛”在全国中小企业股份转让系统挂牌公告及北京市中银律师事务所补充法律意见书（一）。

法行为。如果公司日后因上述调增账务事项被税务机关追究相关责任的，将由其承担由此产生的所有费用。

2. 报告期内存在较大金额资金占用的情形

经核查，报告期内，实际控制人及其他关联方与公司之间存在资金拆借行为，刘志杰作为公司控股股东、实际控制人之一，在历史上存在占用公司资金的情形，公司财务总监、董事会秘书管锦辉因个人购房需要曾向公司借贷10万元。

为解决刘志杰占用公司资金的问题，2015年6月30日，欢乐逛有限召开股东会并作出如下决议：经厦门泓正会计师事务所有限公司审计，截至2014年12月31日，公司累计未分配利润18608728.01元，股东决定按照各持股比例分取该未分配利润中的1400万元，因分红所得的个人所得税由公司代扣代缴，税后所得1120万元，剩余未分配利润结转下一年度；截至2015年6月30日，公司应收股东刘志杰款项为1721万元，全体股东决定将上述分红款直接用于充抵该应收款，充抵后，公司应收股东刘志杰款项为601万元。经核查银行转款凭证，刘志杰于2015年7月29日至31日陆续向公司归还上述款项，管锦辉于2015年9月18日向公司归还借款10万元。

2015年9月18日，欢乐逛召开股份公司创立大会暨第一次股东大会，会议审议通过了《防范关联方资金占用管理制度》《关联交易管理制度》等规则，从制度上对公司的资金使用行为作出了规范。截至本补充法律意见书出具日，公司与实际控制人及其他关联方之间的往来款已全部归还，公司与关联方之间的资金占用情形已消除，《防范关联方资金占用管理制度》等相关规则已制定，关联方资金占用情形将得到有效防范。

3. 上述事项是否符合挂牌条件中“合法规范经营”的要求

根据《全国中小企业股份转让系统股票挂牌条件适用基本标准指引（试行）》[1]的规定，挂牌条件之“合法合规经营”，是指公司及其控股股东、实际

① 已被修订，现行为《全国中小企业股份转让系统股票挂牌条件适用基本标准指引》（2017年9月6日）。

控制人、董事、监事、高级管理人员须依法开展经营活动，经营行为合法、合规，不存在重大违法违规行为。

（1）公司的重大违法违规行为是指公司最近 24 个月内因违犯国家法律、行政法规、规章的行为，受到刑事处罚或适用重大违法违规情形的行政处罚。

① 行政处罚是指经济管理部门对涉及公司经营活动的违法违规行为给予的行政处罚。

② 重大违法违规情形是指凡被行政处罚的实施机关给予没收违法所得、没收非法财物以上行政处罚的行为，属于重大违法违规情形，但处罚机关依法认定不属于的除外；被行政处罚的实施机关给予罚款的行为，除主办券商和律师能依法合理说明或处罚机关认定该行为不属于重大违法违规行为的外，都视为重大违法违规情形。

③ 公司最近 24 个月内不存在涉嫌犯罪被司法机关立案侦查，尚未有明确结论意见的情形。

（2）控股股东、实际控制人合法合规，最近 24 个月内不存在涉及以下情形的重大违法违规行为：

① 控股股东、实际控制人受刑事处罚；

② 受到与公司规范经营相关的行政处罚，且情节严重；情节严重的界定参照前述规定；

③ 涉嫌犯罪被司法机关立案侦查，尚未有明确结论意见。

（3）现任董事、监事和高级管理人员应具备和遵守《公司法》规定的任职资格和义务，不应存在最近 24 个月内受到中国证监会行政处罚或者被采取证券市场禁入措施的情形。

公司在报告期内虽存在上述调增账务及关联方资金占用的情形，但截至本补充法律意见书出具日，关联方资金占用情形已消除，相关税务主管机关亦未对公司自行调增账务事宜作出任何处罚决定，公司主动缴纳相关税款及滞纳金，属公司在财务规范过程中的积极措施。根据我国《行政处罚法》的规定，行政处罚的种类是：警告；罚款；没收违法所得、没收非法财物；责令停产停业；暂扣或者吊销许可证、暂扣或者吊销执照；行政拘留；法律、行政法规规定的其他行政处罚。国家税务总局在1998年下发的《关于偷税税款加收滞纳金问题的批复》[①]中指出，滞纳金不是处罚，而是纳税人或者扣缴义务人因占用国家税金而应缴纳的一种补偿。

综上，公司符合挂牌条件中的“合法规范经营”之要求。

案例分析6.3.6[②]

璞勒仕建筑工程（上海）股份有限公司在挂牌过程中遇到的问题：报告期公司存在工程分包情形，请核查分包商是否具有相应的资质、与公司是否存在关联关系？报告期内公司是否存在违反《建筑法》《招标投标法》《合同法》以及《建设工程质量管理条例》《建设工程安全生产管理条例》《招标投标法实施条例》的违法发包、转包、违法分包及挂靠等情况？项目金额、完成情况、与发包人等是否存在任何纠纷或潜在纠纷，是否存在停业、降低业务资质等级等风险？公司是否符合“合法规范经营”“具有持续经营能力”的挂牌条件？

❑问题剖析及解决方案

根据公司取得的资质证书，公司及其子公司北京海直海均具有建筑装饰装修工程设计与施工二级资质及安全生产许可证，可依法从事资质证书许可范围内的“建设工程总承包业务以及工程设计、工程施工、项目管理和相关的技术与管理服务”。上述资质证书均在有效期内。

1. 报告期内业务合同涉及的工程分包

经核查报告期内公司承接的金额超过200万元的设计施工合同和金额超过100万元的采购合同及其他业务合同，报告期内工程分包存在以下违规情况：

---

① 已失效。
② 参见“璞勒仕”在全国中小企业股份转让系统挂牌公告及上海理德律师事务所补充法律意见书（一）。

（1）劳务分包

经核查，报告期内公司存在一些劳务分包合同，劳务分包供应商不具备建筑业劳务分包资质，构成违法分包。经核查，截至本补充法律意见书出具之日，上述劳务分包合同所涉的项目均已竣工并通过验收，未发生安全质量问题；合同相关各方未因该合同的履行发生任何举报、投诉、纠纷或诉讼、仲裁。上述劳务分包合同所涉及工程项目的业主均通过书面确认函的方式确认其知悉相关分包单位不具备相应的建筑业劳务分包资质，就劳务分包事项和公司不存在任何争议或潜在争议；只要公司承接的项目竣工验收合格，不存在安全质量问题，就不会追究公司的任何责任。同时，经核查上述劳务分包供应商的工商登记信息并经公司说明确认，以上劳务分包供应商和公司不存在关联关系。

目前，公司已规范运营，在项目需要劳务分包时审慎核查劳务分包商的资质，并与具备资质的劳务分包商（上海慧宇劳务服务有限公司）签订了劳务分包合同。

（2）专业分包

经核查，存在一些专业分包供应商未取得相应的建筑企业资质证书，公司将承接的合同分包给这些不具备专业资质的分包供应商，属于违法分包。

经核查，截至本补充法律意见书出具之日，上述专业分包合同所涉的项目均已竣工并通过验收，未发生安全质量问题；合同相关各方未因该合同的履行发生任何举报、投诉、纠纷或诉讼、仲裁。上述专业分包合同所涉及工程项目的业主均通过书面确认函的方式确认其知悉相关分包单位不具备专业的建筑类资质，就分包事项和公司不存在任何争议或潜在争议；只要公司承接的项目竣工验收合格，不存在安全质量问题，就不会追究公司的任何责任。同时，核查上述专业分包供应商的工商登记信息并经公司说明确认，以上专业分包供应商和公司不存在关联关系。

（3）公司从上海海直处承接的项目所涉及的再次分包

经核查，公司从上海海直建设工程有限公司（“上海海直”）承接的 IBM

杨浦办公楼室内装修工程施工、博禄上海展想项目展想广场1号楼22层、23层办公室及6号楼应用中心室内装修工程施工和克莱斯勒紫竹办公楼室内装修工程施工3个工程项目，上海海直作为该3个工程项目的总承包方将3个工程项目的室内装修工程部分分包给公司，公司又将机电、弱电、消防、劳务等再次分包给其他分包供应商，根据中国建筑相关法律法规，公司的再次分包行为构成违法分包。

经核查，截至本补充法律意见书出具之日，以上项目均已完工并通过验收，未发生安全质量问题；合同相关各方未因该合同的履行发生任何举报、投诉、纠纷或诉讼、仲裁。同时，以上分包供应商和公司均不存在关联关系。

此外，根据以上3个工程项目的业主单位分别出具书面说明：该3个业主单位均是外资企业，对于分包供应商的选定和审核都有相应的程序，且公司及其他分包供应商均由业主单位通过专业的投标审核过程确认，就上海海直及公司的分包行为与业主单位不存在任何争议或潜在争议，而且目前3个工程项目均已竣工验收合格，不存在任何安全质量问题，业主单位也书面表示不会追究公司的责任。上海海直作为3个工程项目的总承包方也通过书面形式确认对公司的分包行为不存在任何争议或潜在争议，只要工程项目通过验收且未产生安全、质量问题，不会追究公司的任何责任。

2. 违法分包的法律风险

依据《建筑工程施工转包违法分包等违法行为认定查处管理办法（试行）》，“对认定有转包、违法分包违法行为的施工单位，依据《建筑法》第67条和《建设工程质量管理条例》第62条规定，责令其改正，没收违法所得，并处工程合同价款0.5%以上1%以下的罚款；可以责令停业整顿，降低资质等级；情节严重的，吊销资质证书”。

3. 报告期内工程合同备案

根据《建筑法》《招标投标法》及其实施条例等法律、法规，在中华人民共和国境内进行下列工程建设项目包括项目的勘察、设计、施工、监理以及与工程建设有关的重要设备、材料等的采购，必须进行招标：（一）大型基础设施、公用事业等关系社会公共利益、公众安全的项目;（二）全部或者部分使用国有资金投资或者国家融资的项目;（三）使用国际组织或者外国政府贷款、援助资金的项目。前款所列项目的具体范围和规模标准，由国务院发展计划部门会同国务院有关部门制订，报国务院批准。法律或者国务院对必须进行招标的其他项目的范围有规定的，依照其规定。经核查，公司承接的工程项目并不属于上述法律、法规所规定的必须依法进行招标的工程建设项目。

此外,《房屋建筑和市政基础设施工程施工招标投标管理办法》第 3 条规定，“房屋建筑和市政基础设施工程（以下简称工程）的施工单项合同估算价在 200 万元人民币以上，或者项目总投资在 3000 万元人民币以上的，必须进行招标”。依据该管理办法对“房屋建筑工程”的定义，房屋建筑工程指“各类房屋建筑及其附属设施和与其配套的线路、管道、设备安装工程及室内外装修工程”。该法同时规定，“依法必须进行施工招标的工程，招标人应当在招标文件发出的同时，将招标文件报工程所在地的县级以上地方人民政府建设行政主管部门备案”;“招标人和中标人应当自中标通知书发出之日起 30 日内，按照招标文件和中标人的投标文件订立书面合同；招标人和中标人不得再行订立背离合同实质性内容的其他协议。订立书面合同后 7 日内，中标人应当将合同送县级以上工程所在地的建设行政主管部门备案”。

《房屋建筑和市政基础设施工程施工分包管理办法》对分包工程发包人和分包工程承包人的分包合同备案作出了备案的规定:“分包工程发包人应当在订立分包合同后 7 个工作日内，将合同送工程所在地县级以上地方人民政府住房城乡建设主管部门备案”。

依据上述两个管理办法，公司承接的重大合同项目属于该管理办法的“房屋建筑工程”，对于其中超过 200 万元金额的项目，若无例外情况建设单位应该依法进行招标，公司中标后也应依据该管理办法去建设主管部门对相关合同进行备案；同时，公司将承包的工程项目再分包给专业分包商的，也应作为“分包工程的发包人”将分包合同报送相关建设主管部门备案。

综上，公司在报告期内没有依据上述办法对有关工程项目合同进行备案，存在违规之处。

4. 建设主管部门及安全主管部门出具的证明

2015 年 7 月 31 日，上海市城乡建设和管理委员会出具《证明》，确认近 4 年来未发现公司存在以下行为：

（1）超越本企业资质等级或以企业的名义承揽工程，或允许其他企业或个人以本企业的名义承揽工程的；（2）与建设单位或企业之间相互串通投标，或以行贿等不正当手段谋取中标的；（3）未取得施工许可证擅自施工的；（4）将承包的工程转包或违法分包的；（5）违反国家工程建设强制性标准的；（6）发生过较大安全事故或者发生过两起以上一般生产安全事故的；（7）恶意拖欠分包企业工程款或者农民工工资的；（8）隐瞒或谎报、拖延报告工程质量安全事故或事故现场、阻碍对事故调查的；（9）按照国家法律、法规和标准规定需要持证上岗的技术工种的作业人员未取得证书上岗，情节严重的；（10）未依法履行工程质量保修义务或拖延履行保修义务，造成严重后果的；（11）涂改、倒卖、出租、出借或者以其他形式非法转让建筑业企业资质证书的；（12）其他违反法律、法规行为的；（13）企业相互串通投标或者与招标人串通投标承揽工程勘察、工程设计业务的；（14）将承揽的工程勘察、工程设计业务转包或违法分包的；（15）注册执业人员未按照规定在勘察设计文件上签字的；（16）违反国家工程建设强制性标准的；（17）因勘察设计原因造成过重大生产安全事故的；（18）设计单位未根据勘察成果文件进行工程设计的；（19）设计单位违反规定指定建筑材料、建筑构配件的生产厂、供应商的；（20）无工程勘察、工程设计资质或者超越资质等级范围承揽工程勘察、工程设计业务的；（21）涂改、倒卖、出租、出借或者以其他形式非法转让资质证书的；（22）允许其他单位、个人以本单位名义承揽建设工程勘察、设计业务的。

2015 年 7 月 24 日，奉贤区安全生产监督管理局作出证明，确认公司在 2012 年 7 月至 2015 年 7 月，未发生生产安全死亡事故和重伤事故，也没有因违反相关安全生产法律法规而受到该局行政处罚。

2015年7月15日，北京市住房和城乡建设委员会出具证明，证明自2012年7月14日至2015年7月14日未发现北京海直海在北京的建设工程活动中发生较大及以上安全责任事故、质量责任事故。

2015年7月14日，北京市勘察设计与测绘管理办公室出具《行政处罚记录查询结果》，证明北京市规划委员会实施的行政处罚记录中，未发现北京海直海在2012年7月14日至2015年7月14日内有被处罚记录。

5. 对上海市住建委的访谈

就公司在报告期内的合法合规情况，对上海市住建委的有关工作人员进行了访谈。根据该访谈，上海市住建委在报告期内未接到有关业主、发包方、分包单位或其他个人、单位对公司的举报和投诉；在履行监管的过程中也未发现公司存在超资质承接业务、违法发包、转包、违法分包及挂靠等行为，没有发现公司的工程项目存在质量、安全问题；也没有在报告期内对公司作出过处罚；对于公司在报告期内的违法分包行为和未对有关合同进行备案，鉴于公司目前已经规范运营和管理，不再有违法分包的情况，同时考虑到公司正欲向全国中小企业股份转让系统申请挂牌，在公司规范运营的前提下对报告期内公司存在的少量违法分包行为表示既往不咎。

综上，除上述提及的违法分包及未依规定进行合同备案之外，公司没有违反《建筑法》《招标投标法》《合同法》以及《建设工程质量管理条例》《建设工程安全生产管理条例》《招标投标法实施条例》的违法发包、转包、违法分包及挂靠等情况；公司报告期内存在的违法分包及合同未备案行为受到主管部门追加处罚的可能性较低，不会对公司持续经营产生重大影响，公司不存在停业、降低业务资质等级等风险，符合“合法规范经营”“具备持续经营能力”的挂牌条件。

案例分析 6.3.7①

成都九鼎瑞信科技股份有限公司在挂牌过程中遇到的问题：公司通过互联网经营的手机以旧换新业务，请核查上述业务存在的风险及防范措施，并结合国家对上述业务的监管政策说明公司是否符合“合法规范经营”的挂牌条件？

□问题剖析及解决方案

经核查，公司自 2014 年起开始通过“以旧换新”打造综合性换购平台“乐换新”，公司以“以旧换新”为核心商业模式着手打造大数据驱动的 O2O 综合性换购平台——“欢欣网”（于 2015 年 7 月更名为“乐换新”），提供手机回收、手机换购、手机美容、手机维修、手机保险以及新机销售一体化综合服务。公司对旧手机的回收，其目的是通过“以旧换新”激发客户的换机需求，旧手机评估价值可直接抵扣客户的购机款。起初“乐换新”以免费发布旧手机回收信息为基础，逐步延伸到换话费、换流量、换海淘、换保险等各类产品的换购平台，其商业模式在逐渐完善过程中。欢欣网已于 2015 年 7 月取得四川省通信管理局获发的蜀 ICP 备 14023461 号 –1、蜀 ICP 备 14023461 号 –2 非经营性互联网信息服务备案号。依照《电信条例》《互联网信息服务管理办法》对经营性互联网信息服务的有关规定，随着“乐换新”换购平台业务的发展，公司正在申办增值电信业务经营许可。

依据《废弃电器电子产品回收处理管理条例》《废弃电器电子产品处理目录（2014 年版）》《旧电器电子产品流通管理办法》等行政法规、部门规章的规定，公司通过互联网经营的手机以旧换新业务存在如下风险：一是擅自对回收的旧手机进行处理将面临违反行政法规而遭受处罚的风险；二是收

① 参见“九鼎瑞信”在全国中小企业股份转让系统挂牌公告及北京京用（成都）律师事务所补充法律意见书。

购被依法查封、扣押的或明知是通过盗窃、抢劫、诈骗、走私或其他违法犯罪手段获得的，以及不能说明合法来源的旧电器电子产品将面临处罚的风险；三是泄露在旧手机收购过程中获得的机关、企（事）业单位及个人信息而遭受处罚和索赔的风险；四是对回购的旧手机面向购买者的再次销售时应开具发票、作出质量承诺，如公司未建立相应的管控制度，出现向非回收企业销售旧手机而面临处罚的风险。

公司通过互联网经营手机以旧换新业务的防范措施如下：经核查，公司业务中不包含对旧手机进行处理的经营活动，即公司不进行《废弃电器电子产品回收处理管理条例》第 2 条规定的对废弃电器电子产品进行拆解、提取原材料或燃料、改变废弃电器电子产品的物理或化学特性的处理活动，公司也不向非回收企业的购买者再次出售回购的旧手机的业务内容。公司制订了完善的手机回收流程，禁止对旧手机进行处理和再次向非回收企业的购买者出售。公司不单独经营旧机回收业务，客户通过“乐换新网 APP”提交旧手机品牌、使用年限、是否损伤等信息后，“乐换新网 APP”将给出旧手机可抵扣新机购买金额，客户接受确认下单后，配送人员根据《二手回收现场手机操作准则》和《手机检测方法和标准》上门现场评估确认并由客户对旧手机的合法来源、个人信息保密、承担的法律责任等作出明确声明并确认无误后，收取旧手机。配送人员完成现场交易后，将旧手机入库并进行二次检测，核对系统信息与实物匹配，确认无误完成旧手机入库。根据旧手机品相差异，定期分别销售给国内外二手手机经销商、废旧电子回收利用企业、手机零配件回收企业等下游企业。为进一步完善旧手机回收过程中对客户的个人信息及隐私进行合理处置，公司向消费者履行旧手机出售可能导致的信息丢失和泄露风险的提示义务，并现场清除手机中的所有信息，确保手机回收过程中对客户的个人信息及隐私进行合理处置。公司除在收购旧手机前进行了必要提示外，还在制定《回收手机流程管理制度》《旧手机出售人信息数据保密制度》等流程控制制度，强化旧手机出售方对售卖手机权属的声明承诺制度、责任负担制度等内控措施。

就公司目前开展的业务来看，公司旧手机回收业务的开展不适用《废弃电器电子产品回收处理管理条例》规定的资格许可管理，公司从事旧手机回收和换新服务不属于禁止经营的范围。按《旧电器电子产品流通管理办法》的规定，公司就回购的旧手机进行面向回收企业购买者的再次销售可能承担的开具发票、手机现状明示、质量承诺等义务及可能出现的风险，公司已采取了相应的风险防范措施。因此，公司通过互联网经营的手机以旧换新业务的开展不会对公司的“合法规范经营”的挂牌条件造成实质影响。

案例分析 6.3.8①

贵州远方生态环保科技股份有限公司在挂牌过程中遇到的问题：请核查公司签署的合同是否需要通过采购、招投标程序，对相关合同的签署是否合法合规、是否有效发表意见。

❑问题剖析及解决方案

经核查，公司作为一家综合性的大型园林绿化和环卫保洁服务企业，经过多年的努力，已经初步形成了以园林工程施工业务、环卫保洁服务业务为核心，园林景观设计业务快速发展，绿化养护作为补充的业务格局，各项业务优势互补，协调发展，提升了企业的综合竞争力。

设计和施工是城市园林产业链条中的核心环节，绿化养护和环卫保洁服务是未来城市美容不可缺少的两个主要组成部分，公司同时拥有风景园林工程设计专项乙级资质、城市园林绿化一级资质、市政清洁维护一级资质，三项业务的协调开展增强了公司的业务承揽和实施能力。

根据《招标投标法实施条例》第 8 条的规定，国有资金占控股或者主导地位的依法必须进行招标的项目，应当公开招标；但有下列情形之一的，可

① 参见“远方生态”在全国中小企业股份转让系统挂牌公告及北京市中银律师事务所补充法律意见书。

以邀请招标：

（一）技术复杂、有特殊要求或者受自然环境限制，只有少量潜在投标人可供选择；

（二）采用公开招标方式的费用占项目合同金额的比例过大。

有前款第二项所列情形，属于本条例第七条规定的项目，由项目审批、核准部门在审批、核准项目时作出认定；其他项目由招标人申请有关行政监督部门作出认定。

《贵州省工程建设项目招标初步方案核准规定》第2条规定，本规定适用于《贵州省工程建设项目招标范围和规模标准规定》规定应当进行招标并实行审批制、核准制的工程建设项目以及实行备案制的部分工程建设项目。《贵州省工程建设项目招标范围和规模标准规定》第10条规定，依法必须进行招标的项目，全部使用国有资金投资或者国有资金投资占控股或者主导地位的，应当公开招标。第11条规定， 工程建设项目符合下列情形之一的，经项目审批部门批准，可以不进行招标：（一）除农村公路建设中的大中型桥梁工程、水利建设中的小（2）型以上（含小（2）型）水利枢纽工程、大中型引水隧道工程外，利用扶贫资金实行以工代赈的；（二）生态环境建设和保护等涉农项目中需要当地直接受益农民投资、投工、投劳的施工部分；（三）已建成项目需要改、扩建或者技术改造，由其他单位进行设计影响项目功能配套性的；（四）勘察、设计、施工、监理单位自行投资建设，自行使用且其相应资质符合工程要求的；法律法规对工程建设项目不进行招标另有规定的，从其规定。

依据上述规定，公司除对于额度比较小的项目未履行招投标程序外，对于环卫保洁业务均来自政府公开招标的采购的项目。

经核查，对于公司通过招投标方式签订的系列合同，其签约主体、内容、程序等均符合相关法律法规规定，合法、合规、有效。

案例分析 6.3.9[①]

苏州常乐铜业股份有限公司在挂牌过程中遇到的问题：公开转让说明书显示，公司曾属于中外合资企业。请核查（1）公司设立、历次股权变更、转内资企业是否符合当时商务部门制定的规章及规范性文件的规定；（2）公司设立、历次股权变更、转内资企业是否履行了必要的审批程序，是否合法、合规？

❑问题剖析及解决方案

核查公司的工商内档资料、批复文件、内部决议文件，查阅了公司中外合资企业设立及历次股权变更、转内资企业时期所依据的法律法规及其他规范性文件，并向公司实际控制人、合资转内资经办人进行了访谈。

根据《中外合资经营企业法》第 3 条的规定，合营各方签订的合营协议、合同、章程，应报国家对外经济贸易主管部门审查批准。审查批准机关应在 3 个月内决定批准或不批准。合营企业经批准后，向国家工商行政管理主管部门登记，领取营业执照，开始营业。第 4 条规定，合营企业的形式为有限责任公司。在合营企业的注册资本中，外国合营者的投资比例一般不低于 25%。

经核查，常乐有限设立时，于 2007 年 3 月 5 日取得了吴江市对外贸易经济合作局向有限公司核发的《外商投资企业批准证书》（商外资苏府资字〔2007〕71885 号）；合营企业经批准后，向苏州市吴江工商行政管理局申请设立登记，2007 年 3 月 8 日，苏州市吴江工商行政管理局向有限公司核发了《企业法人营业执照》；根据 2007 年 6 月 27 日苏州信成会计师事务所出具的编号为苏信所验〔2007〕字第 332 号验资报告，外方合营者香港盛邦投资有限公司出资 150 万元，占注册资本总额 30%。根据上述规定，常乐有限的设

① 参见“常乐铜业”在全国中小企业股份转让系统挂牌公告及江苏剑桥人律师事务所补充法律意见书。

立及出资符合《中外合资经营企业法》《中外合资经营企业法实施条例》及《公司法》的规定。

根据《中外合资经营企业法实施条例》第 20 条的规定，合营一方向第三者转让其全部或者部分股权的，须经合营他方同意，并报审批机构批准，向登记管理机构办理变更登记手续。第 21 条规定，合营企业注册资本的增加、减少，应当由董事会会议通过，并报审批机构批准，向登记管理机构办理变更登记手续。

经核查，有限公司历次股权变更、合资转内资企业均依法履行了必要的法律程序，包括通过董事会、股东会决议，获得国家对外经济贸易主管部门的审查批准，签订股权转让协议、修改公司章程，并依法向国家工商行政管理部门登记备案等。

根据《商务部关于下放外商投资审批权限有关问题的通知》第 1 条规定，《外商投资产业指导目录》鼓励类、允许类总投资 3 亿美元和限制类总投资 5000 万美元以下的外商投资企业的设立及其变更事项，由省、自治区、直辖市、计划单列市、新疆生产建设兵团、副省级城市商务主管部门及国家级经济技术开发区负责审批和管理。

2010 年 11 月 11 日，《国务院办公厅关于吴江经济开发区升级为国家级经济技术开发区的复函》（国办函〔2010〕151 号）明确，国务院同意吴江经济开发区升级为国家级经济技术开发区。

据此，2015 年 5 月 14 日，吴江经济技术开发区管理委员会作为主管部门出具《关于同意苏州常乐铜业有限公司由中外合资转为内资企业的通知》（吴开审〔2015〕90 号）符合当时商务部门制定的规章及规范文件的规定。

综上，公司设立、历次股权变更、转内资企业符合当时商务部门制定的规章及规范性文件的规定，履行了必要的审批程序，合法、合规。

案例分析 6.3.10[①]

北京卡车之家信息技术股份有限公司在公司挂牌中遇到的问题：公司业务开展所需信息的来源、采集过程，根据我国现行法律法规的规定，公司采集相关信息、公开相关信息并利用相关信息营利的行为是否合法合规、是否侵犯他人权益、是否会导致法律纠纷或对公司经营产生其他不利影响、公司是否有应对措施？

□问题剖析及解决方案

根据公司说明并经律师核查，公司网站发布的信息主要来源方式有以下两种：

1. 原创信息：主要包括①网站编辑部人员针对车辆、零部件、耗材等产品、人物、商用车相关企业以及事件活动等的记录、拍照、录音等；②由商用车企业提供的企业经营信息、产品技术信息等；③由主管部门、行业协会公布的信息，主要是政策法规、统计数据等；④已出版的技术文献。

2. 转载信息：转载其他互联网媒体与商用车领域相关的信息。根据公司的说明，对于原创信息，信息的采集对象主要为商用车领域相关厂家及经销商，通常公司编辑部的人员会与信息采集对象进行事先预约沟通，或者信息采集对象邀请公司进行信息采集，因此，信息采集对象均知悉并同意公司将采集整理的信息放在卡车之家的网站上，这种情形下发生侵犯他人权益的可能性较小。对于转载信息，公司制定了《编辑部转载文章流程及规范》，建立转载文章审核制度，由公司编辑部人员负责对转载内容进行初审，主要审核重点为是否与卡车行业相关、内容是否真实有效、是否符合国家规定；被转载方是否有禁止转载的标注或者对转载有特殊要求。信息发布前还需由编辑部频道主编负责进行检查审核。若信息发布后被举报信息违规，由主编负责处理，经核实后立即删除。

---

① 参见“卡车之家”在全国中小企业股份转让系统挂牌公告及德恒律师事务所补充法律意见书。

律师认为，卡车之家的信息来源均以信息采集对象的同意或者不禁止为前提，且公司制定了《卡车之家文章信息管理办法》《网站信息发布工作流程》《编辑部转载文章流程及规范》《卡车之家论坛管理规范》《卡车之家网站关于北京卡车之家信息技术股份有限公司注册及论坛使用指南》《卡车之家产品库信息管理办法》《卡车之家广告投放流程管理办法》《卡车之家广告审查制度》等内控制度对信息采集和管理进行规范。因此，我们认为，公司已采取切实可行的内部控制及应对措施，避免相关侵权情况的发生，以免对公司业务产生冲击或不利影响，侵权的法律风险在控制范围之内。

3. 请公司结合上述信息的来源和采集过程补充披露公司对相关会员、交易信息的真实性如何进行核查、公司是否存在因发布虚假或不实交易信息导致纠纷或潜在纠纷、公司是否采取切实可行的内部控制及应对措施？

根据卡车之家的说明及律师核查，公司的交易信息主要刊登在卡车之家商城，卡车之家商城主要经营的产品是卡车相关零配件，包括底盘配件、安全防护、机滤、柴滤、空滤、轮胎、机油等。目前，卡车之家商城已经成为美国“派克”“弗列加”以及德国“力魔”等海内外优质品牌的代理商和分销商。卡车之家商城主要采取先向上游商用车及零部件厂家采购产品入库，然后在卡车之家商城上发布销售信息，将上述产品销售给下游个人以及渠道客户的销售模式。在将交易信息发布至卡车之家商城前，均经专人对信息的内容进行审查核实。截至目前，公司不存在因发布虚假或不实交易信息导致纠纷或潜在纠纷。

律师认为，卡车之家作为商用车及其零部件的代理商和分销商，直接在卡车之家商城发布产品交易信息并销售产品，其发布虚假信息和不实信息的可能性较小。同时，公司实际控制人作出承诺，公司在卡车之家商城发布的信息均为真实、有效的，不存在虚假发布和不实交易信息。若因发布不实交易信息或者虚假信息而导致公司承担赔偿责任，邵震将全额承担该债务或对公司进行等额补偿。

案例分析 6.3.11[①]

常州市建筑科学研究院股份有限公司在公司挂牌中遇到的问题：（1）改制主体的法律性质；（2）对于改制事项的合法有效性的审批、确认主体是否适格；（3）是否存在改制职工安置遗留问题；（4）是否存在争议纠纷或潜在的争议纠纷；（5）对改制程序的合法合规性的明确意见；（6）是否存在国有资产流失的情形；（7）改制后的公司出资的真实性、资本的充足性，股权比例的确定依据，是否存在股权代持或其他股权方面的争议，公司股权是否明晰。

❑问题剖析及解决方案

律师查阅了建科所《事业单位法人证书》、改制申请书、主管机关的批复、改制转企评估报告、审计报告、验资报告、改制转企方案、企业改制合同、产权交易确认书、江苏省人民政府出具的合规函、改制时的员工名单、离职员工补偿协议、公司提供的说明等材料，并对公司管理层、股东进行了访谈，履行了核查义务，并将上述资料作为工作底稿留存。

1. 建科有限前身为建科所，是全民所有制事业单位，于 1978 年 2 月 25 日经常州市革命委员会计划委员会常革计（1978）字第 58 号文批复成立。国家事业单位登记管理局向其颁发了证书号为事证第 132040000399 号《事业单位法人证书》。

2. 根据常州市人民政府出具的“常政发〔2002〕165 号”《关于推进市属生产经营型事业单位改制转企工作的实施意见》的精神，建科所提出改制申请。2002 年 11 月 15 日，常州市机构编制委员会办公室下发常编办〔2002〕121 号《关于同意常州市建筑科学研究所改制转企的批复》，同意常州市建筑科学研究所进行改制转企，由全民所有制事业单位改制转为有限责任的股份制企业。2003 年 1 月 14 日，常州市经济体制改革委员会办公室下发常体改办发〔2003〕1 号《关于同意常州市建筑科学研究所改制转企的批

① 参见“建科股份”在全国中小企业股份转让系统挂牌公告及安徽承义律师事务所补充法律意见书。

复》，同意常州市建筑科学研究所改制转企并原则上同意改制转企方案和改制后的公司章程（草案）。根据常政发〔2002〕165号《常州市人民政府关于推进市属生产经营型事业单位改制转企工作的实施意见》，改制转企申请由常州市机构编制委员会办公室批准；改制转企方案由市生产经营型事业单位改制转企工作领导小组批准。市生产经营型事业单位改制转企工作领导小组，由市经济体制改革委员会办公室、市委组织部、市人事局、市机构编制委员会办公室、市财政局、市劳动和社会保障局、江苏常州工商行政管理局、江苏省常州市国家税务局、市地方税务局、市国土资源局、市科学技术局等部门组成。领导小组下设办公室，负责领导小组的日常工作，办公室设在市经济体制改革委员会办公室。综上，建科所改制转企审批机关为有权主管部门。

3. 经查阅建科所改制时的员工名单、离职员工补偿协议、公司提供的说明等文件并访谈了公司管理层，建科所员工除提前退休、正常退休以及自愿离职的外，全部由建科有限接收，不存在改制职工遗留问题，不存在争议纠纷或潜在的争议纠纷。

4. 建科所改制转企时按照常州市人民政府出具的“常政发〔2002〕165号”《关于推进市属生产经营型事业单位改制转企工作的实施意见》以及相应的规定履行了改制程序。改制过程中涉及的评估、土地处置、价款优惠等合法合规，不存在国有资产流失的情形。

5. 2003年2月9日，在常州产权交易所鉴证下，常州市国有资产管理委员会办公室与余荣汉等26名自然人股东（实际出资股东为57名）签署了“常产交（2003）017号”《企业改制合同》，同意将建科所经核准剥离资产以外的全部产权以907.92万元的价格转让给余荣汉等自然人。同日，余荣汉等26名自然人股东按规定上缴了改制资产出让款项。2003年1月19日，经建科有限（筹）股东会审议通过，余荣汉、杨江金、苏峥、汪永权、莫建文等26名自然人同意以原国有事业单位建科所的改制出让价格907.92万元为基准，其中800万元作为注册资本，差额部分计入资本公积并成立有限公司。2003年2月21日，常州公信联合会计师事务所对本次出资情况进行了审验并出具了“常公信会验（2003）第018号”《验资报告》，确认有限公司已收到全体股东缴纳的注册资本800万元，以受让建科所整体产权后取得的净资产出资。2003年3月19日，公司依法办理了工商变更登记手续。建科有限成立时出资真实充足，不存在出资不实的情形。

6. 建科所改制转企时召开的第三次职工大会决议审议通过的《常州市建筑科学研究所改制转企募股方案》中对股东资格、股权设置、出资额度及组合办法出资等作出相应规定，同时，《募股方案》规定“股本金募集不足部分作为发展股”，因建科所从之前依托行政资源、旱涝保收的行政性事业单位改制成为自负盈亏、市场化的建筑检测机构，加之改制时行业竞争较为激烈，部分职工对企业发展前景缺乏信心而导致不愿认购或认购额度不足。为确保改制顺利进行，余荣汉实际认购的出资额为335万元，超过募股方案规定的176万元出资上限。除此以外，其余股东实际认购的出资额均不超过募股方案规定的出资额度。由于建科有限改制设立时的出资股东为57人，超过《公司法》规定的股东人数，因此改制设立的26名工商登记自然人股东中，其中16名自然人股东除持有自身股权外，同时接受31名自然人股东委托持股。建科有限历史上存在股权代持的情形，但已在股份公司成立前清理完毕，股份公司成立后，建科股份股权明晰，不存在股权代持及其他股权方面的争议及纠纷。江苏省人民政府办公厅于2012年7月20日出具“苏政办函〔2012〕89号”《省政府办公厅关于确认常州市建筑科学研究院股份有限公司历史沿革及改制等事项合规性的函》，确认如下事实：“常州市建筑科学研究院股份有限公司历史沿革及改制等事项履行了相关程序，并经主管部门批准，符合国家相关法律法规和政策的规定”。

综上，律师认为，建科有限是由全民所有制事业单位建科所改制设立，改制转企是经有权主管部门批准，履行了相关法律、法规、规范性文件规定的程序，合法合规，改制后公司出资真实、充足，不存在国有资产流失的情形，公司股权清晰，不存在争议或潜在纠纷。

案例分析 6.3.12[①]

北京龙盛世纪科技股份有限公司在公司挂牌中遇到的问题：公司取得了DELL、联想、HP等大型IT设备生产制造商的代理销售资质，同时公司代理客户招标，其中戴尔、联想是公司前五大供应商。请主办券商和律师核查代理招投标行为的合法合规性。

❑问题剖析及解决方案

律师通过访谈公司法定代表人、财务负责人，查阅公司的有关合同，走访公司重要客户北京爱奇艺科技有限公司等方式，对公司是否存在代理招投标行为进行了核查。通过访谈北京爱奇艺科技有限公司采购负责人，了解到该客户均是自主向厂商发送招标文件，该客户在收到厂商报价后，根据其需求自主决定中标厂商，招投标事宜与龙盛世纪无关。

公司披露协助客户招标属于理解有误，实际情况为报告期以前，公司个别客户对市场产品缺乏了解、不具备判断何种产品能够满足自身实际需求的能力。在客户向公司技术人员咨询、请教的情况下，公司技术人员会为客户讲解目前市场上存在何种性能的产品符合客户个性化要求、有哪些厂商在供应这些产品，以及指导客户如何判断相关产品的性价比。公司的上述行为只是"义务帮忙"，从未就此与客户签订任何代理招投标协议并收取费用，同时未实施任何代理招投标的行为。

报告期内，公司客户均自主招标，公司不存在代理客户招投标的行为。公司未与客户签订任何代理招投标的协议，也未收取代理招投标的费用。

综上，律师认为：公司的行为不构成代理招投标行为，公司不存在违法违规情形。

① 参见"龙盛世纪"在全国中小企业股份转让系统挂牌公告及北京市浩天信和律师事务所补充法律意见书。

案例分析 6.3.13[1]

北京流金岁月文化传播股份有限公司在公司挂牌中遇到的问题：公开转让说明书显示，公司的子公司云活科技接受节目方、广告主的委托，在线下实体彩票售卖机购买彩票，以免费赠送的方式，在手机端将彩票号码分发给用户，云活科技向节目方、广告主提供软件技术支持。请公司补充说明发送彩票的归属，兑奖方式及流程，公司是否承担协助兑奖的义务，如何保护用户权益。请主办券商及律师补充核查云活科技的业务是否涉及博彩业，是否存在用户与公司及节目方、广告主的纠纷，业务模式是否合规，资质是否齐全，是否存在法律法规不允许经营的情形。

❑问题剖析及解决方案

根据公司提供的说明，公司的子公司上海云活受节目方、广告主委托，向拥有福彩销售资质的深圳市精彩明天科技有限公司（以下简称“精彩明天”）购买实体福利彩票，以免费赠送的方式，通过手机客户端将彩票号码派发给用户，达到节目方与广告主运营推广、用户福利派送的作用，上海云活在此过程中提供软件技术支持及相关辅助工作，具体过程如下：

1. 用户凭借运营商短信认证过的手机号码参与领取赠送彩票（显示彩票号码、出票单号等实体彩票信息，该信息由精彩明天的销售平台提供，上海云活提供相应软件技术支持从而实现数据对接），手机号码作为用户中奖领奖凭证。彩票是节目方、广告主委托上海云活线下购买实体福利彩票，在未赠送给用户前，归属权属于节目方、广告主；一经赠送给用户，归属权就已经属于被赠送的用户。

2. 当期开奖信息与福彩同步，用户可以在第一时间收到是否中奖通知，同时也可自行根据彩票号码与福彩当期公布的中奖号码查看是否中奖。如果

① 参见“流金岁月”在全国中小企业股份转让系统挂牌公告及北京市天元律师事务所补充法律意见书。

用户中奖，可根据手机号码（重新通过运营商短信认证手机号码有效性），完善姓名、身份证、银行卡等信息，向精彩明天发起提现请求，由精彩明天依据其自身销售平台数据核实用户彩票情况，将中奖金额转账到用户的银行卡账户。

3. 如果彩票中奖金额在500元以内，由上海云活先行垫付并通过微信支付给用户，精彩明天再将中奖金额支付给上海云活；如果彩票中奖金额超过500元，则由精彩明天直接支付给用户。

4. 用户申请提现中奖奖金时上海云活会保留用户的获赠彩票号码及中奖提现申请记录，如果出现兑奖纠纷，上海云活会拿出记录的证据来协助用户向精彩明天追索用户权益。

综上所述，律师认为，在上述过程中，上海云活提供的软件技术支持及相关辅助工作不涉及博彩业；根据核查公司提供的业务资料、公司的承诺并经核查节目方、广告主出具的承诺，不存在用户与公司及节目方、广告主的纠纷；此业务合法、合规，不涉及相关运营资质，不存在法律法规不允许经营的情形。

案例分析 6.3.14[①]

捷胜海洋装备股份有限公司在公司挂牌中遇到的问题：公司拥有《军检合格证》等与军事相关的资质。请公司补充披露：（1）公司是否按规定制定了保密制度及其执行情况；（2）公司改制、挂牌等重大变化是否向涉密主管部门书面报告；（3）公司信息披露文件是否经国防科工委相关部门确认，是否符合保密要求；（4）公司信息披露是否符合法律法规及相关业务规则对公众公司信息披露的要求；（5）公司军品订单获取方式是否合法合规；（6）中介机构保密资格的取得、密级、有效期，尽调过程的合法合规性；（7）中介机构尽调方法

① 参见“捷胜海洋”在全国中小企业股份转让系统挂牌公告及北京市鑫兴律师事务所补充法律意见书（一）。

的有效性、得出结论的依据，尽调是否充分。

❑问题剖析及解决方案

根据公司的说明、公司销售客户单位出具的说明并经律师核查，公司拥有总装备部车船军事代表局颁发的3个《军检合格证》，合格证上写明的产品是液压拖网绞钢机、液压卷网机。报告期内捷胜海洋与大连渔轮公司等4家单位签署销售合同，向上述单位销售甲板机械类产品，不涉及军品产品。《武器装备科研生产许可管理条例》规定，国家对列入武器装备科研生产许可目录（以下简称许可目录）的武器装备科研生产活动实行许可管理。但是，专门的武器装备科学研究活动除外。《武器装备科研生产单位保密资格审查认证管理办法》规定，对承担涉密武器装备科研生产任务的企事业单位，实行保密资格审查认证制度，承担涉密武器装备科研生产任务，应当取得相应保密资格。《中介机构参与军工企事业单位改制上市管理暂行规定》第2条规定，本规定适用于为承制军品的军工企事业单位及其控股的境内上市公司在改制、上市等活动中，提供资产评估、审计、法律事务、证券发行保荐及常年中介服务的境内中介机构。第4条规定，国防科工委对涉及军品业务中介机构实施资格审查。《军工涉密业务咨询服务安全保密监督管理办法（试行）》第2条规定，本办法所称军工涉密业务咨询服务是指，法人单位或者其他组织受军工企事业单位及民口配套单位（简称军工单位）委托，对军工涉密业务提供咨询、审计、法律、评估、评价、招标等服务。 公司就向股转公司申请股票挂牌信息披露事宜征询了上述4家客户意见，4家客户于2015年8月向公司出具了《关于同意信息披露的声明》，确认：捷胜海洋与公司发生的业务往来为普通商业信息，同意捷胜海洋在挂牌相关文件中披露公司名称和相关合同信息。

综上，律师认为，公司上述销售活动不属于涉军工业务，公司不属于承制军品的军工企事业单位。公司进行股份制改造和申请挂牌，不需要向国家保密主管部门书面报告。参与公司股份制改造和申请挂牌的中介机构不需要取得军工涉密业务咨询服务资质。公司在股转系统申请挂牌的全部信息披露文件，不需要取得国防科工委的确认。出于遵守客户保密协议约定的需要，公司就信息披露事宜征询了上述客户单位意见，客户单位已同意公司披露客户名称和销售合同信息，公司已经按照《全国中小企业股份转让系统公开转让说明书内容与格式指引（试行）》等相关规定披露上述全部客户名称及有关销售合同信息，不涉及需要申请豁免披露的事项。

中介机构尽调方法的有效性、得出结论的依据，尽调是否充分？律师对捷胜海洋与客户签订的相关合同及履行情况进行了核查，核查方式包括但不限于查阅相关合同、验收报告、收款凭证等资料，现场访谈，函证等。此外，客户于 2015 年 8 月出具了《关于同意信息披露的声明》，确认：捷胜海洋与公司发生的业务往来为普通商业信息，同意捷胜海洋在挂牌相关文件中披露公司名称和相关合同信息。综上，律师认为，核查过程合法合规，核查方法合法有效，上述结论依法有据，尽调充分。

案例分析 6.3.15①

鼎宏汽车保险销售股份有限公司在挂牌中遇到的问题：报告期内公司及其子公司是否曾从事担保业务，如有，请主办券商、律师补充核查其业务情况及合法规范性。

□问题剖析及解决方案

1. 报告期内公司及其子公司业务情况和合法规范性说明

（1）根据鼎宏保险的《营业执照》，鼎宏保险的经营范围为：“全国区域内（港、澳、台除外）代理销售保险产品；代理收取保险费；代理相关保险业务的损失勘察和理赔（在许可证件有效期限内经营）”。2015 年 6 月 12 日，宁波市市场监督管理局出具《证明函》，证明自 2013 年 1 月 1 日至今未发现

① 参见“鼎宏汽车”在全国中小企业股份转让系统挂牌公告及上海市锦天城律师事务所补充法律意见书（一）。

鼎宏保险被该局行政处罚的记录。

（2）根据今日行汽车的《营业执照》，今日行汽车的经营范围为："机动车辆保险代理（在许可证有效期内经营）；汽车中介服务；依法须经批准的项目，经相关部门批准后方可开展经营活动"。今日行汽车的主营业务是为购车客户提供信用卡分期业务资料收集及代办服务等汽车中介服务。

今日行汽车在确定购车客户需要办理信用卡分期并确定信用卡分期方式后，会代客户进行①信用查询、信用卡分期办理资料的收集及信用卡分期代理签约来帮助客户完成信用卡分期；②代办信用卡分期业务提额手续，帮助银行统一将按揭款支付给车商；③为购车用户完成车辆抵押手续的办理；④代办按揭结清、抵押注销或日常催收等后续服务。

从今日行汽车的业务流程环节来看，并没有对客户提供担保服务或任何增信功能。根据中汇会计师出具的《审计报告》，今日行汽车所有收入均来自汽车中介服务。2015 年 6 月 16 日，宁波市工商行政管理局国家高新技术产业开发区（新材料科技城）分局出具《证明函》，证明今日行汽车自成立之日至本证明出具之日未发现因违反工商行政管理法律法规而受到该分局行政处罚的记录。2015 年 7 月 20 日，宁波市融资性担保的行业主管部门宁波市经济和信息化委员会出具了《关于浙江今日行汽车服务有限公司有关情况的证明》："浙江今日行汽车服务有限公司（其前身为宁波轿辰今日汽车经纪服务有限公司）（下称今日行或公司）从 2013 年 1 月 1 日至今，从事的业务主要是为汽车消费者使用信用卡分期服务购买汽车提供全方位的配套服务，信用卡分期购车是目前汽车销售商与银行共同推广的创新业务模式，在国内外汽车市场较为普遍。公司提供的服务主要包括代理客户资料收集、代理办理相关手续以及代理后续客户持续督导等经纪业务。根据《融资性担保公司管理暂行办法》的规定，融资性担保是指'担保人与银行业金融机构等债权人约定，当被担保人不履行对债权人负有的融资性债务时，由担保人依法承担合同约定的担保责任的行为'。我委核查分析认为，今日行从事的业务不属于《融资性担保公司管理暂行办法》规定的融资性担保业务，无须申领融资性担保机构经营许可证。今日行现有经营活动不属于融资性担保业务，不存在因违反融资性担保的相关法规而受到处罚的情况，也不存在被立案调查的情况”。

（3）根据壹修科技的《营业执照》，壹修科技的经营范围为：“一般经营项目：网络技术、计算机软硬件的技术开发、技术咨询、技术服务，企业营销策划，汽车技术的技术开发、技术咨询”。2015年6月11日，宁波市镇海区市场监督管理局出具《证明》，证明壹修科技是在该局登记注册的有限公司，该公司自2014年5月7日成立至本证明出具之日，未发现违反工商行政管理相关法律、法规的行为。

2. 控股股东轿辰集团整体业务说明

公司控股股东为轿辰集团，集团旗下拥有控股及参股子公司、孙公司超过70家，其中品牌4S店38家，代理宝马、一汽奥迪、凯迪拉克、一汽大众、上海大众、通用别克、北京现代、长安福特、通用雪佛兰、上汽荣威、广汽丰田、广汽本田、一汽丰田、广汽传祺、东风本田等15个知名品牌，并且集团业务已经涵盖了整车销售、汽车维修、汽车零配件、二手车置换、美容快修、汽车用品、汽车租赁、车友俱乐部等多个服务领域，是浙江省最大的汽车销售服务商之一。

鼎宏保险作为轿辰集团重要的子公司之一，负责汽车保险代理销售、汽车中介服务及汽车后市场O2O平台的搭建及推广。轿辰集团及各子公司、孙公司均拥有各自的客户群体且服务主要围绕整车销售及汽车后市场综合服务，相互之间能够较好地进行资源的综合开发。轿辰集团为促进旗下4S店汽车销售业务的开展，对需要办理汽车按揭的客户提供担保服务，不收取担保费。2015年9月9日，宁波市经济和信息化委员会出具了《有关情况的说明》，认为“信用卡分期购车是目前汽车销售商与银行共同推广的创新业务模式，宁波轿辰集团股份有限公司以车商准入与各家银行合作开展信用卡分期购车业务，该类业务操作中，银行作为车辆抵押权人，宁波轿辰集团股份有限公司作为担保人（不收取担保费），浙江今日行汽车服务有限公司（原名宁波轿辰今日汽车经纪服务有限公司）为购车客户提供银行信用卡分期业务中的客户资料收集、征信调查、代收代付信用卡提款、客户每月应付款项的催收、代为追偿等服务，不承担担保责任。

《融资性担保公司管理暂行办法》是为加强对融资性担保公司的监督管理，规范融资性担保行为，促进融资性担保行业健康发展而制定。根据《融资性担保公司管理暂行办法》的规定，融资性担保公司是指依法设立，经营融资性担保业务的有限责任公司和股份有限公司。我委分析认为，宁波轿辰集团股份有限公司不是融资性担保机构，无须申领融资性担保机构经营许可证，其现有基于扩大汽车销售的信用卡分期购车担保的经营活动不属于我委监管范围，未发现受到我委处罚的记录”。

综上所述，律师认为，报告期内，公司及其子公司并未超越其经营范围从事担保业务，其业务开展合法合规，符合《全国中小企业股份转让系统业务规则（试行）》的规定。

案例分析 6.3.16①

新乡日升数控轴承装备股份有限公司在挂牌中遇到的问题：公司曾经申报过 IPO。请主办券商及律师结合日升数控、公司与新乡机床厂或新机股份之间在业务和人员上的承继关系，补充核查新乡日升的独立性、新乡日升的成立是否涉及国有资产出资、于省宽出资设立公司及在公司任职的合法合规性并发表明确意见。

❑ 问题剖析及解决方案

1. 独立性

公司于 2007 年 12 月成立时承继了日升数控的轴承套圈数控装备业务、资产、技术及人员。2009 年 10 月，公司收购了新机股份轴承滚动体数控装备有关资产及负债，对应的业务及人员也一同并入。至此，公司形成了完整的轴承数控装备产品链，专业从事轴承套圈、滚动体数控装备的研发、生产和

① 参见“新乡日升”在全国中小企业股份转让系统挂牌公告及北京金诚同达律师事务所补充法律意见书（一）。

销售，并成为国内领先的滚动轴承数控装备供应商之一。

（1）资产独立完整。2007 年 12 月，控股股东日升数控通过出资、出售的方式将轴承套圈装备生产经营相关的有效资产全部移转至公司。根据天健华证中洲出具的《验资报告》（编号：天健华证中洲验〔2007〕GF 字第 010030 号）、天健正信会计师事务所有限公司出具的《验资报告》（编号：天健正信验〔2011〕综字第 010072 号）及大华出具的《验资报告》（编号：大华验字〔2012〕280 号），并经律师核查，新乡日升设立时发起人认缴的出资及部分发起人补缴的出资已全部缴足，相关实物资产已移交至新乡日升。2009 年 10 月 25 日，公司与新机股份签署了《资产收购协议》，收购新机股份的轴承滚动体装备业务相关的资产及负债。新乡日升对外收购的经营性资产、负债已合法、有效转移至新乡日升，有关资产已办理了产权过户和移交手续。新乡日升设立后新增注册资本已全部缴足。经律师查验新乡日升资产明细表、主要资产购置凭证及权属证书等，新乡日升的资产与股东的资产严格分开，并完全独立运营，新乡日升目前业务和生产经营必需的机器设备、商标和专有技术及其他资产的权属完全由新乡日升独立享有，不存在与股东单位共用的情况。新乡日升未以资产、权益或信誉为关联方的债务提供担保，新乡日升对所有资产拥有完全的控制和支配权，不存在资产、资金被股东占用而损害新乡日升利益的情况。律师认为，新乡日升设立时发起人认缴的出资及部分发起人补缴的出资已全部缴足，相关实物资产已移交至新乡日升。新乡日升设立后收购的经营性资产、负债已合法、有效转移至新乡日升，有关资产已办理了产权过户和移交手续。新乡日升设立后新增注册资本已全部缴足。新乡日升的资产独立完整。

（2）人员独立。公司设立时承继了日升数控的全部人员。2009 年 10 月，公司收购新机股份轴承滚动体装备业务的相关资产及负债，轴承滚动体装备业务相关的员工也一同加入公司。新乡日升的董事、监事、高级管理人员均通过合法的程序产生，根据《公司法》及其他法律、法规、规范性文件及《公司章程》规定的程序推选与任免，不存在超越新乡日升董事会和股东大会的人事任免决定的情形。新乡日升董事、监事和高级管理人员不存在违反法律法规的规定、所兼职单位规定的任职限制等任职资格方面的瑕疵。经律师查验新乡日升员工名册、劳动合同、社保登记及费用缴纳材料等文件，新乡日升的总经理、副总经理、财务负责人、董事会秘书等高级管理人员专职在公司工作并领取报酬及缴纳社保费用，没有在控股股东、实际控制人控制的其他企业中担任除董事、监事以外的职务，也未在控股股东、实际控制人及其控制的其他企业领取报酬；新乡日升的财务人员没有在控股股东、实际控制人控制的其他企业中兼职。新乡日升建立了独立完整的劳动、人事和工资管理等各项管理制度。据此，律师认为，新乡日升的人员独立。

（3）财务独立。根据新乡日升所作说明并经律师核查，新乡日升设置了财务部，配备了相关财务人员，并由新乡日升的财务负责人领导日常工作。财务人员不存在在控股股东、实际控制人及其控制的其他企业中兼职和领取薪酬的情况。经律师核查，新乡日升制定了《财务管理制度》《募集资金管理办法》《董事会审计委员会实施细则》等财务、会计管理制度，财务独立核算。经律师查验新乡日升的银行基本存款账户、一般存款账户的开立及有关情况，新乡日升单独开立银行账户，不存在与股东、实际控制人及其控制的其他企业共用银行账户的情况，也未将资金存入股东、实际控制人及其控制的其他企业账户内。经律师查验新乡日升的税务登记证、纳税申报表及纳税凭证，新乡日升在新乡市红旗区国家税务局、新乡市地方税务局直属税务分局进行税务登记，并独立申报纳税。经律师查验新乡日升制定的《公司章程》及各项财务、会计管理制度，以及有关财务决策文件，新乡日升能够独立作出财务决策，不存在股东干预新乡日升资金使用的情况。据此，律师认为，新乡日升的财务独立。

（4）新乡日升的机构独立。经律师核查，新乡日升设有“三会一层”等机构。新乡日升董事会下设审计委员会、薪酬和考核委员会，聘请了总经理、副总经理、财务负责人、董事会秘书等高级管理人员。新乡日升已建立健全内部经营管理机构。经律师查验新乡日升的内部规章制度及运行情况，新乡日升各经营管理机构独立于新乡日升的股东，不存在与控股股东、实际控制人及其控制的其他企业之间机构混同的情形；新乡日升的控股股东和实际控制人不存在越过新乡日升股东大会、董事会直接干预新乡日升机构独立运作的情形。据此，律师认为，新乡日升的机构独立。

（5）业务独立。根据新乡日升的《企业法人营业执照》记载，新乡日升的经营范围为“机械电子产品的设计、制造、销售及进出口贸易；机械电子设计的技术开发、技术转让、技术服务、技术咨询（凡涉及许可经营项目的凭许可证经营）”。根据新乡日升所作说明并经律师核查，新乡日升的主营业务为“轴承套圈数控装备、轴承滚动体数控装备的研发、生产和销售”，未超出其《企业法人营业执照》所记载的经营范围。根据生产对象和加工规格的不同，公司的主要业务分为三大类：轴承套圈数控装备业务、钢球装备业务、大型轴承装备业务。公司成立时承继了控股股东日升数控的轴承套圈数控装备业务。新乡机床厂曾于 1992 年立项上马轴承套圈装备业务，1995 年开始小批量生产，但在新乡机床厂的业务体系中占比较低，发展缓慢，随后由于产品质量问题，退货频繁，产量下滑，规模进一步萎缩。1998 年 11 月，新乡机床厂完成股份制改制及国有股权退出，成立了新机股份，新机股份承继了新乡机床厂的传统优势业务，即印刷装备业务和钢球装备业务，并未将轴承装备业务作为主要发展方向。2002 年 8 月，于省宽、郝继民、王世保以现金出资成立日升数控，专门从事轴承套圈数控设备的研发、生产和销售。随着我国矿山冶金、风力发电、轨道交通等行业的快速发展，2009 年年初，公司开始自主设计、研发、生产上述行业所需的大型轴承数控装备，形成了大型轴承数控装备业务。为抓住我国装备制造业大发展的契机，2009 年 10 月，公司收购了新机股份轴承滚动体数控装备有关资产及负债，对应的业务也一同并入。虽然新乡机床厂、新机股份均有涉及轴承装备业务，但并未作为主要发展方向。公司的轴承装备业务尽管与新乡机床厂、新机股份存在延续关系，但主要由企业自主发展壮大形成；公司的轴承滚动体数控装备是收购自新机股份，收购完成后，新机股份不再从事轴承滚动体数控装备相关业务；公司的大型装备业务是公司根据行业发展态势自主形成。新乡日升设立了与生产经营相关的总经办、规划发展部、轴承装备事业部、轴承滚动体装备事业部、大型轴承装备事业部、内审部、财务部、董事会办公室等内部机构，具有独立经营的条件和能力。根据《审计报告》并经律师核查，新乡日升有独立自主的经营能力，不存在需要依靠股东或其他关联方的关联交易才能经营获利的情况。据此，律师认为，新乡日升具有独立、完整的设计、生产、管理、运行系统。新乡日升的业务独立于控股股东、实际控制人等关联方以及其他单位和个人，新乡日升具有完整的业务体系和直接面向市场独立经营的能力，业务独立。综上所述，律师认为，新乡日升资产独立、完整，人员、财务、机构、业务独立，具有完整的业务体系和直接面向市场独立经营的能力。

2. 是否涉及国有资产出资

经核查，新乡日升是由日升投资及27名自然人于2007年12月24日共同发起设立。日升投资是于省宽、王世保等22名自然人共同出资设立的有限公司。新乡日升设立不涉及国有资产出资。新乡机床厂已于1998年11月完成了国有产权退出，并设立了河南新机股份有限公司，程序完整、规范，国有产权转让款及时、足额缴纳。公司与新机股份发生的资产收购事项发生在2009年，不涉及国有资产问题。

3. 于省宽出资设立公司及在公司任职的合法合规性

经核查，于省宽在参与设立日升投资以及新乡日升时并不存在法律法规、任职单位规定不得担任股东的情形或者不满足法律法规规定的股东资格条件等主体资格瑕疵问题。于省宽担任新乡日升的董事职务，是通过新乡日升股东大会选举，合法、合规。

案例分析 6.3.17①

新疆慧尔农业科技股份有限公司在公司挂牌中遇到的问题：公司独立董事陈邦兼职新疆师范大学法经学院院长。请补充核查该监事兼职行为是否符合《关于加强高等学校反腐倡廉建设的意见》等相关法律及所在单位的规章

① 参见“慧尔农业”在全国中小企业股份转让系统挂牌公告及北京市国联律师事务所补充法律意见书（一）。

制度的规定，并对其兼职的合法合规性发表意见。

□问题剖析及解决方案

经律师核查，2008 年 9 月，中共中央纪委、教育部、监察部公布了《关于加强高等学校反腐倡廉建设的意见》，规定：“学校党政领导班子成员应集中精力做好本职工作，除因工作需要、经批准在学校设立的高校资产管理公司兼职外，一律不得在校内外其他经济实体中兼职”。根据慧尔农业提供的独立董事履历及声明，陈邦现任新疆师范大学法学院院长，不属于学校党政领导班子成员，其担任慧尔农业独立董事职务的行为，不违反《关于加强高等学校反腐倡廉建设的意见》等相关规定，符合《公司法》《证券法》及《关于在上市公司建立独立董事制度的指导意见》中关于独立董事任职资格的规定。根据新疆师范大学法学院出具的《说明》，发行人独立董事所在高校已知晓其兼任慧尔农业独立董事事宜且无异议，并认为兼任独立董事事宜符合 2008 年 9 月中共中央纪委、教育部、监察部颁布的《关于加强高等学校反腐倡廉建设的意见》等规定。

律师认为，慧尔农业现任独立董事不属于中共中央纪委、教育部、监察部《关于加强高等学校反腐倡廉建设的意见》规定的学校党政领导班子成员；慧尔农业现任独立董事任职符合《公司法》《证券法》及《关于在上市公司建立独立董事制度的指导意见》的规定。

案例分析 6.3.18①

杭州万隆光电设备股份有限公司在公司挂牌中遇到的问题：2003 年 6 月公司收购杭州万隆电视网络设备有限公司。（1）请公司披露收购的必要性、原因和审议程序，收购后对公司业务及经营的具体影响。（2）被收购方是否

① 参见“万隆股份”在全国中小企业股份转让系统挂牌公告及北京市通商律师事务所补充法律意见书（一）。

合法规范经营、是否存在大额负债或潜在纠纷，上述收购是否存在利益输送，收购的合理性、价格的公允性？（3）上述收购是否属于同一控制下企业合并，定价依据是否公允，收购是否存在利益输送，是否存在损害公司利益的情形。

❑问题剖析及解决方案

1. 杭州万隆电视网络设备有限公司（以下简称“万隆网络”）合法规范经营

万隆网络分别于2003年1月1日、2003年1月3日和2003年1月6日在《萧山日报》上发布了注销公告。根据万隆网络当时的股东丁萍萍与许小爱出具的《确认函》，万隆网络进行注销公告后，未收到任何债权人关于申报债权的通知或请求。

2003年6月11日，万隆网络通过股东会议决议，同意万隆网络依法向工商行政管理局申请注销，同日万隆网络出具了《财产清算报告》，确认万隆网络已成立清算组依法对公司进行了清算：万隆网络已了结一切业务关系，万隆网络各项税款和职工工资已全部付清。

2003年6月11日，杭州萧山地方税务局瓜沥征收管理分局向万隆网络出具了《注销税务登记通知书》，准予地方税务注销登记。

2003年6月18日，杭州市萧山国家税务局向万隆网络出具了《注销税务登记通知书》，准予国家税务注销登记。

2003年6月20日，杭州市工商行政管理局萧山分局向万隆网络出具了《公司注销登记核准通知》，准予工商注销登记。

根据万隆网络当时的股东丁萍萍与许小爱出具的《确认函》，万隆网络自1998年7月2日成立至2003年6月20日注销，均合法规范经营，未受到任何行政监管机关的处罚。

基于上述，律师认为万隆网络不存在重大的违法违规行为，且已履行了法定注销程序，取得了主管税务部门、工商行政管理部门核准注销的通知书，不会对公司本次挂牌构成法律障碍。

2. 万隆网络不存在大额负债或潜在纠纷

根据公司提供的材料及丁萍萍与许小爱出具的《确认函》，万隆网络于2003年1月1日、2003年1月3日和2003年1月6日在《萧山日报》上发布了注销公告，且自公告后至正式注销之日，未收到任何人的债权申报或被任何人提起诉讼。

根据丁萍萍与许小爱出具的《确认函》，万隆网络注销之时，不存在与其他任何人的潜在纠纷，万隆网络注销之后，亦无任何人基于万隆网络注销前的事项提出任何债权主张或提起任何诉讼。

基于上述，律师认为，万隆网络注销时不存在大额负债或潜在纠纷，不会对公司本次挂牌构成法律障碍。

3. 公司收购万隆网络相关资产不存在利益输送、价格公允合理

根据公司前身大洋光电与万隆网络于2003年6月20日签订的《关于资产转让的协议》，万隆网络法定代表丁萍萍已有其他投资项目，精力不足，造成企业因故歇业，经协商将相应资产转让给公司前身大洋光电；其中将万隆网络固定资产按账面净值人民币3395718.95元转让给大洋光电，将应收账款按账面余额人民币7302800.5元转让给大洋光电，将应付账款及负债按账面余额（人民币3342247.78元应付账款及负债）转让给大洋光电，应收应付账款相抵后，共计应向万隆网络支付7356271.67元转让价款。

根据万隆网络2003年6月11日的股东会决议，万隆网络股东丁萍萍、许小爱承诺万隆网络注销后，若发现未了民事责任，仍由原股东承担。

根据万隆网络2003年6月11日出具的《财产清算报告》及其后所附的财务报表、连同反馈意见回复及公司的说明，上述《关于资产转让的协议》中约定的资产、负债的转让价格是参照账面净资产确定。

根据丁萍萍及许小爱出具的《确认函》，万隆网络清算时的固定资产及应收应付款的净值或余额均为按照万隆网络当时实际资产及经营状况计算得出的结果，不存在虚假计算或虚报资产的情况。

基于上述，律师认为，公司收购万隆网络资产、负债的价格是参照账面

净资产确定，不存在价格虚高的情况，不存在向第三方的利益输送，价格公允合理，不会对公司本次挂牌构成法律障碍。

案例分析 6.3.19①

恒大文化产业集团股份有限公司在挂牌过程中遇到的问题：（1）公司股权结构设置是否涉及返程投资，若是，请公司说明股权架构设置是否符合当时生效的关于对外投资、外汇管理、外资企业的法律法规的规定，是否符合“合法规范经营”的挂牌条件；（2）公司各项业务是否受到外商投资企业目录的限制或影响，请说明判断的依据和尽职调查方法。

□问题剖析及解决方案

1. 关于股权架构设置是否涉及返程投资

根据许家印先生提供的中华人民共和国香港特别行政区于2006年9月核发的编号为P895×××（5）号的香港永久性居民身份证和编号为HA1957×××的香港特别行政区护照，许家印先生为中国国籍，于2006年9月取得香港永久居留权。

根据《国家外汇管理局关于境内居民通过特殊目的公司境外投融资及返程投资外汇管理有关问题的通知》第1条的规定，“返程投资”是指境内居民直接或间接通过特殊目的公司对境内开展的直接投资活动，即通过新设、并购等方式在境内设立外商投资企业或项目，并取得所有权、控制权、经营管理权等权益的行为。鉴于恒大文化股份实际控制人许家印先生拥有香港永久居留权，并非境内居民，恒大文化股份股权架构设置不涉及返程投资。

2. 关于各项业务是否受到外商投资企业目录的限制或影响

根据恒大文化股份及其子公司的工商登记资料、《营业执照》等与公司设立、变更及主体资格相关的文件资料，恒大文化股份及其子公司已取得的相

① 参见“恒大文化”在全国中小企业股份转让系统挂牌公告及北京市金杜律师事务所法律意见书。

关行业主管部门核发的《电影放映经营许可证》《广播电视节目制作经营许可证》《电影发行经营许可证》《音像制品制作许可证》《营业性演出许可证》等资质证照，恒大文化股份及其子公司所在地工商及行业主管部门出具的无违规证明，并经主办律师核查，恒大文化股份及其子公司并非外商投资企业或其再投资企业，其设立未涉及外商投资主管部门的事前审批，工商登记部门核发的营业执照也未加注外商投资相关字样；此外，恒大文化股份及其子公司已取得相关行业主管部门核发的从事其现有业务必备的许可和资质。因此，主办律师认为，恒大文化股份及其子公司未涉及外商投资企业或其再投资企业设立批准事项，其可以按照相关许可经营其现有业务。

案例分析 6.3.20[①]

威海人合机电股份有限公司在挂牌过程中遇到的问题：请主办券商及会计师核查公司（含其子公司）报告期内是否存在核定征收的情形。如果存在上述情形：请律师就该行为是否符合“合法规范经营”挂牌条件发表核查意见，并在公开转让说明书中披露。

❑ 问题剖析及解决方案

根据《审计报告》、公司出具的书面确认并经主办律师核查，报告期内，人合股份及其子公司不存在核定征收情形；在公司吸收人合船舶前，人合船舶采取核定征收情形。

根据公司书面确认，2012 年人合船舶收到所属国税局专管员口头通知，主管税务机关对辖区持续亏损无税收贡献的企业从 2012 年起采取核定征收企业所得税，核定方式为按收入总额核定应税所得额，应税所得率标准为 5%。人合船舶因持续亏损被列入核定征收企业所得税企业的范围。

---

① 参见“人合机电”在全国中小企业股份转让系统挂牌公告及上海锦天城（青岛）律师事务所法律意见书。

根据核查，在人合船舶被合并吸收之前，建立了与公司业务相适应的基本财务制度，依法律、法规设定了会计账簿，不存在财务混乱情形，且人合船舶被吸收合并前采取核定征收方式缴纳税款，已得到主管税务机关的认可，不存在欠税行为，未违反相关法律、法规的规定。

自人合船舶被吸收合并后，人合股份依法纳税，未采用核定征收的方式，报告期内不存在违反税收法律、法规的情形。

综上，人合船舶被合并吸收前采取核定征收方式进行纳税的行为，不属于重大违法违规行为，公司符合《业务规则（试行）》第 2.1 条第（三）项“合法规范经营”的挂牌条件。

第四节　公司行政处罚问题及其解决

依据《规则》和《指引》的规定，拟挂牌公司应当合法合规经营，不得有重大违法违规的行为，否则，将直接影响公司的挂牌。在已挂牌的公司中，普遍存在被行政机关行政处罚的情形，包括《餐饮服务许可证》超过有效期仍然经营被处罚、无真实交易背景签署票据被处罚、交通违规被处罚等，这些行为是否属于《规则》和《指引》规定的重大违法违规行为，以及如何界定重大违法违规行为等，将是本节重点阐述的内容。

公司分公司被食品药品监督管理局行政处罚，并被没收生产经营食品的工具、设备、原料等物品且被罚款金额较大，这是否构成重大违法违规行为？以“红鼎豆捞”为例，2014 年 7 月 25 日，汉口分公司因《餐饮服务许可证》超过有效期仍从事餐饮服务收到武汉市食品药品监督管理局（武食药）食行罚 [2014]2-2027 号《行政处罚决定书》。公司不构成重大违法违规的原因是：（1）根据 2009 年 6 月 1 日起施行的《中华人民共和国食品安全法》[①] 第 84 条的规定，违法生产经营的食品、食品添加剂货值金额不足 1 万元的，并

① 对应 2015 年修订的《食品安全法》第 122 条。

处2000元以上5万元以下罚款；武汉食药监局决定免于没收生产经营食品的工具、设备、原料等物品，仅处以没收违法所得，最终仅处以罚款23484元，说明该行为的社会危害性较低。（2）公司积极配合调查，并于检查后积极申办许可证，未造成危害后果。（3）公司在接受调查后积极申办许可证，并按照要求缴纳罚没款项，说明上述行政处罚事项不属于重大违法、违规行为。

公司运营车辆交通违章或发生交通事故导致行政处罚金额和经济赔偿金额，这是否构成重大违法违规的行政处罚？一般来说，被交通管理部门处以行政处罚的违规行为是情节轻微、其性质、影响和危害结果并不严重的交通违章行为，其单笔处罚金额均为1000元人民币以下，适用简易程序处理，处罚幅度很轻，并不属于较大数额罚款，因此，公司上述行政处罚不适用重大违法违规情形的行政处罚。

公司因遗失增值税发票被税务机关罚款。上述情形是否构成重大违法违规？《发票管理办法》第36条规定："跨规定的使用区域携带、邮寄、运输空白发票，以及携带、邮寄或者运输空白发票出入境的，由税务机关责令改正，可以处1万元以下的罚款；情节严重的，处1万元以上3万元以下的罚款；有违法所得的予以没收。丢失发票或者擅自损毁发票的，依照前款规定处罚"。所以，对于丢失发票，金额1万元以下的罚款，一般不构成重大违法违规；同时，可要求国家税务局出具《税务违法记录证明》，证明公司在报告期内不存在重大税务违法行为。

拟挂牌公司未进行竣工验收消防备案曾受处罚，公司现在消防安全的整改情况如何，是否存在纠纷或潜在纠纷？根据《消防法》相关规定，如出现重大违法违规情形，公司将会被"责令停止施工、停止使用或者停产停业"，并被处以"3万元以上30万元以下"罚款，如不满足其中一项条件，可能就不构成重大违法违规；还可要求公安消防支队出具《证明》，"截至本证明出具日，公司未受到消防部门重大行政处罚的情形"。公司整改需依据《消防法》等相关规定，完成竣工验收消防备案登记。

公司子公司拥有的土地未能如期开工导致闲置超过2年，公司是否存在被处罚的风险，是否符合合法规范经营的要求？以"正弦电气"为例，公司采取的措施是（1）国土资源和规划局出具《情况说明》。根据该情况说明，公司未因违反土地管理法律、法规而受到其处罚；（2）说明存在被有关部门征缴土地闲置费及支付违约金的风险及其所拥有的上述国有土地使用权存在被有权部门无偿收回的风险；（3）子公司作为独立法人，未如期开工的情形导致的受处罚风险应仅由子公司承担，公司不存在因此被处罚的风险。

案例分析 6.4.1①

武汉红鼎豆捞股份有限公司在挂牌过程中遇到的问题：申报文件显示，公司的分公司被食品药品监督管理局行政处罚，并被没收生产经营食品的工具、设备、原料等物品且被罚款金额较大，这是否构成重大违法违规行为？

□问题剖析及解决方案

2014 年 7 月 25 日，公司的汉口分公司收到武汉市食品药品监督管理局（武食药）食行罚〔2014〕2—2027 号《行政处罚决定书》，汉口分公司因《餐饮服务许可证》超过有效期仍从事餐饮服务（2014 年 6 月 23 日至 2014 年 7 月 6 日期间未取得《餐饮服务许可证》，违法所得为 46968 元，违法经营的货值金额为 48025 元），依据《食品安全法》《行政处罚法》的相关规定对分公司进行处罚。鉴于分公司积极配合调查、停止生产经营并于检查后积极申办《餐饮服务许可证》，尚未造成危害后果，依据《行政处罚法》的有关规定，对分公司给予减轻处罚，同时对分公司生产经营食品的工具、设备、原料等物品免予没收。据此，决定对分公司处以没收违法所得 46968 元，罚款 23484 元，合计罚没 70452 元。该行政处罚所针对的行为不属于重大违法行为，理由如下：

① 参见“红鼎豆捞”在全国中小企业股份转让系统挂牌公告及北京大成（武汉）律师事务所补充法律意见书（一）。

1. 从处罚的程度来看，不属于重大违法违规。根据《食品安全法》[①]（2009年）第84条的规定，未经许可从事食品生产经营活动，没收违法所得、违法生产经营的食品、食品添加剂和用于违法生产经营的工具、设备、原料等物品；违法生产经营的食品、食品添加剂货值金额不足1万元的，并处2000元以上5万元以下罚款；货值金额1万元以上的，并处货值金额5倍以上10倍以下罚款。武汉市食药监局决定免予没收生产经营食品的工具、设备、原料等物品，仅处以没收违法所得；认定的货值金额为48025元，应处以5倍以上10倍以下罚款，最终仅处以罚款23484元，说明该行为的社会危害性较低。

2. 上述行为未造成危害后果，应不属于重大违法违规。该行政处罚决定书认定，公司积极配合调查，并于检查后积极申办许可证，未造成危害后果，因此根据《行政处罚法》的有关规定，决定对分公司给予减轻处罚。

3. 公司积极配合调查，及时纠正违法行为。公司在接受调查后积极申办许可证，并按照要求缴纳罚没款项，及时纠正了违法行为。武汉市食品药品监督管理局出具了《关于武汉红鼎豆捞餐饮股份有限公司行政处罚事项的说明》，说明上述行政处罚事项不属于重大违法、违规行为。

综上，上述行为不属于重大违法行为，且公司已及时纠正并规范经营至今，对公司未来的经营影响较小。公司不存在因违反食品安全相关法律、法规而遭受重大行政处罚的情形，不构成本次公司申请股票公开转让的实质性障碍。

案例分析 6.4.2[②]

广东天图物流股份有限公司在挂牌过程中遇到的问题：请公司补充披露报告期内公司运营车辆交通违章或发生交通事故的处理情况及由此导致的行政处罚金额和经济赔偿金额，并说明是否存在未处理的行政处罚或赔偿纠

---

① 2015年修订后的《食品安全法》对应第122条。

② 参见“天图物流”在全国中小企业股份转让系统挂牌公告及广东正平天成律师事务所补充法律意见书（一）。

纷？这是否构成重大违法违规的行政处罚？

❑问题剖析及解决方案

1. 根据公司的说明，报告期内公司及其子公司的运输业务模式为服务外包模式，即公司及其子公司将具体的运输业务交给专业的第三方运输服务公司来完成。根据公司及其子公司与第三方运输服务公司所签订的合同约定，运营车辆（包括公司及其子公司自有的运营车辆和第三方运输服务公司提供的运营车辆）产生的交通违章罚款或其他费用均由第三方运输服务公司承担，因此，报告期内公司及其子公司拥有的运营车辆因交通违章产生的罚款实际是由第三方运输服务公司承担支付，对于部分运营车辆尚未缴纳的罚款，公司将催促有关的第三方运输服务公司尽快缴清。

2.《行政处罚法》第42条规定：行政机关作出责令停产停业、吊销许可证或者执照、较大数额罚款等行政处罚决定之前，应当告知当事人有要求举行听证的权利；当事人要求听证的，行政机关应当组织听证。《广东省行政处罚听证程序实施办法》第5条规定，行政机关以及法律、法规授权的具有管理公共事务职能的组织作出下列行政处罚决定之前，应当告知当事人有要求举行听证的权利；当事人要求听证的，行政机关应当组织听证：

（1）责令停产停业；

（2）吊销许可证或者执照；

（3）较大数额罚款；

（4）法律、法规规定可以要求听证的其他行政处罚。

本条前款的较大数额罚款，是指对公民处以1000元以上罚款，对法人或者其他组织处以5万元以上罚款。《交通行政处罚程序规定》第三章“行政处罚决定”第9条规定，交通行政处罚程序分为简易程序和一般程序。《交通行政处罚程序规定》第三章“行政处罚决定”第一节“简易程序”第10条规定，违法事实确凿并有法定依据，对公民处以50元以下、对法人或者其他组织处以1000元以下罚款或者警告的行政处罚的，可以当场作出行政处罚决定。

综上，公司及其子公司拥有的运营车辆在近两年中被交通管理部门处以行政处罚的违规行为是情节轻微、其性质、影响和危害结果并不严重的交通违章行为，其单笔处罚金额均为1000元人民币以下，适用简易程序处理，处罚幅度很轻，并不属于较大数额罚款，因此，公司上述行政处罚应属于非适用重大违法违规情形的行政处罚，对公司正常经营没有产生重大影响。

案例分析 6.4.3①

深圳迅销科技股份有限公司在挂牌过程中遇到的问题：公司因遗失增值税发票被税务机关罚款。上述情形是否构成重大违法违规？

❑问题剖析及解决方案

报告期内，公司存在一起因遗失增值税发票被税务机关罚款的情形，具体情况如下：

2014年4月10日，深圳市龙岗区国家税务局布吉税务分局向迅销实业出具《税务行政处罚决定书（简易）》[深国税龙布罚处（简）〔2014〕2823号]，迅销实业因丢失已开具的增值税专用发票，被处以罚款100元。

《发票管理办法》第36条规定："跨规定的使用区域携带、邮寄、运输空白发票，以及携带、邮寄或者运输空白发票出入境的，由税务机关责令改正，可以处1万元以下的罚款；情节严重的，处1万元以上3万元以下的罚款；有违法所得的予以没收。丢失发票或者擅自损毁发票的，依照前款规定处罚"。

根据上述规定，对于发票丢失，罚款100元属于较低幅度的处罚，迅销实业的行为依法不属于重大违法违规情形，且迅销实业已按行政处罚决定书的要求及时缴纳罚款，未对公司造成重大损失。2015年7月30日，深圳市国

① 参见"迅销科技"在全国中小企业股份转让系统挂牌公告及北京市康达（深圳）律师事务所补充法律意见书。

家税务局出具《税务违法记录证明》[深国税证（2015）第 06911 号]，证明公司在报告期内不存在重大税务违法行为。

综上，迅销实业受到的上述行政处罚的行为不属于重大违法违规行为，不会对公司的正常生产经营造成重大不利影响，亦不会对本次股票挂牌构成实质性法律障碍。

案例分析 6.4.4①

重庆首键医药包装股份公司在公司挂牌中遇到的问题：关于报告期内被行政处罚的情况。请公司补充披露现在消防安全的整改情况，是否存在纠纷或潜在纠纷。

❑ 问题剖析及解决方案

经律师核查，2014 年 8 月 28 日，重庆市涪陵区公安消防支队作出涪公（消）行罚决字〔2014〕0086 号行政处罚决定书。行政处罚决定书载明："现查明 2014 年 8 月 26 日，我支队执法人员在对重庆首键医药包装有限公司进行监督检查时，发现该单位未进行竣工验收消防备案，我支队向重庆首键医药包装有限公司发出《责令限期改正通知书》(〔2014〕第 0133 号)，责令你单位于 2014 年 9 月 2 日前改正。重庆首键医药包装有限公司违反了《消防法》第 13 条的规定，以上事实有《消防监督检查记录》(〔2014〕第 D171 号)，《责令限期改正通知书》(〔2014〕第 0133 号)、《询问笔录》等证据证实"。处罚决定为："根据《消防法》第 58 条的规定，现决定给予重庆首键医药包装有限公司罚款人民币叁仟元整的处罚"。公司于 2014 年 8 月 29 日向重庆市涪陵区财政局缴纳了消防罚没款 3000 元。

根据《消防法》第 58 条的规定："违反本法规定，有下列行为之一的，责令停止施工、停止使用或者停产停业，并处 3 万元以上 30 万元以下罚款：

---

① 参见"首键药包"在全国中小企业股份转让系统挂牌公告及重庆冠中律师事务所补充法律意见书。

（一）依法应当经公安机关消防机构进行消防设计审核的建设工程，未经依法审核或者审核不合格，擅自施工的；

（二）消防设计经公安机关消防机构依法抽查不合格，不停止施工的；

（三）依法应当进行消防验收的建设工程，未经消防验收或者消防验收不合格，擅自投入使用的；

（四）建设工程投入使用后经公安机关消防机构依法抽查不合格，不停止使用的；

（五）公众聚集场所未经消防安全检查或者经检查不符合消防安全要求，擅自投入使用、营业的。

建设单位未依照本法规定将消防设计文件报公安机关消防机构备案，或者在竣工后未依照本法规定报公安机关消防机构备案的，责令限期改正，处5千元以下罚款”。

根据上述法律条款，如出现重大违法违规情形，公司将会被“责令停止施工、停止使用或者停产停业”，并被处以“3万元以上30万元以下”罚款，但公司并未出现上述情形。公司所受到的处罚情形在该法律条款中较为轻微，罚款数额较低。

2015年7月28日，重庆市涪陵区公安消防支队出具《证明》，“截至本证明出具日，公司未受到消防部门重大行政处罚的情形”。

经律师核查，依据《消防法》等相关规定，公司取得2015年7月28日网上备案受理系统关于公司年产50亿只铝盖及铝塑组合盖工程竣工验收消防备案，备案号为500000WYS150007800的书面材料。

综上，律师认为，公司已按照相关规定予以整改，并取得了竣工消防备案登记，此前的消防处罚对本次挂牌不产生实质影响。

案例分析 6.4.5[①]

新乡日升数控轴承装备股份有限公司在挂牌中遇到的问题：2007 年 12 月，新乡日升成立时存在违反《公司法》[②]（2005 年）第 127 条关于同股同价规定的情形。请主办券商及律师结合相关法律法规的规定核查前述瑕疵是否属于重大违法违规、公司及股东所采取的规范措施的有效性、公司是否符合“依法设立”的挂牌条件并发表明确意见。

❑ 问题剖析及解决方案

经核查，新乡日升设立时，日升数控用作出资的实物资产评估价值为 1990 万元，折合 1.42 元 / 股；于省宽等 27 名自然人股东以货币方式出资 3510 万元，折合 1.35 元 / 股，上述出资存在“同股不同价”，不符合《公司法》第 126 条的规定。

为了弥补新乡日升“同股不同价”的瑕疵，2011 年 6 月 16 日，新乡日升召开 2011 年度第一次临时股东大会，审议通过了全体自然人发起人按每股 0.07 元的价格向新乡日升缴纳认股价差的议案。根据天健正信会计师事务所有限公司出具的天健正信验〔2011〕综字第 010072 号《验资报告》，截至 2011 年 6 月 22 日，北京金诚同达律师事务所补充法律意见书说明，全体自然人发起人缴纳的认股价差金额全部到位。鉴于新乡日升已及时纠正，新乡市工商局未予追究相关责任，且全体发起人已作出承诺，承诺对因发起设立新乡日升时折股比例不一致导致的新乡日升损失承担赔偿责任。

律师认为，股份公司的发起设立行为实质上是受《发起人协议书》约束的合同行为。全体发起人股东签订《发起人补充协议》，确认了《发起人协议书》是全体发起人的真实意思表示，因此公司的发起设立行为不存在潜在的

① 参见“新乡日升”在全国中小企业股份转让系统挂牌公告及北京金诚同达律师事务所补充法律意见书（一）。

②《公司法》于 2013 年修正，修正后对应条文为第 126 条。

纠纷，亦不存在损害公司及其他股东利益的情况。上述瑕疵未对公司持续经营造成不利影响，也不会影响到公司合法有效存续。鉴于公司股东大会已同意全体自然人发起人向公司缴纳认股价差，且该事项未受到工商行政管理部门的处罚，新乡日升设立时存在的“同股不同价”情形不构成重大违法违规。全体自然人发起人采取现金方式补缴认股价差合法、有效地弥补了设立时的瑕疵。上述瑕疵对公司本次挂牌、转让不构成实质性法律障碍，公司仍是依法设立、合法存续的股份有限公司，具备本次挂牌、转让的主体资格。

案例分析 6.4.6[①]

江川金融服务股份有限公司在公司挂牌中遇到的问题：公司业务的合规性，就报告期公司是否存在重大违法违规行为发表意见。

❑ 问题剖析及解决方案

1. 公司目前的主营业务

公司目前的主营业务为小微贷款中介服务业务。根据《公开转让说明书》及律师核查，公司的主要业务模式为：（1）公司接受个人、小微企业客户的委托，为借款客户提供针对合作机构小微贷款的信息咨询及相关信贷技术服务，具体包括协助借款客户收集贷款申请资料、设计信用结构等；（2）公司对借款客户进行初始贷款调查及贷款评审分析，向合作机构推荐符合标准的借款客户，然后将通过公司审查的、合乎合作机构贷款标准的、公司认为合格的借款客户推荐给合作机构，合作机构在公司提供的资料和建议结论的基础上，独立完成相关的贷款调查、评审、审批流程，最终直接对借款客户发放小微贷款；（3）合作机构向借款客户直接放款后，公司按照与借款客户合同约定的收费比例收取服务费。因各家银行、小贷公司等合作机构的产品标准、准入

① 参见“江川金融”在全国中小企业股份转让系统挂牌公告及北京市天元律师事务所补充法律意见书（一）。

条件等具有较大的差别性，因此公司与意向合作的银行、小贷公司通过签订合作协议建立业务合作关系，在合作期间向合作机构推荐合乎其标准要求的借款客户。

经律师查询，目前从事与公司类似主营业务的同行业挂牌公司为北京六行君通信息科技股份有限公司（证券代码：833306，下称“六行君通”）。根据六行君通申请挂牌的《公开转让说明书》和《法律意见书》，六行君通的主营业务为贷款专业咨询服务，其主要业务模式为：收集、整理多家银行贷款产品信息，根据客户具体情况筛选、匹配相应的信贷产品，推送给客户，并为客户提供信贷咨询服务。经对比分析公司与六行君通的业务模式和业务流程，两家公司的主要业务模式相似，均通过为借款客户提供贷款咨询等中介服务收取服务费。两家公司的区别在于公司与意向合作的银行、小贷公司通过签订合作协议建立业务合作关系，在合作期间向合作机构推荐借款客户，而六行君通并未与银行等贷款机构签订关于推荐借款客户的合作协议，但公司并不向合作机构收取费用，与合作机构之间也不存在资金结算关系，因此公司与六行君通业务模式不存在实质性差异。

根据现行金融行业法律法规及律师核查，公司的上述主营业务不属于金融业务，无需取得相关的行政许可、审批或资质。目前针对公司所处行业尚未颁布行业监管法律法规，也不存在禁止性法律规定。

根据公司的工商、税务主管部门出具的证明文件、《审计报告》及公司的确认，公司在报告期内不存在受到行政处罚的情形。

综上所述，律师认为，公司所从事的小微贷款中介服务业务合法合规，公司在报告期内不存在重大违法违规行为。

2. 报告期曾从事的业务

根据《公开转让说明书》、公司的说明及律师核查，公司在报告期内曾从事债权投资业务，主要业务模式为：公司与多名从事民间放贷业务的自然人（下称“放贷人”）签署《合作协议》，在合作期限内为放贷人及其介绍的意向借款人提供贷前信用评审和贷后催收等服务，由放贷人决定是否对借款人放贷；在合作期限内，若公司有意收购放贷人届时持有的全部或部分借款债权资产，放贷人应当同意转让，若放贷人有意向公司出售其届时持有的全部或部分借款债权资产，公司可以酌情决定是否收购；为维持双方合作关系，公司可向放贷人提供短期无息借款用于资金周转；如公司收购了放贷人持有的债权资产，则对于公司应向放贷人支付的债权转让价款和放贷人应向公司偿还的借款，双方定期结算差额。

对于上述业务，现行法律法规并没有明确的禁止性规定。在上述业务中，公司通过收购放贷人的债权而与借款人形成了债权债务关系。根据《贷款通则》《金融许可证管理办法》及《关于小额贷款公司试点的指导意见》，经营贷款业务需要取得《金融许可证》或批准设立为小额贷款公司。根据《贷款通则》的规定，行政部门、企事业单位、股份合作经济组织、供销合作社、农村合作基金会和其他基金会擅自发放贷款的，企业之间擅自办理借贷或者变相借贷的，由中国人民银行对出借方按违规收入处以 1 倍以上至 5 倍以下罚款，并由中国人民银行予以取缔。公司目前尚未取得相关许可或批准，如公司在报告期内从事的债权投资业务被监管机构认定为属于经营贷款业务，则存在被监管机构处罚的风险。

为了进一步集中优势资源发展公司主营业务，公司对债权投资业务进行了剥离。2015 年 5 月 12 日，公司分别与江川投资、中国能源签署《债权转让协议书》，将公司作为债权人签订或受让的借款合同项下截至 2015 年 4 月 30 日的全部债权（债权总额为 128248983.17 元）及担保权利转让给江川投资和中国能源，债权转让的价格与债权总金额一致。截至本补充法律意见出具之日，上述债权转让价款均已由江川投资和中国能源支付完毕。

公司的控股股东江川控股和实际控制人刘迎生已出具书面承诺：若公司因从事上述债权投资业务而受到任何处罚或遭受任何损失，江川控股和刘迎生将无条件全额承担应由公司支付的罚款或补偿公司遭受的全部损失，并不可撤销地放弃对公司的追索权，保证江川金融不会因此遭受任何损失。

根据工商、税务主管部门出具的证明文件、《审计报告》及公司的确认，公司在报告期内不存在受到行政处罚的情形。

综上所述，律师认为，公司在报告期内曾从事的债权投资业务不违反现行法律法规的明确禁止性规定，但存在被监管机构认定为属于经营贷款业务而受到处罚的风险。公司目前已将债权投资业务进行了剥离，并且公司的控股股东江川控股实际控制人刘迎生已承诺承担公司可能因上述业务遭受的全部罚款或损失。公司在报告期内未因上述债权投资业务受到行政处罚。因此，律师认为，公司已剥离的上述债权投资业务对本次挂牌不构成实质性法律障碍。

3. 参股子公司的业务

公司目前有 1 家参股公司：江川小贷，其经营范围为在北京市西城区范围内发放贷款。2012 年 1 月 7 日，北京市金融工作局出具《北京市金融工作局关于北京江川小额贷款有限公司设立的批复》（京金融〔2011〕320 号），批准江川小贷设立。2012 年 1 月 16 日，江川小贷办理完成设立的工商登记手续，正式成立。江川小贷现持有北京市工商局于 2012 年 1 月 16 日核发的《企业法人营业执照》（注册号：110000014586319），住所为北京市西城区阜成门外大街 7 号国投大厦 18 层，法定代表人为刘迎生，注册资本为 6000 万元，实收资本为 6000 万元，公司类型为其他有限责任公司，经营范围为“在北京市西城区范围内发放贷款”，营业期限自 2012 年 1 月 16 日至 2042 年 1 月 15 日。公司现持有江川小贷 30% 的股权，京卫医药科技集团有限公司持有江川小贷 20% 的股权，中企联合信用担保有限公司持有江川小贷 20% 的股权，邹积文持有江川小贷 15% 的股权，郭小妹持有江川小贷 15% 的股权。

律师于 2015 年 9 月 30 日走访了北京市西城区金融服务办公室（下称“西城金融办”），根据西城金融办的说明，自 2013 年 1 月 1 日起至走访之日，未发现江川小贷存在受到处罚的情形。

根据工商、税务主管部门出具的证明文件及江川小贷的确认，江川小贷在报告期内不存在受到行政处罚的情形。

综上所述，律师认为，江川小贷是经北京市金融工作局批准合法成立的小额贷款公司，其设立符合《关于小额贷款公司试点的指导意见》和《北京市小额贷款公司试点实施办法》的规定，江川小贷在报告期内不存在重大违法违规行为。

案例分析 6.4.7[1]

深圳市正弦电气股份有限公司在挂牌过程中遇到的问题：公司的子公司武汉正弦拥有的土地未能如期开工导致闲置超过 2 年，存在被处罚的风险。请主办券商和律师补充说明具体情况，公司是否存在被处罚的风险，是否符合合法规范经营的要求。

❑问题剖析及解决方案

经核查，截至本《补充法律意见书》出具之日，武汉正弦拥有 1 项土地使用权。具体情况如下：武汉正弦现持有武汉市人民政府颁发的武新国用（2012）第 025 号国有土地使用权证，相应地块坐落于武汉市高新五路以南，佛祖岭二路以东；地号为 X03070026；地类（用途）为工业用地；使用权类型为出让；使用权面积为 20400.78 平方米；终止日期为 2062 年 2 月 20 日。

经核查，武汉正弦的上述土地使用权通过招拍挂程序取得，武汉正弦与武汉市国土资源和规划局东湖新技术开发区分局签署了《国有建设用地使用权出让合同》并缴清了土地出让金。根据上述《国有建设用地使用权出让合同》，宗地建设项目在合同签订日 2012 年 2 月 20 日后一年内开工，两年内竣工。受让人不能按期开工，应提前 30 日向出让人提出顺延申请，经出让人同意延建的，其项目竣工时间相应顺延，但延建期限不得超过一年。

2011 年 9 月 26 日，武汉市东湖新技术开发区管委会招商局与武汉正弦签订《招商意向书》。根据该意向书，武汉正弦同意在与武汉市东湖区新技术开发区管委会招商局签订正式国有土地使用权出让合同之日起 6 个月内动工建设，如不能按期动工建设，武汉正弦应当提前 30 日向相关部门提出延期申请，但延长期限不得超过一年，否则视为武汉正弦违约，武汉正弦应当按照该块土地使用权出让总价的 1‰作为日违约金付给武汉东湖高新区国土局，按

① 参见“正弦电气”在全国中小企业股份转让系统挂牌公告及广东信达律师事务所法律意见书。

日累计。

2012年2月27日，武汉市国土资源和规划局东湖开发区分局核发《规划设计条件》，对武汉市正弦电气技术有限公司研发生产营销基地建设项目提出规划设计条件。

2012年3月5日，武汉正弦取得武汉市国土资源和规划局东湖新技术开发区分局核发的《建设用地规划许可证》[地字第武规（东开）地〔2012〕012号]。用地项目名称为研发生产营销基地，用地位置为高新五路以南、佛祖岭二路以东，用地性质为工业用地，用地面积为30484.96平方米。

2013年4月25日，武汉市环境保护局东湖新技术开发区分局出具《关于武汉市正弦电气技术有限公司高性能伺服系统生产基地环境影响报告表的审批意见》（武环新审〔2013〕49号）、《关于武汉市正弦电气技术有限公司企业技术中心建设项目环境影响报告表的审批意见》（武环新审〔2013〕45号）、《关于武汉市正弦电气技术有限公司高性能低压变频器生产基地环境影响报告表的审批意见》（武环新审〔2013〕50号）、《关于武汉市正弦电气技术有限公司正弦电气研发生产营销基地环境影响报告表的审批意见》（武环新审〔2013〕44号），同意项目建设。

2013年7月22日，武汉正弦取得武汉市国土资源和规划局东湖新技术开发区分局核发的《建设工程规划许可证》[建字第武规（东开）建〔2013〕068号]。建设项目名称为研发生产营销基地（全部自用），建设位置为佛祖岭二路以东、高新路五路以南；总建筑面积地上为38973.24平方米，地下250.36平方米，其中：1号工业厂房为22580.96平方米，2号工业厂房为8636.68平方米，综合楼为6883.2平方米，电梯实验塔为725.4平方米，连廊为147平方米，地下水泵房为250.36平方米。

2013年10月21日，武汉东湖新技术开发区水务局核发了《武汉东湖新技术开发区水行政许可决定书》（东开水保准许〔2013〕第71号）及《水土保持方案合格证》，认为新能源产业园经济船舶配套产业园项目的水土保持方案符合相关法律法规及水土保持技术规范的要求，方案合格。

2015年2月14日，武汉市东湖新技术开发区公安消防大队核发了《关于武汉市正弦电气技术有限公司研发生产营销基地1—2号工业厂房、综合楼、电梯试验塔工程总平面设计的消防技术审查意见的复函》(武公东新消函〔2015〕第0019号),对湖北天一建筑设计有限公司所作的总平面设计提出如下技术审查意见:

该工程消防车道转弯半径不小于9m;该工程消防车道靠建筑外墙一侧的边缘距离建筑外墙不宜小于5m。

2015年7月20日,武汉市国土资源和规划局东湖新技术开发区分局出具《情况说明》。根据该情况说明,武汉正弦自2013年1月1日至2015年5月31日,未因违反土地管理法律、法规而受到处罚。

经主办律师核查,截至本《补充法律意见书》出具之日,武汉正弦尚未在该地块开工建设。

《城市房地产管理法》第26条规定,以出让方式取得土地使用权进行房地产开发的,必须按照土地使用权出让合同约定的土地用途、动工开发期限开发土地。超过出让合同约定的动工开发日期满一年未动工开发的,可以征收相当于土地使用权出让金20%以下的土地闲置费;满2年未动工开发的,可以无偿收回土地使用权;但是,因不可抗力或者政府、政府有关部门的行为或者动工开发必需的前期工作造成动工开发迟延的除外。

《闲置土地处置办法》第14条规定,除该办法第8条规定的情形外,闲置土地按照下列方式处理:

① 未动工开发满一年的,由市、县国土资源主管部门报经本级人民政府批准后,向国有建设用地使用权人下达《征缴土地闲置费决定书》,按照土地出让或者划拨价款的20%征缴土地闲置费。土地闲置费不得列入生产成本;

② 未动工开发满2年的,由市、县国土资源主管部门按照《土地管理法》第37条和《城市房地产管理法》第26条的规定,报经有批准权的人民政府批准后,向国有建设用地使用权人下达《收回国有建设用地使用权决定书》,无偿收回国有建设用地使用权。闲置土地设有抵押的,同时抄送相关土地抵押权人。

基于上述,主办律师认为:

1. 武汉正弦合法拥有上述土地使用权。但由于截至本《补充法律意见书》出具之日，武汉正弦未按期开工，且未取得有权部门同意延建的批复文件，土地闲置已满2年。武汉正弦存在被有关部门征缴土地闲置费及支付违约金的风险及其所拥有的上述国有土地使用权存在被有权部门无偿收回的风险。

2. 武汉正弦虽为公司的全资子公司，但作为独立法人，武汉正弦未如期开工的情形导致的受处罚风险应仅由武汉正弦承担，公司不存在因此被处罚的风险。截至本《补充法律意见书》出具之日，公司拥有开展业务所需的资质、证照或认证，公司具有开展业务所需的资产且其权属清晰、不存在瑕疵，公司在工商、税务、环境保护、产品质量、安全生产、劳动用工、消防等方面均不存在违法违规经营的情形，公司符合合法规范经营的要求。

第五节　公司竞业禁止和技术保密协议问题及其解决

竞业禁止，又称为竞业回避、竞业避让，是用人单位对员工采取的以保护其商业秘密为目的的一种法律措施，是根据法律规定或双方约定，在劳动关系存续期间或劳动关系结束后的一定时期内，限制并禁止员工在本单位任职期间同时兼职于业务竞争单位，限制并禁止员工在离职后从事与本单位竞争的业务，包括不得在生产同类产品或经营同类业务且有竞争关系或其他利害关系的其他业务单位任职，不得到生产同类产品或经营同类业务且具有竞争关系的其他用人单位兼职或任职，也不得自己生产与原单位有竞争关系的同类产品或经营同类业务。

依据《劳动合同法》的规定，竞业限制的人员限于用人单位的高级管理人员、高级技术人员和其他负有保密义务的人员。竞业限制的范围、地域、期限由用人单位与劳动者约定，竞业限制的约定不得违反法律、法规的规定。用人单位可以在劳动合同或者保密协议中与劳动者约定竞业限制条款，并约定在解除或者终止劳动合同后，在竞业限制期限内按月给予劳动者经济补偿。劳动者违反竞业限制约定的，应当按照约定向用人单位支付违约金。如双方没有竞业禁止约定，且用人单位未按月给予劳动者经济补偿的，劳动者不受竞业禁止的约束。

公司实际控制人、董事、监事、高级管理人员，以及核心技术人员均有在其他公司工作的经历。上述人员与原工作单位是否曾签署涉及保密或竞业限制的协议，公司拥有的知识产权是否存在权属争议或潜在纠纷？应对此种问题，一般的模式是（1）详细披露曾经任职或离职的具体情况；（2）主办券商和律师对相关人员进行访谈并让相关人员出具书面确认函，确保不存在与其他公司签署涉及保密或竞业限制的协议，也未从其他公司收到竞业禁止的补偿金；（3）通过核查中国专利查询系统网（http://cpquery.sipo.gov.cn）、国家工商行政管理总局商标局网站（http://sbj.saic.gov.cn）、国家版权局网站（http://www.ncac.gov.cn）等平台及公司书面确认，认定公司拥有的知识产权不存在权属争议或潜在纠纷。

企业挂牌过程中涉及董事、高级管理人员以及核心技术人员的保密和竞业禁止问题的回复都有固定的模式：（1）公司和当事人自己书面确认没有保密和竞业禁止的协议；或者即使有相关协议，也已经履行完毕或者未生效，不会存在因为保密和竞业禁止约定而存在纠纷或风险；（2）通过公司和相关人员出具声明，核查无形资产的权属凭证，并通过相关公共信息平台查询，认定公司不存在知识产权权属的争议、诉讼、纠纷或潜在纠纷；（3）相关人员出具承诺函，承诺自行承担可能出现的问题责任，而与挂牌公司无关；（4）最后，可以由原任职单位出具说明帮忙澄清，但往往原任职单位与挂牌公司势如水火，一般会拒绝，即使原任职单位没有帮忙澄清，也没有关系。

案例分析 6.5.1①

北京关键科技股份有限公司在挂牌过程中遇到的问题：请主办券商、律师补充公司申请信息披露豁免的原因、理由、信息披露的方式及依据，公司是否具备相关军工资质，信息披露是否涉及相关保密规定，并对公司信息披露的方式是否适当，信息披露豁免的依据是否充分，是否会影响投资者判断发表明确意见。

❑问题剖析及解决方案

1. 公司豁免披露信息内容及处理方式

公司本次申请股票挂牌及公开转让涉及公开披露的文件有：主办券商出具的推荐报告;《公开转让说明书》；律师出具的《法律意见书》；会计师事务所出具的公司 2013 年、2014 年、2015 年 1—4 月的财务报表及《审计报告》；公司章程。

对以上公开披露的文件，公司申请豁免披露的具体情况为：

（1）对《公开转让说明书》中“公司 2013 年对前 5 名客户的销售额及占比”中第一、第二大客户，“2014 年对前 5 名客户的销售额及占比”中第三大客户，“2015 年 1—4 月对前 5 名客户的销售额及占比”中第二、第三、第四大客户，以及对应在《法律意见书》中“公司重大合同”第 1、2、8、13、14、15 项合同相对方的名称采用模糊表述方式，按顺序分别表述为“A1 国内某单位”“A2 国内某单位”“A3 国内某单位”“A4 国内某单位”“A5 国内某单位”“A6 国内某单位”。

（2）对《公开转让说明书》中“截至 2014 年 12 月 31 日，应收账款客户情况如下”“2014 年 12 月 31 日预收账款情况”“2013 年 12 月 31 日预收账款”“截至 2015 年 4 月 30 日，其他应付款情况如下”中的客户名称采用模糊

① 参见“关键科技”在全国中小企业股份转让系统挂牌公告及北京市浩天信和律师事务所法律意见书。

表述方式，按照顺序分别表述为“A7 国内某单位”“A8 国内某单位”“A9 国内某单位”“A10 国内某单位”“A11 国内某单位”。

（3）对《公开转让说明书》及《法律意见书》中重复出现的客户按上述代称表示。

2. 公司申请豁免披露的依据

经律师核查，A1 国内某单位、A2 国内某单位、A3 国内某单位、A4 国内某单位、A5 国内某单位、A7 国内某单位、A8 国内某单位均已向关键科技发出了《回函》，该回函均载明：“北京关键科技股份有限公司（以下简称“关键科技”）向本单位销售的测试工具和工程化工具软件产品主要在我方自行开发软件时使用，上述产品为通用性工具及标准化产品，关键科技仅提供软件产品以及产品使用的相关技术支持。上述产品不属于特定涉密项目，不需要关键科技具有相关保密资质。本单位也未与关键科技就上述销售事宜签订保密协议或在合同中添加保密条款。针对关键科技拟在全国中小企业股份转让系统挂牌并公开转让股份事宜，按照有关规定，本单位不同意披露本单位名称，并要求关键科技在《公开转让说明书》等申报文件中采取模糊表述、代称等方式处理相关信息”。

主办律师连同主办券商当面访谈了 A6 国内某单位代表，该代表表示，根据国家及其单位的保密规定和要求，关键科技不得对外披露其单位的名称等内容。

经主办律师核查，本所原先出具的《北京市浩天信和律师事务所关于北京关键科技股份有限公司申请豁免披露客户名称的专项法律意见书》中针对“A9 国内某单位”豁免披露的依据是：“经律师核查并根据关键科技说明，关键科技未与 A8 国内某单位、A9 国内某单位、A11 国内某单位签订《保密协议》或在相关销售合同中添加保密条款。同时，根据关键科技的说明，就关键科技与 A8 国内某单位、A9 国内某单位、A11 国内某单位所签订销售合同能否披露事宜，其先后与 A8 国内某单位、A9 国内某单位、A11 国内某单位工作人员进行了多次沟通，但始终未能得到明确答复”，但是，前述专项法律意见书出具后，主办律师连同主办券商已经与 A9 国内某单位取得联系并当面访谈了A9国内某单位代表，该代表表示，根据国家及其单位的保密规定和要求，关键科技不得对外披露其单位的名称等内容。

经本所律师核查，关键科技与A10国内某单位签订的《采购合同》存在保密条款，该保密条款约定："与本合同有关的技术秘密和商业秘密供双方共同遵守，并限定为履行本合同目的的范围内使用且采取保密措施，未经双方书面许可不得作其他用途或披露给任何第三人。如一方违反约定，故意或过失泄露相关信息，相对方有权要求补偿"。

经主办律师核查并根据关键科技的说明，关键科技未与A11国内某单位签订《保密协议》或在相关销售合同中添加保密条款。同时，根据关键科技说明，就关键科技与A11国内某单位所签订销售合同能否披露事宜，其与A11国内某单位工作人员进行了多次沟通，但始终未能得到明确答复。

此外，《全国中小企业股份转让系统业务规则（试行）》第4.2.2条明确规定："若挂牌公司有充分依据证明其拟披露的信息属于国家机密、商业秘密，可能导致其违反国家有关保密法律、行政法规规定或者严重损害挂牌公司利益的，可以向全国股份转让系统公司申请豁免披露或履行相关义务"。

综上所述，本所律师认为：

（1）A1国内某单位、A2国内某单位、A3国内某单位、A4国内某单位、A5国内某单位、A7国内某单位、A8国内某单位均对关键科技提出了保密要求，关键科技应对该交易负保密义务，如披露该客户名称，可能导致其违反国家有关保密法律、行政法规规定以及保密约定；

（2）A6国内某单位虽未向公司提出明确的保密要求，但根据律师及主办券商与A6国内某单位代表的访谈结果显示，根据国家及其单位的保密规定和要求，关键科技不得对外披露其单位的名称等内容；

（3）A9国内某单位虽未向公司提出明确的保密要求，但根据律师及主办券商与A9国内某单位代表的访谈结果显示，根据国家及其单位的保密规定和要求，关键科技不得对外披露其单位的名称等内容；

（4）关键科技与A10国内某单位签署的《采购合同》所涉保密条款不违反我国现行法律的规定，合法有效，依据诚实信用原则，关键科技应当遵守；

关键科技如披露 A10 国内某单位的名称及与该客户相关的交易信息将构成违约，不仅导致关键科技被追究违约责任，而且有悖诚信原则，有损关键科技的企业声誉；

（5）关键科技虽未与 A11 国内某单位签订《保密协议》或在相关销售合同中添加保密条款，但是考虑该国内单位与上述其他国内单位的性质相近，亦考虑到尽可能降低关键科技因披露前述国内单位的名称而违反国家有关保密法律、行政法规规定的可能性，关键科技应参照上述其他国内单位的处理方式。

鉴于关键科技有充分证据证明其与上述申请豁免披露的客户存在保密条款及保密要求，且其披露上述客户信息将导致其违约并可能导致违反国家有关保密法律、行政法规规定并严重损害挂牌公司利益，因此，根据《全国中小企业股份转让系统业务规则（试行）》的上述规定，关键科技可以向全国股份转让系统公司申请豁免披露上述客户相关信息。

3. 公司的豁免披露不会对投资者决策判断构成重大障碍

主办律师认为，尽管豁免披露上述客户名称，《公开转让说明书》仍能完整反映公司的财务状况，不会对公司经营管理的判断造成重大影响。因此，公司的豁免披露不会对投资者决策判断构成重大障碍。

主办律师认为，关键科技向全国中小企业股份转让系统有限责任公司申请豁免披露其《公开转让说明书》中“公司 2013 年对前 5 名客户的销售额及占比”中第一、第二大客户，“2014 年对前 5 名客户的销售额及占比”中第三大客户，“2015 年 1—4 月对前 5 名客户的销售额及占比”中第二、第三、第四大客户，“截至 2014 年 12 月 31 日，应收账款客户情况如下”“2014 年 12 月 31 日预收账款情况”“2013 年 12 月 31 日预收账款”“截至 2015 年 4 月 30 日，其他应付款情况如下”中，以及《法律意见书》中“公司重大合同”中第 1、2、8、13、14、15 项合同相对方的名称，符合《全国中小企业股份转让系统业务规则（试行）》的相关规定。

4. 军工资质与保密规定

经主办律师核查，公司的主要产品包括 Parasoft 产品系列、HP 产品系列、软件测试类、开发设计类产品、自研软件工程过程管理类产品、软件工程咨询服务、外包服务。

经主办律师适当核查并根据公司说明，公司在报告期内未参与任何特定涉密项目，且对外所销售的测试工具和工程化工具软件产品主要在其客户自行开发软件时使用，该产品为通用性工具及标准化产品，公司仅提供软件产品以及产品使用的相关技术支持。因此，公司目前暂无需取得军工资质，信息披露不涉及相关保密规定。

案例分析 6.5.2①

河南永威安防股份有限公司在挂牌过程中遇到的问题：公司披露，具有“保密资格单位的通知”。请公司补充披露：（1）公司是否按规定制定了保密制度及其执行情况；（2）公司改制、挂牌等重大变化是否向涉密主管部门书面报告；（3）公司信息披露文件是否经国防科工委相关部门确认，是否符合保密要求；（4）公司信息披露是否符合法律法规及相关业务规则对公众公司信息披露的要求；（5）公司军品订单获取方式是否合法合规；（6）中介机构保密资格的取得、密级、有效期，尽调过程的合法合规性；（7）中介机构尽调方法的有效性、得出结论的依据，尽调是否充分。请主办券商、律师、会计师、评估师对以上事项发表明确意见。

□问题剖析及解决方案

1. 公司是否按规定制定了保密制度及其执行情况

经核查，2014 年 1 月，公司依据《保守国家秘密法》和《保守国家秘密法实施条例》等法律法规制定了《河南永威安防股份有限公司涉密人员管理制度》《河南永威安防股份有限公司涉密载体保密管理制度》等保密制度，

① 参见“永威安防”在全国中小企业股份转让系统挂牌公告及北京市天元律师事务所补充法律意见书。

用于配合申请保密资格单位认证。2015 年 1 月，永威安防被河南省武器装备科研生产单位保密资格审查认证委员会核准为三级保密资格单位，有效期为 2015 年 1 月 16 日至 2020 年 1 月 15 日。

2015 年 11 月 2 日，公司出具了《河南永威安防股份有限公司涉密的说明》，说明截至 2015 年 11 月 2 日，公司生产与销售的防弹衣、防弹头盔和防弹盾牌并非涉密军品。公司虽拥有三级保密资质，但公司并未真正从事涉密业务。

2015 年 11 月 5 日，河南省国防科学技术工业局出具了《河南省国防科工局关于对河南永威安防股份有限公司在全国中小企业股份转让系统挂牌上市说明的函》，确认公司暂无军品科研生产业务，也无军品订货意向，公司在全国中小企业股份转让系统挂牌上市过程中，无需向我局申请信息披露豁免。

主办律师认为，公司已按相关规定制定了保密制度，但公司暂无涉密业务，公司保密制度暂未严格执行。

2. 公司改制、挂牌等重大变化是否向涉密主管部门书面报告

经核查，2009 年 6 月 28 日，公司召开创立大会，进行股份制改造。公司当时生产销售的防弹衣、防弹头盔以及防弹盾牌是军民两用产品，并不涉及军工涉密。当时未向涉密主管部门报告。

股转公司反馈意见后，公司人员和安信证券项目组于 2015 年 11 月 5 日走访河南省国防科学技术工业局。

2015 年 11 月 5 日，河南省国防科学技术工业局出具了《河南省国防科工局关于对河南永威安防股份有限公司在全国中小企业股份转让系统挂牌上市说明的函》，确认公司暂无军品科研生产业务，也无军品订货意向，公司在全国中小企业股份转让系统挂牌上市过程中，无需向我局申请信息披露豁免。

主办律师认为，公司目前的业务并不涉及军工涉密，公司改制、挂牌不需要向涉密主管部门书面报告。

3. 公司信息披露文件是否经国防科工委相关部门确认，是否符合保密

要求

本次信息披露过程中，公司披露的业务合同涉及的防弹衣、防弹头盔和防弹盾牌并非涉密军品。

2015 年 11 月 5 日，河南省国防科学技术工业局出具了《河南省国防科工局关于对河南永威安防股份有限公司在全国中小企业股份转让系统挂牌上市说明的函》，确认公司暂无军品科研生产业务，也无军品订货意向，公司在全国中小企业股份转让系统挂牌上市的过程中，无需向我局申请信息披露豁免。

主办律师认为，公司生产和销售的防弹衣、防弹头盔及防弹盾牌并非涉密军品，公司信息披露文件无需经河南省国防科学技术工业局在内的国防科工委相关部门确认，符合保密要求。

4. 公司信息披露是否符合法律法规及相关业务规则对公众公司信息披露的要求

公司目前生产销售的防弹衣、防弹头盔以及防弹盾牌并非涉密军品，并不涉及军工涉密。信息披露符合《非上市公众公司监管指引第 1 号——信息披露》《全国中小企业股份转让系统业务规则（试行）》等相关业务规则的规定。

主办律师认为，在本次申请挂牌过程中，公司符合相关法律法规和业务规则对公众公司信息披露的要求。

5. 公司军品订单获取方式是否合法合规

经核查公司与银行、公安、武警签署的合同、中标通知书等资料和公司出具的《河南永威安防股份有限公司防弹衣、防弹头盔及防弹盾牌订单获取方式的说明》，公司防弹衣、防弹头盔和防弹盾牌的销售对象主要包括：武警、公安、银行等。其中：公安和银行采购主要采取招投标方式订货；武警 2014 年年底开始采用公开招投标的方式订货，在 2014 年年底之前采用议标方式，具体情况为武警每年组织一次“军事价格审查会”对订购的产品进行价格评审，最终以评审结果签订采购合同。

主办律师认为：公司防弹衣、防弹头盔和防弹盾牌订单获取方式合法合规。

6. 中介机构保密资格的取得、密级、有效期，尽调过程的合法合规性

安信证券于 2014 年 7 月 9 日取得了国家国防科技工业局核发的《军工涉密业务咨询服务安全保密条件备案证书》（证书编号 00141046），证书有效期为 3 年。

瑞华会计师事务所（特殊普通合伙）于 2014 年 7 月 9 日取得了国家国防科技工业局核发的《军工涉密业务咨询服务安全保密条件备案证书》（证书编号 00141050），证书有效期为 3 年。

本所于 2013 年 10 月 16 日取得了国家国防科技工业局核发的《军工涉密业务咨询服务安全保密条件备案证书》（证书编号 00132037），证书有效期为 3 年。

2015 年 11 月 2 日，公司出具了《河南永威安防股份有限公司涉密的说明》，截至 2015 年 11 月 2 日，公司生产与销售的防弹衣、防弹头盔和防弹盾牌并非涉密军品。公司虽拥有三级保密资质，但公司并未真正从事涉密业务。

2015 年 11 月 5 日，河南省国防科学技术工业局出具了《河南省国防科工局关于对河南永威安防股份有限公司在全国中小企业股份转让系统挂牌上市说明的函》，确认公司暂无军品科研生产业务，也无军品订货意向，公司在全国中小企业股份转让系统挂牌上市的过程中，无需向我局申请信息披露豁免。

主办律师认为，公司生产和销售的防弹衣、防弹头盔以及防弹盾牌并不涉及军工涉密业务，公司虽然取得了三级保密单位认证，但尚未取得军工产品生产许可证，尚未正式生产军工产品，公司不属于军工企业；为公司提供股改及申请股票进入全国中小企业股份转让系统的审计、法律、评估等挂牌服务的中介机构不需要特殊保密资格要求；主办律师严格按照中介机构尽职调查流程和内核流程进行必要的核查，尽职调查能够保证勤勉尽责以及信息的真实和充分，尽调过程合法、合规。

7. 中介机构尽调方法的有效性、得出结论的依据，尽调是否充分

自接受公司委托以来，本所律师根据《律师事务所从事证券法律业务管理办法》《律师事务所证券法律业务执业规则（试行）》等规定和本所业务规则的要求，本着审慎性及重要性原则对公司本次挂牌的相关法律问题进行了核查和验证。主办律师核查验证工作的范围包括但不限于：公司本次发行的批准和授权、主体资格和实质条件；公司的设立、独立性、股本及演变、发起人和股东；业务、关联交易及同业竞争；主要财产、重大债权债务、重大资产变化及收购兼并；章程的制定与修改，股东大会、董事会、监事会议事规则及规范运作，董事、监事和高级管理人员及其变化；税务、环境保护和产品质量、技术等标准以及诉讼、仲裁或行政处罚等。

在开展尽职调查工作之前，本所律师编制了详细的尽职调查清单，明确了需要核查验证的事项。根据工作的实际进展情况，主办律师随时对尽职调查工作作出适当的调整。

在对尽职调查中出现问题的核查验证过程中，主办律师对与法律相关的业务事项，履行了法律专业人士特别的注意义务；对于其他业务事项，履行了普通人一般的注意义务。

综上，主办律师认为对永威安防的尽职调查有效且充分。

第六节　公司劳动用工问题及其解决

在实践中，出于降低人力资源成本等方面考虑，许多企业会在劳动用工方面存在不规范的问题。具体主要表现在签订劳动合同问题、劳务派遣问题、社保及住房公积金缴纳问题等。

依据《劳动法》和《劳动合同法》的相关规定，用人单位应当为劳动者缴纳社会保险，但是，我国民营企业的社保缴纳的现状存在诸多不完善的地方。通过对已挂牌企业中的1000余家公司缴纳社保情况进行分析，存在部分公司因城乡二元化体制、企业自身成本控制、农民工自身对社保存在疑虑等因素，在挂牌前被核查出不少社会保险欠缴、漏缴、不缴等历史遗留问题，主要集中在以下方面：1. 除部分核心、骨干员工外，绝大部分员工未缴纳；2. 城镇员工缴纳，农民工及流动性大的员工未缴纳；3. 未依法缴纳养老、医疗、失业等险种，只缴纳某个险种；4. 缴纳基数随意性大；5. 欠缴情况较为严重。

下面就一些比较典型的问题提出相应的解决方式。

1. 公司在报告期内存在劳务派遣，公司是否为劳务派遣人员缴付社保，公司是否符合“合法规范经营”的挂牌条件？

一般的解决方式是（1）如实披露问题；（2）合理解释：公司进行用工调整，逐渐减少劳务派遣用工至不使用劳务派遣员工；目前公司已与全体员工签订了劳动合同；（3）劳动和社会保障部门证明：公司参加了城镇职工基本社会保险，未发现其存在违反劳动保障法律法规的行为。住房公积金管理中心证明：公司及其子公司的住房公积金缴存业务并未受到行政处罚；（4）控股股东出具关于补缴社会保险费用和住房公积金的《承诺函》。

2. 拟挂牌公司未为全部职工依法缴纳住房公积金。

一般的解决方式是（1）如实披露公司住房公积金存在的问题。（2）实际控制人出具保证书，保证如公司存在被住房公积金管理机构追缴欠缴的住房公积金情形，则其本人自愿以其个人财产承担补缴责任。（3）律师确认，该瑕疵对挂牌不构成实质性法律障碍。

3. 公司在报告期内存在农村户口人员未交社会保险问题。

一般的解决方式是（1）如实披露问题；（2）劳动和社会保障部门证明：公司参加了城镇职工基本社会保险，未发现其存在违反劳动保障法律法规的行为；（3）控股股东承诺未来若因部分员工自愿放弃缴纳社保、公积金，而导致公司被社保及住房公积金管理部门追缴时，承担相应的补缴等相关责任。

4. 公司未与全部员工签订劳动合同，未为全部员工缴纳社会保险是否合法合规？

一般的解决方式是（1）如实披露保险缴纳情况；（2）合理解释：如①与未签劳动合同的员工签订了劳务用工协议；②部分农业户口员工已缴纳新农合和新农保；③ 12 名签订劳务合同的员工中 10 名为在原单位

缴纳社保；两名为退休返聘人员，年龄已超缴纳年限；（3）社会保险事业管理局出具的书面文件证明，公司遵守劳动用工和社会保险方面的法律法规，无劳动保障举报投诉和劳动争议案件；（4）律师确认，公司在报告期内，在劳动用工及社保缴纳方面不存在重大违法违规情形，符合挂牌条件。

5. 公司大量使用实习生是否合法合规？

一般的解决方式是（1）详细说明公司大量使用实习生的原因，例如储备人才、从事基础性的简单工作；（2）根据《关于贯彻执行〈中华人民共和国劳动法〉若干问题的意见》第12条规定："在校学生利用业余时间勤工助学，不视为就业，未建立劳动关系，可以不签订劳动合同"，因此公司未与实习生签订合同符合法律规定；（3）查询"全国企业信用信息公示系统"及"全国法院被执行人信息查询""中国法院网""中国裁判文书网""全国法院失信被执行人名单信息公布与查询"等网站，运用互联网进行公众信息检索，公司在报告期内未发生劳资纠纷。

公司劳动用工问题及其解决方式概括为以下几点：（1）要如实披露各种劳动用工问题。（2）合理解释劳动用工不规范和社会保险、住房公积金缴纳不规范的原因。（3）由劳动和社会保障局及住房公积金管理中心分别出具证明，证明公司在社保、住房公积金、劳动用工等方面未受到行政主管部门的处罚。（4）控股股东、实际控制人保证或出具保函，保证如因上述问题导致公司遭受处罚或损失时，将由其本人承担公司应补缴的社保和住房公积金，并赔偿公司由此所受到的罚款及相关的损失；其本人将通过公司董事会督促公司尽快为职工缴纳社保和住房公积金。

案例分析 6.6.1①

福建省星源农牧科技股份有限公司在挂牌过程中遇到的问题：关于临时用工，请核查公司采取临时用工的合法合规性，公司若将临时用工转为与公司签订劳动合同的员工后对公司支付社会保险等成本费用的影响。

❑ 问题剖析及解决方案

由于农业企业的生产特点，公司所雇用的临时用工人员基本是当地农户，主要为了农忙时节完成种植、施肥、收割等工作，从事技术含量较低、可替代性较高、工作时间较零散的辅助性工作，每次雇用的人员不固定，雇用人数在 1 人至 10 人之间不等，雇用天数在 1 日至 30 日之间不等，平均每个临时工一天的工作时间不超过 4 个小时。农户在农闲之余根据公司临时需求提供零散用工，不受公司的劳动管理，无需遵守公司的各项劳动规章制度，公司亦不按照公司有关员工管理制度的要求对农户进行管理。因此，公司与农户之间的关系属于临时用工需求中形成的雇佣关系，不存在劳动合同关系。

2015 年 7 月 9 日，福清市人力资源和社会保障局出具了〔2015〕22 号《证明》，确认：星源农牧自 2013 年 1 月 1 日至今，未发现有违反劳动保障法律法规和规章的行为，也未有因违法受到本行政机关给予行政处罚或行政处分的不良记录。

综上，公司采取的临时雇佣关系并未违反我国相关法律法规。

案例分析 6.6.2②

汉米敦（上海）工程咨询股份有限公司在挂牌过程中遇到的问题：关于

① 参见“星源农牧”在全国中小企业股份转让系统挂牌公告及北京德恒（杭州）事务所补充法律意见书（一）。

② 参见“汉米敦”在全国中小企业股份转让系统挂牌公告及上海市锦天城律师事务所补充法律意见书（一）。

报告期内公司的用工方式。请以实质重于形式的原则核查报告期内公司采用的用工方式是否为人事派遣，就公司用工的合法性发表意见。

□问题剖析及解决方案

1. 公司员工是公司自行聘用管理并签署劳动合同

查验了公司与员工签署的劳动合同，公司及子公司的《社会保险登记证》、社保保险缴纳凭证等文件。根据核查，报告期内，公司的员工是公司自行招聘，并按照劳动相关法律规定与员工签订了劳动合同，明确了公司与员工之间的劳动关系，同时公司根据员工的岗位职责和工作情况确定员工的薪资。

2015 年之前公司未开立独立的社会保险账户，2015 年开始，公司及下属各子公司陆续开立社会保险账户为员工缴纳社会保险。截至 2015 年 8 月 31 日，除西安汉米敦正在开立社保账户外，公司及下属子公司均已经开立社保账户并缴纳社保。

2. 公司报告期内的用工方式实质上并非劳务派遣

查阅了公司与上海市对外服务有限公司（以下简称“上海外服”）签署的人事代理协议、上海外服出具的说明并与公司主管人事的负责人进行了访谈。

2015 年之前，公司为简化员工劳资管理程序，公司未自行开立社保账户，而是参照外资企业人事管理通行的做法将人事管理行政工作委托上海外服进行。汉米敦（包含深圳分公司）、上海通博、北京汉米敦分别与上海外服签订了人事代理服务协议，约定由上海外服为公司提供人事代理服务，公司每月将所需支付的员工工资、待扣缴的社保、公积金及人事代理费用统一划给上海外服，其中员工工资则直接由上海外服代为向员工发放，社保及公积金则由上海外服缴存至上海外服开立的社保及公积金账户。公司向上海外服按照所代理员工数量及固定费用每月支付人事代理费用。

上海外服除代为发放工资、缴纳社保及公积金等事项外，还存在代为保管人事档案、代办各类身份证明及行政关系文件等人事行政工作。其中，当员工需要办理身份证明文件时，则按照规定由员工与上海外服签订劳动合同。截至 2014 年 11 月 1 日，公司共有 31 名员工与上海外服签订了劳动合同。员工与上海外服所签订的劳动合同仅用于为员工办理居住证等相关各类身份证明文件等人事行政服务所需，公司与汉米敦仅是人事代理服务关系，不存在劳务派遣关系。

2015 年 8 月 12 日，上海外服出具了《关于上海外服与汉米敦人事代理的相关说明》："公司与上海汉米敦及其他子公司订立委托人事代理合同，上海外服履行合同义务，为汉米敦及其子公司员工完成录用手续、社会保险与公积金的申报与缴纳等人事代理服务工作，汉米敦及其子公司员工均由其自行聘用、管理。上海外服与汉米敦仅是人事代理服务关系，不存在劳务派遣关系"。

3. 实际控制人承诺情况

公司与上海外服签署人事代理协议，并委托上海外服为员工发放工资并未违反劳动法的相关规定；公司报告期内未拥有独立的社会保险账户，委托上海外服为公司员工缴纳社保的行为存在瑕疵，但 2015 年开始，公司及下属各子公司陆续开立社会保险账户为员工缴纳社会保险，报告期内公司自行纠正了该瑕疵。

2015 年 8 月，公司实际控制人徐湛清、徐石出具承诺函，若公司因报告期内存在的委托人事代理行为而导致公司被有关部门处罚或引发劳动争议，并因此给公司带来任何其他费用支出和经济损失的，由公司实际控制人代公司承担相应的赔偿责任。

综上所述，报告期内公司的员工均是公司自行聘用、管理，员工均与公司签署劳动合同，从实质重于形式方面，报告期内公司的用工方式并非劳务派遣。

案例分析 6.6.3[①]

昆山美邦环境科技股份有限公司在挂牌过程中遇到的问题：公司与乌鲁木齐成翔基业劳务派遣有限公司的《劳务派遣合同》约定的派遣期限为2014年3月1日至2014年6月30日，请核查乌鲁木齐成翔基业劳务派遣有限公司32万元其他应付款在报告期内支付的原因及是否存在潜在纠纷？请核查报告期内公司是否为劳务派遣人员缴纳社保，公司是否符合"合法规范经营"的挂牌条件？

❑问题剖析及解决方案

1. 2014年3月1日，美邦环境有限公司与乌鲁木齐成翔基业劳务派遣有限公司（以下简称"成翔基业"）签署了《劳务派遣协议》，约定成翔基业为美邦环境有限公司与武汉凯迪电力环保有限公司的新疆玛纳斯项目提供劳务派遣服务，派遣期限为2014年3月1日至2014年6月30日。

根据公司说明，前述新疆玛纳斯项目已经履行完毕，劳务派遣费用总额为64万元，公司已经实际支付32万元，剩余32万元劳务派遣费用尚待支付。

根据成翔基业于2015年11月16日出具的说明函，确认基于美邦环境股份尚未全部收到新疆玛纳斯项目的工程款项，成翔基业同意美邦环境股份在收到后续工程款项后再支付未给付的劳务派遣费，且成翔基业确认与美邦环境股份合作关系良好，在劳务派遣费事项上与美邦环境股份不存在重大纠纷。

综上，公司与成翔基业已就劳务派遣费用余额部分的支付达成一致协议，双方同意美邦环境股份取得后续工程款后再给付成翔基业劳务派遣费用余额，截至本补充法律意见书出具日，双方未就32万元劳务派遣费用余额的支付产

① 参见"美邦环境"在全国中小企业股份转让系统挂牌公告及上海锦天城律师事务所补充法律意见书（一）。

生纠纷。

2. 请核查报告期内公司是否为劳务派遣人员缴纳社保，公司是否符合“合法规范经营”的挂牌条件?

（1）《劳务派遣暂行规定》的规定

根据《劳务派遣暂行规定》第 8 条的规定，劳务派遣单位应当对被派遣劳动者履行下列义务:（四）按照国家规定和劳务派遣协议约定，依法为被派遣劳动者缴纳社会保险费，并办理社会保险相关手续。据此，劳务派遣人员的社会保险应当由劳务派遣单位缴付。

（2）劳务派遣协议的约定

经核查公司提供的报告期内的劳务派遣合作协议，公司与昆山前景劳务派遣有限公司、苏州福万家劳务派遣有限公司、成翔基业（以下合称“派遣公司”）签订的协议均约定双方进行劳务合作，由派遣公司向美邦环境股份派遣劳务人员并收取劳务管理费，劳务派遣人员的工资薪酬由派遣公司发放，劳务派遣人员的社会保险由派遣公司缴纳。

（3）劳务派遣公司的说明

根据派遣公司于 2015 年 11 月出具的说明，其于劳务派遣期间向美邦环境股份派遣的员工只与派遣公司存在劳动关系，员工的社会保险费用由派遣公司承担并支付，美邦环境股份支付给派遣公司的劳务派遣费用中已包含了相关社会保险成本，美邦环境股份无需缴纳劳务派遣员工的社会保险。

综上，根据劳务派遣协议的约定，报告期内公司劳务派遣人员的社会保险应由派遣公司缴纳，美邦环境股份不需缴纳劳务派遣人员的社会保险费用，该约定符合《劳动合同法》及《劳务派遣暂行规定》等的规定。

同时，如原法律意见书披露，公司已经取得市场监督管理机关、税务机关、社保管理机关以及消防局等政府主管部门出具的合法合规证明，报告期内，公司经营合法合规。

案例分析 6.6.4[①]

山东隆和节能科技股份有限公司在挂牌中遇到的问题:(1)公司采取劳务外包的基本情况，包括但不限于使用劳务外包人数、原因、劳务外包人员具体工种和岗位，是否存在个人包工头;(2)如是请说明公司与包工头是否存在关联关系，是否影响公司技术和服务稳定性、保密性要求，劳务外包人员对公司生产经营和持续发展的影响;(3)公司劳务外包的合法合规性;(4)如何实现对劳务作业的质量控制;(5)公司是否曾发生劳资纠纷。

❑ 问题剖析及解决方案

1. 公司采取劳务外包的基本情况，包括但不限于使用劳务外包人数、原因、劳务外包人员具体工种和岗位，是否存在个人包工头。

公司采用劳务外包方式主要基于以下原因：

（1）公司可施工时间受季节性影响明显，一般施工时间为每年的 3 月—11 月，同时由于承揽工程的情况不定，用工需求波动较大。在施工期存在集中大量的用工需求，非施工期处于闲置状态。综合考虑人力成本与公司的发展规划，公司采用劳务分包模式。

（2）施工人员流动性大、替代性强，公司施工周期一般为 1 个月至 3 个月，施工存在人员流动性大的特点。同时，工程的施工岗位为非核心环节，对施工人员的施工技能及学历要求不高，在公司项目代表指导下，施工岗位对施工的安全性和可靠性影响不大。通过劳务分包模式，选择施工经验丰富的劳务分包单位能够进一步增强施工的安全性，提高施工效率，保证工程质量。

公司与劳务提供单位签订《劳务分包合同》，明确约定了双方在施工过程中的责任义务，同时约定由施工方所造成的施工质量事故及个人伤亡事故由施工方承担。报告期内，公司主要与蓬莱当地的劳务分包单位合作，分别为蓬莱言诺建材有限公司和蓬莱瑞达聚氨酯保温工程有限公司，其中蓬莱言诺

① 参见“隆和节能”在全国中小企业股份转让系统挂牌公告及山东舜公律师事务所补充法律意见书。

建材有限公司承接公司4个项目，蓬莱瑞达聚氨酯保温工程有限公司承接公司3个项目。上述两家劳务分包单位具有相应的施工资质、丰富的施工经验且价格符合公司要求，在多个项目合作中能够保质保量完成施工任务，与公司建立了稳定的合作关系。

根据公司拥有的《建筑节能外墙外保温工程专业承包三级》资质，公司可合法提供合同金额低于300万元建筑节能外墙外保温施工服务。报告期内，公司采用劳务分包情况如下：

项目名称	劳务外包单位	劳务外包人数	工种统计
山东蓬建集团义和房地产开发有限公司外墙保温施工合同（海悦城1#2#3#5#外墙外保温工程施工）	蓬莱市瑞达聚氨酯保温工程有限公司	30	吊篮工、抹灰工、发泡工、喷涂工
山东蓬建集团义和房地产开发有限公司外喷涂工墙保温及真石漆工程施工合同（海悦城6#7#外墙外保温工程施工）	蓬莱市瑞达聚氨酯保温工程有限公司	16	
蓬莱振兴置业有限公司外墙保温施工合同（杏花苑小区37#38#39#外墙外保温工程）	蓬莱言诺建材有限公司	23	
山东蓬建集团义和房地产开发有限公司外墙保温施工合同（海怡城18#19#20#21#外墙外保温工程施工）	蓬莱市瑞达聚氨酯保温工程有限公司	29	
蓬莱翔和置业有限公司外墙保温施工合同（蓬莱半岛星河小区外墙外保温工程施工）	蓬莱言诺建材有限公司	24	
烟台银星房地产有限公司外墙保温施工合同（牟平康泰苑东区18#19#21#外墙外保温工程施工）	蓬莱言诺建材有限公司	9	
烟台银星房地产有限公司外墙保温施工合同（牟平康泰苑东区11#12#外墙外保温工程施工）	蓬莱言诺建材有限公司	15	

2. 如存在使用个人包工头情形，请说明公司与包工头是否存在关联关系，是否影响公司技术和服务稳定性、保密性要求，劳务外包人员对公司生产经营和持续发展的影响。

公司采取劳务外包不存在个人包工头的情形，不影响公司技术和服务稳定性、保密性要求，不会对公司生产经营和持续发展产生负面影响。

3. 公司劳务外包的合法合规性

经核查，公司所承包的外墙保温工程均承包自建筑单位，承包后公司采用劳务分包模式，由公司负责施工项目管理，对施工项目委派项目代表，负责项目技术、施工、安全、质检等管理，同时指导劳务分包单位施工工人的安装施工。劳务分包单位负责提供施工全部劳务。符合相关法律法规要求，劳务外包合法合规。

4. 如何实现对劳务作业的质量控制

在具体施工过程中由公司负责施工项目管理，对施工项目委派项目代表，负责项目技术、施工、安全、质检等管理，同时指导劳务分包单位施工工人的安装施工。公司制定了《原材料检测验收管理制度》《现场施工操作规程》《现场施工安全管理办法》《现场施工质量管理办法》等一系列制度及措施，有效针对原材料、施工人员以及施工质量进行管理，报告期内公司施工项目不存在质量事故。在施工期间由公司派驻技术人员，对墙体是否达到保温材料施工要求进行验收；对现场施工工序进行监督；对现场施工前准备和养护情况进行监督检查，以此保证劳务作业的过程质量控制。在验收过程中，公司参与保温工程分部分项验收和节能专项验收，严把质量关。

5. 公司是否曾发生劳资纠纷

律师通过公开信息检索，中国裁判文书网、全国法院被执行人信息查询，未发现公司与发包方存在纠纷或潜在纠纷的情况，未发现公司与劳务分包单位及劳务人员存在劳务纠纷。

案例分析 6.6.5①

江苏苏美达德隆汽车部件股份有限公司在挂牌中遇到的问题：公司未给员工缴纳公积金，请核查是否符合相关法律法规规定，是否存在纠纷及被处罚风险？

□问题剖析及解决方案

根据《社会保险法》《住房公积金管理条例》《南京市住房公积金管理条例》《关于印发南京市住房公积金缴存使用相关实施细则的通知》等相关规定，单位不办理住房公积金缴存登记或者不为本单位职工办理住房公积金账户设立手续的，由住房公积金管理中心责令限期办理；逾期不办理的，处 1 万元以上 5 万元以下的罚款。单位逾期不缴或者少缴住房公积金的，由住房公积金管理中心责令限期缴存；逾期仍不缴存的，可以申请人民法院强制执行。

德隆股份未给公司职工缴纳公积金确实有违相关法规的规定，存在被住房公积金管理部门强制征缴的风险，但公司已经在逐步规范公积金的缴纳问题，并且公司股东朱亮先生、万锡建先生、江苏苏美达机电有限公司均出具了相关承诺：承诺如果公司所在地公积金主管部门，要求公司对报告期内的住房公积金进行补缴，各股东将按主管部门核定的数额无偿代公司补缴。如果公司因未按照规定为职工缴纳住房公积金而带来任何其他费用支出或经济损失，公司各股东将无条件全部无偿代公司承担。

律师认为，公积金未缴纳并没有影响到公司的持续经营，对公司的本次挂牌并公开转让不构成实质性法律障碍。

案例分析 6.6.6②

湖北匡通电子股份有限公司在挂牌过程中遇到的问题：是否存在改制职

① 参见“德隆股份”在全国中小企业股份转让系统挂牌公告及江苏东恒律师事务所补充法律意见书。
② 参见“匡通电子”在全国中小企业股份转让系统挂牌公告及广东深天成律师事务所法律意见书。

工安置遗留问题?

□问题剖析及解决方案

2003 年 5 月 24 日，镇平县政府办公会议纪要《关于利欣药业有限公司购买劳动保障部门受偿原依安欣药业公司破产资产有关问题的会议纪要》（镇政纪〔2003〕23 号）：专题研究解决利欣药业购买劳动保障部门受偿原依安欣公司破产资产的有关问题。同意将依安欣破产财产分配中用于偿还劳保部门的“四金”价值 5291029 元的土地、房屋、设备等实物资产由利欣药业购买；当前利欣药业没有能力一次性支付购买资产价款的情况下，为满足企业发展需要，可在确保不违背国家法律、政策的前提下，破产清算组把劳保部门受偿的这部分资产直接过户给利欣药业，利欣药业采取分期付款的方法，其中前 12 个月每月缴纳 8 万元，以后每月缴纳 5 万元，逐步结清，由破产清算组每月把变现款转交到人社局，人社局发放到职工；资产价款结清前，资产由破产清算组负责代管，不经破产清算组、经贸委、人劳局同意，利欣药业不得擅自处置该资产。

2003 年 5 月 28 日，破产清算组与利欣药业签订了《资产买卖协议》，资产是破产清算组分配给县人劳局，用于偿还破产企业应缴养老保险、失业保险、工伤保险、生育保险及退休人员 10 年保险金的所有财产。资产包括土地、房屋建筑物及附属设施、设备三大类，根据破产评估，总价值为 5291029 元；利欣药业分期付款，前 12 个月每月为 8 万元，以后每月为 5 万元，直至 5291029 元结清；在清算组监督下，利欣药业为将购买款直接缴纳给县人劳局，并注明用途。

2003 年 11 月 1 日，县人社局与县经贸委签订了《安置职工协议》，人社局、经贸委同意由经贸委监督利欣药业购买破产清算组分配给县人社局的受偿财产的价款分期支付给人社局。

上述款项已由利欣药业向人社局支付完毕。

主办律师认为，依安欣药业破产时制定了职工安置方案，镇政府就职工安置问题进行了专题会议研究，公司、县经贸委、县人社局对职工进行了妥善安置，且自有限公司设立至今，未发生原有职工因改制职工安置问题与公司发生纠纷的情况，故公司不存在改制职工安置遗留问题。

案例分析 6.6.7①

金现代信息产业股份有限公司在挂牌过程中遇到的问题:（1）公司大量使用实习生的原因，实习生主要从事的岗位或工种，与公司生产经营的匹配关系；（2）公司的子公司培训实习生的主要模式、运行方式、应收情况;（3）对公司劳动用工的合法合规性发表明确意见。

❑ 问题剖析及解决方案

1. 公司大量使用实习生的原因

截至本补充法律意见书出具之日，公司（包括子公司）共有员工 1605 人，其中，实习生 335 人，实习生占比为 20.87%。软件企业属于人才密集型企业，且金现代是以软件服务为主的企业，对计算机方面高素质人才需求较大，公司现有大部分员工均通过校园招聘进入公司，校园招聘也成了公司主要的人才招聘渠道。各大高校学生大都选择在毕业之前即开始在校外实习，毕业时即可直接就业。鉴于此，公司须提前布局，储备实习生，以避免在各高校学生毕业时不能按时招聘到足够的员工。同时，招聘实习生参与公司具体工作有利于公司和实习生提前增加了解，最终通过双向选择为公司找到最合适的员工。

实习生主要从事的岗位或工种，与公司生产经营的匹配关系。

实习期间，公司实习生在部门负责人或公司正式员工的带领下，主要任职于数据维护工程师、初级测试工程师、初级研发工程师等一些相对简单的工作岗位，从事公司项目服务和产品部署中的基础性工作，例如数据初始化、系统测试、基础编码等，与公司正式员工的工作内容并不等同，为公司生产

① 参见“金现代”在全国中小企业股份转让系统挂牌公告及山东德衡律师事务所法律意见书。

经营过程中最基础的工作。

2. 金现代培训因设立时间较短，目前主要为金现代及其子公司储备、输送高素质人才。因此其招收培训生主要面向高校计算机基础相对薄弱但具有一定可塑性且认可金现代公司文化的在校学生。

目前，金现代培训设校长 1 名，讲师 2 名，服务人员 1 名。招生工作由金现代培训学校与金现代人力资源企划部门联合实施。招收培训生后，进行为期 3 个月左右的计算机理论和实际操作培训。培训方式以讲课加课下练习为主，并分阶段进行考核。培训完成后，以模拟项目的形式进行综合评测，由金现代及各子公司根据人员需求接收合适的培训生。培训生在培训初期，不交培训费用，在完成相关课程并结业后，可在金现代培训统一安排下，自主确定以后就业或实习单位。培训生如选择进入金现代或其子公司工作，则培训费用由金现代或其子公司支付该笔培训费用；如培训生最终未选择进入金现代或其子公司工作，则需要补交相关培训费用。按照金现代设立金现代培训的初衷和发展规划，金现代培训学校将逐步发展成为较为完善的面向社会提供优秀高素质人才的专业培训机构。截至本次反馈意见回复出具之日，有 48 人在金现代培训顺利结业并全部进入金现代实习、工作。因该批培训生为金现代培训的首批输出人才，为检验培训结果并为以后开拓市场做铺垫，本批培训生进入金现代实习工作时，金现代培训并未向金现代收取培训费用。根据金现代培训及金现代出具的说明，鉴于金现代为首次使用培训生，暂不向金现代培训学校交纳人才培养费用，双方不存在争议，如涉及税收缴纳等问题，由金现代培训负责缴纳。

3. 根据公司的书面说明并经主办律师核查，公司实行劳动合同制，公司按照《劳动法》和《劳动合同法》等相关法律法规与员工签订劳动合同；公司贯彻执行国家和地方有关劳动、工资、保险等方面的法律法规，依法办理劳动用工手续。公司依法为正式员工办理养老、失业、工伤、医疗和生育保险；定期为正式员工缴存住房公积金。

截至本次反馈意见回复出具之日，公司（包括子公司）共有 1270 名正式员工，公司与其签署劳动合同，均为其缴纳五险一金；共有 335 名实习生，均为在校学生，根据《关于贯彻执行〈中华人民共和国劳动法〉若干问题的意见》第 12 条的规定："在校学生利用业余时间勤工助学，不视为就业，未建立劳动关系，可以不签订劳动合同"。因此公司均与其签署实习协议并为其发放实习补贴。实习生补贴为每月 2500 元至 3000 元，公司给予实习生的实习补贴高于济南市最低工资标准。

根据公司书面声明、相关政府主管部门出具的证明，并经主办律师查询"全国企业信用信息公示系统"及"全国法院被执行人信息查询""中国法院网""中国裁判文书网""全国法院失信被执行人名单信息公布与查询"等网站，运用互联网进行公众信息检索，公司在报告期内未发生劳资纠纷。

综上，主办律师认为，报告期内公司劳动用工合法合规。

案例分析 6.6.8[1]

河南桂祥电力工程股份有限公司在挂牌过程中遇到的问题：（1）劳务派遣单位的基本情况及其资质是否符合相关法律法规的要求；（2）劳务派遣单位与公司签订的劳务派遣协议的主要内容、费用情况；（3）劳务派遣员工占公司全部员工的比重、工作岗位、工作内容、薪酬待遇情况，同时说明比例、岗位性质、薪酬待遇是否符合现行法律法规的规定；（4）公司是否对劳务派遣用工的方式存在依赖；（5）公司规范劳务派遣用工的具体措施及可能产生的成本费用及对公司经营的影响。请主办券商和律师结合《劳动合同法》《劳务派遣暂行规定》等现行法律法规的规定补充核查公司劳务派遣用工是否合法合规，是否存在遭受行政处罚或产生劳动纠纷的可能、公司降低劳务派遣员工比例的措施是否依法实施且切实可行及其是否影响公司正常经营，对以上问题发表明确意见。

---

[1] 参见"桂祥电力"在全国中小企业股份转让系统挂牌公告及河南尤扬律师事务所补充法律意见书。

❑问题剖析及解决方案

1. 律师核查情况

（1）经主办律师对与桂祥电力签订劳务派遣合同的劳务派遣单位的营业执照、税务登记证、劳务派遣经营许可证、人力资源服务许可证、组织机构代码证及其与劳动者签订的劳动合同进行核查，劳务派遣单位具体情况如下：

劳务派遣单位名称为河南省新誉佳人力资源有限公司（下称“新誉佳公司”），注册号为410791100022970，企业于2007年5月21日成立，注册资本为1000万元，经营范围为“职业中介、职业指导、咨询服务、劳务输出、劳务派遣（有效期至2017年1月19日）；劳务分包、生产线劳务外包（不含生产）（依法须经批准的项目，经相关部门批准后方可开展经营活动）”，法定代表人为魏战永，营业期限为2007年5月21日至2016年5月20日。

新誉佳公司持有河南省人力资源和社会保障厅于2014年1月19日颁发的《人力资源服务许可证》（编号为410000000057），服务范围为“职业中介、职业指导、咨询服务、劳务输出、劳务派遣”，有效期限至2017年1月19日；持有河南省人力资源和社会保障厅于2014年1月21日颁发的《劳务派遣经营许可证》（编号为豫劳派41000014004），有效期限为3年。

经核查，新誉佳公司已经与劳务派遣人员签订了两年以上的固定期限劳动合同。

主办律师认为，根据《劳动合同法》第57条、第58条，《劳务派遣行政许可实施办法》第7条，经营劳务派遣业务，注册资本不得少于200万元，且应当依法申请行政许可；符合法定条件的，由人力资源社会保障行政部门颁发《劳务派遣经营许可证》，未经许可，任何单位和个人不得经营劳务派遣业务；劳务派遣单位应当与被派遣劳动者订立二年以上的固定期限劳动合同。新誉佳公司注册资本为1000万元，持有河南省人力资源和社会保障厅颁发的现行有效的《劳务派遣经营许可证》，且已与被劳务派遣人员签订了两年以上的固定期限劳动合同，符合法律、法规及规范性文件的要求。

（2）经主办律师核查，桂祥电力已于2014年2月28日与新誉佳公司签订了《劳务派遣协议书》，主要内容如下：新誉佳公司向桂祥电力派遣工作人员，桂祥电力应按派遣人员的数量和派遣时间向新誉佳公司支付服务管理费。新誉佳公司与所派遣的人员签订劳动合同，确定劳动关系，并根据有关法律、法规向派遣人员支付劳动报酬、为其缴纳社会保险。派遣人员在派遣期间，由桂祥电力进行管理。桂祥电力应将劳务派遣费用支付给新誉佳公司。

（3）根据桂祥电力出具的《劳务派遣人员花名册》《员工花名册》及《关于公司劳务派遣用工情况的说明》，公司使用劳务派遣员工情况如下：

公司现有员工共计47人，其中，劳务派遣人员为16人，劳务派遣人员数量占员工总数的比例为34%；在劳务派遣人员中，其中9名的工作岗位为“安装辅助工”，主要承担电力安装、调试和承修过程中的辅助性工作，如领料、安装材料准备以及材料和工具的送取等；剩余7名的工作岗位为“挖沟工”，主要根据公司现场技术人员指定的位置、沟洞大小、深度等进行土沟挖掘工作。劳务派遣人员的平均工资为2700元/月，公司员工平均工资为3000元/月。

主办律师认为，公司劳务派遣人员平均工资与公司其他员工平均工资水平相符，且不低于《新乡市人民政府关于调整新乡市最低工资标准和小时最低工资标准的通知》[新政（2014）11号]中规定的1400元/月的最低工资标准；公司劳务派遣人员主要承担安装材料准备、材料和工具的送取及土沟挖掘等辅助性、临时性工作，符合法律法规规定的要求；但公司劳务派遣人员数量占员工总数比例为34%，不符合《劳务派遣暂行规定》中被劳务派遣人员数量不得高于员工总数10%的要求。《劳务派遣暂行规定》第28条规定，“用工单位在本规定施行前使用被派遣劳动者数量超过其用工总量10%的，应当制定调整用工方案，于本规定施行之日起2年内降至规定比例”。依据此规定，桂祥电力已制定调整用工方案并承诺于2016年3月1日前将使用劳务派遣人员的比例降至10%以下，且在此之前，不再新用劳务派遣人员。公司制定的调整用工方案及出具的承诺合法有效，与法律法规要求一致。

（4）公司现有劳务派遣人员均从事的是临时性、辅助性工作，所从事岗位不需要掌握专门的技术，公司聘请劳务派遣员工不会影响公司的技术和生产的稳定性，不涉及公司专业技术保密事项，公司对劳务派遣用工不存在依赖。

（5）针对劳务派遣人员的比例超出员工总数的10%，不符合《劳务派遣暂行规定》规定的情况，公司已依据《劳务派遣暂行规定》制定调整用工方案并承诺于2016年3月1日前将使用劳务派遣人员的比例降至10%以下，且在此之前，不再新用劳务派遣人员。公司控股股东吴家银亦出具了承诺，承诺无偿承担因前述问题给公司带来的一切损失。公司制定的调整用工方案及出具的承诺合法有效，与法律法规要求一致。根据公司出具的说明，全年劳务派遣工资约为51.84万元，最近一年的营业收入为606.7万元，占2014年营业收入的比例约为8.54%，对公司业绩影响较小，且由于公司聘请劳务派遣员工主要是为解决人员的流动性，而相关的挖沟和安装辅助成本是必要的。综合以上分析，公司降低劳务派遣比例对公司经营影响较小。

2. 结论意见

综上，本所律师认为，桂祥电力在临时性、辅助性的岗位上使用劳务派遣人员，劳务派遣人员的工资水平与其他公司员工工资水平基本一致且不低于当地最低工资标准，符合法律、法规及规范性文件的规定；公司劳务派遣人员数量占员工总数的比例为34%，不符合《劳务派遣暂行规定》中被劳务派遣人员数量不得高于员工总数10%的要求，但公司是由于历史原因存在使用派遣制员工的情形，且已依据《劳务派遣暂行规定》制定调整用工方案并承诺于2016年3月1日前将使用劳务派遣人员的比例降至10%以下，且在此之前不再新用劳务派遣人员；公司制定的调整用工方案及出具的承诺合法有效且切实可行，与法律法规要求一致，公司不存在因此被予以行政处罚的风险。此外，公司控股股东吴家银还出具了承诺，承诺无偿承担因前述问题给公司带来的一切损失，故此，前述问题不会对公司本次挂牌造成实质性法律障碍。公司只在临时性、辅助性的工作岗位上使用劳务派遣人员，该岗位无具体技术要求，且不涉及专业技术保密事项，不会对公司的技术和生产的稳定性造成影响，公司对劳务派遣员工方式不存在依赖。公司全年劳务派遣员工工资为 51.84 万元，占 2014 年营业收入的比例约为 8.54%，公司为此支出的费用不会对公司的生产经营造成影响，且由于公司聘请劳务派遣员工主要是为解决人员流动性问题，而相关的挖沟和安装辅助成本是必要的。综合以上分析，公司降低劳务派遣比例对公司经营影响较小。

第七节　公司环保问题及其解决

在国家整体框架下，拟挂牌的公司在环境保护、环评方面应当注意哪些问题？公司是否属于重污染行业，公司申请挂牌的基本条件是什么？非重污染行业公司申请挂牌的基本环保条件是什么？相关产品生产环节是否经过环评？是否符合环保法律法规的要求？针对上述情况，拟挂牌公司应当从哪些方面加以规范，使之符合挂牌条件？

对拟挂牌公司是否属于重污染行业如何进行判断？重污染行业认定依据为国家和各地方的相应监管规定，没有相关规定的，应参照环保部、证监会等有关部门对上市公司重污染行业分类规定执行。这就要求律师在实践中必须对申请挂牌公司及子公司所属行业的性质进行明确界定，其依据有两个：一是国家和各地方的监管规定；二是参照环保部、证监会的相关规定。在适用这两个依据时，环保部、证监会的相关规定是国家和各地方监管规定的补充。我们认为，国家层面的重污染行业应该是环保部三个规定的并集，即火电、钢铁、水泥、电解铝、煤炭、冶金、建材、采矿、化工、石化、制药、造纸、发酵、制糖、植物油加工、酿造、纺织、制革以及国家确定的其他污染严重的行业（18+× 项），但各地方的情况有所不同，其重污染行业可能比国家层面的种类要多出一项或几项。

如果申请挂牌公司及其子公司所属行业不属于重污染行业但根据相关法规规定必须办理排污许可证和配置污染处理设施的，在申报挂牌前应办理完毕。相比重污染行业公司挂牌的基本环保条件（三个行政许可一个制度），非重污染行业公司比较简单，只需要排污许可和“三同时”制度验收，那么是否可以理解为非重污染行业公司不需要进行环评批复、环保验收呢？答案是否定的。因为在实践中，非重污染行业公司对环境的影响相对较小，故允许其存在先办理排污许可和配置污染设施后办理环评批复和环保验收的情况。虽然在拟挂牌时不需要提供这两个行政许可审批，但是律师应在尽调报告中将办理情况写清楚。

拟挂牌公司各生产线建设和在建工程履行的规划、环评等的审批程序是否合法，公司日常经营是否符合环保、安监部门的监管要求？以“亚派科技”为例，公司生产线建设和在建工程履行的规划、环评等的审批程序具体如下：（1）发改委立项，公司取得南京市发展与改革委员会核发的“宁高管内备字〔2012〕011号”《企业投资项目备案通知书》，同意智能电网电能产业基地建设项目的备案；（2）规划审批程序，公司取得南京市规划局核发的《南京市规划局建设工程设计方案审批意见书》《建设工程规划许可证》《建设工程规划核实合格书》，公司取得南京市住房和城乡建设委员会核发的《建筑工程施工许可证》；（3）环评审批程序，2012年7月30日，公司取得南京市环境保护局核发的《关于南京亚派科技实业有限公司智能电网电能产业基地建设项目环境影响报告表的批复》，2014年6月，公司向南京市环保局报批了《智能电网电能产业基地项目环境影响编修报告》，2014年7月29日，公司取得南京市环境保护局核发的《关于南京亚派科技实业有限公司智能电网电能产业基地建设项目环境影响修编报告的批复》，同意该项目的变更建设。2014年12月22日，公司取得南京市环境保护局核发的《关于南京亚派科技实业有限公司智能电网电能产业基地建设项目（一期工程）竣工环境保护验收意见的函》。

通过对案例的研究与总结，主办券商和律师在企业挂牌前，应对企业环境保护情况进行核查，并根据核查的结果，结合公司的具体情况，通过如下方式对企业环境保护问题进行解决：（1）根据法律规定的程序要求，补办环保审批手续；（2）环境保护行政主管部门出具《证明》，说明公司在报告期内遵守相关环境保护的法律、法规的规定，未发生环境污染事故，不存在因违反环境保护方面的法律、法规、规范性文件而受到重大行政处罚的情形；（3）律师根据公司提供的资料，对公司在报告期内的经营活动符合有关环境保护的要求，不存在因违反环境保护方面的法律、法规和其他规范性文件而受到处罚的情形进行陈述与说明。

案例分析 6.7.1[①]

深圳市巨兆数码股份有限公司在挂牌过程中遇到的问题：公开转让说明书显示，公司从事锂电池的研发、生产和销售。（1）核查公司所处行业是否为重污染行业，以及认定的依据或参考。（2）若公司不属于前述重污染行业，请核查：①公司建设项目的环保合规性，包括且不限于公司建设项目的环评批复、环评验收及“三同时”验收等批复文件的取得情况；②公司是否需要办理排污许可证以及取得情况；③结合公司的业务流程核查公司日常环保合规情况，是否存在环保违法和受处罚的情况。（3）若公司属于重污染行业，请核查：①关于公司建设项目，请核查公司建设项目的环评批复、环评验收及“三同时”验收等批复文件的取得情况。建设项目未完工或尚未取得相关主管部门的验收文件的，请核查环评批复文件中的环保要求的执行情况。对建设项目环保事项的合法合规性发表意见。②关于污染物排放，请结合公司的业务流程核查公司是否存在污染物排放，若存在污染物排放，请核查公司的排污许可证取得和排污费缴纳情况，公司是否属于污染物减排对象，公司的排放是否符合标准，是否遵守重点污染物排放总量控制指标。③关于公司的日常环保运转，请核查：公司有关污染处理设施是否正常有效运转；公司的环境保护责任制度和突发环境应急预案建设情况；公司是否存在公司工业固体废物和危险废物申报和处理情况；公司是否有禁止使用或重点防控的物质处理问题。④公司是否被环保监管部门列入重点排污单位名录，是否依法公开披露环境信息。

---

① 参见“巨兆网络”在全国中小企业股份转让系统挂牌公告及广东华商律师事务所补充法律意见书（一）。

□问题剖析及解决方案

1. 公司的经营范围为“一般经营项目：MP3、MP4、手机电池、数码电子产品销售；锂电池、新能源电池、新能源电子产品的研发与销售；国内贸易；货物及技术进出口（以上均不含法律、行政法规、国务院决定规定需前置审批和禁止的项目）。许可经营项目：MP3、MP4、手机电池、数码电子产品的生产”，目前公司主要从事锂离子电池的研发、生产和销售。

根据全国股份转让系统《挂牌公司管理型行业分类指引》，公司所处行业属于“C384 电池制造”；根据《上市公司行业分类指引》（2012 年修订），公司所处行业属于“C38 电气机械和器材制造业”；根据《国民经济行业分类》（GB/T 4754—2011）[①]，公司所处行业属于“C3841 锂离子电池制造”。

公司不属于根据《关于对申请上市的企业和申请再融资的上市企业进行环境保护核查的通知》（环发〔2003〕101 号）、《关于进一步规范重污染行业生产经营公司申请上市或再融资环境保护核查工作的通知》（环发〔2007〕105 号）、《关于印发〈上市公司环保核查行业分类管理名录〉的通知》（环办函〔2008〕373 号）所规定的重污染行业，公司无需申请办理排污许可证。

2. 2011 年 3 月 15 日，深圳市宝安区环境保护局核发“深宝环批〔2011〕600666 号”《建设项目环境影响审查批复》，同意巨兆有限在深圳市宝安区沙井街道共和社区第四工业区 A2 栋第一、二、三层扩建开办，按申报的生产工艺生产 MP3、MP4、手机电池、数码电子产品、电芯，对主要生产工艺“点焊、焊接、装框架、注塑成型、装套管、回流焊、半成品检测、缠胶带、贴标、烘干、焊锡、制浆、涂布、压片、焊机耳、贴胶纸、装配、焊盖帽、注液、擦拭、充电、分容、老化、检测、包装”予以申报备案，公司的生产活动排放废水执行 DB 4426—2001 的二级标准，排放废气执行 DB 4427—2001 的二级标准，噪声执行 GB 12348—2008 的 3 类区标准；公司该建设项目落实了环保“三同时”制度，生产活动产生的工业废物、废液通过经环保部门

① 现为《国民经济行业分类》（GB/T 4754—2017）。

认可的工业废物处理站集中处理并依法备案；公司的污染处理设施运转正常，公司制定并严格执行该公司生产安全及内部控制规范。经本所律师核查，公司的生产所用主要原材料为正极材料（钴酸锂等）、负极材料（石墨等）、铝塑膜、铜箔、隔膜、电解液和电源管理芯片等，主要产品锂离子电芯的生产工艺流程有配料、涂布、制片、干燥、装配、注液、活化、化成、封口、老化、分容、包装、质检，主要产品锂离子电池的生产工艺流程有电芯检测、贴辅料、焊接、装配、注塑、半成品测试、包标、外观检验、成品测试、包装、OQC；公司生产过程中不存在直接向自然界排放废水、废气、废渣、噪音等情形，仅有少量废水交由专业污水处理公司进行处理，经检修不能修复至合格的残次品交付给第三方予以回收利用，对环境不产生任何污染。公司的生产活动通过了 ISO9001:2008 质量管理体系、ISO14001:2004 环境管理体系认证并遵循该标准要求，通过的认证范围均为“移动电源（需强制认证的产品除外），锂电池、电芯的研发、生产及服务”，该认证有效期至 2017 年 5 月 26 日。

综上，本公司不属于重污染行业，通过了环评批复并遵循环境管理体系认证，公司生产活动中落实并遵循了“三同时”制度，公司无需申请办理排污许可证；截至本补充法律意见书出具之日，公司依法公开环境信息，未受到环境保护部门、安全生产监督管理部门等主管部门的行政处罚或被列入重点排污单位名录，不存在环保事故、环保纠纷或潜在纠纷。

案例分析 6.7.2[①]

北京易二零环境股份有限公司在公司挂牌中遇到的问题：环境医院立足构建面向未来的环境企业与需求方（地方政府及排污企业）的新的交易关系。请公司说明环境医院在交易中的地位、作用及业务运作的合规性，公司是否

① 参见“易二零”在全国中小企业股份转让系统挂牌公告及北京市锦道和律师事务所补充法律意见书（一）。

符合“合法规范经营”的挂牌条件。

❑问题剖析及解决方案

经核查，股份公司与宜兴市环科园环保科技发展有限公司共同投资设立江苏中宜环境医院运营管理有限公司（“环境医院”），2015年8月5日，江苏中宜环境医院运营管理有限公司获颁注册号为320282000411280的《营业执照》。根据股份公司说明，环境医院的业务模式是：通过与地方产业园区管委会、主管政府部门等合作，由其提供硬件（如办公场地、展厅、中试基地等），股份公司作为环境医院的运营管理方。环境医院立足构建面向未来的环境企业与需求方（地方政府及排污企业）的新的交易关系。通过上述商业模式设计，环境医院是为环境服务供需双方提供服务的平台。同时，环境医院有利于带动股份公司会员业务、论坛业务、咨询业务等各项业务的需求量，股份公司通过环境医院的服务平台为进驻环境医院的环境企业提供营销服务、金融服务、集团采购服务。环境医院的业务目前尚处于筹备期，股份公司作为环境医院的运营管理方，将按照上述环境医院的商业模式依法进行合规经营。律师认为，环境医院的业务目前尚处于筹备期，尚未实际运作，按照其设计的商业模式，其业务服务内容不违反法律法规的禁止性规定。股份公司符合“合法规范经营”的挂牌条件。

案例分析 6.7.3①

宁波恒通诺达液压股份有限公司在公司挂牌中遇到的问题：（1）外协厂商是否持有公司委托业务所需全部资质；（2）外协厂商是否需要并履行全部环保审批；（3）公司与外协厂商之间是否存在现实或潜在的知识产权纠纷；（4）公司对外协厂商是否存有依赖；（5）公司委托外协厂商生产是否合法合规。

---

① 参见“恒通液压”在全国中小企业股份转让系统挂牌公告及北京大成（杭州）律师事务所补充法律意见书（一）。

❑问题剖析及解决方案

1. 外协厂商是否持有公司委托业务所需全部资质

律师查阅了《安全生产法》《安全生产许可条例》《工业产品生产许可证管理条例》《工业产品生产许可证管理条例实施办法》《工业产品生产许可证发证目录》等法律法规、访谈了企业的相关人员。

公司的外协厂商主要是为公司提供一般机械加工和热处理工艺，属于一般机械制造加工行业，不属于《安全生产法》和《安全生产许可条例》规定的“国家对矿山企业、建筑施工企业和危险化学品、烟花爆竹、民用爆炸物品生产企业实行安全生产许可制度”范围，因此不需要办理安全生产许可证；也不属于《工业产品许可证目录》范围，因此不需要业务许可和资质。

经核查，律师认为，相关法律法规对公司外协厂商并未规定相关业务许可和资质要求，公司外协厂商能够从事公司委托的业务。

2. 外协厂商是否需要并履行全部环保审批

律师查阅了《环境保护法》《环境影响评价法》《建设项目环境保护管理条例》《建设项目环境影响评价分类管理名录》，取得了部分外协厂商的环境影响评价文件，并访谈了企业的相关人员。

根据《环境影响评价法》和《建设项目环境影响评价分类管理名录》的相关规定，公司外协厂商项目建设需要向环保部门报批《环境影响报告表》，公司外协厂商中已取得环评文件审批的有鲍迪克（宁波）热处理有限公司和宁波市北仑超力模具钢有限公司。

以前公司生产规模较小，选择外协厂商时未注意到相关外协厂商的环保文件审批情况，公司将进一步完善合格外协厂商的管理制度，督促相关外协厂商取得相应的环评批复，在今后合作中，选择具备相关环评批复的外协厂商进行合作，加强对外协厂商相关资质的管理，督促外协厂商合法合规经营。

另外，公司外协厂商属于一般机械制造加工行业，为公司提供一般机械加工和热处理工艺，根据相关法律法规不需要业务许可和资质。根据公司说明，能够从事公司委托业务的外协厂商众多，公司能够较容易地选择和更换具有项目建设环评文件审批的外协厂商，并且基本不增加公司额外的委托加工成本。如果外协厂商受到环保部门的处罚，也不会对公司的生产经营造成影响。

经核查，律师认为，公司外协厂商并未全部履行环保审批手续，公司在今后业务合作中，将选择具备相关环评批复的外协厂商进行合作，加强对外协厂商相关资质的管理，督促外协厂商合法合规经营，能够从事公司委托业务的外协厂商众多，公司能够较容易地选择和更换具有项目建设环评文件审批的外协厂商，如果外协厂商受到环保部门的处罚，也不会对公司的生产经营造成影响。

3. 公司与外协厂商之间是否存在现实或潜在的知识产权纠纷

律师查阅了公司与外协厂商签订的《外协加工协议》《外协加工质量保证协议》等文件资料，访谈了企业的相关人员。

公司外协厂商主要为公司提供机械加工、热处理和表面热处理等工艺加工，机械加工主要按照公司提供的相关图纸要求对公司的零部件进行加工，是公司产品零部件的较为前道的工序，外协加工后的产品是半成品，仍需进行后续工序的加工；热处理和表面热处理工艺也是公司生产过程中的一道工序，在外协加工完成后仍需进行后续加工。

公司与外协厂商已签订的《外协加工质量保证协议》中保密条款规定不得将相关技术文件和相关机密泄露给第三方，不得为履行协议义务之外的其他任何目的使用另一方保密信息，应当保证员工和工作人员都遵守相关保密约定，并且，公司外协厂商只涉及公司生产过程中的一道或几道工序，每个外协厂商只是对公司产品中的部分零部件进行加工处理，所占比重较小，不会了解和掌握公司的核心知识产权，不会对公司知识产权产生侵害。

报告期内，公司与外协厂商未发生过知识产权纠纷。

经核查，律师认为，公司与外协厂商之间不存在现实或潜在的知识产权纠纷。

4. 公司对外协厂商是否存有依赖

律师核查了公司提供的报告期内外协厂商的加工费统计表、《外协加工协议》《外协加工质量保证协议》等文件资料，访谈了企业的相关人员。

公司外协厂商只涉及公司生产过程中的一道或几道工序，每个外协厂商只是对公司产品中的部分零部件进行加工处理，机械加工工艺主要是在公司订单量和生产量临时超过公司生产能力时进行委托，公司生产的主要产品需要众多零部件的装配，外协厂商不会了解和掌握公司的核心知识产权，外协生产所占比重较小，并且相关外协厂商众多，公司选择余地较大，可替代性强，在公司整个业务中所占地位不具备特别的重要性，不会对外协厂商产生重大依赖。

经核查，律师认为，公司不会对外协厂商产生重大依赖。

5. 公司委托外协厂商生产是否合法合规，公司是否符合“合法合规经营”的挂牌条件?

律师查阅了《合同法》《安全生产法》《安全生产许可证条例》《工业产品生产许可证管理条例》《工业产品生产许可证管理条例实施办法》《工业产品生产许可证发证目录》《环境保护法》《环境影响评价法》《建设项目环境保护管理条例》《建设项目环境影响评价分类管理名录》，取得了部分外协厂商的环境影响评价文件、报告期内外协厂商的加工费统计表、《外协加工协议》《外协加工质量保证协议》、控股股东出具的相关承诺等资料，访谈了企业的相关人员。

相关法律法规对公司委托外协生产没有限制性规定，公司的外协厂商主要是为公司提供一般机械加工和热处理工艺，属于一般机械制造加工行业，不需要业务许可和资质。公司部分外协厂商未全部履行环保审批手续，如果外协厂商受到环保部门的处罚，是其自身原因造成，并不是公司委托加工业务的原因，公司不会面临环保部门的处罚风险，同时，公司控股股东宁波市文魁控股集团有限公司承诺如公司因外协加工受到相关部门处罚或造成损失的，由宁波市文魁控股集团有限公司承担相应损失。

公司从事的业务均在营业执照所注明的经营范围之内，最近 24 个月，公司依法开展经营活动，经营行为合法、合规，不存在重大违法违规行为，公司最近 24 个月内不存在因违反国家法律、行政法规、规章，受到刑事处罚或适用重大违法违规情形的行政处罚的情形；公司最近 24 个月内不存在涉嫌犯罪被司法机关立案侦查，尚未有明确结论意见的情形。

经核查，律师认为，公司委托外协厂商生产合法合规，公司符合“合法合规经营”的挂牌条件。

案例分析 6.7.4①

南京亚派科技股份有限公司在公司挂牌中遇到的问题：公司各生产线建设和在建工程履行的规划、环评等的审批程序，公司日常经营是否符合环保、安监部门的监管要求。

问题剖析及解决方案

根据公司提供的资料并经律师核查，公司生产线建设和在建工程履行的规划、环评等的审批程序具体如下：

1. 发改委立项

2012 年 5 月 17 日，公司取得南京市发展与改革委员会核发的“宁高管内备字〔2012〕011 号”《企业投资项目备案通知书》，同意智能电网电能产业基地建设项目的备案，项目用地面积约为 20920 平方米，建筑面积约为 45000 平方米。

2. 规划审批程序

2012 年 9 月 3 日，公司取得南京市规划局核发的“方字第 320111201290014 号”《南京市规划局建设工程设计方案审批意见书》，同意公司关于智能电网电能质量产业基地项目的方案设计，项目用地面积为 19928 平方米，建筑面积为 46128 平方米。

就智能电网电能质量产业基地项目，2012 年 11 月 6 日，公司取得南京市规划局核发“建字第 320111201290032 号”《建设工程规划许可证》，建筑用途为厂房，建筑面积为 19299.6 平方米；2013 年 2 月 19 日，公司取得南京市规划局核发的“建字第 320111201390003 号”《建设工程规划许可证》，建

① 参见“亚派科技”在全国中小企业股份转让系统挂牌公告及中伦律师事务所补充法律意见书（一）。

筑用途为传达室、增压站（泵房），建筑面积分别为52.4平方米和181.9平方米。

2013年5月2日，公司取得南京市住房和城乡建设委员会核发的“320190020130010号”《建筑工程施工许可证》，建设规模为19533平方米。2015年5月7日，公司取得南京市规划局核发的“宁规（P）核实（2015）00004号”“宁规（P）核实（2015）00005号”《建设工程规划核实合格书》，对智能电网电能产业基地建设项目的工程规划进行了核实，经查验，该项目工程符合规划许可要求。

3. 环评审批程序

2012年7月30日，公司取得南京市环境保护局核发的“宁环表复〔2012〕072号”《关于南京亚派科技实业有限公司智能电网电能产业基地建设项目环境影响报告表的批复》，项目用地为20920平方米，建筑面积约为45000平方米，从环保角度分析，项目建设可行。由于智能电网电能质量产业基地项目的产污环节、污染防治措施等方面较原环评批复发生了调整变化，2014年6月，公司向南京市环保局报批了《智能电网电能产业基地项目环境影响编修报告》。

2014年7月29日，公司取得南京市环境保护局核发的“宁高管环表复〔2014〕27号”《关于南京亚派科技实业有限公司智能电网电能产业基地建设项目环境影响修编报告的批复》，同意该项目的变更建设。

2014年12月22日，公司取得南京市环境保护局核发的“宁高管环验〔2014〕36号”《关于南京亚派科技实业有限公司智能电网电能产业基地建设项目（一期工程）竣工环境保护验收意见的函》，公司智能电网电能产业基地建设项目执行了环境影响评价和环境保护“三同时”管理制度，落实了环评及其批复提出的各项环保措施和要求，主要污染物达标排放，环境保护手续齐全，项目竣工环境保护验收合格。

根据公司的确认并经律师访谈公司相关负责人，公司在日常生产经营中严格按照《污水综合排放标准》《大气污染物综合排放标准》《工业企业厂界环境噪声排放标准》的要求排放，并定期对有关环保设施及设备进行日常管理和维护；公司的主营业务是低压节能电网设备、电能质量优化设备产品的研发、生产与销售；低压电器控制与保护设备的研发、生产与销售；能效管控综合集成系统的研发与销售；并提供专业的能效管控和电能质量优化综合解决方案，日常生产时仅涉及一些简单的组装以及焊接工作，除一些基础的安全保护设施外（灭火器等），无需购置特殊的安全保护设备。

根据公司的确认并经律师登录公司所在地环保及安监的主管部门网站检索，公司报告期内未发生由于环境污染、生产事故而被主管部门处罚的情形。

综上所述，公司各生产线建设和在建工程已履行了相应规划、环评等的审批程序，日常生产经营符合环保、安监部门的监管要求。

案例分析 6.7.5①

江苏谢馥春国妆股份有限公司在挂牌过程中遇到的问题：请主办券商及律师核查公司及其子公司是否需要办理排污许可证及其取得情况，并对公司及其子公司环保事项的合法合规性发表明确意见。

□问题剖析及解决方案

根据《中华人民共和国环境保护法》（2014 年）的有关规定，国家依照法律规定实行排污许可管理制度。实行排污许可管理的企业事业单位和其他生产经营者应当按照排污许可证的要求排放污染物；未取得排污许可证的，不得排放污染物。

公司于 2015 年 10 月 23 日取得扬州市广陵区环境保护局颁发的《江苏省排放污染物许可证》（编号：3210022015600001），根据其证载信息，行业类别为国妆产品，排污种类为废水，有效期限为 2015 年 10 月 23 日至 2018 年 10 月 22 日。

经核查，公司子公司扬州谢馥春美妆制造有限公司（以下简称“美妆制

① 参见“谢馥春”在全国中小企业股份转让系统挂牌公告及北京市竞天公诚律师事务所上海分所法律意见书。

造”）未办理排污许可证，存在一定的瑕疵。其目前所用生产基地位于维扬路15号，为其向扬州扬大联环药业基因工程有限公司租赁所得，所租厂房用地已纳入扬州市“退城进园”规划，故目前无法办理排污许可证。根据扬州扬大联环药业基因工程有限公司于2013年4月9日向美妆制造下发的《通知》，经开发区建设局口头正式通知，根据扬州市政府规划，维扬路15号厂区被纳入临港新城拆迁改造计划内，属于拆迁范围。

根据扬州市环境保护局2015年8月18日出具的《关于谢馥春美妆制造有限公司环保情况的说明》，美妆制造自2013年1月1日起，未受过其处罚。

综上，主办律师认为，公司子公司美妆制造未办理排污许可证存在一定瑕疵，但鉴于：1）其未办理排污许可证是扬州市政府整体规划原因所致；2）未来古典化妆品杭集工业园生产基地建成后，公司生产的现代类化妆品将与古典化妆品整体迁移至杭集工业园进行生产，规范日常环保流程；3）扬州市环境保护局出具《证明》，证明美妆制造报告期内未受过其处罚。因此，主办律师认为美妆制造上述违规行为对本次挂牌造成重大不利影响的风险较小。除美妆制造外，公司其余子公司古典化妆品、扬州谢馥春美妆发展有限公司、谢馥春（北京）化妆品有限公司、谢馥春（厦门）化妆品有限公司、常州谢馥春化妆品有限公司均未实际从事化妆品的生产，均无需办理排污许可证。

第八节　公司税务问题及其解决

企业在申请挂牌、上市过程中，税务合规是几大核心问题之一，若处理不当，将直接构成企业挂牌、上市的实质障碍。下面是企业挂牌常见税务问题与解决方案。

重大税收违法违规情形，是指凡被税务行政处罚的实施机关给予没收违法所得、没收非法财物以上行政处罚的行为。属于重大违法违规情形，但处罚机关依法认定不属于的除外。被税务行政处罚的实施机关给予罚款的行为，除主办券商和律师能依法合理说明或处罚机关认定该行为不属于重大违法违规行为的外，都视为重大违法违规情形。公司应就其最近两年是否存在重大税收违法违规情况，发出明确的书面声明。表明公司近几年能够依法纳税，不存在被海关、税务机关处罚的情形，两年内不存在税收违法违规行为，税务、海关等行政主管部门能够出具公司无违法违规证明文件或调查反馈文件。原则上，凡被税务机关处罚的、实施机关处于罚款以上行政处罚的行为，均属重大违法行为，但实施机关依法认定该行为不属于重大违法行为，且作出合理解释的除外。

公司的子公司报告期内实行核定征收方式申报缴纳企业所得税的原因是什么，所得税征缴方式变化导致存在补缴或处罚款、滞纳金等潜在风险是否须主管税务机关同意或审批？以“开永股份”为例，公司的子公司上海华汉的解决方式是（1）说明截至本补充法律意见出具之日，上海华汉已变更所得税征收方式为查账征收；（2）税务主管部门对上海华汉报告期内的纳税情况出具了证明文件，且上海华汉在变更所得税征缴方式的过程中未出现被主管税务机关要求补缴税款、缴纳滞纳金、罚金的情形；（3）详细说明由核定征收变为查账征收无需补缴所得税款的原因；（4）控股股东、实际控制人亦承诺：“如公司下属子公司上海华汉因报告期内采取核定征收的税收缴纳方式而被税务主管机关追缴税款、征收滞纳金、罚金的，本人代缴所涉款项”。

有限公司以净资产折股变更为股份公司时个人股东尚未缴纳个人所得税，公司是否存在因为未履行代扣代缴义务而遭受行政处罚或其他法律责任的风险？整体变更及分红纳税情况必须充分披露，审核的关注点在于控股股东、实际控制人是否存在巨额税款未缴纳的情况，是否会影响到控股股东、实际控制人的合规情况及资格，从而影响到发行条件。以“海泰方圆”为例，公司的解决方式是：17 名发起人出具《关于自然人股东整体变更纳税义务的承诺函》，承诺：“若主管税务机关要求各发起人根据国家法律、法规、税收征管规定就 2015 年 8 月海泰方圆整体变更设立为股份有限公司时以净资产转增股本之事宜须缴纳个人所得税，各发起人将自行履行该纳税义务及承担相应法律责任。若因各发起人未履行纳税义务或海泰方圆未能履行代扣代缴义务而遭受行政处罚或其他法律责任，各发起人承担连带赔偿责任”。显然，个人股东虽未缴纳个人所得税，但其已出具真实、合法、有效的承诺函，该措施可以有效地降低公司面临的潜在税务风险。因此，上述情形不会对华宿股份在新三板挂牌构成实质性法律障碍。

案例分析 6.8.1[①]

青岛博宁福田通道设备股份有限公司在挂牌过程中遇到的问题：关于外资股权转让，请核查以下事项并发表明确意见：(1) 是否符合税收、外资管理等法律法规；(2) 在转为内资的情况下是否涉及税收优惠补缴问题。

❑ 问题剖析及解决方案

一、税收及外资管理的合法合规

1. 税收的合法合规

(1) 税收相关法律的规定

根据《企业所得税法》第 3 条的规定，“非居民企业在中国境内未设立机构、场所的，或者虽设立机构、场所但取得的所得与其所设机构、场所没有实际联系的，应当就其来源于中国境内的所得缴纳企业所得税”。德国 Gretsch-Unitas GmbH 公司和德国 Bonin Fides GmbH 公司在转让所持有的博宁福田股权时，作为非居民企业应就其股权转让所得缴纳企业所得税。

根据《企业所得税法》第 37 条的规定，“对非居民企业取得本法第三条第三款规定的所得应缴纳的所得税，实行源泉扣缴，以支付人为扣缴义务人。税款由扣缴义务人在每次支付或者到期应支付时，从支付或者到期应支付的款项中扣缴”。德国 Bonin Fides GmbH 公司和夏继禹、夏继华和阮莉在受让

① 参考“博宁福田”在全国中小企业股份转让系统挂牌公告及山东文康律师事务所法律意见书。

上述股权时，作为支付人同时也是扣缴义务人，负有代扣代缴义务。

根据《国家税务总局关于印发〈非居民企业所得税源泉扣缴管理暂行办法〉的通知》[①]第3条的规定，"对非居民企业取得来源于中国境内的股息、红利等权益性投资收益和利息、租金、特许权使用费所得、转让财产所得以及其他所得应当缴纳的企业所得税，实行源泉扣缴，以依照有关法律规定或者合同约定对非居民企业直接负有支付相关款项义务的单位或者个人为扣缴义务人"。第4条规定，"扣缴义务人与非居民企业首次签订与本办法第3条规定的所得有关的业务合同或协议（以下简称合同）的，扣缴义务人应当自合同签订之日起30日内，向其主管税务机关申报办理扣缴税款登记"。德国Bonin Fides GmbH公司和夏继禹、夏继华和阮莉在受让上述股权时，作为扣缴义务人应在股权转让合同签订30日内申报办理扣缴税款登记。

根据《国家税务总局关于加强非居民企业股权转让所得企业所得税管理的通知》[②]，股权转让所得是指股权转让价减除股权成本价后的差额。

（2）对两次外资股权转让纳税情况的核查

① 对德国Gretsch-Unitas GmbH公司股权转让纳税情况的核查

根据公司提供的资料并经本所核查，德国Gretsch-Unitas GmbH公司取得博宁福田有限的股权是分别于2007年10月及2009年9月两次受让于夏继禹、夏继华和阮莉。

2012年6月，德国Gretsch-Unitas GmbH公司将所持有的公司股权以相当于人民币640万元的欧元转让给德国Bonin Fides公司。

综上，德国Gretsch-Unitas GmbH公司是按其取得博宁福田有限的股权的原值转让给德国Bonin Fides GmbH公司，其股权转让所得为零。

根据公司书面确认，德国Gretsch-Unitas GmbH公司因本次股权转让未有所得，故未申报纳税。

根据《国家税务总局关于印发〈非居民企业所得税源泉扣缴管理暂行办

---

① 已失效。

② 已失效。

法〉的通知》，德国 Bonin Fides GmbH 公司作为扣缴义务人应在股权转让合同签订 30 日内申报办理扣缴税款登记，其未申报办理扣缴税款登记，程序上不符合前述法律的规定。但博宁福田有限不是扣缴义务人，未违反税收相关的法律规定。

② 对德国 Bonin Fides GmbH 公司股权转让纳税情况的核查

根据公司提供的资料并经核查，德国 Bonin Fides GmbH 公司将其持有的博宁福田有限股权转让给夏继禹、夏继华、阮莉时的转让价格亦为 1.08 元 / 股。

根据公司提供的资料，夏继禹、夏继华、阮莉作为扣缴义务人的该次股权转让已经办理了税源监控手续。符合前述税收相关法律规定。

2. 外资管理的合法合规

根据公司提供的资料并经核查，博宁福田有限上述外资股权转让均已经通过了青岛市崂山区商务局的审批，符合《中外合资经营企业法》《中外合资经营企业法实施条例》《外商投资企业投资者股权变更的若干规定》等外资管理的相关法律、法规的规定。

3. 关于税收优惠的核查

《外商投资企业和外国企业所得税法》第 8 条规定，“对生产性外商投资企业，经营期在 10 年以上的，从开始获利的年度起，第 1 年和第 2 年免征企业所得税，第 3 年至第 5 年减半征收企业所得税，但是属于石油、天然气、稀有金属、贵重金属等资源开采项目的，由国务院另行规定。外商投资企业实际经营期不满 10 年的，应当补缴已免征、减征的企业所得税税款”。自 2008 年 1 月 1 日起，《企业所得税法》实施，明文废止了《外商投资企业和外国企业所得税法》。自此，中外合资企业不再享受前述税收优惠。根据公司提供的 2007 年—2011 年的《企业所得税年度纳税申报表》《审计报告》、2011 年—2014 年的《企业所得税年度纳税申报鉴证报告》及自 2007 年以来连续有效的《高新技术企业认定证书》《高新技术企业证书》等资料、公司的书面确认并经本所核查，福田设备是自 2007 年 10 月才变更为“中外合资企业”，其自 2007 年以来，仅作为高新技术企业，享受了减按 15% 的税率缴纳企业所得税的税收优惠，并未享受作为中外合资企业的前述“两免三减半”的税收优惠。因此博宁福田有限从“中外合资企业”变更为内资企业时，不存在税收优惠补缴的问题。

综上：1. 公司历史上的外资股权转让符合外资管理的法律法规；

2. 德国 Bonin Fides GmbH 公司作为扣缴义务人未申报办理扣缴税款登记，程序上不符合税法的规定，但是博宁福田有限无须承担责任，不构成公司本次挂牌的障碍；

3. 公司不存在税收优惠补缴的问题。

案例分析 6.8.2①

深圳开永广告传媒股份有限公司在挂牌过程中遇到的问题：（1）请公司详细说明并披露报告期内实行核定征收方式申报缴纳企业所得税的原因。（2）请公司披露因所得税征缴方式变化导致存在补缴或处罚款、滞纳金等潜在风险是否须主管税务机关同意或审批，请律师核查并发表意见。（3）请会计师对报告期会计核算基础是否健全、规范，内控制度设计是否科学合理、执行是否有效进行核查并发表意见，同时在公开转让说明书中披露。（4）请律师就子公司该行为是否符合“合法规范经营”挂牌条件发表核查意见，并在公开转让说明书中披露。

❑问题剖析及解决方案

如《法律意见》“十六、公司的税务及财政补贴”“（二）公司适用的税种、税率”部分所述，公司的子公司上海华汉报告期内存在实行核定征收方式缴纳企业所得税的情形。根据《企业所得税法》等法律法规的规定，在我国现行税法体制下，核定征收是企业所得税法定征收方式的一种。截至本补充法律意见出具之日，上海华汉已变更所得税征收方式为查账征收，自 2015 年 1 月 1 日开始实行。上海市嘉定区税务主管部门亦对上海华汉报告期内的

① 参见“开永股份”在全国中小企业股份转让系统挂牌公告及北京市天元律师事务所法律意见书。

纳税情况出具了证明文件，且上海华汉在变更所得税征缴方式的过程中未出现被主管税务机关要求补缴税款、缴纳滞纳金、罚金的情形。经主办律师查阅上海华汉 2013 年度、2014 年度完税凭证，上海华汉已按照核定征税要求按期缴纳企业所得税。根据公司说明并经主办律师核查，2013 年度上海华汉调整后的利润为 34163.87 元，如按查账征收方式征缴企业所得税，2013 年度上海华汉应缴纳所得税 8540.97 元。经主办律师查阅上海华汉 2013 年度企业所得税完税凭证，上海华汉 2013 年度缴纳企业所得税款为 45000 元，2014 年度上海华汉处于亏损状态，如按查账征收方式征缴所得税，则无需缴纳企业所得税。由此，上海华汉所得税征缴方式由核定征收变为查账征收无需补缴所得税款。

基于上述，主办律师认为上海华汉因所得税征缴方式变化导致补缴或处罚款、滞纳金等潜在风险较小。公司控股股东、实际控制人亦承诺："如公司下属子公司上海华汉因报告期内采取核定征收的税收缴纳方式而被税务主管机关追缴税款、征收滞纳金、罚金的，本人代缴所涉款项"。

综上，主办律师认为，根据公司说明及主管税务机关出具的证明文件等材料，上海华汉在报告期内按期办理纳税申报，上海华汉不因核定征收存在税务违法行为，该情形亦不影响上海华汉合法规范经营，不对公司本次挂牌构成实质性法律障碍，上海华汉符合"合法规范经营"的挂牌条件。

案例分析 6.8.3①

上海新数科技发展有限公司在公司挂牌中遇到的问题：（1）请公司补充披露设立中外合资企业及外资变为内资的审议程序及合法合规性；（2）请公司补充披露外资变为内资企业是否需要补缴已免征、减征的企业所得税；是否有相关的机器设备仍处于监管期，是否需要补缴相关的税收减免款项。如不

① 参见"上海新数"在全国中小企业股份转让系统挂牌公告及国浩律师（上海）律师事务所补充法律意见书。

需补缴，请补充说明；(3）请主办券商补充核查公司享受外商企业税收优惠事项是否合法合规。

❑问题剖析及解决方案

1. 新数科技成为中外合资企业及外资变内资的审议程序及合法合规性

（1）新数科技变更为中外合资企业

新数科技于 2012 年 8 月 28 日设立，设立时公司类型为内资企业。2013 年 4 月，新数科技引入外资股东 Ventech China II Sicar，公司类型由内资企业转变为中外合资企业。关于新数科技 2013 年 4 月增资的具体情况如下：2012 年 9 月 25 日，新数科技召开股东会，会议决议同意引入外资股东 Ventech China II Sicar，各股东签署中外合资合同，并通过新的公司章程；2012 年 11 月 9 日，上海市嘉定区人民政府出具“嘉府审外批（2012）580 号”《上海市嘉定区人民政府关于同意外资并购设立中外合资上海新数科技发展有限公司的批复》，同意 Ventech China II Sicar 对新数科技增资的相关事宜；2012 年 11 月 14 日，上海市人民政府出具“商外资沪嘉合资字（2012）3589 号”《中华人民共和国外商投资企业批准证书》；2013 年 1 月 4 日，上海佳安会计师事务所有限公司出具“佳安会验（2013）第 26 号”《验资报告》确认，截至 2012 年 12 月 28 日，新数科技已收到 Ventech China II Sicar 缴纳的新增注册资本合计人民币 503.7 万元，Ventech China II Sicar 以等值的 80.089078 万美元现汇出资。新数科技变更后的累计注册资本实收金额为人民币 513.7 万元；2013 年 4 月 27 日，上海市工商局核准新数科技本次变更登记申请，并为其办理工商变更手续。

经主办律师核查，根据《上海市外商投资企业审批条例》第 5 条的规定，上海市外国投资工作委员会主管本市外商投资企业的审批工作。在本市设立外商投资企业，由市外资委、浦东新区管理委员会、外高桥保税区管理委员会、区和县人民政府以及市人民政府其他有关主管部门按照国家和本市规定的权限负责审核、审批。根据《关于进一步下放外商投资项目审批和管理权限的意见》的内容，总投资在 500 万美元以下的中外合资、中外合作项目

（包括鼓励类项目、允许类项目和限制类项目）的项目建议书、可行性研究报告和合同章程，均由区、县、局负责审批。因此，嘉定区人民政府具有审批新数科技由内资企业变更为中外合资企业的权限。

综上所述，新数科技由内资企业变更为中外合资企业，履行了必要的审议程序和核准审批程序，符合当时有效法律法规的规定，合法、合规、真实、有效，不存在纠纷或潜在纠纷。

（2）新数科技由外资企业变更为内资企业

2014 年 2 月，因外资股东 Ventech China II Sicar 将其所持新数科技的 98.06% 股权全部转让给新数网络，外资股东 Ventech China II Sicar 不再持有新数科技的股权，新数科技由中外合资企业变更为内资企业。关于新数科技 2014 年 2 月股权转让的具体情况如下：2013 年 12 月 31 日，新数网络与 Ventech China II Sicar 签署《股权转让协议》，约定 Ventech China II Sicar 将其持有的 98.06% 新数科技股权转让给新数网络；2013 年 12 月 31 日，公司召开董事会，会议决议同意 Ventech China II Sicar 将其持有的新数科技 98.06% 股权转让给新数网络；公司性质由中外合资企业变更为内资企业，并制定新的公司章程。此后，公司全体股东一致通过了新的公司章程。2014 年 1 月 28 日，上海市嘉定区人民政府出具“嘉府审外批（2014）44 号”《上海市嘉定区人民政府关于同意上海新数科技发展有限公司转股的批复》，同意投资方 Ventech China II Sicar 将其持有的公司 98.06% 股权转让给新数网络；2014 年 2 月 28 日，嘉定区市场监管局核准新数网络本次变更登记申请，并为其办理工商变更手续。

经主办律师核查，根据《上海市外商投资企业审批条例》第 15 条的规定，合资一方向合资企业外其他投资方转让全部或者部分出资额，应当征得合资他方书面同意，经企业董事会会议一致通过并作出决议后，报原审批机关批准。因此，嘉定区人民政府具有审批新数科技由中外合资企业变更为内资企业的权限。

综上所述，新数科技由中外合资企业变更为内资企业履行了必要的审议程序和核准审批程序，符合当时有效法律法规的规定，合法、合规、真实、有效，不存在纠纷或潜在纠纷。

2. 新数科技由外资企业变更为内资企业是否需要补缴已免征、减征的企业所得税；是否有相关的机器设备仍处于监管期，是否需要补缴相关的税收减免款项。

（1）新数科技由外资企业变更为内资企业是否需要补缴已免征、减征的企业所得税

新数科技于2013年4月变更为中外合资企业，于2014年2月变更为内资企业。新数科技自2013年4月至2014年2月期间内未开展任何业务经营。根据公司提供的2013年至2014年的税收缴纳证明文件显示，公司未向主管机关申请任何税收优惠或减免。

综上所述，主办律师认为，新数科技没有享受外商企业的税收优惠，因此不需要补缴免征、减征的企业所得税。

（2）是否有相关的机器设备仍处于监管期，是否需要补缴相关的税收减免款项

本所律师通过询问新数科技的主要管理人员，获取新数科技关于使用机器设备的声明，获取税务机关出具的无违法违规证明文件以及查阅新数科技在中外合资企业期间的纳税文件，核查新数科技是否还有机器设备尚处于监管期。

经核查，主办律师认为，新数科技属于互联网企业，经营活动不需要购进机器设备，既没有从国外购进机器设备，也没有在国内采购符合《外商投资企业采购国产设备退税管理试行办法》[①] 规定的国产设备。因此公司从来没有机器设备处于监管期，不需要补缴相关的税收减免款项。

（3）新数科技享受外商企业税收优惠的合法合规性

主办律师通过询问公司的主要管理人员，新数科技关于使用机器设备的声明，以及嘉定区国税局、地税局于2015年7月出具的无违法违规证明文件。

---

① 已失效。

经核查，新数科技没有享受所得税税收优惠。经营活动不需要购进机器设备，既没有从国外购进机器设备，也没有在国内采购符合《外商投资企业采购国产设备退税管理试行办法》规定的国产设备，在购买设备方面也没有享受税收优惠。

主办律师认为，新数科技未享受外商企业税收优惠，因此不存在新数科技享受外商企业税收优惠事项是否合法合规问题。

案例分析 6.8.4[①]

北京嘉富诚资产管理股份有限公司在挂牌中遇到的问题：请主办券商和律师对公司报告期内受到的税务处罚是否属于重大违法违规、公司是否符合挂牌条件发表明确意见。请公司对前述事项补充披露。

问题剖析及解决方案

主办律师通过查阅税务主管机关对公司开具的处罚决定书、税务主管机关向公司出具的《涉税保密信息告知书》《全国中小企业股份转让系统股票挂牌条件适用基本标准指引（试行）》[②] 以及相关法律法规和规范性文件的方式核查公司是否符合挂牌条件。

1. 公司因报告期外的事项受到的税务行政处罚

经核查，公司在报告期内不存在因违反国家法律、行政法规、规章，而受到税务行政处罚，但存在因报告期外的事项，导致公司在报告期内收到税务主管机关处罚决定的情形，具体情况如下：公司于 2014 年收到北京市朝阳区地方税务局稽查局下发的《税务行政处罚决定书》（朝地税稽罚〔2014〕44 号）及《责令限期改正通知书》（朝地税稽限改〔2014〕44 号）。《税务行政处罚决定书》载明嘉富诚有限于 2011 年至 2012 年期间存在 3 项违法事实：其

① 参见“嘉富诚”在全国中小企业股份转让系统挂牌公告及北京市中银律师事务所补充法律意见书。
② 已被修订，现行为《全国中小企业股份转让系统股票挂牌条件适用基本标准指引》（2017 年 9 月 6 日）。

一，嘉富诚有限于2011年向境外公司支付两笔咨询费，未按规定代扣代缴营业税及附加，少代扣代缴营业税36891.26元、城市维护建设税2582.39元、教育费附加1106.74元。其二，嘉富诚有限于2011年—2012年为公司法定代表人报销车辆保险，未代扣代缴个人所得税，少扣缴个人所得税9865.74元；嘉富诚有限于2012年12月赠送客户加油卡40000元，未代扣代缴个人所得税，少扣缴个人所得税8000元。其三，嘉富诚有限于2011年1月取得的2份加油费发票未填写付款单位，存在未按规定取得发票的行为。

北京市地方税务局针对嘉富诚有限存在的上述违法、违规事项，依据《税收征收管理法》第69条规定，对嘉富诚有限处以应扣未扣税款的一倍罚款，包括营业税罚款36891.26元、城市维护建设税罚款2582.39元、教育费附加罚款1106.74元、个人所得税罚款17865.74元；依据《发票管理办法》（1993年）[①]第36条规定，对嘉富诚有限未按规定取得发票的行为处以罚款2000元。以上应交款项共计60446.13元。

根据《责令限期改正通知书》的要求，公司应于2014年6月6日前改正上述违法行为。

另经核查，公司于2014年6月5日向北京市朝阳区地方税务局以转账方式缴纳了上述税务罚款，合计60446.13元。

根据《税收征收管理法》第69条规定："扣缴义务人应扣未扣、应收而不收税款的，由税务机关向纳税人追缴税款，对扣缴义务人处应扣未扣、应收未收税款50%以上3倍以下的罚款"。税务主管机关依据该条款决定对公司处以1倍罚款；根据《发票管理办法》（1993年）第36条规定，"违反发票管理规定的行为包括：（一）未按照规定印制发票或者生产发票防伪专用品的；（二）未按照规定领购发票的；（三）未按照规定开具发票的；（四）未按照规定取得发票的；（五）未按照规定保管发票的；（六）未按照规定接受税务机关检查的。对有前款所列行为之一的单位和个人，由税务机关责令限期改正，没收非法所得，可以并处1万元以下的罚款。有前款所列两种或者两种以上

① 已于2010年12月20日修订。

行为的，可以分别处罚”。税务主管机关依据该条款决定对公司处以2000元罚款。

根据税务主管机关向公司出具的《涉税保密信息告知书》显示，2007年1月18日（有限公司设立之日）至2015年9月11日期间，除上述税务行政处罚外，公司未受到其他税务行政处罚。

综上，税务主管机关在规定的裁量范围内对公司处以了较低数额的罚款，公司未履行代扣代缴义务及获取空白付款单位发票是偶发的、非故意的行为，公司在收到上述《税务行政处罚决定书》及《责令限期改正通知书》后，及时纠正了违法行为，在规定的时间内向税务主管机关缴纳了罚款，表明其严格遵守国家法律法规的积极态度及对行政主管机关处罚决定的尊重。

2. 根据《全国中小企业股份转让系统股票挂牌条件适用基本标准指引（试行）》“三、公司治理机制健全，合法规范经营”规定：“（二）合法合规经营，是指公司及其控股股东、实际控制人、董事、监事、高级管理人员须依法开展经营活动，经营行为合法、合规，不存在重大违法违规行为。

1. 公司的重大违法违规行为是指公司最近24个月内因违犯国家法律、行政法规、规章的行为，受到刑事处罚或适用重大违法违规情形的行政处罚。

（1）行政处罚是指经济管理部门对涉及公司经营活动的违法违规行为给予的行政处罚。

（2）重大违法违规情形是指，凡被行政处罚的实施机关给予没收违法所得、没收非法财物以上行政处罚的行为，属于重大违法违规情形，但处罚机关依法认定不属于的除外；被行政处罚的实施机关给予罚款的行为，除主办券商和律师能依法合理说明或处罚机关认定该行为不属于重大违法违规行为的外，都视为重大违法违规情形。

（3）公司最近24个月内不存在涉嫌犯罪被司法机关立案侦查，尚未有明确结论意见的情形”。

根据税务主管机关向公司出具的《涉税保密信息告知书》显示，2013年1月1日至2015年9月11日期间，公司未受税务行政处罚。

综上，公司受到的税务行政处罚是因其报告期外的行为导致的，公司在报告期内不存在因违反国家法律、行政法规、规章，受到行政处罚的情形，公司符合合法合规经营的挂牌条件；结合《法律意见书》"三、本次挂牌的实质条件"中的详细阐述，公司符合《全国中小企业股份转让系统股票挂牌条件适用基本标准指引（试行）》规定的各项挂牌条件。

案例分析 6.8.5[①]

北京海泰方圆科技股份有限公司在挂牌中遇到的问题：有限公司以净资产折股变更为股份公司时个人股东尚未缴纳个人所得税。请主办券商及律师结合相关法律法规的规定核查公司是否存在因未履行代扣代缴义务而遭受行政处罚或其他法律责任的风险？

□问题剖析及解决方案

《财政部、国家税务总局关于个人非货币性资产投资有关个人所得税政策的通知》规定，"个人应在发生上述应税行为的次月 15 日内向主管税务机关申报纳税。纳税人一次性缴税有困难的，可合理确定分期缴纳计划并报主管税务机关备案后，自发生上述应税行为之日起不超过 5 个公历年度内（含）分期缴纳个人所得税"。经核查，相关自然人股东尚未向主管税务机关申报纳税。

经核查，海泰方圆有限以净资产折股变更为股份公司时个人股东尚未缴纳个人所得税，截至本补充法律意见书出具日，海泰方圆未因未履行代扣代缴义务而遭受行政处罚。2015 年 8 月 14 日，海泰方圆 17 名发起人出具《关于自然人股东整体变更纳税义务的承诺函》，承诺："若主管税务机关要求各发起人根据国家法律、法规、税收征管规定就 2015 年 8 月海泰方圆整体变更设

① 参见"海泰方圆"在全国中小企业股份转让系统挂牌公告及北京市兰台律师事务所补充法律意见书。

立为股份有限公司时以净资产转增股本之事宜须缴纳个人所得税，各发起人将自行履行该纳税义务及承担相应法律责任。若因各发起人未履行纳税义务或海泰方圆未能履行代扣代缴义务而遭受行政处罚或其他法律责任，各发起人承担连带赔偿责任”。

第七章　挂牌条件“股权明晰，股票发行和转让行为合法合规”之常见问题及解决方案

“股权明晰，股票发行和转让行为合法合规”是拟挂牌公司必须达到的第4个条件。《全国中小企业股份转让系统股票挂牌条件适用基本标准指引（试行）》将该条件具体细化为以下标准：

一、股权明晰，是指公司的股权结构清晰，权属分明，真实确定，合法合规，股东特别是控股股东、实际控制人及其关联股东或实际支配的股东持有公司的股份不存在权属争议或潜在纠纷。

1. 公司的股东不存在国家法律、法规、规章及规范性文件规定不适宜担任股东的情形。

2. 申请挂牌前存在国有股权转让的情形，应遵守国资管理规定。

3. 申请挂牌前外商投资企业的股权转让应遵守商务部门的规定。

二、股票发行和转让合法合规，是指公司及下属子公司的股票发行和转让依法履行必要内部决议、外部审批（如有）程序。

1. 公司及下属子公司股票发行和转让行为合法合规，不存在下列情形：

（1）最近36个月内未经法定机关核准，擅自公开或者变相公开发行过证券；

（2）违法行为虽然发生在36个月前，目前仍处于持续状态，但《非上市公众公司监督管理办法》实施前形成的股东超200人的股份有限公司经中国证监会确认的除外。

2、公司股票限售安排应符合《公司法》和《全国中小企业股份转让系统

业务规则（试行）》的有关规定。

三、公司曾在区域股权市场及其他交易市场进行融资及股权转让的，股票发行和转让等行为应合法合规；在向全国中小企业股份转让系统申请挂牌前应在区域股权市场及其他交易市场停牌或摘牌，并在全国中小企业股份转让系统挂牌前完成在区域股权市场及其他交易市场的摘牌手续。

对于上述条件所细化的几个标准，本章将以详尽的案例对其进行分析。在已经成功挂牌的公司中，该条件及细化标准中最容易出现的问题有如下几个方面：公司股权是否清晰问题，股票发行和转让行为合法合规问题，等等。从已经成功挂牌的公司中总结经验，如何针对“股权明晰，股票发行和转让行为合法合规”克服障碍、解决问题，是本章的重点和目的所在。

第一节　公司股权明晰问题及其解决

公司设立时或者公司在生产、经营活动中，其股权结构都应当结构清晰，权属分明，真实确定，合法合规，股东特别是控股股东、实际控制人及其关联股东或实际支配的股东持有公司的股份不存在权属争议或潜在纠纷。因此，公司的股权结构等应当符合《公司法》等法律、法规的规定。

拟挂牌公司股份被司法冻结，是否符合“股权清晰”的挂牌条件？以“星源农牧”为例，公司详细说明，上海市第一中级人民法院将在判决生效后采取拍卖或通过中小企业股份转让系统公开转让的方式处置上海百杰所持有的公司股份。因此，上海百杰持有本公司股份的事实并不因其股东犯罪而改变；被冻结的股份被执行后，公司股份将由第三人合法受让。因此，司法部门对上海百杰持有的公司股份的司法冻结也不影响公司股权的清晰，同时，由于上海百杰的持股比例仅为2.33%，后续司法执行亦不会影响公司股权的稳定性。

公司存在职工持股平台，应核查以下职工持股平台的合法性，有无代持情形，是否存在争议纠纷和潜在的争议纠纷？以“贝贝依依”为例，公司的解决方式是（1）详细说明持股平台的情况；（2）公司全体股东出具的声明，确认股东持有的公司股份为其真实持有，不存在通过信托、代持、委托或其他任何方式代他方持有股份的情形，不存在争议纠纷和潜在的争议纠纷；（3）持股平台的合伙人出具声明，持股平台的合伙人是通过实际出资间接持有公司的股份，其间接持股的行为真实有效，不存在通过信托、代持、委托或其他任何方式代他方持有股份的情形，不存在争议纠纷和潜在的争议纠纷。

拟挂牌公司控股股东股份存在质押，公司对债务的偿还能力如何？公司股权权属是否明晰，是否存在潜在纠纷，是否存在公司控制权发生变化的风险、是否影响公司持续经营能力？一般的解决方式是首先阐述具体情况，然后就股转系统关注的可能因违约造成的股权不稳定问题，重点根据公司偿债能力分析，不会因股权质押产生纠纷和潜在纠纷，也不会因股权质押对公司持续经营能力造成影响，不会对公司构成本次挂牌的实质性障碍，公司符合“股权明晰，股票发行和转让行为合法合规”和“具有持续经营能力”的挂牌条件。

“股权代持”问题是新三板挂牌中经常碰到的问题，而且往往会拖慢项目进度。在企业上市过程中，该问题的出现可能会损害到拟上市公司股权的清晰性，进而可能引起很多的利益纠葛和法律纠纷，所以证监会对此一直是明令禁止的。同样，对于拟挂牌新三板的企业来说，全国股转系统也明确要求企业清理好股权代持问题。结合从业经验及项目实际情况，我们对股权代持问题及解决方案作如下总结。

目前，新三板挂牌规则要求拟挂牌公司对股权代持进行彻底清理，而目前的清理，基本上都是采取股权转让的方式。那么是否只要企业存在股权代持就不允许新三板挂牌呢？答案当然是否定的。因为股权代持目前还是比较普遍的现象，如果存在股权代持就一刀切的否定，不符合实际情况和企业挂牌的最终目的。清理不是目的，只是实现企业上市和防止股权纠纷的重要手段。企业不论登陆哪个层次的资本市场，都应首先强调信息披露，即只要企业将问题说清楚讲明白就是可行的。之所以强调信息披露，是因为即使存在股权代持的情形，只要企业进行充分信息披露，并采取必要的措施把问题解决掉，之后就不再构成新三板挂牌的实质性障碍。信息披露最主要关注以下几点：（1）股份代持的原因；（2）股份代持的具体情况；（3）股份代持可能存在的后果，如果引起争议或者诉讼是否会导致股权大幅变动甚至是实际控制人变更；（4）股份代持没有及时解除的原因和障碍（比如成本太高或者时机不够成熟）；（5）股份代持解除的具体时间和方案，以后如果存在问题，后续有什么解决措施。另需券商与律师就以下问题发表意见：股权代持的形成、变更及解除情况以及全部代持人与被代持人的确认情况，并对代持形成与解除的真实有效性、有无纠纷或潜在纠纷发表意见。

总之，通过披露股权代持情况，同时给出解除代持的具体方案，股权代持问题就是可以解决的。如果企业充分披露了股权代持的相关情况并且愿意承担可能出现的后果，同时市场投资等参与者能够认知并判断这种风险，那么对于负责审批口径的监管机构来说，就不会一刀切地禁止这样的情形。当然，如果企业愿意主动披露并接受监管的话，监管机构也应该适当放权给市场进行博弈和取舍，让资本市场更加透明、开放。

案例分析 7.1.1①

福建省星源农牧科技股份有限公司在挂牌过程中遇到的问题：上海百杰所持本公司股份被司法冻结，请核查上述事项的最新进展及对公司股权稳定的影响并对公司是否符合“股权清晰”的挂牌条件发表明确意见，做重大事项提示。

❑问题剖析及解决方案

因上海百杰与第三人的民间借贷纠纷，上海百杰持有的本公司 311333 股被上海市第二中级人民法院司法冻结，上海市第二中级人民法院的协助执行

① 参见“星源农牧”在全国中小企业股份转让系统挂牌公告及北京德恒（杭州）事务所补充法律意见书（一）。

通知书为（2013）沪二中执预字第14号。目前该案件已进入执行阶段。但由于上海百杰股东个人涉嫌集资诈骗罪，需待刑事案件判决后一并执行。截至本补充法律意见出具之日，上海市第二中级人民法院对前述上海百杰持有的本公司311333股的冻结仍处于有效状态。

由于上海百杰股东个人涉嫌集资诈骗案，上海百杰持有的本公司311333股曾被上海市公安局（后转至上海市第一中级人民法院）司法冻结，上海市公安局的两份协助冻结通知书为《经字〔2012〕7346号》《沪公经冻字〔2013〕1029号》。为支持本公司股票在全国中小企业股份转让系统挂牌，最大限度地减少受害人的损失，上海市第一中级人民法院已于2015年9月9日发函解除了对前述311333股的冻结。经律师向上海市第一中级人民法院法官询问，目前上海百杰股东刘夫银等人的涉嫌集资诈骗案一审已判决，二审已开庭但尚未宣判。

根据上海市第一中级人民法院（2013）沪一中刑初字第136号《刑事判决书》，上海百杰的股东刘夫银犯集资诈骗罪，判处死刑，缓期两年执行，剥夺政治权利终身，并处没收个人全部财产，《刑事判决书》中确认该案件为刘夫银等人实施的个人犯罪，不应认定为单位犯罪。

根据《最高人民法院关于适用〈中华人民共和国公司法〉若干问题的规定（三）》第7条的规定，“以贪污、受贿、侵占、挪用等违法犯罪所得的货币出资后取得股权的，对违法犯罪行为予以追究、处罚时，应当采取拍卖或者变卖的方式处置其股权”，上海市第一中级人民法院将在判决生效后采取拍卖或通过中小企业股份转让系统公开转让的方式处置上海百杰所持有的公司股份。因此，上海百杰持有本公司股份的事实并不因其股东犯罪而改变；被冻结的股份被执行后，公司股份将由第三人合法受让，股权清晰。截至本补充法律意见出具之日，上海百杰持有公司311333股，占公司总股本的2.33%，上海百杰持有公司的股份比例较低，前述股份不会影响公司股权的稳定性。

综上所述，上海百杰股东刘夫银等人应承担的民事及刑事责任并不影响其合法持有公司股份，司法部门对上海百杰持有的公司股份的司法冻结也不影响公司股权的清晰，同时，由于上海百杰的持股比例仅为2.33%，后续司法执行亦不会影响公司股权的稳定性。

案例分析 7.1.2①

浙江贝贝依依文化科技股份有限公司在挂牌过程中遇到的问题：关于公司存在职工持股平台，请核查以下职工持股平台的合法性，有无代持情形，是否存在争议纠纷和潜在的争议纠纷？

□问题剖析及解决方案

根据《合伙企业法》的相关规定，查阅职工持股平台的工商登记资料、合伙协议、出资相关账务记录、员工花名册和合伙人的社保缴纳记录等文件以及合伙人出具的无代持协议及股权不存在纠纷的声明。

经核查，公司设有两个职工持股平台，分别为温州市丰硕互联网科技中心（有限合伙）（以下简称“丰硕互联网”）和温州市画廊动漫文化创意中心（有限合伙）（以下简称“画廊动漫”）。

丰硕互联网于 2015 年 6 月 19 日在温州市鹿城区市场监督管理局登记注册，注册号为 330302000241854，住所为温州市恒源路红日花园 7 幢 105 室西首，执行事务合伙人为张虹娜，企业类型为有限合伙企业，经营范围为互联网科技、网站设计、咨询服务，合伙期限自 2015 年 6 月 19 日至 2025 年 6 月 18 日。

画廊动漫于 2015 年 6 月 19 日在温州市鹿城区市场监督管理局登记注册，统一社会信用代码为 91330302344060365Q，住所为温州市恒源路红日花园 7 幢 105 室东首，执行事务合伙人为黄时谊，企业类型为有限合伙企业，经营范围为投资咨询、收藏品信息咨询，合伙期限自 2015 年 6 月 19 日至 2025 年 6 月 18 日。

---

① 参见“贝贝依依”在全国中小企业股份转让系统挂牌公告及北京盈科（杭州）律师事务所补充法律意见书（一）。

经核查，丰硕互联网和画廊动漫的设立目的是作为今后公司员工的股权激励平台，设立前公司股东与员工之间并未有任何利益安排。由于成立时，公司的股权激励方案尚未确定且短时间内无法完成，因此，丰硕互联网先由张虹娜和公司员工项书书出资，画廊动漫先由黄时谊和公司员工林孙建出资，待公司股权激励方案确定后，再由张虹娜、黄时谊分别将出资额转让给公司员工。截至本补充法律意见书出具之日，公司的股权激励方案仍未最终确定。

根据公司全体股东出具的声明，确认股东持有的公司股份为其真实持有，不存在通过信托、代持、委托或其他任何方式代他方持有股份的情形，不存在争议纠纷和潜在的争议纠纷。根据丰硕互联网和画廊动漫的合伙人出具的声明，丰硕互联网和画廊动漫的合伙人是通过实际出资间接持有公司的股份，其间接持股的行为真实有效，不存在通过信托、代持、委托或其他任何方式代他方持有股份的情形，不存在争议纠纷和潜在的争议纠纷。

综上所述，丰硕互联网和画廊动漫是根据中国法律依法成立并有效存续的合伙企业，具有法律规定的担任股份有限公司股东的资格。丰硕互联网和画廊动漫取得公司股份的资金来源合法，该股份是真实持有的股份，不存在通过信托、代持、委托或其他任何方式代他方持有股份的情形，不存在争议纠纷和潜在的争议纠纷。

案例分析 7.1.3[①]

贵州远方生态环保科技股份有限公司在挂牌过程中遇到的问题：关于股权代持，请就公司历史上存在多次股权代持是否合法、合规，是否存在潜在纠纷、是否符合《非上市公众公司监管指引第 4 号——股东人数超过 200 人的未上市股份有限公司申请行政许可有关问题的审核指引》中关于股东人数的相关规定进一步核查并发表明确意见。

---

① 参见“远方生态”在全国中小企业股份转让系统挂牌公告及北京市中银律师事务所补充法律意见书。

□问题剖析及解决方案

经核查，公司自设立至2015年4月第9次股权转让前，其设立及增资的实际出资人均为张鼎，李科、郭超、姜云文、李凤英、杨彬、张林、杨熙乾、梁平、韩世忠、曾祥加仅为工商登记的名义股东，实际为代张鼎持有，李科、郭超、姜云文、李凤英、杨彬、张林、杨熙乾、梁平、韩世忠、曾祥加在代持期间行使的各项股东权利也是在张鼎的授意下行使的。

李科、郭超、姜云文、李凤英、杨彬、张林、杨熙乾、梁平、韩世忠、曾祥加代张鼎持有公司的股份未签订书面代持协议。2015年7月，李科、郭超、姜云文、李凤英、杨彬、张林、杨熙乾、梁平、韩世忠、曾祥加分别出具《股份代持声明》：确认张鼎先生为公司的实际出资人，对公司享有实际的股东权利并有权获得相应的投资收益，其仅以自身名义代张鼎先生持有公司的股权，张鼎先生实际享有对该股权的所有权、收益权、处分权等全部股东权利；并承诺委托持有股权不存在任何争议或潜在纠纷且不以任何方式主张代张鼎先生持有的公司股权的任何权利。

《最高人民法院关于适用〈中华人民共和国公司法〉若干问题的规定（三）》第25条规定，有限责任公司的实际出资人与名义出资人订立合同，约定由实际出资人出资并享有投资权益，以名义出资人为名义股东，实际出资人与名义股东对该合同效力发生争议的，如无《合同法》第52条规定的情形，人民法院应当认定该合同有效。

前款规定的实际出资人与名义股东因投资权益的归属发生争议，实际出资人以其实际履行了出资义务为由向名义股东主张权利的，人民法院应予支持。名义股东以公司股东名册记载、公司登记机关登记为由否认实际出资人权利的，人民法院不予支持。

实际出资人未经公司其他股东半数以上同意，请求公司变更股东、签发出资证明书、记载于股东名册、记载于公司章程并办理公司登记机关登记的，人民法院不予支持。

综上，尽管全部股份代持人和被代持人间并未签订股份代持协议，但根据对代持人和被代持人的访谈及代持人出具的股份代持声明，在各当事方不存在被第三方欺诈、胁迫、诱导或乘人之危等情形下签订的书面文件，其内容是合法、合规、真实、有效的。

根据上述规定，历次股权代持行为符合法律、法规规定，合法合规有效。

根据全部代持人出具的《股份代持声明》："……张鼎先生作为远方园林投资的实际出资者，对远方园林享有实际的股东权利并有权获得相应的投资收益；本人仅以自身名义代张鼎先生向远方园林出资并代为持有远方园林的股权。张鼎先生实际享有对该股权的所有权、收益权、处分权等全部股东权利。

本人持有的远方园林股权，均属于受张鼎先生委托代为持有，远方园林的出资款项（含增资款项）均由实际出资人张鼎先生提供资金，委托持有股权不存在任何争议或潜在纠纷。

同时，本人承诺，不以任何方式主张代张鼎先生持有的远方园林股权的任何权利"。

根据实际控制人张鼎出具股份代持承诺函："本人（张鼎）作为贵州远方生态环保科技股份有限公司（以下统称公司）实际控制人、控股股东，在本公司自有限公司变更至股份公司前阶段，公司历史股权变更过程中存在多次代持行为，对于上述股份代持情形，本人现声明并承诺如下：

1. 对于公司在有限公司阶段存在的历次股权代持行为，名义股东均代持了本人股份，所有出资行为均为本人出资，不存在名义股东出资情形；

2. 本人与名义股东间因为信任关系，双方均未签订任何书面代持协议或其他书面约定形式的法律文件；

3. 本人声明并承诺，本人与所有名义股东间不存在因股权代持行为而导致股权不明或不清晰等法律纠纷，也不存在因上述股权代持行为造成本人与名义股东间任何利益冲突、矛盾、诉讼、仲裁等纠纷。

4. 本人承诺，若因上述股权代持行为，给公司、第三方或利益相关方造成法律纠纷或经济损失，本人愿意承担一切法律风险并赔偿损失。

5. 本人承诺并声明，上述内容真实、准确、完整，不存在误解、虚假陈述或重大遗漏，同时确认上述内容是本人真实意思表示，不存在被任何第三方欺诈、胁迫、诱导或乘人之危的情形作出上述意思表示”。

经核查，截至 2015 年 4 月，公司筹划在全国股份转让系统挂牌事项，曾祥加根据张鼎的授意，将其所代持的远方园林股权分别转让给汪菊、崔照、张江，至此，远方园林历史股权代持事项全部解除完毕。

2015 年 8 月 3 日，公司整体变更为股份公司，并取得了贵阳市工商行政管理局签发的变更后的《营业执照》。

经核查后认为，本次公司整体变更程序符合公司法等法律、法规规定；公司股东出资方式、比例符合法律、法规和规范性文件的规定；截至本法律意见书出具之日，远方生态股东所持股份不存在其他股权质押的情形。

综上，公司依法整体变更为股份公司前，公司股东间存在的股份代持情形得到了全部清理，公司股权清晰，不存在法律纠纷和潜在法律纠纷情形。2015 年 8 月，公司依法整体变更为股份公司后，发起人股东分别为张鼎、吕诗静等 7 名自然人，股东人数未超过 200 人，合法有效，但不符合《非上市公众公司监管指引第 4 号——股东人数超过 200 人的未上市股份有限公司申请行政许可有关问题的审核指引》中关于股东人数的相关规定等情形。

案例分析 7.1.4[1]

兰考瑞华环保电力股份有限公司在挂牌过程中遇到的问题：申请文件显示，公司控股股东股份存在质押。请核查以下事项并发表明确意见：(1) 股权质押程序的合法合规性；(2) 结合公司财务状况，测算并说明对上述股权质押的行权可能性，及所对应债务的偿还能力；(3) 公司股权权属是否明晰，是否存在潜在纠纷，是否存在公司控制权发生变化的风险、是否影响公司持续经营能力？

---

① 参见“瑞华股份”在全国中小企业股份转让系统挂牌公告及北京市天元律师事务所补充法律意见书。

□问题剖析及解决方案

1. 股权质押程序

（1）主合同签署情况

报告期内，国家清洁能源基金通过委托贷款的方式向公司提供了5000万元清洁能源基金专项贷款。就该笔5000万元的委托贷款，瑞华有限与兰考县财政局于2012年签署了《河南省兰考县清洁发展委托贷款再转贷合同》（CDMFUND-HN-3—1），之后双方签署了《河南省清洁发展委托贷款补充合同》，根据该合同约定，兰考县财政局向公司提供贷款5000万元，期限为60个月。

（2）股权质押合同签署情况

2012年10月25日，公司当时控股股东九龙水电与兰考县财政局签署了《股权质押合同》，合同约定九龙水电以所持有的瑞华有限95%的股权（对应出资额为5225万元）作为质押，为上述《河南省兰考县清洁发展委托贷款再转贷合同》项下兰考县财政局对公司的债权提供担保。

2015年5月，九龙水电将所持公司95%的股权转让给了致远泰丰，为此，致远泰丰于2015年5月14日与兰考县财政局签署了《股权质押合同》，致远泰丰以其持有的瑞华有限95%的股权（对应出资额为5225万元）为瑞华有限与兰考县财政局签署的《兰考县清洁发展委托贷款转贷合同》项下公司债务的履行提供质押担保；2015年8月，兰考县财政局与致远泰丰签署了《关于因兰考瑞华环保电力有限公司整体变更而修改〈股权质押合同〉的补充协议》，协议约定因瑞华有限以净资产折股变更为股份有限公司，将上述《股权质押合同》中致远泰丰以其对瑞华有限95%的股权（对应出资额为5225万元）质押变更为对瑞华股份95%的股权（对应出资为5700万元）质押。

（3）股权质押登记办理情况

兰考县工商局于2015年5月15日出具《股权出质设立登记通知书》[（兰）股质登记设字〔2015〕第3号]，对致远泰丰所持有的公司95%的股权质押事宜予以登记。

瑞华有限变更为瑞华股份后，兰考县工商局出具了《股权出质变更登记通知书》[（兰）股质登记变字〔2015〕第1号]，对致远泰丰所持有的公司5700万股质押给兰考县财政局事宜进行了变更登记。

基于上述，公司控股股东致远泰丰已与兰考县财政局签署了《股权质押合同》及其补充协议，对致远泰丰以所持有的公司95%的股权为兰考县财政局向公司提供的5000万元贷款项下债权的偿还提供质押担保事项进行了约定，且致远泰丰已就质押所持有的公司95%的股权事宜在兰考县工商局办理了质押登记。因此，公司控股股东致远泰丰所持有的公司95%的股权质押的程序合法合规。

2. 股权质押的行权可能性及所对应债务的偿还能力

（1）公司还款的相关约定

根据公司与兰考县财政局签署的《河南省兰考县清洁发展委托贷款再转贷合同》及其补充协议，兰考县财政局向公司提供贷款5000万元，期限为60个月，公司具体还款安排如下：公司应在贷款第4年开始后的第6个月的21日偿还全部贷款本金的1/6并支付相应利息，应在贷款第4年开始后的第12个月的21日偿还全部贷款本金的1/6并支付相应利息，应在贷款第5年开始后的第6个月的21日偿还全部贷款本金的1/3并支付相应利息，应在贷款5年期满之日偿还全部贷款本金的1/3并支付相应利息。

根据上述，公司应自2016年开始于2年内分4次偿还完毕贷款本息。

（2）公司相关财务指标

根据《审计报告》及公司确认，公司2014年、2015年1月—5月经营活动产生的净现金流量分别为1188.06万元和1561.53万元。

公司自2014年正式投产开始，资产负债率逐年下降，经营活动产生的净现金流量持续增长，偿债能力和盈利能力均持续提高。公司召开的2015年第4次临时股东大会会议审议通过了向23名自然人投资者定向增发797万股股份的议案，该次增发价格为3.6元/股，该次增发完成后，公司资产负债率将进一步下降。

（3）控股股东的承诺

公司控股股东致远泰丰出具了《承诺函》，承诺内容如下：

① 致远泰丰无意放弃对瑞华股份的控制权。

② 如出现瑞华股份不能按照其与兰考县财政局签署的《河南省兰考县清洁发展委托贷款再转贷合同》及其补充协议的约定及时偿还贷款且双方对延期偿还事宜未达成一致的情况下，致远泰丰承诺代为履行瑞华股份的贷款偿还义务或者向瑞华股份提供资金支持以确保其能够依约履行贷款的偿还义务。

根据上述公司债务偿还安排及其最近两年及一期相关财务指标，公司销售回款现金流稳定，债务偿还能力较强；致远泰丰已出具承诺在公司无法履约的情况下将代为履行公司的贷款偿还义务或者向公司提供资金支持以确保公司能够依约履行贷款的偿还义务。因此，本所律师认为，公司上述 5000 万元债务的偿还能力比较强，致远泰丰所质押的公司 95% 的股权被行权的可能性比较小。

3. 公司股权权属是否明晰，是否存在潜在纠纷，是否存在公司控制权发生变化的风险、是否影响公司持续经营能力

虽然致远泰丰所持有的公司 95% 的股权被设置了质押担保，但核查后认为，截至目前，公司股东所持有的公司股权均为真实持有，不存在委托持股、信托持股等情形，目前公司股东所持有的公司股权明晰、不存在纠纷。

根据《担保法》等相关法律法规的规定，如公司未能按照《河南省兰考县清洁发展委托贷款再转贷合同》及其补充合同的约定履行债务偿还等义务，兰考县财政局有权依照其与致远泰丰签署的《股权质押合同》及其补充合同行使质押权利，届时会导致致远泰丰不再持有或减少持有公司的股权，从而导致公司产生控股股东及实际控制人发生变化的风险；但鉴于致远泰丰已出具书面文件确认无意放弃对瑞华股份的控制权，且承诺如出现瑞华股份不能按照其与兰考县财政局签署的《河南省兰考县清洁发展委托贷款再转贷合同》及其补充协议的约定及时偿还贷款且双方对延期偿还事宜未达成一致的情况下，致远泰丰将代为履行瑞华股份的贷款偿还义务或者向瑞华股份提供资金支持以确保其能够依约履行贷款的偿还义务。

因此，在致远泰丰履行其承诺的情况下，瑞华股份控股股东及实际控制人不会因致远泰丰所持有公司 95% 的股权被质押事宜而发生变化。

案例分析 7.1.5[①]

北京聚能鼎力科技股份有限公司在挂牌中遇到的问题：公司机构股东的性质，是否存在国有企业，是否需要办理国有股权设置批复，并对其投资于公司的程序是否合规发表意见。

❑ 问题剖析及解决方案

1. 公司机构股东情况

通过核查公司股东名册并经律师查阅企业信息系统网站公司股东情况、公司企业股东的登记资料、中国证券投资基金业协会网站公示信息、公司股东私募基金登记文件等文件。

现有股东情况：

序号	股东姓名 / 名称	股份数量（万股）	持股比例（%）	股东性质
1	李海川	2160	70.56	自然人股东
2	刘炳海	240	7.84	自然人股东
3	国金天使	300	9.80	合伙企业股东
4	国金天宇	300	9.80	合伙企业股东
5	海通赋泽	30.6123	1.00	合伙企业股东
6	海通元睿	30.6123	1.00	合伙企业股东
合计		3061.2246	100	

公司 6 名股东中，除李海川、刘炳海为自然人外，其余股东均为有限合伙企业。国金天使、国金天宇的执行事务合伙人为深圳国金纵横投资管理

① 参见“聚能鼎力”在全国中小企业股份转让系统挂牌公告及上海先诚律师事务所补充法律意见书。

有限公司，海通赋泽、海通元睿的执行事务合伙人为海通创新资本管理有限公司。

首先，根据《企业国有资产法》的规定：

第 4 条 国务院和地方人民政府依照法律、行政法规的规定，分别代表国家对国家出资企业履行出资人职责，享有出资人权益。

国务院确定的关系国民经济命脉和国家安全的大型国家出资企业，重要基础设施和重要自然资源等领域的国家出资企业，由国务院代表国家履行出资人职责。其他的国家出资企业，由地方人民政府代表国家履行出资人职责。

第 5 条 本法所称国家出资企业，是指国家出资的国有独资企业、国有独资公司，以及国有资本控股公司、国有资本参股公司。

根据上述法律规定，有限合伙企业不属于国家出资企业的范畴，不需要办理国有股权设置批复。

其次，核查机构股东出资人名单。

（1）国金天使的核查情况

经律师登陆全国企业信用信息公示系统核查，国金天使最终投资人为自然人，不存在国有成分。

其中：普通合伙人深圳国金纵横投资管理有限公司的最终投资人为严彬、林嘉喜；国金天使的有限合伙人共计 37 名，除 27 名自然人有限合伙人外，其他有限合伙人分别为福建盈峰资产管理有限公司、深圳墨麟科技股份有限公司、深圳市爱投投资顾问有限公司、陕西兴仪企业集团有限公司、北京华商创展投资有限公司、厦门安妮股份有限公司、厦门隆领投资合伙企业（有限合伙）、星航传奇（北京）信息有限公司、深圳国金棋手投资管理中心（有限合伙）、北京世界星辉科技有限责任公司，其最终投资人均为自然人，不存在国有成分。

（2）国金天宇的核查情况

经律师登陆全国企业信用信息公示系统核查，国金天宇最终投资人为自然人，不存在国有成分。

其中，国金天宇普通合伙人为深圳国金纵横投资管理有限公司，其有限合伙人1名，为自然人蔡祝凤，不存在国有成分。

（3）海通赋泽的核查情况

经律师登陆全国企业信用信息公示系统核查，海通赋泽的普通合伙人为海通创新资本管理有限公司。海通创新资本管理有限公司由海通开元投资有限公司、西安航天基地创新投资有限公司共同出资设立，其控股股东海通开元投资有限公司是上市公司海通证券股份有限公司的全资子公司。海通赋泽的有限合伙人共5名，除2名自然人外，其他有限合伙人为洛阳城市发展投资集团有限公司、仪征海之创管理咨询有限公司、上海骏兴投资有限责任公司。

洛阳城市发展投资集团有限公司，其最终投资人为洛阳市财政局（洛阳市人民政府授权）及洛阳市国有资产监督管理委员会，存在国有成分；上海骏兴投资有限责任公司，其最终投资人为自然人，仪征海之创管理咨询有限公司是上海海通创新成长股权投资基金合伙企业（有限合伙）设立的全资子公司，上海海通创新成长股权投资基金合伙企业（有限合伙）为外商投资有限合伙企业，其股东均为外国投资者，不存在国有成分。

因此，存在国有成分的洛阳城市发展投资集团有限公司是海通赋泽有限合伙人，根据海通赋泽的《合伙协议》，洛阳城市发展投资集团有限公司并不参与具体经营及项目投资，无需办理国有股权设置批复手续，海通赋泽投资聚能鼎力已经投资决策委员会审议批准。因此，海通赋泽对外投资仅需其内部审批且已根据《合伙协议》约定履行内部审批程序，其具有国有成分不影响其对外投资，且无需国有股权设置的审批。

（4）海通元睿的核查情况

经律师登陆全国企业信用信息公示系统核查，海通元睿的普通合伙人为海通创新资本管理有限公司与深圳市鼎新瑞丰投资管理合伙企业（普通合伙）。海通创新资本管理有限公司由海通开元投资有限公司、西安航天基地创新投资有限公司共同出资设立，其控股股东是上市公司海通证券股份有限公司的全资子公司。深圳市鼎新瑞丰投资管理合伙企业（普通合伙）由自然人王威、刘伟周出资设立。

海通元睿的有限合伙人共6名，除5名自然人外，机构有限合伙人为1名，广东元睿投资管理中心（有限合伙），其出资人为潘凤英、张文丰。

海通元睿投资聚能鼎力已经投资决策委员会审议批准。因此，海通元睿对外投资仅需其内部审批且已根据《合伙协议》约定履行内部审批程序，其具有国有成分不影响其对外投资，且无需国有股权设置的审批。

综上所述，公司机构股东本身并不属于国有企业，机构股东对外投资公司无须办理国有股权设置批复。

2. 对外投资程序的履行

（1）国金天使、国金天宇投资公司的程序

2015年5月，国金天使、国金天宇与公司签订《深圳国金天宇创业投资企业（有限合伙）、深圳国金天使投资企业（有限合伙）、北京聚能鼎力科技有限公司李海川、刘炳海关于北京聚能鼎力科技有限公司之增资协议》。

2015年5月26日，有限公司召开股东会，作出决议:（1）同意由李海川、刘炳海、深圳国金天宇创业投资企业（有限合伙）、深圳国金天使投资企业（有限合伙）组成新一届股东会;（2）通过修订后的公司章程;（3）公司于本决议作出后30日内向公司登记机关申请上述变更登记事项，并委托公司员工钟姗具体办理相关事宜。

2015年5月26日，天职国际会计师事务所（特殊普通合伙）为本次增资出具天职业字〔2015〕10660号《验资报告》。

2015年5月28日，北京市工商局朝阳分局核发新的《营业执照》。

（2）海通赋泽、海通元睿投资公司的程序

2015年7月16日，海通赋泽、海通元睿与公司签订了《北京聚能鼎力科技股份有限公司增资扩股协议》。

2015年7月18日，股份公司召开2015年第二次临时股东大会，作出决议：同意吸收新股东海通赋泽、海通元睿分别向公司增资500万元，增资总额为1000万元，其中612245元计入注册资本，剩余9387755元计入资本公积；同意公司注册资本由3000万元人民币增至30612245元，总股本由

30000000 股增至 30612245 股。

2015 年 8 月 4 日，天职国际会计师事务所（特殊普通合伙）为本次出资出具了天职业字〔2015〕11986 号《验资报告》。2015 年 7 月 22 日，北京市工商局核发新的《营业执照》。

综上所述，律师认为，公司四家机构投资者的投资程序符合公司章程相关法律规定。

案例分析 7.1.6①

江苏群鑫粉体科技股份有限公司在挂牌中遇到的问题：公开转让说明书显示，实际控制人张国如与潘琪军存在股权代持问题。请主办券商及律师：（1）核查股权代持的形成、变更及解除情况以及代持人与被代持人的确认情况，并对代持形成与解除的真实有效性、有无纠纷或潜在纠纷发表意见。（2）核查公司是否存在影响公司股权明晰的问题以及相关问题的解决情况，公司现有股权是否存在权属争议纠纷情形。（3）结合核查的具体事实情况对公司是否符合“股权明晰、股票发行和转让合法合规”的挂牌条件发表明确意见。

□问题剖析及解决方案

1. 核查股权代持的形成、变更及解除情况以及代持人与被代持人的确认情况，并对代持形成与解除的真实有效性、有无纠纷或潜在纠纷发表意见。

经律师核查公司工商资料、相关代持协议，并与当事人进行访谈，公司股权代持情况如下：2013 年 12 月 28 日，张国如与潘琪军签署《隐名出资协议书》，约定：潘琪军隐名向群鑫有限出资 200 万元，张国如作为显名股东全权行使股东权利，潘琪军不参加公司经营管理，也不行使任何股东权利。2014 年 10 月 12 日，双方就解除代持股权事宜签署了《协议书》，约定：解除

---

① 参见“群鑫科技”在全国中小企业股份转让系统挂牌公告及北京大成（青岛）律师事务所补充法律意见书（一）。

《隐名出资协议书》，原潘琪军委托张国如代持的200万元股权，全部转为对张国如的债权。同时潘琪军出具承诺书，承诺与张国如之间不存在任何委托代持股权方面的争议及法律纠纷。2014年12月12日，律师与潘琪军对该股权代持事宜进行访谈并制作访谈笔录，在访谈中了解到，在江苏金茂退出群鑫有限时，张国如想将大部分股权购买过来，由于资金紧张需要从潘琪军处借款，潘琪军基于对张国如经营能力的认可，同意借钱给张国如，但是考虑到作为公司股东比单纯借款更有保障，又不愿参与经营，因此与张国如达成隐名出资协议，形成股权代持关系。律师认为，上述协议的签署、承诺书的出具以及律师作出的访谈笔录均有当事人签字捺印确认，为当事人真实意思表示，合法有效，不存在纠纷或者潜在纠纷。

2. 核查公司是否存在影响公司股权明晰的问题以及相关问题的解决情况，以及公司现有股权是否存在权属争议纠纷情形。经律师核查，股权代持期间，实际行使股东权利、履行股东义务的人为张国如，潘琪军只是享有出资分红的权益，双方之间的隐名出资协议对权利义务约定明确，不存在股权权属争议潜在纠纷，特别是潘琪军已经出具《承诺书》承诺双方之间不存在任何委托代持股权方面的争议及法律纠纷。另外，公司全体股东已经作出书面承诺和声明：公司股权明晰，权属分明，真实确定，合法合规不存在股权不清晰或争议及潜在争议的情形；全体股东所持股份不存在任何抵押、质押、查封或其他权利受限制的情形；全体股东不存在国家法律、法规、规章及规范性文件规定不适宜担任股东的情形。综上，律师认为，公司股权明晰，不存在权属争议纠纷的情形。

3. 结合核查的具体事实情况对公司是否符合"股权明晰、股票发行和转让合法合规"的挂牌条件发表明确意见。

综合上述情况，律师认为，公司符合股权明晰、股票发行和转让合法合规的挂牌条件。请详见《法律意见书》"三、本次挂牌的实质条件3.4股权明晰，股票发行和转让行为合法合规"。

第二节 公司股票发行和转让行为合法合规问题及其解决

股票发行和转让合法合规，是指公司的股票发行和转让依法履行必要内部决议、外部审批（如有）程序，股票转让须符合限售的规定。

1. 公司股票发行和转让行为合法合规，不存在下列情形：

（1）公司36个月内未经法定机关核准，擅自公开或者变相公开发行过证券；

（2）违法行为虽然发生在36个月前，目前仍处于持续状态。

2. 公司股票限售安排应符合《公司法》和《全国中小企业股份转让系统业务规则（试行）》的有关规定。

因公司在区域股权交易中心挂牌，那么公司在其他股权交易中心挂牌期间，投资者买入后卖出或卖出后买入同一交易品种的时间间隔是否少于5个交易日？权益持有人累计是否超过200人？公司股票是否存在公开发行或变相公开发行情形？公司是否在区域股权交易中心摘牌或办理停牌手续？以“松竹铝业”为例，公司的解决措施是（1）淄博股交中心对股权交易实行价格涨跌幅限制，松竹股份在淄博股交中心的股权交易主要发生在原有股东之间，且遵循了前述价格涨幅限制，不存在严重投机行为。因此，松竹股份在淄博股交中心挂牌期间的股权交易股权结构清晰，存在投资者买入后卖出或卖出后买入同一交易品种的时间间隔少于5个交易日的情形，不构成本次挂牌转让的法律障碍；（2）说明不存在股东人数累计超过200人的情形，公司股票不存在公开发行或变相公开发行的情形；（3）股东大会一致通过《关于终止山东松竹铝业股份有限公司股份在齐鲁股权托管交易中心挂牌交易的议案》；人民政府金融证券工作办公室向松竹股份出具《关于山东松竹铝业股份有限公司股权在齐鲁股权交易中心终止挂牌的函》。

集体资产转让给个人的，关注是否得到原来集体人员的一致同意，并亲笔签名，律师鉴证，不存在潜在的纠纷。集体资产量化或奖励给个人的，关注集体资产量化或奖励给个人的合法性，上报时应提供省级政府出具的确认文件。

国有资产转让给个人的，关注转让价格的确认情况，是否履行了评估确认手续，转让行为是否经有权的国有资产管理部门的批准，转让款的来源及支付情况。

拟挂牌公司是否存在对赌协议？其相关约定是否合法有效？对赌协议中约定的回购条件是否明确，有无潜在争议？回购的可能性有多大，是否对公司的挂牌产生影响？针对上述问题，一般的做法是，投资人与股东签订相关协议，约定公司股东在一定条件下回购其持有的公司全部股份，并约定明确具体的回购时间、回购价格等必要条件，并保证有关回购事项不会影响公司的正常生产经营情况等。在这种情况下，一般而言，不会对公司的挂牌造成实质的影响。

股东转让的股权，违反了《公司法》第 141 条关于“公司董事、监事、高级管人员在任职期间每年转让的股份不得超过其所持有本公司股份总数的 25%”的规定。该次股权转让是否涉及侵犯公司、公司其他股东或债权人的利益，是否依法办理相应的转让手续，是否存在其他法律风险，是否符合“股票发行和转让行为合法合规”的挂牌条件？以“新乡日升”为例，公司的解决措施是（1）说明本次股份转让是当事人的真实意思表示，已履行了完备的法律程序，真实、合法、有效，本次转让未对股份公司的权益造成损害，未侵害股份公司其他股东或债权人的利益；（2）说明工商行政管理部门未对该事项作出行政处罚；（3）股东本人亦承诺由其个人承担因本次股权转让违反《公司法》第 142 条第 2 款规定的所有可能的法律后果。

案例分析 7.2.1①

山东松竹铝业股份有限公司在挂牌过程中遇到的问题：因公司在区域股权交易中心挂牌，那么公司在其他股权交易中心挂牌期间，投资者买入后卖

① 参见“松竹铝业”在全国中小企业股份转让系统挂牌公告及北京市中银律师事务所补充法律意见书（一）。

出或卖出后买入同一交易品种的时间间隔是否少于5个交易日；权益持有人累计是否超过200人？公司股票是否存在公开发行或变相公开发行情形？公司本次向全国股份转让系统公司提出挂牌申请，是否属于《国务院关于全国中小企业股份转让系统有关问题的决定》第2条约束的情形？公司是否在区域股权交易中心摘牌或办理停牌手续？

❑问题剖析及解决方案

1. 公司在其他股权交易中心挂牌期间，投资者买入后卖出或卖出后买入同一交易品种的时间间隔是否少于5个交易日；权益持有人累计是否超过200人

（1）公司在淄博齐鲁股权交易中心有限公司挂牌期间合法合规性核查

2009年12月12日，经山东淄川高新技术创业投资有限公司（做市商）推荐松竹股份在淄博齐鲁股权交易中心有限公司（天津股权交易所分市场）（以下简称“淄博股交中心”）挂牌，股权代码为637003，股权简称“松竹铝业”。

2012年5月4日，山东省清理整顿各类交易场所。领导小组办公室下发《关于清理整顿淄博齐鲁股权交易中心有限公司的批复》（鲁金办字〔2012〕71号），根据《国务院关于清理整顿各类交易场所切实防范金融风险的决定》（国发〔2011〕38号）等要求，淄博股交中心作为外地区域性交易场所在山东省境内的分支机构，属于清理整顿范围，清理整顿后不得从事股权交易业务。

2012年12月28日，天津股权交易所有限公司出具《关于山东松竹铝业股份有限公司申请终止挂牌的意见》，同意松竹股份终止其股权在天津股权交易所市场挂牌交易。

公司股权在淄博股交中心挂牌期间，通过其交易系统进行的交易情况得知公司股权在淄博股交中心挂牌期间存在投资者买入后卖出或卖出后买入同一交易品种的时间间隔少于5个交易日的情形，但公司在淄博股交中心挂牌时国发〔2011〕38号文尚未公布，公司股权交易在淄博股交中心制定的相关交易规则下进行，而淄博股交中心的相关交易规则未明确要求“任何投资者

买入后卖出或卖出后买入同一交易品种的时间间隔不得少于5个交易日”。国发〔2011〕38号文公布之后，淄博股交中心在清理整顿范围内，清理整顿后不再从事股权交易业务，松竹股份于2012年12月28日起停止在淄博股交中心挂牌交易。

经核查，淄博股交中心对股权交易实行价格涨跌幅限制，松竹股份在淄博股交中心的股权交易主要发生在原有股东之间，且遵循了前述价格涨幅限制，不存在严重投机行为。因此，松竹股份在淄博股交中心挂牌期间的股权交易股权结构清晰，虽存在投资者买入后卖出或卖出后买入同一交易品种的时间间隔少于5个交易日的情形，但不构成本次挂牌转让的法律障碍。

（2）公司在齐鲁股权交易中心挂牌期间合法合规性核查

松竹股份于2012年12月29日在齐鲁股权交易中心挂牌，股权代码为100103，股权简称“松竹铝业”。2015年7月27日，松竹股份董事会发出停牌公告，因公司正在筹划重大事项（公司拟申请股票在全国中小企业股份转让系统挂牌），为维护投资者利益，避免对公司股价造成重大影响，公司股权自2015年7月28日起停牌。查阅松竹股份在挂牌期间的交易明细，根据该交易明细显示，松竹股份在该挂牌期间，股票买入卖出交易活动共发生了88笔交易过户，7笔非交易过户，松竹股份于2015年6月进行了增资，发生一次增资行为，增资后股东人数累计为34人，不存在投资者买入后卖出或者卖出后买入股权的时间间隔少于5个交易日及股东人数超过200人的情形。另外，《齐鲁股权托管交易中心挂牌公司股权转让规则》亦明确要求“投资者买入后卖出或者卖出后买入同一挂牌公司股权的时间间隔不少于5个转让日，且在齐鲁股交中心挂牌进行转让后股东人数不得超过200人”。松竹股份的买入卖出交易活动、增资活动均在前述规则设定的交易系统内完成。

2015年9月9日，齐鲁股权交易中心有限公司（原齐鲁股权托管交易中心，2013年11月15日更名为齐鲁股权交易中心有限公司）出具《证明》，截至《松竹股份补充法律意见书（一）》出具日，松竹股份未通过齐鲁股权交易中心有限公司办理股权质押登记，所发生的股权转让和备案的定向募集行为，符合齐鲁股权交易中心有限公司相关规则制度，不存在因违反相关规则制度而被处罚的情形；挂牌期间，松竹股份股权不存在投资者买入后卖出或卖出后买入同一交易品种的时间间隔少于 5 个交易日的情形；不存在股东人数累计超过 200 人的情形。

综上所述，松竹股份在淄博股交中心挂牌期间，不存在权益持有人累计超过 200 人的情形，存在投资者买入后卖出或卖出后买入同一交易品种的时间间隔少于 5 个交易日的情形，但不构成本次挂牌转让的法律障碍。松竹股份在齐鲁股权交易中心挂牌期间，不存在投资者买入后卖出或卖出后买入同一交易品种的时间间隔少于 5 个交易日的情形，不存在权益持有人累计超过 200 人的情形。

2. 公司股票是否存在公开发行或变相公开发行的情形

经核查，自 2007 年 5 月松竹有限设立之日起至补充法律意见书出具日，公司先后进行了两次增资（2009 年 11 月注册资本增至 2000 万元及 2015 年 6 月注册资本增至 2900 万元）。经核查，前述两次增资公司均严格按照增资前制定的《股权定向私募方案》或《增资扩股方案》规定，先通过小范围向公司高管、员工、与公司存在产业关联性的供、销企业及商户（合计均不超过 200 人）征求增资意向，最终确定相关增资对象，增资过程中未采用广告、公告、推介会、说明会、网络或短信等公开方式或变相公开方式向社会公众募集资金。根据淄博股交中心和齐鲁股权交易中心有限公司出具的书面确认文件，公司在淄博股交中心和齐鲁股权交易中心有限公司的挂牌行为及其挂牌期间所发生的股份转让行为，均符合淄博股交中心和齐鲁股权交易中心有限公司相关业务规则的规定。

综上所述，公司股票不存在公开发行或变相公开发行的情形。

3. 公司本次向全国股份转让系统公司提出挂牌申请，是否属于《国务院关于全国中小企业股份转让系统有关问题的决定》第 2 条约束的情形

《国务院关于全国中小企业股份转让系统有关问题的决定》第 2 条规定，“在符合《国务院关于清理整顿各类交易场所切实防范金融风险的决定》（国发〔2011〕38 号）要求的区域性股权转让市场进行股权非公开转让的公司，符合挂牌条件的，可以申请在全国股份转让系统挂牌公开转让股份”。

根据山东省人民政府下发的《关于公布保留的权益类交易场所名单的通知》（鲁政字〔2012〕262 号），齐鲁股权交易中心有限公司为山东省确定保留的权益类交易场所；根据中国证监会《第三批十省区市清理整顿工作通过联席会议松竹股份补充法律意见书（一）验收情况》，2013 年 2 月，齐鲁股权交易中心正式通过国务院清理整顿各类交易场所部际联席会议备案验收。因此，齐鲁股权交易中心为符合《国务院关于清理整顿各类交易场所切实防范金融风险的决定》（国发〔2011〕38 号）要求的区域性股权转让市场。公司作为在齐鲁股权交易中心挂牌的企业，是符合《国务院关于清理整顿各类交易场所切实防范金融风险的决定》（国发〔2011〕38 号）要求的区域性股权转让市场进行股权非公开转让的公司。

4. 公司是否在区域股权交易中心摘牌或办理停牌手续

2015 年 7 月 21 日，松竹股份召开 2015 年第二次临时股东大会，公司共有 34 名股东，实到 24 名股东及股东代表，代表股份 2785 万股，代表公司 96.03% 的表决权。会议以记名投票方式一致通过《关于终止山东松竹铝业股份有限公司股份在齐鲁股权托管交易中心挂牌交易的议案》，同意公司股权在齐鲁股交中心停牌，待公司取得全国股份转让系统同意挂牌的函后 3 日内办理齐鲁股交中心摘牌事宜，并授权公司董事会全权办理上述事宜。

2015 年 7 月 22 日，淄博市人民政府金融证券工作办公室向松竹股份出具《关于山东松竹铝业股份有限公司股权在齐鲁股权交易中心终止挂牌的函》（淄金发〔2015〕65 号），同意松竹股份股权在齐鲁股权托管交易中心有限公司终止挂牌交易。

2015 年 7 月 27 日，松竹股份董事会发出停牌公告，因公司正在筹划重大事项（公司拟申请股票在全国中小企业股份转让系统挂牌），为维护投资者利益，避免对公司股价造成重大影响，公司股权自 2015 年 7 月 28 日起停牌。

综上，公司已在齐鲁股权交易中心办理停牌手续，符合“对于在已通过国务院清理整顿各类交易场所部际联席会议检查验收的区域性股权转让市场挂牌的公司，申请在全国股份转让系统挂牌前须暂停其股份转让（或摘牌）”的要求。

案例分析 7.2.2①

云南威鑫农业科技股份有限公司在挂牌过程中遇到的问题：公司存在机构投资者，请核查公司引入机构投资者的定价依据是什么？公司引入机构投资者是否存在与公司对赌或其他投资安排？相关机构是否履行了备案程序？

□问题剖析及解决方案

经核查，公司共有五家机构投资者，分别为昭商基金管理公司、刚创合伙企业、仓赢合伙企业、轮创合伙企业、边沃合伙企业。其中，刚创合伙企业、仓赢合伙企业、轮创合伙企业、边沃合伙企业均为自然人投资成立的有限合伙企业，昭商基金管理公司为私募基金管理人。

1. 根据威鑫农科提供的工商登记资料、章程、股权转让协议书、股份定向增发协议、股东大会决议等，并经核查：

2015 年 8 月 5 日，昭商基金管理公司分别与威鑫集团、蔡志远签署《股权转让协议书》，由昭商基金管理公司以 1.00 元 / 股的单价分别受让威鑫集团 12723600 股股份及蔡志远 4879000 股股份，受让价款分别为 12723600 元及 4879000 元。因本次股权转让无同期可参考市场价，故定价参考威鑫农科 2015 年 6 月 30 日每股净资产（0.95 元 / 股），是转让方和受让方之间平等、自愿的真实意思表示。

2015 年 9 月 6 日，威鑫集团与仓赢合伙企业签署《股权转让协议书》，由威鑫集团以 3.00 元 / 股的单价向仓赢合伙企业转让 4996667 股，转让价款为 14990001 元。本次转让价格参照了威鑫农科所处行业、研发实力、品牌的影响力、市场发展空间等因素，是转让方和受让方之间平等、自愿的真实意思表示。

2015 年 9 月 6 日，威鑫农科通过临时股东大会决议，以 3.00 元 / 股的单价分别向刚创合伙企业、轮创合伙企业、边沃合伙企业增发 5016667 股、

① 参见“威鑫农科”在全国中小企业股份转让系统挂牌公告及云南昕坤律师事务所补充法律意见书（一）。

4996667股、1033333股股份，并分别签署了《股份定向增发及认购协议书》。本次增发价格参照了威鑫农科所处行业、研发实力、品牌的影响力、市场发展空间等因素，系发行方和认购方之间平等、自愿的真实意思表示。

2. 依据《股权转让协议书》《股份定向增发及认购协议书》及威鑫农科出具的承诺和其他相关资料，并经本所律师核查，上述机构投资者与公司之间不存在对赌或其他投资安排。

3. 依据现行法律、法规及其他规范性文件的规定，除昭商基金管理公司需要办理私募基金管理人备案登记外，其他机构投资者均为自然人投资设立的一般性合伙企业，不存在私募基金管理人或私募基金的情况，不需要办理备案登记。

经核查，昭商基金管理公司已经于2015年10月8日履行了备案登记程序，取得了登记编号为P1024264的《私募投资基金管理人登记证明》。

案例分析 7.2.3①

北京行知探索文化发展股份有限公司在挂牌过程中遇到的问题：请根据公司国有股权设置、转让及退出所适用的法律法规及需要履行的程序，核查公司是否遵守相关规定、履行相关程序？

❑问题剖析及解决方案

《全民所有制工业企业法》第34条规定，“企业有权依照法律和国务院规定与其他企业、事业单位联营，向其他企业、事业单位投资，持有其他企业的股份。”

《广播电影电视部贯彻〈全民所有制工业企业转换经营机制条例〉实施办法》第8条规定，企业有投资决策权。企业依照法律和国务院有关规定，有

① 参见“行知探索”在全国中小企业股份转让系统挂牌公告及北京德恒律师事务所补充法律意见书（一）。

权以留用资金、实物、土地使用权及其他无形资产向国内各地区、各行业的企业、事业单位投资、购买和持有其他企业的股份。企业在投资办企业时，按照部已发布的《关于新组建企业有关问题的通知》执行。申报登记注册时，应提交国有资产管理部门的有关证明，并按国家工商行政管理法规的规定办理，企业在境内兴办中外合作、合资企业，仍按部有关规定执行。

《国务院办公厅转发国务院国有资产监督管理委员会关于规范国有企业改制工作意见的通知》规定：（1）国有企业改制，包括转让国有控股、参股企业国有股权或者通过增资扩股来提高非国有股的比例等，必须制订改制方案。（2）资产评估。向非国有投资者转让国有产权的，由直接持有该国有产权的单位决定聘请资产评估事务所。评估结果由依照有关规定批准国有企业改制和转让国有产权的单位核准。（3）交易管理。非上市企业国有产权转让要进入产权交易市场，不受地区、行业、出资和隶属关系的限制，并按照《企业国有产权转让管理暂行办法》的规定，公开信息，竞价转让。具体转让方式可以采取拍卖、招投标、协议转让以及国家法律法规规定的其他方式。（4）定价管理。向非国有投资者转让国有产权的底价，或者以存量国有资产吸收非国有投资者投资时国有产权的折股价格，由依照有关规定批准国有企业改制和转让国有产权的单位决定。底价的确定主要依据资产评估的结果，同时要考虑产权交易市场的供求状况、同类资产的市场价格、职工安置、引进先进技术等因素。（5）财务审计。国有企业改制，必须由直接持有该国有产权的单位决定聘请具备资格的会计师事务所进行财务审计。凡改制为非国有的企业，必须按照国家有关规定对企业法定代表人进行离任审计。

《企业国有产权转让管理暂行办法》① 第 5 条规定，“企业国有产权转让可以采取拍卖、招投标、协议转让以及国家法律、行政法规规定的其他方式进行。”第 13 条规定，“在清产核资和审计的基础上，转让方应当委托具有相关资质的资产评估机构依照国家有关规定进行资产评估。评估报告经核准或者备案后，作为确定企业国有产权转让价格的参考依据”。第 18 条规定，“经公

① 已失效。

开征集只产生一个受让方或者按照有关规定经国有资产监督管理机构批准的，可以采取协议转让的方式”。

根据《国务院国有资产监督管理委员会、财政部关于企业国有产权转让有关事项的通知》[①] 规定，“严格控制场外协议转让”，并将“允许协议转让”的范围限定为“在协议转让企业部分国有产权后，仍应保持国有绝对控股地位”或者“在所出资企业内部的资产重组中”。

根据公司的工商档案，行知有限前身为北京科影传媒文化有限公司，是由北京科学教育电影制片厂、北京科影广告公司二位股东出资组建，并于2005年8月取得北京市工商局核发的《企业法人营业执照》。根据工商档案记载，北京科学教育电影制片厂、北京科影广告公司的企业性质为全民所有制。2015年10月26日检索全国企业信用信息公示系统获悉：北京科影广告公司的出资人为北京科学教育电影制片厂，北京科学教育电影制片厂的出资人为国家广播电影电视总局。根据《全民所有制工业企业法》第34条及《广播电影电视部贯彻〈全民所有制工业企业转换经营机制条例〉实施办法》第8条的规定，全民所有制企业有投资决策权。全民所有制企业在投资办企业且申报登记注册时，应提交国有资产管理部门的有关证明，并按国家工商行政管理法规的规定办理。鉴于公司的工商档案中并无国有资产监督管理部门的批复或其他相关文件，无法判断北京科影传媒文化有限公司设立之初，行知有限的股东北京科学教育电影制片厂、北京科影广告公司作为全民所有制企业，其对外投资办企业是否履行国资监管部门审批的程序，但是，北京科影传媒文化有限公司已于2005年8月依法取得北京市工商局核发的《企业法人营业执照》并依法规范经营，行知有限的股东北京科学教育电影制片厂、北京科影广告公司对外投资办企业如未履行国资监管部门审批的程序将使行知有限的设立存在瑕疵，但鉴于北京科学教育电影制片厂、北京科影广告公司所持公司股权已于2010年依法转让，所以，公司设立未取得国资监管部门的批复文件不会对本次挂牌构成实质性法律障碍。

---

① 已失效。

2007 年 9 月，行知有限增加注册资本，引入新股东北京观唐时代文化有限公司、北京中传嘉程文化发展有限公司。行知有限本次非同比例增资稀释北京科学教育电影制片厂、北京科影广告公司持股比例，导致国有股权失去控股地位，未履行应当履行的评估、国资监管部门审批等程序，存在法律瑕疵，但是，经核查行知有限 2006 年度《内资企业年检报告书》（报送日期为 2007 年 4 月 24 日），行知有限资产总额为 782 万元，负债总额为 769 万元，净资产总额为 13 万元。按照本次增资前 10 万元的实收资本计算，其每元出资额对应的净资产为 1.3 元（未审计）。本次增资完成后，北京科学教育电影制片厂的股权比例由 95% 下降至 29.94%，北京科影广告公司的股权比例由 5% 下降至 0.06% 是因其他股东以 1 元 / 股的价格（约等于每元出资额对应的净资产值）对公司增资 790 万元所致。根据 2005 年 8 月 3 日《北京科影传媒文化有限公司章程》第 8 条的规定，“公司增加或减少注册资本，必须召开股东会并作出决议，公司减少注册资本，还应当自作出决议之日起 10 日内通知债权人，并于 30 日内在报纸上至少公告 3 次。公司变更注册资本应依法向登记机关办理变更登记手续”。本次增资事宜已履行股东会批准、验资及工商变更登记程序，符合《公司法》关于有限公司增资的规定。2010 年，北京科学教育电影制片厂和北京科影广告公司通过北京产权交易所以网络竞价的方式将所持行知有限股权全部转让给本次增资的股东之一北京中传嘉程文化发展有限公司。该股权转让时，北京科学教育电影制片厂和北京科影广告公司及其上级主管部门亦未对本次增资导致国有股权比例下降事宜提出异议。同时，公司控股股东、实际控制人曲向东先生已于 2015 年 9 月 18 日出具《承诺》，确认因本次增资未履行相关程序所可能产生的任何责任由其个人承担，与公司无关。基于上述，行知有限本次增资未履行相关程序不会对公司本次申请挂牌构成实质性障碍。

2010 年，北京科学教育电影制片厂和北京科影广告公司通过北京产权交易所以网络竞价的方式将所持行知有限股权全部转让给北京中传嘉程文化发展有限公司。2015 年 10 月 26 日检索北京产权交易所“成交公示”栏目，根据北京产权交易所官方网站信息，北京产权交易所作为综合性产权交易平台，是国务院国资委选定的中央企业国有产权转让服务机构，其承担北京科学教育电影制片厂、北京科影广告公司转让所持北京科影传媒文化有限公司的股权适格、合法。所以，北京科学教育电影制片厂、北京科影广告公司转让所持北京科影传媒文化有限公司的股权已依照《企业国有产权转让管理暂行办法》《国务院国有资产监督管理委员会、财政部关于企业国有产权转让有关事项的通知》的相关规定履行进场交易的程序，该次股权转让合法、有效。

综上所述，行知有限设立之初未取得国资监管部门的批复文件，存在法律瑕疵；2007 年行知有限非同比例增资稀释北京科学教育电影制片厂、北京科影广告公司持股比例，导致国有股权失去控股地位，未履行应当履行的评估、国资监管部门审批等程序存在法律瑕疵；但是，鉴于 2010 年北京科学教育电影制片厂、北京科影广告公司以网络竞价方式公开转让所持行知有限的股权时，上级主管部门并未对行知有限设立及增资导致国有股权比例下降事宜提出异议。行知有限设立及增资未履行相关程序不会对公司本次申请挂牌构成实质性障碍。

案例分析 7.2.4①

长兴制药股份有限公司在挂牌过程中遇到的问题：请结合有关法律法规核查集体企业股东发生股权变更是否需要履行评估、审批程序，如需要，请核查履行情况，并对公司历次股权变动的合法合规性发表明确意见。

□问题剖析及解决方案

（一）集体企业股东发生股权变更是否需要履行评估、审批程序

查阅了关于集体企业股东发生股权变更相关的法律法规，根据《国务院

① 参见“长兴制药”在全国中小企业股份转让系统挂牌公告及浙江天册律师事务所补充法律意见书（二）。

关于加强农村集体资产管理工作的通知》[①]第10条的规定，集体资产通过拍卖、转让或者由于实行租赁经营、股份经营、联营及中外合资经营、中外合作经营等方式而发生所有权或使用权转移时，必须进行资产评估，并以评估价值作为转让所有权或使用权的依据。核查后认为，集体企业股东发生股权变更需要履行评估、审批程序。

（二）关于长兴制药集体企业股东历次股权变更过程合法合规性的核查

核查了公司自设立以来的全套工商登记资料、历次验资报告、政府主管部门出具的证明、批复以及原股东出具的确认函等，根据公司提供的资料及律师的核查，长兴制药集体企业股东股权变更的过程如下：

1. 1998年长兴制药设立

1998年8月27日，长兴制药有限由父子岭、泗安工业投资，在长兴县工商行政管理局注册成立。公司设立时的名称为长兴制药有限公司，注册资本为425万元。

1998年5月21日，长兴会计师事务所对长兴有限申请设立登记的注册资本实收情况进行了审验，并出具了“长会（验）字〔1998〕第2—16号”《验资报告》，审验长兴有限已收到全体股东缴纳的注册资本合计425万元。

2. 2000年增资和股权转让

2000年1月1日，父子岭、泗安工业、谈伟平三方签署《长兴制药有限公司关于公司部分股权转让及增加注册资本的决议》，同意公司注册资本由原来的425万元增加至1380万元。

2000年2月16日，中共夹浦镇委员会、长兴县夹浦镇人民政府出具“夹镇〔2000〕5号”文件《关于长兴制药有限公司改制方案的意见》，确定资产重组以1999年12月25日为基准日，资产重组范围为长兴制药所有的固定资产和流动资产，资产重组标的确认价值为1318万元。

2000年2月18日，长兴有限召开股东会，同意将长兴有限净资产增值

① 已失效。

部分498万元确认给父子岭，由父子岭将上述权益作价498万元转让给谈伟平，且谈伟平再以货币增资后，公司注册资本变更为1380万元。2000年2月23日，长兴县乡镇企业局、长兴县经济体制政策办公室出具编号为“长乡企〔2000〕39号”文件《关于同意长兴制药有限公司改制报告的批复》，根据上述文件，父子岭将其在长兴制药的资产908万元中的498万元转让给谈伟平；2000年3月2日，安吉宏大会计师事务所有限公司对长兴有限本次增资情况进行了审验，并出具了“安弘（验）字〔2000〕第038号”《验资报告》，审验截至2000年3月2日，公司已收到新增注册资本合计955万元，累计注册资本1380万元。

3. 2002年股权转让

2002年4月13日，经长兴有限股东会决议，同意父子岭、泗安工业将其持有的合计820万元股权转让给谈伟平、沈军华，转让总价款为820万元。

2002年4月18日，父子岭、泗安工业与谈伟平、沈军华签署了《长兴制药有限公司股权转让协议》，泗安工业将其持有的410万元股权转让给谈伟平；父子岭将其持有的272万元股权转让给谈伟平，将其持有的138万元股权转让给沈军华。

2002年4月23日，长兴县人民政府出具〔2002〕8号《关于长兴制药有限公司股权重组有关问题的专题会议纪要》，同意父子岭、泗安工业将其持有的长兴制药全部股权转让给谈伟平、沈军华。

2002年5月24日，长兴县财政局出具编号为“长财国资〔2002〕94号”文件《关于长兴制药有限公司部分股权转让的核准书》，核准父子岭、泗安工业将在长兴制药各占410万元股权以总价820万元转让给谈伟平、沈军华。

4. 政府部门及原股东对公司历史沿革的确认

（1）长兴县人民政府的批复

长兴县人民政府于2015年4月出具《关于确认长兴制药有限公司历史沿革事项的批复》，主要内容如下：

①长兴制药有限公司（《批复》中简称“长兴制药”）由父子岭和泗安工业于1998年8月共同出资设立，父子岭、泗安工业以其自有资产向长兴制药

出资，上述出资均已根据公司章程规定足额到位。

② 2000 年，经父子岭、泗安工业协议约定，将长兴制药净资产增值部分 498 万元确认给父子岭，由父子岭将上述权益作价 498 万元转让给谈伟平。2002 年，父子岭、泗安工业将其持有的长兴制药股权全部转让给谈伟平、沈军华。上述股权（权益）确认、转让均合法、合规、真实、有效，不存在侵占集体、国有资产或损害职工利益的情况，符合当时有关政策法规的规定，不存在纠纷及潜在纠纷。自 2002 年 4 月 25 日股权转让完成后，父子岭、泗安工业均不再持有长兴制药的股权，对长兴制药不存在包括股权、债权在内的任何权利主张，长兴制药变更为由自然人出资的有限公司，不存在任何国有、集体出资或权益。

③长兴制药的设立、历次股权变更及增资程序合法、合规、真实、有效，长兴制药目前股权结构合法、有效、清晰，不存在纠纷或潜在纠纷。长兴制药目前不存在任何国有、集体出资或投入，其自设立以来享受的补贴、奖励、优惠均合法、合规、真实、有效，不属于国有、集体的权益性投入。

（2）原股东父子岭的确认函

原股东父子岭于 2015 年 1 月出具《关于长兴制药有限公司历史沿革的确认函》，主要内容如下：

①浙江省湖州父子岭耐火集团有限公司（该确认函中简称“本公司”）与泗安工业于 1998 年 8 月共同出资设立长兴制药，设立时本公司对长兴制药的出资均为本公司自有资产，上述出资均已根据长兴制药当时的公司章程规定足额到位。

② 2000 年，经本公司与泗安工业协议约定，将长兴制药净资产增值部分 498 万元确认给本公司，由本公司将上述权益作价 498 万元转让给谈伟平。上述权益转让是出于本公司真实意思表示，转让行为真实、有效，受让方谈伟平已依照当时的约定足额支付了全部转让款，相关权利义务已结清，不存在纠纷及潜在纠纷。

③ 2002 年，本公司将持有的长兴制药股权 410 万元转让给谈伟平，上述股权转让是出于本公司当时的真实意思表示，转让行为真实、有效，不存在

纠纷及潜在纠纷，自上述股权转让完成后，本公司对长兴制药不再享有股权或债权等任何权利主张。

④截至本确认函出具之日，本公司不存在针对长兴制药及其股东的任何权利主张，包括但不限于股权、债权或相关固定收益；本公司与长兴制药及其股东之间不存在纠纷及潜在纠纷、未结清的债务等。

（3）原股东泗安工业的确认函

原股东泗安工业于2015年1月出具《关于长兴制药有限公司历史沿革的确认函》，主要内容如下：

①长兴县泗安镇工业公司（该确认函中简称“本公司”）与父子岭于1998年8月共同出资设立长兴制药，设立时本公司对长兴制药的出资均为本公司自有资产，上述出资均已根据长兴制药当时的公司章程规定足额到位。

② 2000年，经本公司与父子岭协议约定，将长兴制药净资产增值部分498万元确认给父子岭，由父子岭将上述权益作价498万元转让给谈伟平。将上述权益确认给父子岭是出于本公司的真实意思表示，本公司已就上述将净资产增值部分确认给父子岭的行为履行了相关审批程序，不存在侵占集体、国有资产或损害职工利益的情况，符合当时有关政策法规的规定，不存在纠纷及潜在纠纷。

③ 2002年，本公司将持有的长兴制药股权410万元转让给谈伟平，上述股权转让是出于本公司当时的真实意思表示，转让行为真实、有效，上述股权转让履行了必要的审批手续，不存在侵占集体、国有资产或损害职工利益的情况，符合当时有关政策法规的规定，不存在纠纷及潜在纠纷。自上述股权转让完成后，本公司对长兴制药不再享有股权、债权等任何权利主张。

④截至本确认函出具之日，本公司不存在针对长兴制药及其股东的任何权利主张，包括但不限于股权、债权或相关固定收益；本公司与长兴制药及其股东之间不存在纠纷及潜在纠纷、未结清的债务等。

长兴县泗安镇人民政府于2015年4月对上述确认函予以确认。

经核查，长兴制药集体企业股东历次股权变更，取得了各股东主管单位包括长兴县夹浦镇人民政府、长兴县乡镇企业局、长兴县经济体制政策办公室、长兴县财政局的批复与同意，同时办理了工商变更登记；公司集体企业股东历次股权变更均由股东会会议决议通过，且相应修改了公司章程或通过了章程修正案，公司内部决策程序完整且合法合规；综上，长兴制药集体企业股东历次股权变更履行了必要的审批程序。

2000 年 2 月 16 日，中共夹浦镇委员会、长兴县夹浦镇人民政府出具“夹镇〔2000〕5 号”文件《关于长兴制药有限公司改制方案的意见》，确定资产重组以 1999 年 12 月 25 日为基准日，资产重组范围为长兴制药所有的固定资产和流动资产，资产重组标的确认价值为 1318 万元。长兴制药两次集体企业股东股权变更均参照上述文件确认的价值。长兴制药集体企业股东历次股权变更过程中未对相关股权进行评估，存在瑕疵。长兴制药原股东父子岭、泗安工业及相关主管单位长兴县泗安镇人民政府、长兴县人民政府出具确认函，确认长兴制药集体企业股东历次股权转让真实、有效，不存在侵占集体、国有资产或损害职工利益的情况，符合当时有关政策法规的规定。经核查，公司历次股权变动合法合规。

案例分析 7.2.5[①]

新乡日升数控轴承装备股份有限公司在挂牌中遇到的问题：2009 年 11 月，于省宽转让的股权占其持有的公司股份总数的 34.73%，违反了《公司法》第 141 条关于“公司董事、监事、高级管人员在任职期间每年转让的股份不得超过其所持有本公司股份总数的 25%”的规定。请主办券商及律师核查该次股权转让是否涉及侵犯公司、公司其他股东或债权人的利益，是否依法办理相应的转让手续，是否存在其他法律风险，是否符合“股票发行和转让行为合法合规”的挂牌条件，并发表明确意见。

---

① 参见“新乡日升”在全国中小企业股份转让系统挂牌公告及北京金诚同达律师事务所补充法律意见书（一）。

❑问题剖析及解决方案

据股份公司提供的资料，2009 年 11 月 23 日，于省宽与张丽霞、黄平、马学敏、梁会增、韩吉惠、潘正祥、穆雪健、朱国强、曹保亮、刘光兴、宋伟光、张占锋、杜红党等 13 名自然人分别签订了《转让协议》。于省宽将其持有的新乡日升 6.6% 的股份（总计 264 万股）转让给上述 13 名自然人，转让价格为 1.35 元 / 股。其中，曹保亮受让 48 万股；张丽霞、黄平、马学敏分别受让 40 万股；梁会增、刘光兴、朱国强分别受让 16 万股；韩吉惠、潘正祥、穆雪健、宋伟光、张占锋、杜红党分别受让 8 万股。上述 13 名自然人于 2009 年 12 月 15 日前完成了转让价款的支付。2009 年 12 月 23 日，新乡日升就上述股份转让事宜办理了工商登记（备案）手续。为了保障公司权益，公司特别召开 2009 年第一次临时股东大会审议本次股份转让的议案并获得全体有表决权股东所持 100% 的表决权同意。截至本补充法律意见书出具之日，新乡日升未受到工商行政管理部门的行政处罚。

律师认为，本次股份转让是当事人的真实意思表示，已履行了完备的法律程序，真实、合法、有效，股份转让不存在纠纷或潜在纠纷。由于本次股份转让价格按于省宽初始投入公司时每股价格确定，且股份转让已履行完毕，本次转让未对股份公司的权益造成损害，未侵害股份公司其他股东或债权人的利益；鉴于工商行政管理部门未对该事项作出行政处罚，于省宽本人亦承诺由其个人承担因本次股权转让违反《公司法》规定的所有可能的法律后果，本次股权转让不构成本次挂牌、转让的实质性法律障碍，新乡日升符合“股票发行和转让行为合法合规”的挂牌条件。

第三编

新三板挂牌后融资与运营监管实务

企业在新三板挂牌后，需要按照全国股转系统的要求，及时披露信息并按照相关规则接受监管。同时，企业在需要资金时，通过依据相关规则发行优先股、定向增资等方式进行融资。本编主要包括以下内容：挂牌企业定向发行优先股实务、挂牌企业定向增发普通股实务、挂牌企业投资运营实务、挂牌企业转板实务、挂牌企业运营监管实务等。

第八章　新三板挂牌公司优先股发行操作实务

第一节　优先股概述

一、优先股的概念

《关于开展优先股试点的指导意见》的一（一）部分和《优先股试点管理办法》的第 2 条，分别对优先股的概念进行了几乎一致的界定，即优先股是指依照《公司法》，在一般规定的普通种类股份之外，另行规定的其他种类股份，其股份持有人优先于普通股股东分配公司利润和剩余财产，但参与公司决策管理等权利受到限制。

优先股与普通股相比，具有以下利弊：

1. 优先股相对于普通股所具有的有利之处

（1）发行公司的财务负担较轻。由于优先股的股利支付不是发行公司必须偿付的一项法定债务，在一定情形之下，比如在公司财务状况发生恶化时，这种股利是可以不付的，从而减轻了发行公司的财务负担。

（2）发行公司在财务上有一定的灵活机动性。由于优先股没有规定最终到期日，它在某种程度上是一种永续性借款。优先股的收回权可由企业决定，企业可在有利条件下收回优先股，具有较大的灵活机动性。

（3）发行公司的财务风险较小。从发行公司的角度来看，优先股依然属于公司的股本，发行优先股募集资金可以较好地巩固发行公司的财务状况，提高发行公司的举债能力，因此，发行公司面临的财务风险较小。

（4）公司发行优先股不会减少普通股的收益和控制权。与普通股相比，优先股每股收益是固定的，只要企业净资产收益率高于优先股成本率，普通股每股收益就会上升；另外，优先股在许多事项上无表决权，因此，公司发行优先股不会影响普通股股东对企业的控制权。

2. 优先股相对于普通股所具有的不利之处

（1）资金成本相对较高。由于优先股的股利不能抵减所得税，因此其成本会高于债务融资成本。这是发行优先股进行融资的最大不利因素。

（2）优先股股利的支付具有一定的固定性。虽然公司在一定情形下可以不支付股利，但这将对企业形象造成负面影响，进而对公司的普通股的市价产生不利影响，损害到普通股股东的权益。当然，在企业财务状况恶化的情形下，这是不可避免的，但是，如果企业盈利大，想把利润的大部分用以扩大经营时，由于优先股股利支付的固定性，便会成为公司的一项财务负担，对企业的扩大再生产造成不利影响。

优先股的利弊是相对普通股来看的，所以这利弊都是相对而言，我们应该择优选择。

二、优先股的性质界定

我们认为，优先股的性质可以界定为：一种介于股票与债券之间的股债混合投融资工具。

一方面，它具有债券的如下特性：以固定股息或股利率居多，通常情况下无表决权等。

另一方面，它又具有股票的如下特性：虽然优先股股东的表决权受到限制，但仍然享有部分表决权；在发生特定事件、出现特定情形时某些受限制的表决权可恢复；优先股可以充当企业股本和银行的一级资本；优先股股息或股利一般无税盾作用等。

从下表可以清楚地看出优先股的这一性质：

	债券	优先股	普通股
产品属性	债务融资	权益 \ 债务融资	权益融资
分配顺序	先于优先股和普通股	先于普通股，次于债券	次于债券和优先股
投资者权利	募集说明书约定的权利	正常情况下无表决权	公司法规定的股东权利
融资期限	约定期限	无期限或期限较长	一般无期限
收益支付	定期还本付息	定期分配股息	股息不固定，不还本
收益来源	扣税前利润	扣税前 / 后利润	扣税后利润

三、优先股股东的权利与义务

《关于开展优先股试点的指导意见》和《优先股试点管理办法》对优先股股东的权利和义务进行了规定。

首先，优先股股东的权利、义务以及优先股股份的管理应当符合公司法的规定。其次，在优先股试点期间，不允许发行在股息分配和剩余财产分配上具有不同优先顺序的优先股，但允许发行在其他条款上具有不同设置的优先股。

（一）优先股股东的权利

1. 优先分配利润的权利

优先股股东有权按照约定的票面股息率，优先于公司的普通股股东分配公司利润。发行公司应当以现金的形式向优先股股东支付股息，并且，在向优先股股东支付约定的股息之前，不得向普通股股东分配利润。

《关于开展优先股试点的指导意见》一（二）中的“优先分配利润”规定了优先股的多种类型，并且把优先股类型的选择交由发行公司自行决定。根据该条的规定，优先股可以有以下多种类型，发行优先股的公司应当在其公司章程中就优先股类型的选择作出明确的规定：

（1）是固定股息还是浮动股息？优先股股息率是采用固定股息率还是浮动股息率，并相应明确固定股息率水平或浮动股息率计算方法。

（2）是强制分配股息还是非强制分配股息？公司在有可分配税后利润的

情况下是否必须分配利润。

（3）股息是累计还是不累计？如果公司因本会计年度可分配利润不足而未向优先股股东足额派发股息，差额部分是否累计到下一会计年度。

（4）是参与剩余利润分配还是不参与剩余利润分配？优先股股东按照约定的股息率分配股息后，是否有权同普通股股东一起参加剩余利润分配。

（5）优先股利润分配涉及的其他事项。比如，是发行人有权赎回还是投资者有权回售。

2. 优先分配剩余财产的权利。

《关于开展优先股试点的指导意见》一（三）中的“优先分配剩余财产”规定：公司因解散、破产等原因进行清算时，公司财产在按照公司法和破产法有关规定进行清偿后的剩余财产，应当优先向优先股股东支付未派发的股息和公司章程约定的清算金额，不足以支付的按照优先股股东持股比例分配。

3. 优先股转换和回购的权利。

《关于开展优先股试点的指导意见》一（四）中的“优先股转换和回购”规定：公司可以在公司章程中规定优先股转换为普通股、发行人回购优先股的条件、价格和比例。转换选择权或回购选择权可规定由发行人或优先股股东行使。发行人要求回购优先股的，必须完全支付所欠股息，但商业银行发行优先股补充资本的除外。优先股回购后相应减记发行在外的优先股股份总数。

（二）优先股股东表决权的限制与恢复

1. 优先股股东表决权的限制。

《关于开展优先股试点的指导意见》对优先股股东表决权的限制作了如下规定，除以下情况外，优先股股东不出席股东大会会议，所持股份没有表决权：（1）修改公司章程中与优先股相关的内容；（2）一次或累计减少公司注册资本超过10%；（3）公司合并、分立、解散或变更公司形式；（4）发行优先股；（5）公司章程规定的其他情形。上述事项的决议，除须经出席会议的普通股股东（含表决权恢复的优先股股东）所持表决权的2/3以上通过外，还须经出席会议的优先股股东（不含表决权恢复的优先股股东）所持表决权的2/3以上通过。

2. 优先股股东表决权的恢复。

《关于开展优先股试点的指导意见》对优先股股东表决权的恢复作了如下规定：公司累计3个会计年度或连续2个会计年度未按约定支付优先股股息的，优先股股东有权出席股东大会，每股优先股股份享有公司章程规定的表决权。对于股息可累积到下一会计年度的优先股，表决权恢复直至公司全额支付所欠股息。对于股息不可累积的优先股，表决权恢复直至公司全额支付当年股息。公司章程可规定优先股表决权恢复的其他情形。

第二节　挂牌企业发行优先股的条件以及应该遵循的规则

一、新三板挂牌公司发行优先股的条件

新三板挂牌公司应该具备什么条件才能发行优先股呢？《优先股试点管理办法》对此作了明确的规定。

（一）肯定性条件

1. 新三板挂牌公司非公开发行优先股应符合下列条件：（1）合法规范经营；（2）公司治理机制健全；（3）依法履行信息披露义务。

2. 已发行的优先股不得超过公司普通股股份总数的50%，且筹资金额不得超过发行前净资产的50%，已回购、转换的优先股不纳入计算。

3. 同一次发行的优先股，条款应当相同。每次优先股发行完毕前，不得再次发行优先股。

4. 优先股每股票面金额为100元。优先股发行价格和票面股息率应当公允、合理，不得损害股东或其他利益相关方的合法利益，发行价格不得低于优先股票面金额。优先股的票面股息率不得高于最近两个会计年度的年均加

权平均净资产收益率。

5. 发行优先股仅能向合格投资者发行，每次发行对象不得超过 200 人，且相同条款优先股的发行对象累计不得超过 200 人。

根据《优先股试点管理办法》第 65 条的规定，合格投资者是指:（1）经有关金融监管部门批准设立的金融机构，包括商业银行、证券公司、基金管理公司、信托公司和保险公司等;（2）上述金融机构面向投资者发行的理财产品，包括但不限于银行理财产品、信托产品、投连险产品、基金产品、证券公司资产管理产品等;（3）实收资本或实收股本总额不低于人民币 500 万元的企业法人;（4）实缴出资总额不低于人民币 500 万元的合伙企业;（5）合格境外机构投资者（QFII）、人民币合格境外机构投资者（RQFII）、符合国务院相关部门规定的境外战略投资者;（6）除发行人董事、高级管理人员及其配偶以外的，名下各类证券账户、资金账户、资产管理账户的资产总额不低于人民币 500 万元的个人投资者;（7）经中国证监会认可的其他合格投资者。

（二）程序性条件

1. 董事会的决议。董事会应依法就具体方案、本次发行对公司各类股东权益的影响、发行优先股的目的、募集资金的用途及其他必须明确的事项作出决议，并提请股东大会批准。董事会决议确定具体发行对象的，董事会决议应当确定具体的发行对象名称及其认购价格或定价原则、认购数量或数量区间等；同时应在召开董事会前与相应发行对象签订附条件生效的股份认购合同。董事会决议未确定具体发行对象的，董事会决议应当明确发行对象的范围和资格、定价原则等。

2. 股东大会的决议。股东大会就发行优先股进行审议，应当就下列事项逐项进行表决:（1）本次发行优先股的种类和数量;（2）发行方式、发行对象及向原股东配售的安排;（3）票面金额、发行价格或其确定原则;（4）优先股股东参与分配利润的方式，包括：票面股息率或其确定原则、股息发放的条件、股息支付方式、股息是否累积、是否可以参与剩余利润分配等;（5）回购条款，包括回购的条件、期间、价格及其确定原则、回购选择权的行使主体等（如有）;（6）募集资金用途;（7）公司与发行对象签订的附条件生效的优先股认购合同（如有）;（8）决议的有效期;（9）公司章程关于优先股股东和普通股股东利润分配、剩余财产分配、优先股表决权恢复等相关政策条款的修订方案;（10）对董事会办理本次发行具体事宜的授权;（11）其他事项。上述决议，须经出席会议的普通股股东（含表决权恢复的优先股股东）所持表决权的2/3以上通过。已发行优先股的，还须经出席会议的优先股股东（不含表决权恢复的优先股股东）所持表决权的2/3以上通过。向公司特定股东及其关联人发行优先股的，股东大会就发行方案进行表决时，关联股东应当回避，公司普通股股东（不含表决权恢复的优先股股东）人数少于200人的除外。

3. 募集资金验资、备案、登记等程序。具体参见下一节。

4. 在一定条件下，还需要中国证券监督管理委员会的核准。发行后普通股与优先股股东人数合并累计超过200人的新三板挂牌公司定向发行优先股，应当向中国证券监督管理委员会申请核准。

5. 在一定条件下，同时还需要特定行业主管部门出具的监管意见。比如，2016年4月21日，齐鲁银行收到《山东银监局关于同意齐鲁银行股份有限公司非公开发行优先股并变更公司章程的批复》（鲁银监准〔2016〕127号），山东银监局同意齐鲁银行非公开发行不超过2000万股优先股，募集金额不超过20亿元人民币，并按照有关规定计入本公司其他一级资本。同时，山东银监局还核准了修订后的《齐鲁银行股份有限公司章程》。

（三）否定性条件

1. 不得发行可转换为普通股的优先股。但商业银行可根据商业银行资本监管规定，非公开发行触发事件发生时强制转换为普通股的优先股，并遵守有关规定。

2. 公司存在下列情形之一的，不得发行优先股:（1）本次发行申请文件有虚假记载、误导性陈述或重大遗漏;（2）最近12个月内受到过中国证监会的行政处罚;（3）因涉嫌犯罪正被司法机关立案侦查或涉嫌违法违规正被中国证监会立案调查；（4）公司的权益被控股股东或实际控制人严重损害且尚未消除；（5）公司及其附属公司违规对外提供担保且尚未解除；（6）存在可能严重影响公司持续经营的担保、诉讼、仲裁、市场重大质疑或其他重大事项；（7）其董事和高级管理人员不符合法律、行政法规和规章规定的任职资格；（8）严重损害投资者合法权益和社会公共利益的其他情形。

二、新三板挂牌企业优先股发行应该遵循的规则体系

新三板挂牌企业如果要发行优先股，必须遵循的法律法规规则有：

1.《公司法》的相关规定。特别是，《公司法》第131条对国务院就优先股事项作出规定进行了授权："国务院可以对公司发行本法规定以外的其他种类的股份，另行作出规定"。

2.《国务院关于开展优先股试点的指导意见》。

3.《优先股试点管理办法》。

4. 证监会公布的发行优先股的规则，具体包括：

（1）《非上市公众公司信息披露内容与格式准则第7号——定向发行优先股说明书和发行情况报告》；

（2）《非上市公众公司信息披露内容与格式准则第8号——定向发行优先股申请文件》。

5. 全国中小企业股份转让系统的规则。具体包括：

（1）《全国中小企业股份转让系统优先股业务指引（试行）》；

（2）《全国中小企业股份转让系统优先股业务指南第1号——发行备案和申请办理挂牌的文件与程序》；

（3）《全国中小企业股份转让系统优先股业务指南第2号——主办券商推荐工作报告的内容与格式》；

（4）《全国中小企业股份转让系统优先股业务指南第3号——法律意见书的内容与格式》；

第三节　挂牌企业优先股发行操作实务与案例分析

优先股在目前的中国资本市场中还是一个新鲜事物，新三板挂牌公司成功发行优先股的案例更是寥寥无几。本节将以海南中视文化传播股份有限公司（证券代码：430508）等已经成功发行过优先股的公司为例，阐述新三板挂牌公司优先股发行操作实务。

一、优先股发行的流程

（一）优先股发行的一般流程梳理如下表：

步骤	事项	具体内容
1	董事会会议	董事会审议通过公司非公开发行优先股方案、预案、修订公司章程、修订公司股东大会议事规则、提前召开公司临时股东大会、提请股东大会授权公司董事会办理本次非公开发行优先股相关事宜等议案
2	临时股东大会	临时股东大会审议通过公司非公开发行优先股方案、预案、修订公司章程、修订公司股东大会议事规则、提请股东大会授权公司董事会办理本次非公开发行优先股相关事宜等议案并作出相关决议
3	特定行业主管部门出具的监管意见（一定条件下适用）	如银行监管部门对银行发行优先股并修改章程的监管意见
4	中国证监会的核准（一定条件下适用）	发行后普通股与优先股股东人数合并累计超过200人的新三板挂牌公司定向发行优先股，应当向中国证券监督管理委员会申请核准
5	募集资金验资	由具有资格的会计师事务所出具《验资报告》，验证发行人的优先股募集资金专户已收到资金

续表

步骤	事项	具体内容
6	发行文件备案	向全国中小企业股转系统提交如下发行备案文件：备案申请报告；中国证监会的核准批文（一定条件下适用）；公司董事会决议；公司股东大会决议；特定行业主管部门出具的监管意见（如有）；定向发行优先股说明书；认购公告；与发行对象签署的认购合同；验资报告；资信评级机构为本次发行优先股出具的资信评级报告（如有）；本次发行优先股的担保合同、担保函、担保人就提供担保获得的授权文件（如有）；优先股发行情况报告书；主办券商关于本次优先股发行的推荐工作报告；律师事务所关于本次优先股发行的法律意见书；本次发行优先股收购资产相关的最近1年及1期（如有）的财务报告及其审计报告、评估报告（如有）；资产权属证明文件（如有）；资产生产经营所需行业资质的资质证明或批准文件（如有）；签字注册会计师、律师或资产评估师执业证书复印件及其所在机构的执业证书复印件；主办券商项目组及负责人的联络方式；全国股转公司要求的其他文件
7	申请优先股证券简称及证券代码	发行公司向全国中小企业股转系统提交优先股证券简称及证券代码的申请，获得优先股证券简称及证券代码
8	优先股股份登记	发行公司在中国证券登记结算公司北京分公司完成股份登记
9	转让安排	与全国中小企业股份转让系统签订优先股转让服务协议，优先股可以在限售期届满后（如有）进行转让

（二）优先股发行的具体流程——以海南中视文化传播股份有限公司为例

1. 2015年11月13日第四届董事会第14次会议审议通过了《关于公司符合非公开发行优先股条件的议案》《关于公司非公开发行优先股方案的议案》《关于公司非公开发行优先股预案的议案》《关于修订公司章程的议案》《关于修订公司股东大会议事规则的议案》《关于提请股东大会授权公司董事会办理

本次非公开发行优先股相关事宜的议案》《关于偶发性关联交易的议案》《关于提请召开公司 2015 年第四次临时股东大会的议案》。

2. 2015 年 11 月 30 日第 4 次临时股东大会审议通过了《关于公司符合非公开发行优先股条件的议案》《关于公司非公开发行优先股方案的议案》《关于公司非公开发行优先股预案的议案》《关于修订公司章程的议案》《关于修订公司股东大会议事规则的议案》《关于提请股东大会授权公司董事会办理本次非公开发行优先股相关事宜的议案》《关于偶发性关联交易的议案》。

3. 2015 年 12 月 10 日第一届董事会第 15 次会议审议通过了《关于修订公司非公开发行优先股预案的修正案》。

4. 截至 2015 年 12 月 10 日，发行人募集资金专户已收到本次发行募集资金 1000 万元，所有资金均以人民币现金形式投入。

5. 2015 年 12 月 18 日，中审亚太会计师事务所（特殊普通合伙）出具了中审亚太验字〔2015〕第 020742 号《验资报告》，验证发行人的优先股募集资金专户已收到人民币 1000 万元。

6. 发行文件备案。2015 年 12 月 31 日，海南中视文化传播股份有限公司向全国中小企业股份转让系统（以下简称：股转系统）递交优先股发行备案材料，股转系统予以受理，并出具编号为 153593 的《受理通知书》。

7. 申请优先股证券简称及证券代码。2016 年 3 月 23 日，公司取得全国中小企业股份转让系统下发的《海南中视文化传播股份有限公司优先股证券简称及证券代码通知书》，核定公司本次优先股的简称：中视优 1，证券代码 820002。

8. 登记托管。2016 年 4 月 21 日，公司本次发行的优先股正式在中国证券登记结算公司北京分公司完成股份登记。

9. 转让安排。本次发行的优先股设 5 年限售期。限售期满后，可在全国中小企业股份转让系统转让。

二、优先股发行的重要文件及其编写指南

（一）优先股发行预案的编写及要点

编写并公告优先股发行预案是优先股成功发行的关键步骤。优先股发行预案一般包括发行人（公司）声明，重大事项提示，本次发行优先股的目的，本次优先股发行方案，本次优先股发行带来的主要风险，本次发行募集资金使用计划，董事会关于本次发行对公司影响的讨论与分析，本次优先股发行涉及的公司章程修订情况，董事、监事、高级管理人员有关声明等内容。

在优先股发行预案中，发行人（公司）声明、重大事项提示、本次发行优先股的目的、本次优先股发行方案、本次优先股发行带来的主要风险等非常重要，下面对其分别进行阐述：

1. 发行人（公司）声明。该部分内容主要是公司及相关人员对发行优先股相关事项的声明和承诺，确保优先股发行说明书、财务会计资料等的真实、准确、完整，中国证监会、全国中小企业股份转让系统对公司发行优先股所作的任何决定或意见，均不表明其对优先股的价值或投资者的收益作出实质性判断或者保证。总而言之，发行人对资料负责，但优先股的发行是市场行为，市场参与者应对自身的决策负责。下例为“发行人声明”的参考文本：

案例 8.3.1

发行人声明

本公司及全体董事、监事、高级管理人员承诺定向发行优先股说明书不存在虚假记载、误导性陈述或重大遗漏，并对其真实性、准确性、完整性承担个别和连带的法律责任。

本公司负责人和主管会计工作的负责人、会计机构负责人保证定向发行优先股说明书中财务会计资料真实、完整。

中国证监会、全国中小企业股份转让系统对本公司定向发行优先股所作

的任何决定或意见，均不表明其对本公司优先股的价值或投资者的收益作出实质性判断或者保证。

本预案是公司董事会对本次非公开发行优先股的说明，任何与之相反的声明均属不实陈述。

根据《证券法》的规定，本公司经营与收益的变化，由本公司自行负责，由此变化引致的投资风险，由投资者自行负责。

投资者如有任何疑问，应咨询各自的股票经纪人、律师、专业会计师或其他专业顾问。

本预案所述事项并不代表审批机关对于本次非公开发行优先股相关事项的实质性判断、确认、批准或核准。本预案所述本次非公开发行优先股相关事项的生效和完成尚待本公司股东大会的审议通过并报全国中小企业股份转让系统办理备案。

2. 重大事项提示。该部分内容主要阐明优先股预案的编写和发布经过了新三板挂牌公司董事会的审议通过，并重点提示优先股的发行对象、数量、种类、募集资金用途、是否设置限售期等。下例为海南中视文化股份有限公司非公开发行优先股预案的“重大事项提示”的文本：

案例 8.3.2

重大事项提示

一、海南中视文化股份有限公司非公开发行优先股预案已经公司第四届董事会第十四次会议审议通过。

二、本次拟非公开发行的优先股的发行对象为海南联合股权投资基金管理有限公司，该公司为符合《优先股试点管理办法》和其他法律法规规定的合格投资者。

三、本次拟非公开发行 10 万股优先股，募集资金人民币 1000 万元，所募集资金将在扣除发行费用后，全部用于儋州中视国际影城（夏日店）的建设及补充一般流动资金。

四、本次非公开发行的优先股的种类为固定股息率、可累积、非参与、设回售及赎回条款、不可转换的优先股。每股优先股票面金额为100元，以票面金额平价发行，票面股息率为4%。本次优先股的股息率不高于发行前本公司最近两个会计年度的年均加权平均净资产收益率。本次非公开发行具体条款详见本预案“第三节本次优先股发行方案”，提请投资者予以关注。

五、本次拟非公开发行的优先股，且优先股股东具有回售权，因此，在会计处理上将全部计入金融负债。

六、提请关注风险，详见“第四节本次优先股发行带来的主要风险”。

七、本预案已在“第六节董事会关于本次发行对公司影响的讨论与分析”之“五、发行人本次优先股股息的支付能力”中对公司利润分配政策、最近3年现金分红情况、未分配利润使用安排情况进行了说明，请投资者予以关注。

八、本次优先股设限售期，时间为5年。

九、根据有关法律法规的规定，本次非公开发行优先股方案尚需公司股东大会审议批准并报全国中小企业股份转让系统备案。

3. 本次发行优先股的目的。该部分内容主要说明通过发行优先股而募集到的资金用于什么目的。一般而言，发行优先股均是为了发展公司业务、进行项目建设、补充流动资金等。下例为海南中视文化股份有限公司非公开发行优先股预案的“本次发行优先股的目的”的文本：

案例8.3.3

本次发行优先股的目的

本公司主营业务为广告代理、自有传媒、演艺经纪、电影院线四大板块。本次非公开发行优先股股票的募集资金计划用于儋州中视国际影城（夏日店）建设和补充一般流动资金。

一、有利于公司院线业务持续稳定的发展

自公司2014年1月挂牌新三板以来，公司业务规模不断扩大，2014年公司经审计的营业收入为1.53亿元，净利润为1255.91万元；2015年1月—

6月（未经审计），公司的营业收入为1.1亿元，净利润为1417.55万元，利润已超过2014年全年。电影院线业务规模的快速扩张一方面提升了公司利润水平和抗风险能力，另一方面也对公司提出了更高的资金需求。

二、有利于公司提升盈利水平，实现股东利益最大化

优先股作为混合性资本工具，一方面，能较好地满足公司业务发展所带来的资金需求；另一方面，本次发行的优先股因投资者具有回售权而计入金融负债，有助于提高公司的财务杠杆，同时发行后公司的资产负债率为44.14%，仍处在相对较低、可控的水平。此外，优先股的发行既不会扩张股本，一般情况下也不会稀释现有股东的投票权，又能使公司通过较低的成本获得融资，满足公司影院不断扩张的资金需求，实现股东利益最大化。

4. 本次优先股发行方案。该部分内容是最重要、最关键的，主要包括：本次发行优先股的种类和数量；票面金额、发行价格及存续期限；发行方式和发行对象；票面股息率的确定原则；优先股股东参与分配利润的方式，包括股息发放的条件、股息支付方式、股息累计方式、剩余利润分配等；赎回及回售条款，包括赎回权及回售权的行使主体、赎回及回售条件及赎回期、赎回及回售价格及其确定原则、赎回及回售事项的授权等；表决权限制；表决权恢复，包括表决权恢复条款、恢复条款的解除等；清算偿付顺序及清算方法；评级安排；担保安排；本次优先股发行后上市转让的安排；募集资金用途；本次发行决议的有效期；本次发行方案已经取得的批准情况及尚需呈报批准的程序等。下例为海南中视文化股份有限公司非公开发行优先股预案的“本次优先股发行方案”的文本：

案例8.3.4

本次优先股发行方案

一、本次发行优先股的种类和数量

本次发行证券的种类为在境内发行的人民币优先股。本次非公开发行的优先股的种类为固定股息率、可累积、非参与、设回售条款、不可转换的在

境内发行的人民币优先股。

本次发行的优先股总数不超过10万股，募集资金总额不超过人民币1000万元，具体数额由股东大会授权董事会根据相关法律法规的要求等情况在上述额度范围内确定。

二、票面金额、发行价格及存续期限

本次发行的优先股每股票面金额为人民币100元，按票面金额平价发行。发行对象以现金认购本次发行的优先股。

本次优先股的期限为5年，到期后优先股股东具有回售权，如不行使，公司可以行使赎回权；如优先股股东和公司均未行使各自权利，双方将继续延续本协议的投资合作模式并视具体情况调整有关费用收取比例。

三、发行方式和发行对象

本次发行将采取向合格投资者非公开发行的方式，一次核准、一次发行完毕。

经全国中小企业股份转让系统备案后按照相关程序发行。

本次优先股的发行对象为海南联合股权投资基金管理有限公司，其具体情况如下：

海南联合股权投资基金管理有限公司成立于2010年5月21日，注册资本为3000万元，是由海南联合资产管理公司及海南扶贫工业开发区总公司双方出资设立的国有独资股权基金管理公司。现持有海南省工商局颁发的注册号为460000000242829的《营业执照》，住所为海口市滨海大道南洋大厦101房，公司类型为其他有限责任公司，法人代表为张晶艳，经营范围为“受委托管理股权投资基金企业，从事投资管理及相关咨询服务”，经营期限至2040年5月21日。该公司是海南省财政性股权专项资金指定的三家股权基金管理公司之一，为符合《优先股试点管理办法》规定的合格投资者。

发行对象以现金认购本次发行优先股全部股份。公司控股股东、实际控制人或其控制的关联人不参与本次非公开发行优先股的认购，亦不通过资产管理计划等其他方式变相参与本次非公开发行优先股的认购。

四、票面股息率的确定原则

本次发行的优先股采用固定股息率。根据本次发行时的国家政策、市场状况、公司具体情况及投资者要求等因素，经公司与主办券商按照有关规定协商后确定，本次优先股发行的票面利息率定为4.00%。

本次优先股票面股息率不高于本公司最近两个会计年度的年均加权平均净资产收益率。

五、优先股股东参与分配利润的方式

（一）股息发放的条件

1. 按照公司章程规定，本公司在依法弥补亏损、提取法定公积金后有可分配利润的情况下，可以向本次优先股股东派发股息。公司向本次优先股股东发放股息的顺序在普通股股东之前。

本次发行优先股股息的派发由公司股东大会审议决定。股东大会授权董事会具体实施全部优先股股息的宣派和支付事宜；若涉及优先股股息的部分全部递延，则该事宜仍需由股东大会审议批准，且应在股息支付日前至少10个工作日按照相关部门的规定通知优先股股东。

2. 不同次发行的优先股在股息分配上具有相同的优先顺序。优先股股东分配股息的顺序在普通股股东之前，在确保完全派发优先股约定的股息前，公司不得向普通股股东分配利润。

3. 除非发生强制付息事件，公司股东大会有权决定将当期股息以及按本条款已经递延的所有股息及孳息推迟至下一期支付，且不受到任何递延支付股息次数的限制；前述股息递延不构成公司违约。每笔递延股息在递延期间应当按照当期票面利率累计计息。

强制付息事件是指在股息支付日前12个月发生以下情形之一：（1）公司向普通股股东支付股利；（2）减少注册资本（因股权激励计划导致需要回购并注销股份的，或通过发行优先股赎回并注销股份的除外）。

（二）股息支付方式

公司以现金方式支付优先股股息。

本次发行的优先股采用每年支付一次股息的方式。首个计息起始日为本次优先股发行正式取得全国股转系统的备案函之日。自该备案函取得之日起每满一年为一计息年度。

每年的股息支付日为公司收到投资款项下一年度所对应月份之次月5日前并依此类推。优先股股东所获得股息收入的应付税项由优先股股东根据相关法律法规承担。

（三）股息累计方式

本次发行的优先股采取累积股息支付方式，即在之前年度未向优先股股东足额派发股息和孳息的差额部分，累积到下一年度，且不构成违约。

（四）剩余利润分配

本次发行的优先股的股东按照约定的票面股息率分配股息后，不再同普通股股东一起参加剩余利润的分配。

六、赎回及回售条款

（一）赎回权及回售权的行使主体

本次发行的优先股的赎回选择权为公司所有，即公司拥有赎回权。回售权归发行对象即海南联合股权投资基金管理有限公司所有，发行对象在协议履行期限届满后，有权向公司回售其所持有的优先股。

（二）赎回及回售条件及赎回期

本次发行优先股赎回期及回售期为自首个计息起始日期满5年之日起，至全部赎回或回售之日止。

优先股股东有权自首个计息起始日期满5年之日起，要求公司按照本次发行所登记的股数一次性全部赎回其所持有的优先股股票。

如优先股股东不行使回售权，公司有权自首个计息起始日期满5年之日起，于每年的该期优先股股息支付日全部或部分赎回注销本次发行的该期优先股。公司决定执行部分赎回时，应对所有该期优先股股东进行等比例赎回。

除法律法规要求外，本次发行优先股的赎回或回售无需满足其他条件。

（三）赎回和回售价格及其确定原则

本次发行的优先股的赎回及回售价格为优先股票面金额加累计未支付利息（包括所有递延支付的股息及其孳息）。

（四）赎回及回售事项的授权

股东大会授权董事会，根据相关法律法规的要求，全权办理与赎回及回售相关的所有事宜。

七、表决权限制

除法律法规或公司章程规定需由优先股股东表决事项外，优先股股东没有请求、召集、主持、参加或者委派股东代理人参加股东大会的权利，没有表决权。

出现以下情形之一的，本公司在召开股东大会会议应当通知优先股股东，并遵循《公司法》及公司章程通知普通股股东的规定程序：

1. 修改公司章程中与优先股相关的内容；

2. 一次或累计减少公司注册资本超过 10%；

3. 公司合并、分立、解散或变更公司形式；

4. 发行优先股；

5. 公司召开股东大会涉及审议上述事项的，应遵循《公司法》及《公司章程》规定的通知普通股股东的程序通知优先股股东，优先股股东有权出席股东大会，就上述事项与普通股股东分类表决，其所持每一优先股有一表决权，但公司持有的本公司优先股没有表决权。

上述 1—5 项的决议，除须经出席会议的公司普通股股东（含表决权恢复的优先股股东）所持表决权的 2/3 以上通过外，还须经出席会议的优先股股东（不含表决权恢复的优先股股东）所持表决权的 2/3 以上通过。

八、表决权恢复

1. 表决权恢复条款

公司累计三个会计年度或连续两个会计年度未按约定支付优先股股息的，股东大会批准当年不按约定分配利润的方案次日起，优先股股东有权出席股东大会与普通股股东共同表决，每股优先股股份享有一定比例的表决权。本次发行的优先股表决权恢复直至公司全额支付当年股息（包括所有递延支付的股息及其孳息）。

表决权恢复比例的计算方法如下：

表决权恢复比例 = 本次优先股每股发行价格 ÷ 本次优先股发行方案的董事会决议日前 20 个交易日公司股票均价。恢复的表决权份额以去尾法取一的整数倍。

其中：本次优先股发行方案的董事会决议日前20个交易日股票交易均价=本次优先股发行方案的董事会决议日前20个交易日股票交易总额 ÷ 本次优先股发行方案的董事会决议日前20个交易日股票交易总量，即6.27元/股。

若公司股票在本次发行的董事会决议日至发行日期间除权、除息的，上述比例将进行相应调整。

2. 恢复条款的解除

表决权恢复后，当公司已全额支付应付股息（包括所有递延支付的股息及其孳息）的，则自全额付息之日起，优先股股东根据表决权恢复条款取得的表决权即终止，但法律法规、《公司章程》另有规定的除外。后续如再次触发表决权恢复条款的，优先股股东的表决权可以重新恢复。

九、清算偿付顺序及清算方法

公司因解散、破产等原因进行清算时，公司财产在按照《公司法》和《破产法》有关规定进行清偿后的剩余财产，公司按照股东持有的股份类别及比例进行分配。

在向股东分配剩余财产时，应当优先向优先股股东支付票面金额与当期已决议支付但尚未支付的股息之和，剩余财产不足以支付的，按照优先股股东持股比例分配。公司在向优先股股东支付完毕应分配剩余财产后，方可向普通股股东分配剩余财产。

十、评级安排

本次发行的优先股具体的评级安排将根据境内相关法律法规及发行市场的要求进行。

十一、担保安排

实际控制人刘文军先生对限售期满后公司赎回优先股条款提供履约个人担保。

十二、本次优先股发行后上市转让的安排

本次发行的优先股设5年限售期，限售期满后可在全国中小企业股份转让系统转让，转让范围仅限《优先股试点管理办法》规定的合格投资者。

十三、募集资金用途

本次非公开发行优先股股票的募集资金计划用于儋州中视国际影城（夏日店）建设和补充一般流动资金。

十四、本次发行决议的有效期

本次发行优先股决议有效期为自股东大会审议通过之日起12个月。

十五、本次发行方案已经取得的批准情况及尚需呈报批准的程序

本次优先股的发行方案已经本公司2015年11月13日召开的第四届董事会第14次会议审议通过；2015年11月30日，公司召开的2015年度第4次临时股东大会已经审议通过上述方案；2015年12月10日召开的第四届董事会第15次会议审议通过《优先股发行预案的修正案》，本次发行还需向全国股转系统进行发行备案。

5. 本次优先股发行带来的主要风险。该部分内容主要提示相关主体因优先股发行而导致的利润分配减少、表决权被摊薄、普通股股东清偿顺序靠后、税务风险等。下例为海南中视文化股份有限公司非公开发行优先股预案的“本次优先股发行带来的主要风险”的文本：

案例 8.3.5

本次优先股发行带来的主要风险

相关各方在评价本次优先股发行时，除公司日常信息披露文件和本预案提供的各项资料外，应特别认真考虑下述风险因素：

一、普通股股东分红减少

根据《国务院关于开展优先股试点的指导意见》《优先股试点管理办法》《全国中小企业股份转让系统优先股业务指引（试行）》等法规以及《公司章程》的相关规定，优先股股东优先于普通股股东分配公司利润，且公司在确保向优先股股东完全支付约定的当年优先股股息之前，不得向普通股股东分配利润。虽然通过本次优先股发行，公司的资产规模将有所提高，减少公司的资金压力，业务经营风险承受能力和盈利能力有望得到进一步改善，整体

净利润水平也有望进一步提升，但是，公司新影院的投入运营到最终取得收益，还需要一定的周期。如果前述募集资金带来的净利润增长额不能覆盖优先股的固定股息，将可能减少普通股股东可供分配的利润。

二、表决权被摊薄的风险

如果本次优先股强制转换为普通股，公司原普通股股东在股东大会上所享有的表决权会相应被摊薄。

根据本次优先股的表决权恢复条款，若公司累计三个会计年度或连续两个会计年度未按约定支付优先股股息，自股东大会批准当年不按约定分配利润的方案次日起，优先股股东将有权出席股东大会与普通股股东共同表决，届时公司原普通股股东在股东大会上所享有的表决权会相应被摊薄。

三、普通股股东清偿顺序靠后的风险

根据《国务院关于开展优先股试点的指导意见》《优先股试点管理办法》《全国中小企业股份转让系统优先股业务指引（试行）》等法规以及《公司章程》的相关规定，公司因解散、破产等原因进行清算时，在剩余财产的分配顺序上，普通股股东劣后于优先股股东，即只有向优先股股东完全支付清算金额后，普通股股东方可按照持股比例享有剩余财产分配。因此，本次优先股发行后，如公司发生解散、破产等事项，普通股股东在清偿顺序中所面临的风险将有所增加。

四、税务风险

根据《国务院关于开展优先股试点的指导意见》和相关税务法规的规定，本次优先股发放的股息来自公司可供分配的利润，不在所得税前列支。但公司不排除国家未来调整有关税务政策从而带来税务风险的可能。

（二）公司章程修改及其要点

一般而言，新三板挂牌企业在发行优先股之前，其公司章程不会对有关优先股的事项作出安排和规定。因此，新三板挂牌企业在决定发行优先股时，就必须对公司章程进行修改，扫清公司章程等内部规则上的障碍，以满足优先股发行的需要。

由于公司章程相当于公司自行制定的宪法，在原来只有普通股一种股份、但由于发行优先股而导致股份种类增加的情形下，公司章程中所有与股份种类、优先股的优先权利、表决权限制与恢复、优先股赎回及回售等事项相关的条款，均应进行详尽而无遗漏的修改。

下例为公司章程修改对比表：

案例 8.3.6

公司章程修改对比表

各事项	修改前的表述	修改后的表述
与增加优先股股份种类有关的事项	公司全部资产分为等额股份	公司全部资产分为股份
	任何单位或者个人所认购的股份，每股应当支付相同价额。	任何单位或者个人所认购的同次同种类股份，每股应当支付相同价额。
	释义:（一）控股股东，是指其持有的股份占公司股本总额50%以上的股东；持有股份的比例虽然不足50%，但依其持有的股份所享有的表决权已足以对股东大会的决议产生重大影响的股东。（二）实际控制人，是指虽不是公司的股东，但通过投资关系、协议或者其他安排，能够实际支配公司行为的人。（三）关联关系，是指公司控股股东、实际控制人、董事、监事、高级管理人员与其直接或者间接控制的企业之间的关系，以及可能导致公司利益转移的其他关系。但是，国家控股的企业之间不仅因为同受国家控股而具有关联关系。	释义:（一）控股股东，是指其持有的普通股及表决权恢复的优先股股份占公司普通股及表决权恢复的优先股股份总额50%以上的股东；持有股份的比例虽然不足50%，但依其持有的股份所享有的表决权已足以对股东大会的决议产生重大影响的股东。（二）实际控制人，是指虽不是公司的股东，但通过投资关系、协议或者其他安排，能够实际支配公司行为的人。（三）关联关系，是指公司控股股东、实际控制人、董事、监事、高级管理人员与其直接或者间接控制的企业之间的关系，以及可能导致公司利益转移的其他关系。但是，国家控股的企业之间不仅因为同受国家控股而具有关联关系。

续表

各事项	修改前的表述	修改后的表述
与增加优先股股份种类有关的事项	公司发行的股票，以人民币标明面值。	公司发行的普通股股票，以人民币标明面值，每股面值1元。公司发行的优先股股票，以人民币标明面值，每股面值100元。
	公司股份总数为……万股，公司的股份均为普通股，同股同权，同股同利，无其他种类股。	公司普通股股份总数为……万股，普通股同股同权，同股同利。公司可以发行优先股，优先股股东权利根据优先股发行时的条件确定。
	公司在下列情况下，可以依照法律、行政法规、部门规章和本章程的规定，收购本公司的股份：……（三）将股份奖励给本公司职工;（四）股东因对股东大会作出的公司合并、分立决议持异议，要求公司收购其股份的。除上述情形外，公司不进行买卖本公司股份的活动。	公司在下列情况下，可以依照法律、行政法规、部门规章和本章程的规定，收购本公司的股份：……（三）将普通股股份奖励给本公司职工;（四）普通股股东因对股东大会作出的公司合并、分立决议持异议，要求公司收购其普通股股份的。除上述情形外，公司不进行买卖本公司股份的活动。
	公司因本章程规定原因收购本公司股份的，应当经股东大会决议。	公司因本章程规定的原因收购本公司普通股股份的，应当经股东大会决议。公司可根据发行条款并在符合相关法律、法规、规范性文件要求的前提下回购注销本公司发行的优先股股份；公司决定部分回购优先股时，应对所有该期优先股股东进行等比例回购。公司与持有本公司优先股的其他公司合并时，应回购和注销相应优先股股份。
	公司董事、监事、高级管理人员应当向公司申报所持有的本公司的股份及其变动情况，在任职期间每年转让的股份不得超过其所持有本公司股份总数的25%；……	公司董事、监事、高级管理人员应当向公司申报所持有的本公司的各类股份及其变动情况，在任职期间每年转让的各类股份不得超过其所持有本公司该类股份总数的25%；……

续表

各事项	修改前的表述	修改后的表述
与增加优先股股份种类有关的事项	公司依据证券登记机构提供的凭证建立股东名册，股东名册是证明股东持有公司股份的充分证据。	公司依据证券登记机构提供的凭证建立股东名册，股东名册是证明股东持有公司各类股份的充分证据。
与优先股股东表决权有关的事项	公司股东享有知情权、参与权、质询权和表决权等权利，具体如下：（一）依照其所持有的股份份额获得股利和其他形式的利益分配；（二）依法请求、召集、主持、参加或者委派股东代理人参加股东大会，并行使相应的表决权；（三）对公司的经营进行监督，提出建议或者质询；（四）依照法律、行政法规及本章程的规定转让、赠与或质押其所持有的股份；（五）查阅本章程、股东名册、公司债券存根、股东大会会议记录、董事会会议决议、监事会会议决议、财务会计报告；（六）公司终止或者清算时，按其所持有的股份份额参加公司剩余财产的分配；（七）对股东大会作出的公司合并、分立决议持异议的股东，要求公司收购其股份；（八）法律、行政法规、部门规章或本章程规定的其他权利。	公司股东享有知情权、参与权、质询权和表决权等权利，具体如下：公司普通股股东享有如下权利：（一）依照其所持有的股份份额获得股利和其他形式的利益分配；（二）依法请求、召集、主持、参加或者委派股东代理人参加股东大会，并行使相应的表决权；（三）对公司的经营进行监督，提出建议或者质询；（四）依照法律、行政法规及本章程的规定转让、赠与或质押其所持有的股份；（五）查阅本章程、股东名册、公司债券存根、股东大会会议记录、董事会会议决议、监事会会议决议、财务会计报告；（六）公司终止或者清算时，按其所持有的股份份额参加公司剩余财产的分配；（七）对股东大会作出的公司合并、分立决议持异议的股东，要求公司收购其股份；（八）法律、行政法规、部门规章或本章程规定的其他权利。

续表

各事项	修改前的表述	修改后的表述
与优先股股东表决权有关的事项		公司优先股股东享有如下权利：依照其所持优先股的条款及份额获得股利；出现以下情况之一的，优先股股东有权出席股东大会，公司应遵循《公司法》及本章程通知普通股股东的按规定程序履行通知等相应义务：（一）修改公司章程中与优先股相关的内容；（二）一次或累计减少公司注册资本超过10%；（三）公司合并、分立、解散或者变更公司形式；（四）发行优先股；（五）公司章程规定的其他情形。（六）查阅公司章程、股东名册、公司债券存根、股东大会会议记录、董事会会议决议、监事会会议决议、财务会计报告；（七）公司累计三个会计年度或连续两个会计年度未按约定支付优先股股息的，自股东大会批准不按约定分配利润的方案次日起，优先股股东有权出席股东大会与普通股股东共同表决，即表决权恢复，直至公司支付全额股息；（八）依照法律、法规及本章程的规定转让、赠与、质押其所持公司股份，但相关股份受让方为有关法律、法规规定的合格投资者，且非公开发行的相同条款的优先股经转让后投资者不得超过200人；（九）公司终止或者清算时，按其所持有的股份种类、条款及份额优先于普通股股东参加公司剩余财产的分配。
		优先股股东仅能就其有权参与审议的事项相关的股东大会、董事会会议的内容、程序违反法律、行政法规或本章程的情形，请求人民法院认定其内容无效或予以撤销。

续表

各事项	修改前的表述	修改后的表述
与优先股股东表决权有关的事项	董事、高级管理人员执行公司职务时违反法律、行政法规或者本章程的规定，给公司造成损失的，连续 180 日以上单独或合并持有公司 1% 以上股份的股东有权书面请求监事会向人民法院提起诉讼；监事会执行公司职务时违反法律、行政法规或者本章程的规定，给公司造成损失的，股东可以书面请求董事会向人民法院提起诉讼。监事会、董事会收到前款规定的股东书面请求后拒绝提起诉讼，或者自收到请求之日起 30 日内未提起诉讼，或者情况紧急、不立即提起诉讼将会使公司利益受到难以弥补的损害的，前款规定的股东有权为了公司的利益以自己的名义直接向人民法院提起诉讼。他人侵犯公司合法权益，给公司造成损失的，本条第一款规定的股东可以依照前两款的规定向人民法院提起诉讼。	董事、高级管理人员执行公司职务时违反法律、行政法规或者本章程的规定，给公司造成损失的，连续 180 日以上单独或合并持有公司 1% 以上普通股和表决权恢复的优先股股份的股东有权书面请求监事会向人民法院提起诉讼；监事会执行公司职务时违反法律、行政法规或者本章程的规定，给公司造成损失的，普通股和表决权恢复的优先股股东可以书面请求董事会向人民法院提起诉讼。监事会、董事会收到前款规定的股东书面请求后拒绝提起诉讼，或者自收到请求之日起 30 日内未提起诉讼，或者情况紧急、不立即提起诉讼将会使公司利益受到难以弥补的损害的，前款规定的股东有权为了公司的利益以自己的名义直接向人民法院提起诉讼。他人侵犯公司合法权益，给公司造成损失的，本条第一款规定的股东可以依照前两款的规定向人民法院提起诉讼。
	有下列情形之一的，公司在事实发生之日起 2 个月以内召开临时股东大会：……（三）单独或者合计持有公司 10% 以上股份的股东请求时；……	有下列情形之一的，公司在事实发生之日起 2 个月以内召开临时股东大会：……（三）单独或者合计持有公司 10% 以上普通股和表决权恢复的优先股股份的股东请求时；……

续表

各事项	修改前的表述	修改后的表述
与优先股股东表决权有关的事项	单独或者合计持有公司10%以上股份的股东有权向董事会请求召开临时股东大会，并应当以书面形式向董事会提出。……董事会不同意召开临时股东大会，或者在收到请求后10日内未作出反馈的，单独或者合计持有公司10%以上股份的股东有权向监事会提议召开临时股东大会，并应当以书面形式向监事会提出请求。……监事会未在规定期限内发出股东大会通知的，视为监事会不召集和主持股东大会，连续90日以上单独或者合计持有公司10%以上股份的股东可以自行召集和主持。	单独或者合计持有公司10%以上普通股和表决权恢复的优先股股份的股东有权向董事会请求召开临时股东大会，并应当以书面形式向董事会提出。……董事会不同意召开临时股东大会，或者在收到请求后10日内未作出反馈的，单独或者合计持有公司10%以上普通股和表决权恢复的优先股股份的股东有权向监事会提议召开临时股东大会，并应当以书面形式向监事会提出请求。……监事会未在规定期限内发出股东大会通知的，视为监事会不召集和主持股东大会，连续90日以上单独或者合计持有公司10%以上普通股和表决权恢复的优先股股份的股东可以自行召集和主持。
	监事会或股东决定自行召集股东大会的，……在股东大会决议公告前，召集股东持股比例不得低于10%。……	监事会或股东决定自行召集股东大会的，……在股东大会决议公告前，召集股东持股比例不得低于普通股和表决权恢复的优先股股份数量的10%。……
	公司召开股东大会，董事会、监事会以及单独或者合并持有公司3%以上股份的股东，有权向公司提出提案。单独或者合计持有公司3%以上股份的股东，可以在股东大会召开10日前提出临时提案并书面提交召集人。	公司召开股东大会，董事会、监事会以及单独或者合并持有公司3%以上普通股和表决权恢复的优先股股份的股东，有权向公司提出提案。单独或者合计持有公司3%以上普通股和表决权恢复的优先股股份的股东，可以在股东大会召开10日前提出临时提案并书面提交召集人。

续表

各事项	修改前的表述	修改后的表述
与优先股股东表决权有关的事项	股东大会的通知包括以下内容：……（三）以明显的文字说明：全体股东均有权出席股东大会，并可以书面委托代理人出席会议和参加表决，该股东代理人不必是公司的股东；……	股东大会的通知包括以下内容：……（三）以明显的文字说明：有权出席股东大会的股东类别，出席会议的股东可以书面委托代理人出席会议和参加表决，该股东代理人不必是公司的股东；……
	股权登记日登记在册的所有股东或其代理人，均有权出席股东大会。	股权登记日登记在册的所有普通股股东（含表决权恢复的优先股股东）或其代理人，均有权出席股东大会。
	下列事项由股东大会以特别决议通过：……	下列事项由股东大会以特别决议通过：……公司审议本章程规定的优先股股东有权参与的事项时，优先股股东与普通股股东应分类表决，优先股股东所持每一优先股有一表决权，相关事项的决议，除经出席会议的普通股股东（含表决权恢复的优先股股东）所持表决权的2/3以上通过外，还须经出席会议的优先股股东（不含表决权恢复的优先股股东）所持表决权的2/3以上通过。
	股东（包括股东代理人）以其所代表的有表决权的股份数额行使表决权，每一股份享有一票表决权。公司持有的本公司股份没有表决权，且该部分股份不计入出席股东大会有表决权的股份总数。……	股东（包括股东代理人）以其所代表的有表决权的股份数额行使表决权，除实行累积投票制外，普通股股东所持每一股份享有一票表决权；优先股股东所持每一优先股在其对本章程规定的事项进行表决时享有一票表决权；优先股股东依据表决权恢复的情形行使表决权时，每股优先股按照该优先股条款约定的比例行使表决权。公司持有的本公司股份没有表决权，且该部分股份不计入出席股东大会有表决权的股份总数。……

续表

各事项	修改前的表述	修改后的表述
与优先股股东表决权有关的事项	公司应在保证股东大会合法、有效的前提下，通过各种方式和途径，包括提供网络形式的投票平台等现代信息技术手段，为股东参加股东大会提供便利。	公司应在保证股东大会合法、有效的前提下，通过各种方式和途径，包括提供网络形式的投票平台等现代信息技术手段，为股东参加股东大会提供便利。公司就发行优先股事项召开股东大会的，应提供网络投票，并可以通过中国证监会认可的其他方式为股东参加股东大会提供便利。
	单独或者合计持有公司3%以上股份的股东可以以提案的方式直接向股东大会提出董事候选人名单和由股东代表出任的监事候选人名单，但该提案必须在股东大会召开前至少10日送达董事会，提案中董事候选人人数、由股东代表出任的监事候选人人数不得超过依据本章程规定需选举产生的董事、监事人数，并应当同时提供所提名候选人的简历和基本情况。股东大会就选举董事、监事进行表决时，可以实行累积投票制。前款所称累积投票制是指股东大会选举董事或者监事时，每一股份拥有与应选董事或者监事人数相同的表决权，股东拥有的表决权可以集中使用。董事会应当向股东公告候选董事、监事的简历和基本情况。	单独或者合计持有公司3%以上普通股和表决权恢复的优先股股份的股东可以以提案的方式直接向股东大会提出董事候选人名单和由股东代表出任的监事候选人名单，但该提案必须在股东大会召开前至少10日送达董事会，提案中董事候选人人数、由股东代表出任的监事候选人人数不得超过依据本章程规定需选举产生的董事、监事人数，并应当同时提供所提名候选人的简历和基本情况。股东大会就选举董事、监事进行表决时，可以实行累积投票制。前款所称累积投票制是指股东大会选举董事或者监事时，每一普通股股份拥有与应选董事或者监事人数相同的表决权，每一表决权恢复的优先股股份拥有的表决权数为其按照发行条款约定的比例计算的相应表决权与应选董事或监事人数的乘积，股东拥有的表决权可以集中使用。董事会应当向股东公告候选董事、监事的简历和基本情况。
	代表1/10以上表决权的股东、1/3以上董事或者监事会，可以提议召开董事会临时会议。	代表1/10以上表决权的普通股或表决权恢复的优先股股东、1/3以上董事或者监事会，可以提议召开董事会临时会议。

续表

各事项	修改前的表述	修改后的表述
优先股赎回及回售事项	公司股东承担下列义务：……（三）除法律、法规规定的情形外，不得退股；……	公司股东承担下列义务：……（三）除法律、法规、公司章程及其认购公司股份所依据的约定条款规定的情形外，不得退股；……
优先股股东的优先权利事项	股东大会是公司的权力机构，依法行使下列职权：……（六）审议批准公司的利润分配方案和弥补亏损方案；……	股东大会是公司的权力机构，依法行使下列职权：……（六）审议批准公司的利润分配方案（包括普通股股东的利润分配方案及优先股股东的利润分配方案）和弥补亏损方案；…….
	公司分配当年税后利润时，应当提取利润的10%列入公司法定公积金。公司法定公积金累计额为公司注册资本的50%以上的，可以不再提取。公司的法定公积金不足以弥补以前年度亏损的，在依照前款规定提取法定公积金之前，应当先用当年利润弥补亏损。公司从税后利润中提取法定公积金后，经股东大会决议，还可以从税后利润中提取任意公积金。 公司弥补亏损和提取公积金后所余税后利润，按照股东持有的股份比例分配，但本章程规定不按持股比例分配的除外。股东大会违反前款规定，在公司弥补亏损和提取法定公积金之前向股东分配利润的，股东必须将违反规定分配的利润退还公司。公司持有的本公司股份不参与分配利润。	公司在有可分配税后利润的情况下必须进行利润分配。公司分配当年税后利润时，应当提取利润的10%列入公司法定公积金。公司法定公积金累计额为公司注册资本的50%以上的，可以不再提取。公司的法定公积金不足以弥补以前年度亏损的，在依照前款规定提取法定公积金之前，应当先用当年利润弥补亏损。公司从税后利润中提取法定公积金后，经股东大会决议，还可以从税后利润中提取任意公积金。公司弥补亏损和提取公积金后所余税后利润，按照股东持有的股份类别及比例分配，但本章程规定不按持股比例分配的除外。公司应当以现金的形式向优先股股东支付股息，在向优先股股东完全支付约定的股息之前，不得向普通股股东分配利润。如果公司因本会计年度可分配利润不足而未向优先股股东足额派发股息，差额部分累积到下一会计年度。股东大会违反前款规定，在公司弥补亏损和提取法定公积金之前向股东分配利润的，股东必须将违反规定分配的利润退还公司。公司持有的本公司股份不参与分配利润。

续表

各事项	修改前的表述	修改后的表述
优先股股东的优先权利事项	公司应实施积极的利润分配办法。（一）利润分配原则：公司的利润分配应兼顾对投资者的合理投资回报以及公司的可持续发展，利润分配政策应保持连续性和稳定性。（二）利润分配形式及间隔期：公司可以采取现金、股票或二者相结合的方式分配股利，并优先推行以现金方式分配股利。公司可以进行中期现金分红。（三）现金分红比例及条件：公司根据实际经营情况，由董事会拟订具体的现金分红比例预案，并提交股东大会表决通过。公司实施现金分红应同时满足下列条件：1. 公司该年度实现的可分配利润（即公司弥补亏损、提取公积金后所余的税后利润）为正值；2. 审计机构对公司该年度财务报告出具标准无保留意见的审计报告；3. 满足公司正常生产经营的资金需求，无重大投资计划或重大现金支出等事项发生。（四）股票股利分配条件：若公司营收增长快速，董事会认为公司股本情况与公司经营规模不匹配时，可以进行股票股利分配。股票股利分配预案由董事会拟定，并提交股东大会表决。（五）利润分配的决策机制与程序：	公司应实施积极的利润分配办法：（一）利润分配原则：公司的利润分配应兼顾对投资者的合理投资回报以及公司的可持续发展，利润分配政策应保持连续性和稳定性。（二）利润分配形式及间隔期：公司可以采取现金、股票或二者相结合的方式分配股利，并优先推行以现金方式分配股利。公司可以进行中期现金分红。（三）现金分红比例及条件：公司根据实际经营情况，由董事会拟订具体的现金分红比例预案，并提交股东大会表决通过。公司实施现金分红应同时满足下列条件：1. 公司该年度实现的可分配利润（即公司支付优先股股息、弥补亏损、提取公积金后所余的税后利润）为正值；2. 审计机构对公司该年度财务报告出具标准无保留意见的审计报告；3. 满足公司正常生产经营的资金需求，无重大投资计划或重大现金支出等事项发生。（四）股票股利分配条件：若公司营收增长快速，董事会认为公司股本情况与公司经营规模不匹配时，可以进行股票股利分配。股票股利分配预案由董事会拟订，并提交股东大会表决。

续表

各事项	修改前的表述	修改后的表述
优先股股东的优先权利事项	公司有关利润分配的议案，需事先征询监事会意见，并由董事会通过后提交公司股东大会批准。（六）利润分配政策调整的决策机制与程序：公司由于外部经营环境或自身经营状况发生较大变化，确需调整本章程规定的利润分配政策的，调整后的利润分配政策不得违反相关法律法规以及全国中小企业股份转让系统有限责任公司的有关规定。公司相关调整利润分配政策的议案，需事先征询监事会意见，并由董事会通过后提交公司股东大会批准。	（五）利润分配的决策机制与程序：公司有关利润分配的议案，需事先征询监事会意见，并由董事会通过后提交公司股东大会批准。（六）利润分配政策调整的决策机制与程序：公司由于外部经营环境或自身经营状况发生较大变化，确需调整本章程规定的利润分配政策的，调整后的利润分配政策不得违反相关法律法规以及全国中小企业股份转让系统有限责任公司的有关规定。公司相关调整利润分配政策的议案，需事先征询监事会意见，并由董事会通过后提交公司股东大会批准。（七）公司优先股采用分阶段调整的固定股息率，股息率的具体方式和定价水平由股东大会授权董事会，根据相关政策法规、市场利率水平、投资者需求和本公司的具体情况等因素，采取合法合规的询价方式，在发行时与主办券商协商确定。公司优先股票面股息率将不高于发行前本公司最近两个会计年度的年均加权平均净资产收益率。
	清算组在清理公司财产、编制资产负债表和财产清单后，应当制订清算方案，并报股东大会或者人民法院确认。公司财产在分别支付清算费用、职工的工资、社会保险费用和法定补偿金，缴纳所欠税款，清偿公司债务后的剩余财产，公司按照股东持有的股份比例分配。清算期间，公司存续，但不能开展与清算无关的经营活动。公司财产在未按前款规定清偿前，将不会分配给股东。	清算组在清理公司财产、编制资产负债表和财产清单后，应当制订清算方案，并报股东大会或者人民法院确认。公司财产在分别支付清算费用、职工的工资、社会保险费用和法定补偿金，缴纳所欠税款，清偿公司债务后的剩余财产，公司按照股东持有的股份类别及比例分配，在向股东分配剩余财产时，应当优先向优先股股东支付票面金额与当期已决议支付但尚未支付的股息之和，剩余财产不足以支付的，按照优先股股东支付完毕应分配剩余财产后，方可向普通股股东分配剩余财产。清算期间，公司存续，但不能开展与清算无关的经营活动。公司财产在未按前款规定清偿前，将不会分配给股东。

续表

各事项	修改前的表述	修改后的表述
优先股股东的优先权利事项	公司被依法宣告破产的，依照有关企业破产的法律实施破产清算。	公司被依法宣告破产的，依照有关企业破产的法律实施破产清算。公司财产在按照公司法和破产法的有关规定进行清算后的剩余财产，应当优先向优先股股东支付票面金额与当期已决议支付但尚未支付的股息之和，剩余财产不足以支付的，按照优先股股东持股比例分配。

（三）优先股发行中券商推荐工作报告的编写与要点

《全国中小企业股份转让系统优先股业务指引（试行）》第 42 条规定：发行人在披露优先股转让公告的同时，应当披露定向发行优先股说明书、发行情况报告书、主办券商推荐工作报告和法律意见书。根据《全国中小企业股份转让系统优先股业务指南第 2 号——主办券商推荐工作报告的内容与格式》第 2 条的规定，主办券商向全国中小企业股份转让系统有限责任公司推荐优先股发行备案或挂牌的，应当按照指南的要求编制和披露推荐工作报告。下面简要阐述推荐工作报告的编写及其要点：

1. 编写的原则与总体要求。主办券商出具推荐工作报告，应建立在充分了解发行人经营状况、财务状况和风险因素等相关信息的基础之上，切实履行尽职调查职责，保证报告相关内容的真实、准确、完整及报告结论的客观性。主办券商应对照指南及有关规定逐项发表明确的结论性意见，并载明得出每项结论的查证过程及事实依据。

2. 推荐工作报告的主要内容。主办券商推荐工作报告应当包括以下内容：（1）本次优先股发行是否符合豁免申请核准的条件；（2）发行人是否符合《优先股试点管理办法》规定的发行条件；（3）发行人是否存在《优先股试点管理办法》规定的不得发行优先股的情形；（4）发行人的财务状况、偿付能力；（5）发行人的对外担保情况、未决诉讼或仲裁事项；（6）本次发行优先股决策程序的合法合规性；（7）本次优先股发行的规模、募集金额、票面股息率或发行价格的合法合规性；（8）本次发行优先股具体条款设置的合法合规性；（9）本次优先股发行对象的投资者适当性；（10）本次发行优先股的风险因素；（11）本次发行优先股对发行人、普通股股东、其他优先股股东（如有）的影响；（12）本次发行涉及公司章程修改的事项；（13）本次发行优先股的会计处理方法以及相关税费政策和依据；（14）非现金资产认购的相关事项（如有）；（15）主办券商认为需要说明的其他事项。最后，推荐工作报告应该得出本次优先股发行是否合法合规的结论。

3. 主办券商应当对发行人是否符合《优先股试点管理办法》规定的发行条件逐项发表明确意见：

（1）发行人是否符合合法规范经营的条件。包括但不限于：发行人及其控股股东、实际控制人、董事、监事和高级管理人员最近12个月内是否受到刑事处罚，或因重大违法行为受到行政处罚，或受到全国股转公司的纪律处分。发行人及其控股股东、实际控制人、董事、监事和高级管理人员是否因涉嫌犯罪正被司法机关立案侦查，或因重大违法行为受到行政机关的立案调查。重大违法行为的标准参照《全国中小企业股份转让系统股票挂牌条件适用基本标准指引》的相关规定。

（2）发行人是否符合公司治理机制健全的条件。包括但不限于：发行人是否按照《公司法》《非上市公众公司监督管理办法》的规定，建立股东大会、董事会、监事会和高级管理层组成的公司治理架构，是否制定相应的公司治理制度，并有效实施。董事会是否对公司治理的有效性进行讨论、评估。

（3）发行人是否符合依法履行信息披露义务的条件。包括但不限于：发行人是否按照相关规定，真实、准确、完整、及时、公平地披露了本次优先股发行应当披露的信息。发行人在申请普通股挂牌及挂牌期间是否规范履行了信息披露义务；是否曾因信息披露违规或违法，被全国股转公司依法采取纪律处分、被中国证监会采取监管措施或给予行政处罚。

4. 主办券商应当对发行优先股的具体条款设置是否合法合规发表明确意见，包括：

（1）优先股股东参与分配的股息率或其确定方式、股息发放的条件、股息支付方式、股息是否累积、是否参与剩余利润分配等事项是否明确，是否符合《优先股试点管理办法》的规定；

（2）优先股设置有赎回、回售、转换为普通股（如有）等特殊条款的，特殊条款是否明确，是否符合《优先股试点管理办法》的规定；

（3）优先股股东参与分类表决、优先股股东表决权的限制与恢复等安排是否明确，是否符合《优先股试点管理办法》的规定；

（4）优先股的清偿顺序，每股清算金额是否明确，是否符合《优先股试点管理办法》的规定。

5. 主办券商应当对优先股发行对象的人数和投资者适当性发表意见，包括但不限于：

（1）优先股的发行对象是否符合《优先股试点管理办法》规定的投资者人数限制；

（2）优先股的发行对象是否符合《优先股试点管理办法》规定的投资者适当性的要求；

（3）发行人的董事、高级管理人员及其配偶是否参与认购本公司发行的优先股。

下例为推荐工作报告的参考目录：

案例 8.3.7

优先股发行推荐工作报告目录

一、本次优先股发行是否符合豁免申请核准的条件

二、发行人是否符合《优先股试点管理办法》规定的发行条件

1. 发行人是否符合合法规范经营的条件

2. 发行人是否符合公司治理机制健全的条件

3. 发行人是否符合依法履行信息披露义务的条件

三、发行人是否存在《优先股试点管理办法》规定的不得发行优先股的情形

四、发行人的财务状况、偿付能力

1. 盈利能力分析

2. 偿债能力分析

3. 现金流量分析

4. 本次发行的担保安排

五、发行人的对外担保情况、未决诉讼或仲裁事项

六、本次发行优先股决策程序的合法合规性

七、本次优先股发行的规模、募集金额、票面股息率或发行价格的合法合规性

1. 发行规模、募集金额的合法合规性

2. 票面股息率、发行价格的合法合规性

八、本次发行优先股具体条款设置的合法合规性

1. 优先股股东参与分配的股息率或其确定方式、股息发放的条件、股息支付方式、股息是否累积、是否参与剩余利润分配等事项是否明确，是否符合《优先股试点管理办法》的规定；

2. 优先股设置有赎回、回售、转换为普通股（如有）等特殊条款的，特殊条款是否明确，是否符合《优先股试点管理办法》的规定；

3. 优先股股东参与分类表决、优先股股东表决权的限制与恢复等安排是否明确，是否符合《优先股试点管理办法》的规定；

4. 优先股的清偿顺序，每股清算金额是否明确，是否符合《优先股试点管理办法》的规定。

九、本次优先股发行对象的投资者适当性

1. 优先股的发行对象是否符合《优先股试点管理办法》规定的投资者人数限制；

2. 优先股的发行对象是否符合《优先股试点管理办法》规定的投资者适当性的要求；

3. 发行人的董事、高级管理人员及其配偶是否参与认购本公司发行的优先股。

十、本次发行优先股的风险因素

1. 本次优先股的投资风险

2. 发行人及原股东面临的与本次发行有关的风险

十一、本次发行优先股对发行人、普通股股东、其他优先股股东（如有）的影响

1. 本次发行优先股对公司的影响

2. 本次发行优先股对普通股股东的影响

3. 本次发行优先股对其他优先股股东的影响

十二、本次发行涉及公司章程修改的事项

十三、本次发行优先股的会计处理方法，以及相关税费政策和依据

1. 本次发行优先股的会计处理

2. 本次发行优先股的股息是否在所得税前列支及其政策依据

3. 投资者与本次发行的优先股转让、股息发放、回购等相关的税费、征收依据及缴纳方式

十四、非现金资产认购的相关事项（如有）

十五、结论

（四）优先股发行中法律意见书的编写与要点

《全国中小企业股份转让系统优先股业务指引（试行）》第42条规定：发行人在披露优先股转让公告的同时，应当披露定向发行优先股说明书、发行情况报告书、主办券商推荐工作报告和法律意见书。根据《全国中小企业股份转让系统优先股业务指南第3号——法律意见书的内容与格式》第2条的规定，律师事务所根据《业务指引》为优先股发行出具的法律意见书应当包括本指南规定的内容。下面简要阐述法律意见书的编写及其要点：

1. 编写的原则与总体要求。发行公司聘请的律师事务所及其委派的律师，应在尽职调查基础上，按指南的要求出具法律意见书，对照指南及有关规定逐项发表明确意见或结论。指南仅是对法律意见书内容的一般性要求，指南未明确要求，但律师认为对优先股发行有重大影响的法律问题，律师应当发表意见。律师应在法律意见书中详尽、完整地阐述所发表意见或结论的依据、进行有关核查验证的过程、所涉及的必要资料或文件。对不符合有关法律、法规和中国证监会、全国中小企业股份转让系统有关规定的事项，或已勤勉

尽责仍不能对其法律性质或其合法性作出准确判断的事项，律师应发表保留意见，并说明相应的理由。

2. 法律意见书的必备内容。律师应在进行充分核查验证的基础上，对优先股发行的下列（包括但不限于）事项明确发表结论性意见。所发表的结论性意见应包括是否合法合规、是否真实有效、是否存在纠纷或潜在风险；不存在下列事项的，也应明确说明：（1）关于发行人是否符合《优先股试点管理办法》第41条规定的发行条件；（2）发行人是否存在《优先股试点管理办法》第25条规定的不得发行优先股的相关情形；（3）本次优先股发行是否符合豁免申请核准的条件；（4）优先股发行规模和募集金额是否合法合规；（5）优先股股东的表决权、分配权等条款设置，以及优先股的赎回、回售和转股（如有）等特殊条款是否合法合规；（6）发行优先股的决策程序和定价结果是否合法合规；（7）发行对象是否符合投资者适当性和投资者人数限制的规定；（8）认购合同、公司章程等法律文件是否真实、合法、有效；（9）本次优先股发行涉及的公司章程修改内容是否与定向发行优先股说明书和发行情况报告书的相关内容一致；（10）律师事务所认为需要说明的其他事项。

下例为法律意见书的参考目录：

案例 8.3.8

优先股发行法律意见书

一、本次优先股发行的主体

1. 发行公司基本情况

2. 发行公司为全国中小企业股份转让系统的挂牌企业

3. 发行公司组织机构健全

二、本次优先股发行的批准与授权

1. 董事会、股东大会对本次优先股发行的批准与授权

2. 本次优先股发行需向全国中小企业股份转让系统备案

三、本次优先股发行对象的合规性

1. 本次优先股发行方案

2. 本次优先股发行对象的基本情况

四、本次优先股发行的过程

1. 发行公司董事会经法定程序合法有效地作出同意本次优先股发行的决议

2. 发行公司股东大会经法定程序合法有效地作出同意本次优先股发行的决议

五、本次优先股发行的法律文件

六、关于本次发行优先股是否符合《业务指南》和《优先股试点管理办法》相关规定的问题

1. 关于发行公司是否符合《优先股试点管理办法》第 41 条规定的发行条件的问题

2. 关于发行公司是否存在《优先股试点管理办法》第 25 条规定的不得发行优先股的相关情形

3. 本次优先股发行是否符合豁免申请核准的条件

4. 关于优先股发行规模和募集金额是否合法合规问题

5. 关于优先股股东的表决权、分配权等条款设置，以及优先股的赎回、回售和转股等特殊条款是否合法合规的问题

6. 关于发行优先股的决策程序和定价结果是否合法合规的问题

7. 关于发行对象是否符合投资者适当性和投资者人数限制规定的问题

8. 关于认购合同、公司章程等法律文件是否真实、合法、有效的问题

9. 关于本次优先股发行涉及的公司章程修改内容是否与定向发行优先股说明书和发行情况报告书的相关内容一致的问题

七、本次优先股发行的推荐机构

八、结论意见

（五）优先股发行情况报告书的编写与要点

根据《全国中小企业股份转让系统优先股业务指南第 1 号——发行备案和办理挂牌的文件与程序》的要求，发行公司应当在验资完成后的 10 个转让

日内，向全国中小企业股份转让系统接收申请材料的服务窗口（北京市西城区金融大街丁 26 号金阳大厦南门）报送备案文件，其中很重要的文件之一是《优先股发行情况报告书》。

根据《非上市公众公司信息披露内容与格式准则第 7 号——定向发行优先股说明书和发行情况报告书》的相关规定和要求，申请人应在发行情况报告书中披露如下内容：

1. 定向发行履行的相关程序、优先股的类型及主要条款、发行对象及认购数量、相关机构及经办人员；

2. 本次发行前后股本结构、股东人数、资产结构、业务结构、主要财务指标的变化情况；

3. 证券公司关于本次定向发行过程、结果和发行对象合规性的结论意见。内容至少包括：（1）关于本次定向发行过程、定价方法及结果的合法、合规性的说明；（2）关于本次定向发行对象是否符合《优先股试点管理办法》的规定，是否符合公司及其全体股东的利益的说明；（3）证券公司认为需要说明的其他事项。

4. 律师关于本次定向发行过程、结果和发行对象合规性的结论意见。内容至少包括：（1）关于发行对象资格的合规性的说明；（2）关于本次定向发行过程及结果合法、合规性的说明；（3）关于本次定向发行相关合同等法律文件的合规性的说明；（4）本次定向发行涉及资产转让或者其他后续事项的，应陈述办理资产过户或者其他后续事项的程序、期限，并对因资产瑕疵导致不能过户的法律风险进行评估；（5）律师认为需要说明的其他事项。

5. 由于情况发生变化，导致董事会决议中关于本次定向发行的有关事项需要修正或者补充说明的，申请人应在发行情况报告书中作出专门说明。

6. 申请人全体董事、监事、高级管理人员应在发行情况报告书的首页声明：公司全体董事、监事、高级管理人员承诺本发行情况报告书不存在虚假记载、误导性陈述或重大遗漏，并对其真实性、准确性、完整性承担个别和连带的法律责任。声明应由全体董事、监事、高级管理人员签名，并由申请人加盖公章。

下例为优先股发行情况报告书的参考目录：

案例 8.3.9

优先股发行情况报告书

一、本次发行的基本情况

1. 本次定向发行履行的相关程序

2. 发行对象的名称、类型及认购数量及关联交易情况

3. 本次发行优先股的类型及主要条款

4. 相关机构及经办人员

二、本次发行前后股本结构、股东人数、资产结构、业务结构、主要财务指标的变化情况

1. 本次股票发行前后的股本结构

2. 股东人数变动情况

3. 资产结构变动情况

4. 业务结构变动情况

5. 主要财务指标变化

三、主办券商关于中视文化本次非公开发行过程、结果和发行对象合规性的结论意见

1. 关于发行过程、定价方法及结果合法合规的意见

2. 关于发现对象选择合法合规的意见

3. 主办券商认为需要说明的其他事项

四、律师事务所关于中视文化本次定向发行过程、结果和发行对象合规性的结论意见

1. 关于发行对象资格的合规性说明

2. 关于本次定向发行过程及结果合法、合规性的说明

3. 关于本次定向发行相关合同等法律文件的合规性说明

4. 本次定向发行关于资产转让或其他后续事项的合规性说明

五、其他事项

第九章　挂牌企业定向增发普通股实务

第一节　挂牌企业定向增发概述

一、定向增发的概念

新三板定向增发，又称新三板定向发行，是指申请挂牌公司、挂牌公司向特定对象发行股票的行为，《全国中小企业股份转让系统业务规则（试行）》第四章第三节第 4.3.1 条规定，“本业务规则规定的股票发行，是指申请挂牌公司、挂牌公司向符合全国股份转让系统投资者适当性管理要求的对象发行股票的行为”。其作为新三板股权融资的主要功能，对解决新三板挂牌企业发展过程中的资金问题发挥了极为重要的作用。

新三板定向增发的作用与好处：

1. 提升价值。将原企业资本通过资本市场扩大，从而提升公司的资产价值。

2. 缩小差距。允许挂牌企业进行定向股权融资，凸显新三板的融资功能，缩小与主板、创业板、中小板融资功能的差距。

3. 增加股份来源。由于增加了挂牌企业的股份供给，可以解决做市商库存股份来源问题。

4. 避免股份稀释。挂牌企业可以进行定向发行，但这并不是一个强制要求，拟挂牌企业可以根据自身对资金的需求来决定是否进行股权融资，如此就有效避免了股份大比例稀释的情况出现。

5. 强化控制。对于控股比例较低的股东而言，通过定向增发可进一步强化对挂牌企业的控制。

6. 强化市值导向机制。通过定向增发，减少了管理层次，使大量外部性问题内部化，降低了交易费用，能够更有效地通过股权激励等方式强化市值导向机制。

7. 时机选择的重要性。当前挂牌企业估值尚处于较低位置，此时采取定向增发对股东而言，能获得更多股份，从未来减持角度考虑，更为有利。

8. 企业发展。定向增发可以作为一种新的并购手段，促进优质龙头公司通过并购实现成长。

9. 减少风险。非公开发行大股东以及有实力的、风险承受能力较强的适格投资人可以以接近市价乃至超过市价的价格，为挂牌企业输送资金，尽量减少小股民的投资风险。

二、定向增发时点

1. 挂牌的同时可以进行定向发行

《全国中小企业股份转让系统业务规则（试行）》第 4.3.5 条规定："申请挂牌公司申请股票在全国股份转让系统挂牌的同时定向发行的，应在公开转让说明书中披露"，该条明确了企业在新三板挂牌的同时可以进行定向融资。

2. 储架发行（挂牌后增发）

储架发行是相对于传统发行的概念。一般是指在证券发行实行注册制的基础上，发行人一次注册，多次发行的机制。

《非上市公众公司监督管理办法》第 44 条规定："公司申请定向发行股票，可申请一次核准，分期发行。自中国证监会予以核准之日起，公司应当在 3 个月内首期发行，剩余数量应当在 12 个月内发行完毕。超过核准文件限定的有效期未发行的，须重新经中国证监会核准后方可发行，首期发行数量应当不少于总发行数量的50%，剩余各期发行的数量由公司自行确定，每期发行后5个工作日内将发行情况报中国证监会备案”。

储架发行可在一次核准的情况下为挂牌公司一年内的融资留出空间。如挂牌公司在与投资者商定好500万元的增资额度时，可申请1000万元的发行额度，先完成500万元的发行，后续500万元的额度可与投资者根据实际经营情况再行商议发行或者不发行，并可重新商议增发价格。该制度除能为挂牌公司节约大量的时间和成本，还可以避免挂牌公司一次融资额度过大，造成股权过度稀释或资金使用效率低下。

三、定向发行对象及其限售期

1. 定向发行对象

定向发行对象除现有股东外，合计不得超过35人。认购对象包括：公司股东；公司的董事、监事、高级管理人员、核心员工；符合投资者适当性管理规定的自然人投资者、法人投资者及其他经济组织。核心员工的认定，应当由公司董事会提名，并向全体员工公示和征求意见，由监事会发表明确意见后，经股东大会审议批准。投资者适当性管理规定由中国证监会另行制定。

值得说明的是，如果挂牌公司原有股东、董事、监事、高级管理人员及核心员工参与本公司定向发行，是不需要适用《全国中小企业股份转让系统投资者适当性管理细则》中关于机构投资者或者自然人投资者要求的。但如果不符合上述要求，亦不可以参与其他挂牌公司定向发行及公开转让。也就是说，挂牌公司原有股东不符合投资者适当性要求，则只能买卖其持有或曾持有挂牌公司的股票。

2. 定向发行对象限售期

《全国中小企业股份转让系统业务规则（试行）》放松了对挂牌公司股东的限售要求，仅对控股股东及实际控制人有“两年三批”的要求：新三板挂牌公司控股股东及实际控制人在挂牌前直接或间接持有的股票分3批解除转让限制，每批解除转让限制的数量均为其挂牌前所持股票的1/3，解除转让限制的时间分别为挂牌之日、挂牌期满一年和两年。挂牌前12个月以内控股股东及实际控制人直接或间接持有的股票进行过转让的，该股票的管理按照前款规定执行，主办券商为开展做市业务取得的做市初始库存股票除外。

新三板并未突破《公司法》中对股份限售的要求，股东的限售必须遵照《公司法》的要求执行，即发起人持有的本公司股份，自公司成立之日起一年内不得转让。公司董事、监事、高级管理人员应当向公司申报持有的本公司的股份及其变动情况，在任职期间每年转让的股份不得超过其所持有公司股份总数的25%。上述人员离职后半年内，不得转让其所持有的本公司的股份。

由于新三板无公开发行股份，因此，在新三板挂牌交易的股票不受《公司法》中“公司公开发行股份前已发行的股份，自公司股票在证券交易所上市交易之日起一年内不得转让”规定的限制。

四、定向发行投资者门槛和参与的步骤

1. 定向发行投资者的门槛

《投资者适当性管理细则》第6条规定了参与挂牌公司股票定向发行的投资者准入标准：一是符合《非上市公众公司监督管理办法》第39条规定的投资者；二是符合参与挂牌公司股票公开转让条件的投资者：

机构投资者：

（1）实收资本或实收股本总额500万元人民币以上的法人机构；

（2）实缴出资总额500万元人民币以上的合伙企业。

自然人投资者：

（1）在签署协议之日前，投资者本人名下最近10个转让日的日均金融资产500万元人民币以上。金融资产是指银行存款、股票、债券、基金份额、资产管理计划、银行理财产品、信托计划、保险产品、期货及其他衍生产品等。

（2）具有2年以上证券、基金、期货投资经历，或者具有2年以上金融产品设计、投资、风险管理及相关工作经历，或者具有《办法》第8条第一

款规定的证券公司、期货公司、基金管理公司及其子公司、商业银行、保险公司、信托公司、财务公司，以及经行业协会备案或者登记的证券公司子公司、期货公司子公司、私募基金管理人等金融机构的高级管理人员任职经历。

具有前款所称投资经历、工作经历或任职经历的人员属于《证券法》第43条规定禁止参与股票交易的，不得申请参与挂牌公司股票公开转让。

2. 投资者参与挂牌公司定向发行的步骤

参与挂牌公司定向发行的投资者，应当按下列步骤操作：首先，确认自身符合《投资者适当性管理细则》第6条的规定；其次，关注全国中小企业股份转让系统官网“信息披露”栏目下挂牌公司股票发行信息以及主办券商所提供的股票发行信息，并与意向投资项目联系人进行沟通；再次，积极参与意向投资项目的路演与询价，确定投资细节；最后，按照《全国中小企业股份转让系统股票发行业务指南》进行出资缴款，并办理股份登记。

五、现有股东的优先认购权

挂牌公司股票发行以现金认购的，公司现有股东在同等条件下对发行的股票有权优先认购。每一股东可优先认购的股份数量上限为股权登记日其在公司的持股比例与本次发行股份数量上限的乘积。公司章程对优先认购另有规定的，从其规定。

召开董事会审议定向发行方案时，应明确现有股东优先认购安排。现有股东可以参与认购，也可以放弃参与认购。同时，认购办法中应当明确现有股东放弃优先认购股票份额的认购安排。现有股东优先认购的，在相同认购价格下应优先满足现有股东的认购需求。

需要说明的是，优先认购是公司现有股东的权利，而非义务，因此股东可以自愿放弃优先认购。股东自愿放弃优先认购的，签订书面承诺或声明是方式之一，但并非唯一方式。出于尊重公司自治的原则，相关规则允许通过修改公司章程，直接排除优先认购的适用。此外，公司也可以在发行方案、认购办法等信息披露文件中说明，现有股东在缴纳期限内未缴款的，视为放弃优先认购权。

六、发行价格和数量

1. 发行价格

根据《非上市公众公司监督管理办法》《全国中小企业股份转让系统业务规则（试行）》及《全国中小企业股份转让系统股票发行业务细则（试行）》，挂牌公司可以采取定价发行或者询价发行方式，发行价格没有法律要求。如采取定价发行方式，发行价格多为挂牌公司和投资者沟通协商确定。

定价一般为参考公司所处行业、成长性、每股净资产、市盈率等因素，并与投资者沟通后确定。只有宣爱智能和尚水股份等少数几家公司明确以每股净资产作为定向发行价格，这几家公司的共同点是都仅对原股东与核心员工进行定向发行，没有外部投资者参与。

2. 发行数量

目前，《非上市公众公司监督管理办法》《全国中小企业股份转让系统业务规则（试行）》及《全国中小企业股份转让系统股票发行业务细则（试行）》等法规对挂牌公司可发行数量均未有法律要求。挂牌公司可根据资金需求量、发行价格、发行后持股比例等合理确定发行数量。同时，根据上述监管规则，挂牌公司定向发行没有次数限制，各定向发行方案之间没有时间间隔限制。

七、注意事项

1. 通过定向发行变更控股股东和实际控制人应注意事项（借壳）

如挂牌公司通过定向发行变更控股股东和实际控制人，则应注意：

（1）发行对象（即收购方）应不存在《非上市公众公司收购管理办法》（以下简称《收购管理办法》）第6条关于不得收购公众公司的情形及其他法律法规规定禁止收购公众公司的情形，具备收购公众公司的主体资格。

（2）挂牌公司定向发行后，发行对象成为挂牌公司第一大股东或者实际控制人的，在收购完成后12个月内不得转让。

（3）在按照《非上市公众公司监督管理办法》《全国中小企业股份转让系统股票发行业务细则（试行）》等法规规定办理信息披露、股份备案、股份登记等事宜的同时，也应该按照《非上市公众公司信息披露内容与格式准则第5号——权益变动报告书、收购报告书和要约收购报告书》进行信息披露。

2. 做市商参与定向发行应注意的事项

根据《全国中小企业股份转让系统股票转让方式确定及变更指引》第7条和第12条：如股票挂牌时拟采取做市转让方式的，需：

（1）2家以上做市商同意为申请挂牌公司股票提供做市报价服务，且其中一家做市商为推荐该股票挂牌的主办券商或该主办券商的母（子）公司；

（2）做市商合计取得不低于申请挂牌公司总股本5%或100万股（以孰低为准），且每家做市商不低于10万股的做市库存股票；

（3）全国股转系统规定的其他条件。

如挂牌后挂牌公司拟申请股票交易方式变更为做市转让方式的，需：

（1）2家以上做市商同意为该股票提供做市报价服务，并且每家做市商已取得不低于10万股的做市库存股票；

（2）全国股份转让系统公司规定的其他条件。此种情况下，做市商不要求为主办券商或主办券商的母（子）公司。

3. 挂牌公司应该注意的事项

机构投资者在定增市场比较活跃，同时，企业为了解决融资问题，大股东参与定增比例有所提升。

2016年8月17日，股转公司向各个主办券商下发《关于落实“两个加强、两个遏制”回头看自查工作的通知》，文件要求挂牌企业定向增发要进行自查，面临的监管压力较大。根据监管要求，全部自查追溯至2015年1月1日，包括全部募集资金使用流向在内，所有融资项目都要自查，并要求重新开立募集资金专户，与主办券商、存放募集资金的商业银行签订三方监管协议，制定募集资金管理制度并进行公告。也就是说，全部募集资金都要重新走一遍专户流程，开户、验资、三方监管协议。如果企业决定终止再融资，是否会涉及违约金，这是挂牌公司在定向增发协议中需要考虑的问题。

据统计数据表明，2016年以来，宣告终止定向增发的挂牌企业共计248家。其中，仅8月以来，就有46家公司决定放弃定增，占比近两成。因此，如果不能在规定时间内进行整改的话，很有可能导致挂牌公司放弃定向增发。

第二节　定向增发应该遵循的规则

新三板挂牌企业如果要定向发行，必须遵循的法律法规规则有：

1.《公司法》中关于股票发行和股票转让的相关规定。

2.《全国中小企业股份转让系统业务规则（试行）》。

3.《非上市公众公司监督管理办法》。

4.《全国中小企业股份转让系统股票发行业务细则》。

5.《全国中小企业股份转让系统股票发行业务指南》。

6. 新三板挂牌企业定向发行的系列业务指引，包括：

《全国中小企业股份转让系统股票发行业务指引第1号——备案文件的内容与格式（试行）》；

《全国中小企业股份转让系统股票发行业务指引第2号——股票发行方案及发行情况报告书的内容与格式（试行）》；

《全国中小企业股份转让系统股票发行业务指引第3号——主办券商关于股票发行合法合规性意见的内容与格式（试行）》；

《全国中小企业股份转让系统股票发行业务指引第4号——法律意见书的内容与格式（试行）》。

7. 新三板挂牌企业定向发行的系列信息披露准则，包括：

《非上市公众公司信息披露内容与格式准则第4号——定向发行申请文件》；

《非上市公众公司信息披露内容与格式准则第3号——定向发行说明书和发行情况报告书》。

8. 新三板挂牌企业定向发行相关问答

《挂牌公司股票发行常见问题解答（三）——募集资金管理、认购协议中特殊条款、特殊类型挂牌公司融资》;

《挂牌公司股票发行常见问题解答（二）——连续发行》;

《非上市公众公司监管问答——定向发行（一）》;

《非上市公众公司监管问答——定向发行（二）》。

第三节　挂牌企业定向增发操作实务与案例分析

定向增发在目前中国资本市场中是融资的常见手段，本节将以三门三友科技股份有限公司（证券代码 834475）等已经成功定向增发的公司为例，阐述新三板挂牌公司定向增发操作实务。

一、定向增发的流程

（一）定向增发的一般流程梳理如下表：

步骤	事项	具体内容
1	确定发行对象	签署《非公开发行股票认购合同》（涉及非货币财产出资的，先进行审计、评估）
2	制订股票发行方案，召开董事会	审议核心人员认定、审计评估报告、作价合理性、非现金关联交易、股票发行方案、认购合同、公司章程修正案、授权、股东大会通知等议案。审议《关于〈三门三友科技股份有限公司募集资金使用管理制度〉的议案》《关于〈三门三友科技股份有限公司募集资金存放与使用情况的专项报告〉的议案》
3	召开监事会	审议核心人员认定
4	召开股东大会	审议核心人员认定、作价合理性、非现金关联交易、股票发行方案、认购合同、公司章程修正案、授权

续表

步骤	事项	具体内容
5	披露《股票发行认购公告》	公告发出后，认购、缴款，并办理验资手续，出具《验资报告》
6	出具法律文件	律师出具法律意见书、券商出具合法合规性意见
7	上报材料	向股转系统申报以上材料
8	召开董事会、监事会	审议通过《关于〈三门三友科技股份有限公司募集资金存放与使用情况的专项报告〉的议案》

（二）定向增发的具体流程——以三门三友科技股份有限公司为例

1. 2015 年 12 月 2 日，第一届董事会第三次会议审议通过了《关于认定公司核心员工的议案》《关于签署附生效条件的〈股份认购协议〉的议案》《三门三友科技股份有限公司 2015 年第一次股票发行方案》《关于授权董事会全权办理本次股票定向发行相关事宜的议案》《关于修改公司章程部分条款的议案》《关于召开三门三友科技股份有限公司 2015 年第三次临时股东大会的议案》。

2. 2015 年 12 月 2 日，第一届监事会第二次会议审议通过了《关于认定公司核心员工的议案》。

3. 2015 年 12 月 3 日，披露《第一次股票发行方案》。

4. 2015 年 12 月 18 日，2015 年第三次临时股东大会审议通过了《关于认定公司核心员工的议案》《关于签署附生效条件的〈股份认购协议〉的议案》《三门三友科技股份有限公司 2015 年第一次股票发行方案》《关于授权董事会全权办理本次股票定向发行相关事宜的议案》《关于修改公司章程部分条款的议案》。

5. 2015 年 12 月 18 日，董事会披露《三门三友科技股份有限公司股票发行认购公告》。

6. 2016 年 5 月 16 日，董事会披露《三门三友科技股份有限公司 2015 年第一次股票发行情况报告书》《兴业证券股份有限公司关于三门三友科技股份有限公司股票发行合法合规性的意见》《浙江麦格律师事务所关于三门三友科技股份有限公司股票发行合法合规的法律意见书》。

7. 2016 年 5 月 19 日，公司本次股票发行新增股份在全国中小企业股份转让系统挂牌并公开转让。

8. 2016 年 8 月 22 日，第一届董事会第八次会议决议审议通过了《关于〈三门三友科技股份有限公司募集资金使用管理制度〉的议案》《关于〈三门三友科技股份有限公司募集资金存放与使用情况的专项报告〉的议案》。

9. 2016 年 8 月 22 日，第一届监事会第四次会议决议审议通过了《关于〈三门三友科技股份有限公司募集资金存放与使用情况的专项报告〉的议案》。

二、定向增发的重要文件及其编写指南

（一）股票发行方案的编写及要点

编写并公告股票发行方案是定向增发成功发行的关键步骤。股票发行方案一般包括：发行人（公司）声明、公司的基本信息、发行计划、董事会关于本次发行对公司影响的讨论与分析、其他需要披露的重大事项、拟签署的附生效条件的股份认购协议的主要内容、中介机构信息、董事、监事、高级管理人员有关声明等内容。

在股票发行方案中，发行人（公司）声明、发行计划、董事会关于本次发行对公司影响的讨论与分析、其他需要披露的重大事项、拟签署的附生效条件的股份认购协议的主要内容等非常重要，下面对其分别进行阐述：

1. 发行人（公司）声明。该部分内容主要是公司及相关人员对定向发行相关事项的声明和承诺，该方案经过的法律和章程规定的程序，投资风险由投资者自行负责，公司经营与收益的变化由公司负责。下例为“发行人声明”的参考文本：

案例 9.3.1

声　明

本次股票发行方案业经本公司第一届董事会第三次会议审议通过。

本公司全体董事、监事、高级管理人员承诺股票发行方案不存在虚假记载、误导性陈述或重大遗漏，并对其真实性、准确性和完整性承担个别和连带的法律责任。

根据《证券法》的规定，本公司经营与收益的变化，由本公司自行负责，由此变化引致的投资风险，由投资者自行负责。

2. 发行计划。该部分主要内容是发行目的、发行对象及现有股东的优先认购安排、发行价格及定价方法、发行数量及金额、公司挂牌以来的分红派息、转增股本及其对公司价格的影响、本次发行股票的限售安排或发行对象自愿锁定的承诺、募集资金用途、本次发行前滚存未分配利润的处置方案、本次发行拟提交股东大会批准和授权的相关事项、本次发行涉及主管部门审批、核准或备案事项情况等。

下例为"发行计划"的参考文本：

案例 9.3.2

发行计划

（一）发行目的

为进一步提高公司的资金实力，扩大业务规模，进而更好地支持公司市场拓展，促进公司的长期稳定发展，提升公司的盈利水平和抗风险能力，优化公司财务结构，进一步增强公司综合竞争力，决定进行本次股票发行。

（二）发行对象及现有股东的优先认购安排

1. 现有股东优先认购安排

根据《全国中小企业股份转让系统股票发行业务细则（试行）》的规定，公司在册股东享有本次股票发行的优先认购权，每一股东可优先认购的股份数量上限为股权登记日其在公司的持股比例与本次发行股份数量上限的乘积，经与公司股东充分沟通，部分在册股东行使了优先认购权，股东吴俊义认购 39 万股股份。原股东吴用、李彩球放弃本次发行的优先认购权，并于 2015 年 12 月 1 日出具放弃优先认购权的承诺函。

2. 发行对象

本次股票发行为对象确定的股票定向发行，发行对象为符合全国中小企业股份转让系统关于投资者适当性管理规定的机构投资者和自然人投资者，其中包括：(1) 公司的董事、高级管理人员及核心员工；(2) 其他自然人投资者。本次股票发行新增投资者合计不超过35名。经与公司股东充分沟通，在册股东吴俊义行使了优先认购权的同时，另行认购了4万股。认购具体发行对象、拟认购股数、认购金额、认购方式等信息如下表：(选取几个，不全部列出)

序号	投资者名称	认购对象身份	认购数量（股）	认购方式
1	吴敏晨	核心员工	5000	货币
2	何巧芝	监事	5000	货币
3	吴俊义	董事、高级管理人员	430000	货币
4	吴振宇	自然人投资者	260000	货币

....

(1) 吴敏晨，男，1985年出生，中国籍，身份证号码：3310221985××××××××，住所为浙江省三门县高枧乡吴岙村唐峰片162号。

(2) 何巧芝，女，1986年出生，中国籍，身份证号码：3310221986××××××××，住所为浙江省三门县亭旁镇坑河村1号。

(3) 吴俊义，男，1985年出生，中国籍，身份证号码：3310221985××××××××，住所为浙江省三门县高枧乡桥下村13号。

(4) 吴振宇，男，1978年出生，中国籍，身份证号码：3304021978××××××××，住所为杭州市上城区清泰街563号。

……

3. 本次股票发行对象与公司及主要股东的关联关系

本次股票发行新增的自然人投资者包括7名公司董事及/或高级管理人员、监事（何巧芝、吴俊义、毛玲丽、梁建明、陈顺保、郑丰敏、刘锋）、25名公司核心员工、1名自然人投资者（吴振宇）。

上述25名核心员工的认定履行了公司第一届董事会第三次会议（公告编号：2015—001）表决提名通过，向全体员工公示和征求意见，并由第一届监事会第二次会议（公告编号：2015—002）发表认定意见的程序，尚需公司2015年第三次临时股东大会审议批准。其中核心员工吴恩为公司在册股东吴用之弟；郑美芳、吴亚平为在册股东李彩球之弟妻；李文辉为在册股东吴俊义之妻。

除上述情况外，本次定向发行对象与三友科技及其主要股东之间无关联关系。

（三）发行价格及定价方法

本次发行股票的发行价格为8.00元/股。

本次股票发行价格综合考虑了宏观经济环境、公司所处行业、公司目前发展状况及成长性、每股净资产、市盈率等多方面因素并与投资者协商后确定。

（四）发行数量及金额

本次发行股票的种类为人民币普通股。

本次发行股票不超过130万股（含130万股），融资额不超过人民币1040万元（含1040万元）。

（五）公司挂牌以来的分红派息、转增股本及其对公司价格的影响

公司在董事会决议日至股份认购股权登记日期间不会发生除权、除息情况，不需对发行数量和发行价格进行相应调整。

公司自挂牌以来，未进行过分红派息、转增股本。

（六）本次发行股票的限售安排或发行对象自愿锁定的承诺

本次股票发行，公司向自然人投资者（吴振宇）发行之股票无限售安排，其所持新增股份可以一次性进入全国中小企业股份转让系统参与转让。发行对象亦未作出自愿锁定股份的承诺。

公司向核心员工吴敏晨、杨天安、陆修进等25名核心员工发行之股票分3批解除转让限制，每批解除转让限制的数量均为本人因本次发行取得公司股份的1/3，解除转让限制的时间分别为本次发行股份在中国证券登记结算有限

责任公司北京分公司办理股份登记手续之日起期满一年、两年和三年。

此外，鉴于吴俊义、郑丰敏为公司董事及高级管理人员，陈顺保为公司董事，何巧芝、毛玲丽、刘锋为公司监事，梁建明为公司高级管理人员，该7人通过本次股票发行新增股份应符合《公司法》第141条的规定，“公司董事、监事、高级管理人员应当向公司申报所持有的本公司的股份及其变动情况，在任职期间每年转让的股份不得超过其所持有本公司股份总数的25%；所持本公司股份自公司股票上市交易之日起一年内不得转让。上述人员离职后半年内，不得转让其所持有的本公司股份”。

（七）募集资金用途

本次募集资金将全部用于补充公司流动资金，加大市场开拓力度，加快公司业务发展。

（八）本次发行前滚存未分配利润的处置方案

本次股票发行前公司滚存未分配利润由新老股东共同分享。

（九）本次发行拟提交股东大会批准和授权的相关事项

本次股票发行拟提交股东大会批准和授权的相关事项如下：

1. 关于认定公司核心员工的议案；

2. 关于签署附生效条件的《股份认购协议》的议案；

3. 关于《三门三友科技股份有限公司2015年第一次股票发行方案》的议案；

4. 关于提请股东大会授权董事会全权办理本次股票定向发行相关事宜的议案；

5. 关于修改公司章程部分条款的议案。

（十）本次发行涉及主管部门审批、核准或备案事项情况

本次股票发行方案尚须经公司股东大会审议通过。

本次股票发行完成后公司股东人数不超过200人，因此，本次股票发行完成后仅需向全国中小企业股份转让系统有限责任公司备案，不涉及其他主管部门的审批或核准事项。

3. 董事会关于本次发行对公司影响的讨论与分析。主要内容包括：本次

股票发行对公司各方面的影响，对股东各方面的影响，是否存在其他风险等。

下例为“董事会关于本次发行对公司影响的讨论与分析”的参考文本：

案例 9.3.3

董事会关于本次发行对公司影响的讨论与分析

本次股票发行预计募集资金人民币不超过 1040 万元，公司股本规模、总资产、净资产、每股净资产等财务指标将有所提高，公司资产负债结构更趋稳健，公司偿债能力和抵御财务风险能力将有进一步提升。

本次发行募集资金补充公司流动资金有利于缓解公司流动资金压力，加大市场开拓力度，从而提高公司整体经营能力，增强公司的综合竞争力，为公司后续业务发展带来积极影响。

本次发行公司与控股股东及其关联人之间的业务关系、管理关系、关联交易及同业竞争等没有发生变化。

本次发行有利于增强公司的整体盈利能力，对其他股东权益或其他类别股东权益有积极影响，增加其在公司的权益。

本次股票发行不存在其他相关特有风险。

4. 其他需要披露的重大事项。主要内容包括：公司权益是否有被股东和关联方损害问题，公司董监高是否有违法行为，公司是否有损害股东和社会公共利益的违法行为等。

下例为“其他需要披露的重大事项”的参考文本：

案例 9.3.4

其他需要披露的重大事项

公司的权益不存在被股东及其关联方严重损害且尚未消除的情形；

公司不存在公司及其附属公司违规对外担保且尚未解除的情形；

公司现任董事、监事、高级管理人员最近 24 个月内未受到过中国证监会行政处罚或最近 12 个月内受到过全国股份转让系统公开谴责的情形；

公司不存在其他严重损害股东合法权益或者社会公共利益的情形。

5. 拟签署的附生效条件的股份认购协议的主要内容包括：股份认购协议的签署主体及签订时间、认购方式、认购价格及支付方式、自愿限售安排、协议的生效条件和生效时间、协议附带的任何保留条款、前置条件、估值调整条款、违约责任等。

下例为“拟签署的附生效条件的股份认购协议的主要内容”的参考文本：

案例 9.3.5

拟签署的附生效条件的股份认购协议的主要内容

（一）股份认购协议的签署主体及签订时间

甲方：三门三友科技股份有限公司

乙方：吴敏晨、杨天安、陆修进等 33 名自然人

签订时间：2015 年 12 月 1 日

（二）认购方式、认购价格及支付方式

1. 认购方式：投资者以现金方式认购；

2. 认购价格：股份发行价格为人民币 8.00 元 / 股；

3. 支付方式：投资者应于协议生效之后，按照公司公告的汇款时间（从公告发布到汇款日不少于 5 个工作日）内，将全部认购款足额打入公司指定验资账户。

（三）自愿限售安排

乙方身份为自然人投资者，新增股份可以一次性进入全国中小企业股份转让系统参与转让。发行对象亦未作出自愿锁定股份的承诺。

乙方身份为甲方董事、监事、高级管理人员的，其新增股份将依据《公司法》及全国股份转让系统相关业务规则执行办理限售。

此外，乙方为公司核心员工发行之股票分 3 批解除转让限制，每批解除转让限制的数量均为本人因本次发行取得公司股份的 1/3，解除转让限制的时间分别为本次发行股份在中国证券登记结算有限责任公司北京分公司办理股

份登记手续之日起期满一年、两年和三年。

（四）协议的生效条件和生效时间

协议经双方法定代表人或授权代表签字并加盖公章后成立，并在本次股票发行相关事宜获得公司董事会、股东大会依法定程序所通过的决议批准后生效。

（五）协议附带的任何保留条款、前置条件

协议除所述的生效条件外，未附带其他任何保留条款、前置条件。

（六）估值调整条款

协议没有约定估值调整条款。三门三友科技股份有限公司 2015 年第一次股票发行方案。

（七）违约责任

本协议签署后，任何一方（违约方）未能按本协议的规定履行其在本协议项下的义务，则被视为违约。

任何一方因违反本协议的规定而应承担的违约责任不因本协议的解除而解除。

本协议双方应恪守本协议，任何一方违约应向守约方赔偿因其违约而造成的全部直接损失。

（二）核心员工的认定的编写及要点

《投资者适当性管理细则》第 6 条规定了参与挂牌公司股票定向发行的投资者准入标准：一是符合《非上市公众公司监督管理办法》第 39 条规定的投资者；二是符合参与挂牌公司股票公开转让条件的投资者。《非上市公众公司监督管理办法》第 39 条规定，本办法所称定向发行包括向特定对象发行股票导致股东累计超过 200 人，以及股东人数超过 200 人的公众公司向特定对象发行股票两种情形。前款所称特定对象的范围包括下列机构或者自然人：（一）公司股东；（二）公司的董事、监事、高级管理人员、核心员工；（三）符合投资者适当性管理规定的自然人投资者、法人投资者及其他经济组织。因此只有认定为核心员工，才能成为新三板定向增发的合格投资者。

核心员工的认定应当由公司董事会提名并向全体员工公示和征求意见，由监事会发表明确意见后，经股东大会审议批准。

1. 下例为董事会会议表决情况的参考文本：

案例 9.3.6

会议表决情况

公司董事会审议通过《关于认定公司核心员工的议案》

议案内容：为鼓励和稳定对公司未来发展具有核心作用的员工，公司董事会通过对员工在工作中所表现出来的忠诚度、职业道德、工作业绩和工作能力以及努力程度的评价，提名吴敏晨、杨天安、陆修进、高伟、龚力、杨攀、周成武、郑士开、俞茂卓、徐亦岳、李建国、徐尚响、祁高宇、何义兴、梅义贝、吴恩、吴瑞华、王兴标、金定煜、吴建军、郑美芳、吴亚平、张弛、楼可麦、李文辉25名员工为公司核心员工，并向全体员工公示和征求意见，由公司监事会发表明确意见，提请股东大会审议。

表决结果：5票赞成、0票反对、0票弃权。

2. 下例为监事会会议表决情况的参考文本：

案例 9.3.7

会议表决情况

经与会监事审议，以现场投票表决的方式通过如下议案：审议通过《关于认定公司核心员工的议案》。议案内容：公司董事会对吴敏晨、杨天安、陆修进、高伟、龚力、杨攀、周成武、郑士开、俞茂卓、徐亦岳、李建国、徐尚响、祁高宇、何义兴、梅义贝、吴恩、吴瑞华、王兴标、金定煜、吴建军、郑美芳、吴亚平、张弛、楼可麦、李文辉25名核心员工的认定，经过了提名、征得本人同意并向全体员工公示和征求意见等程序，符合相关规定，且认定该25名员工为公司核心员工将有助于公司业务的发展，有利于激发公司员工工作的积极性，提高公司团队凝聚力，同意认定该25名员工为公司核心员工。表决结果：同意3票，反对0票，弃权0票。

3. 下例为股东大会会议表决情况的参考文本：

案例9.3.8

审议通过《关于认定公司核心员工的议案》

1. 议案内容：为鼓励和稳定对公司未来发展具有核心作用的员工，公司董事会通过对员工在工作中所表现出来的忠诚度、职业道德、工作业绩和工作能力以及努力程度的评价，公司董事会提名吴敏晨、杨天安、陆修进、高伟、龚力、杨攀、周成武、郑士开、俞茂卓、徐亦岳、李建国、徐尚响、祁高宇、何义兴、梅义贝、吴恩、吴瑞华、王兴标、金定煜、吴建军、郑美芳、吴亚平、张弛、楼可麦、李文辉25名员工为公司核心员工，并向全体员工公示和征求意见，由公司监事会发表明确意见。本议案已经公司第一届董事会第三次会议和第一届监事会第二次会议审议通过并向全体员工公示。

2. 表决结果：大会以13000000股同意、0股弃权、0股反对的表决结果，通过了《关于认定公司核心员工的议案》，同意股数占参加会议股东所代表股份的100%。

3. 回避情况：此议案不适用回避表决。

（三）定向发行法律意见书编写及要点

《非上市公众公司监督管理办法》第42条规定：公司应当按照中国证监会有关规定制作定向发行的申请文件，申请文件应当包括但不限于：定向发行说明书、律师事务所出具的法律意见书、具有证券期货相关业务资格的会计师事务所出具的审计报告、证券公司出具的推荐文件。公司持申请文件向中国证监会申请核准。按照《全国中小企业股份转让系统股票发行业务指引第4号——法律意见书的内容与格式（试行）》（在本部分内容中，以下简称“指引”）第3条的规定，公司聘请的律师事务所及其委派的律师（以下“律师”均指签名律师及其所任职的律师事务所），应在尽职调查基础上，按本指引的要求出具法律意见书，对照本指引及有关规定逐项发表明确意见或结论。下面简要阐述法律意见书的编写及其要点：

1. 编写的原则与总体要求。发行公司聘请的律师事务所及其委派的律师，应在尽职调查基础上，按指引的要求出具法律意见书，对照指引及有关规定逐项发表明确意见或结论。指引仅是股票发行法律意见书内容的最低要求，指引未明确要求，但律师认为对公司股票发行有重大影响的法律问题，律师应当发表意见。律师应在法律意见书中详尽、完整地阐述所发表意见或结论的依据、进行有关核查验证的过程、所涉及的必要资料或文件。对不符合有关法律、法规和中国证监会、全国股份转让系统公司有关规定的事项，或已勤勉尽责仍不能对其法律性质或其合法性作出准确判断的事项，律师应发表保留意见，并说明相应的理由。

2. 法律意见书的必备内容。律师应在充分核查验证的基础上，对本次股票发行的下列（包括但不限于）事项明确发表结论性意见。所发表的结论性意见应包括是否合法合规、是否真实有效、是否存在纠纷或潜在风险；不存在下列事项的，也应明确说明：（1）公司是否符合豁免向中国证监会申请核准股票发行的条件；（2）发行对象是否符合中国证监会及全国股份转让系统公司关于投资者适当性制度的有关规定；（3）发行过程及结果合法合规性的说明，包括但不限于董事会、股东大会议事程序是否合规，是否执行了公司章程规定的表决权回避制度，发行结果是否合法有效等；（4）与本次股票发行相关的合同等法律文件是否合法合规；（5）安排现有股东优先认购的，应当对优先认购的相关程序及认购结果进行说明；依据公司章程排除适用的，也应当对相关情况进行说明；（6）以非现金资产认购发行股份的，应当说明资产评估程序是否合法合规，是否存在资产权属不清或者其他妨碍权属转移的法律风险；标的资产尚未取得完备权属证书的，应说明取得权属证书是否存在法律障碍；以非现金资产认购发行股份涉及需呈报有关主管部门批准的，应说明是否已获得有效批准；资产相关业务需要取得许可资格或资质的，应说明是否具备相关许可资格或资质；（7）律师认为需要说明的其他问题。

有下列情形之一的，律师应当发表保留意见并予以说明，充分揭示其对本次股票发行的影响程度及存在的风险：（1）公司股票发行的全部或者部分事项不符合中国证监会和全国股份转让系统公司相关规定；（2）股票发行的事实不清楚，材料不充分，不能全面反映客观情况；（3）核查和验证范围受到客观条件的限制，律师无法取得应有证据；（4）律师已要求公司纠正、补充，而公司未予以纠正、补充；（5）律师已依法履行勤勉尽责义务，仍不能对全部或者部分事项作出准确判断；（6）律师认为应当予以说明的其他情形。律师出具保留意见的，全国股份转让系统公司可以要求公司予以说明或改正。下例为法律意见书的参考目录：

案例 9.3.9

定向增发的法律意见书

一、公司是否符合豁免向中国证监会申请核准股票发行的条件

1. 公司向特定对象发行股票后股东累计是否达到 200 人。

2. 公司在 12 个月内发行股票累计融资额是否超过公司净资产的 20%。

二、发行对象是否符合中国证监会及全国股份转让系统公司关于投资者适当性制度的有关规定

1. 发行对象基本情况。

2. 核心员工的认定。

3. 发行对象是否符合投资者适当性管理制度的有关规定。

三、发行过程及结果合法合规性的说明

1. 董事会、股东大会审议程序及回避表决情况。

2. 缴款及验资的相关情况。

四、与本次股票发行相关的合同等法律文件是否合法合规

1.《股份认购协议》，合同当事人主体资格是否合法有效，当事人意思表示是否真实、自愿，且合同内容是否违反法律、法规的强制性规定和社会公共利益。

2. 认购协议的主要内容包括认购股份数量、认购方式、支付方式、生效条件、违约责任、风险揭示及争议解决方式等，其约定是否合法有效。

五、优先认购的相关程序及认购结果

六、本次股票发行涉及的估值调整条款的合法性

七、非现金资产认购的情况说明

八、律师关于发行对象公司现有股东中存在私募投资基金管理人或私募投资基金，及其是否按照相关规定履行了登记备案程序的说明

九、律师认为其他需要说明的事项

十、本次发行的结论性法律意见

（四）股票定向增发中券商的股票发行合法合规性意见编写与要点

《非上市公众公司监督管理办法》第 42 条规定：公司应当按照中国证监会有关规定制作定向发行的申请文件，申请文件应当包括但不限于：定向发行说明书、律师事务所出具的法律意见书、具有证券期货相关业务资格的会计师事务所出具的审计报告、证券公司出具的推荐文件。公司持申请文件向中国证监会申请核准。依据《全国中小企业股份转让系统股票发行业务指引第 3 号——主办券商关于股票发行合法合规性意见的内容与格式（试行）》（在本部分内容中，以下简称“指引”）的规定，主办券商应根据《非上市公众公司监督管理办法》（以下简称《管理办法》）向全国股份转让系统公司履行股票发行备案程序的挂牌公司出具股票发行合法合规性意见，应当按照指引的要求编制，并与股票发行情况报告书一同披露。下面简要阐述主办券商关于股票发行合法合规性意见的编写及其要点。

1. 编写的原则与总体要求。主办券商向全国股份转让系统公司履行股票发行备案程序的挂牌公司出具股票发行合法合规性意见，应建立在充分了解公司经营状况、风险等现存问题的基础之上，切实对公司股票发行履行尽职调查职责，保证报告相关内容的真实、准确、完整及报告结论的客观性。主办券商应在合法合规性意见中对照指引及有关规定逐项发表明确的结论性意见，并载明得出每项结论的查证过程及事实依据。

2. 股票发行合法合规性意见的必备内容。股票发行主办券商合法合规性意见应当包括以下内容：（1）关于本次股票发行是否符合豁免申请核准条件

的意见；（2）关于公司治理规范性的意见；（3）关于公司是否规范履行了信息披露义务的意见；（4）关于本次股票发行对象是否符合投资者适当性要求的意见；（5）关于发行过程及结果是否合法合规的意见；（6）关于发行定价方式、定价过程是否公正、公平，定价结果是否合法有效的意见；（7）关于公司本次股票发行现有股东优先认购安排规范性的意见；（8）主办券商认为应当发表的其他意见。

3. 具体应该注意的事项

主办券商应对公司符合《管理办法》中豁免申请核准股票发行的情形进行说明；主办券商应当对公司治理是否存在违反《管理办法》第二章规定的情形发表明确意见；如不存在违规情形，也应当进行说明。主办券商应对公司是否已按照相关规定，真实、准确、完整、及时、公平地披露了本次股票发行应当披露的信息发表明确意见。

主办券商还应对公司在申请挂牌及挂牌期间是否规范履行了信息披露义务，是否曾因信息披露违规或违法，被全国股份转让系统公司依法采取监管措施或纪律处分、被中国证监会采取监管措施或给予行政处罚进行说明。

对于曾被给予行政处罚、采取监管措施或纪律处分的挂牌公司，主办券商应在合法合规性意见中就被惩处事项对公司的影响、是否已督促挂牌公司及时改正、相关责任人处理情况及相关信息披露事项的整改情况进行说明。

主办券商应当对本次股票发行新增股东是否符合投资者适当性要求发表明确意见，并列明作出判断的主要依据。

主办券商应对本次股票发行过程的规范性及结果的有效性发表明确意见，包括但不限于：董事会、股东大会议事程序是否合规，是否执行了公司章程规定的表决权回避制度，发行结果是否合法有效等。

主办券商应对本次股票发行定价程序的规范性及结果的有效性发表意见。

发行对象使用非现金资产认购发行股票的，主办券商应在合法合规性意见中对交易对手是否为关联方、标的资产权属是否清晰、审计或资产评估是否规范等事项发表明确意见。

涉及需呈报有关主管部门批准的，主办券商需对是否已获得有效批准发表明确意见；资产相关业务需要取得许可资格或资质的，主办券商需对是否具备相关许可资格或资质发表明确意见。

安排现有股东优先认购的，应当对优先认购的相关程序及认购结果进行说明；依据公司章程排除适用的，也应当对相关情况进行说明。

若主办券商认为公司尚有未披露或未充分披露且对本次股票发行有影响的重大信息或事项，可以进行补充披露，并提示该信息或事项对本次股票发行可能造成的影响。

主办券商法定代表人或法定代表人授权的代表、项目负责人应在合法合规性意见上签字，并加盖主办券商公章，注明报告日期。主办券商法定代表人授权他人代为签字的，需同时提供授权委托书原件。

下例为股票发行合法合规性意见的参考目录：

案例 9.3.10

股票发行合法合规性意见

一、关于本次股票发行符合豁免申请核准条件的意见

二、关于公司治理规范性的意见

1. 是否保障了股东的知情权、参与权、质询权和表决权，特别是中小股东，是否充分行使法律、行政法规和公司章程规定的合法权利。

2. 公司是否建立健全了投资者关系管理机制，保护投资者的合法权益。

3. 公司进行关联交易是否能够遵循平等、自愿、等价、有偿的原则，是否能保证交易公平、公允。

4. 公司是否按照相关规定建立会计核算体系、财务管理和风险控制等制度，能够确保公司财务报告真实可靠及行为合法合规。

三、关于公司是否规范履行了信息披露义务的意见

四、关于本次股票发行对象是否符合投资者适当性要求的意见

五、关于发行过程及结果是否合法合规的意见

六、关于发行定价方式、定价过程是否公正、公平，定价结果是否合法

有效的意见

七、关于公司本次股票发行现有股东优先认购安排规范性的意见

八、主办券商关于股票认购对象及挂牌公司现有股东中存在私募投资基金管理人或私募投资基金，及其是否按照相关规定履行了登记备案程序的说明

九、关于公司本次定向发行是否适用股份支付的意见

十、主办券商认为应当发表的其他意见

1. 是否存在对赌情况。

2. 是否有限售安排。

3. 新增投资者以何种形式认购。

4. 是否存在以信托、委托他人或接收他人委托等方式认购或持有公司股票的情形。

5. 是否存在持股平台。

（五）股票发行情况报告书的编写与要点

根据《非上市公众公司信息披露内容与格式准则第 3 号——定向发行说明书和发行情况报告书》的要求，申请人应在中国证监会指定网站（nlpc.csrc.gov.cn）和全国中小企业股份转让系统公司指定的信息披露平台（www.neeq.com.cn 或 www.neeq.cc）披露定向发行说明书及其备查文件、发行情况报告书和中国证监会要求披露的其他文件，供投资者查阅。

根据《全国中小企业股份转让系统股票发行业务指引第 2 号——股票发行方案及发行情况报告书的内容与格式（试行）》的要求，申请人应在发行情况报告书中披露如下内容：

1. 本次发行的基本情况

发行基本情况应包括本次发行股票的数量、发行价格、现有股东优先认购的情况、其他发行对象情况及认购股份数量等。

2. 发行前后相关情况对比

本次发行前后前 10 名股东持股数量、持股比例及股票限售等比较情况；

本次发行前后股本结构、股东人数、资产结构、业务结构、公司控制权以及董事、监事、高级管理人员及核心员工持股的变动情况；发行后主要财务指标变化。最近两年主要财务指标、按股票发行完成后总股本计算的每股收益等指标的变化情况。

3. 新增股份限售安排（如有）

本次股票发行股份如有限售安排的，应当予以说明；如无限售安排的，也应说明。

4. 主办券商关于本次股票发行合法合规性的结论性意见

（1）关于本次股票发行是否符合豁免申请核准条件的意见；

（2）关于公司治理规范性的意见；

（3）关于公司是否规范履行了信息披露义务的意见；

（4）关于本次股票发行对象是否符合投资者适当性要求的意见；

（5）关于发行过程及结果是否合法合规的意见；

（6）关于发行定价方式、定价过程是否公正、公平，定价结果是否合法有效的意见；

（7）关于公司本次股票发行现有股东优先认购安排规范性的意见；

（8）主办券商认为应当发表的其他意见。

5. 律师事务所关于本次股票发行的结论性意见

发行情况报告书应披露律师事务所关于本次股票发行法律意见书的结论性意见，至少包括以下内容：

（1）公司是否符合豁免向中国证监会申请核准股票发行的条件；

（2）发行对象是否符合中国证监会及全国股份转让系统公司关于投资者适当性制度的有关规定；

（3）发行过程及结果合法合规性的说明，包括但不限于：董事会、股东大会议事程序是否合规，是否执行了公司章程规定的表决权回避制度，发行结果是否合法有效等；

（4）与本次股票发行相关的合同等法律文件是否合法合规；

（5）安排现有股东优先认购的，应当对优先认购的相关程序及认购结果进行说明，依据公司章程排除适用的，也应当对相关情况进行说明；

（6）以非现金资产认购发行股份的，应当说明资产评估程序是否合法合规，是否存在资产权属不清或者其他妨碍权属转移的法律风险；标的资产尚未取得完备权属证书的，应说明取得权属证书是否存在法律障碍；以非现金资产认购发行股份涉及需呈报有关主管部门批准的，应说明是否已获得有效批准；资产相关业务需要取得许可资格或资质的，应说明是否具备相关许可资格或资质；

（7）律师认为需要说明的其他问题。

律师已勤勉尽责仍不能发表肯定性意见的，应发表保留意见，并说明相应的理由及其对本次股票发行的影响。

6. 公司全体董事、监事、高级管理人员的公开声明

全体董事、监事、高级管理人员应在发行情况报告书正文后声明：

“公司全体董事、监事、高级管理人员承诺本发行情况报告书不存在虚假记载、误导性陈述或重大遗漏，并对其真实性、准确性和完整性承担个别和连带的法律责任”。

公司全体董事、监事、高级管理人员应在股票发行方案的尾页签名，并加盖公司公章。

7. 备查文件

下例为定向增发情况报告书的参考目录：

案例 9.3.11

定向增发情况报告书

一、本次发行的基本情况

1. 发行股票的数量。

2. 发行价格。

3. 现有股东优先认购的情况。

4. 其他发行对象及认购股份数量的情况。

5. 本次发行后，控股股东或实际控制人是否发生变化。

6. 本次发行是否经中国证监会核准。

二、发行前后相关情况对比

1. 发行前后，股东持股数量、持股比例及股票限售等比较情况。

2. 本次发行前后股本结构、股东人数、资产结构、业务结构、公司控制权以及董事、监事、高级管理人员及核心员工持股的变动情况。

3. 发行后主要财务指标变化。

三、新增股份限售安排

四、主办券商关于本次股票发行合法合规性的结论性意见

1. 关于发行过程、定价方法及结果合法合规的意见。

2. 关于发现对象选择合法合规的意见。

3. 关于发行股票限售性安排的合理合法的意见。

4. 主办券商认为需要说明的其他事项。

五、律师事务所关于本次股票发行的结论性意见

1. 关于发行对象资格的合规性说明。

2. 关于本次定向发行过程及结果合法、合规性的说明。

3. 关于本次定向发行相关合同等法律文件的合规性说明。

4. 关于本次定向发行股东优先认购权，发行价格和认购方式的合规性说明。

5. 本次定向发行关于资产转让或其他后续事项的合规性说明。

六、公司全体董事、监事、高级管理人员的公开声明

七、备查文件

（六）股票发行新增股份在全国中小企业股份转让系统挂牌并公开转让的提示性公告的编写

下例为“提示性公告”的参考文本

案例 9.3.12

股票发行新增股份在全国中小企业股份转让系统挂牌并公开转让的提示性公告

公司本次股票发行新增股份数量总额为 1300000 股，其中限售 870000 股，不予限售 430000 股，公司本次股票发行新增股份将于 2016 年 5 月 19 日在全国中小企业股份转让系统挂牌并公开转让。《三门三友科技股份有限公司 2015 年第一次股票发行情况报告书》《兴业证券股份有限公司关于三门三友科技股份有限公司股票发行合法合规性的意见》《浙江麦格律师事务所关于三门三友科技股份有限公司股票发行合法合规的法律意见书》等相关文件已披露在全国中小企业股份转让系统信息披露平台（www.neeq.com.cn 或 www.neeq.cc），供投资者查阅。

（七）关于募集资金存放与实际使用情况的专项报告的编写

关于募集资金存放与实际使用情况的专项报告一般包括以下内容：募集资金基本情况、募集资金管理情况、募集资金的实际使用情况、变更募集资金投资项目的资金使用情况、募集资金使用及披露中存在的问题、关于公司募集资金存放与实际使用情况的结论性意见。

下例为“募集资金存放与实际使用情况的专项报告”的参考文本

案例 9.3.13

募集资金存放与实际使用情况的专项报告

一、募集资金基本情况

2015 年 12 月 18 日，三门三友科技股份有限公司（以下简称“公司”）2015 年度第三次临时股东大会审议通过《关于三门三友科技股份有限公司 2015 年第一次股票发行方案的议案》，拟发行不超过 130 万股（含 130 万股）普通股，募集资金总额不超过 1040 万元。截至 2015 年 12 月 25 日，公司收到认购人缴存的股份认购款 10400000 元，缴存银行为中国农业银行三门亭旁支行，账号为19950601040000684，并经中汇会计师事务所（特殊普通合伙）审验，出具中汇会验〔2015〕4165号验资报告。

公司于2016年4月5日收到股转系统函〔2016〕2824号《关于三门三友科技股份有限公司股票发行股份登记的函》。

截至2016年6月30日，公司上述发行股份募集的资金已使用完毕，使用情况详见本报告“三、募集资金的实际使用情况”。

二、募集资金管理情况

公司于2016年8月22日第一届董事会第八次会议审议并通过了《募集资金管理制度》。

公司2015年度募集资金10400000元，存放于中国农业银行三门亭旁支行19950601040000684账户，公司在取得股份登记函之前动用了部分募集资金。

截至2016年6月30日，公司上述发行股份募集的资金均使用完毕，故未与主办券商及商业银行签订募集资金三方监管协议。

三、募集资金的实际使用情况

公司于2015年1月1日至2016年6月30日，共发生一次发行股票募集资金的行为，股票发行募集资金的使用用途均为补充公司流动资金。

截至2016年6月30日，公司累计使用募集资金扣减发行费用之后实际募集金额为9942491.11元。具体使用情况如下：

单位：元

项目	2015年度	2016年1—6月	合计
补充公司流动资金	—	9942491.11	9942491.11
合计	—	9942491.11	9942491.11

四、变更募集资金投资项目的资金使用情况

截至2016年6月30日，公司无变更募集资金投资项目的情况。

五、募集资金使用及披露中存在的问题

公司募集资金认缴相关信息均及时、真实、准确、完整地在全国中小企业股份转让系统信息披露平台披露。公司募集资金的使用用途与股东大会通过的《股票发行方案》相符，不存在变更募集资金使用用途的情况。

但股票发行中公司存在未取得股份登记函之前提前使用募集资金的情况，具体情况如下：

公司于2016年1月18日将募集资金从验资账户转到公司基本户，并用于补充流动资金。上述募集资金提前动用情况未对公司募集资金造成实际的负面影响，同时公司对上述提前使用募集资金给投资者带来的不便深表歉意，敬请广大投资者谅解。

为确保后续股票发行募集资金合法合规使用，公司拟采取如下纠正和规范措施：

1. 公司及公司董事、监事、高级管理人员将加强对《公司法》、全国中小企业股份转让系统业务规则及公司内控制度的学习，严格按照相关法律法规和各项规章制度的规定履行相应的审批程序，切实提升公司规范治理水平，确保类似事件不再发生，真实、准确、及时、完整履行信息披露义务。

2. 公司已建立《募集资金管理制度》，完善募集资金存放、管理和使用的具体规定，明确各方义务和责任，对于违规使用募集资金的决策主体追究其责任。

六、关于公司募集资金存放与实际使用情况的结论性意见

虽然公司募集资金提前动用存在漏洞，但其实际使用均符合《全国中小企业股份转让系统股票发行业务指南》《全国中小企业股份转让系统股票发行业务细则（试行）》《挂牌公司股票发行常见问题解答（三）——募集资金管理、认购协议中特殊条款、特殊类型挂牌公司融资》等有关法律、法规和规范性文件。

上述发行股份募集资金未存放于募集资金专户，鉴于截至2016年6月30日，公司累计募集资金10400000元已使用完毕，故未与主办券商及商业银行签订募集资金三方监管协议。

第十章　挂牌企业投资实务

第一节　挂牌企业投资概述

一、投资的含义

1. 投资是指一定经济主体为了获取预期不确定的效益而将现期的一定收入转化为资本或资产。企业的投资活动分为两类：一是为对内扩大再生产，如购建固定资产、无形资产和其他长期资产；二是对外扩张，如对外股权、债权。投资一般可以分为狭义投资和广义投资；直接投资和间接投资；实物投资和金融投资；国家投资、企业投资、个人投资；盈利性投资和政策性投资；国内投资和国外投资；投资根据形式的不同，又可分为对固定资产的投资、房地产投资、有价证券投资、期货投资与期权投资、信托投资、项目投资等。

2. 新三板挂牌企业投资

全国中小企业股份转让系统，俗称“新三板”，由 2006 年试点的中关村股份报价转让系统经过全国扩容后演变而来。新三板挂牌企业已突破一万家，成为中国多层次资本市场结构中的坚实基础。新三板市场也将成为中国资本市场中规模最大、最具创新活力的股票交易所。

相对于未挂牌的中小企业，新三板企业的一个突出优势就是具备了一定的融资能力和股票市值，通过积极有效地对外投资和并购重组可以促进企业的外延式增长，而日趋成熟和活跃的新三板市场将助力企业跨越式发展。新三板企业可以通过发行股份对价，收购具有产业协同性的上下游企业，也可以通过定向增发募集资金进行参股或控股投资。通过有效的资本运作，挂牌企业可以快速组织产业资源，形成规模优势和产业壁垒，实现经营和资本双轮驱动下的快速成长。

没有投资就没有发展，投资贯穿于企业经营的始终：新建项目的投资、扩建项目的投资、技术改造的投资、参股控股的投资。每一项投资都蕴含着新的希望，每一次投资都面临着无尽的风险。

在新三板挂牌的企业，从新三板募集到大量资金后，这些募集的资金将主要用于以下几个方面的投资：设立全资子公司、对子公司增加注册资本、购买银行的理财产品、设立投资基金、进行海外投资等各个方面。

3. 新三板挂牌企业如果要进行投资，必须遵循的法律法规规则有：

（1）《公司法》的相关规定。《公司法》第 15 条规定：公司可以向其他企业投资；但是，除法律另有规定外，不得成为对所投资企业的债务承担连带责任的出资人。第 37 条和第 43 条规定了对公司增加或减少注册资本、发行债券等相关事宜必须由股东会会议按相关程序表决通过。

（2）《合伙企业法》的相关规定。《合伙企业法》第 3 条规定：国有独资公司、国有企业、上市公司以及公益性的事业单位、社会团体不得成为普通合伙人。

（3）《证券法》的相关规定。挂牌企业通过发行股票、债券募集资金，股票和债券的发行和交易要符合《证券法》的规定。

（4）《证券投资基金法》的相关规定。公开或非公开募集资金设立证券投资基金的必须符合《证券投资基金法》的规定。

（5）《非上市公众公司重大资产重组管理办法》对挂牌企业重大资产重组的信息管理及程序作了全面的规定。

（6）《全国中小企业股份转让系统业务规则（试行）》。

（7）《非上市公众公司监督管理办法》等。

第二节 挂牌企业重大资产重组规则及流程

为了规范非上市公众公司的重大资产重组行为，中国证监会于 2014 年 6 月 23 日颁布了《非上市公众公司重大资产重组管理办法》（以下简称《重组办法》）及配套的格式指引，全国股份转让系统也出台了相应的配套规则，该办法自 2014 年 7 月 23 日起施行，共五章 41 条。

一、什么是重大资产重组

根据《重组办法》，非上市公众公司的重大资产重组是指公众公司及其控股或者控制的公司在日常经营活动之外购买、出售资产或者通过其他方式进行资产交易，导致公众公司的业务、资产发生重大变化的资产交易行为。在判断标准方面，公众公司及其控股或者控制的公司购买、出售资产，达到下列标准之一的，构成重大资产重组：

（一）购买、出售的资产总额占公众公司最近一个会计年度经审计的合并财务会计报表期末资产总额的比例达到 50% 以上；

（二）购买、出售的资产净额占公众公司最近一个会计年度经审计的合并财务会计报表期末净资产额的比例达到 50% 以上，且购买、出售的资产总额占公众公司最近一个会计年度经审计的合并财务会计报表期末资产总额的比例达到 30% 以上。

在具体应用中，针对不同的资产类型，需要按以下原则进行判断：

（一）购买的资产为股权的，且购买股权导致公众公司取得被投资企业控股权的，其资产总额以被投资企业的资产总额和成交金额二者中的较高者为准，资产净额以被投资企业的净资产额和成交金额二者中的较高者为准；出售股权导致公众公司丧失被投资企业控股权的，其资产总额、资产净额分别以被投资企业的资产总额以及净资产额为准。

除前款规定的情形外，购买的资产为股权的，其资产总额、资产净额均以成交金额为准；出售的资产为股权的，其资产总额、资产净额均以该股权的账面价值为准。

（二）购买的资产为非股权资产的，其资产总额以该资产的账面值和成交金额二者中的较高者为准，资产净额以相关资产与负债账面值的差额和成交金额二者中的较高者为准；出售的资产为非股权资产的，其资产总额、资产净额分别以该资产的账面值、相关资产与负债账面值的差额为准；该非股权资产不涉及负债的，不适用第 2 条第 3 款第 2 项规定的资产净额标准。

（三）公众公司同时购买、出售资产的，应当分别计算购买、出售资产的相关比例，并以二者中比例较高者为准。

（四）公众公司在 12 个月内连续对同一或者相关资产进行购买、出售的，以其累计数分别计算相应数额。已按照本办法的规定履行相应程序的资产交易行为，无须纳入累计计算的范围。

二、全国股份转让系统重大资产重组制度的主要特点

一是减少事前的行政干预。对于非上市公众公司的重大资产重组行为，不设事前行政许可，以信息披露为抓手。只有发行股份购买资产构成重大资产重组的情况才涉及核准或备案要求。具体来说，公司发行股份购买资产构成重大资产重组，发行后股东人数累计超过 200 人的需要中国证监会核准，发行后股东人数累计不超过 200 人的需要向全国股份转让系统公司备案。

二是突出公司自治。对于一些涉及重组的具体事项，给予公司一定的自主权和选择空间。比如不限制支付手段定价、不强制要求对重组资产进行评估、不强制要求对重组作出盈利预测、不强制要求公司对重组拟购买资产的业绩进行承诺，但如果作出承诺的，应当披露相关承诺及未能履行承诺时的约束措施等。

三是简化要求，降低公司重组成本。比如简化非上市公众公司重大资产重组程序，不设重组委；实现独立财务顾问与主办券商结合，降低公司重组中聘请中介的支出；精炼信息披露内容，减少公司披露主观描述性的信息等。

四是强化中介机构的作用。主办券商持续督导是全国股份转让系统的市场特色之一，在公司重大资产重组减少行政干预的情况下，中介机构的作用更加突出。为此，《重组办法》对独立财务顾问的职能、权利与义务作了明确规定，并原则上规定了主办券商与独立财务顾问的“捆绑”，体现出突出主办券商制度、强化中介机构作用的立法思路。同时，《全国中小企业股份转让系统非上市公众公司重大资产重组业务指引（试行）》中也明确规定，为公司提供持续督导的主办券商未担任公司独立财务顾问的，应当遵守《全国中小企业股份转让系统业务规则（试行）》的规定，履行持续督导义务。

五是加强投资者保护。尽管全国股份转让系统有较高的投资者准入标准，但在整套重大资产重组制度中，对投资者的保护依然是立法重点之一。例如，《重组办法》中明确规定，股东人数超过 200 人的挂牌公司进行重大资产重组的，应当对出席会议的持股比例在 10% 以下的股东表决情况实施单独计票；同时退市公司进行重大资产重组的，其股东大会应当提供网络投票等方式，便利中小股东参会。

三、挂牌公司进行重大资产重组的条件

根据《重组办法》的规定，挂牌公司如需进行重大资产重组，需要同时满足以下 4 项条件：

第一，重大资产重组所涉及的资产定价公允，不存在损害公众公司和股东合法权益的情形。

第二，重大资产重组所涉及的资产权属清晰，资产过户或者转移不存在法律障碍，相关债权债务处理合法；所购买的资产，应当为权属清晰的经营性资产。

第三，实施重大资产重组后有利于提高公众公司资产质量和增强持续经营能力，不存在可能导致公众公司重组后主要资产为现金或者无具体经营业务的情形。

第四，实施重大资产重组后有利于公众公司形成或者保持健全有效的法

人治理结构。

四、挂牌公司重大资产重组在什么情况下需要进行备案或核准

根据《重组办法》的规定，只有发行股份购买资产构成重大资产重组时，才涉及核准或备案要求。具体来说，发行后股东人数累计不超过 200 人的需要向全国股份转让系统公司备案。公司发行股份购买资产构成重大资产重组，发行后股东人数累计超过 200 人的需要中国证监会核准，需要注意的是，备案和核准的时间节点及文件要求均有差异。

五、挂牌公司重大资产重组对于财务顾问的要求

挂牌公司进行重大资产重组，必须要聘请独立财务顾问，且应当聘请为其提供督导服务的主办券商为独立财务顾问，但存在影响独立性、财务顾问业务受到限制等不宜担任独立财务顾问的情形除外。挂牌公司也可以同时聘请其他具有资质的机构共同担任重大资产重组的财务顾问。

六、挂牌公司重大资产重组交易进程备忘录及制作要求

重大资产重组交易进程备忘录是挂牌公司进行重大资产重组的重要证明文件。根据《重组办法》的规定，公众公司筹划重大资产重组事项，应当详细记载筹划过程中每一具体环节的进展情况，包括商议相关方案、形成相关意向、签署相关协议或者意向书的具体时间、地点、参与机构和人员、商议和决议内容等，制作书面的交易进程备忘录并予以妥当保存。参与每一具体环节的所有人员应当即时在备忘录上签名确认。

七、挂牌公司进行重大资产重组时，什么情况下需要申请证券暂停转让？有什么需要注意的事项？

根据全国股份转让系统的相关业务规则，挂牌公司出现下列情形之一时，需立即向全国股份转让系统公司申请公司证券暂停转让：

1. 交易各方初步达成实质性意向。

2. 交易各方虽未达成实质性意向，但在相关董事会决议公告前，相关信息已在媒体上传播或者预计该信息难以保密或者公司股票转让出现异常波动的。

3. 本次重组需要向有关部门进行政策咨询、方案论证的。

除挂牌公司申请证券暂停转让的情形外，全国股份转让系统有权在必要的情况下对挂牌公司证券主动实施暂停转让。

特别需要注意的是，在申请暂停转让时，挂牌公司必须通过全国股份转让系统设置的专用传真机（010–63889872），在转让日收市后 15 时 30 分至 16 时 30 分之间发送暂停转让申请。全国股份转让系统不接受任何关于挂牌公司重大资产重组的咨询，也不接受任何相关材料。

八、重大资产重组完成后，挂牌公司需要披露的文件，独立财务顾问应当对公司进行持续督导

根据《重组办法》的规定，公司重大资产重组完成相关批准程序后，应当及时实施重组方案，并在本次重大资产重组实施完毕之日起 2 个工作日内，编制并披露实施情况报告书及独立财务顾问、律师的专业意见。

独立财务顾问应当按照中国证监会的相关规定，对实施重大资产重组的公众公司履行持续督导职责。持续督导的期限自公众公司完成本次重大资产重组之日起，应当不少于一个完整会计年度。独立财务顾问应当结合公众公司重大资产重组实施当年和实施完毕后的第一个完整会计年度的年报，自年报披露之日起 15 日内，对重大资产重组实施的下列事项出具持续督导意见，

报送全国股份转让系统，并披露：1. 交易资产的交付或者过户情况；2. 交易各方当事人承诺的履行情况及未能履行承诺时相关约束措施的执行情况；3. 公司治理结构与运行情况；4. 本次重大资产重组对公司运营、经营业绩影响的状况；5. 盈利预测的实现情况（如有）；6. 与已公布的重组方案存在差异的其他事项。

九、挂牌公司重大资产重组的主要流程

一般来说，重大资产重组大致可以分为现金购买资产和发行股份购买资产两种情况。在股东大会召开前，两种情况下重大资产重组需要履行的程序基本是一致的，都包括了申请暂停转让、提交内幕信息知情人相关材料、召开首次董事会、信息披露、全国股份转让系统审查、申请恢复转让、召开股东大会等。

在召开股东大会后，如果是现金购买资产的情形，公司可以继续推进重组程序，完成资产过户；如果是发行股份购买资产的情形，则需要向中国证监会申请核准或向全国股份转让系统申请备案，具体流程如下：

1. 申请暂停转让

公众公司及其控股股东、实际控制人等相关主体研究、筹划、决策重大资产重组事项，原则上应当在相关股票暂停转让后或者非转让时间进行。

2. 提交内幕信息知情人相关材料

根据全国股份转让系统的相关业务规则，挂牌公司应该当场在证券暂停转让之日起 5 个转让日内，向全国股份转让系统公司提交内幕信息知情人的相关资料。公司暂停转让日距离首次董事会召开之日不足 5 个转让日的，应当在申请暂停转让的同时报送上述材料。需要报送的文件包括：挂牌公司重大资产重组内幕信息知情人登记表、相关人员买卖公司证券的自查报告、公司重大资产重组交易进程备忘录及公司全体董事对内幕信息知情人报备文件真实性、准确性和完整性的承诺书。全国股份转让系统在收到上述材料后，将对内幕信息知情人在公司证券暂停转让前 6 个月的交易记录进行调查，对

自查报告进行核实。

3. 召开首次董事会

公众公司进行重大资产重组，应当由董事会依法作出决议，并提交股东大会审议。

4. 信息披露

根据《重组办法》的规定，公众公司召开董事会决议重大资产重组事项，应当在披露决议的同时披露本次重大资产重组报告书、独立财务顾问报告、法律意见书以及重组涉及的审计报告、资产评估报告（或资产估值报告）等文件。

如公众公司在就本次重大资产重组首次召开的董事会前，尚未完成相关资产的审计等工作，在披露首次董事会决议的同时应当披露重大资产重组预案及独立财务顾问对预案的核查意见。公众公司应在披露重大资产重组预案后6个月内完成审计等工作，并再次召开董事会，在披露董事会决议时一并披露重大资产重组报告书、独立财务顾问报告、法律意见书以及本次重大资产重组涉及的审计报告、资产评估报告（或资产估值报告）等文件。

5. 全国股份转让系统审查

在公司信息披露后，全国股份转让系统将在5个转让日内对信息披露的完备性进行审查：全国股份转让系统未对信息披露提出异议的，公司应当在审查期满后向全国股份转让系统申请证券恢复转让。

发现信息披露存在完备性问题的，全国股份转让系统有权要求公司对存在问题的信息披露内容进行解释、说明和更正；公司预计在原定最晚恢复转让日内仍无法恢复转让的，应当在接到全国股份转让系统关于信息披露异议的同时，申请延后最晚恢复转让日。发现公司重大资产重组信息披露存在重大瑕疵的，全国股份转让系统有权采取自律性监管措施并向中国证监会报告，公司应当同时申请证券持续暂停转让。

6. 申请恢复转让

根据全国股份转让系统的业务规则，挂牌公司在申请暂停转让时要确定最晚恢复转让日，该日期由公司自主确定，但暂停转让时间原则上不应超过3个月，且最晚恢复转让日与首次董事会召开日之间的时间间隔不少于9个转让日。暂停转让时间确需超过3个月的，应当向全国股份转让系统公司说明理由，并在取得全国股份转让系统公司的同意后发布关于公司证券需长期暂停转让的公告。

同时，挂牌公司申请证券暂停转让后，应当每月披露一次重大资产重组进展情况报告，说明重大资产重组的谈判、批准、定价等事项进展情况和可能影响重组的不确定因素。

7. 召开股东大会

股东大会就重大资产重组事项作出的决议，必须经出席会议的股东所持表决权的2/3以上通过。公众公司股东人数超过200人的，应当对出席会议的持股比例在10%以下的股东表决情况实施单独计票。公众公司应当在决议后及时披露表决情况。

前述所称持股比例在10%以下的股东，不包括公众公司董事、监事、高级管理人员及其关联人以及持股比例在10%以上股东的关联人。

公众公司重大资产重组事项与本公司股东或者其关联人存在关联关系的，股东大会就重大资产重组事项进行表决时，关联股东应当回避表决。

案例 10.2.1

随着我国经济的持续发展和产业的升级转型，企业间的资产并购重组和产业整合的浪潮渐行渐远。作为我国实体经济不可缺少的组成部分，新三板挂牌企业将会成为推动我国资产重组事业发展的重要力量，下面便以北京指南针科技发展股份有限公司（证券代码：430011）发行股份购买资产暨重大资产重组为例说明挂牌公司重大资产重组的实施流程。

首先，由挂牌企业出具重大资产重组之实施情况报告书，主要包括：1. 相关交易资产交付及过户情况；2. 证券发行登记办理情况；3. 相关实际情况与此前披露的信息是否存在差异；4. 相关协议及承诺的履行情况；5. 重组后公司治理的变动情况。

其次，由律师事务所出具重大资产重组之实施情况的法律意见书，主要包括：1. 本次重组方案概述；2. 本次重组的实施情况；3. 本次重组相关协议和承诺履行情况；4. 本次重组信息披露情况；5. 本次重组后公司治理的变动情况；6. 本次重组的后续事宜；7. 结论意见。

最后，由证券公司出具重大资产重组之实施情况的专项意见，主要包括：1. 关于本次交易的实施情况的意见；2. 相关实际情况与此前披露的信息是否存在差异的意见；3. 本次交易相关承诺履行情况说明；4. 重组后公司治理的变动情况；5. 独立财务顾问对本次交易的专业意见。

具体流程如下；

一、公司出具发行股份购买资产暨重大资产重组之实施情况报告书，具体内容包括以下方面

在本报告书中，除非另有所指，下列词语具有如下含义：

公司、指南针	指	北京指南针科技发展股份有限公司
全国股转系统公司	指	全国中小企业股份转让系统有限责任公司
中信证券	指	中信证券股份有限公司
本报告书	指	《北京指南针科技发展股份有限公司发行股份购买资产暨重大资产重组之实施情况报告书》
天一星辰、标的企业	指	天一星辰（北京）科技有限公司
广州展新、交付对方	指	广州展新通讯科技有限公司
元、万元	指	人民币元、人民币万元
本次交易	指	指南针通过向广州展新定向发行股票认购其持有的天一星辰 100% 的股权
《发行股份购买资产协议书》	指	广州展新与指南针就本次交易签署的附生效条件的《发行股份购买资产协议书》

（一）相关交易资产交付及过户情况

1. 相关价款交付或资产过户情况

2014 年 12 月 8 日，交易对方将其持有的天一星辰 100% 的股权过户至指南针名下，天一星辰取得了北京市工商行政管理局换发后的《营业执照》（注册号：110101009746013），相关工商登记手续已办理完毕。标的资产过户手

续已办理完成，指南针持有天一星辰 100% 的股权。

2. 相关债权债务处理情况

本次收购天一星辰 100% 股权的交易，经交易双方共同确认，本次交易不涉及天一星辰的债权债务转移，原由天一星辰承担的债权债务在交易完成日后仍然由其自行承担。

（二）证券发行登记办理情况

2015 年 2 月 27 日，指南针取得全国股份转让系统有限公司出具的《关于指南针科技发展股份有限公司发行股份购买资产暨重大资产重组股份登记的函》；2015 年 3 月 9 日，指南针赴中国证券登记结算有限责任公司北京分公司办理本次发行股份购买资产的新增股份登记。2015 年 3 月 13 日，指南针披露了《关于公司发行新增股份在全国中小企业股份转让系统挂牌并公开转让的公告》，本次发行新增股份 7000 万股，均为限售股，将于 2015 年 3 月 17 日起在全国中小企业股份转让系统挂牌。

（三）相关实际情况与此前披露的信息是否存在差异

截至本报告书披露之日，不存在实际情况与此前披露的信息存在差异的情形。

（四）相关协议及承诺的履行情况

1. 本次发行涉及的相关协议及履行情况

2014 年 11 月 4 日，公司与交易对方广州展新签署了《北京指南针科技发展股份有限公司与广州展新通讯科技有限公司关于北京指南针科技发展股份有限公司发行股份购买资产协议书》，指南针通过向广州展新公开发行股份的方式抵偿应向广州展新支付的天一星辰 100% 的股权转让对价。资产交割的完成以办理完毕天一星辰股东变更工商登记手续、指南针在工商行政管理机关被登记为持有天一星辰 100% 股权的股东为标志。

2014 年 12 月 8 日，交易对方将其持有的天一星辰 100% 的股权过户至指南针名下，天一星辰取得了北京市工商行政管理局换发后的《营业执照》（注册号：110101009746013），相关工商登记手续已办理完毕，该协议相关标的资产过户手续已经完成。

2014 年 12 月 15 日，具有证券、期货相关业务资格的利安达会计师事务所（特殊普通合伙）出具了〔利安达验字（2014）第1083号〕验资报告，确认截至2014年12月8日，公司已收到广州展新以股权形式缴纳的认购资金人民币140000000元。

2. 本次发行涉及的承诺及履行情况

（1）关于股份锁定的承诺

根据《发行股份购买资产协议书》的约定，广州展新承诺自本次发行结束之日起，广州展新所认购的本次非公开发行的股票在12个月内不得转让，之后按照中国证券监督管理委员会、全国股转系统公司的有关规定执行。

2014年11月4日，广州展新出具《承诺函》，承诺上述股份锁定事项。

（2）关于过渡期损益承担的承诺

根据《发行股份购买资产协议》的约定，广州展新承诺将其持有的天一星辰100%股权过户至指南针名下的工商变更登记办理完成之日（以下简称“资产交割日”）后，如指南针年度财务审计时发现，本次交易过渡期内（自基准日次日2014年10月1日至资产交割日期间）天一星辰发生亏损，亏损部分广州展新用现金向指南针补足。

（五）重组后公司治理的变动情况

本次交易前，公司按照《公司法》《证券法》《非上市公众公司监督管理办法》和其他有关法律法规、规范性文件的要求，不断完善公司的法人治理结构，建立健全公司内部管理和控制制度，持续深入开展公司治理活动，促进了公司规范运作，提高了公司治理水平。截至本报告书签署日，公司治理的实际状况符合《非上市公众公司监督管理办法》和非上市公众公司监管指引的要求。

本次交易完成后，广州展新依旧为公司的控股股东，黄少雄、徐兵依旧为公司的实际控制人，其将继续按照有关法律的规定通过股东大会履行股东权利；同时公司将依据有关法律法规的要求进一步完善公司法人治理结构，继续保持公司人员、机构、资产、财务和业务的独立性。

二、由律师事务所出具关于北京指南针科技发展股份有限公司重大资产重组之实施情况的法律意见书，具体内容包括以下方面

（一）本次重组方案概述

本次重组方案为指南针以广州展新为特定对象非公开发行7000万股股票（以下简称“非公开发行股票”或“新增股份”），购买广州展新持有的天一星辰100%的股权（以下简称“标的资产”）；发行股份种类为人民币普通股，每股面值为人民币1元，发行价格为每股2元；标的资产交易价格为14000万元。

（二）本次重组的实施情况

1. 标的资产交割情况

2. 相关债权债务处理情况

本次交易不涉及债权及债务转移和处理。

3. 证券发行登记情况

广州展新持有的天一星辰100%的股权已过户至指南针名下，指南针已合法取得了标的资产的所有权。

根据全国中小企业股份转让系统有限责任公司（以下简称“全国股转系统公司”）2015年2月27日出具的《关于北京指南针科技发展股份有限公司发行股份购买资产暨重大资产重组股份登记的函》（股转系统函〔2015〕261号），指南针本次重组的备案申请已经全国股转系统公司予以确认，指南针本次新增股份7000万股，其中，限售7000万股，不予限售0股；并同意指南针本次新增股份登记。2015年3月9日，指南针向中国证券登记结算有限责任公司北京分公司（以下简称“中国结算北京分公司”）提交了本次新增股份登记申请材料。根据中国结算北京分公司的通知，指南针于2015年3月13日披露了《关于公司发行新增股份在全国中小企业股份转让系统挂牌并公开转让的公告》，本次新增股份将于2015年3月17日起在全国中小企业股份转让系统（以下简称“全国股转系统”）挂牌。

（三）本次重组相关协议和承诺履行情况

1. 本次重组有关协议的履行情况

2. 本次重组相关承诺的履行情况

（1）关于股份锁定的承诺

（2）关于过渡期损益承担的承诺

（四）本次重组信息披露情况

指南针已就本次重组履行了相关信息披露和报告义务，不存在应当披露而未披露的协议、事项或安排，符合相关法律、法规及规范性文件的要求。

（五）本次重组后公司治理的变动情况

（六）本次重组的后续事宜

（七）结论意见

1. 指南针本次资产重组事项的实施符合《公司法》《证券法》《监督管理办法》《重组管理办法》等法律、法规及规范性文件的规定。

2. 本次重组的标的资产购买事项已实施完毕，指南针已合法取得标的资产的所有权。

3. 指南针已赴证券登记结算部门办理本次新增股份的证券登记手续，并按照证券登记结算部门的通知披露了本次新增股份将于2015年3月17日起在全国股转系统挂牌并公开转让的信息。

4.《发行股份购买资产协议》约定的生效条件已经得到满足，协议正在履行中。

5. 本次重组涉及的相关承诺持续有效，截至本法律意见书出具之日，未出现违反相关承诺的情形。

6. 本次重组履行了相关信息披露和报告义务，不存在应当披露而未披露的协议、事项或安排，符合相关法律、法规及规范性文件的要求。

7. 本次重组后指南针的控股股东和实际控制人不变，控股股东和实际控制人将继续依法通过股东大会行使股东权利；同时，指南针将依法进一步完善公司法人治理结构，继续保持公司人员、机构、资产、财务和业务的独立性。

三、由证券公司出具关于北京指南针科技发展股份有限公司重大资产重组之实施情况的专项意见，具体内容包括以下方面

（一）关于本次交易的实施情况的意见

1. 相关价款交付或资产过户情况

2. 相关债券债务处理情况

3. 证券发行登记办理情况

（二）相关实际情况与此前披露的信息是否存在差异的意见

（三）本次交易相关承诺履行情况说明

1. 本次发行涉及的相关协议及履行情况

2. 本次发行涉及的承诺及履行情况

（1）关于股份锁定的承诺

（2）关于过渡期损益承担的承诺

（四）重组后公司治理的变动情况

（五）独立财务顾问对本次交易的专业意见

本次重组的实施过程，相关资产过户或交付、相关债权债务处理以及证券发行登记等事宜办理符合相关法律规定，相关实际情况与此前披露的信息不存在差异；本次重组涉及的相关协议和承诺按照相关约定履行，未发现相关方违反协议或承诺的情况。

第三节　挂牌企业一般投资实务与案例分析

在新三板挂牌的企业，从新三板募集到大量资金后，这些募集的资金将主要用于以下几个方面的投资：1. 设立全资子公司；2. 对子公司增加注册资本；3. 购买银行的理财产品；4. 设立投资基金；5. 进行海外投资等各个方面。以下便分别从不同方面进行阐述。

案例 10.3.1

设立全资子公司

设立全资子公司是新三板挂牌企业投资的一个较为常见的方式，以下便以原子高科股份有限公司（证券代码：430005）对外投资，拟设立全资子公司原子高科医药有限公司为例进行阐述。具体程序包括：1. 对外投资概述；

2. 投资标的基本情况；3. 对外投资目的、存在的风险和对公司的影响；4. 备查文件目录。

（一）对外投资概述

1. 基本情况

（1）本公司拟设立全资子公司原子高科医药有限公司。

（2）本次对外投资不构成关联交易。

2. 审议和表决情况

该对外投资事项各项子议案已经公司第五届董事会第四次会议审议通过，还需提交 2015 年度股东大会批准。

3. 交易生效需要的其他审批及有关程序

根据中核集团关于《集团公司投资设立公司管理暂行办法》的规定，此对外投资还需要报请中国核工业集团公司审批之后才能实施。

公司将根据公司设立情况进行公告，具体设立情况以工商管理部门登记为准。

（二）投资标的基本情况

1. 出资方式：本次对外投资的出资方式均为现金，本次对外投资的资金来源为企业自筹。

2. 投资标的基本情况：主要包括被投资企业的名称、注册地、经营范围、各主要投资人的投资规模和持股比例等。

（三）对外投资目的、存在的风险和对公司的影响

（四）备查文件目录：第五届董事会第四次会议决议

案例 10.3.2

子公司增加注册资本

对子公司增加注册资本也是新三板挂牌企业投资的一个较为常见的方式，以下便以北京时代科技股份有限公司（证券代码：430003）对其全资子公司济南时代新纪元科技有限公司增资为例进行阐述。具体程序包括：1. 增资概述；2. 增资的基本情况；3. 增资的主要内容；4. 增资目的及对公司的影响；

5. 董事会审议情况；6. 备查文件目录。

（一）增资概述

1. 济南时代新纪元科技有限公司是公司的全资子公司，注册资本为人民币 2200 万元，为了满足济南焊接工业园建设投入及生产、融资等需要，公司拟以自有资金向其增资 4500 万元人民币。本次增资后，济南时代新纪元科技有限公司的注册资本由 2200 万元人民币增至 6700 万元人民币，公司持有 100% 的股权。

2. 本次增资不构成关联交易。

3. 本次增资金额共计 4500 万元，未超过公司最近一期经审计总资产的 10% 或最近一期经审计净资产的 30%，根据《公司章程》和《公司董事会议事规则》的相关规定，本次交易不需提交公司股东大会审议批准。本次交易不构成重大资产重组。

（二）增资的基本情况

济南时代新纪元科技有限公司，住所济南市市中区济微路 136—8 号，成立日期为 2007 年 10 月 22 日，法定代表人翟波，注册资本为 2200 万元，经营范围为电子产品、电力设备、电气机械、非专控通信设备、工业自动化控制系统、计算机网络的技术开发、制造、销售及相关技术咨询、技术服务；本公司所开发、生产的设备租赁；进出口业务（未取得专项许可的项目除外）。公司持有 100% 的股权。

（三）增资的主要内容

公司以现金方式向济南时代新纪元科技有限公司增资 4500 万元人民币，增资后，济南时代新纪元科技有限公司注册资本将增加至 6700 万元人民币。

（四）增资目的及对公司的影响

公司对上述全资子公司的增资，目的是满足济南焊接工业园建设投入及公司未来经营拓展和贸易融资等需求，同时确保上述子公司与母公司之间的业务往来符合会计准则和相关法律法规的规定。

本次对上述子公司的增资，不会对公司的资金状况带来影响，有利于公司的业务发展，有利于提升公司整体盈利能力。

（五）董事会审议情况

公司第四届董事会第九次会议以 9 票同意，0 票反对，0 票弃权审议通过了《关于对子公司增资的议案》（具体内容详见《第四届董事会第九次会议决议公告》）。

（六）备查文件

《北京时代科技股份有限公司第四届董事会第九次会议决议》。

案例 10.3.3

购买银行理财产品

为了提高资金收益，充分发挥公司资金的使用效率，在不影响生产经营的情况下，很多挂牌企业会利用部分自有闲置资金购买银行理财产品，以下便以广东希尔文化传媒投资股份有限公司（证券代码：833016）为例进行阐述。具体程序包括：1. 投资情况概述；2. 审议表决情况；3. 购买理财产品的目的、存在的风险和对公司的影响；4. 备查文件目录。

（一）投资情况概述

1. 投资品种

理财产品主要投资于以下符合监管要求的各类资产：存款等高流动性资产，包括但不限于各类存款、货币市场基金、债券基金、质押式回购等货币市场交易工具。

2. 投资金额

自股东大会审议通过之日起 1 年内持有未到期的理财产品额度不超过人民币 2000 万元，在上述投资额度内资金可以滚动使用。

3. 实施方式

公司授权公司财务部门具体办理购买理财产品的相关事宜。

4. 授权期限

该授权额度自股东大会审议通过之日起 1 年内有效。

5. 资金来源

公司闲置自有资金。

6. 本次对外投资不涉及关联交易

（二）审议表决情况

公司于2016年4月25日召开了第一届董事会第八次会议，审议通过了《关于2016年使用自有闲置资金购买银行理财产品的议案》。

本议案尚需提交公司股东大会审议。

表决结果：5票同意，0票反对，0票弃权。

（三）购买理财产品的目的、存在的风险和对公司的影响

1. 银行理财产品的目的及对公司的影响

由于银行理财产品利率远高于同期银行活期存款利率，银行理财产品投资具有明显的收益性。公司在确保不影响公司日常生产经营活动所需资金的情况下运用闲置自有资金进行适度、低风险的短期理财，可以提高资金使用效率，进一步提高公司整体收益，符合全体股东的利益。

2. 银行理财产品的风险

（1）尽管短期理财产品属于低风险投资品种，但金融市场受宏观经济的影响较大，不排除该项投资受到市场波动的影响。

（2）公司将根据经济形势以及金融市场的变化适时适量地介入，因此短期投资的实际收益不可预期。

（3）相关工作人员的操作风险。

3. 内部控制措施

（1）公司将结合生产经营、资金使用计划等情况，在授权额度内合理开展银行理财产品投资，并保证投资资金均为公司闲置自有资金。

（2）公司董事长、总经理依股东大会决议行使该项投资决策权，财务部负责组织实施、具体操作。公司将及时分析和跟踪银行理财产品的投向、项目进展情况，严格控制投资风险。

（3）公司董事会、监事会有权对资金使用情况进行监督与检查，必要时可以聘请专业机构进行审计。

公司董事会负责根据全国中小企业股份转让系统规则规定及时履行信息披露义务。

（四）备查文件

《广东希尔文化传媒投资股份有限公司第一届董事会第八次会议决议》。

案例 10.3.4

对外投资设立影视投资基金

挂牌企业出资设立投资基金也是近年来的一个投资方式，以下便以盛景网联科技股份有限公司（代码：833010）下属子公司对外投资设立影视投资基金为例阐述。具体程序包括：1. 对外投资概述；2. 对外投资进展情况；3. 对外投资的目的和意义。

（一）对外投资概述

盛景网联科技股份有限公司（以下简称“公司”，代码：833010）下属子公司北京盛景嘉成投资管理有限公司（以下简称“盛景嘉成”）与完美环球娱乐股份有限公司（股票简称：“完美环球”，股票代码：002624）下属子公司天津完美文化传播有限公司（以下简称“天津完美传播”）签订了《合作协议》。协议约定盛景嘉成与天津完美传播共同出资设立影视投资基金（以下简称“投资基金”）。第一期基金总规模拟 15 亿元，并可根据需要增加。该事项已经 2015 年 6 月 29 日召开的公司第二届董事会第一次会议审议通过。

（二）对外投资进展情况

1. 基金设立情况

（1）基金名称：重庆盛影一号文化产业股权投资基金合伙企业（有限合伙，以下简称“一号基金”）

（2）基金规模：基金认缴总规模为 4.52 亿元，认缴出资额如下

重庆盛美股权投资基金管理有限公司：普通合伙人，认缴出资额为 100 万元，认缴比例为 0.22%。

重庆盛影股权投资基金管理有限公司：普通合伙人，认缴出资额为 100 万元，认缴比例为 0.22%。

杭州盛杭景新投资管理合伙企业（有限合伙）：有限合伙人，认缴出资额为 7500 万元，认缴比例为 16.59%。

重庆君思企业管理咨询有限公司：有限合伙人，认缴出资额为37500万元，认缴比例为82.97%

为促进一号基金的开发合作并适度放大投资规模，在投资运作时，一号基金将视情况与其他社会资本共同发起成立若干子基金进行项目投资。

（3）基金管理人基本情况

（4）其他合伙人情况

2. 子基金情况

（1）发起主体：子基金由重庆盛影和重庆盛美联合一号基金及其他合伙人针对具体投资项目情况共同发起设立。

（2）基金规模。

（3）子基金的存续期不长于母基金。

（4）子基金管理费及收益分配情况将根据具体项目情况和拟引入的社会资本情况，与相关方共同协商确定。

（5）子基金的具体运作模式由子基金最终订立的协议约定。

3. 子基金对外投资进展

2016年1月，子基金100%控股的海外下属公司与美国环球影业（以下简称"环球影业"）签订了片单投资及战略合作协议。

（1）环球影业简介

本次合作方环球影业成立已逾百年，是好莱坞历史悠久的电影公司，制作及发行了大量脍炙人口的电影，如《侏罗纪公园》系列、《速度与激情》系列、《回到未来》系列、《大白鲨》《阿波罗13号》《美丽心灵》《8英里》《憨豆特工》《绿巨人》等。2015年，环球影业再一次刷新了好莱坞的历史，以全年北美票房24亿美金，全球票房66亿美金的传奇成绩稳拿市场份额第一的位置，并创造了好莱坞历史最高票房纪录。同时，环球影业也成为电影史上第一家一年内拥有3部破10亿美元作品的电影公司。

（2）协议主要内容

子基金将出资2.5亿美金，并配套银行循环贷款，参与环球影业未来5年电影项目投资份额的25%左右，数量不少于50部。子基金投资比例获得每部影片的全球权益，包括票房分账、音像收入，电视、多媒体渠道发行收入、衍生品授权收入等。

（三）对外投资的目的和意义

公司旗下盛景嘉成母基金通过与国际、国内一线上市公司的强强联合，进一步布局大文化产业领域，进而增强所投基金及项目间的闭环联动，使公司的创新生态价值链更加全面和深入。

案例 10.3.5

对海外的投资

在全球经济一体化的时代，越来越多的企业走出国门，投资海外，以下便以现代农装科技股份有限公司（证券代码：430010，以下简称“现代农装”）对海外投资为例进行阐述。具体程序包括：

（一）对外投资概述

1. 对外投资基本情况

现代农装于2014年7月2日在越南兴安省文林县注册成立现代农装碧浪（越南兴安）有限公司（以下简称“该公司”）。该公司为现代农装全资子公司，注册资本为65万美元（约合人民币400万元）。

2. 审批情况

根据现代农装《对外投资管理办法》的规定，现代农装于2013年11月29日召开第四届董事会第十六次会议，以8票同意、0票反对、0票弃权审议通过了《关于设立现代农装碧浪（越南兴安）有限公司的议案》。

3. 关联交易情况

根据现代农装《对外投资管理办法》和《关联交易管理办法》的规定，本次投资不构成关联交易。

（二）投资标的基本情况

1. 出资方式：全部由现代农装以现汇出资，该公司为现代农装的全资子公司。

2. 该公司的性质：有限责任公司。

3. 该公司的经营范围：生产、装置为农业领域服务的各设备；实现进口权和分配权（不允许零售或自行成立公司经营买卖，只允许卖给各个代理商），对于农机、收获机有84.32、84.33HS代号的货品，进出口税表由财政部签发。

（三）对外投资的目的、存在风险和对公司的影响

越南是一个农业国家，总耕地面积为525万公顷，农业人口占77%，种植业主要是粮食和经济作物，粮食作物以水稻为主。越南的农业机械制造水平和技术水平较低，我国多数农机产品的价格仅相当于越南从其他发达国家进口同类产品价格的一半，因此性价比较高，市场空间非常大。同时，越南的作业环境与我国南方的作业环境十分相似，因此在机具的适应性上较为适合。所以，在越南投资设立该公司，销售生产适合东南亚市场需求的水稻联合收割机和播种机具有良好的市场环境和机遇。

本次对外投资主要存在技术风险和市场风险。为规避风险，公司将加大研发力度，加强技术创新，持续及时地推出符合市场需求的新产品，确保未来竞争中的优势地位。同时，进行充分的市场调研，建立完善的营销网络，做好产品宣传与推广，使产品尽快得到用户的认可。

本次对外投资将对现代农装开拓东南亚市场、提升海外市场竞争力、打造国际知名企业等方面具有重要意义。

（四）备查文件目录

董事会决议。

案例10.3.6

挂牌企业对外投资管理制度

公司为了规范对外投资行为，建立有效的对外投资风险约束机制，提高投资效益，规避投资所带来的风险，有效、合理地使用资金，保护公司和股东的利益，可以根据国家有关法律、法规、规则和公司章程，制定公司对外管理投资制度。以下便以中科软科技股份有限公司（证券代码：430002）为例进行阐述。该制度共十章63条。主要内容为：第一章“总则”共5条；第

二章“投资的审批权限”共2条；第三章“对外投资的组织管理机构”共8条；第四章“对外投资的决策管理”共15条；第五章“投资项目的后期管理”共9条；第六章“对外投资的转让与收回”共5条；第七章“对外投资的人事管理”共4条；第八章“对外投资的财务管理及审计”共7条；第九章“重大项目报告及信息披露”共5条；第十章“附则”共3条。

（一）总则

1. 对外投资的定义：本办法所称对外投资是指公司为获取未来收益而将一定数量的货币资金、股权以及经评估后的房屋、机器、设备、物资等实物，以及专利权、商标权、土地使用权等无形资产作价出资，对外进行各种形式的投资活动。

2. 按照投资期限的长短，公司对外投资分为短期投资和长期投资。

短期投资主要指公司购入的能随时变现且持有时间不超过一年（含一年）的投资，包括各种股票、债券、基金、分红型保险等。

长期投资主要指投资期限超过一年，不能随时变现或不准备变现的各种投资，包括债券投资、股权投资和其他投资等，包括但不限于下列类型：（1）公司独立兴办的企业或独立出资的经营项目；（2）公司出资与其他境内外独立法人实体、自然人成立合资、合作公司或开发的项目；（3）参股其他境内外独立法人实体；（4）经营资产出租、委托经营或与他人共同经营。

3. 管理应遵循的基本原则：（1）遵守国家法律、法规，符合公司章程；（2）符合公司的发展战略；（3）增强公司的竞争能力；（4）培育新的利润增长点；（5）必须规模适度，量力而行，不能影响公司主营业务的发展；（6）必须坚持对拟投资项目事先进行可行性分析评价的原则。

4. 适用范围：本办法适用于公司及其所属全资子公司、控股子公司的一切对外投资行为。

（二）对外投资的审批权限

1. 本公司对外投资的审批应严格按照《公司法》《公司章程》及其他有关法律、法规规定的权限履行审批程序。

2. 公司进行投资，须严格执行有关规定，对投资的必要性、可行性、收益率进行切实的论证研究。对确信为可以投资的，按照本公司制定的投资管理规定，按权限逐层进行审批。

（三）对外投资的管理机构

1. 决策机构：公司股东大会、董事会、总经理办公会作为公司对外投资的决策机构，各自在其权限范围内，对公司的对外投资作出决策。未经授权，其他任何部门和个人无权作出对外投资的决定。

2. 议事机构：公司董事会战略与投资委员会为公司董事会的专门议事机构，负责统筹、协调和组织对外投资项目的分析和研究，为决策提供建议。

3. 设置公司主管对外投资事项的负责人：负责对新项目实施的人、财、物进行计划、组织、监控，并应及时向总经理汇报投资进展情况，提出调整建议等，以利于总经理办公会、董事会及股东大会及时对投资作出修订。可组织成立项目实施小组，负责对外投资项目的任务执行和具体实施，公司可建立项目实施小组的问责机制，对项目实施小组的工作情况进行跟进、考核和奖惩。

4. 企业发展部：为公司对外投资前期调研、论证及后续管理部门，在公司主管对外投资事项的负责人直接领导下开展工作，同时企业发展部参与研究、制订公司发展战略，对重大投资项目进行效益评估、审议并提出建议；对公司对外的基本建设投资、生产经营性投资、股权投资、租赁、产权交易、资产重组等项目进行预选、策划、论证、筹备。

5. 法律事务部门：负责对对外投资项目的协议、合同和重要相关信函、章程等进行合法与合规性的法律审核。

6. 财务部：负责对对外投资项目进行投资效益评估，筹措资金和办理出资手续及协助办理工商登记、税务登记、银行开户等工作；负责对全资、控股子公司经营责任目标的达成进行分析、监督。

7. 审计部：负责对项目的事前效益进行审计，以及对对外投资进行定期审计。

（四）对外投资决策管理

1. 短期投资

（1）决策程序

①公司企业发展部负责对随机投资建议预选投资机会和投资对象，根据

投资对象的盈利能力编制短期投资计划。

②财务部负责提供公司资金流量状况。

③短期投资计划按审批权限履行审批程序后实施。

（2）财务部：按照短期投资类别、数量、单价、应计利息、购进日期等及时登记入账，并进行相关账务处理。不定期与企业发展部核对证券投资资金的使用及结存情况。应将收到的利息、股利及时入账。

（3）涉及证券投资的：必须执行严格的联合控制制度，即至少要由两名以上人员共同操作，且证券投资操作人员与资金、财务管理人员分离，相互制约，不得一人单独接触投资资产，对任何投资资产的存入或取出，必须由相互制约的两人联名签字。

（4）公司购入的短期有价证券必须在购入的当日记入公司名下。

2. 长期投资

（1）初审：企业发展部对适时投资项目进行初步评估并提出投资建议，报公司主管对外投资事项的负责人和董事长初审。

（2）讨论、报批：初审通过后，企业发展部按项目投资建议书，负责对其进行调研、论证，编制可行性研究报告及有关合作意向书，提交公司总经理办公会议讨论，按章程规定的权限报批。

（3）批准后实施：已批准实施的对外投资项目，在公司主管对外投资事项的负责人组织领导下，由企业发展部等相关职能部门具体实施。

（4）签订投资合同或协议：长期投资项目应与被投资方签订投资合同或协议，长期投资合同或协议须经公司法律事务代表进行审核，并经授权的决策机构批准后方可对外正式签署。

（5）对项目实施进行指导、监督与控制。

①公司企业发展部：根据公司所确定的投资项目，相应编制实施投资建设开发计划，对项目实施进行指导、监督与控制，参与投资项目审计、终（中）止清算与交接工作。

②公司审计部：负责对所有投资项目实施运作情况全过程的监督、检查和评价。投资项目实行季报制，公司审计部对投资项目的进度、投资预算的

执行和使用、合作各方情况、经营状况、存在问题和建议等每季度汇制报表，及时向公司领导报告。项目在投资建设执行过程中，可根据实施情况的变化合理调整投资预算，投资预算的调整需经原投资审批机构批准。

③公司监事会、审计部：应依据其职责对投资项目进行监督，对违规行为及时提出纠正意见，对重大问题提出专项报告，提请项目投资审批机构讨论处理。

（6）建立健全投资项目档案管理制度。

自项目预选到项目竣工移交（含项目中止）的档案资料，由企业发展部负责整理归档。资料主要包括：①项目背景资料等原件或复印件；②企业营业执照、章程、各种证照、财务报表的复印件；③项目调查报告、研究分析报告或说明资料；④上报政府的请示文件、政府批文；⑤内部批件、会议纪要；⑥往来信函与传真、合同、协议、决议等。

（五）投资项目的后期管理

项目投资完成后，企业发展部跟踪投资项目的运营情况，通过不定期走访、实地考察等方式及时了解核实投资项目经营情况，督促各归口管理部门完善相关工作，制定相关后期人事、财务、营运等管理细则。各相关职能部门应定期将归口管理内容情况报告提交企业发展部，企业发展部汇总编写对外投资月报定期向公司管理层呈报。如出现未按计划投资、未能实现项目预期收益、投资发生损失等情况，由公司组成专项调查小组负责查明原因，并报告公司决策层，追究有关人员的责任。

（六）对外投资的转让与收回

投资转让应严格按照《公司法》和公司章程有关规定办理。处置对外投资的行为必须符合国家有关法律、法规的相关规定。批准处置对外投资的程序和权限与批准实施对外投资的权限相同。

发生或出现下列情况之一时，公司可以转让对外投资：

1. 投资项目的持续发展已经明显与公司经营方向偏差较大的；

2. 投资项目出现连续亏损且扭亏无望没有市场前景的；

3. 由于自身经营资金不足急需补充资金时。

出现或发生下列情况之一时，公司可以收回对外投资：

1. 按照公司章程规定，该投资项目（企业）经营期满；

2. 由于投资项目（企业）经营不善，无法偿还到期债务，依法实施破产；

3. 由于发生不可抗力而使项目（企业）无法继续经营；

4. 合同规定投资终止的其他情况出现或发生时。

（七）对外投资的人事管理

公司对外投资组建合作、合资公司，应对新建公司派出经法定程序选举产生的董事、监事，参与和监督影响新建公司的运营决策。对于对外投资组建的控股子公司，公司应派出经法定程序选举产生的董事长，并派出相应的经营管理人员，对控股子公司的运营、决策起重要作用。对外投资派出人员的任职资格、选派程序、职能和任务、考核等，依据董事会提名委员会相关规定及程序执行。

派出人员应按照《公司法》和被投资公司的公司章程的规定切实履行职责，在新建公司的经营管理活动中维护公司利益，实现公司投资的保值、增值。公司委派出任被投资单位董事的有关人员，注意通过参加董事会会议等形式，获取更多的被投资单位的信息，应及时向公司汇报投资情况。全资、控股子公司派出人员每年应与公司签订责任书，接受公司下达的考核指标，并向公司提交年度述职报告，接受公司的检查。

（八）对外投资的财务管理及审计

公司财务部应对公司的对外投资活动进行全面完整的财务记录，进行详尽的会计核算，按每个投资项目分别建立明细账簿，详尽记录相关资料。对外投资的会计核算方法应符合会计准则和会计制度的规定。对公司的长期对外投资，财务部根据分析和管理的需要，取得被投资单位的财务报告，以便对被投资单位的财务状况进行分析，维护公司的权益，确保公司利益不受损害。

公司在每年度末对长期、短期投资进行全面检查。对全资、控股子公司进行定期或专项审计，公司全资、控股子公司的会计核算方法和财务管理中所采用的会计政策及会计估计、变更等应遵循公司会计管理制度的有关规定。

公司子公司应每月向公司财务资产部报送财务会计报表。公司可向子公司委派财务负责人，财务负责人对其任职公司财务状况的真实性、合法性进行监督。

对公司所有的投资资产，应由公司审计部人员或不参与投资业务的其他人员进行定期盘点，检查其是否为本公司所拥有，并将盘点记录与账面记录相互核对以确认账实的一致性。

（九）重大事项报告及信息披露

公司对外投资应严格按照《公司法》、公司章程及其他有关法律、法规等规定履行信息披露义务。公司对子公司所有重大信息享有知情权。全资、控股子公司对以下重大事项应及时报告公司财务部和董事会秘书：（1）收购和出售资产行为；（2）对外投资行为；（3）重大诉讼、仲裁事项；（4）重要合同（借贷、委托经营、委托理财、赠与、承包、租赁等）的订立、变更和终止；（5）大额银行退票；（6）重大经营性或非经营性亏损；（7）遭受重大损失；（8）重大行政处罚；（9）《重大信息内部报告制度》中规定的其他重大事项。全资、控股子公司总经理或全资、控股子公司董事会指定的其他高管人员为信息披露员，负责全资、控股子公司信息披露事宜和与公司董事会秘书在信息上的沟通。

（十）附则

本制度未尽事宜，按照国家有关法律、法规和公司章程的规定执行。

本制度解释权属公司董事会。

本制度及其修订由公司董事会拟订，并自股东大会决议通过后生效。

第十一章　挂牌企业转板实务

第一节　挂牌企业转板概述

一、企业转板的概念

“转板”是指在市场规则之下，根据外部条件或内部状况的变化，市场主体（主板、创业板上市公司或新三板挂牌公司）自助选择或强制性地由一个板块转到另一个板块进行交易，即市场主体因为条件变化，在交易过程中重新进行交易平台选择或根据相关规定被动调整其交易平台。

新三板转板，通常是指在新三板挂牌的企业向证监会申请首次公开发行股票并上市（以下简称 IPO），所转板块包括创业板、中小板和主板。市场上多称新三板转板企业为 Pre-IPO 项目。

二、挂牌企业转板现状

证监会网站显示，截至 2018 年 3 月 1 日，新三板转板企业上市申报中，有 430 家首发企业已被中国证监会受理，386 家企业在正常待审。据统计，证监会披露的新三板企业 IPO 首发申报正常待审企业共 129 家，新三板企业约占 IPO 排队企业总数的 1/3，目前，新三板已经成为最大的 Pre-IPO 市场。

成功转板的新三板企业越来越多，截至2018年5月1日，新三板成功转板企业41家，其中2017年成功转板的企业就高达18家，2018年截至5月1日成功转板的就有11家。

2018年截至5月1日成功转板的11家企业“转板”前后信息：

转板前				转板后			
名称	挂牌日期	摘牌日期	挂牌时长	代码	名称	上市日期	主板
伯特利	2016/1/21	2017/1/26	1	603596.SH	伯特利	2018/4/27	上交所
文灿股份	2015/3/18	2018/4/10	3.1	603348.SH	文灿股份	2018/4/26	上交所
沃格光电	2015/7/20	2017/8/31	2	603773.SH	沃格光电	2018/4/17	上交所
宏川智慧	2015/11/19	2018/3/8	2.3	002930.SZ	宏川智慧	2018/3/28	深交所
润建通信	2015/12/14	2017/5/22	2.5	002929.SZ	润建通信	2018/3/1	深交所
淳中科技	2016/1/5	2018/1/19	2	603516.SH	淳中科技	2018/2/2	上交所
科顺股份	2015/10/15	2017/12/7	2.2	300737.SZ	科顺股份	2018/1/25	深交所
奥飞数据	2015/7/15	2017/12/29	2.3	300738.SZ	奥飞数据	2018/1/19	深交所
百华悦邦	2014/8/29	2017/12/25	3.3	300736.SZ	百华悦邦	2018/1/9	深交所
科华控股	2014/11/3	2017/12/16	3.1	603161.SH	科华控股	2018/1/5	上交所
新疆火炬	2015/3/11	2017/12/15	2.75	603080.SH	新疆火炬	2018/1/3	上交所

三、企业转板后与在新三板时的比较

（一）转板后估值水平显著提升

市盈率即 PE 是反映企业估值水平最直观的指标。一般采用企业在“转板”前最后一个成交日的 PE 作为企业在新三板上的估值水平。

2017 年截至 12 月 31 日，共 18 家新三板企业成功完成 IPO 上市。根据 wind 数据统计，新三板企业“转板”后市值平均增长近 6.7 倍，估值水平增加了 2.2 倍。估值水平也较之前提升较大，其中，怡达化学估值自 9.13 倍增长至 48.74 倍，涨幅达 235.96%。可以看出，A 股市场的估价明显高于新三板市场。

（二）转板企业融资能力大幅度提升

新三板的融资的包容性、灵活性优势使得排名前十的新三板企业定增融资金额远远高于“转板”企业 IPO 募资金额。新三板市场挂牌首日至今增发募集资金金额总量排名前十的优质企业平均增发融资量为 21.25 亿元，是 2017 年成功“转板”上市的 18 家企业的平均首发募集资金 3.87 亿元的 5.5 倍。2017 年定增融资额最高的企业是神州优车（838006.OC），增发募资合计约 70 亿元。

（三）新三板在转板后流动性更优

根据 Wind 数据库，新三板市场中 2017 年日均成交量排名前十的做市企业以及增发募集资金金额总数排名前十的优质企业，将新三板企业“转板”后流动性和融资情况与新三板市场中排名前列企业进行对比可以发现：

流动性方面，A 股市场的流动性优于新三板市场流动性前十的企业。2017 年成功转板上市 18 家企业的平均日成交量为 432.38 万股，平均日成交额为 1.49 亿元。从成交量上看，新三板市场中 2017 年日均成交量前十名的企业中，仅 1 家做市企业的日均成交量超过这一均值，为联讯证券（830899.OC），日均成交量为 919.51 万股，剩余 9 家做市企业中日均成交量最高的企业阖天下（871942.OC）也仅为 211.56 万股，较 2017 年成功“转板”上市企业的日成交量均值还低了 172.8 万股，差距较大。

四、新三板市场转板的障碍

（一）现实层面的缺陷

挂牌企业是公众公司的一种，虽然其并未上市，但是在申请挂牌时通过证监会或股转公司对公司各方面严格的审核并获得公开转让的核准，公司的财务基础和规范程度得到了监管机构的认可，同时，公司在新三板挂牌后，公开了主要资料，并严格按照公众公司的要求进行规范运作和信息披露，财务基础良好且有据可查。通过严格审核的企业上市完全不需要证监会像对待非公众公司一样，如若像那样审核，对挂牌公司不公平，对排队候审的其他非公众公司也不公平。首先，在挂牌时挂牌公司已经通过了一次审核，如果适用同样的标准进行审核，非上市公众公司与非公众公司申请上市时均站在 IPO 的同一起跑线上，对于新三板挂牌公司来说大部分内容属于重复审核，这样既占用了有限的监管资源，也对通过审核的挂牌公司不公平；其次，在新三板挂牌时经过监管机构的监管、推荐主办券商的持续督导以及投资者的监督下，财务基础和公司治理水平已经在挂牌企业内部逐渐完善，可以说已经接近甚至达到了上市公司的要求。所以在国务院提出新三板挂牌公司可以直接向证券交易所申请上市交易后，又由于新三板挂牌公司各方面的特殊性，并充分考虑效率和公平原则，新三板转板规则的建立和完善须提上日程。

（二）其他制度的影响

新三板严格意义上算股权交易所，随着新三板“分层”制度的推出，并结合业内人士关于 5 年内新三板将更名为“北京市证券交易所”的预测。我们不禁大胆假想，其实北京的新三板就已经担负了这个“使命中的使命”，从企业数量上看，目前新三板体量已经超越沪深交易所，假以时日，新三板就会彻底升级为像纳斯达克一样的证券交易所，与沪深交易所形成三足鼎立的局面。此刻，挂牌企业也不会将过多的精力放在企业转板上，更多优质企业会继续留在新三板中，不会形成所谓新三板是收留“残次企业”的垃圾站。

第二节　挂牌企业转板规则与政策

目前，我国新三板市场的监管部门陆续出台了相关规则，但仍未形成系统的转板制度架构。

一、新三板转板规则最早出处——《国务院关于全国中小企业股份转让系统有关问题的决定》

2013 年 6 月 19 日，国务院总理李克强主持召开国务院常务会议，研究部署金融支持经济结构调整和转型升级的政策措施，会议研究确定了八项政策措施，包括加快发展多层次资本市场，将中小企业股份转让系统试点扩大至全国，鼓励创新、创业型中小企业融资发展。

2013 年 12 月 13 日，国务院公布的《关于全国中小企业股份转让系统有关问题的决定》（国发〔2013〕49 号）中明确指出，在全国股份转让系统挂牌的公司，如果达到股票上市条件的，可以直接向证券交易所申请上市交易。在符合《国务院关于清理整顿各类交易场所切实防范金融风险的决定》（国发〔2011〕38 号）要求的区域性股权转让市场进行股权非公开转让的公司，符合挂牌条件的，可以申请在全国股份转让系统挂牌公开转让股份。

2014 年 7 月 23 日，国务院总理李克强主持召开国务院常务会议，为缓解企业融资成本高的问题，多措并举，提出要大力发展直接融资，发展多层次资本市场，支持中小微企业依托中小企业股份转让系统开展融资，扩大中小企业债务融资工具及规模。据此，证监会提出要完善创业板制度，在创业板建立单独层次，支持尚未盈利的互联网和高新技术企业在新三板挂牌一年后到创业板上市，进一步支持自主创新企业的融资需求。

2016年12月19日，国务院官方网站发布的关于“十三五”国家战略性新兴产业发展规划的通知显示，国务院要求提高企业直接融资比重，包括积极支持符合条件的战略性新兴产业企业上市或挂牌融资。同时要求研究推出全国股份转让系统挂牌公司向创业板转板试点，建立全国股份转让系统与区域性股权市场合作对接机制。对于此项任务，国务院要求证监会、国家发改委、工业和信息化部等按职责分工负责。

这是国务院层面出台的关于新三板转板的规则设计，但这也仅仅是一个理论规定，并不具有实际操作的可能性。在国务院发布决定之后，证监会通常会尽快发布相关细则或具体实施办法来落实国务院的决定。但是，由于转板规则的推出是一个系统性的工程，需要对证监会、股转公司、证券交易所等监管机构重新定位并协调好各方关系，因此，证监会迟迟未制定发布新三板挂牌公司直接申请上市的具体规定。

二、证券监管部门关于新三板转板上市的隐性规定——《非上市公众公司监督管理办法》

证监会2013年12月26日公布修改后的《非上市公众公司监督管理办法》（证监会令第96号）时，在“附则”中规定了公众公司向不特定对象公开发行股票的，应当遵守《证券法》和中国证监会的相关规定。公众公司申请在证券交易所上市的，应当遵循中国证监会和证券交易所的相关规定。从这一规定中可以得出一个潜在的结论，即公众公司可以不申请公开发行而直接申请在证券交易所上市，但是这个结论只是根据上述规定推导出来的，并不是证监会部门规章及规范性文件的明确规定，因此仍需证监会出台明确的文件予以规范。

三、证券自律性组织关于新三板转板的自律规定——《股转系统业务规则》

全国中小企业股份转让系统有限责任公司在2013年12月30日修改的《股转系统业务规则》，“暂停与恢复转让”中规定了挂牌公司向中国证监会申请公开发行股票并在证券交易所上市，或向证券交易所申请股票上市，应当向全国股份转让系统公司申请暂停转让，直至按规定披露或相关情形消除后恢复转让：“终止与重新挂牌”中规定了中国证监会核准挂牌公司公开发行股票并在证券交易所上市，或证券交易所同意其股票上市，全国股份转让系统公司终止其股票挂牌。这两个条文的规定为将来挂牌公司登陆主板、中小企业板、创业板作了规则制度上的预留，也就是说，股转公司的业务规则已经充分考虑了新三板挂牌公司通过转板来登陆主板、创业板的情形，现在就缺少证监会的转板规则出台。

四、新三板转板规则的缺口

如前所述，国务院、证监会、股转公司就新三板转板上市分别出台了相关文件，但是，这些文件并没有能够形成一个完整的体系，尚欠缺证监会的关于转板上市的具体实施办法。

由于证监会关于新三板转板上市的相关规则迟迟未能出台，因此，对于新三板挂牌公司登陆主板（中小企业板）、创业板的方式途径，从《全国中小企业股份转让系统业务规则（试行）》的规定来倒推，即存在两个途径：一是申请公开发行股票并上市，二是直接申请股票上市。

但是，从证监会现行有效的规则来看，公司股票上市唯有按照《首次公开发行股票并上市管理办法》或者《首次公开发行股票并在创业板上市管理办法》的规定，向证监会申请首次公开发行股票（IPO），在获得证监会的发行核准之后，公开发行股票，并向证券交易所申请股票上市。

因此，虽然国务院指出在全国股份转让系统挂牌的公司达到股票上市条件的可以直接向证券交易所申请上市交易，但是，新三板挂牌公司直接申请上市应达到什么条件、履行哪些程序、提交哪些资料、审核哪些重点等事项都没有明确的规定，上述国务院的决定并没有作出具体的规定，唯有证监会就此事项作出专门规定，转板方可进行。

从现有规则来看，首次公开发行与上市被捆绑在一起，首次公开发行随后即上市，要上市需要首次公开发行。虽然《证券法》规定了公开发行的审核权在证监会，证券上市的审核权在交易所，但是从交易所上市规则可以看出，要上市必须首先进行首次公开发行，实务操作中也照此进行。因此，要建立真正的转板制度，必须使首次公开发行与上市相分离，确实做到公开发行审核权归证监会，证券上市审核权归交易所。

此外，《证券法》规定，股份公司申请股票上市，需其股票经核准已公开发行，而《证券法》对公开发行的定义，包括三种情形：

（一）向不特定对象发行证券的；

（二）向特定对象发行证券累计超过 200 人的；

（三）法律、行政法规规定的其他发行行为。

目前来看，新三板挂牌公司都没有向不特定对象发行股票，因此不符合情形（一）。挂牌公司股东人数大都少于 200 人，即使极少数股东人数超过 200 人的挂牌公司，其产生原因更多的是因股权转让导致股东超过 200 人而不是向特定对象发行股票导致股东超过 200 人，因此大都不符合情形（二）。因此，新三板挂牌公司要申请股票上市，一般不能依据前两类情形申请。为考虑大多数挂牌公司的情况，只能在情形（三）上做文章。情形（三）描述的其他发行行为并没有一个明确的规定，因此，证监会可以规定“公开转让视为公开发行”，这样能打通新三板市场到主板、创业板市场的转板通道。另外，挂牌公司申请新三板挂牌时，股东人数超过 200 人的公司由证监会审核，其能在新三板挂牌，即代表证监会已核准其公开转让；股东人数未满 200 人的公司由股转公司审核而证监会豁免审核，但豁免审核本身也是一种审核，其能在新三板挂牌，视作其公开转让已获证监会核准。这样，新三板挂牌公司转板到交易所上市就不存在法律上的障碍。

第三节 挂牌企业转板实务与案例分析

一、挂牌企业转板条件

如前所述，我国实行的是发行和上市分离的制度，这就从制度上规定了这样一种体制，即中国证监会首先批准首次公开发行股票，然后再由证券交易所批准上市。企业转板需要经过上述两种程序，故企业转板时也需要满足证监会核准发行和交易所批准上市的条件。

（一）首次公开发行股票的条件

1. 首次在主板和中小企业板公开发行股票的条件

根据《首次公开发行股票并上市管理办法》第26条的规定，公司在主板和中小企业板申请首次公开发行股票应当符合下列条件：

（1）最近3个会计年度净利润均为正数且累计超过人民币3000万元，净利润以扣除非经常性损益前后较低者为计算依据；

（2）最近3个会计年度经营活动产生的现金流量净额累计超过人民币5000万元；或者最近3个会计年度营业收入累计超过人民币3亿元；

（3）发行前股本总额不少于人民币3000万元；

（4）最近一期末无形资产（扣除土地使用权、水面养殖权和采矿权等后）占净资产的比例不高于20%；

（5）最近一期末不存在未弥补亏损。

2. 首次在创业板公开发行股票的条件

根据《首次公开发行股票并在创业板上市管理办法》第11条的规定，公司创业板申请首次公开发行股票应当符合下列条件：

（1）发行人是依法设立且持续经营3年以上的股份有限公司。有限责任公司按原账面净资产值折股整体变更为股份有限公司的，持续经营时间可以从有限责任公司成立之日起计算；

（2）最近两年连续盈利，最近两年净利润累计不少于1000万元；或者最近一年盈利，最近一年营业收入不少于5000万元。净利润以扣除非经常性损益前后孰低者为计算依据；

（3）最近一期末净资产不少于2000万元，且不存在未弥补亏损；

（4）发行后股本总额不少于3000万元。

（二）交易所上市的条件

1. 沪深交易所主板及深市中小板上市条件

根据《上海证券交易所股票上市规则》第5.1.1条、《深圳证券交易所股票上市规则》第5.1.1条，上海证券交易所、深圳证券交易所主板及深圳证券交易所中小板上市应符合以下条件：

（1）股票经中国证监会核准已公开发行；

（2）公司股本总额不少于人民币5000万元；

（3）公开发行的股份达到公司股份总数的25%以上；公司股本总额超过人民币4亿元的，公开发行股份的比例为10%以上；

（4）公司最近3年无重大违法行为，财务会计报告无虚假记载；

（5）本所要求的其他条件。

2. 深市创业板上市条件

根据《深圳证券交易所创业板股票上市规则》第5.1.1条的规定，深圳证券交易所创业板上市条件应当符合以下条件：

（1）股票已公开发行；

（2）公司股本总额不少于3000万元；

（3）公开发行的股份达到公司股份总数的25%以上；公司股本总额超过4亿元的，公开发行股份的比例为10%以上；

（4）公司股东人数不少于200人；

（5）公司最近3年无重大违法行为，财务会计报告无虚假记载；

（6）本所要求的其他条件。

二、挂牌企业转板的程序

（一）挂牌企业转板的一般流程梳理如下表：

步骤	事项	具体内容
1	董事会会议	董事会审议通过《关于暂停公司股票在全国中小企业股份转让系统公开转让的议案》《关于公司符合首次公开发行A股股票并上市条件的议案》《关于公司首次公开发行A股股票并上市方案的议案》《关于公司首次公开发行A股股票并上市募集资金投资项目可行性的议案》《关于制定〈公司章程〉（草案）的议案》《关于制订〈信息披露管理制度〉的议案》《关于制订〈募集资金管理制度〉的议案》等相关事项。
2	临时股东大会	临时股东大会审议通过《关于暂停公司股票在全国中小企业股份转让系统公开转让的议案》《关于公司符合首次公开发行A股股票并上市条件的议案》《关于公司首次公开发行A股股票并上市方案的议案》《关于公司首次公开发行A股股票并上市募集资金投资项目可行性的议案》《关于制定〈公司章程〉（草案）的议案》《关于制订〈信息披露管理制度〉的议案》《关于制订〈募集资金管理制度〉的议案》等相关事项并作出相关决议。
3	公司股票在股转系统暂停转让	公司收到《中国证监会行政许可申请受理通知书》，首次公开发行股票并上市的申请已被中国证监会受理，随后公司申请股票在全国中小企业股份转让系统暂停转让。
4	公司提交送审材料	公司向中国证监会报送上市报告书、申请股票上市的股东大会决议、公司章程、公司营业执照、依法经会计师事务所审计的公司最近3年的财务会计报告、法律意见书和上市保荐书、最近一次的招股说明书、证券交易所上市规则规定的其他文件等相关材料。
5	发审委审核	中国证券监督管理委员会发行审核委员会通过对公司申请首次公开发行的审核。

续表

步骤	事项	具体内容
6	证监会核准公司首次公开发行股票	中国证监会作出核准公司首次公开发行股票的批复。
7	交易所批准上市	上海证券交易所或深圳证券交易所批准公司在主板、中小板或创业板上市。

（二）挂牌企业转板的具体流程

1. 转板前期的具体流程——以艾艾精密工业输送系统（上海）股份有限公司为例

（1）2015 年 1 月 13 日，公司第一届董事会第十次会议审议通过了《关于暂停公司股票在全国中小企业股份转让系统公开转让的议案》《关于公司符合首次公开发行 A 股股票并上市条件的议案》《关于公司首次公开发行 A 股股票并上市方案的议案》《关于公司首次公开发行 A 股股票并上市募集资金投资项目可行性的议案》《关于制定〈公司章程〉（草案）的议案》《关于制订〈信息披露管理制度〉的议案》《关于制订〈募集资金管理制度〉的议案》《关于召开公司 2015 年第一次临时股东大会的议案》。

（2）2015 年 2 月 2 日，公司第一次临时股东大会审议通过了《关于暂停公司股票在全国中小企业股份转让系统公开转让的议案》《关于公司符合首次公开发行 A 股股票并上市条件的议案》《关于公司首次公开发行 A 股股票并上市方案的议案》《关于公司首次公开发行 A 股股票并上市募集资金投资项目可行性的议案》《关于制定〈公司章程〉（草案）的议案》《关于制订〈信息披露管理制度〉的议案》《关于制订〈募集资金管理制度〉的议案》。

（3）2015 年 3 月 23 日，公司收到《中国证监会行政许可申请受理通知书》（150534 号），证明公司《首次公开发行股票并上市》的申请已被中国证监会受理。为维护投资者的利益，保证信息披露的公平，避免公司股价出现异常波动，经公司向全国中小企业股份转让系统申请，自 2015 年 3 月 24 日开市后至公开发行股票审核结果确定之日，公司股票将在全国中小企业股份转让系统暂停转让。

2. 转板后期的具体流程——以北京双杰电气股份有限公司为例

（1）2015 年 2 月 10 日，公司向中国证监会报送《北京双杰电气股份有限公司创业板首次公开发行股票招股说明书》等材料，供其审核。

（2）2015 年 3 月 20 日，中国证券监督管理委员会创业板发行审核委员会通过了 2015 年第 19 次发审委会议。

审核的结果为北京双杰电气股份有限公司首次公开发行股票获通过。同时发审委会议对北京双杰电气股份有限公司提出了以下问题：

①根据申报材料，发行人报告期内各年中标服务费分别为 479.12 万元、474.90 万元、190.10 万元，根据发行人反馈意见回复该费用是支付给项目招投标公司，请发行人代表说明项目代理招投标公司收取中标服务费的依据、费率，该项费用和中标项目金额是否直接相关。

②根据申报材料，发行人报告期内各年代理服务费分别为 522.78 万元、206.56 万元和 126.33 万元，根据反馈意见回复，代理服务费是支付给区域服务代理商，请发行人代表说明主要服务代理商的名称、费率标准以及代理服务费是否和销售及回款直接相关。

③请保荐代表人说明对上述中标服务费和代理服务费的核查过程。

（3）2015 年 4 月 2 日，中国证监会作出《关于核准北京双杰电气股份有限公司首次公开发行股票的批复》证监许可〔2015〕561 号。内容为：北京双杰电气股份有限公司报送的《北京双杰电气股份有限公司首次公开发行股票（A 股）并在创业板上市的申请报告》（京双杰董〔2012〕1 号）及相关文件收悉。根据《公司法》《证券法》和《首次公开发行股票并在创业板上市管理办法》等有关规定，经审核，现批复如下：

①核准你公司公开发行新股不超过 34486400 股。

②你公司本次发行股票应严格按照报送我会的招股说明书和发行承销方案实施。

③本批复自核准发行之日起 12 个月内有效。

④自核准发行之日起至本次股票发行结束前，你公司如发生重大事项，应及时报告我会并按有关规定处理。

三、挂牌企业转板的重要文件及其编写指南——以北京双杰电气股份有限公司为例

根据《证券法》第52条的规定，申请股票上市交易，应当向证券交易所报送下列文件：上市报告书；申请股票上市的股东大会决议；公司章程；公司营业执照；依法经会计师事务所审计的公司最近3年的财务会计报告；法律意见书和上市保荐书；最近一次的招股说明书；证券交易所上市规则规定的其他文件。

（一）招股说明书的编写及要点

编写并公告首次发行股票并在创业板上市招股说明书是挂牌企业成功转板的关键步骤。首次发行股票并在创业板上市招股说明书一般包括发行概况、发行人声明、重大事项提示、风险因素等内容。

在首次发行股票并在创业板上市招股说明书中，发行概况、发行人声明、重大事项提示等非常重要，下面对其分别进行阐述：

1. 发行概况。该部分主要是将本次公开发行的股票类型、发行数量、发行价格、日期、拟上市的交易所、发行后总股本、保荐机构等内容做一个开门见山的说明。下例为“发行概况”的参考文本：

案例 11.3.1

发行概况

发行股票类型：	人民币普通股（A股）
发行数量：	3448.64万股（占发行后总股本的25%），本次发行全部为新股发行，原股东不公开发售股份。

续表

每股面值：	1.00 元人民币
每股发行价格：	12.13 元 / 股
预计发行日期：	2015 年 4 月 15 日
拟上市的证券交易所：	深圳证券交易所
发行后总股本：	13794.56 万股
保荐机构（主承销商）：	东北证券股份有限公司
招股说明书签署日期：	2015 年 3 月 27 日

2. 发行人声明。该部分内容主要是公司及相关人员对发行相关事项的声明和承诺，确保招股说明书财务会计资料等的真实、准确、完整，中国证监会针对发行所作的任何决定或意见，均不表明其对优先股的价值或投资者的收益作出实质性判断或者保证。总而言之，发行人对资料负责，但发行是市场行为，市场参与者应对自身的决策负责，换句话说，“投资有风险，决策需谨慎”。下例为“发行人声明”的参考文本：

案例 11.3.2

发行人声明

发行人及全体董事、监事、高级管理人员承诺招股说明书不存在虚假记载、误导性陈述或重大遗漏，并对其真实性、准确性、完整性、及时性承担个别和连带的法律责任。

发行人及全体董事、监事、高级管理人员、发行人的控股股东、实际控制人以及保荐人、承销的证券公司承诺因发行人招股说明书及其他信息披露资料有虚假记载、误导性陈述或者重大遗漏，致使投资者在证券发行和交易中遭受损失的，将依法赔偿投资者损失。

证券服务机构承诺因其为发行人本次公开发行制作、出具的文件有虚假记载、误导性陈述或者重大遗漏，给他人造成损失的，将依法赔偿投资者损失。

公司负责人和主管会计工作的负责人、会计机构负责人保证招股说明书中财务会计资料真实、完整。

中国证监会对本次发行所作的任何决定或意见，均不表明其对发行人的盈利能力、投资价值或者对投资者的收益作出实质性判断或者保证。任何与之相反的声明均属虚假不实陈述。根据《证券法》的规定，股票依法发行后，发行人经营与收益的变化，由发行人自行负责；投资者自主判断发行人的投资价值，自主作出投资决策，自行承担股票依法发行后因发行人经营与收益变化或者股票价格变动引致的投资风险。

3. 重大事项提示。该部分内容主要包括公开发行方案；股份限售安排、自愿锁定和延长锁定期限承诺；发行人特定股东承诺等重大事项；稳定股价预案；关于招股说明书存在虚假记载、误导性陈述或者重大遗漏时回购股份或进行赔偿的承诺；关于承诺履行的约束措施；成长性风险；发行前滚存利润的共享安排；发行人上市后的股利分配政策；股东分红回报规划；保荐机构关于发行人持续盈利能力的核查；发行人财务报告审计基准日后的主要经营状况等重大事项。下例为“重大事项提示”的参考文本：

案例 11.3.3

重大事项提示

本公司提醒投资者应特别注意下列重大事项提示，并认真阅读招股说明书第四节“风险因素”的全部内容。

一、本次公开发行方案

本次发行前公司总股本 10345.92 万股，本次拟发行人民币普通股（A 股）为 3448.64 万股，发行后总股本为 13794.56 万股。本次拟发行股份占发行后总股本的比例为 25%，全部为流通股。本次发行全部为新股发行，原股东不公开发售股份。

二、股份限售安排、自愿锁定和延长锁定期限承诺

公司控股股东、实际控制人赵志宏及股东赵志兴、赵志浩、袁学恩、陆金学、许专、周宜平、张党会、魏杰、李涛、张志刚、刘中锴、刘颖承诺：

自公司股票上市之日起 36 个月内，不转让或者委托他人管理其直接或间接持有的公司的股份，也不由公司回购其直接或间接持有的公司股份。

公司股东华仁创业、武汉昀康、景泰同方、德同长通、分水科技、和发通、北京汇璟、红波科技、天誉合、百汇城、颐和投资、洛子峰、中宏信、天南科技、若禹咨询、赛亿欧、兆牌投资、志鸿远、鸿瑞安、风搏投资、鹏泰行、众杰伟业、赵连华、姜龙承诺：自公司股票上市之日起一年内，不转让或者委托他人管理其本次发行前已直接或间接持有的公司股份，也不由公司回购其直接或间接持有的公司股份。

公司董事、监事和高级管理人员赵志宏、袁学恩、陆金学、许专、魏杰、张党会、刘中锴、刘颖、金俊琪、李旭晗、李涛、张志刚承诺：除前述锁定期外，在任职期间每年转让的股份不超过其直接或间接所持公司股份总数的 25%；在首次公开发行股票上市之日起 6 个月内申报离职的，自申报离职之日起 18 个月内不转让其直接或间接所持公司股份；在首次公开发行股票上市之日起第 7 个月至第 12 个月之间申报离职的，自申报离职之日起 12 个月内不转让其直接或间接所持公司股份；在首次公开发行股票上市之日起 12 个月后申报离职的，自申报离职之日起 6 个月内不转让其直接或间接所持公司股份。

作为本公司控股股东、董事长的赵志宏及作为董事、高级管理人员的股东袁学恩、陆金学、许专、魏杰、李涛、张志刚承诺：本人所持公司全部股票在锁定期满后两年内减持的，减持价格（如果因派发现金红利、送股、转增股本、增发新股等原因进行除权、除息的，须按照深圳证券交易所的有关规定作复权处理）不低于发行价；公司股票上市后 6 个月内如股票连续 20 个交易日的收盘价（如果因派发现金红利、送股、转增股本、增发新股等原因进行除权、除息的，须按照深圳证券交易所的有关规定作复权处理）低于发行价，或者上市后 6 个月期末收盘价低于发行价，本人持有发行人股票的锁定期限自动延长 6 个月。此项承诺不因本人职务变更、离职等原因而放弃履行。

公司实际控制人赵志宏的兄长赵志兴、赵志浩已出具承诺：本人所持股份锁定期及股份转让将严格按照公司实际控制人、董事长赵志宏的承诺执行。

公司总经理袁学恩的妻子周宜平已出具承诺：本人所持股份锁定期及股份转让将严格按照公司股东、董事、总经理袁学恩的承诺执行。

三、持有发行人总股本 5% 以上股份股东的持股意向及减持意向

持有发行人总股本 5% 以上股份的股东赵志宏、袁学恩、赵志兴、赵志浩、陆金学、许专及袁学恩妻子周宜平承诺：

1. 自持有公司股份锁定期满之日起两年内，每年减持股份不超过所持股份总量的 10%，减持价格不低于本次股票发行价格（如因派发现金红利、送股、转增股本、增发新股等原因进行除权、除息的，须按照证券交易所的有关规定作除息价格调整）。

2. 提前 3 个交易日通知股份公司减持事宜并予以公告后，再实施减持计划。

3. 如以上承诺事项被证明不真实或未被遵守，将出售股票收益上缴股份公司，且承担相应的法律责任。

4. 本确认书自签字之日即行生效并不可撤销。

四、稳定股价预案

公司上市后 3 年内，如公司股票收盘价格（如果因派发现金红利、送股、转增股本、增发新股等原因进行除权、除息的，须按照深圳证券交易所的有关规定作复权处理，下同）连续 20 个交易日低于最近一期经审计的每股净资产（每股净资产 = 合并财务报表中属于母公司普通股股东权益合计数 ÷ 期末公司股份总数，下同）（以下简称"启动条件"），则公司应按下述规则实施稳定股价措施：

（一）稳定股价的具体措施

公司稳定股价的具体措施在触发前述股价稳定措施的启动条件时，公司应依照法律、法规、规范性文件、公司章程及公司内部治理制度的规定，及时履行相关法定程序后采取以下部分或全部措施稳定公司股价，并保证股价稳定措施实施后，公司的股权分布仍符合上市条件：

1. 公司回购

（1）自公司股票上市交易后 3 年内触发启动条件时，为稳定公司股价之

目的，在不影响公司正常生产经营的情况下并且符合股票回购相关规定的前提下，经董事会、股东大会审议同意，公司通过交易所集中竞价交易方式回购公司股票，公司控股股东承诺就该回购事宜在股东大会中投赞成票。

（2）公司用于回购股份的资金总额不低于上一个会计年度经审计净利润的 10%，或回购股份数量不低于回购时公司股本的 1%，并且公司连续 12 个月回购股份不超过公司总股本的 2%，公司回购股票的价格不超过前一年度经审计的每股净资产的 120%。

（3）在公司符合本预案规定的回购股份的相关条件下，公司董事会经综合考虑公司经营发展实际情况、公司所处行业情况、公司股价的二级市场表现情况、公司现金流量状况、社会资金成本和外部融资环境等因素，认为公司不宜或暂无须回购股票的，经董事会决议通过并经半数以上独立董事同意后，应将不回购股票以稳定股价事宜提交股东大会审议，并经出席会议的股东所持表决权的 2/3 以上通过。

2. 控股股东增持

自公司股票上市交易后 3 年内触发启动条件时，为稳定公司股价之目的，控股股东在符合股票交易相关规定的前提下，按照公司关于稳定股价具体方案中确定的增持金额和期间，通过交易所集中竞价交易方式增持公司股票。控股股东用于增持公司股票的资金总额不低于最近一个会计年度从公司分得的现金股利的 20%，不超过最近一年会计年度从公司分得的现金股利的 40%，且连续 12 个月增持公司股份数量不超过公司总股本的 2%。

除因继承、被强制执行或上市公司重组等情形必须转股或触发股价稳定措施的停止条件外，在股东大会审议稳定股价具体方案及方案实施期间，控股股东不转让其持有的公司股份。除经出席股东大会的非关联股东所持表决权的 2/3 以上同意外，不由公司回购其持有的股份。

3. 董事、高级管理人员增持

自公司股票上市交易后 3 年内触发启动条件时，为稳定公司股价之目的，董事（不包括独立董事，下同）、高级管理人员在符合股票交易相关规定的前提下，按照公司关于稳定股价具体方案中确定的增持金额和期间，通过交易所集中竞价交易方式增持公司股票。董事、高级管理人员用于购入公司股票的资金总额不低于上一年度从公司获得薪酬的20%（税后），但不超过该董事、高级管理人员上一年度获得薪酬的40%（税后）。

触发前述股价稳定措施的启动条件时公司的控股股东、董事、高级管理人员，不因在股东大会审议稳定股价具体方案及方案实施期间内不再作为控股股东和/或职务变更、离职等情形而拒绝实施上述稳定股价的措施。本公司于上市后3年内新聘用的董事、高级管理人员须遵照《关于稳定北京双杰电气股份有限公司股价的预案》要求履行相关义务。

（二）稳定股价措施的启动程序

1. 公司回购

（1）公司董事会应在启动条件触发之日起10个交易日内作出实施回购股份或不实施回购股份的决议。

（2）公司董事会应当在作出决议后的2个交易日内公告董事会决议、回购股份预案（应包括拟回购的数量范围、价格区间、完成时间等信息）或不回购股份的理由，并发布召开股东大会的通知。

（3）经股东大会决议决定实施回购的，公司应在股东大会决议作出之日起下一个交易日开始启动回购，并应在履行完毕法律法规规定的程序后30个交易日内实施完毕。

（4）公司回购方案实施完毕后，应在2个交易日内公告公司股份变动报告，并依法注销所回购的股份，办理工商变更登记手续。

2. 控股股东增持

（1）控股股东应在启动条件触发之日起10个交易日内，就其增持公司A股股票的具体计划（应包括拟增持的数量范围、价格区间、完成时间等信息）书面通知公司并由公司进行公告。

（2）控股股东应在增持公告作出之日起下一个交易日开始启动增持，并应在履行完毕法律法规规定的程序后30个交易日内实施完毕。

3. 董事、高级管理人员增持

（1）董事、高级管理人员应在启动条件触发之日起10个交易日内，就其增持公司A股股票的具体计划（应包括拟增持的数量范围、价格区间、完成时间等信息）书面通知公司并由公司进行公告。

（2）董事、高级管理人员应在增持公告作出之日起下一个交易日开始启动增持，并应在履行完法律法规规定的程序后30个交易日内实施完毕。

（三）稳定股价措施的中止条件

在实施上述增持计划过程中，如公司股票连续20个交易日的收盘价均高于公司最近一期经审计的每股净资产，则实施方可中止实施股份增持计划。

（四）股价稳定方案的优先顺序

触发股价稳定方案时，双杰电气回购公司股票为第一顺位，控股股东增持股票为第二顺位，董事和高级管理人员增持股票为第三顺位。双杰电气达到最大回购股票数量后，公司股价仍未达到停止股价稳定方案的条件的，则由控股股东增持；控股股东增持到承诺的最大数量后，公司股价仍未达到停止股价稳定方案的条件的，则由董事、高级管理人员承担增持义务。控股股东、董事、高级管理人员履行完成强制增持义务后，可自愿增持。

（五）约束措施

1. 控股股东负有增持股票义务，但未按本预案的规定提出增持计划和/或未实际实施增持计划的，公司有权责令控股股东在限期内履行增持股票义务，控股股东仍不履行的，每违反一次，应向公司按如下公式支付现金补偿：

控股股东最低增持金额——实际增持股票金额（如有）。

控股股东拒不支付现金补偿的，公司有权扣减其应向控股股东支付的分红。控股股东多次违反上述规定的，现金补偿金额累计计算。

2. 公司董事、高级管理人员负有增持股票义务，但未按本预案的规定提出增持计划和/或未实际实施增持计划的，公司有权责令董事、高级管理人员在限期内履行增持股票义务，董事、高级管理人员仍不履行，应向公司按如下公式支付现金补偿：

每名董事、高级管理人员最低增持金额——实际增持股票金额（如有）。董事、高级管理人员拒不支付现金补偿的，公司有权扣减其应向董事、高级管理人员支付的报酬。

公司董事、高级管理人员拒不履行本预案规定的股票增持义务情节严重的，控股股东或董事会、监事会、半数以上的独立董事有权提请股东大会同意更换相关董事，公司董事会有权解聘相关高级管理人员。

（六）本预案的法律程序

本预案已经公司2014年第一次临时股东大会审议通过，自公司完成首次公开发行A股股票并上市之日起生效。公司控股股东赵志宏及公司董事和高级管理人员已承诺：（1）已了解并知悉《关于稳定北京双杰电气股份有限公司股价的预案》的全部内容；（2）愿意遵守和执行《关于稳定北京双杰电气股份有限公司股价的预案》的内容并承担相应的法律责任。

五、关于招股说明书存在虚假记载、误导性陈述或者重大遗漏时回购股份或进行赔偿的承诺

（一）发行人的相关承诺

发行人承诺：（1）公司招股说明书有虚假记载、误导性陈述或者重大遗漏，对判断发行人是否符合法律规定的发行条件构成重大、实质影响的，公司将在中国证监会或人民法院等有权部门作出发行人存在上述事实的最终认定或判决生效后，依法及时启动股份回购程序；按回购时的股票市场价格或有权部门认定的价格回购首次公开发行的全部新股。（2）公司招股说明书有虚假记载、误导性陈述或者重大遗漏，致使投资者在证券交易中遭受损失的，公司将依法向投资者履行赔偿责任。

（二）控股股东关于回购已转让原限售股份的承诺

公司控股股东承诺：公司招股说明书有虚假记载、误导性陈述或者重大遗漏，对判断发行人是否符合法律规定的发行条件构成重大、实质影响的，本人在中国证监会或人民法院等有权部门作出发行人存在上述事实的最终认定或判决生效后3个交易日内启动购回已转让的原限售股份事项（不包括本次公开发行时其他股东公开发售部分及锁定期结束后控股股东在二级市场减持的股份），采用二级市场集中竞价交易、大宗交易、协议转让或要约收购等方式购回已转让的原限售股份。购回价格依据协商价格或二级市场价格确定，但是不低于原转让价格（如因派发现金红利、送股、转增股本、增发新股等

原因进行除权、除息的，须按照证券交易所的有关规定作除权除息价格调整）及依据相关法律法规及监管规则确定的价格。若本人购回已转让的原限售股份触发要约收购条件的，本人将依法履行要约收购程序，并履行相应信息披露义务。

（三）控股股东、董事、监事、高级管理人员关于承担赔偿责任的相关承诺

公司控股股东、董事、监事、高级管理人员承诺：公司招股说明书如有虚假记载、误导性陈述或者重大遗漏，对判断发行人是否符合法律规定的发行条件构成重大、实质影响的，（或致使投资者在证券交易中遭受损失的），承诺人将在中国证监会或人民法院等有权部门作出发行人存在上述事实的最终认定或生效判决后5日内，（或作出由发行人承担赔偿投资者损失责任的最终处理决定或判决生效后5日内），依法及时提议召集召开发行人董事会、股东大会，并在相关会议中就相关议案投赞成票，以确保发行人履行完成股票回购责任（或赔偿责任）。如因前述事由导致承诺人需要依法承担赔偿责任的，承诺人将根据中国证监会或人民法院等有权部门的最终处理决定或生效判决在随后30日内，向投资者依法履行完赔偿责任。

（四）中介机构的相关承诺保荐机构、发行人会计师、发行人律师承诺：因本公司/本所为北京双杰电气股份有限公司首次公开发行制作、出具的文件有虚假记载、误导性陈述或者重大遗漏，给投资者造成损失的，本公司/本所将依法赔偿投资者损失。

六、关于承诺履行的约束措施

发行人、发行人控股股东、实际控制人及其一致行动人、发行人董事、监事、高级管理人员及持有公司股份的董事亲属周宜平承诺：如发行人在招股说明书中所作出的相关承诺未能履行、确已无法履行或无法按期履行的，其将采取如下措施：

1. 通过公司及时、充分披露其承诺未能履行、无法履行或无法按期履行的具体原因；

2. 向投资者提出补充承诺或替代承诺，以尽可能保护投资者的权益；

3. 将上述补充承诺或替代承诺提交公司股东大会审议；

4. 公司违反承诺给投资者造成损失的，将依法对投资者进行赔偿；

5. 本承诺书自公司盖章或本人签字之日即生效并不可撤销。

七、提醒投资者关注本次股东公开发售股份事项对公司控制权、治理结构及生产经营的影响

根据公司本次公开发售股份的方案，本次发行后，公司的控股股东和实际控制人均不变，赵志宏仍为公司的实际控制人，公司股权结构不会发生重大变化。公司董事会、监事会、高级管理人员结构不会因为公司股东本次公开发售股份而产生重大变化。因此公司股东本次公开发售股份不会导致公司治理结构及生产经营发生重大变化。

八、填补被摊薄即期回报的措施及承诺

本次公开发行股票完成后，公司的股本和净资产规模均有较大幅度增长。由于募集资金投资项目的实施需要一定的建设周期和达产周期，在项目全部建成达产后才能达到预计的收益水平。因此，本次发行完成后，公司净利润的增长在短期内不能与公司净资产增长保持同步，投资者面临即期回报被摊薄的风险。为降低本次发行对投资者即期回报的影响，公司计划采取以下措施：

（一）坚持自主创新，丰富产品类型

公司自设立一直专注于配电及控制设备制造领域新技术、新产品的研发，取得了固体绝缘技术、相间隔离技术、母线连接技术、六氟化硫气体灭弧技术、六氟化硫气体环网柜传动轴双密封技术、智能化综合在线监测技术等多项核心技术。在本次公开发行后，公司将继续坚持自主创新，增加研发投入，保持公司产品的竞争力，在加大现有产品市场推广力度的同时，不断向更高电压等级配电设备产品进行拓展，丰富产品类型，努力开拓新的市场机会，从而扩大公司的主营业务规模，提高公司的盈利能力。

（二）加快实施募集资金投资项目

本次募集资金用于投资 30000 回路 / 年智能型固体绝缘环网柜（二期）等 4 个项目，均用于发展公司主营业务。募集资金投资项目的实施，有利于公司生产规模的扩大，技术水平的提升，优化公司产品结构，为公司未来发

展打下基础。公司建立了募集资金专项存储制度。在募集资金到位前，公司将根据项目轻重缓急程度以自筹资金进行先期投入，并开展研发等工作，待募集资金到位后进行置换。在募集资金到位后，公司将加快募集资金实施进度，争取募集资金投资项目早日达产并实现预期收益。

（三）强化投资者回报

公司制定了上市后生效的《公司章程（草案）》和《北京双杰电气股份有限公司股东分红回报规划》及其修正案，确定了公司发行上市后的利润分配政策，明确了公司的分红原则、分红条件、程序及方式。在保证公司正常经营的前提下，明确以现金分红为主并优先进行现金分红，保证投资者特别是中小投资者的利益，强化对投资者的合理回报。

九、成长性风险

2012 年、2013 年及 2014 年，公司营业收入分别为 36901.61 万元、44814.60 万元和 54492.12 万元，扣除非经常性损益后属于母公司股东的净利润分别为 5383.02 万元、6213.78 万元和 7282.22 万元，公司近 3 年主要产品产销量不断增长，收入等呈上升趋势，但如果宏观经济环境发生变化，或公司未来在市场竞争中不能通过自主创新、拓展营销网络、提升品牌价值等方式维持公司的竞争能力，将导致公司未来业绩存在不能持续增长的风险。

十、发行前滚存利润的共享安排

2012 年 4 月 5 日召开的公司 2012 年第一次临时股东大会通过决议，本次公开发行股票完成后，公司本次发行前滚存的未分配利润由股票发行后的新老股东按持股比例共享。

十一、发行人上市后的股利分配政策、股东分红回报规划

（一）公司上市后的股利分配政策

公司上市后生效的《公司章程（草案）》中有关股利分配的主要规定如下：

公司实施积极的利润分配政策，重视对投资者的合理投资回报，确保利润分配的连续性和稳定性，利润分配不得超过累计可分配利润的范围，不得损害公司持续经营能力。公司董事会、监事会和股东大会对利润分配政策的决策和论证过程中应当充分考虑独立董事和公众投资者（特别是中小投资者）

的意见。

1. 公司采取现金、股票或二者相结合的方式分配股利，但以现金分红为主并优先进行现金分红。

2. 公司每年以现金方式分配的利润不少于当年度实现的可供分配利润的 20%。

公司应当综合考虑所处行业特点、发展阶段、自身经营模式、盈利水平以及是否有重大资金支出安排等因素制定利润分配政策。公司利润分配方案的制定应当遵循以下原则：

（1）公司发展阶段属成熟期且无重大资金支出安排的，进行利润分配时，现金分红在本次利润分配中所占比例最低应达到 80%；

（2）公司发展阶段属成熟期且有重大资金支出安排的，进行利润分配时，现金分红在本次利润分配中所占比例最低应达到 40%；

（3）公司发展阶段属成长期且有重大资金支出安排的，进行利润分配时，现金分红在本次利润分配中所占比例最低应达到 20%。公司发展阶段不易区分但有重大资金支出安排的，按照前项规定处理。若当年经营活动产生的现金流量净额为负，可不进行现金分红；公司在确保足额分配现金股利的前提下，可以根据经营情况另行增加股票股利分配和公积金转增。

3. 一般进行年度分红，公司董事会也可以根据公司的资金需求状况提议进行中期分红；

4. 公司根据生产经营情况、投资规划和长期发展的需要，确需调整利润分配政策的，调整后的利润分配政策不得违反中国证监会和证券交易所的有关规定；

5. 公司将根据自身实际情况，在上述利润分配政策的范围内制定或调整股东分红回报规划。

（二）公司上市后未来 3 年的利润分配计划

为保证股东的合理权益回报，依据《公司章程（草案）》及《股东分红回报规划》的规定，公司上市后未来 3 年股东分红回报计划为：年度实现盈利在提取公积金后，每年以现金方式分配的利润不少于当年实现的可供分配利润的20%；若当年经营活动产生的现金流量净额为负时，可不进行现金分红；公司在确保足额分配现金股利的前提下，可以根据经营情况另行增加股票股利分配和公积金转增。公司在每个会计年度结束后，由公司董事会提出分红议案，并交付股东大会审议。公司接受所有股东、独立董事、监事和公众投资者对公司分红的建议和监督。

（三）公司上市后的长期分红回报规划

坚持现金分红为主并优先进行现金分红的基本原则，年度实现盈利在依法弥补亏损、提取公积金后有可供分配利润的，根据公司章程的规定，每年以现金方式分配的利润不少于当年实现的可供分配利润的20%；若当年经营活动产生的现金流量净额为负，可不进行现金分红；公司在确保足额分配现金股利的前提下，可以根据经营情况另行增加股票股利分配和公积金转增。

公司董事会根据利润分配政策制定回报规划。公司至少每3年重新审阅一次《股东分红回报规划》，可以根据公司实际情况以及股东（特别是公众投资者）、独立董事的意见对公司正在实施的股利分配规划作出适当的修改，公司保证调整后的股东分红回报规划不违反利润分配政策的规定。

公司关于上市后的股利分配政策、股东分红回报规划具体内容参见本招股说明书“第九节财务会计信息与管理层分析”。

十二、保荐机构关于发行人持续盈利能力的核查

（一）对公司持续盈利能力可能产生重大不利影响的因素

对公司持续盈利能力可能产生重大不利影响的因素包括但不限于：电力行业投资规模变动风险、保持持续创新能力的风险、市场竞争及产品质量风险、主要原材料价格波动风险、毛利率无法持续保持较高水平的风险、人力资源风险、税收优惠政策变化的风险等。公司已在本招股说明书“第四节风险因素”中进行了分析和披露。

（二）保荐机构对发行人持续盈利能力的核查意见

经核查，发行人的经营模式、产品及服务的品种结构未发生重大变化，发行人的行业地位及发行人所处行业的经营环境未发生重大变化，发行人在用的商标、专利、专有技术等重要资产或者技术的取得或者使用未发生重大

不利变化，发行人不存在最近一年的营业收入或净利润对关联方或者有重大不确定性的客户存在重大依赖的情形，发行人不存在最近一年的净利润主要来自合并财务报表范围以外的投资收益的情形。保荐机构认为：发行人具备持续盈利能力。

十三、发行人财务报告审计基准日后的主要经营状况

财务报告审计截至2014年12月31日后至招股说明书签署日，发行人经营情况良好。发行人已披露财务报告审计基准日后的主要经营状况，请参见本招股说明书“第九节财务会计信息与管理层分析”之“四、财务报告审计基准日至招股说明书签署日经营状况”的相关内容。

（二）审计报告的编写及其要点

财务审计报告是具有审计资格的会计师事务所的注册会计师出具的关于企业会计的基础工作即计量、记账、核算、会计档案等会计工作是否符合会计制度，企业的内控制度是否健全等事项的报告，是对财务收支、经营成果和经济活动全面审查后作出的客观评价。下例为“首次发行股票审计报告”的参考目录：

案例 11.3.4

首次发行股票审计报告目录

一、审计报告

二、审计报告附送

1. 合并及母公司资产负债表

2. 合并及母公司利润表

3. 合并及母公司现金流量表

4. 合并及母公司股东权益变动表

5. 财务报表附注

三、附件

1. 中兴华会计师事务所（特殊普通合伙）营业执照复印件

2. 中兴华会计师事务所（特殊普通合伙）执业证书复印件

3. 中兴华会计师事务所（特殊普通合伙）证券、期货相关业务许可证复印件

4. 注册会计师执业证书复印件

（三）法律意见书的编写及其要点

法律意见书是律师提供法律服务的一种综合性的书面文件，其内容包括向咨询者提供法律依据、法律建议以及解决问题的方案。下例为首次发行股票法律意见书的参考目录：

案例 11.3.5

首次公开发行股票并在创业板上市的法律意见目录

释义

一、发行人本次发行上市的批准和授权

二、发行人本次发行上市的主体资格

三、发行人本次发行上市的实质条件

四、发行人的设立

五、发行人的独立性

六、发行人的发起人或股东（实际控制人）

七、发行人的股本及其演变

八、发行人的业务

九、关联交易及同业竞争

十、发行人的主要财产

十一、发行人的重大债权债务

十二、发行人重大资产变化及收购兼并

十三、发行人章程的制定与修改

十四、发行人股东大会、董事会、监事会议事规则及规范运作

十五、发行人的董事、监事和高级管理人员及其变化

十六、发行人的税务

十七、发行人的环境保护和产品质量、技术等标准

十八、发行人募集资金的运用

十九、发行人业务发展目标

二十、诉讼、仲裁或行政处罚

二十一、发行人招股说明书法律风险的评价

二十二、结论意见

（四）保荐书的编写及其要点

发行保荐书一般用于发行股票或有价证券的机构，为了加强证券发行的信息披露，提高保荐机构及其保荐代表人的执业水准而出具的正式法律文件，其适用于申请首次公开发行股票并上市的股份有限公司、发行新股或可转换公司债券的上市公司（以下简称发行人）所聘请的保荐机构应当按照本准则的要求出具发行保荐书和发行保荐工作报告的情形。

1. 性质：发行保荐书是保荐机构及其保荐代表人为推荐发行人证券发行而出具的正式法律文件，也是评价保荐机构及其保荐代表人从事保荐业务是否诚实守信、勤勉尽责的重要依据。

2. 发行保荐书的必备内容

（1）本次证券发行基本情况。

（2）保荐机构应简述本次具体负责推荐的保荐代表人，包括保荐代表人的姓名、保荐业务执业情况等内容。

（3）保荐机构应简述本次证券发行项目协办人及其他项目组成员，包括项目协办人姓名、保荐业务执业情况，项目组其他成员姓名等内容。

（4）保荐机构应简述发行人情况，包括发行人名称、注册地及时间、联系方式、业务范围、本次证券发行类型等内容。上市公司非公开发行股票的，还应当披露发行人的最新股权结构、前 10 名股东情况、历次筹资、现金分红及净资产变化表、主要财务数据及财务指标。下例为首次公开发行股票之发行保荐书的参考目录：

案例 11.3.6

首次公开发行股票并在创业板上市之发行保荐书目录

3. 发行人成长性较好

4. 募集资金投资项目的实施将进一步提升发行人的竞争力

（七）依据《关于做好首次公开发行股票公司2012年度财务报告专项检查工作的通知》对发行人进行的核查

1. 是否存在自我交易的核查

2. 是否存在恶意串通实现虚假业绩的核查

3. 是否存在无偿或不公允获取经济资源的核查

4. 是否存在保荐机构或PE投资机构及其关联方进行利益输送的核查

5. 体外资金虚构利润的核查

6. 是否存在虚假网络交易的核查

7. 是否存在成本费用支出计入存货、在建工程等资产项目的核查

8. 是否存在短期压低员工薪金的核查

9. 是否存在延迟成本费用虚增利润的核查

10. 是否存在低估资产减值的核查

11. 是否存在推迟时间减少折旧的核查

12. 是否存在其他导致公司财务信息披露失真、粉饰业绩或财务造假的核查

（五）上市公告书的编写及其要点

上市公告书是指上市公司按照证券法规和证券交易所业务规则的要求，于其证券上市前，就其公司自身情况及证券上市的有关事宜，通过证券上市管理机构指定的报刊向社会公众公布的宣传和说明材料。上市公告书的内容应包括下列事项：证券获准在交易所交易的日期和批准文号；证券发行情况；公司创立大会或股东大会同意公司证券在证交所交易的决议；公司董事、监事和高级管理人员简历及其持有本公司证券情况；公司近三年或成立以来的经营业绩和财务状况以及下一年的溢利预测文件；证券交易所要求载明的其他事项。

在首次公开发行股票并在创业板上市公告书中，重要声明与提示显得尤

为重要，下面为“重要声明与提示”的参考文本：

案例 11.3.7

重要声明与提示

本公司股票将在深圳证券交易所创业板市场上市，该市场具有较高的投资风险。创业板公司具有业绩不稳定、经营风险高、退市风险大等特点，投资者面临较大的市场风险。投资者应充分了解创业板市场的投资风险及本公司所披露的风险因素，审慎作出投资决定。

本公司首次公开发行股票在上市初期具有较大的价格波动风险，本公司提醒投资者应充分了解股票市场风险及本公司披露的风险因素，理性参与新股交易。

北京双杰电气股份有限公司（以下简称“本公司”“公司”或“双杰电气”）及全体董事、监事、高级管理人员保证上市公告书的真实性、准确性、完整性，承诺上市公告书不存在虚假记载、误导性陈述或重大遗漏，并承担个别和连带的法律责任。

证券交易所、其他政府机关对本公司股票上市及有关事项的意见，均不表明对本公司的任何保证。

本公司提醒广大投资者注意，凡本上市公告书未涉及的有关内容，请投资者查阅刊载于中国证监会创业板指定的五家信息披露网站（巨潮资讯网 www.cninfo.com.cn、中证网 www.cs.com.cn、中国证券网 www.cnstock.com、证券时报网 www.secutimes.com、中国资本证券网 www.ccstock.cn）的本公司招股说明书全文。

如无特别说明，本上市公告书中简称或名词的释义与本公司首次公开发行股票并在创业板上市招股说明书释义相同。

本公司及实际控制人、董事、监事、高级管理人员、中介机构等就首次公开发行股票上市作出的重要承诺及说明如下：

一、股份限售安排、自愿锁定和延长锁定期限承诺

公司控股股东、实际控制人赵志宏及股东赵志兴、赵志浩、袁学恩、陆

金学、许专、周宜平、张党会、魏杰、李涛、张志刚、刘中锴、刘颖承诺：自公司股票上市之日起36个月内，不转让或者委托他人管理其直接或间接持有的公司股份，也不由公司回购其直接或间接持有的公司股份。

公司股东华仁创业、武汉昀康、景泰同方、德同长通、分水科技、和发通、北京汇璟、红波科技、天誉合、百汇城、颐和投资、洛子峰、中宏信、天南科技、若禹咨询、赛亿欧、兆牌投资、志鸿远、鸿瑞安、风搏投资、鹏泰行、众杰伟业、赵连华、姜龙承诺：自公司股票上市之日起一年内，不转让或者委托他人管理其本次发行前已直接或间接持有的公司股份，也不由公司回购其直接或间接持有的公司股份。

公司董事、监事和高级管理人员赵志宏、袁学恩、陆金学、许专、魏杰、张党会、刘中锴、刘颖、金俊琪、李旭晗、李涛、张志刚承诺：除前述锁定期外，在任职期间每年转让的股份不超过其直接或间接所持公司股份总数的25%；在首次公开发行股票上市之日起6个月内申报离职的，自申报离职之日起18个月内不转让其直接或间接所持公司股份；在首次公开发行股票上市之日起第7个月至第12个月之间申报离职的，自申报离职之日起12个月内不转让其直接或间接所持公司股份；在首次公开发行股票上市之日起12个月后申报离职的，自申报离职之日起6个月内不转让其直接或间接所持公司股份。

作为本公司控股股东、董事长的赵志宏及作为董事、高级管理人员的股东袁学恩、陆金学、许专、魏杰、李涛、张志刚承诺：本人所持公司全部股票在锁定期满后两年内减持的，减持价格（如果因派发现金红利、送股、转增股本、增发新股等原因进行除权、除息的，须按照深圳证券交易所的有关规定作复权处理）不低于发行价；公司股票上市后6个月内如股票连续20个交易日的收盘价（如果因派发现金红利、送股、转增股本、增发新股等原因进行除权、除息的，须按照深圳证券交易所的有关规定作复权处理）低于发行价，或者上市后6个月期末（即2015年10月23日）收盘价低于发行价，本人持有发行人股票的锁定期限自动延长6个月。此项承诺不因本人职务变更、离职等原因而放弃履行。

公司实际控制人赵志宏的兄长赵志兴、赵志浩已出具承诺：本人所持股份锁定期及股份转让将严格按照公司实际控制人、董事长赵志宏的承诺执行。

公司总经理袁学恩的妻子周宜平已出具承诺：本人所持股份锁定期及股份转让将严格按照公司股东、董事、总经理袁学恩的承诺执行。

二、持有发行人总股本5%以上股份股东的持股意向及减持意向

持有发行人总股本5%以上股份的股东赵志宏、袁学恩、赵志兴、赵志浩、陆金学、许专及袁学恩妻子周宜平承诺：

1. 自持有公司股份锁定期满之日起两年内，每年减持股份不超过所持股份总量的10%，减持价格不低于本次股票发行价格（如因派发现金红利、送股、转增股本、增发新股等原因进行除权、除息的，须按照证券交易所的有关规定作除权除息价格调整）。

2. 提前3个交易日通知股份公司减持事宜并予以公告后，再实施减持计划。

3. 如以上承诺事项被证明不真实或未被遵守，将出售股票收益上缴股份公司，且承担相应的法律责任。

4. 本确认书自签字之日即生效并不可撤销。

三、稳定股价预案

公司上市后3年内，如公司股票收盘价格（如果因派发现金红利、送股、转增股本、增发新股等原因进行除权、除息的，须按照深圳证券交易所的有关规定作复权处理，下同）连续20个交易日低于最近一期经审计的每股净资产（每股净资产＝合并财务报表中归属于母公司普通股股东权益合计数 ÷ 期末公司股份总数，下同）（以下简称“启动条件”），则公司应按下述规则实施稳定股价措施：

（一）稳定股价的具体措施

公司稳定股价的具体措施在触发前述股价稳定措施的启动条件时，公司应依照法律、法规、规范性文件、公司章程及公司内部治理制度的规定，及时履行相关法定程序后采取以下部分或全部措施稳定公司股价，并保证股价稳定措施实施后，公司的股权分布仍符合上市条件：

1. 公司回购

（1）自公司股票上市交易后3年内触发启动条件时，为稳定公司股价之

目的，在不影响公司正常生产经营的情况下并且符合股票回购相关规定的前提下，经董事会、股东大会审议同意，公司通过交易所集中竞价交易方式回购公司股票，公司控股股东承诺就该回购事宜在股东大会中投赞成票。

（2）公司用于回购股份的资金总额不低于上一个会计年度经审计净利润的 10%，或回购股份数量不低于回购时公司股本的 1%，并且公司连续 12 个月回购股份不超过公司总股本的 2%，公司回购股票的价格不超过前一年度经审计的每股净资产的 120%。

（3）在公司符合本预案规定的回购股份相关条件下，公司董事会经综合考虑公司经营发展实际情况、公司所处行业情况、公司股价的二级市场表现情况、公司现金流量状况、社会资金成本和外部融资环境等因素，认为公司不宜或暂无须回购股票的，经董事会决议通过并经半数以上独立董事同意后，应将不回购股票以稳定股价事宜提交股东大会审议，并经出席会议的股东所持表决权的 2/3 以上通过。

2. 控股股东增持

自公司股票上市交易后 3 年内触发启动条件时，为稳定公司股价之目的，控股股东在符合股票交易相关规定的前提下，按照公司关于稳定股价具体方案中确定的增持金额和期间，通过交易所集中竞价交易方式增持公司股票。控股股东用于增持公司股票的资金总额不低于最近一个会计年度从公司分得的现金股利的 20%，不超过最近一年会计年度从公司分得的现金股利的 40%，且连续 12 个月增持公司股份数量不超过公司总股本的 2%。

除因继承、被强制执行或上市公司重组等情形必须转股或触发股价稳定措施的停止条件外，在股东大会审议稳定股价具体方案及方案实施期间，控股股东不转让其持有的公司股份。除经出席股东大会的非关联股东所持表决权的 2/3 以上同意外，不由公司回购其持有的股份。

3. 董事、高级管理人员增持

自公司股票上市交易后 3 年内触发启动条件时，为稳定公司股价之目的，董事（不包括独立董事，下同）、高级管理人员在符合股票交易相关规定的前提下，按照公司关于稳定股价具体方案中确定的增持金额和期间，通过交易所集中竞价交易方式增持公司股票。董事、高级管理人员用于购入公司股票的资金总额不低于上一年度从公司获得薪酬的20%（税后），但不超过该董事、高级管理人员上一年度获得薪酬的40%（税后）。

触发前述股价稳定措施的启动条件时，公司的控股股东、董事、高级管理人员，不因在股东大会审议稳定股价具体方案及方案实施期间内不再作为控股股东和/或职务变更、离职等情形而拒绝实施上述稳定股价的措施。本公司于上市后3年内新聘用的董事、高级管理人员须遵照《关于稳定北京双杰电气股份有限公司股价的预案》的要求履行相关义务。

（二）稳定股价措施的启动程序

1. 公司回购

（1）公司董事会应在启动条件触发之日起10个交易日内作出实施回购股份或不实施回购股份的决议。

（2）公司董事会应当在作出决议后的2个交易日内公告董事会决议、回购股份预案（应包括拟回购的数量范围、价格区间、完成时间等信息）或不回购股份的理由，并发布召开股东大会的通知。

（3）经股东大会决议决定实施回购的，公司应在股东大会决议作出之日起下一个交易日开始启动回购，并应在履行完毕法律法规规定的程序后30个交易日内实施完毕。

（4）公司回购方案实施完毕后，应在2个交易日内公告公司股份变动报告，并依法注销所回购的股份，办理工商变更登记手续。

2. 控股股东增持

（1）控股股东应在启动条件触发之日起10个交易日内，就其增持公司A股股票的具体计划（应包括拟增持的数量范围、价格区间、完成时间等信息）书面通知公司并由公司进行公告。

（2）控股股东应在增持公告作出之日起下一个交易日开始启动增持，并应在履行完法律法规规定的程序后30个交易日内实施完毕。

3. 董事、高级管理人员增持

（1）董事、高级管理人员应在启动条件触发之日起10个交易日内，应就其增持公司A股股票的具体计划（应包括拟增持的数量范围、价格区间、完成时间等信息）书面通知公司并由公司进行公告。

（2）董事、高级管理人员应在增持公告作出之日起下一个交易日开始启动增持，并应在履行完毕法律法规规定的程序后30个交易日内实施完毕。

（三）稳定股价措施的中止条件

在实施上述增持计划过程中，如公司股票连续20个交易日的收盘价均高于公司最近一期经审计的每股净资产，则实施方可中止实施股份增持计划。

（四）股价稳定方案的优先顺序

触发股价稳定方案时，双杰电气回购公司股票为第一顺位，控股股东增持股票为第二顺位，董事和高级管理人员增持股票为第三顺位。双杰电气达到最大回购股票数量后，公司股价仍未达到停止股价稳定方案的条件时，则由控股股东增持；控股股东增持到承诺的最大数量后，公司股价仍未达到停止股价稳定方案的条件时，则由董事、高级管理人员承担增持义务。控股股东、董事、高级管理人员履行完成强制增持义务后，可自愿增持。

（五）约束措施

1. 控股股东负有增持股票义务，但未按本预案的规定提出增持计划和/或未实际实施增持计划的，公司有权责令控股股东在限期内履行增持股票义务，控股股东仍不履行的，每违反一次，应向公司按如下公式支付现金补偿：

控股股东最低增持金额——实际增持股票金额（如有）。

控股股东拒不支付现金补偿的，公司有权扣减其应向控股股东支付的分红。控股股东多次违反上述规定的，现金补偿金额累计计算。

2. 公司董事、高级管理人员负有增持股票义务，但未按本预案的规定提出增持计划和/或未实际实施增持计划的，公司有权责令董事、高级管理人员在限期内履行增持股票义务，董事、高级管理人员仍不履行，应向公司按如下公式支付现金补偿：

每名董事、高级管理人员最低增持金额——实际增持股票金额（如有）。

董事、高级管理人员拒不支付现金补偿的，公司有权扣减其应向董事、高级管理人员支付的报酬。

公司董事、高级管理人员拒不履行本预案规定的股票增持义务情节严重的，控股股东或董事会、监事会、半数以上的独立董事有权提请股东大会同意更换相关董事，公司董事会有权解聘相关高级管理人员。

（六）本预案的法律程序

本预案已经公司2014年第一次临时股东大会审议通过，自公司完成首次公开发行A股股票并上市之日起生效。公司控股股东赵志宏及公司董事和高级管理人员已承诺：（1）已了解并知悉《关于稳定北京双杰电气股份有限公司股价的预案》的全部内容；（2）愿意遵守和执行《关于稳定北京双杰电气股份有限公司股价的预案》的内容并承担相应的法律责任。

四、关于招股说明书存在虚假记载、误导性陈述或者重大遗漏时回购股份或进行赔偿的承诺

（一）发行人的相关承诺

发行人承诺：（1）公司招股意向书有虚假记载、误导性陈述或者重大遗漏，对判断发行人是否符合法律规定的发行条件构成重大、实质影响的，公司将在中国证监会或人民法院等有权部门作出发行人存在上述事实的最终认定或判决生效后，依法及时启动股份回购程序；按回购时的股票市场价格或有权部门认定的价格回购首次公开发行的全部新股。（2）公司招股意向书有虚假记载、误导性陈述或者重大遗漏，致使投资者在证券交易中遭受损失的，公司将依法向投资者履行赔偿责任。

（二）控股股东关于回购已转让原限售股份的承诺

公司控股股东承诺：公司招股意向书有虚假记载、误导性陈述或者重大遗漏，对判断发行人是否符合法律规定的发行条件构成重大、实质影响的，本人在中国证监会或人民法院等有权部门作出发行人存在上述事实的最终认定或判决生效后3个交易日内启动购回已转让的原限售股份事项（不包括本次公开发行时其他股东公开发售部分及锁定期结束后控股股东在二级市场减持的股份），采用二级市场集中竞价交易、大宗交易、协议转让或要约收购等方式购回已转让的原限售股份。购回价格依据协商价格或二级市场价格确定，但是不低于原转让价格（如因派发现金红利、送股、转增股本、增发新股等

原因进行除权、除息的，须按照证券交易所的有关规定作除权除息价格调整）及依据相关法律法规及监管规则确定的价格。若本人购回已转让的原限售股份触发要约收购条件的，本人将依法履行要约收购程序，并履行相应信息披露义务。

（三）控股股东、董事、监事、高级管理人员关于承担赔偿责任的相关承诺

公司控股股东、董事、监事、高级管理人员承诺：公司招股意向书如有虚假记载、误导性陈述或者重大遗漏，对判断发行人是否符合法律规定的发行条件构成重大、实质影响的，（或致使投资者在证券交易中遭受损失的），承诺人将在中国证监会或人民法院等有权部门作出发行人存在上述事实的最终认定或生效判决后5日内，（或作出由发行人承担赔偿投资者损失责任的最终处理决定或生效判决生效后5日内），依法及时提议召集召开发行人董事会、股东大会，并在相关会议中就相关议案投赞成票，以确保发行人履行完成股票回购责任（或赔偿责任）。如因前述事由导致承诺人需要依法承担赔偿责任的，承诺人将根据中国证监会或人民法院等有权部门的最终处理决定或生效判决在随后30日内，向投资者依法履行完赔偿责任。

（四）中介机构的相关承诺

保荐机构、发行人会计师、发行人律师承诺：因本公司/本所为北京双杰电气股份有限公司首次公开发行制作、出具的文件有虚假记载、误导性陈述或者重大遗漏，给投资者造成损失的，本公司/本所将依法赔偿投资者损失。

五、关于承诺履行的约束措施

发行人、发行人控股股东、实际控制人及其一致行动人、发行人董事、监事、高级管理人员及持有公司股份的董事亲属周宜平承诺：如发行人在招股说明书中所作出的相关承诺未能履行、确已无法履行或无法按期履行的，其将采取如下措施：

1. 通过公司及时、充分披露其承诺未能履行、无法履行或无法按期履行的具体原因；

2. 向投资者提出补充承诺或替代承诺，以尽可能保护投资者的权益；

3. 将上述补充承诺或替代承诺提交公司股东大会审议；

4. 公司违反承诺给投资者造成损失的，将依法对投资者进行赔偿；

5. 本承诺书自公司盖章或本人签字之日即生效并不可撤销。

六、填补被摊薄即期回报的措施及承诺

本次公开发行股票完成后，公司的股本和净资产规模均有较大幅度增长。由于募集资金投资项目的实施需要一定的建设周期和达产周期，在项目全部建成达产后才能达到预计的收益水平。因此，本次发行完成后，公司净利润的增长在短期内不能与公司净资产增长保持同步，投资者面临即期回报被摊薄的风险。为降低本次发行对投资者即期回报的影响，公司计划采取以下措施：

（一）坚持自主创新，丰富产品类型

公司自设立一直专注于配电及控制设备制造领域新技术、新产品的研发，取得了固体绝缘技术、相间隔离技术、母线连接技术、六氟化硫气体灭弧技术、六氟化硫气体环网柜传动轴双密封技术、智能化综合在线监测技术等多项核心技术。在本次公开发行后，公司将继续坚持自主创新，增加研发投入，保持公司产品的竞争力，在加大现有产品市场推广力度的同时，不断向更高电压等级配电设备产品进行拓展，丰富产品类型，努力开拓新的市场机会，从而扩大公司的主营业务规模，提高公司的盈利能力。

（二）加快实施募集资金投资项目

本次募集资金用于投资 30000 回路 / 年智能型固体绝缘环网柜（二期）等 4 个项目，均用于发展公司主营业务。募集资金投资项目的实施，有利于公司生产规模的扩大，技术水平的提升，优化公司产品结构，为公司未来发展打下基础。公司建立了募集资金专项存储制度。在募集资金到位前，公司将根据项目轻重缓急程度以自筹资金进行先期投入，并开展研发等工作，待募集资金到位后进行置换。在募集资金到位后，公司将加快募集资金实施进度，争取募集资金投资项目早日达产并实现预期收益。

（三）强化投资者回报

公司制定了上市后生效的《公司章程（草案）》和《北京双杰电气股份有

限公司股东分红回报规划》及其修正案，确定了公司发行上市后的利润分配政策，明确了公司的分红原则、分红条件、程序及方式。在保证公司正常经营的前提下，明确以现金分红为主并优先进行现金分红，保证投资者特别是中小投资者的利益，强化对投资者的合理回报。

七、发行前滚存利润的共享安排

2012 年 4 月 5 日召开的公司 2012 年第一次临时股东大会通过决议，本次公开发行股票完成后，公司本次发行前滚存的未分配利润由股票发行后的新老股东按持股比例共享。

八、发行人上市后的股利分配政策、股东分红回报规划

（一）公司上市后的股利分配政策

公司上市后生效的《公司章程（草案）》中有关股利分配的主要规定如下：

公司实施积极的利润分配政策，重视对投资者的合理投资回报，确保利润分配的连续性和稳定性，利润分配不得超过累计可分配利润的范围，不得损害公司持续经营能力。公司董事会、监事会和股东大会对利润分配政策的决策和论证过程中应当充分考虑独立董事和公众投资者（特别是中小投资者）的意见。

1. 公司采取现金、股票或二者相结合的方式分配股利，但以现金分红为主并优先进行现金分红。

2. 公司每年以现金方式分配的利润不少于当年度实现的可供分配利润的 20%。

公司应当综合考虑所处行业特点、发展阶段、自身经营模式、盈利水平以及是否有重大资金支出安排等因素制定利润分配政策。公司利润分配方案的制定应当遵循以下原则：

（1）公司发展阶段属成熟期且无重大资金支出安排的，进行利润分配时，现金分红在本次利润分配中所占比例最低应达到 80%；

（2）公司发展阶段属成熟期且有重大资金支出安排的，进行利润分配时，现金分红在本次利润分配中所占比例最低应达到 40%；

（3）公司发展阶段属成长期且有重大资金支出安排的，进行利润分配时，

现金分红在本次利润分配中所占比例最低应达到20%。

公司发展阶段不易区分但有重大资金支出安排的，按照前项规定处理。

若当年经营活动产生的现金流量净额为负，可不进行现金分红；公司在确保足额分配现金股利的前提下，可以根据经营情况另行增加股票股利分配和公积金转增。

3. 一般进行年度分红，公司董事会也可以根据公司的资金需求状况提议进行中期分红；

4. 公司根据生产经营情况、投资规划和长期发展的需要，确需调整利润分配政策的，调整后的利润分配政策不得违反中国证监会和证券交易所的有关规定；

5. 公司将根据自身实际情况，在上述利润分配政策的范围内制定或调整股东分红回报规划。

（二）公司上市后未来三年的利润分配计划

为保证股东的合理权益回报，依据《公司章程（草案）》及《股东分红回报规划》的规定，公司上市后未来三年股东分红回报计划为：年度实现盈利在提取公积金后，每年以现金方式分配的利润不少于当年实现的可供分配利润的20%；若当年经营活动产生的现金流量净额为负时，可不进行现金分红；公司在确保足额分配现金股利的前提下，可以根据经营情况另行增加股票股利分配和公积金转增。公司在每个会计年度结束后，由公司董事会提出分红议案，并交付股东大会审议。公司接受所有股东、独立董事、监事和公众投资者对公司分红的建议和监督。

（三）公司上市后的长期分红回报规划坚持现金分红为主并优先进行现金分红的基本原则，年度实现盈利在依法弥补亏损、提取公积金后有可供分配利润的，根据公司章程的规定，每年以现金方式分配的利润不少于当年实现的可供分配利润的20%；若当年经营活动产生的现金流量净额为负，可不进行现金分红；公司在确保足额分配现金股利的前提下，可以根据经营情况另行增加股票股利分配和公积金转增。

公司董事会根据利润分配政策制定回报规划。公司至少每三年重新审阅一次《股东分红回报规划》，可以根据公司实际情况以及股东（特别是公众投资者）、独立董事的意见对公司正在实施的股利分配规划作出适当的修改，公司保证调整后的股东分红回报规划不违反利润分配政策的规定。

公司关于上市后的股利分配政策、股东分红回报规划具体内容参见招股说明书“第九节财务会计信息与管理层分析”。

第十二章　新三板挂牌公司运营监管实务

第一节　新三板挂牌公司运营监管概述

一、运营监管概述

全国股转公司一直高度重视对挂牌公司的自律监管工作，针对市场主体在信息披露、公司治理、股票发行等方面存在的违规行为，全国股转公司将严格按照《业务规则》等相关规定，视情节严重实施相应的自律监管措施。

据统计，被采取监管措施的挂牌公司出现的问题主要有以下几种类型：

1. 信息披露相关问题；

2. 股票发行违规；

3. 股东权益分派违规；

4. 暂停转让违规；

5. 违规减持。

对此，全国股转系统也相应采取了约见谈话、要求提交书面承诺、出具警示函、责令改正等几类监管措施。

有效的监管是维护市场秩序、保障投资者权益的重要条件，也是新三板长久健康发展的坚实根基。新三板挂牌门槛较低，随着市场的快速发展，一些市场主体的违法违规行为在社会各界造成的负面影响，让公众广为关注。

加强监管既是回应市场投资者的呼声，保护投资者的合法权益，也是着眼于整个新三板市场的长期健康发展。

二、信息披露概述

信息披露，从字面意思理解就是公开信息的意思。将挂牌公司信息公开，才能让投资者了解公司情况，进而作出正确的投资决策。新三板市场以信息披露为基础，信息披露是高效率证券市场的基石，这也符合资本市场的发展规律。在新三板企业的挂牌、融资、定价、交易等各个方面，信息披露将发挥重要作用。同时新三板高度重视市场信息披露工作，要求挂牌企业全面及时披露企业信息，要求中介机构尽职尽责监督管理。

根据新三板相关规则，信息披露体系如下：

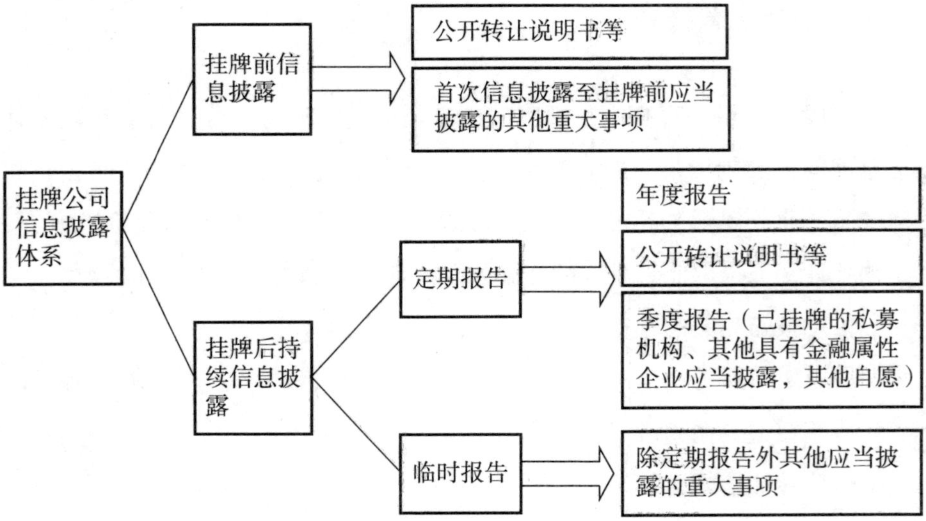

但是，公司进行信息披露时必须披露有效信息。虚假记载、误导性陈述、重大遗漏等都不能称之为有效信息，反而会干扰和误导投资者决策。另外，信息的及时性在瞬息万变的资本市场也非常重要，如果公司披露过期的信息，也没有任何意义。最后，如果公司将信息披露给一部分人而非整个市场参与者，便会出现有人利用信息不对称操纵市场牟取暴利。

综上，信息披露需要遵循“及时、准确、完整、真实、公平”五大基本原则，以保障投资者的合法权益。

三、信息披露常见问题及其监管

根据全国中小企业股份转让系统公司成立以来，股转公司信息披露监管的众多案例分析得知，挂牌公司或者中介机构在信息披露这一板块被采取监管措施主要有以下几方面的原因：

1. 信息披露不及时

信息披露不及时的现象在挂牌企业中普遍存在，每天有几十甚至上百家公司补发公告。不过，只有违规行为对经营或者股价可能造成重大影响，才会被采取监管措施，目前因为信息披露不及时被采取监管措施的案例还不多，其中安普能和其实际控制人因不及时披露重大诉讼都被出具了警示函，董事会秘书则被约见谈话。凯英信业、三信股份同样因不及时进行信息披露，除了公司本身被采取监管措施外，主办券商也因失职被约见谈话。

2. 信息披露不完整

单纯因为信息披露不完整被处罚的挂牌企业也很少见，因信息披露不完整被股转系统采取监管措施的，一般还存在披露不准确甚至未披露的情况，而且涉及的通常是重点关注事项，例如关联交易。

2014 年 7 月，蓝天环保（430263）被采取提交书面承诺的监管措施，原因在于对总经理兼职信息披露不完整、关联交易未经内部决策程序而且未披露、关联方资金占用未披露。

更多情况下，信息披露不完整发生在定期的年度报告披露中。2015 年 8 月，巨灵信息（430316）、河源富马（430482）、中科股份（430499）、德邦工程（830984）和扬开电力（831245）、三合盛（831418）等多家挂牌公司，都因为 2014 年年报披露过程中未披露财务报表附注，造成重大遗漏而被出具警示函。

3. 信息披露不准确

在个别挂牌公司中也会出现犯“低级错误”的情形，虽然看上去很无辜，但后果很严重。天运股份（832684）定于2015年11月16日开始启动做市转让，但第一次披露错误，将时间写为11月11日，导致公司本身、董事长和董秘一并被约见谈话和要求提交书面承诺。

2016年4月，国铁科林（430132）在2015年度权益分派中存在超额分派资本公积的违规行为，而与权益分派相关的信息披露不准确，被责令整改和提交书面承诺。

4. 重要事项未披露

未进行披露的性质显然最严重，尤其是未披露的事项可能对挂牌公司持续经营、股价变动产生重大影响。

泰谷生物（430523）高管被采取强制措施、实际控制人占用资金，挂牌公司却没有履行信息披露义务。2014年8月，泰谷生物、其信息披露负责人、财务总监被采取出具警示函的监管措施，主办券商山西证券也被约见谈话。

2015年12月，柏星龙（833075）实际控制人赵国义被约见谈话，原因是挂牌审查期间赵国义发生诉讼事项，但没有在首次信息披露时进行披露，也没有告知中介机构。

除了以上总结的四大类，披露时间点不准确、披露信息不一致等事项也是新三板挂牌企业容易出现的信息披露问题。

例如，聚融集团（830920）在挂牌后的2014年至2015年上半年发生多项对外投资、关联交易、关联担保，这些决策不仅没有在2014年年报、2015年年中报中准确、完整地披露，而且没有经过审议，直到2015年11月才补充审议和披露。聚融集团于2016年3月被股转系统出具警示函、责令整改，其实际控制人梁华国除被约见谈话、出具警示函、要求提交书面承诺外，还被暂停解除股票限售12个月。

而在信息披露不当所涉及的具体内容方面，除了定期报告，最容易出问题的是关联交易、重大诉讼、对外担保等临时公告的披露。

振华股份（831757）2014年7月向总经理参股的关联公司借款669万元，未履行信息披露义务被股转公司采取约见谈话的监管措施。

瑞兆源（835029）股东办理股权质押登记未在申报材料中披露，股转公司采取出具警示函的监管措施。

挂牌公司及其董事、监事、高级管理人员、股东、实际控制人、收购人及其他相关信息披露义务人、律师、主办券商和其他证券服务机构违反相关规定的，全国股份转让系统公司依据《全国中小企业股份转让系统业务规则（试行）》会采取下列自律监管措施：

1. 要求申请挂牌公司、挂牌公司及其他信息披露义务人或者其董事（会）、监事（会）和高级管理人员、主办券商、证券服务机构及其相关人员对有关问题作出解释、说明和披露；

2. 要求申请挂牌公司、挂牌公司聘请中介机构对公司存在的问题进行核查并发表意见；

3. 约见谈话；

4. 要求提交书面承诺；

5. 出具警示函；

6. 责令改正；

7. 暂不受理相关主办券商、证券服务机构或其相关人员出具的文件；

8. 暂停解除挂牌公司控股股东、实际控制人的股票限售；

9. 限制证券账户交易；

10. 向中国证监会报告有关违法违规行为；

11. 其他自律监管措施。

监管对象应当积极配合全国股份转让系统公司的日常监管，在规定期限内回答问询，按照全国股份转让系统公司的要求提交说明，或者披露相应的更正或补充公告。

申请挂牌公司、挂牌公司、相关信息披露义务人违反本业务规则、全国股份转让系统公司其他相关业务规定的，全国股份转让系统公司视情节轻重给予以下处分，并记入证券期货市场诚信档案数据库（以下简称“诚信档案”）:（1）通报批评;（2）公开谴责。

申请挂牌公司、挂牌公司的董事、监事、高级管理人员违反本业务规则、全国股份转让系统公司其他相关业务规定的，全国股份转让系统公司视情节轻重给予以下处分，并记入诚信档案:（1）通报批评;（2）公开谴责;（3）认定其不适合担任公司董事、监事、高级管理人员。

主办券商违反本业务规则、全国股份转让系统公司其他相关业务规定的，全国股份转让系统公司视情节轻重给予以下处分，并记入诚信档案:（1）通报批评;（2）公开谴责;（3）限制、暂停直至终止其从事相关业务。

主办券商的相关业务人员违反本业务规则、全国股份转让系统公司其他相关业务规定的，全国股份转让系统公司视情节轻重给予以下处分，并记入诚信档案:（1）通报批评;（2）公开谴责。

会计师事务所、律师事务所、其他证券服务机构及其工作人员违反本业务规则、全国股份转让系统公司其他相关业务规定的，全国股份转让系统公司视情节轻重给予以下处分，记入诚信档案并向相关行业自律组织通报:（1）通报批评;（2）公开谴责。

全国股份转让系统公司设立纪律处分委员会对本业务规则规定的纪律处分事项进行审核，作出独立的专业判断并形成审核意见。全国股份转让系统公司根据纪律处分委员会的审核意见，作出是否给予纪律处分的决定。

监管对象不服全国股份转让系统公司作出的纪律处分决定的，可自收到处分通知之日起 15 个工作日内向全国股份转让系统公司申请复核，复核期间该处分决定不停止执行。

四、新三板挂牌公司运营监管相关规则

全国股转系统对挂牌公司运营监管涉及的相关法律法规规则有:

1.《证券法》中关于信息公开、监督管理的规定。

2.《非上市公众公司监督管理办法》。

3.《关于加强非上市公众公司监管工作的指导意见》中关于自律监管的规定。

4.《非上市公众公司监管指引第 1 号——信息披露》。

5. 全国中小企业股份转让系统的规则。具体包括:

（1）《全国中小企业股份转让系统业务规则（试行）》；

（2）《全国中小企业股份转让系统挂牌公司信息披露细则》；

（3）《全国中小企业股份转让系统自律监管措施和纪律处分实施办法（试行）》；

（4）《全国中小企业股份转让系统创新层挂牌公司年度报告内容与格式指引》及《全国中小企业股份转让系统基础层挂牌公司年度报告内容与格式指引》；

（5）《全国中小企业股份转让系统挂牌公司半年度报告内容与格式指引（试行）》；

（6）《全国中小企业股份转让系统临时公告格式模板》。

（7）《全国中小企业股份转让系统公开转让说明书信息披露指引（试行）》1—6 号。

第二节　对挂牌企业监管实务与案例分析

全国股份转让系统公司的职能中包括对挂牌公司及其他信息披露义务人和主办券商等全国股份转让系统参与人进行监管。挂牌公司在股转系统运营过程中难免会出现一些违规行为，股转系统会采取相应的监管措施。为了加强和规范全国股转系统自律监管措施和纪律处分工作，维护市场秩序，保护市场参与人的合法权益，全国股转公司于 2016 年 4 月 28 日公布了《全国中小企业股份转让系统自律监管措施和纪律处分实施办法（试行）》。

本节梳理汇总了全国中小企业股份转让系统对挂牌公司违规问题采取自律监管措施和纪律处分的各类型案例，分析说明股转系统对挂牌公司的监管实务。

一、关联方披露不完整、关联交易未经内部决策程序且未披露，关联方资金占用未披露等相关问题

“北京蓝天瑞德环保技术股份有限公司”的关联方披露不完整、关联交易未经内部决策程序且未披露，全国中小企业股份转让系统采取要求该公司提交书面承诺的自律监管措施。

“北京蓝天瑞德环保技术股份有限公司”当天针对该监管措施作出如下回应：

案例 12.2.1

北京蓝天瑞德环保技术股份有限公司承诺书

全国中小企业股份转让系统有限责任公司：

北京蓝天瑞德环保技术股份有限公司（以下简称“我公司”）于 2013 年 7 月 22 日成功挂牌，在申请挂牌时，我公司现任董事长、总经理潘忠先生兼任金大地新能源（天津）集团有限公司（以下简称“金大地”）的董事、总裁，金大地应被认定为我公司关联方，但由于我公司高级管理人员缺乏相关意识，不了解高管兼职单位应被认定为我公司关联方的规定，未向公司说明相关情况，导致未将金大地认定为我公司关联方，《公开转让说明书》中关联方披露不完整，进而导致我公司挂牌之后与金大地的所有关联交易未履行内部决策程序，公司信息披露存在瑕疵。

虽然公司已经制定了三会议事规则、信息披露、关联交易等管理制度，但由于公司挂牌时间较短，管理层对于相关法律、法规以及系统公司相关规则的文件学习和理解尚不透彻，公司治理及内部控制正在逐步规范过程中。

我公司郑重承诺，公司管理层将不断提升公司治理意识，按照有关法律法规、全国股份转让系统业务规则、公司章程的规定，建立健全公司治理机制和内部控制制度，严格执行公司各项规章制度，履行关联交易决策程序，执行信息披露制度。我公司全体董事、监事、高级管理人员已充分认识并高度重视上述问题，吸取教训，保证杜绝类似问题再次发生。

我公司将严格按照《非上市公众公司监督管理办法》《全国中小企业股份转让系统业务规则（试行）》《全国中小企业股份转让系统挂牌公司信息披露细则（试行）》[①] 和《全国中小企业股份转让系统挂牌公司年度报告内容与格式指引（试行）》[②] 等业务规则，诚实守信，规范运作，认真和及时履行信息披露义务。

我公司全体董事、监事、高级管理人员保证信息披露的内容真实、准确、完整，不存在虚假记载、误导性陈述或重大遗漏。

特此承诺。

"成都页游科技股份有限公司"因为向关联方资金拆借未披露，全国中小企业股份转让系统采取约见谈话，要求该公司提交书面承诺与出具警示函的自律监管措施。

案例 12.2.2

关于对成都页游科技股份有限公司及相关责任主体采取自律监管措施的决定

当事人：

成都页游科技股份有限公司，住所：成都高新区高朋东路 18 号，法定代表人薛维洪；

薛维洪，男，1977 年 6 月出生，董事长、实际控制人；

王颖，男，1977 年 11 月出生，时任董事会秘书。

经查明，你公司及相关责任主体存在以下违规行为：

你公司于 2014 年 1 月 9 日、2014 年 1 月 28 日、2014 年 5 月 16 日、2014 年 12 月 10 日、2015 年 1 月 5 日向薛维洪控股的成都市西杰实业投资有限公司先后借出 1000 万元、100 万元、230 万元、150 万元、150 万元，合计 1630

---

① 已被《全国中小企业股份转让系统挂牌公司信息披露细则》废止。

② 已被《全国中小企业股份转让系统创新层挂牌公司年度报告内容与格式指引》及《全国中小企业股份转让系统基础层挂牌公司年度报告内容与格式指引》废止。

万元，且于2014年6月4日向薛维洪重大影响的成都恩威投资（集团）有限公司借出1400万元。2014年1月至2015年1月，你公司累计发生6笔关联方资金拆借，发生金额合计3030万元。

你公司向关联方的6笔资金拆借中，2笔有董事会回避表决、股东大会审议通过的决议文件，但会议届次不清，未履行必要的会议通知公告、会议决议公告等信息披露义务；另4笔仅有董事会回避表决的决议，未履行信息披露义务，未履行股东大会表决程序；同时，你公司存在部分会议通知、会议记录、会议议案缺失等三会运作不规范情形。

你公司上述行为属于公司治理不规范、信息披露违规，违反了《非上市公众公司监督管理办法》第14条，《全国中小企业股份转让系统业务规则（试行）》第1.4条、第1.5条，《全国中小企业股份转让系统挂牌公司信息披露细则（试行）》[①]第46条，以及你公司关联交易制度、信息披露管理制度等相关规定。薛维洪作为你公司的实际控制人，对上述违规行为负有主要责任。

根据《全国中小企业股份转让系统业务规则（试行）》第1.4条、第1.5条、第4.2.4条的规定，薛维洪作为你公司的董事长、王颖作为你公司的时任董事长秘书，在上述违规过程中未保证公司信息披露的真实、准确、完整、及时、公平，未能勤勉尽职，对上述违规行为同样负有责任。

鉴于上述违规事实，根据《全国中小企业股份转让系统业务规则（试行）》第6.1条的规定，我司作出如下决定：

对你公司采取约见谈话，要求提交书面承诺与出具警示函的自律监管措施；

对薛维洪采取约见谈话，要求提交书面承诺与出具警示函的自律监管措施；

对王颖采取出具警示函的自律监管措施。

现要求你公司法定代表人薛维洪于2016年6月29日15时携带有效身份证件到我司3—4会议室接受谈话。你公司与薛维洪应当在收到自律监管措施

---

① 已被《全国中小企业股份转让系统挂牌公司信息披露细则》废止。

决定书之日起5个转让日内向我司提交书面承诺，承诺不再违反《非上市公众公司监督管理办法》及我司业务规则的相关规定。

同时提醒你公司、薛维洪和王颖：挂牌公司应当按照《非上市公众公司监督管理办法》《全国中小企业股份转让系统业务规则（试行）》和《全国中小企业股份转让系统挂牌公司信息披露细则（试行）》等相关业务规则，诚实守信，规范运作，认真和及时地履行信息披露义务，挂牌公司全体董事、监事、高级管理人员应当保证信息披露内容真实、准确、完整、没有虚假记载，误导性陈述或重大遗漏，并就其保证承担个别和连带的责任。

全国股转公司

二、年度报告、半年度报告披露违规的相关问题

因年度报告、半年度报告出现问题，全国股转系统对挂牌公司采取监管措施的主要原因：报告数据不准确或不一致、未能在规定时间内披露报告、重大事项未披露等。

“北京中控智联科技股份有限公司”2012年年报中财务数据与审计报告数据存在多处不一致，信息披露不准确且未及时更正，全国中小企业股份转让系统采取约见谈话，要求该公司提交书面承诺的自律监管措施。

“北京中控智联科技股份有限公司”在收到监管措施决定时作出以下承诺：

案例 12.2.3

北京中控智联科技股份有限公司
关于2012年年报披露事宜之承诺书

北京中控智联科技股份有限公司（以下简称“我公司”）于2013年4月22日在全国中小企业股份转让系统平台披露的《2012年年度报告》（公告编号：2013—008）中，由于财务人员疏忽，披露的部分数据与审计报告数据不一致，且未及时披露2012年年报更正公告，致使公司信息披露不准确、不及时。

我公司对上述情况认真反思并郑重承诺：将严格按照《全国中小企业股

份转让系统业务规则（试行）》《全国中小企业股份转让系统挂牌公司信息披露细则（试行）》[①]和《全国中小企业股份转让系统挂牌公司年度报告内容及格式指引（试行）》[②]等业务规则，诚实守信、认真和及时地履行信息披露义务，保证信息披露内容真实、准确、完整，不存在虚假记载、误导性陈述或重大遗漏。同时将加深对信息披露业务工作流程的理解，加强内控程序的优化和执行，增强与审计会计师和督导券商在信息披露过程中的沟通，提高信息披露质量，杜绝类似错误的发生。

特此承诺。

北京中控智联科技股份有限公司

“中青朗顿（北京）教育科技股份有限公司”与“中成新星油田工程技术服务股份有限公司”因未能在规定时间内披露年度报告，全国中小企业股份转让系统采取对其终止挂牌的监管措施。

案例 12.2.4

关于终止朗顿教育和中成新星股票挂牌的公告

截至2016年6月30日，中青朗顿（北京）教育科技股份有限公司（证券代码：831505；证券简称：朗顿教育；主办券商：中泰证券）、中成新星油田工程技术服务股份有限公司（证券代码：831610；证券简称：中成新星；主办券商：信达证券）未能按照规定时间披露2015年年度报告。根据《全国中小企业股份转让系统业务规则（试行）》（以下简称《业务规则》）的相关规定，现就有关事项公告如下：

（一）根据《业务规则》第4.5.1条第（三）项的规定，我司决定自2016年7月1日起终止上述公司（以下称“被摘牌公司”）股票挂牌。

（二）根据《业务规则》第4.5.2条的规定，被摘牌公司应当在收到我司

---

① 已被《全国中小企业股份转让系统挂牌公司信息披露细则》废止。

② 已被《全国中小企业股份转让系统创新层挂牌公司年度报告内容与格式指引》及《全国中小企业股份转让系统基础层挂牌公司年度报告内容与格式指引》废止。

的股票终止挂牌决定后及时披露股票终止挂牌公告。公告至少应当包括以下内容：

1. 终止挂牌生效日期；

2. 股东诉求及相关安排（如有）；

3. 终止挂牌后其股票登记、转让、管理事宜；

4. 公司地址、联系人、联系方式，及其主办券商联系人、联系方式。

（三）股票终止挂牌后，被摘牌公司可自主决定其股票是否继续在中国证券登记结算有限责任公司（以下简称“中国结算”）集中登记存管。中国结算可按规定提供被摘牌公司股份的非交易过户服务。

（四）被摘牌公司应积极应对投资者诉求；主办券商应指定专门人员负责被摘牌公司相关事宜并披露联系方式，督促被摘牌公司按照《业务规则》要求及时披露终止挂牌公告，协助做好与被摘牌公司投资者的解释沟通工作，指导督促被摘牌公司妥善解决投资者诉求。

（五）截至2016年6月30日，另有南京腾楷网络股份有限公司（证券代码：831164；证券简称：腾楷网络；主办券商：南京证券）、江苏扬开电力设备股份有限公司（证券代码：831245；证券简称：扬开电力；主办券商：海通证券）、山东泽辉新材料股份有限公司（证券代码：832122；证券简称：泽辉股份；主办券商：广发证券）、无锡市环境卫生服务股份有限公司（证券代码：832668；证券简称：无锡环卫；主办券商：安信证券）、江苏宝莲生物科技股份有限公司（证券代码：835424；证券简称：宝莲生物；主办券商：广发证券）等5家公司未披露2015年年度报告。这些公司此前已正式向我司提交了主动终止挂牌的申请，我司正按规定履行审查程序。此类公司股票终止挂牌相关事宜，将在我司完成审查程序后另行公告。

全国中小企业股份转让系统有限责任公司

此次全国股转公司对挂牌公司实施强制摘牌，是加强监管的一项重要举措，将对市场产生警示效应。全国股转公司此次措施体现了坚持对违法违规行为“零容忍”的原则，对不履行信息披露义务、存在重大违法违规等情形并触发退市条件的挂牌公司坚决予以摘牌处理。

因公司年度报告披露过程中未披露财务报表附注；年报延期披露；年度报告内容与格式与《全国中小企业股份转让系统挂牌公司年度报告内容与格式指引（试行）》[①] 相关要求严重不符等原因，也存在很多挂牌公司被全国中小企业股份转让系统采取监管措施的案例。

例如：中航新材因2013年年报中多处遗漏应披露信息，部分章节与《全国中小企业股份转让系统挂牌公司年度报告内容与格式指引（试行）》相关要求严重不符，股转系统采取了约见谈话、出具警示函的自律监管措施；

大树智能因2015年7月披露2015年第一季度财务报告，信息披露违规，股转系统采取约见谈话的自律监管措施；

河源富马因公司在2014年年报披露过程中未披露财务报表附注，出现重大遗漏，股转系统采取出具警示函的自律监管措施。

三、股票发行违规的相关问题

因股票发行违规被全国股转系统采取监管措施的挂牌公司多数是因为尚未取得股份登记函的情况下，提前使用了募集资金。

“武汉吉事达科技股份有限公司”在尚未取得股份登记函的情况下，提前使用募集资金，全国中小企业股份转让系统采取约见谈话和要求提交书面承诺的自律监管措施。

案例 12.2.5

关于给予武汉吉事达科技股份有限公司自律监管措施的决定

当事人：

武汉吉事达科技股份有限公司，住所地：武汉市东湖开发区关东科技园，

---

① 已被《全国中小企业股份转让系统创新层挂牌公司年度报告内容与格式指引》及《全国中小企业股份转让系统基础层挂牌公司年度报告内容与格式指引》废止。

法定代表人陈刚。

经查明，你公司存在如下违规行为：你公司于2015年4月2日启动的股票发行在尚未取得股份登记函的情况下，于2015年4月30日到2015年6月16日期间提前使用了1608万元募集资金。上述行为违反了《全国中小企业股份转让系统股票发行业务指南》第1条的规定，属于股票发行违规行为。

鉴于上述违规事实和情节，根据《全国中小企业股份转让系统业务规则（试行）》第6.1条与《全国中小企业股份转让系统股票发行业务细则（试行）》第30条的规定，我司作出如下决定：

对你公司给予约见谈话和提交书面承诺的自律监管措施。现要求你公司董事长陈刚于2016年5月5日上午10时携带有效身份证件到我司6—6会议室接受谈话。同时，你公司应当在收到自律监管措施决定书之日起5个转让日内，向我司提交书面承诺，承诺不再违反我司业务规则的相关规定。今后如再出现违规行为，我司将对你公司进一步采取自律监管措施或者纪律处分。

全国股转公司

“深圳市海斯比船艇科技股份有限公司”在尚未取得股份登记函的情况下，提前使用募集资金，全国中小企业股份转让系统公司采取约见谈话和要求提交书面承诺的自律监管措施。

案例 12.2.6

关于给予深圳市海斯比船艇科技股份有限公司自律监管措施的决定

当事人：

深圳市海斯比船艇科技股份有限公司（简称“海斯比”），住所地：广东省深圳市南山区蛇口渔港渔船修造基地3号厂房，法定代表人施军。

经查明，你公司存在如下违规行为：你公司于2015年8月6日启动股票发行，自2015年11月24日至2015年12月1日期间，共计使用募集资金48390834.48元，用于支付采购款、付承兑汇票、归还借款及支付员工工资等，违反了《全国中小企业股份转让系统股票发行业务指南》第1条的规定，属于股票发行违规行为。

鉴于上述违规事实，根据《全国中小企业股份转让系统业务规则（试行）》第6.1条与《全国中小企业股份转让系统股票发行业务细则（试行）》第30条的规定，我司作出如下决定：

对你公司采取约见谈话、提交书面承诺的自律监管措施。现要求你公司董事长施军、董事会秘书黄泽慧于2016年6月14日15:00时携带有效身份证件到我司6—6会议室接受谈话。同时，上述相关责任人员应当在收到自律监管措施决定书之日起5个转让日内，向我司提交书面承诺，承诺不再违反我司业务规则的相关规定。

全国股转公司

深圳市海斯比船艇科技股份有限公司在收到监管措施决定时作出如下回应：

深圳市海斯比船艇科技股份有限公司关于收到全国中小企业股份转让系统自律监管措施决定的公告

深圳市海斯比船艇科技股份有限公司（以下简称“公司”）于2016年6月8日收到了全国中小企业股份转让系统有限责任公司（以下简称“全国股转公司”）《关于给予深圳市海斯比船艇科技股份有限公司自律监管措施的决定》（股转系统发〔2016〕151号）。

公司于2015年8月6日启动股票发行，在尚未取得股份登记函的情况下，提前使用了募集资金，构成了股票发行违规。全国股转公司对公司采取约见谈话、并提交书面承诺的自律监管措施，要求公司董事长施军、董事会秘书黄泽慧于2016年6月14日前往全国股转公司接受谈话。

公司一定吸取本次违规的教训，今后将加强全体董事、监事、高级管理人员和相关人员对于全国股转公司相关业务规则及其他相关证券法律法规的学习，提升公司规范化运作水平，防止类似情况再发生，切实维护公司和广大投资者的利益。

深圳市海斯比船艇科技股份有限公司

另外，因挂牌公司作为股东人数超过200人的公众公司，向特定对象发行股票，未经中国证监会核准，便披露认购公告进行认购，股转公司对其采取监管措施的也有很多。

例如：华盛控股作为股东人数超过200人的公众公司，向特定对象发行股票，未经中国证监会核准，便披露认购公告进行认购，股转公司采取约见谈话的监管措施；万通新材作为股东人数超过200人的公众公司，向特定对象发行股票，未经中国证监会核准，便披露认购公告进行认购，股转公司采取约见谈话的监管措施。

四、股东权益分派违规的相关问题

因股东权益分派违规问题被全国股转系统采取监管措施的挂牌公司有很多，但基本都是因为未提交权益分派申请，权益分派后未发布权益分派实施公告。

江苏通灵电器股份有限公司未提交权益分派申请，权益分派后未发布权益分派实施公告，全国中小企业股份转让系统采取约见谈话的自律监管措施。

案例12.2.7

关于给予江苏通灵电气股份有限公司及相关责任主体约见谈话自律监管措施的决定

当事人：

江苏通灵电器股份有限公司，住所地：扬中市经济开发区港茂路666号，法定代表人李前进。

李前进，男，1981年2月18日出生，时任法定代表人，住所地：江苏省扬中市前进南路9号4幢502室。

严荣飞，男，1957年3月7日出生，时任董事长，住所地：江苏省扬中市前进南路9号4幢502室。

经查明，你公司存在如下违规行为：

你公司于2015年12月11日启动的利润分配，未向中国证券登记结算有限公司北京分公司提交权益分派申请，办理权益分派相关手续，即于2016年1月5日向全体股东直接派送现金红利，并且未发布权益分派实施公告，上述行为违反了《全国中小企业股份转让系统挂牌公司信息披露细则（试行）》[①]第4条“挂牌公司及相关信息披露义务人应当及时、公平的披露所有对公司股票及其他证券品种转让价格可能产生较大影响的信息（以下简称‘重大信息’），并保证信息披露内容的真实、准确、完整，不存在虚假记载、误导性陈述或重大遗漏”、第38条“挂牌公司应当在董事会审议通过利润分配或资本公积转增股本方案后，及时披露方案具体内容，并于实施方案的股权登记日前披露方案实施公告”的规定。

鉴于上述违规事实，根据《全国中小企业股份转让系统业务规则（试行）》第6.1条的规定，我司作出如下决定：

对你公司和法定代表人李前进、董事长严荣飞给予约见谈话的自律监管措施。现要求你公司李前进、严荣飞于2016年5月30日携带有效身份证件到我司3—4会议室接受谈话。

同时，提醒你公司：挂牌公司应当按照《全国中小企业股份转让系统业务规则（试行）》《全国中小企业股份转让系统挂牌公司信息披露细则（试行）》《全国中小企业股份转让系统挂牌公司权益分派业务指南（试行）》[②]等业务规则，诚实守信，规范运作，认真和及时地履行信息披露义务。挂牌公司全体董事、监事、高级管理人员应当保证信息披露内容真实、准确、完整，没有虚假记载、误导性陈述或重大遗漏，并就其保证承担个别和连带的责任。

全国股转公司

---

① 已被《全国中小企业股份转让系统挂牌公司信息披露细则》废止。

② 已被《全国中小企业股份转让系统挂牌公司权益分派业务指南》废止，2018年10月26日。

五、公司高管、股东违规的相关问题

公司高管、股东作为公司的高层领导，会出现个别利用身份违规进行股权转让、隐瞒重要信息等行为，全国股转系统会对其个人采取自律监管措施。

“陈雅静”收购违规，全国中小企业股份转让系统采取要求提交书面承诺的自律监管措施。

案例 12.2.8

关于对陈雅静采取要求提交书面承诺自律监管措施的决定

当事人：

陈雅静，女，1969 年 11 月出生，中国国籍，住址为广东省深圳市罗湖区太安路 98 号。

经查明，你存在以下违规事实：

2016 年 1 月 18 日，你通过全国中小企业股份转让系统以协议转让方式增持挂牌公司八马茶业股份有限公司（以下简称“八马茶业”）600000 股，交易完成后，你持股比例由 9.64% 上升至 10.44%。2016 年 1 月 19 日，你再行买入八马茶业 2411000 股股份，违反了《非上市公众公司收购管理办法》第 13 条之规定。

鉴于上述违规事实和情节，根据《全国中小企业股份转让系统业务规则（试行）》第 6.1 条的规定，我司作出如下决定：

对你采取要求提交书面承诺的自律监管措施。

你于接到本决定书 10 日内，向我司提交书面承诺；并在提交后 2 个工作日内，向市场公告。

承诺应当包括但不限于以下内容：对违规事实和性质的深刻认识、对相关规划的正确理解、整改举措和行为保证。

全国股转公司

"范利"违反《公司法》中关于股份转让的规定，全国中小企业股份转让系统采取要求提交书面承诺的自律监管措施。

案例 12.2.9

关于对范利采取要求提交书面承诺自律监管措施的决定

当事人：

范利，女，1963年出生，时任北大荒垦丰种业股份有限公司（以下简称"垦丰种业"）副总经理。

经查明，范利在2015年3月2日至2015年5月29日期间，通过股转系统买入垦丰种业的股份共计93000股，未及时向垦丰种业报备并办理限售，后陆续将买入的股份全部卖出，转让的股份超过其本年度所持有本公司股份总数的25%，违反了《公司法》第141条、《全国中小企业股份转让系统业务规则（试行）》（以下简称《业务规则》）第1.4条的规定。

鉴于以上违规事实，根据《业务规则》第1.4条、第6.1条的规定，我司决定对范利采取要求提交书面承诺的自律监管措施。

范利于接到本决定书5个转让日内，向我司提交书面承诺。

承诺应当包括但不限于以下内容：对违规事实和性质的深刻认识、对相关规则的正确理解、整改举措和行为保证。

全国股转公司

邓曦辉、马春欣隐瞒持有境外居留权，全国中小企业股份转让系统采取约见谈话和要求提交书面承诺的自律监管措施。

案例 12.2.10

关于对邓曦晖、马春欣采取约见谈话并出具书面承诺自律监管措施的决定

当事人：

广州南菱汽车股份有限公司（以下简称南菱汽车），住所地：广州市白云

区白云大道北1399号，法定代表人邓曦晖。

邓曦晖，男，1966年4月出生，时任南菱汽车董事长。

马春欣，女，1966年9月出生，时任南菱汽车董事、总经理。

经查明，邓曦晖、马春欣在申请挂牌过程中存在隐瞒持有境外居留权的情况以致公司未在申报文件中披露上述情况的违规行为。

邓曦晖、马春欣隐瞒持有境外居留权的情况以致公司未在申报文件中披露上述情况，上述行为违反了《公开转让说明书内容与格式指引（试行）》第12条的规定："申请挂牌公司应扼要披露董事、监事、高级管理人员的情况，主要包括：姓名、国籍及境外居留权、性别、年龄、学历、职称、现任职务及任期、职业经历"。

对邓曦晖、马春欣隐瞒持有境外居留权的情况以致公司未在申报文件中披露上述情况的行为，时任董事长邓曦会，董事、总经理马春欣未履行信息披露的义务，负有责任。

此外，邓曦晖、马春欣在2014年半年度报告、2014年年度报告、2015年半年度报告中仍未披露持有境外居留权的情况。但考虑到，上述违规事实属于自挂牌以来的持续状态，与申请挂牌期间的违规事项合并处理。

鉴于上述违规事实和情节，根据《全国中小企业股份转让系统业务规则（试行）》第6.1条的规定，我司作出如下决定：

对邓曦晖、马春欣给予约见谈话并提交书面承诺的监管措施。

现要求南菱汽车公司董事长邓曦晖，董事、总经理马春欣于2016年5月16日携带有效身份证件到我司接受谈话，并提交书面承诺。书面承诺的内容应包括具体的整改措施，公司相关责任人应当保证以后将规范公司治理，加强内部控制，保证信息披露内容真实、准确、完整，并就其保证承担个别和连带的责任。

全国股转公司

六、暂停转让违规的相关问题

根据《全国中小企业股份转让系统非上市公众公司重大资产重组业务指引（试行）》第 8 条的规定，“在公司证券转让时段，全国股份转让系统公司不接受任何关于公司重大重组事项的暂停转让申请及材料报送。全国股份转让系统公司设立专门的纸质文件传真机（传真号 010－63889872），在转让日收市后 15 时 30 分至 16 时 30 分之间接收公司的暂停转让申请。公司通过其他方式、其他渠道提交的暂停转让申请不得早于通过前述专门用途传真机的提交时间。全国股份转让系统公司对公司重大重组事项暂停转让申请实行统一登记、集中管理。公司必须在确认公司证券已暂停转让后才能开始与我司工作人员沟通重大重组事项相关业务”。

例：“深圳达仁投资管理股份有限公司”于 2015 年 9 月 14 日 9 时 21 分通过邮件申请重大资产重组暂停转让，导致挂牌公司股票盘中紧急停牌，不符合重大资产重组暂停转让的相关规定，全国中小企业股份转让系统对其采取约见谈话的监管措施。

“绿网天下（福建）网络科技股份有限”在申请暂停转让的过程中，没有按照《全国中小企业股份转让系统非上市公众公司重大资产重组业务指引（试行）》第 8 条规定的时间与方式申请暂停转让，引发紧急停牌操作，全国中小企业股份转让系统对其采取约见谈话的监管措施。

“江苏透平密封高科技股份有限公司”在未履行股票暂停转让申请程序的情况下就披露了《重大事项停牌公告》，违反了《全国中小企业股份转让系统挂牌公司暂停与恢复转让业务指南（试行）》，且披露的内容与事实不符，全国中小企业股份转让系统对其采取了约见谈话及要求提交书面承诺的自律监管措施。

七、其他

“中科招商投资管理集团股份有限公司”在未通过全国股份转让系统指定信息披露平台披露融资具体方案的情况下，向媒体透露融资的具体细节，构成信息披露违规，全国中小企业股份转让系统对其采取了约见谈话的自律监管措施。

“北京津宇嘉信科技股份有限公司”高管杨水荣、杨彦于 2015 年 5 月 19 日至 2015 年 10 月 12 日转让的股份超过所持有公司股份总数的 25%，构成违规减持，全国中小企业股份转让系统对其采取了要求出具书面承诺的自律监管措施。

“北京中科可来博电子科技股份有限公司”2013 年年度股东大会结束后未进行信息披露；2014 年 5 月 12 日发布的临时公告未加盖董事会公章，全国中小企业股份转让系统作出以下决定：（一）对可来博及其董事长、董事会秘书、财务负责人一并采取通报批评的纪律处分措施；（二）对可来博其他 7 名董事、监事采取出具警示函的监管措施。

因为“重大诉讼未披露”“未按照规定及时、完整地披露实际控制人 20% 股份附条件转让事项”“财务报表编制错误”等违规的行为，全国中小企业股份转让系统对挂牌公司采取出具警示函、约见会谈、要求提交书面承诺等监管措施的案例有很多，本书不一一列举。

第三节　对中介机构监管实务与案例分析

随着新三板运营监管的不断升级，从股转系统披露的数据显示，与 2014 年全年 17 次处罚相比，股转系统处罚范围、力度已大幅度增长，挂牌企业数量高速增长的同时，伴随的是监管范围的大幅提升，主办券商等中介机构也开始被重点关注。经统计分析，目前全国股份转让系统对中介机构采取的监管措施，大部分都是针对主办券商的，只有极少数的会计师事务所以及律师事务所受到了自律监管的处罚。

原因在于信息披露领域，挂牌公司因是直接责任主体占比最大，主办券商因有义务持续进行监督指导而难逃干系，证券公司未能勤勉尽责，未能督导挂牌公司规范履行信息披露义务就会因此被处罚。

从中介机构受到的自律监管措施来看，主要原因概括起来可能有这样几种：

1. 对于问题理解不到位，没有认识到隐患的存在；

2. 对于某些问题管理不到位，忽视了某些隐患的存在；

3. 无视规则，明知道有问题还是抱着侥幸心理。

本节梳理汇总了全国中小企业股份转让系统对新三板挂牌公司的中介机构违规问题采取自律监管措施的各类型案例，来分析说明股转系统对中介机构的监管实务。

一、未勤勉履行职责

根据《全国中小企业股份转让系统主办券商持续督导工作指引（试行）》第 2 条的规定，“主办券商及其持续督导人员应当遵守法律法规和全国中小企业股份转让系统（以下简称‘全国股份转让系统’）相关规定，诚实守信，勤勉尽责，持续督导挂牌公司履行信息披露、规范运作、信守承诺等义务，不断完善公司治理机制”及其他相关规定，全国股转系统会对未能勤勉履行职责的中介机构采取监管措施。

“中审亚太会计师事务所”没有做到勤勉尽责和诚实守信，全国中小企业股份转让系统对挂牌公司中审亚太会计师事务所采取自律监管措施。

案例 12.3.1

全国股转公司对可来博实施纪律处分

对于可来博年报中使用未经会计师事务所盖章、注册会计师签字的审计报告的情况，中审亚太在明知的情况下，一方面可以采取与主办券商或我司及时沟通的积极措施，另一方面也可以积极向有关主管部门报告，但其在年报披露结束超过两个多月后才向我司进行举报，没有做到勤勉尽责和诚实守信，违反了我司《业务规则》第1.7条的规定。

鉴于以上违规事实，根据《全国中小企业股份转让系统业务规则（试行）》的规定，全国股转公司作出以下决定：

对为可来博出具审计报告的中审亚太会计师事务所采取约见谈话的监管措施。

“西部证券股份有限公司”出具独立财务顾问报告不准确，全国中小企业股份转让系统对其采取要求出具书面承诺自律监管措施。

案例 12.3.2

关于给予西部证券股份有限公司要求出具书面承诺自律监管措施的决定

当事人：

西部证券股份有限公司（以下简称“西部证券”），住所地：陕西省西安市东新街232号信托大厦16层，法定代表人刘建武。

经查，2015年10月26日新疆敦华石油技术股份有限公司（以下简称“敦华石油”）披露了经董事会审议的重大资产重组报告书、独立财务顾问报告等文件。披露的独立财务顾问报告显示拟向16名自然人及机构投资者募集配套资金。经核查。敦华石油实际拟向14名投资者募集配套资金。作为独立财务顾问，西部证券出具的独立财务顾问报告不准确，违反了《非上市公众公司重大资产重组管理办法》第6条、《全国中小企业股份转让系统业务规则（试行）》（以下简称《业务规则》）第1.4条的规定，未能严格履行职责。

鉴于以上违规事实，根据《业务规则》第6.1条的规定，我司决定对西部证券采取要求出具书面承诺的自律监管措施。西部证券应当在收到自律监管措施决定书之日起5个转让日内，向我司提交书面承诺，承诺不再违反我司业务规则的相关规定。今后如再出现违规行为，我司将进一步采取自律监管措施或者纪律处分。

全国股转公司

二、投资者适当性管理

根据《全国中小企业股份转让系统投资者适当性管理细则》的相关规定，主办券商是落实投资者适当性管理制度的主要责任主体。为了使具备一定风险承受能力和风险识别能力的投资者审慎参与市场，并能够正常买卖挂牌公司股票，《细则》中明确规定了主办券商投资者适当性管理的工作内容。

“川财证券有限公司”为不符合要求的投资者开通全国股转系统合格投资者权限，全国中小企业股份转让系统对其采取出具警示函的自律监管措施。

案例 12.3.3

关于对川财证券有限责任公司采取出具警示函自律监管措施的决定

当事人：

川财证券有限公司，住所地：成都市高新区交子大道177号中海国际中心B座17楼。

经查明，2016年4月月底以前，你公司在投资者适当性管理过程中，未依据委托代理协议签署日前一交易日日终的投资者名下证券累计资产市值判断适当性，而是错误根据投资者临柜办理业务权限开通手续时点的实时资产市值，为1户不符合要求的投资者账户开通全国股转系统合格投资者权限；错误根据申报权限开通日前一交易日日终的证券类资产市值，为1户不符合要求的投资者开通全国股转系统合格投资者权限，违反了《全国中小企业股份转让系统投资者适当性管理细则（试行）》[1]第5条关于自然人投资者证券类资产市值计算时点要求的规定。

同时，你公司于2016年4月22日提交《关于执行投资者适当性管理制

① 已被修订，现行为《全国中小企业股份转让系统投资者适当性管理细则》，2017年6月27日。

度情况的自查报告》中，存在未如实上报违规开户情况的情形，漏报违规开户比例100%，违反了《全国中小企业股份转让系统投资者适当性管理细则（试行）》第19条关于如实提供投资者开户资料等信息的规定。

鉴于上述违规事实和情节，依据《全国中小企业股份转让系统业务规则（试行）》第6.1条与《全国中小企业股份转让系统投资者适当性管理细则（试行）》第20条规定，决定：

对你公司采取出具警示函的自律监管措施。

你公司应高度重视上述问题，完善投资者适当性管理制度，加强业务规则学习，认真配合监管机构的检查工作，杜绝类似事件再次发生。否则，我司将进一步采取自律监管措施或给予纪律处分。

全国股转系统

“湘财证券股份有限公司”为3户不符合要求的投资者账户开通全国股转系统投资者权限，全国中小企业股份转让系统对其采取出具警示函的自律监管措施。

案例 12.3.4

关于对湘财证券股份有限公司采取出具警示函自律监管措施的决定

当事人：

湘财证券股份有限公司，住所地：湖南省长沙市天心区湘府中路198号新南城商务中心A栋11楼。

经查明，2016年4月月底以前，你公司在投资者适当性管理过程中，计算合格投资者证券类资产时，未剔除信用证券账户资产，为3户不符合要求的投资者账户开通全国股转系统投资者权限，违反了《全国中小企业股份转让系统投资者适当性管理细则（试行）》① 第5条关于信用证券账户资产除外的规定。

同时，你公司于2016年4月25日提交《湘财证券股份有限公司关于开

① 已被修订，现行为《全国中小企业股份转让系统投资者适当性管理细则》，2017年6月27日。

展股份转让投资者适当性全面自查的报告》(湘财证券〔2016〕14号),存在未如实上报违规开户情况的情形,漏报违规开户比例为3.23%,违反了《全国中小企业股份转让系统投资者适当性管理细则(试行)》第19条关于如实提供投资者开户资料等信息的规定。

鉴于上述违规事实和情节,依据《全国中小企业股份转让系统业务规则(试行)》第6.1条与《全国中小企业股份转让系统投资者适当性管理细则(试行)》第20条的规定,决定:

对你公司采取出具警示函的自律监管措施。

你公司应高度重视上述问题,完善投资者适当性管理制度,加强业务规则学习,认真配合监管机构的检查工作,杜绝类似事件再次发生。否则,我司将进一步采取自律监管措施或给予纪律处分。

全国股转公司

三、信息披露违规

全国股转系统对主办券商等中介机构采取监管措施,主要是基于这些中介机构信息披露存在问题,重大诉讼未披露、财务报表编制错误、报告信息不准确成为主要问题。

"北京市中银(天津)律师事务所"因天津环宇橡塑股份有限公司的重大诉讼未披露,全国中小企业股份转让系统对其采取约见谈话的自律监管措施。

案例 12.3.5

关于对北京中银(天津)律师事务所采取约见谈话的自律监管措施的决定

当事人:

北京中银(天津)律师事务所,为推荐申请挂牌公司天津环宇橡塑股份有限公司挂牌的律师事务所,住所地:天津市河北区黄伟路11号。

经查明,你所提交的《北京中银(天津)律师事务所关于天津环宇橡塑股份有限公司申请公司股票在全国中小企业股份转让系统公开转让的法律意见书》以及相关补充法律意见书中以下重大诉讼未披露违规行为：

天津环宇橡塑于2014年5月20日与天津市黑子食品为天津市精通钢管公司的2000万元银行贷款提供连带责任担保，因精通钢管逾期未偿还贷款，债权人向法院起诉，2015年5月26日，法院作出判决环宇橡塑、精通钢管、黑子食品承担部分还款责任。北京中银（天津）律师事务所未能在法律意见书等相关材料中对该诉讼进行披露。

北京中银（天津）律师事务所的上述行为违反了《全国中小企业股份转让系统业务规则（试行）》第1.7条，《全国中小企业股份转让系统公开转让说明书内容与格式指引（试行）》第43条。

鉴于上述违规事实和情节，根据《全国中小企业股份转让系统业务规则（试行）》第6.1条的规定，我司作出如下决定：

对北京中银（天津）律师事务所给予约见谈话的监管措施。

现要求单位负责人蔡兰、签字律师王晓静于2016年8月8日携带有效身份证件到我司接受谈话。

全国股转公司

"瑞华会计师事务所"财务报表编制错误，全国中小企业股份转让系统对其采取出具警示函的自律监管措施。

案例12.3.6

关于对瑞华会计师事务所（特殊普通合伙）采取警示函自律监管措施的决定

当事人：

瑞华会计师事务所（特殊普通合伙），为对浙江芯能光伏科技股份有限公司（以下简称"芯能科技"）申报报表出具审计报告的会计师事务所，住所地：北京市海淀区西四环中路16号院2号楼4层。

经查明，你所提交的《浙江芯能光伏科技股份有限公司审计报告》[瑞华审字（2015）02070083 号］文件中存在以下违规行为：芯能科技申报财务报表中对于已达到固定资产确认条件的在建工程未及时结转固定资产，不符合《企业会计准则》要求。公司在 2015 年年报中对 2014 年度营业成本追溯调增 451.64 万，调整后的 2014 年年度净利润较申报报表减少 383.89 万元，占公司 2014 年度净利润的 21.72%。公司申报财务报表未能公允反映 2014 年度的经营成果，但你所仍出具标准无保留的审计意见。

瑞华会计师事务所（特殊普通合伙）的上述行为违反了《全国中小企业股份转让系统业务规则（试行）》第 1.7 条的规定。

鉴于上述违规事实和情节，根据《全国中小企业股份转让系统业务规则（试行）》第 6.1 条的规定，我司作出如下决定：

对瑞华会计师事务所（特殊普通合伙）给予出具警示函的监管措施。

提醒你所进一步健全内部控制，强化内部管理，严肃追究相关人员责任，并进一步提高全员合规意识和风险意识，履行勤勉尽责的义务。

全国股转公司

四、内部控制不完善、尽职调查违规

“东莞证券股份有限公司”内部控制不完善、经营管理混乱且推荐业务部门人员兼任比例超过 1/3，全国中小企业股份转让系统对其采取责令改正的自律监管措施。

案例 12.3.7

关于对东莞证券股份有限公司采取责令改正自律监管措施的决定

当事人：

东莞证券股份有限公司，住所地：东莞市莞城区可园南路一号。

经查明，你司存在以下违规事实：

（一）2015 年 12 月 15 日，你司提交《后续加入做市申请》为宁夏晓鸣农牧股份有限公司（以下简称“晓鸣农牧”）股票提供做市报价服务，但提交申请时晓鸣农牧仍为协议转让方式，反映出你司做市业务内部控制不完善、经营管理混乱，违反了《全国中小企业股份转让系统业务规则（试行）》第 5.4 条和《全国中小企业股份转让系统主办券商管理细则（试行）》第 17 条的规定。

（二）2016 年 3 月 16 日至 3 月 17 日对你司的现场检查发现：内核机构中的 25 名内核委员，有 21 名委员来自推荐业务部门，推荐业务部门人员兼任比例超过 1/3，违反了《全国中小企业股份转让系统主办券商推荐业务规定（试行）》第 12 条的规定。

鉴于上述违规事实，根据《全国中小企业股份转让系统业务规则（试行）》第 6.1 条和《全国中小企业股份转让系统主办券商管理细则（试行）》第 69 条的规定，决定对你司采取责令改正的自律监管措施。

你司应自本决定下发之日起 3 个月内对内核机构设置及内控制度落实情况进行改正，并报送书面整理报告。

全国股转公司

“广州证券股份有限公司”内部控制不完善、经营管理混乱，内核会议独立性存在瑕疵且内核人员未对推荐挂牌相关材料作深入审查，全国中小企业股份转让系统对其采取出具警示函的自律监管措施。

案例 12.3.8

关于对广州证券股份有限公司采取出具警示函自律监管措施的决定

当事人：

广州证券股份有限公司，住所：广州市天河区珠江西路 5 号广州国际金融中心主塔 19 层、20 层。

经查明，你司存在以下违规事实：

（一）2015 年 12 月 22 日，你司提交《后续加入做市申请》为广东合迪科技股份有限公司（以下简称“合迪科技”）提供做市报价服务，但是提交申请时合迪科技仍为协议转让方式。

（二）2015 年 12 月 22 日，你司提交《后续加入做市申请》为湖北金科环保科技股份有限公司（以下简称“金科环保”）提供做市报价服务，并申请将自营证券账户 0899065465 所持金科环保全部股票划转至做市证券账户 0899065496 时，发现你司自营账户并未持有金科环保股票。

上述行为反映出你司做市业务内部控制不完善、经营管理混乱，违反了《全国中小企业股份转让系统业务规则（试行）》第 5.4 条和《全国中小企业股份转让系统主办券商管理细则（试行）》第 17 条的规定。

（三）2016 年 3 月 10 日至 3 月 11 日对你司的现场检查发现：“搜搜电商”项目、“鑫昌龙”项目内核会议成员中超过半数人员为推荐业务部门（即创新融资部）员工，内核会议独立性存在瑕疵；内核人员仅根据质控部出具的质检报告进行缩小式提问，未对推荐挂牌相关材料作深入审查。上述行为违反了《全国中小企业股份转让系统主办券商推荐业务规定（试行）》第 26 条的规定。

鉴于上述事实，根据《全国中小企业股份转让系统业务规则（试行）》第 6.1 条和《全国中小企业股份转让系统主办券商管理细则（试行）》第 69 条的规定，决定对你司采取出具警示函的自律监管措施。

你司应高度重视上述问题，吸取教训，杜绝类似事件再次发生。

全国股转公司

五、以明显低于最近成交价的价格进行卖出申报

“国泰君安证券股份有限公司”对 16 只股票以明显低于最近成交价的价格卖出申报，造成上述股票尾盘价格大幅波动，全国中小企业股份转让系统对其实施公开谴责的纪律处分。

案例 12.3.9

关于给予国泰君安证券股份有限公司公开谴责，给予王仕宏公开谴责，给予陈扬、李仲凯通报批评的决定

当事人：

国泰君安证券股份有限公司（以下简称国泰君安证券），注册地址：中国

（上海）自由贸易试验区商城路618号。

王仕宏，男，1977年1月6日出生，中国台湾居民，国泰君安证券场外市场部总经理助理兼做市业务部负责人，住所：上海市浦东新区。

陈扬，男，1972年8月28日出生，国泰君安证券场外市场部总经理，住所：云南省昆明市盘龙区。

李仲凯，男，1972年3月20日出生，中国台湾居民，国泰君安证券做市业务部做市交易总监，住所：上海市浦东新区。

经查明，国泰君安证券存在以下违规事实：

12月31日14:50分，为执行本部门"卖出做市股票、减少做市业务当年浮盈"的交易策略，国泰君安做市业务部对圆融科技、凌志软件、福昕软件、中兴通科、卡联科技、搜才人力、智通建设、许继智能、梓橦宫、粤林股份、青雨传媒、首都在线、伊赛牛肉、中喜生态、ST复娱、蓝天环保等16只股票以明显低于最近成交价的价格卖出申报，造成上述股票尾盘价格大幅波动。其中，圆融科技、凌志软件等13只股票当天收盘价跌幅超过10%，跌幅最大的达19.93%。上述行为严重影响了多只股票的正常转让价格，扰乱了正常市场秩序，市场影响恶劣。

对于上述行为，王仕宏，作为做市业务部负责人，是做市业务部的直接主管人员，同时具有向他人透露做市交易策略的行为，负有主要责任。陈扬，作为场外市场部总经理，召集了讨论决定交易策略的部门会议，负有领导责任。李仲凯，作为交易总监，直接指示交易员执行了当日的交易行为，负有直接责任。

国泰君安证券的上述行为违反了《全国中小企业股份转让系统业务规则（试行）》第5.4条，《全国中小企业股份转让系统股票转让细则（试行）》① 第113条、第115条，《全国中小企业股份转让系统做市商做市业务管理规定（试行）》第20条、第21条的规定，我司作出如下纪律处分决定：给予国泰君安证券股份有限公司公开谴责，给予王仕宏公开谴责，给予陈扬、李仲凯通报批评的处分。

---

① 已失效，现行为《全国中小企业股份转让系统股票转让细则》2017年12月22日。

上述处分记入诚信档案。

当事人如对本处分决定不服，可自收到处分决定书之日起15个工作日内向我司申请复核。复核期间，上述决定不停止执行。

全国股转公司

“英大证券有限责任公司”以大幅偏离行情揭示的最近成交价的价格申报并成交，导致该股股价和三板做市指数盘中出现巨幅振动，全国中小企业股份转让系统对其采取出具警示函的自律监管措施。

案例12.3.10

全国股转公司向英大证券出具警示函

2015年11月27日，英大证券在为明利仓储（831963）提供做市服务的过程中，因交易员误操作、做市报价系统前端控制指标未设置等原因，造成相关股票成交价格出现瞬间上涨501.88%的情形，导致三板做市指数（899002）瞬间上涨108.65点，振幅达7.35%。上述报价异常变动事件，严重干扰了市场正常的交易秩序，违反了全国股转系统相关规定。针对上述事件，全国股转公司成立检查组，联合深圳证监局对英大证券做市业务相关情况实施了现场检查；同时，调阅了英大证券交易对手方的相关资料。

经查，英大证券做市部门人员配置不足，做市报价系统前端控制功能不完善，做市制度执行不到位，是出现报价异常变动事件的主要原因。

六、其他

同时，全国股转系统也会因为其他原因对中介机构采取监管措施，为数不多举例如下：

“安信证券股份有限公司”自营账户与做市账户同时持有同一只做市股票，全国中小企业股份转让系统对其采取约见谈话、责令改正的自律监管措施。

“中泰证券股份有限公司”自营账户参与其做市股票的买卖，全国中小企业股份转让系统对其采取出具警示函的自律监管措施。

“中国民族证券有限责任公司”与方正证券股份有限公司合并事宜未按要求向股转系统报告，全国中小企业股份转让系统对其采取约见谈话的自律监管措施。

图书在版编目（CIP）数据

新三板实务操作全书：挂牌、融资、运营与转板/彭丁带，陈建勇编著.—北京：中国法制出版社，2018.11

ISBN 978-7-5093-9758-9

Ⅰ.①新… Ⅱ.①彭… ②陈… Ⅲ.①中小企业—企业融资—研究—中国 Ⅳ.①F279.243

中国版本图书馆CIP数据核字（2018）第213353号

策划编辑 徐 冉　　责任编辑 徐 冉　　封面设计 周黎明

新三板实务操作全书：挂牌、融资、运营与转板

XINSANBAN SHIWU CAOZUO QUANSHU: GUAPAI RONGZI YUNYING YU ZHUANBAN

编者/彭丁带、陈建勇

经销/新华书店

印刷/三河市紫恒印装有限公司

开本/710毫米×1000毫米 16开　　印张/39 字数/596千

版次/2018年12月第1版　　2018年12月第1次印刷

中国法制出版社出版

书号 ISBN 978-7-5093-9758-9　　定价：118.00元

北京西单横二条2号　　值班电话：010-66026508

邮政编码：100031　　传真：010-66031119

网址：http://www.zgfzs.com　　**编辑部电话：010-66075800**

市场营销部电话：010-66033393　　**邮购部电话：010-66033288**

（如有印装质量问题，请与本社印务部联系调换。电话：010-66032926）